머 리 말

「民法注解」는 民法 전체를 그의 條文順序에 따라 叙述하는 이른바 「코멘타르」(Kommentar)이다. 「코멘타르」에는 그 內容과 目的에 따라 여러 種類의 것이 있다. 이 注解書는 각 條文마다 관련되는 중요한 判決들을 引用해가면서 確定된 判例理論을 밝혀주고, 한편으로는 理論 내지 學說을 모두 그 出典을 正確하게 표시하고, 또한 論據를 客觀的으로 叙述하여 民法 각 條項의 具體的 內容을 밝히려는 것이므로, 獨逸學者들이 말하는 이른바 wissenschaftlicher Großkommentar라고 말할 수 있다. 그 目的하는 바는, 위와 같은 叙述을 통해서 우리의 民法學의 現在水準을 浮刻시키고, 아울러 우리 民法 아래에서 생기는 法的 紛爭에 대한 올바른 解答을 찾을 수 있게 하려는 데 있다.

위와 같은 內容과 目的을 가진 「民法注解」가 우리의 法學發展을 위하여 필요하다는 確信에서 그 刊行을 企劃하게 되었는데, 그 理由는 다음과 같다. 우리의 民法學이 獨自의 길을 걷기 시작한 지 近 50年이 되어간다. 또한 現行 民法이 制定·公布된 때로부터 따진다면 30餘年이 된다. 이 期間 동안에 民法을 研究하는 데 가장 基本的인 道具의 역할을 하는 法律文獻으로서 民法의 각 分野에 관한 體系的 解說書 내지 一般硏究者를 위한 이른바 教科書(Lehrbuch)가 相當數 나와 있고, 또한 個別的 問題에 관한 論文도 적지 않게 發表되어 있다. 그러나 一般硏究者를 위한 教科書라는 것은 著者의 主觀이 크게 作用하여, 著者에 따라 叙述에 起伏이 심하고 不充分한 점이 많다. 한편, 論文에서 표시되는 見解가 반드시 確實한 것은 아니다. 確實한 見解가 담겨진 論文이란 매우 적다고 하여도 過言이 아닐 것이다. 一般硏究用 教科書나 論文이 상당히 있다 하여도 여전히 있게 마련인 空白이나 不充分한 점을 研究者 個個人이 그때 그때 自力으로 채워나간다는 것은 보통 어려운 일이 아니며, 또한 많은 時間과 精力을 쏟아야 하는 힘든 일이다. 만일에 學說·判例를 網羅的·客觀的으로 叙述하고 있어서 모든 研究者가 마음놓고 信賴할 수 있는 것이 하나 있다면, 各自 그것을 바탕으로 해서 獨自의 理論이나 見解를 펴나가는 데 集中할 수 있을 것이다. 그런데 그러한 學界 共有의 資産이라고 할 수 있는 것을 우리는 아직 가지고 있지 않다. 바로 그러한 구실을 할 수 있는 것 하나를 마련해 보겠다는 생각에서 이 「民法注解」의 刊行을 꾀하게 된 것이다.

民法은 매우 큰 法律이어서, 그 전체에 관한 大「코멘타르」를 어느 特定人이 單獨으로 지어낸다는 것은 발달된 現代 民法體系 아래에서는 期待하기 어렵다. 多數의 硏究者가 共同으로 協力해서 마련하는 것이 가장 적절한 방법이다. 「民法注解」도 그런 방법으로 만들기로 하였다. 그 筆陣을 정하는 것은 매우 어려운 일이었으나, 여러 사정을 고려하여 앞으로 우리의 民法學을 이끌어 갈 비교적 젊은 硏究者들을 많이 포함시켜서 筆陣을 구성하였다.

「民法注解」의 刊行은 우리의 法學史上 劃期的인 事業이라고 自負하고 있다. 그러나 처음으로 試圖하는 일인데다가, 또한 多數의 執筆者를 動員하여야 했기 때문에 均衡 있는 敍述을 期待할 수 없었다. 時間이 흐르면 法令은 變動되고 새로운 理論과 判例가 出現하게 됨은 필연이다. 그러한 變化는 「民法注解」의 改訂을 불가피하게 할 것이다. 여러 가지 不充分한 점이나 흠은 改訂版을 낼 때에 是正·補充할 豫定으로 있다. 그러한 改訂을 거듭하면서 「民法注解」는 더 滿足스러운 것으로, 또한 우리 나라에서 매우 값진 法律文獻의 하나로 發展할 것이다.

全部 15卷 정도로 豫定하고 있는 이 尨大한 出版을 快히 맡아 준 博英社에 대하여 깊은 謝意를 表示한다.

1992年 2月 20日

編輯代表

郭 潤 直

物權編 執筆者

權五坤(대법원 재판연구관)

金相容(한양대학교 법과대학 교수)

金滉植(법원행정처 법정국장)

南孝淳(서울대학교 법과대학 전임강사)

閔日榮(법원행정처 송무심의관)

朴炳大(대구고등법원 판사)

朴在允(광주고등법원 부장판사)

朴海成(서울고등법원 판사)

徐廷友(서울고등법원 부장판사)

梁承泰(법원행정처 송무국장)

梁彰洙(서울대학교 법과대학 부교수)

柳元奎(대법원 재판연구관)

尹眞秀(대법원 재판연구관)

李東明(법원행정처 법정심의관)

李仁宰(법원행정처 인사관리심의관)

李在洪(서울고등법원 판사)

田桂元(법원도서관장)

鄭東潤(고려대학교 법과대학 교수)

曺大鉉(대구지방법원 김천지원장)

崔秉祚(서울대학교 법과대학 부교수)

胡文赫(서울대학교 법과대학 부교수)

(가나다順. 現職은 1992년 10월 31일 기준)

物權編 執筆 內容

前　　論 …………………………………………………………… 金 滉 植
第185條, 第186條 ………………………………………………… 金 滉 植
第187條 …………………………………………………………… 李 在 洪
第188條～第191條 ……………………………………………… 李 仁 宰
明認方法 …………………………………………………………… 李 在 洪
第192條～第195條 ……………………………………………… 崔 秉 祚
第196條 …………………………………………………………… 李 仁 宰
第197條～第200條 ……………………………………………… 崔 秉 祚
第201條～第203條 ……………………………………………… 梁 彰 洙
第204條～第210條 ……………………………………………… 崔 秉 祚
第211條, 第212條 ………………………………………………… 金 相 容
第213條, 第214條 ………………………………………………… 梁 彰 洙
第215條 …………………………………………………………… 金 滉 植
第216條 …………………………………………………………… 金 相 容
第217條 …………………………………………………………… 柳 元 奎
第218條～第244條 ……………………………………………… 金 相 容
第245條～第248條 ……………………………………………… 尹 眞 秀
第249條～第251條 ……………………………………………… 李 仁 宰
第252條～第261條 ……………………………………………… 權 五 坤
名義信託 …………………………………………………………… 權 五 坤
第262條～第278條 ……………………………………………… 閔 日 榮
共同所有 後論 …………………………………………………… 李 東 明
用益物權 前論 …………………………………………………… 朴 在 允
第279條～第301條 ……………………………………………… 朴 在 允
第302條 …………………………………………………………… 閔 日 榮
第303條～第319條 ……………………………………………… 朴 炳 大

第320條～第328條 …………………………………………………………… 胡 文 赫
第329條～第344條 …………………………………………………………… 梁 承 泰
第345條～第355條 …………………………………………………………… 鄭 東 潤
第356條 …………………………………………………………………… 南 孝 淳
第357條 …………………………………………………………………… 朴 海 成
第358條～第367條 …………………………………………………………… 南 孝 淳
第368條 …………………………………………………………………… 曺 大 鉉
第369條, 第370條 …………………………………………………………… 南 孝 淳
第371條 …………………………………………………………………… 曺 大 鉉
第372條 …………………………………………………………………… 田 桂 元
擔保物權 後論 ……………………………………………………………… 徐 廷 友

凡　例

1. 條　文

民 §49 Ⅱ iii ← 民法 第49條 第2項 第3號

民 §312-2 ← 民法 第312條의 2

民 附則 §10 ← 民法 附則 第10條

2. 判　例

(1) 一　般

大判 80.7.8, 79다1928(集 28-2, 101) ← 大法院 1980年 7月 8日 宣告 79다1928判決(대법원판결집 제28권 2집 민사편 101면)

大決 76.11.24, 76마275(公 551, 9634) ← 大法院 1976年 11月 24日 告知 76다275決定(법원공보 551호 9634면)

大判 80.9.24, 80다1220(要集 民 Ⅰ-1, 161) ← 大法院 1980年 9月 24日 宣告 80다1220判決(大法院判決要旨集 民事・商事編 Ⅰ-1卷 161면)

서울高判 72.12.30, 72나1357등(高集 72-2, 521) ← 서울高等法院 1972年 12月 30日 宣告 72나1357, 1358判決(고등법원판결집 1972년 민사편 제2권 521면)

(2) 기타의 裁判法院 및 裁判種類의 表示

大判(全) ← 大法院全員合議體判決

大邱高判 ← 大邱高等法院判決

서울民地判 ← 서울民事地方法院判決

密陽支院判 ← 馬山地方法院密陽支院判決

(3) 判例의 出典

集 ←「大法院判決集」(또는「大法院判例集」)

全集 ←「大法院全員合議體判決集」

公 ←「法院公報」

高集 ←「高等法院判決集」

下集 ←「下級審判決集」
月報 ←「判例月報」
新聞 ←「法律新聞」
總覽 ←「判例總覽」
要集 ←「大法院判決要旨集」

3. 法令略語

(1) 法　　律

法令	略語	法令	略語
假登記擔保等에 關한 法律	假擔	農地賃貸借管理法	農賃
家事審判法	家審	農村近代化促進法	農近
家事審判處理規則	家審規	道路法	道
建築法	建築	都市計劃法	都計
競賣法(폐)	競	獨占規制 및 公正去來에 關한 法律	獨占
古物營業法	古物	民法	民
公益法人의 設立, 運營에 關한 法律	公益法人	民事訴訟法	民訴
工場抵當法	工抵	法人稅法	法人
供託法	供	法院組織法	法組
供託事務處理規則	供規	辯護士法	辯
鑛業法	鑛業	不動産登記法	不登
鑛業財團抵當法	鑛抵	不動産登記特別措置法	不登特措
國家賠償法	國賠	不在宣告等에 關한 特別措置法	不在特措
國稅基本法	稅基	不正競爭防止法	不正競
國稅徵收法	稅徵	佛敎財産管理法(폐)	佛財
國籍法	國籍	非訟事件節次法	非訟
國土利用管理法	國土管	私立學校法	私學
歸屬財産處理法	歸屬	山林法	山林
勤勞基準法	勤基	商法	商
勞動組合法	勞組	相互信用金庫法	信金
農地改革法	農改		

船舶法	船舶
涉外私法	涉私
所得稅法	所稅
訴訟促進等에 關한 特例法	訴促
水難救護法	水救
水產業法	水業
手票法	手票
身元保證法	身保
信託法	信託
約款의 規制에 關한 法律	約款
漁業法	漁
어음法	어음
溫泉法	溫泉
外國人土地法	外土
外國換管理法	外換
遺失物法	遺失
利子制限法	利制
人事訴訟法	人訴
立木에 關한 法律	立木
自動車管理法	自管
自動車抵當法	自抵
自動車損害賠償保障法	自賠
傳統寺刹保存法	寺保
著作權法	著作
住宅賃貸借保護法	住賃
重機管理法	重管
重機抵當法	重抵
證券去來法	證去
地方稅法	地稅
集合建物의 所有 및 管理에 關한 法律	集建
土地區劃整理事業法	區整
土地收用法	土收
特許法	特許
破產法	破
河川法	河川
航空法	航空
行政訴訟法	行訴
行政審判法	行審
憲法	憲
憲法裁判所法	憲裁
刑法	刑
刑事訴訟法	刑訴
戶籍法	戶籍
會社整理法	會整

(2) 法律의 施行令 또는 施行規則은 法律略語에 「令」 또는 「規」를 붙인다.

(3) 外國法律

獨民 ← 獨逸民法

佛民 ← 프랑스民法

瑞民 ← 스위스民法

瑞債 ← 스위스債務法

日民 ← 日本民法
墺民 ← 오스트리아民法
伊民 ← 伊太利民法
希民 ← 그리스民法

4. 文獻略語

(1) 教科書：著者名만으로 인용한다.
郭潤直, 物權法(1990)
金基善, 韓國物權法(1985)
金相容, 物權法(1991)
金容漢, 物權法論(1985)
金曾漢, 物權法講義(1984)
金顯泰(上), 新物權法(上)(1963)
金顯泰(下), 新物權法(下)(1964)
方順元, 物權法(全)(1960)
李根植, 民法講義(上)(1977)
李英俊, 物權法(1991)
張庚鶴, 物權法(1987)
崔　栻, 新物權擔保物權法(1960)
玄勝鍾, 民法(總則・物權)(1975)
黃迪仁, 現代民法論(1987)

(2) 定期刊行物
法學 ←「서울大學校 法學」
民判硏 ←「民事判例硏究」
諸問題 ←「民事裁判의 諸問題」
新聞 ←「法律新聞」
司論 ←「司法論集」
司行 ←「司法行政」
月報 ←「判例月報」

(3) 기　타
註釋民總 ← 金曾漢・朱宰璜 編輯代表, 註釋 民法總則

5. 外國文獻(기타는 그 각 本國에서 통용되는 方式에 의함)

(1) 獨 逸

Staudinger ← Staudingers Kommentar zum BGB, 12. Aufl.

MünchKomm ← Münchener Kommentar zum BGB, 2. Aufl.

Erman ← Handkommentar zum Bürgerlichen Gesetzbuch, 8. Aufl.

Baur ← F. Baur, Lehrbuch des Sachenrechts, 15. Aufl.(1989)

Westermann ← Harry Westermann, Sachenrecht, 5. Aufl.(1966)

(2) 日 本

日注民 ← 有斐閣 刊行, 注釋民法

차 례

第4章 地上權

第5章 地役權

第6章 傳貰權

第7章 留置權

第8章 質 權

第1節 動產質權

第 2 節 權利質權

用益物權 前論

차 례

Ⅰ. 概　　念

用益物權이란 타인의 物件이 가지는 使用價値의 支配를 목적으로 하는 物權의 總稱이며,[1] 타인의 物件을 일정한 범위 내에서 使用·收益함을 내용으로 하는 物權[2]을 말한다. 이는 이른바 制限物權의 일종으로서, 擔保物權[3]과 대비되는 위치에 있다.

우리 民法은 用益物權으로서 地上權·地役權·傳貰權의 3種을 규정하고 있다. 이들은 모두 不動産만을 대상으로 하고 있는데, 不動産에 관한 債權的 利用關係(賃貸借 등)의 設定이 所有權者에 의하여 훨씬 더 選好되는 점 때문에,[4] 擔保物權에 비하여 그 現實的 利用頻度나 社會的 意義는 그리 크지 않다고 할 수 있다.

地上權(民 §279 이하)은 他人의 土地 위에서 建物 기타 工作物의 建設이나 植林을 하기 위하여 그 土地를 使用하는 用益物權이다.[5]

地役權(民 §291 이하)은 인접하는 土地所有權 사이의 利用關係의 調整이라는 관점에서 어느 특정 土地(要役地)의 利用價値의 증대를 위하여 다른 土地(承役地)의 위에 일정한 支配(通行, 引水 등)가 미치게 하는 用益物權이다.[6]

1) 郭潤直, 32.
2) 日注民(7), 401.
3) 擔保物權이란 他人의 物件이 가지는 交換價値의 支配를 목적으로 하는 物權으로서, 우리 民法上 留置權·質權·抵當權의 3種이 규정되어 있다.
4) 後述 Ⅳ. 用益物權과 債權的 用益權의 說明部分을 참조할 것.
5) 日注民(7), 401.
6) 日注民(7), 401.

傳貫權(民 §303 이하)은 傳貫金을 支給하고서 그 대가로 타인의 不動產을 그 용도에 좇아 使用·收益하는 用益物權으로서, 傳貫權이 소멸하면 目的不動產으로부터 傳貫金의 優先辨濟를 받을 수 있는 것이다.[7] 用益物權이면서 부수적으로 擔保物權의 기능까지 가지고 있는 특수한 物權이다.

그 밖에 大法院判例에 의하여 인정되고 있는 慣習法上의 物權으로서 「墳墓基地權」과 「慣習法上의 法定地上權」이 있다.[8]

Ⅱ. 沿 革

1. 地上權

일반적으로 말해서 유럽 各國에서는 로마法 이래 「地上物은 土地에 속한다」(superficies solo cedit)라는 원칙이 존재하여 타인의 土地에 建物을 지으면 그 建物은 土地에 附合하여 土地所有權者에게 귀속된다고 하는 法的 構成을 취하고 있다.[9] 地上權은 이 원칙의 존재를 전제로 하여 이 원칙에 대한 하나의 修正으로서의 의미를 가지고 登場한 것이다.

로마法時代의 초기에는 이 원칙이 관철되고 있었으나, 점차 社會經濟의 발달, 土地價格의 등귀, 公有地의 대여의 증대 등의 요인 아래, 土地所有者와 地上物所有者를 구별하고 地上物所有者로 하여금 타인의 土地上에 建物 등을 짓고 이를 所有者처럼 이용할 수 있는 權利를 주어 土地와 地上物을 함께 소유하여야 하는 負擔으로부터 해방되게 하였는데, 이것이 地上權의 기원이다.[10] 따라서 로마法에서의 地上權은 「地上物은 土地에 속한다」는 원칙에 대한 예외로서, 地上定着物의 所有權을 土地所有權者 이외의 사람에게 귀속시키는 法的 技術로서 만들어진 것이고, 근대의 獨逸法, 佛蘭西法도 기본적으로는 이와 동일한 性格을 취하고 있다.

한편 로마法에 있어서 賃借權(locatio conductio)은 對人訴權(actio in personam)이 부여된 債權(obligatio)으로 構成되어 있었던 데 반하여, 地上權은 對物訴訟(actio in rem)으로 보호되는 物權的 性質의 權利로 구성되어 있었다. 다

7) 郭潤直, 415.
8) 이들에 관하여는 地上權의 後論에서 자세히 설명한다.
9) 郭潤直, 368.
10) 日注民(7), 404.

만 처음부터 物權으로서의 利用權과 債權으로서의 利用權이 의식적으로 대립하여 구성되어 있었던 것은 아니고, 物權的 訴權이 부여된 利用權도 債權的 權利로서 locatio conductio 중에 포함되어 있었다가 社會經濟的 基盤의 변동에 따라 보다 강한 物權性을 부여받게 된 것이다.[11)]

근대의 大陸法은 로마法과 달리, 實體法上 物權과 의식적으로 대립하는 債權的 借地權으로서 賃借權을 구성하고 物權인 地上權을 오히려 예외적인 것으로 하였다. 그러나 物權과 債權의 분리를 의식적으로 固定化하는 敎義的 解釋에 의하여 地上工作物 내지 樹木의 소유를 위한 借地權이 債權的 利用權인 賃借權으로 구성된 데서 생긴 모순은 그 후의 資本主義의 발전에 따라 더욱 분명해져서, 이른바 賃借權의 物權化라는 현상을 초래하기에 이르렀고, 賃借權과 地上權의 二元的 構成이 修正되기에 이른다.[12)]

한편 英國法은 大陸法과 달리 物權的 利用權과 債權的 利用權의 대립이 없고 土地의 使用關係는 모두 lease로 구성되어 一元的으로 처리되고 있다.

2. 地 役 權

地役權은 그 명칭에서도 알 수 있는 바와 같이 役權의 一種이다. 役權(servitus, servitude, Dienstbarkeit)이란 특정한 사람 또는 土地의 便益을 위하여 타인의 所有物을 사용하는 權利를 말하며, 로마法에 연원을 둔 제도이다. 로마法에서는 타인의 所有物을 이용하는 권리는 役權뿐이었고, 따라서 役權은 유일한 他物權이었다.[13)] 役權은 人的役權(servitus personarum)[14)]과 物的役權(servitus praediorum)으로 대별된다.

人的役權은 特定人의 便益을 위하여 인정되는 權利이며, 物件의 실체를 해치지 않으면서 타인의 물건을 使用·收益하는 권리(用益權), 타인의 주택에 居住하는 권리(住居權), 타인의 奴隷나 家畜을 사용하는 權利 등이 이에 포함되고, 일반적으로 讓渡性과 相續性이 없다.[15)]

物的役權은 다시 地役權과 建物役權으로 나누어지는데, 地役權은 가장 오래된 형태이고, 建物役權은 특정 건물의 편익을 위하여 인정되는 權利로서 便

11) 日注民(7), 405.
12) 日注民(7), 後述(註 38)의 本文 참조.
13) 日注民(7), 469.
14) 人役權이라 부르기도 한다. 郭潤直, 407.
15) 郭潤直, 407.

益을 제공받는 物件이 土地가 아닌 건물이라는 점에서 地役權과 다를 뿐이다.

게르만法은 원래는 役權을 알지 못하고 있었으나, 로마法 繼受 이후 役權을 인정하고 게르만法에 기원하는 새로운 役權을 창출하기에 이르렀다. 즉 공동의 牧場에서 방목을 하는 放牧權(Weidegerechtigkeit), 森林地의 이용을 목적으로 하는 森林權(Waldgerechigkeit), 引水權 등 물에 관한 權利(Wasserrecht) 등이다.[16]

이와 같이 役權의 내용, 종류가 다양하였었으나, 그 후 役權 이외의 他物權(用益物權)이 발전함에 따라 役權이 맡고 있던 역할은 비교적 작아지게 되었고, 또 役權이 目的物에 무거운 負擔을 주게 된다는 이유로 所有權의 絶對性을 강조하는 近代法은 일반적으로 役權에 대하여 排斥的 態度를 취하게 된다. 현재 유럽 各國이 地役權과 人役權을 인정하고는 있지만, 그 내용과 종류는 비교적 制限되어 있다.[17]

3. 傳貰權

傳貰權은 外國의 立法例에서는 찾아보기 어려운 우리의 특유한 制度이며, 우리 民法의 한 이채로운 존재라고 할 수 있다. 이는 종래 일종의 債權契約으로서 관행되어온 「傳貰」라는 建物賃貸借를 物權의 일종으로 新設·成文化한 것이어서, 다른 物權처럼 유럽에서 형성·발달한 制度를 繼受한 것이 아니라 우리 나라에서 발달한 특유한 제도라는 데서 특별한 의의가 있다.[18]

이른바 「傳貰」라는 관행은 舊韓末 경부터 文獻에 나타나는 우리 나라 固有의 不動産貸借, 특히 建物貸借의 한 형태이다. 그 法律的 性質은 일종의 특수한 賃貸借라고 할 수 있고, 賃貸借와 利子附金錢消費貸借가 결합한 混合契約이라 할 수도 있다. 이 傳貰가 보통의 賃貸借와 다른 점은 目的建物의 사용에 대한 대가의 지급방법인데, 傳貰에 있어서는 建物時價의 약 6 내지 7할에 해당하는 金額이 일시에 賃貸人에게 지급되었다가 傳貰終了時에 賃借人이 반환받게 되며 그 利子와 借賃이 相計된다.

이로써 建物所有者는 所有建物을 통하여 일시에 巨額의 融通이 가능하게 되며, 요컨대 舊慣의 傳貰의 社會的 機能은 타인의 건물의 사용에 있는 것이지만 이와 동시에 不動産金融의 일익을 담당하고 있었던 것이다.[19]

---

16) 日注民(7), 470.
17) 자세한 내용은 後述 Ⅲ. 立法例를 참조할 것.
18) 郭潤直, 415.
19) 郭潤直, 415-6.

Ⅲ. 立 法 例

1. 獨　逸

(1) **地上權**(Erbbaurecht)

獨逸民法은 로마法上의 superficies 및 獨逸都市法上의 Bauleihe를 수용하여 §1012부터 §1017까지에 걸쳐 地上權에 관한 規定을 두고 있었다.[20] 地上權은 法律上 토지와 마찬가지로 취급되어 土地에 관한 규정 및 所有權에 기한 物權的 請求權에 관한 규정이 준용된다. 地料支給義務 및 存續期間이 地上權의 요소로 되어 있지 않은 점은 우리 民法과 동일하지만, 樹木의 所有를 위한 地上權이 인정되지 않는 점이 우리 民法과 다르다.

원래 superficies가 近代法 체계 중에서 積極的 意味를 가졌다고는 생각되지 않았기 때문에 獨逸民法에서도 추상적으로 6개 條文만 규정되었을 뿐이지만,[21] 그 후 立法者의 예상과 달리 地上權이 널리 이용되기에 이르렀다. 특히 住宅問題의 전개에 따른 地價의 暴騰과 土地의 投機를 억제하기 위하여 國家와 地方自治團體가 적극적으로 所有土地를 개방하고 公用收用權을 발동하여 私有地의 이용을 추진한 것이 地上權普及의 중요한 요인이었다고 설명되고 있다.[22] 地上權利用의 증대에 따라 地上權의 法律關係를 정비할 필요가 급박해지자 1919년 7월 15일 "地上權에 관한 命令"(Verordnung über das Erbbaurecht)이 公布되었는데,[23] 이후에 설정된 地上權은 모두 위 命令만에 의하여 規律되게 되었다.

地上權은 독립한 不動産과 같이 취급되며 그 결과 地上權에 관한 사항은 특별한 土地登記簿인 地上權登記簿(Erbbaugrundbuch)에 등기된다. 地上權을 대상으로 한 抵當權設定의 요건이 규정되어 지상권을 擔保로 한 金融의 길이 넓어졌으며, 讓渡性이 확립되었고, 地料·修繕義務 등에 관한 特約을 등기하여 제3자에게 대항할 수 있는 길이 열렸으며, 土地所有者의 復歸請求權(Heimfall-anspruch)의 행사가 제한되었을 뿐더러 이를 行使한 때에 그 地上權이 資力없는 者들의 住宅需要를 충족하기 위하여 설정되었던 경우에는 地上權者에게 상

---

20) 獨逸民法 중 地上權에 관한 규정들은 後述 地上權에 관한 命令의 施行과 동시에 廢止되었다. 다만 그 전에 設定된 地上權에 관하여는 그대로 이들 규정이 적용된다. 黃迪仁·李銀榮, 獨逸法, 105.

21) 日注民(7), 406.

22) 日注民(7), 406; 黃迪仁·李銀榮(註 20), 105.

23) 形式은 命令으로 되어 있으나 法律과 동일한 效力을 가진다(同令 §35).

당한 補償을 하여야 하도록 한 점 등이 위 命令의 主要內容이다.[24]

(2) **地役權**(Grunddienstbarkeit)

獨逸民法上 地役權은, 用益權(Nießbrauch) 및 制限的 人役權(beschränkte persönliche Dienstbarkeit)와 함께 役權(Dienstbarkeit)의 한 종류로 규정되어 있다. 地役權은 어느 土地(要役地, herrschendes Grundstück)의 현재의 所有者가 다른 土地(承役地, dienendes Grundstück)를 개개의 關係에 있어서 그 便益을 위하여 支配하는 物權的 收益權이다(§1018). 다른 土地를 개개의 關係에 있어서만 利用할 수 있다는 점에서 전체적으로 利用할 수 있는 用益權와 다르고, 또 要役地의 현재의 所有權者에게 속하는 점에서 特定人에게만 속하는 制限的 人役權과 다르다.[25]

地役權은 要役地의 本質的 構成部分이 되므로(獨民 §96), 要役地로부터 독립하여 처분되거나 다른 權利의 목적이 되지 못한다. 地役權의 내용인 便益은 ① 承役地를 개개의 관계에서 이용하는 것(放牧地役權, 土地의 構成部分을 採取하는 地役權, 通行地役權, 引水地役權 등이 이에 속한다), ② 承役地에서의 일정한 事實行爲를 금지하는 것(建築의 금지, 增築의 금지, 競業의 금지, 居住의 금지 등), ③ 承役地所有權에 기하여 要役地에 대하여 생기는 침해를 排除하는 것(예컨대, 土地所有者가 隣接地로부터 煙氣의 侵入을 法律上 受忍하여야 할 경우에도, 그 隣接地를 承役地로 삼는 地役權을 設定받음으로써 그 煙氣의 侵入을 排除할 수 있다) 등이다(獨民 §1018).

地役權에 의하여 承役地가 받는 負擔은 要役地에 便益을 주는 것이어야 하며, 또한 그 便益의 내용은 그 성질에서 생기는 한도를 초과하지 못한다(獨民 §1019). 이에 위반되면 地役權은 무효가 된다. 또 地役權의 내용은 忍容 또는 不作爲의 의무만을 承役地에 부담시키는 것을 원칙으로 하나, 예외적으로 일정한 作爲義務를 부담시키는 경우도 있다(獨民 §§ 1021, 1022).

(3) **그 밖의 用益物權**

그 밖의 用益物權으로는 먼저 役權의 나머지 두 가지인 用益權(특정인의 利益을 위하여 타인의 物件·權利 또는 財產을 전반적으로, 즉 所有者를 배제하여 獨占的으로 使用·收益할 수 있는 制限物權, 獨民 §1030 이하) 및 制限的 人役權(타인의 土地를 개개의 관계에서 利用하거나 地役權과 같은 내용을 가지는 特定人을 위한 制限物權, 獨民 §1090 이하)이 있고, 그 밖에 物的負擔(Reallasten, 土地로부터 생기는 回歸的 給付—wiederkehrende Leistungen—를 支給할 것을 내용으로 하는 土地의 私法上의 負擔이며, 그 權利者는 위 給付의 請求를 내용으로 하는 物權을 갖게 된다. 獨民 §1105),[26] 繼續的 居住權(Dauerwohnrecht)과 繼續的 利用權(Dauernutzungsrecht) 등이 규정되어 있다.[27]

---

24) 日注民(7), 407. 보다 자세한 내용에 관하여는 民 §283의 注解 I.2.(1)의 설명을 참조할 것.

25) 日注民(7), 477.

26) 黃迪仁·李銀榮(註 20), 105-6.

27) 住居所有權 및 繼續的居住權에 관한 法律(Gesetz über das Wohnungseigentum und das Dauerwohnrecht)에 규정된 특수한 用益物權이다.

2. 佛 蘭 西

(1) 地 上 權

佛蘭西民法은 「地上物은 土地에 속한다」라는 로마法 이래의 원칙을 受容하여 地上(또는 地中)의 工作物·植栽物 및 設置物은 土地所有者가 자기의 비용으로써 設置·植栽하여 그의 所有에 속하는 것으로 추정하는 규정을 두고 있다(§553 本文). 그러나 反證이 있으면 이 추정은 깨지며, 또 제3자의 時效完成에 의한 建物所有權取得이 인정되고 있다(佛民 §553 但). 그 결과 土地의 賃借人이 土地所有者의 承諾을 얻어 건물을 건축한 때에는 그 建物은 借地人의 소유에 속한다고 인정되는데, 이 경우 그 定着物所有權은 地上所有權(propriété superficiaire) 또는 地上權(droit de superficie)라 호칭되고 그 所有者는 地上權者(superficiaire)라 호칭된다.[28]

따라서 佛蘭西民法에 있어서 地上權은 法典條文에 규정된 권리가 아니고, 土地所有權은 토지의 上下에 미친다는 原則(§552 I)에 대한 예외로서 구성된 관념이라고 해석된다. 이러한 의미의 地上權은, 우리 民法에서의 地上權과 달리 하나의 有體不動產所有權(propiété corporelle immobiliére)을 구성하여 所有權과 마찬가지로 一定期間의 不行使에 의하여는 消滅하지 않는 永久權이 된다.[29]

地上權이 존재하는 경우에도 土地所有者(propriétaire du tréfonds)는 土地所有權에 속하는 權能을 행사할 수 있으나 地上物 및 地表에 손해를 가하지 않을 義務를 부담한다.

(2) 地 役 權

(가) 佛蘭西에서의 法理論上 役權(servitude)은 物的役權(servitude réelle)과 人的役權(servitude personelle)을 포괄하는 넓은 觀念이다. 그러나 實定法上으로는 後者(人的役權)는 usufruit(用益權), usage(使用權), habitation(居住權) 등의 명칭으로 각각 별도로 制度化되어 있어 役權이라고는 호칭되지 않으며, 그 결과 役權이라 할 때는 前者(物的役權)만을 지칭하는 것이 實定法上의 觀念이라고 할 수 있다. 佛蘭西民法典은 제2편 제2장 「役權 및 土地役務」(Des servitudes ou services fonciers)에 74개 條文(§§637-710)을 두어 이 狹義의 役權에 관하여 규정하고 있다.

---

28) 日注民(7), 407.
29) 日注民(7), 407-8.

(나) 그러나 이러한 實定法上의 役權觀念도 우리 民法上의 地役權보다는 훨씬 넓다. 佛蘭西民法典의 構成上으로는 役權은 「場所의 自然的 狀況」(自然役權), 「法律에 의하여 부과된 義務」(法定役權) 및 「土地所有者間의 合意」(設定役權)의 어느 하나로부터 發生하는데(§639), 우리 民法의 地役權에 해당하는 것은 세번째의 카테고리인 設定役權뿐이다. 첫번째의 카테고리인 自然役權은 自然流水의 承水義務(佛民 §640), 境界標設置權(佛民 §646) 등이고, 두번째의 카테고리인 法定役權은 담의 設置權(佛民 §653 이하), 境界線附近의 建築制限(佛民 §674), 遮面施設義務(佛民 §675 이하), 처마물에 대한 施設義務(佛民 §681), 周圍土地通行權(佛民 §682 이하) 등으로서, 우리 民法에서는 相隣關係 내지 土地所有權의 속성으로 취급되는 權利·義務關係를 내용으로 한다.[30]

(다) 이와 같은 役權에 관한 佛蘭西民法의 規定의 多樣性은 일찍부터 學說에 의하여 批判的으로 검토되어 왔는데, 自然役權을 法定役權에 흡수하여 이를 設定役權과 대치시키고 兩者를 포괄하는 役權이라는 개념을 使用하되 最狹義로는 後者, 즉 設定役權만을 役權의 본래적인 내용으로 보는 경향이 인정된다. 이하에서는 이러한 最狹義의 役權, 즉 設定役權을 佛蘭西民法上의 地役權으로 호칭하기로 한다.

(라) 佛蘭西民法의 定義에 의하면 地役權이란 "(사람의 設定行爲에 의하여) 어느 héritage에, 다른 所有權者에 속하는 héritage의 利用 및 便益을 위하여 부과된 負擔"(§637)을 내용으로 하는 物權이다. 不動産에 관한 物權이며 "사람에 대하여도 사람을 위하여도 設定되지 않으며, 오로지 土地에 대하여 또한 土地를 위하여만 設定된다"(佛民 §686). 영구적인 物權이어서, 設定行爲에서 별도의 意思表示가 없는 한, 일정한 消滅事由에 의하는 외에는 地役權은 소멸하지 않는다. 또 附從性을 가지므로, 要役地의 所有權과 분리되어 讓渡, 押留, 抵當權設定이 될 수 없으며, 要役地의 讓渡, 押留, 抵當權設定에 附從한다. 承役地에 관하여도 마찬가지로 承役地所有權과의 附從關係가 인정된다.

(마) 地役權은 다음의 세 原因에 의하여 成立된다.[31] ① 設定行爲(titre)에 의하는 경우인데, 契約에 의하는 경우와 承役地所有者의 遺言에 의하는 경우가 있다. ② 取得時效(prescription acquisitive)에 의하는 경우인데, "繼續되고 表現된 地役權은, ……30년의 占有에 의하여 取得된다"(佛民 §690). 不作爲地役權은

30) 日注民(7), 473.
31) 日注民(7), 474-5.

表現性이 결여되어 있고, 通行地役權은 繼續性이 결여되어 있으므로 時效에 의하여 取得될 수 없다(佛民 § 691). ③ 家父에 의한 目的決定(destination du père de famille)인데, 同一人의 所有에 속하는 두 土地(또는 한 土地의 두 部分)의 사이에 所有者에 의하여 要役·承役의 事實關係가 設定된 후 각 土地(또는 部分)가 讓渡 또는 分割되어 所有者를 달리하게 될 때에는 두 土地의 사이에 地役權이 성립한다. 우리 民法의 法定地上權에 준하는 論理構造를 여기서 발견할 수 있다. 地役權成立의 實質的 根據는 家父(所有者)의 意思 내지 行爲가 아니라 讓渡 또는 分割當事者 사이의 默示的 合意에서 구해지고 있다.

(바) 地役權者는 設定行爲(또는 時效取得의 기초가 된 占有의 態樣이나 「家父에 의한 目的決定」)에 의하여 정해진 범위에서 承役地를 要役地의 便益을 위하여 이용할 수 있고, 이 利用에 필요한 시설의 建造와 維持는 特約이 없는 한 地役權者에 의하여 그 費用負擔으로 행해진다(佛民 §§ 697, 698). 承役地所有者는 地役權者의 이러한 이용을 受忍할 義務(또는 일정한 행위를 하지 않을 不作爲義務)를 지는 데 그치는 것이 원칙이지만 특별한 作爲義務를 承役地所有者에게 부담시키는 設定行爲上의 特約은 유효하다.[32]

3. 英　國

(1) 建築用借地權(building lease)

英國法에 있어서도 大陸法과 마찬가지로 建物 등 工作物은 토지와 일체를 이룬다는 原則이 존재한다. 따라서 土地를 빌려서 그 위에 築造한 工作物은 土地所有者의 소유가 되고 借地人은 토지와 함께 그 工作物도 빌린 것이 되며, 기간이 滿了한 경우에 工作物의 收去權, 買受請求權도 인정되지 않는다. 工作物設置에 投下한 자본의 회수라는 관점에서 地料는 低額이고 기간도 아주 長期인 것이 보통이다.[33]

英國法에 있어 일반적으로 土地의 貸借關係는 무엇을 목적으로 한 것이든지 賃借權(lease, leasehold)에 의하여 처리되며, 賃借權과 地上權의 대립은 존재하지 않는다. 또 大陸法과 같은 物權·債權의 分類範疇를 갖지 않은 英國法에 있어서는 위의 賃借權이 物權이냐 債權이냐의 문제도 생길 여지가 없다. 그러나 人的財産(personal property)이냐 物的財産(real property)이냐의 대립에 있어서 賃借權은 chattels real이라는 특수한 지위를 점하였고, 15세기 말 이래 判例

32) 日注民, 475.
33) 日注民, 408.

法 및 制定法에 의하여 大陸法에서의 이른바 物權的 效力(存續期間, 對第三者對抗力, 讓渡性 등)을 一般法의 차원으로 실현하여 왔다.

建物 등 工作物을 위한 lease도 이른바 物權的 效力을 가지고 있다. 그러나 lease 終了時에 있어서 다른 lease에 있어서는 收去權을 인정하는 범위가 判例法에 의하여 차츰 증대되어 왔음에도 불구하고, 建築用의 lease(building lease)에 있어서의 建物에는 여전히 定着物不收去의 원칙이 적용되어 왔다. 제 2차대전 후 lease 終了時 借地人이 自由保有權을 買受할 수 있게 하는 賃貸借開放制度의 認定이 借地人層으로부터 요구된 결과 1951년 賃借財産臨時措置法(the Leasehold Property Temporary Provisions Act)이, 다시 1954년 家主 및 借家人에 관한 法律(the Landlord and Tenant Act) 등의 制定이 있었다.[34]

(2) **地役權**(easement)[35]

(가) 어느 土地의 所有者가 인접한 타인의 土地를 利用하거나 타인의 그 土地利用을 制限할 수 있는 權利를 easement라고 부르는데, 우리 民法의 地役權에 해당한다. 要役地 · 承役地에 해당하는 명칭은 각각 dominant tenement · servient tenement이고, 그 각 所有者를 dominant owner · servient tenant라고 부른다. 地役權의 成立要件은 ① 인접하는 두 土地의 존재, ② 一方이 他方에게 便益을 제공할 것, ③ 두 土地가 별개의 所有者에게 속할 것, ④ 便益의 내용이 特定的이고 명확할 것 등이다.

(나) 地役權의 종류로는 流水權(water), 空氣利用權(air), 採光權(light), 通行權(way), 支持權(support), 圍墻權(party-walls and fences) 등이 있다. 承役地所有者(servient tenant)의 의무는 受忍 · 不作爲에 그치며, 항상 消極的인 것이지만 地役權者(dominant tenant)의 權利內容은 積極的(affirmative or positive)과 消極的(negative)의 두 종류가 있다. 또 繼續的(continuous)과 非繼續的(discontinuous or noncontinuous)의 구별이 있고, 表現地役權(apparent easement)과 非表現地役權(non-apparent easement)의 구별이 있다. 나아가 主된(principal) 地役權과 從된(secondary) 地役權과를 구별하기도 하고, 必要的 地役權(easement of necessity)과 便宜的 地役權(easement of convenience)을 구별하기도 한다.

(다) 地役權은 無體의 物的財産(real property)權에 속한다. 이는 土地(要役地)에 附屬(appurtenant or appendant)하며, 土地所有權과 함께 移轉된다. 또

34) 日注民(7), 408-9.
35) 日注民(7), 479-82.

地役權은 단순한 利用權임에 그치며 收益을 수반하지 않는 점에서 土地收益權(profit à prendre)과 구별된다. 나아가 地役權은 개개의 土地所有權으로부터 당연히 생기는 權利를 뜻하는 自然權(natural right)이라든가, 特定人에게 속하는 人的權利인 使用許可(license)라든가, 住民 전체에게 慣行에 의하여 부여되는 地域慣行的 權利(local customary right)라든가와도 구별된다. 그러나 地役權의 槪念 자체가 후에는(특히 美國에서는) 확장되어, 土地에 附屬되지 않고 特定人에게 속하는 人役的 土地利用權, 다시 土地뿐 아니라 人的財産·動産을 대상으로 하는 地役權 類似의 利用權까지도 지칭하는 것이 되었다.

Ⅳ. 用益物權과 債權的 用益權

1. 序 言

土地와 建物, 즉 不動産은 우리의 生活과 經濟의 토대를 이루고 있는데, 이러한 중요한 不動産을 所有하는 者는 적어져 가는 반면, 타인의 不動産을 빌려서 利用하여야 하는 者는 더욱 많아져 가는 것이 오늘날의 實情이라고 할 수 있다.

前述한 바와 같이 大陸法系의 法制에 있어서 타인의 不動産을 이용하는 法律關係는 債權關係와 物權關係 두 방면에서 각각 발전하여 왔다. 賃貸借는 前者에 속하고 각종의 用益物權은 後者에 속한다. 우리 民法도 物權編에 地上權과 地役權, 그리고 傳貰權이라는 제도를 두는 한편, 債權編에는 賃貸借에 관한 자세한 規定을 두고 있다.

따라서 工作物 또는 樹木을 소유하기 위하여 타인의 土地를 使用하거나, 어느 土地의 특정의 便益을 위하여 隣接한 다른 土地를 利用하거나, 일정한 金錢(傳貰金)을 지급한 대가로 타인의 不動産을 使用·收益함에는, 法律的 方法으로서, 物權인 地上權·地役權 또는 傳貰權의 設定에 의할 수도 있으나, 債權關係인 賃貸借에 의하는 것도 가능하다. 그러나 所有權의 絶對性과 契約自由의 原則이 지배하는 이상, 賃貸借라는 債權的 構成에 의한 利用關係가 압도적으로 많고 用益物權이 設定되는 사례는 아주 드물다.[36]

아래에서 地上權과 地役權을 중심으로 그 원인과 전망을 살펴보기로 한

36) 郭潤直, 369-70.

다. 傳貰權關係는 따로 傳貰權에 관한 前論의 說明에 미루기로 한다.

2. 地上權과 賃借權

地上權과 土地賃借權의 差異點은 대략 다음과 같다.

(1) 地上權은 排他性을 가지며 직접 土地를 支配할 수 있는 物權임에 대하여, 賃借權은 賃貸人에 대하여 土地를 使用·收益하게 할 것을 請求할 수 있는 債權에 지나지 않는다.

(2) 地上權은 제3자에 대하여 이를 對抗할 수 있으나, 賃借權은 그러한 對抗力을 가지지 못하는 것이 보통이다. 물론 賃貸借의 登記를 하면 그 때부터 제3자에 대하여 대항할 수 있고(民 § 621 Ⅱ), 또한 반대의 約定이 없으면 賃借人은 賃貸人에 대하여 登記節次에 協力할 것을 請求할 수 있다(民 § 621 Ⅰ). 그러나 賃貸人은 登記하는 것을 원하지 않는 것이 보통이고, 또 미리 登記를 하지 않기로 하는 約定을 할 수 있으므로 대부분의 경우에 賃借權은 登記를 갖추지 못하는 것이 될 것이다.

한편 建物所有를 목적으로 한 土地賃貸借에 있어서는 賃貸借의 登記를 하지 않은 경우에도 그 地上建物의 登記를 한 때에는 제3자에 대하여 對抗할 수 있게 되므로(民 § 622 Ⅰ), 이 한도에서는 地上權의 경우와 큰 차이가 없다. 결국 土地所有權이 讓渡된 경우, 新所有者는 地上權이나 對抗力있는 賃借權에 의하여서는 拘束되지만, 對抗力없는 賃借權에 의하여서는 拘束당하지 않으므로 賃借人에 대하여 土地의 引渡를 請求할 수 있게 된다.

(3) 地上權은 地上權者가 자유로이 讓渡 또는 賃貸하거나 擔保提供할 수 있으나, 賃借權은 賃貸人의 동의없이 讓渡 또는 轉貸하지 못한다(民 § 629).

(4) 存續期間에 관하여, 地上權에는 最長期間의 제한이 없고 最短期間의 制限이 있을 뿐이나(民 § 280), 賃借權에는 最長期間의 제한이 있을 뿐이다(民 § 651).

(5) 存續期間을 約定하지 않은 경우에, 地上權에 있어서는 토지의 使用目的에 따라 30년·15년·5년 등 일정한 기간을 그 存續期間으로 보게 되나(民 § 281), 賃借權에 있어서는 각 當事者가 언제든지 解止通告를 할 수 있다(民 § 635).

(6) 地上權에 있어서는 2년 이상의 地料支給이 延滯된 때에만 그 消滅請求를 할 수 있으나(民 § 287), 賃貸借에 있어서는 賃借延滯額이 2期의 額에 달하면 바로 解止를 할 수 있다(民 §§ 640, 641).

이상과 같이 地上權은 物權으로서, 債權인 地上權에 비하여 그 효력이 강하기 때문에, 자연히 土地所有者는 강한 拘束을 받는 불리한 地上權의 設定을 피하고 보다 유리한 賃貸借를 택하게 되며, 또한 土地를 빌리는 사람은 대체로 土地所有者로 하여금 地上權을 設定케 할만큼 강하지 못하기 때문에 賃貸借로 만족하여야 하는 것이 보통이다. 실제에 있어서 地上權의 設定보다 賃貸借가 많이 행해지는 까닭이 바로 여기에 있다.[37)]

그런데 不動產市場 특히 住居市場에 있어서 需要와 供給이 균형을 이루고 있는 동안은 債權的 構成을 가지는 賃貸借에 의하더라도 큰 缺陷을 보이지는 않을 것이다. 그러나 그 균형이 깨뜨려지고 回復이 어려워 供給不足의 현상이 커지는 때에는, 債權的 構成의 修正의 필요성이 주장된다. 先進 各國에 있어서 금세기에 들어와 產業의 발전과 양차대전을 계기로 하여 인구의 팽창과 大都市集中은 住宅問題·小作問題 등 심각한 社會問題를 발생시켰고, 여기서 賃貸借를 종래와 같이 순수한 債權契約으로 방치할 경우에 經濟的 弱者인 賃借人의 地位가 심히 불안정하게 되어 正義에 반하게 되므로, 점차 여러 特別法을 制定하여 賃借權의 강화를 꾀하게 되었다.

그 결과 不動產所有者인 賃貸人의 지위는 여러모로 制限을 받게 되는 반면에 賃借人의 地主는 보통의 債權的 利用權者의 지위에 비하여 여러 점에서 強化되고 있는데, 이러한 현상을 「賃貸借(賃借權)의 物權化」라고 부르고 있다.[38)] 우리 民法도 이러한 경향에 보조를 맞추고 있으며, 舊民法에서보다 賃借權은 상당히 강화되어 있다.

본래 地上權이란 우리 生活과 經濟의 기반이 되는 土地를 所有하지 못한 者로 하여금 타인의 그러한 土地를 有利한 입장에서 利用할 수 있게 해주는 法律的 方法으로 중요한 작용을 할 수 있는 制度이다. 다만 이 制度가 다른 制度와의 관계, 특히 所有者와 利用者 사이의 利害關係로 말미암아 충분히 利用되지 못하고 있는 형편인 것이다. 이러한 事情은 앞으로도 계속될 것인가.

앞에서 설명한 바와 같이 地上權이 많이 利用되지 못한 重要原因은 地上權이 賃借權보다 강하였기 때문이므로, 이러한 결과를 시정하기 위하여는 地上權의 내용과 賃借權의 내용을 접근시키는 것이 필요하다. 그러나 우리 民法은 舊民法에 비하여 賃借權을 강화하는 데 그치지 않고 地上權도 강화하였기 때문에 兩者 사이의 간격은 거의 그대로 유지되는 결과가 되었다. 그리하여 民法

37) 郭潤直, 370-1.
38) 前述(註 12)의 本文 참조.

의 地上權은 舊民法時代의 地上權과 마찬가지로 마치 하나의 裝飾과 같은 존재가 되어 있었던 것이 그간의 실정이다.[39]

다만 土地에 대한 抵當權者(주로 銀行 등 金融機關)가 목적물의 擔保價値를 유지할 목적으로 土地所有者에 의한 土地利用을 막기 위하여 地上權을 함께 設定받는 예를 종종 볼 수 있는데, 이는 地上權 본래의 목적에 따른 利用이 아니라 하나의 變則的 利用에 지나지 않는다.[40]

地上權制度의 活性化에 대한 한가닥 희망은 새로 도입된 區分地上權制度(民§289-2)에서 찾아질 가능성이 있다.[41] 科學과 技術의 발달로 타인의 土地의 地下 또는 地上空間의 일정범위를 地上權의 목적으로 삼을 必要性과 可能性은 갈수록 커지는 한편, 아직 그러한 科學·技術의 應用方法을 갖추지 않은 土地所有者로서는 區分地上權設定에 대한 拒否度가 보통의 地上權의 경우보다 훨씬 덜할 것이기 때문이다.

3. 地役權과 賃借權

자기의 土地의 便益을 위하여 타인의 土地를 利用함에는 地役權設定에 의하지 않고 賃貸借(또는 使用貸借)에 의하여도 된다. 그러나 賃貸借에 의한 권리는 債權的 權利이므로 土地所有者의 변동에 따라 利用權을 주장할 수 없게 되는 수가 있으므로 土地利用者에게는 地役權이 훨씬 유리한 것은 물론이다.[42] 그 뿐만 아니라 賃貸借에 있어서는 土地의 占有가 전면적으로 賃借人에게 移轉하여 賃借人이 그 土地를 排他的으로 占有할 수 있게 되는 반면, 土地所有者의 占有는 간접적인 데 그치게 되어 所有權에 기한 用益權能을 다할 수 없게 된다.

그 반대로 地役權設定의 경우에는 목적물인 土地(承役地)의 負擔은 設定行爲에 의하여 정해진 범위 내로 국한되고, 그 밖의 점에서는 土地所有者가 直接占有를 계속하면서 用益權能을 행사할 수 있다.

이상과 같이 地役權이 設定되어도 地役權者가 承役地를 獨占支配하는 것이 아니라 承役地所有者도 그 使用·收益을 계속할 수 있기 때문에 결국 地役

39) 郭潤直, 372.

40) 後述 地上權의 前論 Ⅲ.3.에서, 이렇게 변칙적으로 利用된 地上權이 그 登記된 存續期間에도 불구하고 주된 목적인 抵當權의 소멸에 따라 함께 소멸된다는 점을 설명하고 있다. 大判 91.3.12, 90다카27570(公 895, 1178) 참조.

41) 郭潤直, 373.

42) 日注民(7), 463.

權者와 土地所有者가 承役地를 공동으로 利用할 수 있게 된다.[43] 따라서 地役權은 두개의 土地의 利用을 조절한다는 기능을 가지며, 土地의 高度利用이라는 관점에서 地役權이 가지는 社會的 機能을 평가할 필요가 있다.[44]

현실에 있어서 地役權制度가 크게 利用되는 것 같지 않으나, 그 원인은 地上權에 있어서처럼 土地所有者와 土地利用者 사이의 力學的·經濟的 不均衡에서 찾아질 수는 없다고 생각되며, 오히려 地役權을 設定할 필요성이 있는 法律關係 내지 利用上의 관계가 원래 그렇게 흔할 수 없는 성질이기 때문이 아닐까 생각된다.

[朴 在 允]

43) 日注民(7), 464.
44) 郭潤直, 407.

第4章 地 上 權

前 論

차 례

Ⅰ. 地上權의 法的 性質

地上權은 타인의 土地에서 建物 기타의 工作物이나 樹木을 소유하기 위하여 그 土地를 使用할 수 있는 物權이다. 말하자면 이는 物權으로 구성되어 있는 일종의 借地權인 것이다.

이를 分說하면 다음과 같다.

1. 地上權은 「他人의 土地」에 대한 權利(他物權)이다. 地上權의 객체는 타인의 土地인 것이 원칙이므로 예컨대, 地上權과 土地所有權이 동일인에게 귀속된 때에는 그 地上權은 혼동으로 인하여 消滅한다.[1)]

2. 地上權은 建物 기타의 工作物이나 樹木을 소유하기 위하여 타인의 「土地를 使用」하는 權利이다. 土地를 「使用」할 수 있는 것을 본질적 내용으로 하는 權利이며, 外國의 立法例에서와 같이 타인의 土地에서 工作物, 특히 建物을 「所有」하는 것을 본질적 내용으로 하는 것이 아님을 주의하여야 한다. "地

1) 後述 Ⅲ.1. 참조.

上物은 土地에 따른다"(superficies solo cedit)라는 원칙이 지배하고 있었던 로마法에 있어서는 그 地上權은 地上物의 存置를 위하여 타인의 土地를 使用한다는 생각보다는 타인의 土地에 附合한 物件에 관하여 物權的 權利를 행사한다는 생각이 중심으로 되어 있었다.[2)]

따라서 그 영향을 받은 유럽 名國의 法制에서의 地上權은 타인의 토지에서 地上物, 특히 建物을 소유할 수 있다는 데 중점을 주고 있으며, 예컨대 獨逸民法의 地上權(Erbbaurecht)은 建物 기타 工作物의 所有만을 목적으로 하며, 地上權者가 설치한 工作物은 地上權의 構成部分이 되고, 우리의 地上權에 있어서와 같이 독립한 所有權의 객체가 되지 않는다.[3)]

이러한 法制에서는 地上權은 타인의 土地에서 工作物을 「所有」하는 것을 本體로 한다. 이에 반하여 우리 나라에서는 建物이 土地와는 독립된 별개의 不動產이고, 建物 이외의 工作物이나 樹木도 權限있는 자에 의하여 土地에 附屬된 때에는 土地所有權에 흡수되지 않고 附屬시킨 자의 所有로 남아 있게 되기 때문에 地上權을 규정함에 있어서 地上物의 所有關係는 이를 문제삼을 필요가 없고, 단지 土地의 使用權이라는 면만을 다루면 되었던 것이며, 民法이 地上權을 "土地를 使用하는 權利"라고 規定하고 있는 것은 이 때문이다.

이와 같이 우리 民法의 地上權은 土地의 使用을 그 본체로 하는 까닭에, 현재 地上에 建物 기타 工作物이 존재하지 않더라도 地上權은 유효하게 성립할 수 있으며, 또한 기존의 工作物이나 樹木이 滅失하더라도 地上權은 存續될 수 있다. 또 地上權은 土地使用權이므로 土地를 占有할 수 있는 權利를 포함하며, 物權的 請求權이라든가 相隣關係에 관한 規定이 준용된다(民 §290).

3. 地上權은 物權이다. 土地所有者에 대한 債權이 아니라 직접 그 객체인 土地를 支配하는 權利이다. 따라서 土地所有者의 변경은 地上權의 운명에 영향을 주지 않으며, 地上權을 讓渡하거나 地上權者가 土地를 타인에게 賃貸함에도 土地所有者의 同意를 필요로 하지 않는다(民 §282). 즉 地上權은 物權으로서 당연히 讓渡性과 相續性을 갖는다.

---

2) 前述 用益物權 前論 Ⅱ. 1. 참조.
3) 前述 用益物權 前論 Ⅲ. 1. (1) 참조.

Ⅱ. 地上權의 取得

1. 法律行爲에 의한 取得

(1) 近代的 所有權制度 아래서는 不動產利用權의 設定은 不動產所有者와 非所有者와의 자주적인 契約關係에 의하는 것을 기본적 특징으로 하고 있다. 따라서 地上權의 취득도 土地所有者와 地上權을 취득해서 그 土地를 이용하고자 하는 者와의 사이의 設定契約에 의하여 成立하는 것이 가장 원칙적인 경우이다. 地上權의 設定에 관한 債權·債務를 발생케 하는 地上權設定契約에는 物權的 合意도 포함되는 것이 보통이라고 보는 것이 옳다(物權行爲의 獨自性의 否定說). 환언하면, 當事者가 특히 物權的 合意를 따로 행하기로 약정하고 있지 않는 한, 그것은 債權契約으로서의 設定契約 속에 포함되어서 행하여지는 것이 보통이라고 보아야 한다.[4] 따라서 地上權은 이 設定契約 속에 포함되어서 행하여지는 物權的 合意와 登記에 의하여 성립하고 취득된다(民 §186).

다만 民法에 새로 규정된 區分地上權에 있어서는, 만약 제3자가 土地를 使用·收益할 權利를 가진 때에는 그 權利者 및 다시 그 權利를 목적으로 하는 者 전원의 承諾이 있어야 이를 設定할 수 있다(民§ 289-2). 다시 말하면, 이러한 경우 區分地上權의 設定契約은 위의 權利者 및 그 權利를 목적으로 하는 者가 있으면 그 者까지 포함한 전원의 承諾이 있어야만 有效하게 된다. 地上權設定契約 이외의 法律行爲에 의한 取得이 있게 되는 사유로서는 遺言과 地上權의 양도를 들 수 있다. 이들 역시 法律行爲이므로 不動產物權變動의 원칙에 따라서 登記를 하는 때에 地上權이 취득되고 양도됨은 물론이다.

(2) 地上權設定契約의 締結과 관련하여 判例에 나타난 몇 가지 사례를 적어 본다.

㈎ 建物의 所有를 목적으로 한 地上權設定登記를 하기 전에 그 垈地상에 所有權登記가 경료된 不法建築物(土地에 대한 占有權原 없이 건축된 建築物)이 있는 경우에도 위 地上權設定契約은 그 不法建築物의 撤去를 전제로 하는 것이므로 無效가 아니다.[5]

㈏ 樹木의 所有를 목적으로 한 地上權을 取得한 者는 특별한 사정이

---

4) 郭潤直, 373.

5) 大判 70.5.12, 69다1537(要集 民 Ⅰ-1, 553).

없는 한 그 地上權設定 당시 土地上에 현존하고 있는 林木의 所有權까지 讓受한 것이라고 推定된다.[6]

㈐ 旣存 1層建物의 屋上에 2層建物部分의 新築 및 所有를 목적으로 하는 地上權設定契約을 締結한 경우 당사자의 취지는 위 旣存 1層建物 위에 2層建物을 所有하기 위하여 그 垈地(旣存 1層建物과 同一人의 소유임)에 대하여 地上權設定契約을 체결한 것으로서 有效한 契約이라고 보아야 하며, 建物에 대하여 地上權設定契約을 한 것으로 보아 原始的不能을 목적으로 한 無效의 契約이라고 할 것은 아니다.[7]

2. 法律行爲에 의하지 않은 取得

(1) 相續, 判決, 競賣, 公用徵收, 取得時效 기타 法律의 規定에 의하여 地上權이 취득될 수 있음은 의문이 없으며, 이때에는 登記를 필요로 하지 않고 地上權이 당연히 取得된다(民 §187). 다만 占有取得時效로 地上權을 時效取得하고자 하는 경우에는 登記를 요한다(民 §§ 248, 245).

(2) 그 밖에 法律上 당연히 地上權이 성립된 것으로 간주되는 경우가 있는데, 그것이 이른바 法定地上權制度이다.

前述한 바와 같이 우리의 法制에 있어서는 유럽 名國의 法制에서와 달리 土地와 建物이 각각 별개의 부동산으로 다루어지고 있다. 그런데 建物은 그 성질상 토지의 利用關係를 수반하지 않고서는 존립할 수 없으므로, 建物을 독립한 不動產으로 인정하여 그의 流通을 인정하려면 그 전제로서 建物과 土地利用權과의 불가분의 관계를 인정하여야 한다. 土地와 建物이 동일인에게 歸屬되고 있는 동안에는 이 관계를 現實化할 필요가 없다. 또한 當事者의 意思에 의하여 土地와 建物 중 어느 하나만이 讓渡되는 경우에도 當事者가 스스로 利用權을 設定함으로써 이를 현실화할 수 있으므로 특별한 문제가 생기지 않는다. 그러나 일정한 경우에 當事者가 위와 같은 利用關係를 현실화할 기회가 주어지지 않은 채로 土地와 建物이 각각 다른 者에게 歸屬하게 된 때에는, 建物所有者를 위하여 地上權이 設定된 것으로 해주지 않으면 그는 아무런 權利도 없이 타인의 土地를 使用하는 결과가 되고 만다. 이와 같이 建物所有者가 미리 地上權을 設定할 수 없는 경우에 潛在的인 土地利用權을 法律上 당연히 現實

6) 大判 72. 10. 25, 72다1389(集 20-3, 65).
7) 大判 78. 3. 14, 77다2379(集 26-1, 197). 後述 § 289-2 의(註 8) 및 (註 9)의 本文.

化하여 줌으로써, 建物을 독립한 不動産으로 하는 우리 法制의 缺陷을 시정하려는 제도가 法定地上權이다.[8]

法定地上權이 성립하는 경우로서 現行法이 규정하고 있는 것은 다음의 네 경우인데, 어느 경우나 法律의 規定에 의한 地上權의 취득이므로 登記를 필요로 하지 않고 당연히 성립된다.

㈎ 土地와 그 地上의 建物이 同一所有者에게 속하는 경우에 建物에 대하여서만 傳貰的을 설정한 후 土地所有者가 변동된 때(民§305 I).

㈏ 土地와 그 地上의 建物이 同一所有者에게 속하는 경우에 어느 한쪽에 대하여서만 抵當權이 설정된 후 抵當權의 실행으로 競賣됨으로써 土地와 建物의 所有者가 다르게 된 때(民§366 I).

㈐ 土地와 그 地上의 建物이 同一所有者에게 속하는 경우에 그 土地 또는 建物에만 假登記擔保權·讓渡擔保權 또는 賣渡擔保權이 설정된 후 이들 擔保權의 실행(歸屬淸算)으로 土地와 建物의 所有者가 다르게 된 때(假擔§10).

㈑ 土地와 立木이 동일인에 속하고 있는 경우에 競賣 기타의 사유로 土地와 立木이 각각 다른 所有者에게 속하게 된 때(立木§6).

3. 慣習法에 의한 取得

이상에서 본 民法 기타 成文法이 규정하고 있는 경우 이외에도 일정한 경우에는 慣習法에 의하여 地上權이 성립함을 인정하는 大法院判例가 확립되어 있다. 이를 慣習法上의 地上權이라 하는데, 이에는 두 가지가 있으며, 하나는 "墳墓基地權"이라는 것이고, 다른 하나는 「慣習法上의 法定地上權」이라는 것이다. 이에 관하여는 地上權에 관한 後論에서 자세히 설명하기로 한다.

Ⅲ. 地上權의 消滅

1. 物權一般의 消滅事由

地上權은 物權一般의 소멸사유인 目的物(土地)의 滅失, 存續期間의 滿了, 混同, 消滅時效, 地上權에 우선하는 抵當權의 실행에 의한 競賣, 土地收用 등에 의하여 消滅하게 됨에 관하여는 의문의 여지가 없다.

---
8) 郭潤直, 374.

2. 地上權에 特有한 消滅事由

(1) 地上權設定者의 消滅請求

定期의 地料를 지급하여야 하는 地上權者가 2년 이상의 地料를 支給하지 아니한 때에는 地上權設定者는 地上權의 소멸을 청구할 수 있다(民 §287). 地上權과 같은 繼續的 利用權은 地料債務의 僅少한 不履行에 의해서는 解止되지 못하도록 하기 위하여 이러한 特則을 둔 것으로 해석된다.

또 地上權者가 土地에 영구적인 손해를 일으키는 변경을 가하거나 그 밖의 土地使用에 관한 約定에 위반할 경우에는, 明文의 규정이 없으나 土地所有者가 民 §544에 의하여 변경의 停止 또는 原狀回復을 催告하고 상대방이 이에 응하지 않을 때에는 解止를 할 수 있다고 해석하는 것이 타당하다고 볼 것이다.[9]

(2) 地上權의 抛棄

地料를 지급하지 않는 無償의 地上權은 기간에 관한 約定의 有無를 묻지 않고 地上權者가 언제든지 자유로이 이를 抛棄할 수 있다. 地料를 支給하는 有償의 地上權에 있어서는 그 抛棄에 의하여 土地所有者에게 손해가 생긴 때에는 그 손해를 賠償하여야 한다(民 §153 Ⅱ). 어느 경우나 地上權이 抵當權의 목적인 때에는 抵當權者의 同意없이 地上權을 抛棄하지 못한다(民 §371 Ⅱ).

(3) 約定消滅事由

地上權設定 當事者가 특별한 消滅事由를 約定할 수 있음은 물론이다. 다만 地上權의 消滅事由에 관한 民法의 규정보다 불리한 約定을 하였을 때에는 그 效力이 없게 된다(民 §298).

3. 擔保權確保의 目的으로 設定된 地上權의 消滅事由

土地에 대한 抵當權者가 목적물의 擔保價値를 유지할 목적으로 債務者인 土地所有者의 土地利用을 막기 위하여 抵當權과 함께 地上權을 設定받는 경우가 종종 있다함은 앞서 用益物權의 前論 Ⅳ.2.에서 잠깐 언급한 바 있다.[10]

최근의 判例는 土地를 買受하여 買受人의 명의로 所有權移轉請求權保全을 위한 假登記를 마치면서 그 土地上에 타인이 建物 등을 축조하여 占有하는 것

9) 郭潤直, 385; 金曾漢, 336.
10) 用益物權 前論의(註 40)의 本文 참조.

을 방지할 목적으로 地上權登記를 함께 經了한 경우에는, 비록 登記簿에 그 地上權이 樹木의 所有를 목적으로 하고 存續期間이 15년으로 登記되어 있다 하더라도 이는 樹木의 所有를 목적으로 한 것이 아니라 本登記가 이루어질 경우의 그 土地의 實質的 利用價値를 維持·確保할 목적으로 前所有者에 의한 利用을 制限하기 위한 것이라고 보아야 할 것이므로, 만약 위 假登記에 기한 本登記請求權이 時效의 완성으로 消滅하였다면 그 假登記와 함께 登記된 위 地上權 또한 그 목적을 잃어 消滅하였다고 보아야 한다고 判示하고 있다.[11)]

이 判例에 의한다면, 비단 判例의 事案뿐 아니라 前述의 抵當權者에 의하여 취득된 地上權의 경우에도 登記된 地上權의 목적이나 存續期間에 관계없이 抵當權이 消滅되면 地上權도 그 목적을 잃어 함께 消滅한다고 보아야 할 것이고, 이는 地上權制度가 이렇게 變則的으로 이용된 경우의 特有한 消滅事由라고 할 수 있을 것이다.

[朴 在 允]

第279條 (地上權의 內容)

地上權者는 他人의 土地에 建物 기타 工作物이나 樹木을 所有하기 위하여 그 土地를 使用하는 權利가 있다.

차 례

Ⅰ. "建物 其他 工作物이나 樹木"의 意義

앞서 地上權 前論에서 본 바와 같이 地上權은 建物 기타의 工作物이나 樹木을 所有하기 위하여 타인의 土地를 使用할 수 있는 物權이다.

---

11) 大判 91. 3. 12, 90다카27570(公 895, 1178).

1. 工作物이라 함은 建物을 비롯하여 橋梁·道路·연못·도랑·銅像 각종의 塔(廣告塔, 放送送信塔 등), 電住·記念碑·담장 등의 地上工作物뿐만 아니라 地下鐵·터널·우물·地下壕 등 地下工作物도 포함하며, 요컨대 地上 및 地下에 인공적으로 설치되는 모든 建築物 내지 設備를 말한다.[1)]

2. 樹木의 범위에는 制限이 없다고 보는 것이 옳다. 이와 달리 樹木에는 植林의 대상이 되는 植物만이 포함될 뿐 耕作의 대상이 되는 植物(벼, 보리, 野菜, 果樹, 뽕나무 등)은 포함되지 않는다고 새기는 것이 多數說의 見解이며,[2)] 그 이유로서는 農改 §17가 農地의 小作·賃貸借 또는 委託經營 등의 행위를 금하고 있는 것을 들고 있다.

그러나 現行法上 地上權의 意義에 관하여 樹木의 범위를 제한하는 明文規定이 없을 뿐 아니라, 農地改革法도 分配받은 農地에 관하여 그 償還이 完了된 때에는 地上權을 設定할 수 있다는 취지의 規定을 두고 있으므로(農改 §16 ii), 이러한 多數說의 見解에는 찬성할 수 없다.

舊民法下에서는 耕作의 목적이 되는 植物에 관하여는 永小作權을 設定할 수 있었기 때문에(舊民 §270 이하 참조) 그 所有를 地上權의 목적으로 하지 못하였으나 永小作權이라는 用益物權을 인정하지 않고 있는 현행 民法에 있어서는 地上權의 대상이 되는 植物의 植林을 목적으로 하는 植物로 한정할 이유가 없다. 따라서 樹木의 종류에는 아무런 制限이 없으며, 植林 또는 耕作의 목적이 되는 모든 植物을 포함한다고 보는 것이 옳다.[3)]

Ⅱ. 地上權의 效力이 미치는 土地의 範圍

1. 地上權은 建物 기타 工作物 또는 樹木의 所有를 위한 權利이지만 이들이 設置 내지 植栽된 土地 자체 이외에 工作物의 使用 내지 樹木의 植栽에 필요한 주위의 토지도 地上權의 대상이 된다.[4)] 이는 ① 그러한 土地는 地上權

1) 郭潤直, 366.
2) 金曾漢, 315; 張庚鶴, 各論(上), 28; 方順元, 170; 金基善, 309; 崔栻, 266; 金顯泰(上), 301.
3) 郭潤直, 367; 李英俊, 562.
4) 郭潤直, 368.

設定契約에서 특별히 정한 바 없는 한 地上權의 대상으로 約定되어 있는 것으로 推定된다는 것, ② 그러한 土地는 그 자체 위에 工作物의 設置 내지 樹木의 植栽가 되는 것이 목적이 아니더라도 地上權의 대상이 될 수 있다는 것 등 두 가지의 의미를 갖는다.[5)]

2. 地上權은 一筆의 土地 중 일부에 대하여도 成立할 수 있다. 地上權의 범위는 地上權設定登記에 있어서 필요적으로 登記하여야 할 사항이므로, 土地의 일부에 대하여만 地上權을 設定하고자 할 경우에는 登記申請書에 그 범위를 明示하여야 한다(不登 § 136).

다만 地上權은 一筆의 土地의 전부에 미치는 것이 보통이고 구체적인 地上權이 一筆의 土地의 일부에만 미치는 것은 地上權의 效力에 대한 예외적인 制限이라고 볼 수 있다. 따라서 그러한 制限의 約定이 있었더라도 土地所有者의 동의에 의하여 制限없는 地上權으로 登記가 되었다가 제3자에게 讓渡되면, 讓受人은 制限없는 地上權, 즉 一筆의 土地 전부에 效力이 미치는 地上權을 취득하는 결과가 된다.[6)]

3. 이상은 地上權이 미치는 土地의 범위를 水平面的으로 본 것이지만 垂直的 일부에 대해서도 地上權이 成立할 수 있는데, 그것이 區分地上權制度(民 § 289-2)이다. 통상의 地上權에 있어서는 관념적으로는 地上權의 支配力이 토지의 上下에 모두 미친다고 보아도 좋다. 다만 현재의 土木建築 등의 技術水準이 미치지 않는 高空이나 地上深部에 대한 地上權의 支配力 유무를 論하는 것은 별 의미가 없지만, 이는 所有權 자체의 支配力에 있어서도 동일하므로, 결국 지상권자는 土地所有者와 동일한 범위의 지배력을 土地에 대하여 행사할 수 있다고 할 것이다.[7)]

地上權의 목적이 樹木이나 單層의 木造建物의 소유를 위한 것으로 한정되어 있는 때에는 地上權者의 土地使用에 필요한 上下의 空間은 사실상 한정되어 있다. 이 경우 그 범위를 초과하는 地中部分 또는 空中部分을, 地上權의 존재에도 불구하고 土地所有者가 使用할 수 있는지가 문제될 수 있다. 그러나 그

5) 日注民(7), 415.
6) 만약 반대로 土地所有者의 同意없이 地上權者의 임의로 그러한 登記가 되었다면 그 登記 중 約定된 범위를 초과하는 부분은 原因없는 無效의 登記가 될 것이다.
7) 日注民(7), 416.

러한 地上權에 있어서도 소극적으로 地上權者의 使用의 態樣이 한정되어 있는데 불과하고 적극적으로 土地所有者에게 地中 내지 空中部分의 사용이 留保되어 있다고 볼 수는 없다고 생각된다. 즉 이러한 地上權도 地表의 주변만을 사용할 수 있는 區分地上權이라고 할 수는 없고 어디까지나 통상의 地上權에 속한다고 할 것이다.[8)]

Ⅲ. 地上權者의 權利·義務

1. 土地使用權

(1) 地上權者는 設定行爲에서 정해진 目的의 범위 내에서 土地를 使用할 權利를 가진다.

(가) 地上權의 목적은 設定行爲에서 建物 기타 工作物과 樹木의 兩者 또는 그 중 어느 한쪽만의 所有를 위한 것으로 정할 수 있음은 물론이지만 建物 기타 工作物이나 樹木의 종류를 다시 制限할 수도 있다. 다만 이러한 制限을 登記(不登 § 136)하지 않으면 제3자에 대하여 그 效力을 주장할 수 없으며 地上權의 讓受人은 工作物과 樹木 兩者의 소유를 목적으로 한 地上權임을 주장할 수 있게 된다.

(나) 이와 같이 地上權者의 土地使用權은 地上權의 목적에 의하여 제한을 받으므로 그 범위를 넘어서 土地를 使用할 수는 없고, 또한 明文의 規定은 없으나 土地에 영구적인 손해를 일으키게 하는 변경은 가할 수 없다고 하여야 한다.[9)]

(다) 한편 土地所有者는 이상과 같은 地上權者의 土地使用權이 인정되는 反射的 效果로서 소유권에 기한 利用權能이 제한되므로 스스로 土地를 使用할 수 없음은 물론이며, 나아가 地上權者의 土地使用을 방해해서는 안 되는 受忍義務가 있다.

그러나 특약이 없는 한 賃貸人처럼 토지를 사용에 적합한 상태에 두어야 한다는 적극적인 義務는 없다.[10)] 所有者가 特約에 의하여 修理義務를 부담하기로 하는 것은 물론 가능하나, 이 특약을 登記할 수 있는 길이 없기 때문에 地

8) 日注民(7), 417.
9) 郭潤直, 380.
10) 郭潤直, 380.

上權者가 土地의 讓受人에 대하여 修理를 요구할 수는 없다.[11]

判例는 土地所有者가 所有土地에 대하여 地上權을 설정하였더라도 그 토지를 不法으로 점유하는 제3자에 대하여 妨害排除를 구할 수 있는 物權的 請求權이 있다고 하고, 다만 地上權을 설정한 이상 所有權行使에 제한을 받아 그 土地를 使用·收益할 수 없는 것이므로 특별한 사정이 없는 한 賃料 상당의 損害賠償請求를 할 수는 없다고 하고 있다.[12]

(2) 地上權者가 土地를 使用할 권리를 가지는 결과, 인접한 土地와의 利用의 조절을 꾀하는 相隣關係의 規定(民 §216 내지 §244)은 당연히 地上權者와 다른 地上權者 사이, 또는 地上權者와 隣接地所有者와의 사이에 준용된다(民 §290 I). 또 地上權에는 토지를 점유할 권리가 포함되며, 地上權의 내용의 실현이 방해된 때에는 物權的 請求權이 생긴다(民 §290 I).

返還請求權, 妨害排除請求權, 妨害豫防請求權의 세 가지가 모두 인정됨은 所有權에 있어서와 같다(民 §§290 I, 213, 214).

2. 其他의 權利·義務

(1) 地上權者는 타인에게 地上權을 양도하거나 그 權利의 存續期間 내에서 그 토지를 賃貸할 수 있고(民 §282), 地上權이 消滅한 경우에 地上物이 현존한 때에는 계약의 更新을 請求하고 土地所有者가 이에 응하지 아니할 때에는 地上物의 買收를 請求할 수 있다(民 §283).

(2) 반면 地上權者는 지상권이 소멸한 경우에 地上物을 收去하여 토지를 원상에 회복할 義務를 지며, 土地所有者가 상당한 價額을 提供하여 그 地上物의 買收를 請求한 때에는 정당한 이유없이 이를 거절하지 못하는 義務(賣渡義務)를 진다(民 §285).

3. 地料支給義務

(1) 前述한 바와 같이 地料의 支給은 地上權의 요소가 아니므로 契約에 의해서 地上權이 설정되는 경우에도 따로 地料에 관한 약정을 하지 않은 이상 無償의 지상권을 設定하기로 한 것으로 인정된다. 따라서 당사자가 契約에 의하여 地料를 支給하는 것으로 약정한 때에만 地料支給義務가 생긴다. 이렇게

11) 日注民(7), 417.
12) 大判 74.11.12, 74다1150(集 22-3, 71).

地料의 約定이 있어 地上權이 有償으로 설정되는 경우에는 地料가 定期給의 形式으로 支給되는 것과 設定時에 일괄하여 一時給의 形式으로 지급되는 것이 있을 수 있고, 兩者가 併用되거나 保證金 또는 傳貰金의 형식으로 支給되는 것도 있을 수 있다. 어느 형태이거나 有效하다고 본다.

또한 定期給의 경우에 地料의 額을 명확하게 약정하지 않아도 무방하며, 契約內容만으로 그 額을 정할 수 없을 때에는 慣習이나 隣近의 地料額 등을 참작하여 상당한 額으로 정하여질 것이다.

地料의 一時給을 약정한 때에는 地上權(所有權 중 地上權의 내용에 해당하는 土地使用權能)의 賣買의 성질을 가지게 될 것이다.[13)]

(2) 地料定期給의 地上權에 있어서 土地所有權과 地料債權, 그리고 地上權과 地料支給債務가 어떤 관계에 있느냐에 관하여는 다음 두 가지의 설명방법이 있다.

첫째는 地料債權은 土地所有權에 속하고 地料債務는 地上權에 속하며 각각 결합하여 하나의 法律的 地位를 구성한다는 설명,[14)] 그리고 둘째는 地料債權과 地料債務는 각각 土地所有權 및 地上權의 내용을 이룬다는 설명[15)]이 그것이다. 어느 쪽이나 표현만 다를 뿐 결국 같은 말이며, 그 결과에 있어서도 차이가 없다.[16)]

(3) 地料債權과 土地所有權, 그리고 地料債務와 地上權과의 관계를 위와 같이 이해한다면 다음과 같은 결과가 된다.

(가) 登 記 地料額 또는 그 支給時期 등 地料에 관한 약정은 이를 登記하여야만 제3자에게 대항할 수 있다.

(나) 地上權이 移轉된 경우 地上權의 移轉이 있으면 그에 따라 장래의 地料債務도 移轉하나 地料의 登記가 없으면 土地所有者는 新地上權者에 대하여 地料債權을 대항하지 못한다는 것이 通說이다.[17)] 이에 대하여는, 오늘날에 있어서 無償行爲는 극히 예외이고, 또 有償의 경우에도 地料의 一時給이란 희소한 만큼 오히려 地上權讓受人은 원칙적으로 地上權에 부착된 地料支給債務의 존재를 예상하고 있다고 보아도 좋으므로 地料의 登記가 없더라도 地

13) 郭潤直, 382.
14) 金曾漢, 332; 張庚鶴, 各論(上), 46.
15) 方順元, 178; 金基善, 318; 崔栻, 227; 李英俊, 580.
16) 郭潤直, 382; 金容漢, 374.
17) 郭潤直, 383.

料債務를 당연히 承繼한다고 해석하여야 하지 않을까라고 의문을 표시하는 見解가 있다.[18]

또 舊地上權者의 地料滯納의 효과도 地料의 登記가 없으면 新地上權者에게 대항하지 못하고 地料의 登記가 되어 있어야만 그 效果가 新地上權者에게 承繼된다고 해석하는 것이 通說이나,[19] 위와 동일한 근거를 들어 이에 반대하는 견해가 있다.[20]

地上權의 讓渡는 登記하여야 效力이 생기므로 舊地上權者가 地上權의 移轉을 가지고 土地所有者에게 대항하려면 移轉登記가 있어야 하며, 移轉登記를 한 후에만 舊地上權者가 地料債務를 면할 수 있게 된다.

㈐ 土地所有權이 移轉된 경우 土地所有權移轉登記가 있으면 地料의 登記가 없더라도 新所有者는 舊所有者가 지상권자로부터 支給받고 있었던 地料를 지상권자에게 청구할 수 있다. 만약 지상권자가 舊所有者와 맺은 地料를 增額하지 않는다는 特約을 가지고 新所有者에게 대항하기 위하여는 그 特約을 登記하고 있어야 한다.[21]

[朴 在 允]

18) 日注民(7), 421.
19) 郭潤直, 383.
20) 日注民(7), 421; 日大判 大 3(1914).5.9(民錄 20, 373) 등.
21) 郭潤直, 383; 李英俊, 581.

第 280 條(存續期間을 約定한 地上權)

① 契約으로 地上權의 存續期間을 定하는 경우에는 그 期間은 다음 年限보다 短縮하지 못한다.

1. 石造, 石灰造, 煉瓦造 또는 이와 類似한 堅固한 建物이나 樹木의 所有를 目的으로 하는 때에는 30年
2. 前號 이외의 建物의 所有를 目的으로 하는 때에는 15年
3. 建物 이외의 工作物의 所有를 目的으로 하는 때에는 5年

② 前項의 期間보다 短縮한 期間을 定한 때에는 前項의 期間까지 延長한다.

차 례

Ⅰ. 序 說

地上權의 存續期間을 어떻게 하느냐는 當事者가 設定行爲에서 임의로 정할 사항이지만, 本條는 建物 기타 工作物 또는 樹木의 所有를 목적으로 하는 地上權의 특성에 비추어 그 存續期間의 合理的인 長期性을 확보할 필요에 따라 地上權의 最短期間을 제한하는 내용을 규정하고 있다. 한편 最長期間에 대하여는 아무런 制限이 없으나 해석상 문제가 있다.

Ⅱ. 最短期間의 制限

1. 制限의 內容

契約으로 地上權의 存續期間을 정하는 경우에 그 期間은, ① 石造, 石灰造,

煉瓦造 기타 이와 유사한「堅固한 建物」또는「樹木」의 所有를 목적으로 하는 때에는 30년, ② 그 밖의 建物의 所有를 목적으로 하는 때에는 15년, ③ 建物 이외의 工作物의 所有를 목적으로 하는 때에는 5년 등의 구분에 따라 이들 각 기간보다 단축하지 못하며(本條 I), 이보다 단축한 기간을 정한 때에는 위 각 期間까지 延長한 기간을 存續期間으로 보게 된다(本條 II).

「契約」으로 地上權을 設定하는 경우만을 대상으로 하는 것처럼 규정되어 있으나 契約뿐만 아니라 遺言 등 契約 이외의 法律行爲에 의하여 設定되는 모든 경우에도 적용되는 규정으로 해석된다.

2. 堅固한 建物의 意味

本條 I i에서 정하는 "견고한 건물인가의 여부는 그 건물이 갖는 물리·화학적 외력, 화재에 대한 저항력 또는 건물해체의 난이도 등을 종합하여 판단할 것"이며, 이들 因子들을 종합하여 그 建物이 本條 I i에 例示되어 있는 石造, 石灰造, 煉瓦造 등의 建物과 유사한 것으로 볼 수 있는지 여부에 따라 결정하여야 한다.[1]

위에서 物理的 外力이라 함은 地震, 風雪, 積載荷重, 自重 등이 건물을 물리적으로 침해하는 힘을 가리키고, 化學的 外力이라 함은 空氣中의 酸이나 가스, 雨水, 土中의 酸類 등이 건물을 화학적으로 침해하는 힘을 가리킨다.

이러한 관점에서 볼 때, "견고한 지반에 시멘트블럭 및 몰탈에 의한 기초를 하고, 그 위에 시멘트블럭으로 쌓은 뒤 시멘트 몰탈 바르기로 내외벽체를 마감하고 지붕은 목조로 된 보 위에 스레트잇기로 시공한 간이식품매점"인 建物은, 相當期間의 耐久力을 지니고 있고, 용이하게 解體할 수 없는 것으로서, 위의 견고한 建物에 포함된다고 보아야 한다.[2] 또 建築材料로 鋼材가 사용되었더라도 기둥과 다른 자재가 나사(볼트)로 연결되어 있어 解體가 용이한 경우에는 견고한 建物에 해당하지 않는다는 日本判例가 있다.[3]

3. 建物이 여러 棟 있는 境遇

地上權者가 소유하는 건물이 여러 棟 있는 경우에는 主된 건물을 기준으

1) 大判 88. 4. 12, 87다카2404(公 824, 839).
2) 大判 88. 4. 12(註 1)의 事案임.
3) 日最判 昭 48(1973). 10. 5(民集 27-9, 1081).

로 하여 견고한 建物인지 여부를 판단하여야 한다.[4] 예컨대, 木造家屋에 거주하는 地上權者가 附屬倉庫로 사용되는 작은 石灰造의 광을 소유하고 있더라도 이에 의하여 그의 地上權이 견고한 건물의 소유를 목적으로 하는 것으로 되지는 않는다.[5]

그러나 같은 광이더라도 그 使用者가 店鋪(전당포 및 고물상)를 경영하는 者일 때에는 이를 附屬建物로 하는 건물의 소유를 목적으로 하는 地上權은 견고한 건물의 所有를 목적으로 하는 것이라고 볼 여지가 있다.[6] 요컨대, 어느 건물이 主된 건물이고 어떤 것이 附屬建物인가의 인정은 地上權者의 具體的 土地使用狀況을 총체적으로 종합하여 판단하여야 한다.[7]

4. 短縮한 期間을 約定한 境遇의 效果

위의 각 最短期間보다 짧은 기간을 存續期間으로 약정한 경우에는 그 約定은 效力이 없게 되고 存續期間은 위의 각 最短期間까지 延長된다(本條 II). 반면 이보다 긴 기간을 存續期間으로 하는 당사자 사이의 約定은 有效하다고 할 것이다.

Ⅲ. 最長期間

1. 民法은 위와 같이 地上權의 最短期間만을 制限할 뿐 最長期間에 관하여는 아무런 制限을 하고 있지 않다. 이는 결국 民法이 地上權은 되도록 長期間 存續되기를 바라는 태도를 취하고 있음을 의미한다.

2. 永久無限의 存續期間의 許容 與否

그렇다면 극단적으로 말해서 地上權의 存續期間을 永久無限으로 정할 수 있는 것일까? 이 점에 관하여는 見解가 나뉘어져 있다.

(1) 肯 定 說

肯定說은 現代에 있어서 所有權은 영구의 地料徵收權化하는 경향이 있고,

4) 新版 注釋民法(有斐閣)(15), 377(이하 新日注民(15)라 부르기로 한다).
5) 日最新 昭 33(1958). 6. 14(民集 12-9, 1472).
6) 日東京地判 昭 14(1939). 7. 17(新日注民(15), 377에서 引用함).
7) 新日注民(15), 377.

몇백년 몇천년의 기간이라도 有期이면 좋다고 하는 것은 空論에 불과하며, 또한 地料額은 物價의 변동에 따라 增減할 수 있도록 약정할 수 있으므로 永久無限의 地上權을 인정하더라도 특별히 부당하지는 않다는 등의 이유를 들고 있는 바 현재의 多數說이라고 할 수 있다.[8)]

(2) 否 定 說

否定說은 地上權의 存續期間이 永久無限이더라도 무방하다는 주장은 所有權이 全面的 支配權으로서의 彈力性을 지니고 있으며, 制限物權은 一面的 支配權으로서 그 內容과 期間에 있어서 限定된 것이어야 한다는 이론에 어긋나고, 地料額의 增減은 自動的으로 되는 것이 아니라, 당사자 일방의 請求에 의하여만 행하여 질 수 있으며, 이와 다른 方法을 約定하더라도 地上權者에게 불리한 限 效力이 없게 되므로 地料額의 增減에 관하여 당사자가 特約을 하더라도 土地所有者가 만족할만하게 되기를 기대할 수 없다는 등의 이유를 들어 肯定說의 論據를 반박하고 있는바, 少數說에 속한다.[9)]

(3) 結 論

생각건대, 肯定說이 들고 있는 論據는 否定說이 적절하게 지적하고 있는 바와 같이 理論上 부당하다고 생각되며, 한편 否定說을 취하더라도 실제에 있어서 地上權者에게 크게 불리한 결과를 초래하거나 地上物의 經濟的 效用을 다하게 하지 못하게 하는 결과를 초래할 것으로는 생각되지 않는다. 왜냐하면 永久無限으로 정한 存續期間을 無效로 한다면, 그 地上權의 存續期間은 設定行爲에서 存續期間을 정하지 않은 것이 될 것이나, 民法은 地上權者에게 更新請求權과 地上物買收請求權을 인정하고 있어 특별히 地上權者에게 불리한 결과를 초래하지는 않을 것이기 때문이다.

결국 理論上으로 뿐만 아니라, 實際上으로도 否定說이 타당하다고 할 것이다.[10)]

3. 無期限으로 期間約定을 한 境遇의 解釋

地上權의 存續期間을 「無期限」으로 한다는 約定은 「永久無限」을 의미하는 것이 아니라, 反證이 없는 한 "期間의 정함이 없는 것"을 의미하는 것으로 解

8) 金顯泰(上), 312; 方順元, 173; 張庚鶴, 各論(上), 35; 崔栻, 229.
9) 金曾漢, 322; 金基善, 313; 李英俊, 571.
10) 郭潤直, 377.

釋하는 것이 舊民法에 관한 종래의 判例이다.[11] 民法의 解釋에 있어서도 동일하게 보아야 할 것이다.

또 無期限으로 登記된 石炭運搬用 軌道의 敷設을 목적으로 한 地上權은 炭鑛의 經營이 계속되는 동안 存續되는 것으로 해석하여야 한다는 日本判例가 있으나,[12] 이는 日本民法의 해석상 存續期限을 永久無限으로 하는 地上權이 허용됨을 전제로 한 判決이므로 前述한 바와 같이 否定說을 취하는 한, 우리 民法에 있어서도 같은 해석을 할 수 있을지는 疑問이다.

Ⅳ. 不利益한 約定의 禁止와 經過規定

本條는 強行規定이므로 이상 설명한 本條의 내용보다 地上權者에게 不利한 내용의 約定을 하더라도 그것은 無效가 된다(民 §289).[13] 반대로 地上權者에게 보다 有利한 約定을 하는 것은 상관없으며 有效하다.

民法施行日 이전에 舊民法의 규정에 따라서 地上權設定行爲로 정한 存續期間이 民法施行 당시에 滿了하지 않은 경우에는 그 存續期間에는 현행 民法의 규정을 適用한다(民 附則 §13).

[朴 在 允]

11) 日大判 昭 15(1940). 6. 26(民集 19, 1033).
12) 日大判 昭 16(1941). 8. 14(民集 20, 1074); 日大判 昭 16(1941). 9. 11(新聞 4749, 11).
13) 後述 §289 의(註 7) 내지 (註 8)의 본문 참조.

第281條(存續期間을 約定하지 아니한 地上權)

① 契約으로 地上權의 存續期間을 定하지 아니한 때에는 그 期間은 前條의 最短存續期間으로 한다.

② 地上權設定當時에 工作物의 種類와 構造를 定하지 아니한 때에는 地上權은 前條 第2號의 建物의 所有를 目的으로 한 것으로 본다.

차 례

Ⅰ. 序 說

本條는 前述 民 §280를 보충하는 위치에 있는 規定으로서 契約을 포함한 法律行爲에 의하여 地上權을 設定함에 있어서 當事者가 地上權의 存續期間을 정하지 아니하였거나 地上에 설치할 工作物의 종류와 구조를 결정하지 않은 경우, 그 存續期間을 法定하고 나아가 이에 필요한 工作物의 종류와 구조를 法定하는 내용의 規定이다.

Ⅱ. 約定이 없는 境遇 存續期間의 法定

當事者가 地上權設定契約 등 法律行爲(設定行爲)로 地上權을 設定함에 있어서 存續期間을 정하지 아니한 때에는 民 §280에 규정된 最短存續期間을 그 存續期間으로 한다(本條 I). 地上物의 종류와 구조에 따라 民 §280 i 내지 iii에 규정된 구분에 의하여 30년, 15년 또는 5년을 각각의 存續期間으로 한다는 의미이지, 同條에 규정된 가장 짧은 期間인 5년을 存續期間으로 한다는 의미가 아님은 물론이다.[1]

1) 大判 63. 5. 9, 63아11(集 11-1, 290).

나아가 當事者의 設定行爲에 의하지 아니하고 法律의 規定 또는 慣習法에 의하여 地上權이 設定되는 경우도 "契約으로 地上權의 存續期間을 정하지 아니한 때"로 보아 本項을 적용하여야 한다. 물론 당해 法律의 規定 또는 慣習法에서 存續期間을 정하고 있다면 모르되 그런 경우가 아닌 한, 本項에 의하여 存續期間을 정하는 것이 타당하다. 判例도 後述 慣習法上의 法定地上權의 存續期間에 관하여 이러한 해석을 인정하고 있다.[2)]

Ⅲ. 約定이 없는 境遇 工作物의 種類와 構造의 法定

1. 要 件

(1) 本條 Ⅱ은 그 성질상 契約 기타 法律行爲(設定行爲)로 지상권을 설정하면서 地上物의 종류를 工作物로만 정하였을 뿐 工作物의 종류(즉, 建物인지 기타의 工作物인지) 및 구조(建物에 있어서 §280 i의 견고한 건물인지 아니면 同條 ii의 그 이외의 건물인지)를 約定하지 아니한 경우에만 적용되는 규정이다. 法定地上權이라든가 慣習法上의 法定地上權의 경우에는 언제나 地上의 建物이 이미 現存하고 있어 당해 現存建物의 구조에 따라 本條 Ⅰ 및 §280를 적용하여 存續期間을 정하면 되므로 本項이 적용될 여지가 없기 때문이다. 判例도 慣習法上의 法定地上權에 관하여 문제된 건물이 未登記의 無許可建物이어서 그 法定地上權을 취득할 당시 建築物管理臺帳이나 登記簿에 建物의 종류와 구조가 정해지지 아니하였더라도 이미 建物의 종류와 구조가 객관적으로 確定되어 있는 경우에는 本項이 적용되는 것이 아니라, 本條 Ⅰ과 §280에 의하여 存續期間을 정하여야 한다고 하고 있다.[3)]

地上物이 樹木으로 정해진 경우도 本項이 적용될 수 없음은 물론이다.

(2) 當事者가 工作物의 종류와 구조를 정하지 아니한 때란, 明示的으로도 默示的으로도 當事者의 의사를 인정할 수 없는 경우를 말한다. 地上權設定行爲에 아무런 明示的 約定 등 意思表示가 없더라도 그 設定行爲 당시 土地上에 이미 견고한 建物이 존재하고 있는 때에는 그 견고한 建物의 所有를 위한 地上權을 設定하기로 하는 默示的 合意가 이루어졌다고 인정될 수 있을 것이다.[4)]

---

2) 大判 63. 5. 9(註 1).
3) 大判 88. 4. 12, 87다카1204(公 824, 839).
4) 新日注民(15), 382; 日大判 昭 18(1943). 4. 27(法學 12-9, 783).

2. 效 果

(1) 地上權設定 당시에 工作物의 종류와 구조를 정하지 아니한 때에는 §280 ii에 규정된 建物, 즉 同條 i의 "石造, 石灰造, 煉瓦造 또는 이와 유사한 견고한 建物" 이외의 다른 구조의 建物의 所有를 목적으로 한 것으로 보게 된다(本條 Ⅱ). 따라서 그 存續期間은 15년이 된다.

(2) 本項은 반드시 本條 Ⅰ을 전제로 한 規定인지가 문제될 수 있다. 다시 말하면 本項은 반드시 當事者가 契約에서 存續期間을 정하지 않으면서 工作物의 종류와 구조도 정하지 아니한 경우에만 적용될 수 있는 규정이냐, 아니면 當事者가 存續期間을 정하면서 地上權의 목적만을 구체적으로 約定하지 아니한 경우에도 적용될 수 있는 규정이냐의 문제이다.

異論의 여지는 있으나 後者의 見解를 취하는 것이 옳다고 생각한다. 따라서 당사자가 存續期間을 12년으로 정하면서 地上權의 목적을 工作物(建物을 배제하지 않는 넓은 의미)의 所有로만 정하였지 나아가 그 종류(建物인지 기타의 工作物인지)와 구조(建物인 경우에 石造인지 木造인지 등)를 정하지 않은 경우에는 本項을 적용하여 民 §280 ii의 建物의 所有를 목적으로 하는 地上權을 設定한 것으로 보고 그 기간이 15년으로 延長되는 효과를 인정하는 것이 옳을 것으로 본다.

Ⅳ. 不利益한 約定의 禁止

本條는 強行規定이므로 이상 설명한 本條의 내용보다 地上權者에게 不利한 내용의 約定을 하더라도 그것은 無效가 된다(民 §289). 그러나 本條의 규정 자체가 당사자에 의하여 約定이 이루어지지 않은 事項에 대한 補充的 規定이므로 本條와 배치되는 내용의 約定이 이루어지는 일이란 좀처럼 있기 어려울 것이다.

[朴 在 允]

第 282 條(地上權의 讓渡, 賃貸)

地上權者는 他人에게 그 權利를 讓渡하거나 그 權利의 存續期間內에서 그 土地를 賃貸할 수 있다.

I. 序　　說

地上權者는 他人의 土地 위에 建物 기타의 工作物을 築造하거나 樹木을 植栽함으로써 多大한 자본을 投下한다. 地上權者를 보호하여 地上權制度의 活性化를 꾀하기 위해서는 地上權者로 하여금 이 投下資本을 회수할 수 있도록 보장하여 주는 것이 필요하게 된다. 그 回收의 가장 효과적인 방법은 地上權을 地上物과 함께 讓渡·賃貸·擔保提供 등으로 처분하는 것이다.[1] 本條는 이와 같은 處分의 자유를 明文으로 인정하는 규정이며, 民法은 이러한 處分의 자유를 인정하고 있을 뿐만 아니라, 後述하는 바와 같이 地上權이 消滅하는 경우에 그 地上權의 收去權을 인정하고(民 §285), 또한 일정한 요건하에 地上物買受請求權을 인정함으로써(民 §283 II) 地上權者의 投下資本의 회수를 확보해주려고 하고 있다.

地上權者가 자유로이 그 地上權을 타인에게 讓渡할 수 있고, 또한 土地를 賃貸할 수 있다는 점은, 앞서 用益物權의 前論에서 본 바와 같이 賃借權의 경우와의 큰 차이점의 하나이다.

本條는 強行規定이며 이에 반하는 地上權者에게 불리한 約定은 效力이 없다(民 §289). 따라서 讓渡 또는 賃貸를 금지하는 特約을 하더라도 그 特約은 無效이다.[2]

---

1) 郭潤直, 381.

2) 이러한 特約을 無效로 한다 하더라도 당사자 사이의 內部關係에서는 有效라고 할 것인지, 즉 당사자간의 債權的 效力을 인정할 것인지가 문제로 남는데, 부정하여야 할 것으로 생각한다. 이른바 債權的 效力을 인정한다면 이에 위반하여 地上權을 讓渡하거나 土地를 賃貸한 地上權者는 特約違反에 의한 損害賠償 등의 責任을 지게 될 것인데, 이는 地上權者 保護를 위한 民 §289의 취지에 반한다고 보기 때문이다. 한편, 反對說로는 李英俊, 578 참조. 또 立法者의 의도가 債權的 效力을 인정하려는 것이었다는 해석에 관하여는 위 李英俊, 578에 引用된 民法案審議錄(上), 172 참조.

Ⅱ. 地上權의 讓渡

1. 地上權者는 타인에게 그 地上權을 讓渡할 수 있다(本條 前段). 賃貸借의 경우처럼 土地所有者의 承諾이나 同意를 얻을 필요(民 § 629 I)가 있는 것이 아니라 자유롭게 讓渡할 수 있다는 뜻이다. 地上權讓渡의 效力은 地上權의 移轉登記를 마치는 때에 발생함은 물론이다. 地上權의 移轉登記는 附記登記의 방법에 의하여 登記簿에 기재된다(不登 § 156-2).

2. 地上權者가 地上物을 讓渡한 경우에 地上權도 당연히 이에 隨伴하여 移轉되느냐에 관하여는 見解가 대립되고 있다. 多數說은 地上物을 양도하는 때에 반대의 意思表示가 없으면 地上權도 당연히 移轉한다고 한다.[3] 그러나 舊民法下에서라면 몰라도 物權變動에 관하여 成立要件主義를 취하는 현행 民法의 해석상 地上物의 所有權이 移轉되었다고 하여 地上權의 移轉登記 없이 地上權이 당연히 移轉되는 效力이 생긴다는 것은 있을 수 없는 理論이므로 多數說은 부당하다고 본다.[4]

결국 地上權者가 地上權을 留保한 채 地上物의 所有權만을 讓渡하거나 반대로 地上權의 所有權을 유보한 채 地上權만을 讓渡하는 것은 얼마든지 허용된다고 보아야 한다. 이러한 경우 地上物만의 讓受人 또는 地上物所有權을 보유한 地上權만의 讓渡人은 각각 필요한 범위 내에서 土地에 대한 使用權을 가진다고 해석하여야 할 것이다. 다만 地上物을 讓渡하기로 하는 意思表示가 당사자 사이에 이루어진 경우 특별한 반대의 意思表示가 없는 한 地上權도 함께 移轉하기로 하는 意思表示가 있었던 것으로 推定하는 것이 타당하다. 判例도 法定地上權에 관하여 判示하기를 "지상권이 설정됨으로 인정되는 건물을 양도하기로 한 경우에 건물철거 등 합의가 있은 것과 같은 특별한 사정이 없을 때에는 건물과 함께 지상권도 양도하기로 한 것이어서 지상권자는 건물양수인에 대하여 그 지상권의 설정등기를 한 후 이의 양도등기절차를 이행하여 줄 의무를 부담한 것이라 해석"된다고 한 바 있고,[5] 그 후 同旨의 判決을 계속하고 있

3) 張庚鶴, 各論(上), 41; 方順元, 177; 金基善, 315.
4) 郭潤直, 381; 金曾漢, 328; 金顯泰(上), 314.
5) 大判 67. 11. 28, 67다1831(集 15-3, 323).

다.[6] 法定地上權 아닌 通常의 地上權에 관하여도 달리 해석할 이유가 없을 것이다.[7]

3. 한편 地上權者 소유의 地上物이 경매되는 등 法律行爲에 의하지 않고 法律의 規定에 의하여 移轉된 경우에는 어떻게 될까? 判例는 法定地上權에 관하여, 建物所有를 위하여 法定地上權을 취득한 者로부터 競賣에 의하여 그 건물의 소유권을 移轉받은 競落人은 競落 후 건물을 철거한다는 등의 賣却條件下에서 競賣되는 등의 특별한 사정이 없는 한 건물의 競落取得과 함께 法定地上權도 당연히(登記를 要하지 않고) 取得한다고 判示하고 있다.[8] 이 判決들은 건물이 競落된 경우와 法律行爲에 의하여 移轉된 경우를 달리 취급하는 근거를 명시하지 않고 있으나 前者의 경우는 民 §187의 法律의 規定에 의한 物權變動으로서 登記없이도 그 效力이 생긴다는 취지로 해석된다. 이러한 判例의 태도에 대한 批判論이 없는 것은 아니지만,[9] 設定登記를 거칠 필요없이 당연히 발생하는 法定地上權에 관하여는 別論으로 하고, 엄연히 設定登記를 마쳐 登記簿에 기재되어 있는 通常의 地上權에 관하여 押留(競賣開始決定)의 登記 및 적법한 評價가 이루어지지 않았음에도 불구하고 이를 擴張適用할 수 있을지는 의문이 아닐 수 없다.

물론 強制競賣의 경우라면 債權者가 地上物과 地上權에 대하여 함께 競賣申請을 하는 것이 보통일 것이고, 任意競賣의 경우라면 역시 地上物과 地上權에 대하여 함께 抵當權을 취득하였다가 함께 競賣申請을 하는 것이 보통일 것이어서 이러한 경우는 거의 생기지 않을 것이지만, 만약 競賣申請人의 不注意로 이러한 경우가 생겼다면 위 判例와 같이 해석하기는 無理이고, 地上物만이 競落人에게 移轉되고 地上權은 여전히 地上權者에게 남아 있다고 해석할 수밖에 없다고 생각한다. 이 경우 地上物만의 競落人은 前述 當事者間의 讓渡의 경우와 마찬가지로 필요한 범위 내에서 土地에 대한 使用權을 가진다고 해석하여야 할 것이다. 이러한 使用權의 근거에 관하여는, 民 §371 I에 의하여 準用되는 民 §366를 적용하여 法定地上權을 取得한다고(競賣되지 않은 종전의 地上權 위에 地上物의 競落人이 다시 法定地上權을 취득하는 것으로) 설명할 수 있지 않을까 한다.

---

6) 大判 81. 9. 8, 80다2873(集 29-3, 29); 大判 85. 4. 9, 84다카1131, 1132(集 33-1, 174).

7) 한편 李英俊, 579은 前述의 多數說도 이들 判例와 같은 취지에 불과하지 登記없이 地上權이 移轉된다는 뜻은 아닐 것으로 해석하고 있다.

8) 大判 76. 5. 11, 75다2338(集 24-2, 33); 大判 79. 8. 28, 79다1087(公 619, 12193).

9) 이 批判論에 관하여는 尹眞秀, "法定地上權成立 후 建物을 取得한 者의 地位(中)", 司行 306, 24 참조.

4. 讓渡된 地上權에 관하여 종전 당사자 사이에, 地料에 관한 特約, 地上物의 종류에 관한 特約 등이 있었던 경우에 그러한 特約이 登記되어 있지 않은 한, 新地上權者가 土地所有者에 대하여 이를 주장하거나 土地所有者가 新地上權者에 대하여 이를 주장할 수 없게 된다. 다시 말하면 讓渡된 地上權의 모든(目的, 範圍, 存續期間, 地料 등)은 登記되어 있는 범위 내에서 종전의 地上權과 同一性을 유지하면서 移轉된다고 할 수 있다.

5. 한편 地上權 위에 抵當權을 設定할 수 있다는 것에 관하여는 明文의 規定이 있다(民 § 371 I). 즉 地上權을 擔保의 목적으로 삼을 수가 있다. 이 경우 擔保提供禁止의 特約은 無效라고 해석하는 견해가 있으나,[10] 地上權의 擔保提供을 인정하는 民 §371에는 民 §289가 적용된다고 할 수 없으므로 그러한 해석을 할 수는 없다고 생각한다. 즉 地上權에 대한 抵當權設定을 금지하는 特約은 有效하다.[11] 다만 그 特約은 등기할 수 있는 길이 없으므로 土地所有者와 地上權者 사이에서 債權的 效力만을 가질 뿐이며, 제3자에게 대항하지 못한다고 보아야 하므로 特約에 반하여 設定된 抵當權은 有效하다고 보아야 한다.[12]

Ⅲ. 土地의 賃貸

1. 地上權者는 그 地上權의 存續期間 내에서 그 土地를 賃貸할 수 있다(本條 後段). 賃貸借의 경우처럼 土地所有者의 承諾이나 同意를 얻을 필요가 있는 것이 아니라 자유롭게 그 土地를 賃貸할 수 있다. 따라서 賃借人은 地上權者와 사이에 체결한 賃貸借契約에 기한 賃借權으로 당연히 土地所有者에게 對抗할 수 있다.

賃貸借契約의 내용은 賃貸人인 地上權者와 賃借人 사이에서 자유로이 결정되나, 다만 賃貸借의 기간만은 地上權의 存續期間을 넘지 못한다. 이에 위반된 賃貸借期間의 약정은 無效이며, 地上權의 存續期間 범위 내에서만 有效하게 된다.

---

10) 金容漢, 370; 金曾漢, 267; 方順元, 42; 張庚鶴, 554; 李英俊, 578-9.
11) 郭潤直, 381.
12) 債權的 效力조차 인정되지 못하는 讓渡禁止特約과의 차이이다.

2. 賃貸借契約에 의하여 賃借人이 토지를 사용하는 態樣은 地上權者 본인이 당초의 設定行爲에서 정해진 목적과 범위에 따라 使用할 수 있는 態樣보다 土地使用者에게 불리한 것이어서는 안 된다고 해석하여야 한다. 따라서 樹木의 所有를 목적으로 한 地上權者가 임차인으로 하여금 견고한 建物의 소유를 목적으로 하는 임대차계약을 맺거나, 特定面績 이하의 建物의 所有를 범위로 한 地上權者가 賃借人으로 하여금 이를 초과하는 面績의 建物의 所有를 가능하게 하는 賃貸借契約을 맺는 경우, 賃借人은 그러한 목적이나 범위의 賃借權의 效力을 土地所有者에게 대항할 수 없다. 다만 이 경우 그러한 목적이나 범위는 미리 登記되어 있지 않으면 안 될 것이다.

나아가 賃借人은 地上權者의 경우와 마찬가지로 土地에 영구적인 損害를 일으키는 變更을 土地에 가하여서는 안 될 의무를 진다고 할 것이다.

3. 만약 地上權者가 위 2.에서 본 義務에 違反하여 賃貸借契約을 締結한 경우에는 그 契約內容 자체는 賃貸借 당사자 사이에서 유효하나, 土地所有者는 賃借人을 상대로 그러한 賃貸借의 내용이 土地上에서 실현되는 것의 沮止를 구하거나 이미 실현된 경우에는 이의 排除, 原狀回復 및 損害賠償을 구할 權利가 있다고 볼 것이다. 또 地上權者에 대하여는 土地使用에 관한 約定의 위반을 이유로 催告를 한 다음 地上權設定契約을 解止할 수 있다고 해석하는 것이 타당하다.

4. 地上權者가 土地를 賃貸하였다가 그 賃貸借가 終了된 경우에 賃借人에게는 轉貸借終了時 轉借人의 賃貸人에 대한 賃貸請求權 및 地上物買受請求權과 동일한 내용의 권리가 인정된다. 즉 地上權者가 土地를 賃貸한 경우에 지상권의 存續期間과 賃貸借期間이 동시에 만료되고 賃貸借에 기하여 설치된 建物·樹木 기타 地上施設이 현존한 때에는 賃借人은 土地所有者에 대하여 종전 賃貸借와 동일한 내용으로 土地를 賃貸할 것을 請求할 수 있고, 土地所有者가 賃貸를 원하지 아니하는 때에는 賃借人은 상당한 가격으로 그 地上施設의 買受를 請求할 수 있다(民 §646에 의한 民 §644의 準用).

[朴 在 允]

第283條(地上權者의 更新請求權, 買受請求權)

① 地上權이 消滅한 경우에 建物 기타 工作物이나 樹木이 現存한 때에는 地上權者는 契約의 更新을 請求할 수 있다.

② 地上權設定者가 契約의 更新을 願하지 아니하는 때에는 地上權者는 相當한 價額으로 前項의 工作物이나 樹木의 買受를 請求할 수 있다.

차 례

Ⅰ. 序 說

1. 意 義

(1) 地上權의 存續期間이 滿了한 경우에, 法律에 특별한 規定이 없더라도 당사자가 契約으로써 종전의 契約(地上權設定契約)을 更新하여 새로운 地上權設定契約을 締結할 수 있음은 契約自由의 原則上 당연한 일이다.

(2) 本條는 당사자가 스스로 위와 같은 새로운 契約을 체결하지 않은 경우에도 일정한 要件下에 地上權者가 계약의 更新을 청구할 수 있게 하고 나아가 更新이 이루어지지 않은 경우에 土地所有者에 대하여 地上物의 買受를 청구할 수 있음을 規定한다. 이는 地上權이 일단 消滅하는 단계에 이른 경우에도 되도록 地上權이 存續되도록 꾀함과 아울러, 그럼에도 불구하고 地上權이 끝내 消滅한 경우에는 地上權者가 土地上에 投下한 자본을 쉽게 회수할 수 있도록 하여 줌으로써, 地上權者를 保護함과 동시에 地上物이 가지는 社會的·經濟的 效用이 유지되도록 하는 것을 목적으로 한다.[1]

1) 新版 註釋民法(15)(有斐閣), 384(이하 新日注民(15)라 부르기로 한다).

(3) 本條는 賃貸借의 경우에 그대로 準用된다(民 § 643). 즉 建物 기타 工作物의 所有 또는 樹木·採鹽·牧畜을 목적으로 한 土地賃貸借의 기간이 만료한 경우에 建物·樹木 기타 地上施設이 현존한 때에는 그 賃借人에게 賃貸借의 更新請求權과 地上施設의 買受請求權이 인정된다. 따라서 更新請求權과 買受請求權에 관한 한 地上權과 賃借權은 전혀 동일하다고 할 수 있다.

또 위와 같은 내용의 土地賃貸借의 경우에 賃借人이 適法하게 토지를 轉貸한 경우에 관하여는 일정한 要件下에 本條의 更新請求權과 유사한 賃貸請求權이 인정되고 있고(民 § 644 I), 임대인이 賃貸를 원하지 아니하는 경우에는 本條 II의 買受請求權規定이 그대로 준용된다(民 § 644 II). 그리고 이러한 轉借人의 權利에 관한 規定은 地上權者로부터 토지를 賃借한 賃借人에게 그대로 준용된다(民 § 645).

2. 立法例

(1) 獨逸 地上權令

獨逸의 "地上權에 관한 命令"(Verordnung über das Erbbaurecht) 중 本條와 관련되는 規定을 살펴보면 다음과 같다.[2)]

(가) 更新(Erneuerung)에 관하여 地上權은 存續期間의 만료와 동시에 원칙적으로 消滅한다. 다만 土地所有者와의 特約(이 特約은 登記되면 物權的 效力을 갖는다)에 의하여 地上權者가 更新에 관한 優先權(Vorrecht)을 가진다는 것을 정할 수 있고(同令 § 2 vi), 이 경우에는 土地所有者가 제3자를 위하여 地上權을 設定한 때에 한하여 地上權者가 우선권을 행사하여 자기의 地上權을 更新할 수 있다(同令 § 31 I). 그러나 地上權消滅 후에 土地所有者가 스스로 土地를 사용하거나 이를 不使用狀態로 방치하고 있는 때에는 위의 優先權은 아무런 效用을 발휘할 수 없기 때문에, 일반적으로는 地上權者에게는 土地所有者를 상대로 地上權更新을 강제하는 방책이 강구되어 있지 않다고 할 수 있다.

(나) 地上權者의 補償請求權 地上權者가 地上權을 喪失한 경우에는 土地所有者에 대하여 補償金(Entschädigung)을 請求할 수 있다. 그러나 그 내용은 地上權이 存續期間滿了로 소멸한 경우와 기타의 이유로 지상권이 地上權者의 손을 떠나 토지소유자에게 復歸(Heimfall)한 경우에 따라 다르다.

(a) 期間滿了로 地上權이 소멸한 경우에는 地上의 工作物은 土地所有

---

2) 新日注民(15), 386-8.

權의 내용을 이루게 되는데(同令 §12 Ⅲ), 그 代價로 土地所有者는 地上權者에게 工作物의 價額을 補償金으로서 支給하여야 한다(同令 §27 Ⅰ). 이 경우 消滅한 地上權 위에 擔保物權이 있을 때에는 그 擔保權者는 이 補償金請求權에 대하여 物上請求權을 행사할 수 있다(同令 §29). 다만 土地所有者는 地上物이 존재하는 한 地上權의 存續期間을 연장함으로써 보상금의 지급을 면할 수 있다(同令 §27 Ⅲ).

(b) 土地所有者와 地上權者 사이의 特約(이 特約이 登記되면 物權的 效力을 갖는다)에서 정한 원인이 발생한 경우 또는 2년분 이상의 地料가 滯納된 경우에는 土地所有者는 復歸請求權(Heimfallsanspruch)을 취득하고, 이 請求權을 행사함에 의하여 地上權을 자기에게 讓渡시킬 수가 있으며, 그 결과 이른바 自己地上權이 성립한다. 원래 地上工作物은 地上權의 本質的 構成部分을 이루므로(同令 §12 Ⅰ), 地上權과 함께 地上工作物도 토지소유자에게 歸屬하게 된다. 그 代價로 토지소유자는 地上權者에게 자신이 취득한 지상권의 價額을 보상하여야 하는데(同令 §32 Ⅰ), 이 地上權의 價額에는 물론 그 本質的 構成部分인 工作物의 價額이 포함되어 있다. 결국 殘存期間에 관한 地上權 자체의 價額과 地上工作物의 殘存價額이 보상되는 결과가 된다. 地上權을 목적으로 한 擔保物權은 復歸 후에도 그대로 존속한다(同令 §33 Ⅰ). 따라서 그러한 擔保物權이 있는 경우의 補償金額은 그러한 負擔이 부착된 것을 참작하여 평가된 地上權(地上工作物 포함)의 價額이 된다.

(c) 土地所有者와 地上權者의 特約(登記되면 物權的 效力을 갖는다)에 의하여 (a) 및 (b)에서 본 補償의 금액과 방법을 따로 정하거나 補償을 하지 않기로 정하는 것은 허용된다(同令 §27 Ⅰ 後段, §32 Ⅰ 後段). 다만 일정한 범위 내의 低額所得者層(minderbemittelte Bevölkerungskreise)의 住宅需要에 응하기 위하여 설정된 地上權에 관하여는 地上工作物 내지 地上權의 價額 중 최소한 3분의 2에 해당하는 金額은 반드시 補償하여야 한다는 제약이 있다.

(2) 日本 借地法[3]

日本의 借地法 §4는 원래 1921년 制定 당시에는 本條와 거의 같은 내용으로 規定되어 있었으나, 1941년의 改正에 의하여 更新請求權에 관한 同條 Ⅰ이 "借地權이 消滅한 경우에 借地權者가 更新을 청구한 때에는 地上에 건물이 있

3) 日本의 借地法은 借地權을 규율하고 있는바, 同法에서 借地權이라 함은 建物의 所有를 목적으로 하는 地上權 및 賃借權을 가리킨다. 따라서 日本에 있어서는 建物의 所有를 목적으로 하는 土地使用權에 관한 한, 地上權과 賃借權은 완전히 동일하게 되었고, 日本民法의 地上權에 관한 규정들은 오로지 建物 아닌 工作物 또는 樹木의 소유를 목적으로 하는 地上權에만 적용된다.

는 경우에 한하여 전의 契約과 동일한 조건으로 다시 借地權을 設定한 것으로 본다. 다만 土地所有者가 스스로 土地를 사용할 필요가 있는 경우 기타 정당한 사유가 있는 경우에 遲滯없이 異議를 한 때에는 그러하지 아니하다"로 바뀌었다.

舊法에서는 土地所有者가 借地人의 更新請求를 자유로이 拒否할 수 있어서 更新請求權 자체는 큰 의미가 없었고, 단지 土地所有者로 하여금 更新請求에 응할 것인지 건물을 買受할 것인지를 선택하게 한다는 점에서 간접적으로만 借地權의 존속을 꾀하는 형태였지만, 新法은 土地所有者가 借地人의 更新請求를 거부하기 위하여는 정당한 사유의 존재가 필요하게 되었기 때문에 土地所有者의 更新拒絶의 자유가 부정되고 借地關係는 更新되는 것이 원칙이 되기에 이르렀다.[4)]

Ⅱ. 地上權者의 更新請求權

1. 序 說

(1) 制度의 趣旨

地上權이 상당히 長期間의 存續期間을 가지고 있음은 앞서 民 §280 및 §281에서 본 바와 같은바, 그 存續期間이 만료되면 地上權者는 바로 토지를 所有者에게 引渡할 의무가 있다. 그러나 土地上에 地上物이 현존하는 경우에는 특별한 사정이 없는 한 계속하여 地上權을 地上權者에게 보유시켜 地上工作物의 소유를 가능하게 해주는 것이 합리적이다. 이를 위하여 本條 Ⅰ은 地上權者에게 更新請求權을 인정하고 있다.

(2) 法的 性質

地上權者의 更新請求權은 문자 그대로 하나의 請求權, 즉 土地所有者에게 契約更新의 意思表示를 요구하는 권리라고 해석된다. 그러나 更新請求가 있더라도 土地所有者가 자유로 이를 拒否할 수 있기 때문에 엄밀히 말하면 여기서의 更新請求權은 請求權이라고 부를 수 있을 정도의 것도 되지 못하고, 단지 지상권자의 更新請求權行使와 土地所有者의 更新拒絶이 本條 Ⅱ에 규정된 地上物買受請求權의 成立要件이 된다는 점에서만 실질상의 의미가 있는 것이라

4) 新日注民(15), 384-6.

고 할 수 있다.[5)]

(3) 不利益한 特約의 禁止

本條에 의한 地上權者의 更新請求權을 特約에 의하여 미리 排除하거나 更新請求權의 요건을 강화하는 등 地上權者에게 不利한 約定을 하는 것은 허용되지 않는다(民 §289). 즉 그러한 特約은 無效이다. 직접으로 更新請求權을 排除하거나 약화하지 않더라도, 그 전제인 存續期間을 초과하는 수명을 가진 建物의 築造를 금지하는 特約도 마찬가지로 無效라고 보아야 한다.[6)]

地上權者에게 불리한 내용인 한, 가령 그 代價로 地上權者에게 어떤 특별한 이익이 부여되더라도 이와 관계없이 無效라고 보아야 한다. 다만 日本의 判例에서는 地上權을 설정할 때 土地所有者 소유의 旣存地上建物을 철거받는 代價로 "存續期間滿了時 지상권은 당연 소멸하고 地上權者 소유의 지상건물은 토지소유자에게 귀속한다"라는 特約을 한 경우 이를 有效하다고 한 바 있고,[7)] 한편 約定期間이 만료되면 토지소유자에게 地上建物을 증여한다는 特約을 한 경우 이는 地上權者에게 불리하고 그 不利益을 補償하기에 충분한 특별한 사정이 있음을 土地所有者가 主張·立證하지도 않고 있으므로 無效라고 판시한 바 있다.[8)] 우리 大法院은 賃借人保護를 위한 民 §652의 해석에 있어 賃借人의 建物買受請求權(民 §643) 및 附屬物買受請求權(民 §646)에 관하여 위 日本判例와 비슷한 취지의 判決을 하고 있는바, 이에 관한 자세한 내용은 民 §289의 注解 Ⅱ. 참조하기 바란다.

2. 更新請求權의 成立要件

(1) 地上權의 存在

更新請求權이 성립하기 위하여는 당사자 사이에 有效한 地上權關係가 존재하고 있었을 것이 필요하다. 아무 權原없이 타인의 土地를 占有하여 地上物을 所有하는 자는 물론이고, 使用貸借 등 地上權 이외의 權原에 의하여 타인의 土地를 점유하는 자도 本條의 更新請求權이 생길 수 없음은 당연하다.[9)] 한번

---

5) 更新請求가 있는 경우에 土地所有者가 更新에 불응하더라도 地上權者가 後述의 地上物買受請求權을 행사하면 이를 買受하여야 하는 부담을 안게 되므로 이 범위 내에서만 更新請求權이 權利性을 띄는 것이다. 郭潤直, 378; 李英俊, 573.

6) 日最判 昭 33(1958). 1. 23(民集 12-1, 72).

7) 日最判 昭 31(1956). 6. 19(民集 10-6, 665).

8) 日最判 昭 52(1977). 12. 19(判時 877, 41).

9) 新日注民(15), 395.

更新된 바 있는 地上權이더라도 무방하다.

(2) **地上權의 消滅**

本條 I은 단순히 "地上權이 消滅한 경우"라고 規定하고 있을 뿐 그 消滅原因에 관하여는 限定하고 있지 않으나, 결국은 存續期間의 滿了에 의하여 地上權이 消滅한 경우만에 한정된다고 해석하여야 한다. 그 이유는 다음과 같다.[10)]

먼저 土地가 滅失한 경우 및 混同, 消滅時效의 완성, 地上權에 우선하는 抵當權의 실행, 土地收用, 地上權의 포기, 約定된 消滅事由의 발생 등에 의하여 地上權이 소멸하는 경우에는 그 更新이 문제될 수 없음은 특별한 설명이 필요하지 않을 것이다. 문제가 될 수 있는 경우는 地上權者의 契約違反行爲를 이유로 土地所有者가 契約를 解止한 경우 및 地料의 延滯를 이유로 한 地上權消滅請求에 의하여 지상권이 소멸한 경우이지만, 通說과 判例는 이 경우 更新請求權 및 後述의 買受請求權을 모두 인정하지 않는 데 일치되어 있다.[11)]

(3) **地上物의 現存**

更新請求權의 成立要件으로서 土地上에 건물이 현존하고 있을 것이 요구되는 기본적 의미에 관하여는 前述 1.(1)의 설명을 참조할 것.

地上權의 存續期間滿了時에 土地上에 地上物이 존재하지 않는 경우에는, 당초 地上權設定 당시부터 계속 空地였거나 存續期間의 도중에 종래의 地上物이 滅失되었거나 인위적으로 철거되었거나를 가리지 않고 本條의 更新請求權은 발생하지 않는다.

(가) 그러나 更新請求權의 成立을 위하여 地上物의 존재가 絶對的 必要要件일까? 특히 土地所有者에게 책임있는 사유에 의하여 存續期間滿了時까지 지상권자가 地上物을 築造하거나 樹木을 植栽할 수 없었던 경우에도 그런 것일까? 前述한 바와 같이 本條의 更新請求權은 그 자체로서는 그다지 큰 의미가 없고 오로지 後述의 地上物買受請求權의 成立要件으로서만 의미를 갖는 것인데, 어떤 이유로든 地上物이 현존하지 않는 이상 地上權者가 地上物買受請求權을 행사할 여지는 없으므로, 이 점은 깊이 論議할 실익이 없다고 할 수 있다. 참고로 日本의 借地法의 해석에 관하여는 判例가 처음에는 借地上의 건물이 天災로 멸실된 후 土地所有者가 假建物을 짓고 토지를 점거하는 바람에 再

10) 郭潤直, 378; 李英俊, 572.

11) 郭潤直, 378; 李英俊, 572. 大判 72.12.26, 72다2085(要集 民 I-1, 562). 그 밖에 賃借人의 買受請求權에 관한 것으로는, 大判 62.10.11, 62다496(集 10-4, 30); 大判 68.11.19, 67다1780(集 16-3, 217); 大判 72.12.26, 72다2013(集 20-3, 228).

築을 하지 못하고 存續期間이 만료된 事案에 관하여 借地權者의 更新請求權을 否定하였었으나[12] 學說의 批判을 받았고,[13] 그 후 借地上의 건물이 화재로 燒失된 후 土地所有者가 再築을 방해함으로 말미암아 再築을 할 수 없었던 事案에 관하여 이러한 경우 土地所有者가 地上建物의 不存在를 이유로 借地權者의 更新請求權이 없다고 다투는 것은 信義則上 허용되지 않는다고 판시함으로써 태도를 바꾸었다.[14]

㈏ 地上權의 存續期間滿了와 地上權者의 更新請求權行使 사이에는 어느쪽이 먼저이든 약간의 시간적 간격이 있는 것이 보통인데, 地上物은 두 시점에 걸쳐서 공히 존재하여야 한다. 즉 그 두 시점의 중간에, 종래에 없던 地上物이 新築되거나 종래에 있던 地上物이 없어진 때에는 更新請求權은 인정되지 않는다.

㈐ 土地上에 현존하는 地上物은 반드시 更新請求權者(地上權者)의 所有일 필요는 없고 그 地上權을 기초로 하여 土地所有者에 대한 관계에서 적법하게 土地를 占有使用하고 있는 자의 所有이면 된다. 따라서 예컨대, 地上物이 地上權者인 母의 親權行使를 받는 子의 所有인 때는 更新請求權行使가 허용된다.[15] 다만 地上物이 地上權者로부터 토지를 賃借한 賃借人의 소유인 경우에는 民 §646에 의하여 그 賃借人에게 별도로 賃貸請求權과 買受請求權이 인정되므로 地上權者가 更新請求를 할 수 없다고 할 것이다.[16]

3. 更新請求權의 行使

(1) 行使의 時期

㈎ 行使의 時期에 관하여는 法文이 별다른 制限을 하고 있지 않으나, 地上權의 存續期間滿了 후 지체없이 하여야 한다고 해석된다. 지체없이 行使하지 않은 경우에는 更新請求權은 不行使로 消滅하고 동시에 後述의 買受請求權도 消滅한다고 해석하여야 한다.[17]

㈏ 存續期間滿了 전에도 更新請求權을 행사할 수 있다고 해석된다. 다

---

12) 日最判 昭 38(1963).5.21(民集 17-4, 545).
13) 新日注民(15), 399.
14) 日最判 昭 52(1977).3.15(判時 852, 60).
15) 新日注民(15), 399; 日仙台高判 昭 38(1963).10.2(高民集 16-3, 531).
16) 民 §646와 같은 규정이 없는 日本에서는 이 경우에도 地上權者에게 更新請求權을 허용하는 것이 通說이다. 新日注民(15), 400.
17) 郭潤直, 378; 金曾漢, 324; 李英俊, 573.

만 이 경우에도 期間滿了時에 근접한 時期에 행사될 것이 필요하다. 너무 일찍 更新請求權이 행사되면 土地所有者가 更新의 許否를 결정하기가 어려울 것이기 때문이다.[18)]

(다) 실제로는 更新請求權은 存續期間滿了를 이유로 한 土地所有者의 土地引渡請求를 지상권자가 거절하는 형태로 行使되는 경우가 많다. 반드시 "更新을 請求한다"라는 明示的 意思가 정식으로 表示되지 않더라도 위와 같은 引渡拒絶行爲 자체 내에 更新請求가 포함되어 있다고 보아도 좋을 것이다. 또 토지소유자의 引渡請求訴訟에서 지상권자가 地上權의 消滅을 다투고 있는 경우에는 辯論의 全趣旨로 보아 地上權者가 지상권의 更新을 청구한 것으로 볼 수도 있을 것이다.

(2) 行使의 當事者

(가) 更新請求權을 행사할 수 있는 者는 存續期間이 만료된 地上權者이다. 地上權의 存續期間滿了 후에 地上物을 地上權者로부터 讓受한 자는 地上權을 가지지 않기 때문에 更新請求權을 가지지 못한다. 다만 地上物과 함께 地上權(存續期間이 滿了된)까지 讓受한 경우처럼, 存續期間滿了 전이었더라면 地上物과 地上權이 함께 유효하게 양도되었을 상황인 때에는 存續期間滿了 후이더라도 更新에 의하여 地上權이 부활되는 지위가 地上物과 함께 양도되어 讓受人이 更新請求를 할 수 있다고 해석할 여지가 있지 않을까 한다.[19)]

(나) 更新請求權行使의 상대방은 行使 당시의 土地所有者이다. 이는 통상 存續期間滿了時의 토지소유자와 동일인일 것이지만, 엄밀히 말하면 ① 期間滿了 전에 更新請求가 되고, 그 후 期間滿了까지 사이에 土地所有者가 바뀐 경우, ② 存續期間滿了 후 更新請求時까지 사이에 土地所有者가 바뀐 경우가 있을 수 있다. 물론 토지의 所有權移轉登記가 마쳐진 경우만이 문제로 되는 것이지만, 위 ①의 경우는 舊所有者에 대한 更新請求의 효과가 新所有者에게 引繼된다고 해석할 것이고, 위 ②의 경우도 新所有者가 更新이 될 경우에 부활할 가능성이 있는 潛在的 地上權의 부담이 있는 상태로 토지를 讓受한 것으로 해석할 것이기 때문에 行使 당시의 土地所有者가 상대방이 될 수 있다.[20)]

---

18) 新日注民(15), 400. 다만 너무 일찍 更新請求가 있었더라도 土地所有者의 更新拒絶의 意思가 이미 명확한 경우에는 更新請求의 效力이 인정될 수 있을 것이다.

19) 新日注民(15), 402.

20) 新日注民(15), 403-4. 大判 76.6.22, 76다702(要集 民 I-2, 1018) 및 大判 77.4.26, 75다348(集 25-1, 160)은 土地賃借人의 建物買受請求權에 관하여, 賃貸借의 對抗力이 있는 때에는 새로운 土地所有者에 대하여 買受請求를 할 수 있다고 판시하고 있다.

4. 更新請求權行使의 效果

更新請求權의 行使로 인하여 바로 更新의 효과가 생기는 것은 아니며, 更新請求가 있을 때에 土地所有者가 이에 응하여 更新의 契約을 함으로써 비로소 更新의 效果가 생긴다.[21] 이 更新契約에 관한 자세한 내용은 民 §284의 注解에서 다루기로 한다.

土地所有者가 지상권자의 更新請求에 불응하면 更新의 효과의 不發生, 즉 지상권의 소멸이라는 效果가 확정된다. 그 결과 土地所有者는 지상권자에 대하여 地上物의 철거와 土地引渡를 청구할 수 있게 되나, 地上權者는 土地所有者를 상대로 地上物의 買受請求를 할 수 있게 된다. 이에 관하여는 項을 바꾸어 자세히 설명하기로 한다.

Ⅲ. 地上物買受請求權

1. 序 說

(1) 意 義

地上權이 消滅한 경우에 地上權者가 更新請求權을 행사하였으나 土地所有者가 更新을 원하지 아니하여 更新이 이루어지지 아니한 때에는 地上權者는 자기가 소유하는 建物 기타 工作物이나 樹木을 土地所有者에게 買受하도록 청구할 권리가 있는데, 이것이 本條 Ⅱ의 買受請求權이다.

(2) 制度의 目的

㈎ 地上權者는 지상권의 存續期間 중 土地使用을 위하여 자기의 費用을 投下하여 토지에 공사를 시행하는 것이 보통이고, 그 결과 築造되거나 植栽된 地上物은 존속기간의 滿了時에 일정한 殘存價値를 가지는 경우가 많다. 買受請求權制度는 地上權者에게 이러한 殘存價値의 회수를 가능하게 해주는 것을 목적으로 한다.[22]

㈏ 또 國民經濟的 見地에서 볼 때는 아직 社會的·經濟的 效用을 가지는 建物 등 地上物이 함부로 철거되어 國民經濟的 損失이 생기는 것을 방지하

21) 郭潤直, 378.
22) 新日注民(15), 420.

는 기능을 갖는다고도 할 수 있다. 地上權者의 買受請求라는 私法上의 제도를 통하여 國民經濟的 浪費를 회피하고자 하는 것이 이 제도의 또 하나의 취지이다.[23)]

(다) 그 밖에 이 제도는 地上權의 更新存續을 간접적으로 強制하는 기능을 갖는다. 地上權者의 更新請求에 대하여 土地所有者는 이를 拒絕할 수 있는데, 更新을 거절하여 地上權의 소멸을 확정시킨다면 買受請求權을 행사당하게 되며, 이 경우 建物의 買受를 원하지 아니하거나 買受할 자력이 없을 때에는 결국 更新에 응할 수밖에 없게 된다. 따라서 이 제도는 간접적으로나마 地上權의 更新의 促進, 즉 地上權의 존속의 보장에 이바지하게 되는 것이다.[24)]

(3) 法的 性質

買受請求權은 그 行使에 의하여 目的物에 관하여 상당한 價格을 代金으로 한 賣買契約 유사의 效果를 당사자에게 발생시키는 形成權이라고 해석되고 있다.[25)]

명칭은 請求權으로 되어 있으나, 權利者의 一方的 意思表示에 의하여 효력이 생기는 形成權이며, 權利者의 請約에 대한 상대방의 承諾의 意思表示를 구하는 의미에서의 請求權은 아니다.[26)] 또 買受請求權은 토지소유자의 地上物撤去 및 土地引渡請求에 대하여 그 청구를 제한하기 위하여 訴訟上 행사되는 경우가 많고 이 경우에는 抗辯權的 色彩가 강하지만, 裁判 외에서도 행사될 수 있을 뿐 아니라, 아직 土地所有者의 引渡請求가 없는 시점에서도 미리 행사될 수 있다고 해석되기 때문에, 단순한 抗辯權이 아니고 또 裁判上의 행사를 요하는 形成權도 아니며, 보통의 形成權일 뿐이다.[27)]

이와 같이 形成權이므로 일단 行使하여 法律效果를 발생시킨 이상 事後에 權利者가 일방적으로 이를 철회할 수는 없다고 해석된다.[28)]

(4) 不利益한 特約의 禁止

買受請求權을 부정하거나 買受請求權行使의 요건을 강화하는 등 地上權者에게 불리한 특약은 무효이다. 地上權者가 미리 일방적으로 買受請求權을 포기

---

23) 新日注民(15), 421.
24) 郭潤直, 378.
25) 大判 72.7.25, 72다653(要集 民 I-2, 1017); 大判 78.8.22, 78다1156(要集 民 I-2, 1018).
26) 新日注民(15), 432, 589.
27) 新日注民(15), 589-90.
28) 新日注民(15), 591.

하기로 하는 意思表示를 하였더라도 마찬가지로 效力이 없다고 해석된다. 보다 자세한 내용은 更新請求權에 관한 Ⅱ.1. (3)의 설명을 참조할 것.[29]

다만 地上權이 消滅된 후, 買受請求權을 포기하는 意思表示가 있은 때에는 이를 無效라고 할 수 없다.[30]

2. 地上物買受請求權의 成立要件

(1) 地上權의 消滅

㈎ 本條 Ⅱ의 買受請求權은 本條 Ⅰ의 更新請求權을 보완하는 형태로 되어 있기 때문에 買受請求權이 성립하는 경우란 地上權者가 更新請求權을 가지고 있으나 결국은 更新이 이루어지지 않은 경우라고 할 수 있다.

㈏ 地上權者와 土地所有者가 合意에 의하여 地上權을 消滅시키기로 한 경우에는 更新請求權이 인정될 수 있을까? 判例는 이 경우에 地上建物의 撤去合意가 함께 되어 있으면 本條가 적용될 수 없다고 하여 更新請求權과 買受請求權 모두를 부정하고 있다.[31] 또 日本의 判例는 借地人이 地上建物의 운명까지 고려하여 합의를 하였다고 보아야 하므로, 특히 建物買受에 관한 合意가 존재하지 않는 한 買受請求權의 포기와 건물의 철거가 전제로 되어 있다고 해석하여야 한다고 한다.[32] 그러나 오히려 合意解約의 경우에도 원칙적으로 買受請求權을 行使할 수 있는 것으로 하고, 단지 買受請求權拋棄의 特約 내지 地上權者의 買受請求權拋棄의 意思表示가 있었다고 인정되는 특별한 사정이 있는 경우에만 買受請求를 할 수 없게 된다고 해석하는 것이 옳지 않을까 생각된다.[33]

㈐ 地上權者의 契約違反行爲를 이유로 土地所有者가 契約을 解止한 경우 및 地料의 延滯를 이유로 한 地上權消滅請求에 의하여 지상권이 소멸한 경우에 관하여는, 通說과 判例가 買受請求權을 인정하지 않는 데 일치되어 있다.[34] 이 경우 前述의 更新請求權이 인정될 수 없음은 의심의 여지가 없으나, 가능한 한 建物의 壽命을 보전케 한다고 하는 國民經濟的 要請은 이 경우에도 존재하고 또 契約違反이 있다고 하여 지상권을 상실시키는 외에 所有建物까지 철거

29) (註 6) 내지 (註 8)의 本文 및 民 §289의 注解 참조.
30) 大判 69.6.24, 69다617(集 17-2, 243)은 賃貸人과 賃借人이 賃貸借契約을 合意解止하고 地上建物을 철거하기로 合意한 경우는 不利益約定을 금지하는 民 §652에 違反되지 않는다고 하고 있다.
31) 前述(註 30)의 判決.
32) 日最判 昭 29(1954).6.11(判タ 41, 31).
33) 新日注民(15), 423.
34) 前述(註 11)의 學說 및 判例를 참조할 것.

당하게 하는 것은 너무 가혹하다는 견지에서 買受請求權을 인정하는 것이 옳다는 見解가 없는 것은 아니다.[35] 그러나 契約上의 信義에 위배한 地上權者에 대한 民事罰을 가할 필요성과, 國民經濟的 必要性도 신뢰관계의 유지라는 私法秩序의 최소한의 요청에 대하여는 讓步하여야 한다는 점에 비추어, 判例와 通說의 견해가 타당하다고 생각한다.[36]

나아가 이러한 입장을 취하는 한, 解除事由 또는 消滅請求事由가 있는 데도 土地所有者가 解除權이나 消滅請求權을 행사하지 않고 있는 사이에 存續期間이 만료되어버리고 나서 地上權者가 買受請求權을 행사한 경우에도, 土地所有者가 위 사유들을 主張·立證하기만 하면 買受請求의 效力은 인정되지 않아야 할 것이다.[37]

(2) **地上物의 現存**

(가) 土地上에 地上權者 소유의 建物 기타 工作物이나 樹木이 현존하는 경우에만 買受請求權이 成立할 수 있다. 환언하면 買受請求의 대상이 되는 것은 그러한 地上物이다. 이에 관하여는 앞서 更新請求權에 관하여 Ⅱ.2.(3)에서 설명한 내용이 대체로 타당하게 된다.

地上物은 반드시 地上權者 자신이 설치한 것일 필요는 없고 이미 설치되어 있었던 것을 讓受한 경우라도 무방하다. 地上物은 또 地上權消滅 당시 지상권자의 소유에 속하는 것이어야 한다. 地上權消滅 후에 새로이 설치한 地上物이 買受請求의 대상이 되지 않음은 분명하다. 또 地上權消滅 전에 지상권자가 地上物을 타인에게 양도해버린 경우에는 이미 買受請求의 대상을 所有하지 않고 있기 때문에 買受請求權이 없게 된다. 約定에 違背하여 축조된 地上物에 관하여는 만약 그러한 約定違背가 계약의 解除事由에 해당할 정도에 이르렀을 때에는 買受請求의 대상이 될 수 없으나, 그 정도에 이르지 않은 때에는 買受請求의 대상이 될 수 있다고 해석하여야 할 것이다.[38]

(나) 地上物에 관하여 擔保物權 등의 부담이 있는 경우,[39] 地上物이 押留된 경우, 地上物에 관하여 제3자의 假登記가 되어 있는 경우, 地上建物에 對抗力 있는 賃借權이 존재하는 경우에도 地上物買受請求權의 성립에는 지장이 없

---

35) 新日注民(15), 423에 인용된 後藤淸, 借地法(增補版)(1965), 254; 薄根正男, 總判民(11), 213 등.

36) 新日注民(15), 424.

37) 前述(註 36).

38) 新日注民(15), 425.

39) 大判 72.5.23, 72다341(集 20-2, 63).

다.[40] 다만 이 경우 代金支給方法이나 代金額의 決定과 관련하여 어려운 문제가 있다.[41]

㈐ 당초 地上權設定 당시 地上權設定의 목적이었던 地上物(建物 또는 기타의 工作物이나 樹木)은 물론 당연히 買受請求의 대상이 되나, 그 외에도 土地 또는 그 地上物의 사용에 통상적으로 필요하거나 便益을 주는 것으로서 客觀性이 있는 것, 예컨대 下水工事·放火施設 등은 그 주된 地上物과 함께 買受請求의 대상이 된다. 그 이외에 地上權者의 개인적 취미나 특수한 사업에만 필요한 것 등은 대상이 될 수 없다.[42]

㈑ 地上物이 數人의 所有地上에 걸쳐서 존재하고 그 일부에 관하여만 買受請求權이 문제로 되는 때, 예를 들면 ① 丙이 甲所有의 A土地에 地上權을 취득하고, 그 土地와 자기 소유의 B土地에 걸쳐서 建物을 소유하고 있는데, A土地의 地上權이 消滅된 경우 및 ② 丙이 甲所有의 A土地와 乙所有의 B土地에 각각 地上權을 취득하고, 두 土地에 걸쳐서 建物을 소유하고 있는데, B土地上의 지상권은 존속하고 있는 반면, A土地上의 地上權이 消滅된 경우 등에 있어서는 해석상 어려운 문제가 생긴다. 이 경우 買受請求의 방법으로서는, ⓐ 丙이 A土地上에 위치하는 建物部分만의 買受를 甲에게 請求하는 방법과 ⓑ 丙이 建物 전체의 買受를 甲에게 請求하는 방법을 생각할 수 있다.

이 중 ⓐ의 경우에는 買受請求의 대상이 되는 建物部分이 區分所有權의 대상이 될 수 있을 정도의 獨立性을 가지는 것이어야 할 것이다. 그렇지 않다면 買受請求의 결과 區分所有의 대상이 없는 부분을 甲에게 歸屬시키고 나머지 부분을 乙의 소유로 남겨 두는 것은 不可能하기 때문이다. 결국 ⓐ형의 買受請求는 우연히 그 建物이 A·B 두 土地의 境界線上에서 區分所有에 적합한 區劃이 될 수 있는 구조인 경우에만 가능할 것이다.[43]

그리고 위 ⓐ의 방법에 의한 買受請求가 허용되지 않는 경우에 위 ⓑ의 방법에 의한 買受請求가 인정되어야 함은 國民經濟的 要請 및 地上權者의 保

---

40) 新日注民(15), 426, 573.

41) 이에 관하여는 後述 4. (3) ㈐ (d)의 설명을 참조할 것.

42) 新日注民(15), 427.

43) 大判 72. 5. 23(註 39)은 建物이 賃借垈地와 자기 소유의 垈地上에 걸쳐 건립되어 있다 할지라도 그 建物 중 賃借垈地上에 건립되어 있는 부분에 대하여 買受請求權을 행사하지 못한다고 判示하여, 本文에서 설명한 要件의 구비 여부를 가리지 않고 있는 듯 하나, 이 사건은 土地所有者의 撤去 및 土地引渡請求를 棄却한 데 그쳤을 뿐, 買受請求에 따른 代金의 支給이나 移轉登記를 命하는 데까지는 나아가지 않은 事案임을 유의하고 받아들여야 한다.

護 어느 견지에서 보더라도 당연할 것이다. 이 경우 建物의 소유관계에 대하여는 첫째, 丙의 買受請求의 결과 위 建物은 甲과 丙의 共有로 되고, 그 持分은 각각의 소유 土地上에 위치한 建物 부분의 價格의 비율에 의하여 정하여진다는 견해와[44] 둘째, 위 ①의 경우에는 甲은 建物 전체의 所有權과 B土地에 대한 後述 慣習法上의 法定地上權을 취득하고, 위 ②의 경우에는 甲이 建物 전체의 所有權을 취득함과 함께 丙의 B土地에 대한 地上權을 讓受하게 된다는 견해,[45] 그리고 셋째, A·B 양 土地 중 어느쪽 土地에 위치한 부분이 주요한 것인가에 의하여 결론을 나누어서, A土地上의 부분이 주요한 때에는 甲이 建物 전체의 所有權과 B土地上의 地上權을 취득하는 반면, B土地上의 부분이 주요한 때에는 아예 甲이 地上權의 更新을 거부하지 못하도록 하여 丙의 買受請求權을 봉쇄하자는 견해[46] 등이 발표되어 있다.

문제를 간명하게 해결한다는 점에서 위 첫째의 견해가 가장 합리적이라고 생각되나, 두 土地上에 위치한 부분의 價格에 현저한 대소의 차이가 있는 때에는 위 셋째 견해에 대해서도 경청할 가치가 있을 것이다.[47][48]

3. 地上物買受請求權의 行使

(1) 請求權者

買受請求權은 地上物의 所有者에 한하여 이를 行使할 수 있다.

(가) 買受請求權을 地上物의 소유권으로부터 분리하여 처분할 수 없음음 분명하다. 地上權消滅 후에 地上權者가 地上物을 제3자에게 讓渡한 경우에는 地上權者가 地上權消滅時에 취득한 買受請求權이 地上物과 함께 그 제3자에게 讓渡되었다고 보고 제3자가 그 買受請求權을 行使할 수 있다고 해석하는 것이 옳다. 이렇게 해석하더라도 土地所有者에게 특별히 불리할 것이 없고, 또 일반적으로 말하여 買受請求權이 一身專屬權이 아닌 이상 地上物과 함께 처분

44) 我妻, 債各 中卷 I(民法講義 V_2)(1972), 505; 廣瀨武文, 借地借家法(法律學體系コンメンタル編)(1950), 69.
45) 我妻, 判民 昭和9年度 49事件評釋(舊說).
46) 後藤 淸(註 35), 478.
47) 新日注民(15), 428.
48) 大判 91. 3. 27, 90다카20357(公 896, 1272)은 土地賃借人의 所有建物이 賃借土地(A土地)上에 12.3m², 자기 소유 土地(B土地)上에 30.3m²씩 걸쳐서 위치하고 있어 A쪽 부분이 훨씬 적음에도 불구하고 B쪽 부분은 A쪽 부분에 있는 방이나 부엌 중의 일부에 불과하여 독립한 효용가치가 없다고 보고 建物 전체에 대한 買受請求를 認容한 原審判決을 유지하고 있다.

할 수 있다고 해석하지 않을 수 없기 때문이다.[49)]

㈏ 地上權者의 債權者(특히 地上建物의 賃借人)도 債權者代位權에 기하여 이 買受請求權을 代位行使할 수 있다고 할 것이다. 다만 일반의 金錢債權者의 경우에는 債務者의 無資力이라는 요건이 구비되어야 함은 물론이고, 建物賃借人의 경우에는 特定物債權者이므로 無資力의 요건은 필요없으나 그 賃借權 자체에 대항력이 있을 것이 필요하다. 對抗力없는 賃貸借라면 가사 買受請求權을 행사하여 地上物이 土地所有者에게 이전되더라도 新所有者에게 대항할 수 없는 이상 債權者代位權을 행사할 이익이 없기 때문이다.[50)]

㈐ 地上物이 數人의 공유이고 地上權도 그 數人에 의하여 準共有되고 있는 때에는 그들 전원이 공동하여 買受請求權을 행사할 수 있음은 물론이다.[51)]

(a) 이 경우 共有者 각자가 地上物에 관한 자기의 持分에 대하여 買受請求를 할 수는 없다. 만약 이를 허용하면 地上物은 이미 地上權이 소멸되어 土地使用의 權原이 없는 者와 土地所有者와의 共有가 된다는 이상한 상태에 빠져버리기 때문이다. 한편 共有者의 1인이 다른 共有者 전원의 同意를 얻은 때에는 地上物 전체에 대하여 買受請求를 할 수 있다는 견해와, 나아가 買受請求權의 행사는 共有物의 處分行爲라기 보다는 오히려 管理行爲의 일종이기 때문에 持分의 過半數를 점하는 공유자가 地上物 전체에 관하여 買受請求를 할 수 있다고 보아야 한다는 견해가 있다. 이와 같이 해석하지 않는다면 共有者 중 1인이라도 買受請求에 반대하기만 하면 地上物이 撤去될 수밖에 없는 결과가 될 것이므로 위의 각 견해는 타당하다고 생각한다.

(b) 地上物의 共有者 중에 地上權을 가지지 않는 者가 섞여 있더라도 地上權 있는 者가 地上權없는 者의 동의를 얻거나 또는 그들을 포함한 전원이 공동하여 地上物 전체의 買受를 請求할 수 있다고 보는 것이 옳다. 나아가 이 理論과 前述 (a)의 이론을 종합하면 共有者 중에 地上權을 가지지 않는 者가 섞여 있더라도 地上物持分의 過半數를 점하는 공유자는 地上物 전체에 관하여 有效한 買受請求를 할 수 있다고 해석하여야 할 것이다.

(2) 請求의 相對方

買受請求의 상대방은 地上權消滅 당시의 土地所有者이다. 地上權消滅 후

49) 新日注民(15), 428-9; 反對 日大判 昭 16(1941).6.20(民集 20, 937); 更新請求權에 관한 前述(註 19)의 本文 참조.
50) 新日注民(15), 429, 581-2.
51) 이하 新日注民(15), 429-30의 說明에 의함.

土地所有權이 제3자에게 讓渡되어 登記가 마쳐진 경우에는 新土地所有者가 買受請求의 상대방이 된다.[52]

(3) 行使의 時期와 方式

(가) 買受請求權은 裁判 외에서 행사되어 그 效果가 訴訟에서 주장될 수도 있고, 地上權消滅을 이유로 한 土地所有者의 地上物撤去 및 土地引渡請求訴訟의 과정에서 직접 行使될 수도 있다. 어느 경우든 특별한 방식이 요구되지는 않는다. 따라서 買受의 대상이 되는 地上物의 價額을 명시할 필요가 없다.

(나) 訴訟에서 買受請求權이 행사되는 경우에, 地上權者가 故意 또는 重大한 過失로 시기에 늦게 이를 행사함으로 말미암아 訴訟의 완결을 遲延시키는 것으로 인정될 때에는 시기에 늦은 防禦方法으로 취급되어 却下될 수 있다(民訴 138 § I). 이렇게 되면 買受請求權行使는 효력이 없게 된다. 결국 買受請求權은 前述 更新請求權의 경우와 달리 지상권의 消滅 후 지체없이 행사할 필요는 없고, 更新請求가 거절되어 土地所有者의 地上物撤去 및 土地引渡請求訴訟이 제기된 후 그 訴訟의 완결을 遲延시키지 않을 정도의 시기까지 행사하면 된다고 할 수 있다.[53]

(다) 土地所有者의 위와 같은 訴訟 중에 被告인 지상권자가 買受請求權을 행사하지 아니하여 原告請求認容의 判決이 확정된 후에는 地上權者가 뒤늦게 이를 행사하여 請求異議의 訴(民訴 § 505)를 제기하거나 賣買代金請求의 訴를 제기할 수는 없다고 보아야 할 것이다. 買受請求權은 독립한 形成權으로 구성되어 있지만 그 實質的 機能은 주로 土地所有者의 地上物撤去請求를 제한하는 抗辯權的인 것이어서 위와 같은 訴訟을 제기당하여 買受請求를 할 수 있었음에도 불구하고 이를 하지 않은 이상, 確定判決의 旣判力에 의하여 遮斷되어 買受請求權은 소멸한다고 보아야 하기 때문이다.[54]

4. 地上物買受請求權行使의 效果

(1) 槪　說

買受請求權은 形成權이므로 그 행사에 의하여 目的物에 관한 상당한 價格에 의한 賣買契約이 地上權者(賣渡人)와 土地所有者(買受人) 사이에 締結된 것

52) 新日注民(15), 430.
53) 新日注民(15), 431, 587.
54) 新日注民(15), 431, 588-9.

과 유사한 효과가 발생한다.[55] 따라서 地上權者는 土地所有者에 대하여 代金支給請求權을, 그리고 土地所有者는 지상권자에 대하여 地上物의 引渡 및 移轉登記請求權을 각각 취득하는 결과가 된다.

(2) **效力發生時期**

買受請求權의 행사에 의하여 즉시 賣買契約締結에 유사한 效果가 생긴다고 해석된다.[56] 따라서 地上權消滅時에 遡及하여 그러한 效果가 생기는 것이 아님을 주의하여야 한다.[57]

(3) **代金請求權**

㈎ 履行期　土地所有者의 代金支給義務는 買受請求와 동시에 바로 履行期에 달한다고 해석된다.[58]

㈏ 代金請求의 訴　土地所有者의 地上物撤去 및 土地引渡請求의 訴에 대하여 지상권자가 買受請求權을 행사하였더라도 당초의 請求 속에 地上物買受代金支給과 相換으로 地上物의 明渡를 구하는 청구가 포함되었다고 볼 수 없다는 것이 判例이므로,[59] 土地所有者로서는 원래의 請求를 地上物明渡請求로 변경할 필요가 있다.[60] 이 경우 地上權者는 同時履行의 항변권을 행사하여 賣買代金의 지급이 있기까지 地上物의 明渡를 拒否할 수 있다. 나아가서 地上權者는 적극적으로 訴를 제기하여 土地所有者에게 代金의 支給을 구할 수 있다. 土地所有者로부터 이미 訴가 제기된 때에는 反訴의 형식을 취한다.

㈐ 代金의 數額

(a) 相當한 價額의 決定　買受請求權의 行使에 의하여 土地所有者가 支給하여야 하는 賣買代金은 地上物의 價額이되, 상당한 價額이어야 한다. 이는 결국 客觀的 基準에 의하여 정해지는 그 地上物의 시가라고 할 수 있다. 객관적으로 결정되어야 하므로 買受請求時에 地上權者가 요구한 額數는 아무런 기준이 되지 못한다. 地上權者가 요구한 額數가 실제의 시가보다 낮거나 높거나에 관계없이 買受請求 자체는 有效하며 代金額을 결정할 때 이에 拘束되지 않는다. 다만 訴訟에서 賣買代金支給請求가 있거나 代金債權에 기한 同時

55) 大判 72.7.25 및 大判 78.8.22(註 25).
56) 前述(註 55).
57) 大判 67.12.18, 67다2355(集 15-3, 386).
58) 新日注民(15), 593.
59) 大判 66.6.28, 66다712(集 14-2, 96); 大判 72.5.23(註 39).
60) 日本의 通說·判例는 우리 나라의 判例와 달리, 당초의 撤去 및 土地引渡請求 속에 地上物의 明渡를 구하는 請求가 포함되어 있다고 보고, 請求의 변경없이 一部認容의 방식으로 判決하는 것을 인정한다. 新日注民(15), 600.

履行의 抗辯이 제출된 경우에는 그 請求者 또는 抗辯提出者의 주장 이상의 額을 法院이 賣買代金으로 인정하는 것은 허용되지 않지만 이는 訴訟法의 문제이므로 別論이다.[61)]

法院이 代金支給請求를 認容하는 경우는 물론이고 賣買代金支給과 相換으로 地上物의 明渡를 명하는 判決을 하는 경우에도 반드시 代金의 額을 확정하여야 한다.[62)] 구체적인 代金額의 確定은 시가의 鑑定에 의하는 것이 보통이다.

(b) 代金算定의 基準時期 代金額算定의 기준시기는 買受請求權의 行使時, 즉 그 행사의 意思表示가 土地所有者에게 도달된 때이지, 地上權이 소멸된 때 또는 更新請求가 거절된 때가 아니다.[63)]

(c) 地上物 자체의 價額과 場所的 利益의 算入 여부 地上物의 價格에 우선 그 地上物 자체의 價格이 포함됨에 대하여는 의문이 여지가 없다. 地上物 자체의 價格의 算定에 있어서, 그 地上物이 新築됨과 동시에 買受請求가 된 경우에는 그 建築費에 상당하는 금액에 의할 것이고, 그 후에 買受請求가 된 경우에는 대체로 그 地上物과 同等한 資材를 들여 買受請求 당시에 그 地上物과 동일한 地上物을 新築하는 가격으로부터 그 地上物의 總 耐久年數에 대하여 상대적으로 평가되는 實際經過年數에 따른 減少價格을 공제한 잔액이라고 볼 것이다.[64)]

문제는 地上物의 價格 중에 場所的 利益이 포함되어야 할 것인가이다. 이 점에 관하여 判例는, "건물의 매수가격은 건물 자체의 가격 외에 건물의 위치, 주변토지의 여러 가지 사정 등을 종합적으로 고려하여 매수청구권의 행사 당시 건물이 현존하는 대로의 상태에서 평가된 시가라고 새겨진다"라고 판시하고, 建物이 그린벨트 내에 위치하고 있어 그 지역 내의 現存建物의 時價가 건물의 建築價格 또는 건물 자체의 殘存價格 외에 現存建物의 增·改築으로 인하여 그린벨트 내의 土地利用價値를 높일 수 있는 건물의 價値 등 建物所在地의 주변상황까지 고려하여 건물의 시가를 산정한 鑑定人의 鑑定結果를 기초로 건물의 買受價格을 산정한 원심의 조치가 정당하다고 함으로써, 이 문제를 肯定

61) 新日注民(15), 594.

62) 大判 72. 5. 23(註 39)은 請求의 변경이 없었기 때문에 당초의 建物撤去請求를 棄却하는 데 그친 事案에 관하여 代金額을 확정할 필요가 없다고 한다.

63) 大判 67. 12. 18(註 57)은 나아가 地上物이 매년 成長하는 樹木이라고 해서 결론이 달라지지 않는다고 한다.

64) 新日注民(15), 595.

的으로 새기고 있다.[65] 극히 타당한 태도라고 본다.

(d) 地上物에 負擔이 있는 경우의 代金額 買受請求의 대상이 되는 地上物 위에 抵當權이 設定되어 있거나, 假登記가 되어 있거나, 押留가 되어 있거나, 對抗力 있는 賃貸借가 존재하는 경우 등에도 買受請求가 인정된다 함은 前述한 바와 같은바,[66] 이 경우에 買受代金을 어떻게 정할 것인가에 관하여는 문제가 있다.

(i) 먼저 생각할 수 있는 방법의 통상의 賣買代金額으로부터 地上物上의 부담의 價額을 控除한 가액을 賣買代金으로 하는 방법이다. 앞에서 例示한 경우 중 對抗力있는 賃貸借가 존재하는 경우에는 별 무리없이 사용될 수 있는 방법이라고 할 수 있다. 만약 그 賃借權의 負擔의 額(賃借保證金 또는 傳貰金의 額)이 地上物의 時價를 초과하는 경우에는 買受代金額이 마이너스로 되어 토지소유자에게 가혹하게 되므로 이러한 경우에는 買受請求權을 行使할 수 없다고 보아야 할 것이다.[67]

(ii) 통상의 賣買代金額에서 부담의 價額을 控除하는 식으로 買受代金額을 결정하는 방법은, 예컨대 假登記가 된 경우라든가 抵當權가 設定된 경우에는, 그 부담의 價額을 확정하기 어렵기 때문에 이에 의하기 어렵다. 또 후에 만약 土地所有者의 辨濟 이외의 사유로 抵當權이 消滅될 경우에는 債權的으로 求償을 받을 가능성이 있다 하더라도 일단은 不當利得을 하게 되는 점에서도 이 방식에 의하기 어렵다.[68]

따라서 이 경우에는 負擔額을 공제하지 아니한 完全價格을 買受代金으로 하되, 買受人인 土地所有者가 民 §587에 의하여 代金의 支給을 拒絶할 수 있는 것으로 하는 것이 타당하다고 생각된다.[69]

(4) 地上物引渡請求權

買受請求權行使의 결과 買受人(토지소유자)은 賣渡人(지상권자)에 대하여 地上物의 引渡를 청구할 수 있는 권리를 취득한다. 이 地上物引渡請求權과 買受請求權行使 이전에 가지고 있었던 地上物撤去 및 土地引渡請求權과의 관계가 문제된다.

65) 大判 87. 6. 23, 87다카390(公 806, 1235).
66) 前述(註 40)의 本文 참조.
67) 新日注民(15), 598-9.
68) 新日注民(15), 599.
69) 新日注民(15), 599-600; 日最判 昭 39(1964). 2. 4(民集 18-2, 233).

㈎ 實體法的 考察 土地所有者는 土地使用權原이 없는 地上物所有者에 대하여 원래 地上物撤去 및 土地引渡만을 구할 수 있는 것이지만, 買受請求權을 行使당하게 됨에 따라 地上物이 자신에게 歸屬하게 되므로 그 撤去를 구할 수는 없게 되고 오직 地上物의 引渡 및 土地(地上物의 敷地를 제외한 나머지 부분)의 引渡만을 구할 수 있게 된다. 買受請求에 따라 賣買에 유사한 관계가 형성됨과 동시에 종래의 관계는 消滅되기 때문이다.

㈏ 訴訟節次와의 關係 土地所有者에 의한 地上物撤去 및 土地引渡請求訴訟의 과정에서 被告인 地上物所有者에 의하여 買受請求權이 행사된 경우에 原告인 土地所有者가 勝訴하기 위해서는 원래의 請求를 地上物引渡 등의 請求로 변경하여야 한다. 이 원래의 請求 중에 地上物의 引渡 등을 구하는 請求가 포함되어 있다고 볼 수 있을까?

이 문제가 肯定된다면 위와 같은 請求의 변경이 필요없이 법원이 地上物引渡 등의 판결을 할 수 있을 것이고 간편한 節次進行이 가능하게 될 것이다. 그러나 判例는 이를 부정적으로 보고 있다.[70] 訴訟法理論에 충실한 해석이라고 생각된다.

㈐ 地上建物居住者와의 關係 甲所有 土地上의 乙所有 建物에 丙이 居住하고 있는 상태에서 乙이 買受請求權을 행사한 경우 甲과 丙과의 관계가 문제된다.[71]

(a) 丙이 對抗力있는 賃借人인 경우에는 丙은 자신의 賃借權을 建物讓受人인 甲에게 대항할 수 있으므로 그 賃貸借가 존속하는 한 甲은 丙에 대하여 건물의 明渡를 구할 수 없게 되고, 또 乙에 대한 撤去請求가 이미 더이상 維持될 수 없게 된만큼 종전의 退去請求[72]에서도 勝訴할 수 없게 된다. 만약 乙이 買受請求權을 행사하지 아니하여 建物이 乙의 所有로 남아 있다면 丙은 甲의 退去請求에 응할 수밖에 없을 터인데, 建物所有權이 甲에게 移轉됨으로 인하여 오히려 丙의 地位가 有利해진다는 일견 이상한 결과가 일어나지만, 賃借權의 對抗力을 인정하는 한 이러한 결론은 승인되어야 한다.[73]

70) 前述(註 59) 및 (註 60) 및 그 本文 참조.

71) 乙이 買受請求權을 行使하지 않는 경우 丙이 이를 代位行使할 수 있는지에 관하여는 前述(註 50)의 本文 참조.

72) 退去請求란 주로 土地所有者가 地上建物의 撤去를 청구하는 경우에 그 所有者 아닌 居住者를 상대로 建物을 비워달라는 請求를 해야 할 경우에 제기된다. 明渡와의 차이는 占有의 解除만으로 執行이 종료되고 占有의 移轉執行까지는 나아가지 못한다는 점에 있다.

73) 新日注民(15), 601.

(b) 丙이 對抗力없는 賃借人이거나 使用貸借에 의한 使用借主인 경우와 같이 제3자에게 그 建物占有權原을 대항할 수 없는 경우에는, 乙의 買受請求 이후에도 甲은 바로 丙에 대하여 建物明渡를 구할 權原이 없고 所有權移轉登記를 마친 후에만 建物의 明渡를 구할 수 있다고 해석하여야 할 것이다. 乙에 대한 撤去請求가 가능함을 전제로 한 종전의 退去請求가 유지될 수 없음은 위 (a)의 경우와 같다.

(5) 移轉登記請求權

買受請求權이 行使되었다고 해서 당연히 地上物의 所有權이 移轉되는 效果가 생기는 것이 아님은 말할 것도 없으며, 단지 買受請求의 결과 형성된 準賣買契約에 기하여 所有權에 관한 公示方法의 移轉을 구할 수 있을 뿐이다. 그 중 가장 대표적인 것이 建物에 관한 所有權移轉登記이며, 이 登記를 마침으로써 비로소 地上建物의 소유권이 土地所有者에게 移轉된다.

(6) 危險負擔

買受請求權行使 이전에 目的物이 毁損된 경우에는 그에 관하여 土地所有者에게 歸責事由가 있는지 여부를 불문하고 請求權行使 당시의 現狀을 기준으로 하여 買受代金이 정하여진다.

買受請求 후에 目的物이 滅失・毁損된 경우에는 危險負擔에 관한 規定이 적용된다.[74] 즉 그 滅失・毁損이 쌍방의 責任없는 사유로 인하여 발생한 때에는 地上權者가 代金請求權을 喪失하고(民 §537), 債權者인 土地所有者의 歸責事由로 인하여 발생한 때에는 地上權者가 代金의 支給을 청구할 수 있다(民 §538 I 前文).

(7) 擔保責任

買受請求權行使에 의하여 賣買에 유사한 관계가 형성된다 하더라고 擔保責任에 관한 규정은 적용되지 않는다고 보아야 한다.

目的物이 買受請求者(賣渡人)에게 속하는 것이 要件인 이상 타인의 物件의 賣買에 관한 民 §569 내지 §572의 規定이 적용될 여지는 없고, 賣買代金은 買受請求 당시의 客觀的 現狀에 의하여 정해지기 때문에 數量不足, 制限物權 있는 경우의 擔保責任規定인 民 §§574, 575가 적용될 여지도 없다. 또 擔保物權에 의한 制限이 있는 경우에는 전술한 바와 같이 權利主張者가 있는 경우의 代金支給拒絶權의 문제로서 해결되어야 하므로 民 §576의 문제도 일어나지 않으며, 目的物에 瑕疵가 있는 경우에도 代金額이 원래 그 瑕疵의 존재를 참작한

74) 新日注民(15), 604.

客觀的 價格으로 결정되는 것이고 만약 瑕疵없는 물건으로서 買受代金이 支給된 경우에는 不當利得의 문제로서 처리되어야 할 것이므로 民 §580의 문제도 생길 수 없다고 해석된다.[75)]

(8) 雙方의 債務의 牽連性

買受請求權行使의 결과 발생한 토지소유자의 代金支給義務와 지상권자의 地上物明渡 및 移轉登記義務는 서로 代價的 牽連關係에 서게 된다.

(가) 地上權者에 의한 同時履行抗辯權의 行使　　買受請求權이 행사되어 土地所有者가 地上物의 引渡 및 移轉登記를 請求할 경우에 地上權者는 同時履行의 抗辯權을 행사하여 代金의 支給과 상환으로써만 이행하겠다는 주장을 할 수 있다.

買受請求權을 행사하고서도 土地所有者의 請求에 대하여 同時履行의 抗辯權을 행사하지 않은 때에는 土地所有者의 建物明渡 및 移轉登記請求를 無條件으로 認容하는 判決을 할 수 있다.

(나) 目的物上에 負擔이 있는 경우　　買受請求의 목적물인 地上物 위에 타인을 위한 抵當權이 존재하거나 假登記가 되어 있거나 押留가 되어 있는 경우에는 地上權者는 위의 同時履行의 抗辯權을 행사하지 못한다. 이러한 경우에 土地所有者가 代金支給拒絕權을 가진다 함은 前述한 바와 같으므로[76)] 그의 代金支給義務가 지상권자의 建物明渡 및 移轉登記義務와 同時履行의 관계에 있지 않기 때문이다.

[朴 在 允]

75) 新日注民(15), 605.
76) 前述(註 69)의 본문 참조.

第284條(更新과 存續期間)

當事者가 契約을 更新하는 경우에는 地上權의 存續期間은 更新한 날로부터 第280條의 最短存續期間보다 短縮하지 못한다. 그러나 當事者는 이보다 長期의 期間을 定할 수 있다.

차 례

Ⅰ. 更新의 意義

更新이란 消滅하려고 하는 地上權을 다시 存續시키기로 하는 당사자 사이의 合意를 말한다. 종래의 地上權關係가 전체적으로 維持되어 存續하는 점에서, 종전의 地上權을 일단 완전히 消滅시킨 후 새로운 地上權을 設定하는 경우와 다르다.[1)]

更新의 合意는 종전의 地上權의 存續期間滿了時에 이루어지는 것이 보통이나, 반드시 期間滿了 후에 이루어져야 하는 것은 아니다.[2)] 更新의 合意는 토지상에 地上物이 현존하는지 여부와 관계없이 당사자 사이에 合意만 이루어지면 가능하다. 또 종전 地上權의 消滅原因이 무엇이든 관계없이 更新의 合意는 있을 수 있다. 종전의 地上權이 어떤 원인에 의하여 성립되었거나에도 관계없다.[3)]

Ⅱ. 更新後의 地上權

1. 存續期間

(1) 地上權을 更新함에 있어 存續期間을 정할 때에도 更新 아닌 새로운 地上權을 設定하는 경우와 마찬가지로 民 §280의 最短存續期間의 제한을 받는

1) 新版 注釋民法(15)(有斐閣), 433(이하 新日注民(15)라 부르기로 한다).
2) 我妻, 債各 中卷 Ⅰ(民法講義 V_2)(1972), 488; 後藤 淸, 借地法(增補版)(1965), 194; 反對 廣瀨武文, 借地借家法(法律學體系コンメンタル編)(1950), 80.
3) 新日注民(15), 433.

다고 하는 것이 本條 前文의 규정내용이다. 따라서 그 最短存續期間보다 短縮한 기간을 約定한 경우에는 그러한 約定은 당연히 無效이고 그 存續期間은 民 §280의 最短存續期間까지 延長된다(民 § 280 Ⅱ). 반대로 위 最短存續期間보다 長期의 期間을 約定하는 것은 얼마든지 有效하다(本條 Ⅱ).

(2) 당사자가 更新契約 당시 存續期間을 정하지 아니한 때에는 民 §281가 적용되어야 할 것이다. 따라서 民 §280에 정한 最短存續期間을 그 存續期間으로 보게 된다(民 § 281 Ⅰ).

다만 종전 地上權의 存續期間이 民 §280에 정한 最短存續期間보다 長期였었던 경우에는 更新된 地上權에 있어서도 종전과 같은 期間을 다시 約定한 것으로 推定하여야 할 것이다.[4)]

(3) 更新된 지상권의 存續期間의 起算點은 종전 地上權이 消滅 다음날이라고 해석하여야 한다. 法文에는 “更新한 날로부터”라고 규정되어 있어 更新契約締結日로부터 기산하여야 할 것으로 보이지만, 更新이라고 하는 制度의 취지에 비추어 볼 때 위와 같이 해석하는 것이 타당하기 때문이다. 따라서 更新의 合意가 종전 地上權의 消滅 후에 한참 있다가 이루어졌다 하더라도 更新의 效果는 종전 地上權의 消滅時까지 遡及한다고 볼 것이다.[5)]

2. 存續期間 이외의 內容

更新된 地上權의 存續期間 이외의 내용은 당사자가 자유로이 이를 정할 수 있다. 다만 종전 地上權關係의 繼續이라고 보기 어려울 정도로 地上權의 내용을 바꾸는 경우에는 오히려 새로운 地上權의 設定이라고 보아야 할 것이다.[6)]

更新되는 地上權의 내용에 관하여 특별히 명시적으로 약정된 바가 없으면 그것은 종전의 地上權의 내용과 동일한 것으로 推定하여야 한다.

[朴 在 允]

4) 郭潤直, 379; 李英俊, 574.
5) 新日注民(15), 434.
6) 新日注民(15), 434-5.

第285條(收去義務, 買受請求權)

① 地上權이 消滅한 때에는 地上權者는 建物 기타 工作物이나 樹木을 收去하여 土地를 原狀에 回復하여야 한다.

② 前項의 경우에 地上權設定者가 相當한 價額을 提供하여 그 工作物이나 樹木의 買受를 請求한 때에는 地上權者는 正當한 理由없이 이를 拒絶하지 못한다.

차 례

Ⅰ. 序 說

地上權이 소멸하면 地上權者는 토지소유자에게 토지를 返還할 義務를 부담한다. 地上權者는 지상권의 存續中 토지 위에 建物 기타 工作物의 築造 또는 樹木의 植栽 등 공사를 시행하는 것이 보통인데, 그러한 工事의 결과를 地上權 消滅 후에 어떻게 처리할 것인가의 문제는 비단 當事者뿐만 아니라 國民經濟的 觀點에서도 중요한 문제가 아닐 수 없다. 本條는 이 점에 관하여 규정하고 있다.

本條 역시 強行規定이며, 이에 위반되는 地上權者에게 불리한 約定은 無效이다(民 §289).

Ⅱ. 地上物의 收去 및 原狀回復義務

1. 建物 기타 工作物이나 樹木이 地上權者에 의하여 설치된 때에는 그 地上物의 소유권은 土地所有者에게 귀속되는 것이 아니라 設置者인 地上權者에게 속하며(民 256 § 但), 地上權의 소멸 후에도 그러한 상태는 변하지 않는다.

이와 같이 地上物이 地上權者의 소유물이기 때문에 지상권이 消滅되면 地上權者가 이를 收去할 권리가 있음은 물론인데,[1] 다른 면에서 보면 地上權者는

1) 舊民 §269 I 은 "…收去할 수 있다"라 표현하여 收去權으로 규정하고 있었다.

지상권의 消滅에 의하여 그 土地上에 자기의 所有物을 存置할 수 있는 權原을 喪失하게 되므로 위 工作物을 收去할 의무를 지게 되는 것이다(本條 前段 I).

2. 또 地上權者는 工作物의 收去와 함께 토지를 原狀에 回復할 의무를 부담한다(本條 後段 I). 地上權이 소멸된 이상 地上權者가 土地所有者에게 토지를 반환하여야 함은 당연한 일인데, 本條 I은 그러한 토지의 返還義務에 관하여 원칙적으로 그 토지를 地上權設定當時의 상태, 즉 원래의 상태대로 回復하여 返還하여야 함을 규정하고 있다.

3. 地上物의 收去 등의 原狀回復은 地上權消滅 후 지체없이 하여야 하나 이를 위하여 필요한 기간동안은 土地의 使用을 계속할 수 있다고 해석하여야 할 것이다.[2)]

Ⅲ. 土地所有者의 地上物買受請求權

1. 前述과 같이 地上權者가 收去義務를 부담하는 地上物에 관하여 土地所有者가 그 買受를 희망할 때에는 상당한 價額을 提供하여 그 地上物을 買受할 수 있는 權利가 부여되어 있다(本條 Ⅱ). 이 권리는 本條의 제목에 「買受請求權」으로 命名되어 있으나 前述 民 §283에 규정된 地上權者의 買受請求權과의 대조를 위하여는 오히려 「賣渡請求權」으로 호칭하는 것이 타당하다고 생각한다.[3)]

地上權者가 地上物을 收去하여버리면 일반적으로 그 價値가 減少하게 되어 地上權者를 위해서나 社會的·經濟的 觀點에서나 不利益한 결과가 되므로, 土地所有者가 이를 매수하기를 희망할 경우에는 地上物이 토지에 부착되어 있는 상태대로 상당한 價格을 평가하여 이를 買受할 수 있게 해주는 것이 합리적일 뿐더러 地上權者 및 社會的·經濟的 利益을 위하여도 유리하게 된다. 이 제도의 취지가 여기에 있다고 할 수 있다.

---

2) 郭潤直, 386; 李英俊, 585.

3) 日注民(7), 427.

2. 이 請求權은 地上權이 消滅된 후 地上物이 收去되기 전까지 사이에만 行使할 수 있다. 이 請求權의 法的 性質은 形成權이라고 해석되므로, 土地所有者의 一方的 意思表示만에 의하여 바로 상당한 價額을 代金으로 한 賣買契約에 유사한 관계가 성립한다고 할 것이다.[4)]

이 請求權을 행사하기 위하여는 단순한 意思表示만으로는 부족하고 반드시 「相當한 價額」의 提供이 필요함이 法文의 내용에 의하여 분명한바, 土地所有者가 상당한 價額을 정확히 算定하여 提供(地上權者가 수령을 거부할 경우에는 供託)하기에는 현실적으로 어려움이 많을 것이므로, 土地所有者가 제공한 金額이 후에 訴訟에서 상당한 金額에 미달함이 밝혀졌다 하더라도 그 이유만으로 請求權의 행사가 無效라고 해석할 수는 없다고 생각된다. 價額의 提供이 전혀 없이 意思表示만으로 請求權이 행사된 경우에는 效力이 없다고 볼 수밖에 없지만, 일단 價額이 提供되어 意思表示가 이루어진 이상, 그 價額의 相當 여부가 당사자 사이에 다투어진 결과 訴訟에서 鑑定 등에 의하여 그보다 많은 금액이 상당한 金額인 것으로 밝혀졌다 하더라도 判決宣告 전까지 사이에 그 金額이 提供되면 請求權行使의 有效性을 긍정하여야 할 것이다.

3. 土地所有者의 위 請求權行使에 대하여 地上權者는 정당한 사유가 있을 때에는 이를 拒絶할 수 있다. 위 請求權의 성질을 形成權의 일종으로 파악하는 한, 여기서의 拒絶할 수 있거나 없거나의 의미는 다음과 같이 해석하여야 할 것이다.

즉 地上權者가 정당한 사유가 있음을 主張·立證하면 土地所有者의 위 請求權行使가 無效가 되어 賣買의 效力이 발생되지 않게 되고, 이를 主張·立證하지 못하면 위 請求權行使의 效力이 있게 되어 위 請求權의 行使時에 賣買의 效力이 발생되는 것으로 확정된다는 뜻으로 이해하여야 한다.

어떠한 경우가 정당한 사유에 해당하는지에 관한 判例는 없으나, 예컨대 타인에게 그 地上物을 讓渡하기로 이미 약속이 되어 있다든지, 地上權者가 스스로 그 地上物을 다른 장소에 옮겨서 사용하려고 하는데, 그 계획에 合理性이 있는 경우가 이에 해당할 수 있을 것이다.[5)]

4) 郭潤直, 386; 李英俊, 586.
5) 日注民(7), 427; 李英俊, 587.

Ⅳ. 有益費償還請求의 問題

1. 이상은 地上權者에 의하여 설치된 工作物이나 樹木의 收去에 관련된 것이지만 地上物이라고도 할 수 없을 정도로 土地의 일부가 되는 공사, 예컨대 成土工事·排水工事 등을 시행하는 경우가 있다. 이러한 공사의 결과는 地上權者 등 權原 있는 자가 시행한 것이더라도 土地所有權에 흡수될 뿐이지 별도의 所有權의 대상이 될 수 없다. 따라서 이 경우에는 前述한 收去 내지 買受의 문제는 생기지 않으며, 오로지 土地所有者의 費用償還義務 내지 地上權者의 原狀回復義務만이 문제가 된다.

이러한 工事의 처리에 관하여는, ① 土地의 利用上 필요하지만 土地의 價値를 증가시키지는 않는 것, ② 土地의 價値를 증가시키는 것, ③ 不必要하고 土地의 價値를 감소시키는 것으로 나누어서 살펴보기로 한다.[6)]

2. 土地의 使用에 필요한 工事의 결과는 地上權消滅 후 토지소유자 자신의 土地使用에도 필요한 것이기 때문에 地上權者로 하여금 굳이 이를 原狀에 回復토록 할 필요가 없다. 다음 地上權者가 비용의 상환을 구할 수 있는지가 문제되는데, 賃貸借의 경우에는 必要費의 償還請求權이 인정되나(民 § 626), 地上權의 경우에는 土地所有者가 地上權者의 使用에 적합한 상태로 토지를 維持·補修할 의무를 지지않기 때문에 地上權者에게 賃借人의 權利와 같은 必要費의 償還請求權을 유추해서 인정하기는 어렵다고 본다. 따라서 後述의 有益費에 해당하지 않는 必要費는 원칙적으로 地上權者의 부담이 되고, 土地所有者는 그 償還義務를 지지않는다고 보아야 한다.

다만 特約에 의하여 土地所有者가 補修義務를 부담한 경우에 地上權者가 必要費를 지출한 때에는 土地所有者가 그 償還義務를 진다고 해석하여야 할 것이다.

3. 地上權者가 시행한 工事가 토지의 客觀的 價値를 증가시킨 경우, 즉 有益費의 支出에 해당하는 경우에도 地上權者에게 原狀回復義務가 없는 것은 물론이다. 뿐만 아니라 그러한 土地의 價値增加를 토지소유자에게 無償으로 귀

---

6) 日注民(7), 427-8.

속시키는 것은 실질적으로 不當利得에 해당할 것이기 때문에 이 경우에는 賃借人의 有益費償還請求權을 類推適用하여 지상권자에게 그 償還請求權을 인정하는 것이 타당하다.[7)]

다만 地料額 기타의 사정에서 보아 그러한 有益費를 地上權者가 부담하기로 한 特約이 있다고 보아야 할 경우에는 有益費償還請求權은 생기지 않는다고 해석하여야 한다.

4. 그 이외의 工事, 즉 土地의 사용에 필요하지도 않고 價値를 增加시키지도 않는 費用支出에 대하여는 所有者에게 償還義務가 없음은 물론이고, 당연히 原狀回復義務를 부담한다.[8)]

[朴 在 允]

第 286 條(地料增減請求權)

地料가 土地에 관한 租稅 기타 負擔의 增減이나 地價의 變更으로 인하여 相當하지 아니하게 된 때에는 當事者는 그 增減을 請求할 수 있다.

차 례

Ⅰ. 序 說

地料의 額은 원칙적으로 당사자의 協定에 의하여 결정된다. 그런데 地上權의 存續期間은 상당히 長期이기 때문에 그 동안에 租稅 기타 負擔의 增減이나

7) 郭潤直, 386-7; 李英俊, 587.
8) 李英俊, 587.

地價의 변경 등 經濟事情의 변동으로 地料額이 不相當하게 되는 수가 있다. 이러한 경우를 위하여 本條는 양당사자에게 地料의 增減請求權을 인정하고 있다.

本條는 이른바 「事情變更의 原則」을 정면으로 인정하고 있는 것으로 해석되는 民法의 여러 規定 중의 하나로서, 타당한 立法으로 평가되고 있다.[1] 한편 傳貫權의 傳貫金에 관하여(民§312-2), 賃貸借의 借賃에 관하여(民§628), 그리고 住宅賃貸借의 借賃 및 保證金에 관하여(住賃§7), 각각 本條와 유사한 要件下에 당사자의 增減請求權에 관한 규정이 마련되어 있다. 그러나 이들 다른 제도에 있어서는 存續期間이 地上權에 비하여 短期인 관계로 위의 增減請求權이 활용될 가능성이 비교적 작은 반면(특히 住宅賃貸借의 경우는 대부분이 法定 最短期間인 2년으로 約定되는 현실이어서 위 借賃 및 保證金의 增減請求權規定의 實效性에 관하여는 立法 당시부터 의문이 제기되고 있었다),[2] 地上權의 存續期間은 견고한 건물의 所有를 목적으로 하는 경우 30년보다 短縮할 수 없는 등 상당히 長期이므로 그 동안에 本條가 정하는 요건에 해당하게 되어 地料의 增減請求를 인정하여야 할 필요성이 훨씬 크다고 할 것이다.

本條 역시 強行規定이므로 本條에 違反하여 地上權者에게 不利한 내용의 特約은 無效이다(民§289).

Ⅱ. 地料의 相當性의 認定基準

本條는 不相當하게 된 地料를 相當한 額으로 增減調整하는 규정이므로 그 상당성의 認定基準이 本條 해석의 중심문제가 된다.

1. 公平의 原則

本條는 地上權設定當時의 地料를 유지하는 것이 公平의 原則에 반하는 경우에 당사자에게 增減의 請求權을 인정한 규정이다.

本條의 理念은 具體的·個別的으로는 당사자간의 利害를 調整하는 것이지만, 거기에서 그치지 않고 이를 오히려 보다높은 經濟的·社會的 正義의 실현을 꾀하는 데 있다고 할 수 있다. 따라서 本條가 원칙적으로는 租稅 기타 負擔의 增減이나 地價의 변동 등 經濟事情의 변동을 전제로 하여 적용되는 것이라

1) 郭潤直, 債各, 144; 李英俊, 581.
2) 註釋債各(Ⅱ), 304.

하겠으나, 때로는 經濟事情의 변동이 있더라도 地料의 增減을 인정하지 않는 것이 公平의 原則에 합치하는 경우도 있을 수 있고, 또 반대로 經濟事情의 변동이 없더라도 地料의 增減을 인정하는 것이 公平의 原則에 합치하는 경우도 없을 수는 없다고 생각된다.[3)] 公平의 原則의 내용에 관하여는 形式的·統一的인 기준을 정하기가 어렵고, 具體的·個別的인 전개가 필요하다고 할 것이다.

2. 期間의 經過

地料의 增減을 청구하기 위하여는 地上權의 設定 후 또는 前回의 增減請求 후 상당한 기간이 經過하여야 함은 물론이다. 짧은 期間의 間隔으로 자주 增減請求를 반복하는 것은 상대방의 생활이나 營業을 不安定하게 하여 괴롭히는 결과가 될 것이므로, 가사 현재의 地料가 不相當한 상태라 하더라도 相當한 기간이 경과할 필요가 있다고 할 것이다.

구체적으로 어느 정도의 期間이 필요한지는 각각의 事案에 관하여 個別的으로 判定하는 수밖에 없다. 일반적으로 말한다면 地上權의 設定 또는 前回의 增減請求 후 상대방의 生活이나 營業이 그 地料에 충분히 적응하게 되고, 또 새로이 增減請求되는 地料額을 어느 정도의 餘裕를 가지고 받아들여 견딜 수 있는 상태가 되었을 것이 필요하다고 할 것이므로 최소한 3년, 보통의 경우라면 5년 내지 7년은 되어야 하지 않을까?[4)]

3. 地料增減의 要因

本條에는 租稅 기타 負擔의 增減이나 地價의 변동이 增減請求의 사유로 열거되어 있으나, 그 하나하나가 독립한 增減請求의 이유가 되는 것이 아니고, 增減請求理由의 한 요인으로서 例示되어 있는 데 불과하다고 할 것이다. 租稅 기타 負擔의 增減이나 地價의 변동이 있더라도 地料額이 不相當하지 않으면 增減請求가 인정될 수 없기 때문이다. 결국에는 公平의 原則에 의하여 결정될 사항이다.[5)]

(1) 土地에 관한 租稅 기타 負擔의 增減

土地에 관한 租稅 기타 負擔의 增減만이 문제되므로 建物 등 地上物에 관한 租稅 기타 負擔의 增減은 여기에 해당하지 않는다. 또 土地에 관한 租稅 중

3) 新日注民(15), 629.
4) 新日注民(15), 629.
5) 新日注民(15), 632.

에서도 순수하게 土地의 「所有」에 대하여 부과되는 租稅, 예컨대 綜合土地稅(地稅 § 238-8 이하), 土地超過利得稅(土超稅 §§ 4, 8, 9 등) 등은 稅額이 增減하더라도 이는 土地所有者가 원래 負擔하여야 할 것이기 때문에 地料의 增減理由에는 해당하지 않는다고 보아야 한다. 이에 반하여 都市計劃稅(地稅 § 235 이하), 共同施設稅(地稅 § 239 이하) 등과 같이 土地의 所有 자체뿐만 아니라 土地의 使用權者가 받는 土地使用의 實質的 利益까지도 대상으로 하는 租稅는, 그 실질적 비율에 따라 土地所有者와 地上權者가 내부적으로 分擔하여야 할 것이기 때문에 그 地上權者의 分擔部分만큼은 地料의 增減請求의 이유가 된다고 보아야 한다.[6)]

따라서 위 綜合土地稅나 土地超過利得稅 등의 納付額이 가사 純地料額을 초과하게 되었다 하더라도 地料의 增額을 허용할 사유는 되지 않는다고 보는 것이 理論的이다. 그러나 실제로는 원래의 地上權設定當時부터 이러한 租稅들이 내부적으로는 地上權者의 負擔으로 전가되고 이를 포함하여 地料額이 정하여진 경우가 있는데, 이러한 경우에는 地料의 增減請求事由에 해당한다고 보아야 할 것이다.[7)]

(2) 地價의 變動

地價의 變動은 地料가 不相當하게 되는 사유 중에서 가장 決定的이고 중요한 것이라고 할 수 있다. 前述한 租稅 등의 增減도 실은 地價의 변동에 원인을 두고 있는 경우가 많다. 그러나 土地는 통상의 生活物資와 달리 再生産이 불가능한 물자이기 때문에 자연히 獨占價格을 형성하고 투기의 방향으로 흐르기 쉬우며 단기간에 몇배로 暴騰하는 예가 많다. 이런 상황에서 단순히 地價의 上昇만을 이유로 地料의 增減을 허용한다면 地料의 投機性을 부추기고 地上權關係의 안정을 해칠 위험이 많을 것이다. 따라서 地價의 上昇을 어떻게 考慮할 것인지는 상당히 어려운 문제이다.

어떻든 地價의 上昇을 고려하여 地料의 增減을 許容하는 경우에 이를 반영하는 방법으로서는 원래의 地料에 地價變動率을 곱하는 방법과 현재의 低地價格(地價에서 地上權의 價額을 공제한 것)에 利子率을 곱하는 방법이 있을 수 있다.[8)]

判例는 傳貰金增減請求에 관하여 "당초의 전세계약에서 정한 전세금액이 그 당시의 정기예금이자율에 비추어 적정하게 책정된 금액인 이상 그 전세계약기간중 정기예금이자율이 인하되었다고 하여 임대인으로서 임차인인 소외

6) 新日注民(15), 632-3.
7) 新日注民(15), 633.
8) 新日注民(15), 633-6.

회사에게 인하된 이자율에 상응한 전세금의 증액 또는 이에 상당한 차임액의 추자지급을 당연히 요구할 수 있는 계약상 권리가 있다고 볼 수 없다"고 判示하고 있다.[9)]

(3) **當事者間의 特殊한 事情의 變化**

本條는 원래 經濟事情의 변동이라고 하는 客觀的 事由에 기하여 地料의 不相當性을 수정하는 것을 목적으로 하는 것이다. 그러나 當事者간의 主觀的 事情의 변화도 地料의 不相當性을 초래하는 경우가 있을 수 있는데, 이 경우에도 本條를 類推하여 地料의 增減請求를 허용할 수 있을 것인지에 관하여는 다음과 같은 見解가 발표되어 있다.

즉 예컨대, 당사자간의 특수한 友好關係를 전제로 하여 地料가 통상보다 低額으로 정하여졌는데 후에 그 友好關係가 消滅된 경우에 관하여는 그 友好關係의 내용을 실질적으로 고찰하여 決定하여야 할 것이다.

첫째로 생각할 수 있는 것은 土地所有者(또는 그 親族 기타 生活上 利害를 같이 하는 者)가 地上權者(또는 그 親族 기타 生活上 利害를 같이 하는 者)로부터 經濟的·精神的 恩惠를 입고 있는 경우이다. 이 경우에는 實質的·社會的으로 일종의 代價關係이므로 友好關係가 解消되더라도 그 代價性이 실질적으로 남아 있는 기간 내에는 增額請求를 허용할 수 없을 것이다.

둘째로 생각할 수 있는 것은 위 첫째와 같은 恩惠가 아니라 本來의 友好關係인 경우, 예컨대 土地所有者의 親族과 地上權者의 친족이 婚姻하였거나 養子關係를 맺은 경우 등이다. 이 경우에는 그 婚姻이나 養子關係가 解消되면 당초의 특수한 地料額을 유지시킬 이유가 없으므로 本條의 類推適用이 허용되어야 한다는 見解이다.[10)]

4. 地料增減에 관한 特約의 效力

(1) **不增額의 特約**

不增額의 特約은 地上權者에게 유리한 내용이므로 有效함은 물론이다. 不增額의 特約은 일정한 기간을 정하여 행해지는 것이 보통인데, 그 기간은 地上權의 存續期間중 일부의 기간일 필요는 없고, 地上權의 全存續期間에 걸치더라도 무방하다.

9) 大判 85.11.12, 85누219(公 767, 52).
10) 新日注民(15), 636-7.

문제가 되는 것은 "5년 經過 후 增額하기로 한다"는 식으로 一定期間 경과 후 增額을 하기로 한다는 特約이다. 이 特約은 그 一定期間 중에는 增額을 하지 않기로 하는 취지도 포함되어 있기 때문에 不增額의 特約이기도 하고, 또 一定期間 후에는 增額을 반드시 하기로 하는 취지이기 때문에 增額의 特約이기도 하다. 本條가 強行規定인 이상 前者의 의미로 해석되는 特約만을 有效라고 보아야 할 것이다.[11)]

不增額의 特約이 있은 경우에 經濟事情이 급격히 변동되어 增額請求를 허용하여야 할 필요성이 생긴 경우는 어떨까? 그 不增額特約의 前提가 되었던 사실이 후에 변동되어 그 特約을 유지하는 것이 信義則에 반한다고 볼 수 있는 경우에 한하여 그 不增額의 特約은 효력을 잃는다고 보는 것이 타당하다.[12)]

(2) 地料가 先給된 경우

地料가 先給된 경우에 그 支給된 기간 내에는 增額을 하지 않기로 하는 特約이 있다고 推定할 수 있을 것인가? 先給의 사정은 여러 가지이겠지만 일반적으로는 不增額의 特約이 존재한다고 추정하여도 좋다고 본다. 따라서 先給된 기간의 경과 전에 있은 增額請求의 의사표시는 다음에 先給할 期間의 初로부터 효력이 생긴다고 할 것이다.[13)]

(3) 不減額의 特約

一定期間 동안 地料를 減額하지 않는다는 特約은 強行規定인 本條에 정면으로 위배되기 때문에 無效이다. 不增額의 特約 중에 不減額의 취지가 포함된 경우, 예컨대 "10년간 地料를 현상대로 不變"한다는 特約이 있은 때는 不增額의 부분만 有效하고 不減額의 부분은 無效라고 해석할 수밖에 없다.[14)]

(4) 다른 事情을 이유로 한 增額의 特約

당사자간에 일정한 事由가 발생하면 一定額의 增減請求를 할 수 있다고 特約한 경우에 이러한 特約은 強行規定인 本條에 위배되지 않으므로 有效하며, 그에 해당하는 사유가 발생하고 당사자의 일방이 그 增減請求의 意思表示를 함으로써 당연히 增減의 效果가 생긴다고 하는 것이 判例이다.[15)]

---

11) 新日注民(15), 643-4.
12) 日大判 昭 4(1929). 6. 10(判例體系 42(1), 786-93).
13) 新日注民(15), 647.
14) 新日注民(15), 647.
15) 借賃增減請求權에 관한 大判 69. 6. 10, 68다1343(集 17-2, 169).

Ⅲ. 地料增減請求權

1. 法的 性質

地料의 增減請求權은 상대방의 承諾을 기다리거나 擬制할 필요없이 行使者의 意思表示만으로 바로 效力이 생긴다고 할 것이므로 그 法的 性質은 形成權이라고 해석하는 데 學說이 일치하고 있다.[16)]

따라서 土地所有者가 增額請求를 하거나 地上權者가 減額請求를 하면 즉시 地料는 增額 또는 減額되고, 地上權者는 그 增額 또는 減額된 地料를 지급할 의무를 지게 된다. 그러나 상대방이 위의 增額請求 또는 減額請求를 다투는 경우에는 결국 法院이 訴訟에서 그 當否 및 增減의 허용범위를 결정하게 될 것이다.

2. 行 使

增減請求權은 裁判上 행사할 수 있음은 물론이고 裁判外에서 행사하고 그 效果를 訴訟에서 주장할 수도 있다. 減額請求權을 행사함에 있어서 土地所有者의 地料請求訴訟이 계속중일 때에는 그 地料請求에 대한 방어방법으로서 소송상 주장하면 족하므로 訴訟係屬法院에 反訴로써 減額의 判決(形成判決)을 구할 수는 없으며, 그러한 反訴는 不適法한 訴로서 却下된다.[17)]

地上權者가 2인 이상이어서 地上權의 準共有關係를 형성하고 있는 경우에는 그 전원에 대하여 增額의 意思表示를 하여야만 전원에 대하여 增額된 地料를 請求할 수 있다. 전원에 대하여 增額의 意思表示를 한 때는 그 중 1인에 대하여 全額의 支給을 구할 수 있다.

따라서 增減請求權의 行使를 전제로 한 訴訟은 共有者 전원에 대하여, 또는 共有者 전원이 공동으로 提起하여야 하는 이른바 類似必要的 共同訴訟이라고 해석된다.[18)]

---

16) 郭潤直, 383; 李英俊, 581. 日本에서는 최근 權利變更請求權說이 대두하고 있다. 新日注民(15), 648-50.

17) 大判 68. 11. 19, 68다1882, 1883(集 16-3, 229); 大判 68. 11. 26, 68다1902, 1903(要集民 Ⅰ-2, 1006); 大判 69. 4. 29, 68다1884, 1885(集 17-2, 62).

18) 新日注民(15), 652.

3. 效 果

有效한 增減請求의 意思表示가 있으면 그 意思表示가 상대방에게 到達한 날로부터 장래에 향하여 增減의 效果가 바로 발생한다. 增減請求의 有效 여부 및 범위에 관하여 당사자간에 다툼이 있을 때는 訴訟으로 발전되어 결국 法院이 이를 결정하게 될 것인바, 이때에 法院이 결정해주는 地料의 增減은 그 增減請求의 意思表示時에 遡及하여 그 效力이 생긴다. 그러나 결정될 때까지는 종전의 地料額 또는 減額請求한대로의 地料額만을 支給하여도 地料의 滯納이 되지 않는다고 해석하는 데 學說은 일치하고 있다.[19]

[朴 在 允]

第 287 條 (地上權消滅請求權)

地上權者가 2年 이상의 地料를 支給하지 아니한 때에는 地上權設定者는 地上權의 消滅을 請求할 수 있다.

차 례

Ⅰ. 序 說

本條는 定期給의 地料支給義務를 지는 地上權者가 2년 이상의 地料를 支給하지 않은 때에는 土地所有者가 地上權의 소멸을 청구할 수 있도록 한 규정이다. 地上權과 같은 계속적인 관계에 있어서는 地料債務의 근소한 不履行만으로써는 解止되지 않으며 적어도 그 不履行이 2년에 이르는 상당히 중한 정도에 이르러야만 終了될 수 있음을 정한 데 그 취지가 있다.[1)]

19) 郭潤直, 383; 李英俊, 581.
1) 郭潤直, 384; 日注民(7), 458.

本條는 強行規定이며, 이에 반하는 地上權者에 불리한 約定은 그 효력이 없다(民 § 289). 따라서 本條의 요건을 완화하는 내용의 特約은 無效가 된다.[2)]

Ⅱ. 要 件

1. 2년 이상의 地料를 支給하지 아니한 때라 함은 滯納된 地料額이 2년분 이상이 되는 것을 말하며, 계속해서 2년 이상 滯納할 것을 요하지 않는다. 따라서 계속해서 2년분의 地料를 滯納한 경우는 물론이고 1년분의 地料를 滯納하고 다시 몇년 후에 1년분의 地料를 滯納하여 합해서 2년분의 地料가 滯納된 경우도 이에 해당된다.[3)]

2. 支給하지 아니한 때라 함은 地料의 支給義務를 遲滯한 것을 뜻하기 때문에 地料의 滯納에 관하여 地上權者에게 歸責事由가 없을 때에는 本條가 적용될 수 없다.

Ⅲ. 地上權消滅請求權의 法的 性質 및 效果

1. 槪 說

本條의 消滅請求에 의한 地上權消滅의 효과는 장래에 대하여만 생기게 됨은 물론이다. 그런데 消滅請求權의 행사에 의한 地上權消滅의 효과가 그 行使時에 바로 생기느냐 아니면, 그 밖에 登記(地上權의 抹消登記)까지 마쳐야만 생기느냐에 관하여는 學說이 일치되어 있지 않은데, 이 점에 관한 論議는 消滅請求權의 法的 性質을 어떻게 볼 것이냐의 문제와 관련되어 있다. 項을 바꾸어 설명하기로 한다.

2. 地上權消滅請求權의 法的 性質 및 消滅의 效果發生時期

(1) 地上權設定者(土地所有者)가 本條의 소멸청구권을 행사한 경우에, 地

2) 後述 民 § 289 의(註 13) 참조.
3) 郭潤直, 384; 李英俊, 583.

上權은 그 消滅請求의 意思表示만으로 바로 소멸한다고 하는 견해와, 消滅請求의 意思表示만으로는 소멸하지 않고 그 밖에 抹消登記까지 하여야 消滅한다고 하는 견해가 대립하고 있다.

前者의 견해(登記不要說이라고 부른다)는 消滅請求權이 形成權이고 형성권에 의한 法律效果의 발생은 보통 意思表示만으로 이루어진다는 것을 강조하는 견해이며, 消滅請求에 의한 소멸은 民 §187에 의한 物權變動(法律行爲에 의하지 않은 物權變動)이라고 있다.[4] 이에 반하여 後者의 견해(登記必要說이라고 부른다)는 다시, 消滅請求權이 形成權이라는 데는 異論이 없으나 그 消滅請求의 의사표시는 物權的 單獨行爲라는 것을 강조하여 登記가 필요하다고 하는 견해와, 消滅請求權이 形成權임을 부정하고 債權的 請求權이라고 주장하면서 당연히 抹消登記까지 하여야만 地上權이 消滅한다고 보는 견해로 나뉘어져 있으며, 消滅請求에 의한 消滅은 民 §186에 의한 物權變動(法律行爲에 의한 物權變動)이라고 보고 있다.[5]

그런데 위의 登記不要說에 따라 消滅請求의 意思表示만으로 지상권이 消滅한다면 그 消滅事實은 抹消登記가 있기 전에는 登記溥上 나타나지 않으므로 이를 기화로 地上權者가 소멸청구를 받은 후에 地上權을 제3자에게 양도하거나 抵當權을 설정하는 등 處分行爲를 한 경우에 그 讓受人이나 抵當權者는 보호받지 못하는 결과가 된다. 登記에 公信力이 없기 때문이다. 그 반면, 登記必要說에 의하면 그러한 염려가 없다. 이러한 兩說의 차이를 고려할 때 登記에 公信力이 인정되지 않는 데서 오는 단점을 피하고 去來의 安全을 보호할 수 있게 되는 登記必要說이 타당하다고 보아야 할 것이다.[6]

(2) 다음, 消滅請求權의 성질을 形成權으로 볼 수 있을 것인지가 문제로 남는다. 舊民法時代 이래 消滅請求權의 성질에 관하여는 이를 形成權으로 보는 것이 通說로 되어 있었다.[7] 物權變動에 관하여 對抗要件主義(佛法主義)를 취하는 法制에서는 消滅請求權을 形成權으로 파악하더라도 어차피 抹消登記를 하여야만 地上權의 소멸을 가지고 제3자에게 대항할 수 있으므로 아무런 문제가 없다. 반면 成立要件主義(獨法主義)를 취하는 法制에서 이 消滅請求權을 形成權으로 파악해서는 論理가 맞지 않고 合理的인 해석이 불가능하다.[8]

---

4) 崔栻, 237, 263; 張庚鶴, 各論(上), 50, 113; 方順元, 180, 203; 金基善, 323, 358; 李英俊, 582-3.
5) 郭潤直, 144-5, 384; 金曾漢, 80, 335; 金顯泰(上), 322.
6) 郭潤直, 144-5.
7) 前述(註 4) 및 (註 5)(郭潤直 除外)의 見解들.
8) 郭潤直, 145.

따라서 消滅請求權은 形成權이 아니라 보통의 債權的 請求權이라고 보아야 하며, 그 행사의 意思表示는 物權的 單獨行爲가 아니라 債權的 意思表示라고 해석하여야 한다. 이렇게 본다면, 消滅請求의 意思表示 외에 抹消登記까지 마쳐야만 地上權이 消滅하게 된다는 해석만이 가능하게 될 것이다.

[朴 在 允]

第288條(地上權消滅請求와 抵當權者에 대한 通知)

地上權이 抵當權의 目的인 때 또는 그 土地에 있는 建物, 樹木이 抵當權의 目的이 된 때에는 前條의 請求는 抵當權者에게 通知한 후 相當한 期間이 經過함으로써 그 效力이 생긴다.

I. 意 義

地上權이 抵當權의 目的이 될 수 있음에 관하여는 明文의 規定이 있다(民 §371). 또 地上의 건물이 抵當權의 목적이 될 수 있음은 물론이고 地上의 樹木 역시 일정한 要件下에 抵當權의 목적이 될 수 있음에 관하여는 特別法이 규정하고 있다(立木 §§1, 4, 5, 21).

이와 같이 地上權 자체 또는 地上物에 관하여 抵當權이 設定된 경우에도 地上權者가 2년분 이상의 地料를 지급하지 아니한 때에는 土地所有者로부터 民 §287에 의한 地上權消滅請求를 받게 되어 地上權이 消滅할 운명에 처하게 되는데, 抵當權者로 하여금 미리 이러한 사실을 알 수 있는 기회를 주지 않은 채 地上權이 消滅되게 한다는 것은 抵當權者에게 극히 불리한 일이다. 비록 地上權者가 地料의 支給을 延滯하였더라도 消滅請求權의 行使事實을 抵當權者가 알게 된다면 그는 延滯된 地料를 대신 변제함으로써 土地所有者로 하여금 消滅請求를 철회하도록 요청하는 등 地上權의 존속을 위한 대책을 강구해 볼 수 있는 한편, 地上權이 끝내 消滅될 경우에 대비한 자신의 權利保護策을 강구할 필요도 있게 된다.

여기서 本條는 土地所有者가 民 §287에 의한 地上權의 消滅請求를 한 경우에 그 消滅의 효력은 이를 抵當權者에게 통지한 후 상당한 기간이 경과한 후에 발생하도록 규정함으로써 抵當權者의 보호를 꾀하고 있는바, 建物 등 工作物의 所有나 植木·採鹽·牧畜을 위한 土地賃貸借에서 地上의 工作物이 抵當權의 목적이되었다가 借賃延滯로 賃貸借가 解止되는 경우에 本條를 준용하고 있는 民 §642와 더불어 抵當權者의 보호를 위한 타당한 立法으로 評價되고 있다.[1)]

Ⅱ. 效 果

地上權의 消滅請求事實이 抵當權者에게 통지된 후 상당한 기간이 경과하여야만 비로소 그 消滅請求의 효력이 생긴다. 本條가 "그 效力이 생긴다"라고 규정하고 있어 抹消登記를 하지 않고서도 상당한 기간이 경과하기만 하면 바로 地上權消滅의 효과가 생기는 것으로 읽혀질 수 있으나, 本條가 어디까지나 §287에 대한 補充規定으로서 존재하는 이상 그 의미도 民 §287에 규정된 消滅의 效力發生時期와 관련하여 이해하여야 할 것이다.

따라서 民 §287의 注解 Ⅲ. 2.에서 설명한 바와 같이 상당한 기간이 경과함으로써 바로 地上權이 消滅되는 것이 아니라 단지 土地所有者가 地上權者를 상대로 地上權設定登記의 抹消登記를 請求할 수 있는 債權的 請求權을 취득하는 데 불과하며, 이에 의하여 抹消登記가 마쳐짐으로써 비로소 地上權이 消滅된다고 해석하여야 할 것이다.[2)]

이렇게 본다면 本條의 存在意義는 賃貸借에 관한 前述의 §642 보다는 훨씬 작다고 할 수밖에 없다. 아무래도 地上權者가 순순히 抹消登記에 응하는 경우는 극히 드물 것인 만큼 결국 訴를 제기하여 抹消登記를 명하는 確定判決을 얻기까지는 상당히 長時間이 소요될 것인바, 이러한 절차를 요하지 않고 바로 賃貸借解止의 효력이 생기는 賃貸借의 경우(民 § 642)[3)] 보다는 위와 같은 절차진행 과정에서 抵當權者를 위한 保護期間이 이미 충분히 부여되기 때문이다. 만일 消滅請求事實이 抵當權者에게 通知되지 않았다면 抹消登記를 명하는 判決을

1) 郭潤直, 債各, 349.
2) 前述 民 § 287 의(註 6) 및 (註 8)의 本文 참조.
3) 債權關係인 賃貸借는 解止(民 § 640)에 의하여 다른 要件없이 바로 消滅하게 된다.

얻을 수 없을 것이다.

한편 극히 희귀한 일일 것이지만 地上權者가 消滅請求를 순순히 받아들여 消滅請求를 받은 즉시 抹消登記申請에 협력하여 登記를 마친 경우에 있어서도 抵當權者로서는 상당한 기간의 경과 전까지는 地上權의 存續을 주장할 수 있고, 그 抹消登記 經了時가 아니라 그로부터 상당한 기간이 경과된 후에 地上權消滅의 效果가 생긴다고 해석하여야 할 것이다.

[朴 在 允]

第289條(強行規定)

第280條 내지 第287條의 規定에 違反되는 契約으로 地上權者에게 不利한 것은 그 效力이 없다.

차 례

Ⅰ. 序 說

1. 古典的 近代市民法原理인 계약자유의 원칙이 地上權設定契約에 그대로 적용되도록 방치된다면 그 契約의 내용은 經濟的 優位에 있는 土地所有者의 恣意에 좌우되고, 經濟的 劣位에 있는 地上權者는 地上所有者가 일방적으로 결정하는 契約內容에 따를 수밖에 없게 된다.

여기서 本條는 地上權者의 社會生活關係의 안정을 보장하고 아울러 土地의 利用關係의 合理性을 유지하기 위하여 地上權에 관한 民法의 規定보다 地上權者에게 不利益한 契約內容은 그 效力이 생기지 못하도록 정하고 있다. 이는 地上權에 관한 民法의 규정이 片面的 強行規定의 성질을 띠는 것을 명시함과 아울러 土地所有者의 所有權 및 契約의 自由에 대한 일부 制限이 가해지고

있음을 의미한다.[1]

2. 本條와 성질을 같이 하는 규정으로서는 賃借人의 보호를 위한 民 §652와 住宅賃借人의 보호를 위한 住賃 §10가 있다.

Ⅱ. 不利한 特約의 認定基準

本條에 규정된 "地上權者에게 불리한" 契約인지 여부를 판단함에 있어서는 당해 契約의 각 內容 자체와 關係條文과를 대조하여 前者가 後者보다 地上權者에게 不利益한 때에는 바로 本條에 해당하고 그 不利益의 代價로 契約의 다른 부분에서 地上權者가 利益을 얻고 있더라도 이를 參酌할 것이 아니라고 하는 것이 기본적인 本條의 解釋이라고 할 수 있다.[2]

그런데 최근의 判例가 賃借人保護를 위한 民 §652의 해석에 관하여 위의 解釋論과 태도를 달리하는 判決을 내리고 있어 주목된다. 즉 ① 土地賃貸借終了時의 建物買受請求權에 관하여, 피고가 그 所有土地를 원고에게 讓渡하되 이를 일정 기간 원고로부터 賃借使用하고 賃貸借期間滿了日까지 피고가 위 土地를 還買하지 못하면 그 土地上에 建立되어 있는 피고소유의 建物을 철거하여 土地를 引渡하기로 약정하였다면 피고에게는 建物買受請求權이 인정될 수 없고, 民 §652도 적용될 수 없다고 判示한 바 있으며,[3] ② 建物賃貸借終了時의 附屬物買受請求權에 관하여, 建物賃借人인 피고들이 增·改築한 施設物과 附帶施設을 포기하고 賃貸借終了時의 현상대로 임대인의 소유에 귀속시키기로 하는 대가로 賃貸借의 保證金 및 借賃을 파격적으로 저렴하게 하고 賃貸期間도 長期間으로 하기로 약정하였고, 한편 賃貸人은 임대차의 終了卽時 임대건물을 철거하고 그 敷地에 건물을 신축하려고 하고 있으며, 賃貸借契約 당시부터 賃借人도 그러한 사실을 알고 있었다면 賃貸借契約時 賃借人의 附屬施設의 소유권을 賃貸人에게 귀속시키기로 한 特約은 단순히 附屬物買受請求權을 排除하기로 하거나 또는 附屬物을 代價없이 賃貸人의 소유에 속하게 하는 約定과는

1) 新日注民(15), 611.
2) 新日注民(15), 613.
3) 大判 80. 12. 23, 80다2312(集 28-3, 249).

달라서 賃借人에게 불리한 約定이라고 할 수 없다고 판시하고 있다.[4)]

이러한 判例의 태도는 契約內容이 賃借人에게 불리한지 여부의 判定基準을 당해 契約條項 자체에 한정하지 않고 가사 特約 자체가 賃借人에게 불리하더라도 그 밖의 여러 條項을 參酌 내지 比較較量하여 총합적으로 判斷하여야 한다는 것으로 歸結된다.[5)]

判例의 理論은 地上權에 관한 本條의 해석에 관하여도 유지될 것으로 생각된다. 그런데 위 判例와 같이 地上權關係 전체와 관련하여 契約條項의 不利여부를 총합적으로 판단한다고 한다면, 특정한 契約內容 자체가 地上權者에게 불리하더라도 기타의 여러 具體的 事項에 있어서 그 한계가 불명확하게 되고, 그 不利益을 補償할 만한 代償 등이 있으면 불리한 契約條項이 有效하게 취급될 것이다.

이렇게 地上權者에게 不利益한 條項이 계약의 다른 부분과의 比較較量에 의하여 때에 따라 有效視될 수 있게 된다면 本條의 취지가 沒却되어 버리지 않을까 우려된다. 不利益한 特約의 認定基準에 관하여는 特約된 사항 그 자체에 관하여 개별적으로 판단하여 결정하여야 하고, 契約의 다른 부분을 참작하여 그와의 相關下에서 判斷하여서는 안 되는 것이 아닐까 생각한다.[6)]

Ⅲ. 不利한 特約의 具體的 事例

1. 不利한 特約으로 볼 수 있는 境遇

(1) 存續期間에 관하여, 民 §280 및 民 §281의 규정보다 短縮한 기간을 정한 경우에는 本條를 적용할 필요도 없이 民 §280 Ⅱ에 의하여 延長의 효과가 생긴다.

地上權의 消滅에 관하여 "建物이 燒失하면 地上權이 소멸한다는 취지의 特約"이라든가,[7)] "建物이 天災地變에 의하여 滅失되면 地上權이 당연히 消滅되는 것으로 한다는 特約"[8)]은 本條에 해당하여 無效가 될 것이다. 또 "土地의 일

4) 大判 82. 1. 19, 81다1001(集 30-1, 17).
5) 前述 民 §283의(註 7) 및 (註 8)의 本文 참조.
6) 新日注民(15), 613-4.
7) 日東京高判 昭 7(1932). 11. 29(新聞 3502, 11).
8) 日高松高判 昭 47(1972). 10. 31(判時 689, 80).

부가 公用으로 買受될 경우에 殘餘地에 관한 地上權이 소멸한다는 特約"[9]도 그 殘餘地만으로도 地上權의 목적을 달성할 수 있는 경우에는 無效라고 볼 것이다.[10]

(2) 地上權의 讓渡 또는 土地의 賃貸를 금지 또는 제한하는 特約이 무효임은 물론이다.[11]

(3) 更新請求權 및 買受請求權을 미리 抛棄하는 내용의 特約이 無效임은 말할 것도 없고, 직접 民 §283의 적용을 排除하는 것이 아니더라도 更新請求 및 買受請求를 피할 목적으로 그 전제가 되는 殘餘存續期間을 초과하여 존속할 수 있는 建物의 築造를 금지하는 特約도 無效라고 볼 것이다.[12]

(4) 地料의 延滯에 관하여 2년 미만의 地料延滯를 이유로 해서도 地上權을 消滅시킬 수 있도록 하는 特約은 물론 無效가 된다.[13]

(5) 地上權者에게 불리한 特約인 이상 그것이 가사 裁判上의 和解[14] 또는 調停에 의하여 이루어졌거나 搜査機關 등 官公署에서의 合意書에 의하여 이루어진 경우에도 本條의 強行性에 비추어서 無效라고 해석하여야 할 것이다.[15]

2. 不利한 特約으로 볼 수 없는 境遇

(1) 地上權을 消滅시키기로 한 당사자의 合意라든가 그와 함께 地上建物을 撤去하기로 한 合意는 地上權의 存續期間을 미리 短縮하거나 更新 및 買受請求權을 미리 抛棄하는 경우와 달라서 本條에 해당하지 아니하며 有效하다.[16] 나아가 이른바 期限附合意解約의 경우, 즉 종래부터 존재하고 있는 地上權에 관하여 일정한 期限을 設定하고 그 도래에 의하여 地上權이 消滅되는 것으로 약정하는 特約도 위의 地上權의 合意消滅과 마찬가지 이유에서 本條에 해당하지 아니하며 有效하다.[17]

---

9) 日大判 大 14(1925). 7. 1(新聞 2424, 6).
10) 新日注民(15), 614.
11) 당사자 사이의 債權的 效力의 인정 여부에 관하여는 前述 民 §282 의(註 2) 참조.
12) 前述 民 §283 의(註 6) 참조.
13) 前述 民 §287 의(註 2) 참조.
14) 日最判 昭 43(1968). 3. 28(民集 22-3, 692).
15) 新日注民(15), 615.
16) 前述 民 §283 의(註 30) 참조.
17) 新日注民(15), 614; 日最判 昭 31(1956). 10. 9(民集 10-10, 1252). 다만 不確定期限 또는 條件을 붙인 合意의 경우에 期限의 到來나 條件의 成就가 土地所有者측의 사정에 달린 것일 때는 無效라고 보아야 한다.

(2) 地上의 建物을 담보로 제공함에 있어서 土地所有者의 承諾을 얻도록 한 特約은 地上權에 관한 民法의 規定과 背馳되는 바가 없으므로 有效하다고 하겠다.[18)]

(3) 土地의 用法에 관한 特約은 有效하다고 해석된다. 따라서 예컨대, 建物所有의 목적으로만 土地를 사용하기로 하는 特約下에 地上權이 設定되었는데, 建物의 소유에 사용하지 않고 道路나 골프장으로 사용한다든가, 住宅의 所有에만 사용하기로 하는 特約下에 地上權이 설정되었는데, 그 土地를 車輛修理業所나 駐車場으로 사용하는 경우에는 그 특약은 유효할 뿐더러 地上權者는 特約違反 내지 用法違反의 책임을 지게 된다.

또 地上建物에 관한 增·改築을 禁止하거나 制限하는 특약 및 地上建物의 種類나 構造를 制限하는 특약도 本條와는 관계가 없는 것이므로 有效하다고 해석된다.[19)]

Ⅳ. 不利한 特約의 處理

本條에 해당되는 特約은 效力이 없다. 本條에 의하여 無效가 되는 것은 당해 特約만이고 이를 제외한 다른 地上權設定契約의 效力이 特約의 無效에 의하여 영향을 받지 않음은 물론이다.

[朴 在 允]

18) 前述 民 §282 의(註 11)의 本文 참조.
19) 新日注民(15), 616-20.

第 289 條의 2(區分地上權)

① 地下 또는 地上의 空間은 上下의 범위를 定하여 建物 기타 工作物을 所有하기 위한 地上權의 目的으로 할 수 있다. 이 경우 設定行爲로써 地上權의 行使를 위하여 土地의 使用을 제한할 수 있다.

② 第 1 項의 規定에 의한 區分地上權은 第三者가 土地를 使用·收益할 權利를 가진 때에도 그 權利者 및 그 權利를 目的으로 하는 權利를 가진 者 全員의 承諾이 있으면 이를 設定할 수 있다. 이 경우 土地를 使用·收益할 權利를 가진 第三者는 그 地上權의 行使를 妨害하여서는 아니된다.

차 례

Ⅰ. 序 說

1. 土地利用의 立體化

土地利用權原에 관한 각종의 制度는 거의 모두가 地表 또는 그것에 바로 接하고 있는 부분의 利用, 즉 土地의 平面的 利用만을 전제로 해서 마련되어 있다고 할 수 있다. 地上權도 그러한 制度의 하나이다. 그런데 土木·建築技術의 進步와 都市生活의 複雜化는 토지의 이용을 空中 및 地下의 양쪽으로 뻗어나가게 함으로써 이를 立體的으로 발전시켜 왔다. 뿐만 아니라 都市에서는 좁고 작은 土地까지도 효율적으로 이용할 필요가 있고, 또 地價도 높기 때문에 土地의 각 層(土地를 垂直的으로 볼 경우의 그 일부를 이하에서 "層"이라고 부르기로 한다)을 並行的 效率的으로 利用할 수 있게 하는 法制度가 요청되기에 이르렀다.

2. 立體的 土地利用에 관한 既存制度의 問題點

土地의 각 層을 각각 다른 權利者가 利用할 수 있게 하는 制度가 종래 없었던 것은 아니다. 즉 賃借權·地上權·地役權 등에 의하여서도 그러한 목적은 이룰 수 있다.

(1) 먼저 土地의 어느 層만을 利用하려고 하는 者와 土地所有者와의 債權契約(주로 賃貸借)에 의하는 방법을 생각해보자. 그러한 契約의 내용은 원칙적으로 당사자의 자유에 맡겨져 있기 때문에 土地의 어느 層만을 타인에게 利用시키는 契約도 물론 가능하고 또 그 利用의 모습도 자유로 정할 수 있다. 따라서 土地의 效率的 利用이라는 관점에서는 이 방법이 가장 우수하다. 그러나 이 경우의 層 利用者는 단순히 所有者에 대한 債權을 가지는 데 불과하고 存續期間도 짧을 뿐더러 讓渡性도 크게 제한되므로 安定的인 利用關係의 設定手段으로서는 적합하지 않다.

(2) 다음 土地所有者로부터 通常의 지상권을 設定받는 방법을 생각해 보자. 이 방법에 의하면 위 (1)의 방법에서와 같은 결점이 없고 層 利用者의 地位의 保護라는 목적은 달성될 수 있다. 그러나 地上權은 토지소유권이 미치는 上下의 모든 層을 객체로 하기 때문에 이것이 設定되면 土地所有者의 土地利用은 전면적으로 排除될 수밖에 없다. 따라서 土地의 上空이나 地下를 上下로 한정해서 필요한 層만의 用益權을 취득하면 충분할 경우에는 土地의 效率的 利用을 필요 이상으로 제한하게 되어 非效率的일 뿐더러 層 利用者는 토지의 全面的 利用에 해당하는 代價(地料)를 지급할 수밖에 없어 심히 非經濟的인 결과가 된다. 또한 地表에 이미 工作物이나 樹木이 존재하는 경우에 이들의 존재와 歸屬關係를 그대로 유지하면서 空中 또는 地下의 用益權을 확보하려면 새로운 제도가 필요하게 된다.

(3) 마지막으로 地役權을 設定받는 방법을 보자. 예컨대, 高壓電線을 他人 所有地의 空中에 가설하기 위하여 電柱가 있는 토지를 要役地로, 電線이 가설될 토지를 承役地로하는 地役權을 설정하는 방법이다. 원래 地役權은 연혁적

으로 볼 때 相隣土地 사이의 이용의 조절을 契約을 통하여 이루려고 하는 制度로서, 要役地와 承役地가 직접 隣接할 필요는 없더라도 地理的으로 近接해 있고 承役地의 負擔이 비교적 가벼운 경우를 想定한 制度이다. 따라서 예컨대, 地下鐵을 敷設하려고 하는 경우와 같이 土地利用의 主眼點이 오히려 地下鐵의 敷設에 있고 이것과 모순되지 않는 범위에서만 土地所有者의 地表利用을 허용하려고 하는 경우에는 地役權制度가 충분히 또 적합하게 그 구실을 한다고 보기 어렵다.

3. 區分地上權制度의 創設

이상과 같이 土地의 立體的 利用이라는 목적은 기존의 制度에 의하여서 제대로 달성될 수 없었으므로 본래적으로 그러한 목적, 즉 土地의 어떤 層만을 利用하는 것을 목적으로 하는 새로운 制度가 요청되게 되었다.[1] 여기서 1984년의 民法 改正時에 區分地上權을 明文으로 인정하는 本條와 民 §290 Ⅱ이 각각 新設되기에 이른 것이다.

4. 法的 性質

本條의 位置 및 規定의 체제로 볼 때 區分地上權은 地上權의 한 종류이고, 土地의 어느 層만을 객체로 하는 점에서 모든 層을 객체로 하는 통상의 地上權과 다를 뿐이며, 兩者의 사이에는, 말하자면 量的인 차이가 있을 뿐이지 質的인 차이는 없다고 할 수 있다. 따라서 兩者의 관계는 一筆의 土地의 水平面的인 일부에 설정된 地上權과 一筆의 土地全部에 설정된 地上權과의 관계와 본질적으로는 동일하다고 할 것이다.[2]

Ⅱ. 區分地上權의 內容

1. 土地의 上下의 範圍

區分地上權의 객체는 토지의 어느 層에 한정되며, 이것이 區分地上權의 특색이 된다. 따라서 그 層의 限界, 즉 그 上下의 범위를 정하는 방법이 문제

1) 本條가 新設되기 전의 상태에서도 區分地上權에 해당하는 地上權의 設定이 가능하였다는 견해로는 金曾漢·李英俊, 註釋民法(上), 506.
2) 日注民(7), 430.

된다.

(1) 上下의 범위는 平行하는 두개의 水平面에 의하여 區劃하는 것이 보통일 것이다. 예컨대, "地表의 上 5m부터 上 10m까지 사이" 또는 "地表의 下 20m부터 下 40m까지 사이"라는 형식으로 그 범위를 표시하는 것과 같다. 또 만약 地表가 水平面이 아닌 경우에는 地表上의 特定點을 기준으로 하여 예컨대, "土地의 ○○○地點을 포함하는 水平面을 기준으로 하여 下 20m부터 下 40m까지 사이" 라는 형식으로 표시하여야 할 경우도 있을 것이다.

(2) 區分地上權의 객체인 層을 구획하는 上下의 面은 반드시 水平面일 필요는 없고 예컨대, 曲面이나 傾斜面이더라도 무방하다. 이 경우 그 면을 登記簿에 표시하는 데 있어 技術的으로 어려움이 있을 것이지만[3] 그러한 표시가 가능한 이상 얼마든지 그 범위를 확정할 수 있다고 볼 것이다.

(3) 區分地上權의 객체인 層은 그 上限과 下限의 양쪽을 함께 정하는 것이 보통이겠지만 그 한쪽(예컨대, 上限)만을 정하고 다른쪽(예컨대, 下限)을 정하지 않은 채 區分地上權이 미치는 범위를 정할 수도 있다고 해석된다.[4]

(4) 本條는 "地下 또는 空間은 ……地上權의 목적으로 할 수 있다"라고 규정하고 있어 마치 地下 또는 空間만을 區分地上權의 목적으로 할 수 있을 뿐 地表를 포함하여 그 上下를 합친 層에 區分地上權을 設定할 수는 없는 듯이 읽혀지기도 하나, 그렇게 엄격하게 해석할 필요는 없다. 예컨대, 地下鐵會社가 그 所有地에 관하여 地中의 利用權을 자신에게 留保하고 地表는 타인에게 사용시키려는 경우 등에는 그러한 區分地上權을 설정할 필요가 있을 것이다.[5]

(5) 一筆의 土地의 平面的 一部의 어느 層만에 대하여 區分地上權을 설정할 수 있음은 물론이다.[6]

2. 工作物所有의 目的

區分地上權은 建物 기타 工作物의 所有를 위하여서만 設定될 수 있다. 따라서 樹木의 소유를 위한 區分地上權을 설정할 수는 없다.

(1) 區分地上權設定의 목적이 되는 工作物로서는 建物 외에 터널, 地下道

3) 보통의 言語로는 不可能하고 高度의 幾何學的인 用語와 記號나 圖面이 필요한 경우가 많을 것이다.
4) 日注民(7), 432.
5) (註 4) 참조.
6) 郭潤直, 391.

路, 送電線, 高架線, 地下鐵, 橋梁 등을 생각할 수 있다.

(2) 區分地上權에 기하여 地下에 설치된 工作物은 통상의 地表上의 工作物에 비하여 토지와의 일체성이 강하기 때문에 주로 地表上의 工作物을 상정하고 있는 民法의 여러 원칙을 그대로 적용하는 것이 타당한 것인지 의심스러운 경우가 있다.[7)]

(가) 建物은 원래 그 敷地와는 독립된 별개의 不動産이지만 地下에 건설된 建物 등에 관하여는 土地와 分離된 建物 자체라는 관념을 想定하기가 곤란한 경우가 많다. 그러한 건물의 撤去란 보통의 建物의 경우와 달리 土地의 原狀回復을 의미할 뿐인 경우가 많을 것이다.

(나) 建物뿐 아니라 建物 이외의 地下의 工作物에 있어서도 유사한 문제가 생긴다. 통상의 工作物의 경우에는 그것이 土地에 權原에 의하여 附屬된 경우에는 土地에 附合하지 않으나(民 § 256 但), 地下의 工作物의 경우에는 工事의 성질상 오히려 土地의 本體的 構成部分으로 화한다(이른바 強한 附合)고 보는 것이 타당한 경우가 있을 것이다.

(다) 地下에 工作物을 설치하는 것은 거의 대부분 土地에 영구적인 變更을 일으키는 결과가 되기 때문에 區分地上權의 경우에는 地上權者가 토지에 영구적인 損害를 일으키는 변경을 가할 수 없다는 원칙이 어떤 형태로든 修正될 필요가 있을 것이다.

(3) 예컨대, 甲所有 土地上에 있는 2層建物의 2층만을 乙이 所有로 할 목적으로 그 2층부분이 차지하는 空間에 乙을 위한 區分地上權을 設定할 수 있을까? 이 경우 그 2층부분은 통상의 空中工作物과 달리 建物의 1층부분을 媒介로 하기는 하지만 敷地의 地盤에 연결되어 있으므로 空中의 利用權原만으로는 2층부분이 거기에 존재하기 위한 權原으로서 충분하지 않다고 볼 수밖에 없다.

따라서 타인의 土地上에 建物을 區分所有하기 위해서는 모든 區分所有者가 敷地의 利用權(통상의 地上權 등)을 準共有할 필요가 있다고 할 것이다.[8)] 위의 事例에서 土地와 1층부분이 함께 甲의 所有라면 乙은 通常의 地上權을 취득함으로써 목적을 달할 수 있다.[9)]

7) 日注民(7), 432-3.
8) 日注民(7), 433.
9) 地上權의 前論(註 7)의 本文 참조.

3. 區分地上權者와 土地所有者 사이의 利用의 調節

(1) 區分地上權이 設定된 경우 그 목적이 된 層 이외의 層은 원칙으로 土地所有者에 의하여 이용될 수 있는바, 兩者의 관계는 본래 土地의 平面的 一部에 地上權이 설정된 경우와 마찬가지로 일종의 相隣關係에 속한다. 단지 區分地上權의 경우에는 그 相隣關係가 垂直的 隣接이라는 형태로 생기기 때문에 이러한 특질에서 생기는 修正을 적절히 附加하여 相隣關係의 규정을 적용하여야 할 것이다.[10)]

(2) 兩者의 利用의 조절은 당사자의 합의에 의하여 정할 수 있음은 물론이다.

㈎ 먼저 區分地上權者의 이용을 위하여 土地所有者의 이용을 제한하는 合意를 할 수 있다. 예컨대, 地下工作物의 소유를 목적으로 하여 區分地上權을 設定함에 있어서 地下工作物의 維持利用을 위하여 土地所有者의 地表利用을 제한할 수 있다(本條 後文 I). 그러나 그 制限이 土地所有者의 이용을 전면적으로 排除하는 것이어서는 안 될 것이다. 이러한 特約이 登記되면(不登 §136) 제3자에게 대항할 수 있게 되고, 따라서 후에 土地가 讓渡되더라도 讓受人의 土地利用은 그 특약에 의하여 제한된다.

㈏ 또 土地所有者가 소유하는 工作物의 유지를 위하여 區分地上權者의 이용의 態樣을 特約으로 제한할 수도 있다고 해석된다. 이 特約을 登記할 수 있다는 규정은 없으나 區分地上權의 목적에 포함시켜서 記載하면 될 것이므로 登記가 되면 제3자(區分地上權의 讓受人)에게도 效力이 미치게 될 것이다.[11)]

Ⅲ. 第三者의 土地利用權과의 關係

1. 다른 用益權이 存在하는 境遇의 區分地上權의 設定

(1) 區分地上權을 설정하려고 하는 土地에 이미 排他性 있는 用益權이 존재하고 있다면 그 土地의 어떤 層에도 區分地上權을 설정할 수 없는 것이 원칙이다. 왜냐하면 그러한 用益權의 排他的 效力은 그 토지의 上下에 미치고

10) 日注民(7), 433-4.
11) 日注民(7), 434.

있다고 보아야 하기 때문이다. 그렇다고 해서 이러한 경우에 區分地上權을 전혀 設定할 수 없다면 區分地上權制度의 효용은 크게 감소될 것이다.[12)]

(2) 여기서 本條 Ⅱ은 區分地上權을 設定하려고 할 때에 제3자가 당해 土地를 使用·收益할 권리를 가진 경우에는 그 權利者 및 그 權利를 목적으로 하는 權利를 가진 者 전원의 承諾이 있으면 이를 設定할 수 있는 것으로 규정하고 있다.

(가) 使用·收益할 권리라 함은 地上權·地役權·傳貰權 또는 對抗力 있는 賃借權을 가리킨다. 또 이들 權利를 목적으로 하는 權利란 地上權이나 傳貰權을 목적으로 하는 抵當權 등을 가리킨다.

(나) 위 (가)의 權利에 관한 假登記가 되어 있는 경우는 어떨까? 물론 假登記만으로는 아직 權利를 취득하였다고 할 수 없지만 區分地上權設定 후 假登記에 기한 本登記가 이루어지면 區分地上權이 消滅되는 결과가 될 수밖에 없으므로 이러한 결과를 設定時에 예방하는 방법으로서는 假登記權利者도 承諾을 받아야 할 제3자에 해당한다고 보는 것이 옳지 않을까 한다.[13)]

그러나 위의 權利의 假登記가 아니라 所有權移轉請求權保全을 위한 假登記의 경우에는 그렇게 해석하는 것이 무리일 것이므로 承諾을 필요로 하는 제3자에 해당하지 않는다고 볼 수밖에 없을 것이다. 그 결과 假登記權利者를 무시하고 設定된 區分地上權은 후에 假登記에 기한 本登記가 이루어질 때 消滅될 수밖에 없지만 이러한 결과는 區分地上權의 경우 뿐만 아니라 物權變動 일반에 관하여 共通으로 생기는 문제이기 때문에 부득이하다고 할 것이다.[14)]

(다) 이미 어떤 區分地上權이 設定되어 있는 土地에 또 하나의 區分地上權을 設定하려고 할 때에 먼저 設定되어 있는 區分地上權者의 承諾이 필요한가? 既存의 區分地上權과 設定하려고 하는 區分地上權의 객체인 層이 전체적으로 또는 부분적으로 중복하고 있는 경우에는 당연히 기존의 區分地上權者의 承諾을 필요로 한다. 그러나 두 區分地上權의 객체인 層이 서로 중복되지 않을 때에는 既存의 區分地上權者의 承諾이 필요하지 않다고 보아야 한다. 後者의 경우에는 두 區分地上權의 排他的 效力이 抵觸하지 않기 때문이다.[15)]

(라) 承諾의 여부는 承諾權者의 자유에 맡겨져 있다. 그러나 기존의 地上

12) 郭潤直, 391.
13) 日注民(7), 435.
14) (註 13) 참조.
15) 郭潤直, 391.

權者가 가까운 장래에 地下部分을 이용할 예정이 없는 경우에 土地所有者가 그에게 상당한 承諾料(地下部分의 使用可能性을 단념하는 代價)를 제공하고 타인을 위한 地下部分의 區分地上權의 설정에 대한 承諾을 구하는 경우에도 기존의 地上權者에게 承諾拒否의 완전한 자유가 인정될 것인지는 의문이다. 承諾의 意思表示를 訴求할 수 있도록 하든가 아니면 承諾없이도 區分地上權을 設定할 수 있도록 하든가 하는 방향으로 理論構成이 필요하다고 할 것이다.16)

(3) 기존의 用益權者가 區分地上權設定을 承諾한 경우에는 기존 用益權의 객체인 層과 區分地上權의 객체인 層이 중복되는 범위 내에서 기존 用益權者는 구분지상권의 地上權行使를 방해하여서는 안 되는 구속을 받게 된다(本條 Ⅱ 後文). 이 경우 前者의 用益權이 소멸하는 것은 아니지만 區分地上權에 대한 관계에서는 睡眠狀態에 들어가게 된다. 다만 區分地上權者 이외의 제3자에 대하여는 妨害排除 등 物權的 請求權을 행사할 수 있고, 후에 區分地上權이 소멸하면 기존의 用益權이 다시 活動狀態에 들어가게 된다.17)

(4) 本條 Ⅱ에 의하여 필요한 承諾을 얻지 못한 경우에는 區分地上權은 成立하지 못한다. 전원의 承諾이 필요하므로 한 사람이라도 承諾하지 않는 者가 있으면 區分地上權은 성립할 수 없다. 설사 登記가 經了되었더라도 그 登記는 無效이다. 따라서 設定登記를 신청할 때에는 반드시 소요의 承諾書를 첨부하여야 하고, 이를 첨부하지 않은 때에는 登記申請이 却下(不登 § 55 iv)되어야 할 것이다.18)

2. 區分地上權이 存在하는 境遇 다른 用益權의 設定

(1) 예컨대, 어느 土地의 地下部分에 區分地上權이 존재하는 경우에 타인을 위한 보통의 地上權을 設定할 수 있을까?

區分地上權도 地上權의 일종으로서 普通地上權은 구분지상권이 그 客體인 層의 범위에 관하여 極限까지 확대된 것이라는 思考를 전제로 한다면, 이 문제는 前述한 區分地上權이 존재하는 경우에 다른 區分地上權을 設定할 수 있는가의 문제와 성질을 같이 하는 문제라고 할 수 있을 것이다. 그렇다면 기존 區分地上權者의 承諾이 없는 한, 다른 普通地上權을 設定할 수는 없고, 만약 承諾이 있어서 普通地上權이 설정되면 區分地上權은 睡眠狀態에 들어가며 普通地

16) 日注民(7), 436.
17) 日注民(7), 436-7.
18) 郭潤直, 391-2.

上權者가 土地 전부를 사용할 수 있다는 결과가 된다.[19]

(2) 이에 반하여 이미 區分地上權이 존재하는 土地에 地上權 아닌 다른 用益權을 설정하는 경우에는 本條 Ⅱ이 적용될 수 없으므로 새로운 검토가 필요하다.[20]

(가) 새로 設定되는 用益權이 賃借權·使用借權 또는 地役權인 경우와 같이 土地의 어느 層만을 대상으로 하여 設定될 수 있는 것일 경우에는 기존의 區分地上權의 客體인 層 이외의 層에 한정하여 이를 객체로 하는 用益權을 設定할 수 있을 것이다.

(나) 이와 달리 土地의 모든 層을 대상으로 하여서만 設定될 수 있는 用益權의 경우[21]에는 區分地上權者의 承諾없이 일단 설정할 수 있으나 區分地上權의 객체인 層에 관하여는 睡眠狀態에 들어간다고 해석하는 것이 옳을 것이다.

Ⅳ. 區分地上權에 관한 其他의 問題

1. 客體인 層의 範圍의 變更

(1) 區分地上權의 客體인 層을 축소하는 것은 다른 權利者의 利益을 해치지 않기 때문에 區分地上權者와 土地所有者의 合意가 있으면 가능함은 물론이다. 區分地上權者가 일방적으로 축소하는 것은 區分地上權의 一部拋棄라는 의미에서 가능하다고 할 것이나, 地上權의 拋棄 일반에 관한 制約이 따르게 된다.

(2) 반대로 客體인 層을 확대하는 것은 실질상 擴大部分에 관한 區分地上權의 設定과 마찬가지이기 때문에 區分地上權者와 土地所有者의 合意 외에 그 확대부분에 관하여 排他性 있는 用益權이 존재할 때에는 本條 Ⅱ에 의한 承諾이 필요할 것이다.

2. 區分地上權과 普通地上權의 相互轉換

區分地上權이 普通地上權과 同質인 점에 비추어 볼 때 兩者의 相互轉換은

19) 日注民(7), 437.
20) 日注民(7), 437-8.
21) 現行法上 傳貰權이 이에 해당할 것이다.

區分地上權의 객체인 層의 변경의 極限形態라고 할 수 있고, 앞의 1. 설명에 準하여 생각하면 된다.

[朴 在 允]

第 290 條 (準用規定)

① 第213條, 第214條, 第216條 내지 第244條의 規定은 地上權者間 또는 地上權者와 隣地所有者間에 이를 準用한다.

② 第280條 내지 第289條 및 第1項의 規定은 第289條의 2의 規定에 의한 區分地上權에 관하여 이를 準用한다.

차 례

Ⅰ. 序 說

本條는 地上權에 관하여 物權的請求權에 관한 규정(民 §§213, 214)과 相隣關係에 관한 규정(民 §216 내지 §244)이 地上權에 준용됨을 규정하는 한편(本條 I), 區分地上權에 관하여 보통의 地上權에 관한 규정이 준용됨을 규정하고 있다(本條 II).

區分地上權이 보통의 地上權의 한 종류에 불과하며 量的 差異가 있는 데 불과한 이상[1] 本條 Ⅱ은 특별한 의미가 없는 注意的 規定에 불과하다고 할 수 있다.

Ⅱ. 地上權者와 物權的 請求權

地上權이 建物 기타 工作物 또는 樹木의 소유를 위하여 타인의 土地를 使

1) 前述 民 §289-2(註 2)의 本文 참조.

用할 수 있는 物權인 만큼, 地上權의 내용의 실현이 방해된 때에는 物權的 請求權이 인정되어야 할 필요가 있다. 목적물의 返還請求權, 妨害除去請求權, 妨害豫防請求權의 세 가지가 모두 인정됨은 所有權에 있어서와 같다. 그 구체적 내용에 관하여는 民 §§213, 214의 注解를 참조할 것.

所有權에 기한 物權的 請求權의 내용이 抽象的·一般的인데 비하여 地上權에 기한 物權的 請求權의 내용은 設定行爲의 취지에 따라 具體的·個別的으로 달라질 수 있음을 주의하여야 한다.[2] 地上權者 또는 土地所有者가 交替된 때에도 당초의 계약내용이 新地上權者 또는 新所有者에게 대항할 수 있는 것인 한, 당초의 當事者間에 존재하던 것과 동일한 내용의 관계가 그대로 存續됨은 물론이다.[3]

本條 I은 物權的 請求權에 관한 규정이 地上權者間(즉, A토지의 地上權者와 B토지의 地上權者 사이) 및 地上權者와 土地所有者 사이에서 준용된다는 것만을 규정하고 있으나, 실은 전혀 관계가 없는 제3자에 의한 地上權의 侵害가 있는 경우에도 준용되어야 함은 당연하다고 볼 것이다.

Ⅲ. 地上權과 相隣關係

地上權은 土地를 이용하는 권리이므로 隣接하는 土地와의 이용의 조절을 꾀하는 相隣關係에 관한 규정은 당연히 地上權者와 다른 地上權者 사이, 그리고 地上權者와 土地所有者 사이에 준용된다.

원래 相隣關係에 관한 규정은 土地所有者 사이의 문제를 예상하고 만들어진 것이지만 그 취지가 所有의 調整을 위한 것이 아니라 隣接하는 土地 상호간의 利用의 調節을 위한 것이기 때문에 이를 地上權에 준용하도록 本條가 이를 규정한 것이다.

다만 境界線上에 설치된 境界標, 담, 溝渠(도랑)에 관한 共有推定의 規定(民 §239)은 地上權設定 후에 설치된 것에 한하여 準用된다고 해석하여야 한다. 그 이전에 설치된 것은 地上權者의 所有가 아니라 土地所有者의 所有에 속하기 때문이다.[4]

2) 日注民(7), 420.
3) (註 2) 참조.
4) 郭潤直, 380.

Ⅳ. 區分地上權의 效力

本條 Ⅱ은 地上權에 관한 규정 중 地上權의 定義規定인 民 §279를 제외한 그 밖의 모든 규정이 區分地上權에 준용됨을 규정하고 있다. 따라서 前述한 地上權에 관한 설명은 區分地上權에도 원칙적으로 타당하게 된다. 그 밖에 區分地上權의 效力으로서 특기할 것을 적어 보면 다음과 같다.

1. 區分地上權者는 設定行爲에서 정하여진 범위에서 土地를 사용할 權利를 갖고, 區分地上權이 미치지 못하는 土地部分(上下로 區劃된 層)에 관하여는 土地所有者가 使用權을 갖게 된다. 設定行爲에서 區分地上權 또는 土地所有權에 기한 사용권을 制約하는 特約을 한 경우에 이 특약에 違反되는 행위가 있을 때에는 당연히 그 排除를 청구할 수 있다.

區分地上權이 기존 用益權者의 承諾을 얻어서 설정된 경우에는 그 用益權者는 區分地上權者의 정당한 權利行事를 방해해서는 아니될 의무를 지며, 이에 違反되는 행위가 있을 때에는 區分地上權者가 그 排除를 청구할 수 있다.

2. 相隣關係에 관한 규정은 區分地上權者와 土地所有者 사이, 區分地上權者와 기존의 用益權者 사이, 그리고 區分地上權者와 다른 區分地上權者 사이에 각각 準用된다고 보아야 한다.

〔朴 在 允〕

後論 第 1. 墳墓基地權

차 례

Ⅰ. 意 義

1. 民 §185는 物權의 종류와 내용은 法律로 정한 것에 한하여 인정된다는 近代法의 物權法定主義에 修正을 가하여 法律 이외에 慣習法에 의하여서도 物權이 성립할 수 있음을 규정하고 있는바, 그러한 慣習法上의 物權으로서 判例에 의하여 확인되어 있는 주요한 것이 墳墓基地權과 慣習法上의 法定地上權임은 用益物權의 前論 Ⅰ.에서 설명하였다. 이들이 物權의 일종으로서 인정된 것은 상당히 오래되었으며, 日政時代부터이다. 즉 日政下에서 韓半島에서 最高法院의 구실을 하였던 朝鮮高等法院이 이들의 物權性을 확인하고 있었으며, 大法院도 그러한 朝鮮高等法院의 判例를 그대로 따름으로써 오늘날 判例法으로서 확립된 것이다.

2. 判例가 선언하고 있는 바를 정리하여 墳墓基地權의 定義를 내려 본다면, 墳墓基地權이란 "他人의 土地에서 墳墓라는 특수한 工作物을 설치한 者가 있는 경우에 그 者가 그 墳墓를 소유하기 위하여 墳墓의 基地部分인 土地를 사용할 수 있는 權利로서, 地上權의 성질을 갖는 일종의 物權" 이라고 할 수 있다.

3. 예로부터 우리 民族은 祖上을 높이 崇拜해 왔으며, 이는 훌륭한 美俗으로서 전해 내려오고 있다. 이러한 祖上崇拜思想은 조상의 墳墓를 좋은 곳에 설치하고 그 곳이 조상의 死體뿐만 아니라 靈魂도 安住하는 경건한 곳으로 생각하게 하였으며, 그 자손들은 그의 管理에 소홀하지 않아야 할 뿐 아니라, 보

통사람들도 이를 尊嚴한 장소로 尊重하여야 한다는 것이 우리의 강한 道德觀念으로 되어 왔다. 우리 사회에서 墳墓가 가지는 이러한 의의에 비추어 볼 때, 近代的 所有權의 絶對性만을 존중하여 일단 설치된 墳墓를 함부로 撤去하거나 損傷할 수 있도록 한다면 이는 在來의 祖上崇拜라는 美風良俗과 傳統的 倫理觀에 어긋나게 될 것이라는 데서 인정되게 된 것이 바로 墳墓基地權이다. 따라서 일찍부터 墳墓基地權을 인정하여 온 判例의 태도는 온당한 것으로서 받아들여져야 할 것이다.[1)]

Ⅱ. 成立要件

1. 判例에 의하면 墳墓基地權은 다음의 세 경우에 成立하고 取得된다고 한다.

(1) 土地所有者의 承諾을 얻어 合法的으로 그 토지에 墳墓를 設置한 자는 慣習上 그 土地 위에 地上權에 유사한 일종의 物權을 취득하게 된다.[2)] 土地所有者의 承諾이 있었다는 것은 당사자 사이에 墳墓의 設置에 관한 合意, 즉 어떤 契約이 체결되었음을 의미한다. 어떤 내용의 契約締結이 있었는지는 法律行爲解釋의 문제라 하겠으나, 당사자 사이에 墳墓設置에 관한 의사의 합치가 있을 뿐이고, 구체적인 계약내용, 즉 地上權이나 傳貰權의 設定 또는 賃貸借나 使用貸借 등 중 어떤 것인지에 관한 約定이 없을 때에는 그러한 解釋을 함이 없이 墳墓基地權의 成立을 인정하는 것이 判例의 취지라 하겠다.

(2) 他人所有의 토지에 所有者의 承諾이 없이 墳墓를 설치한 경우에는 20년간 平穩·公然하게 그 墳墓의 基地를 占有함으로써 墳墓基地權을 時效로 취득한다.[3)] 이와 같이 墳墓基地權을 時效取得할 수 있는 者는 그 墳墓를 소유할 수 있는 者에 한한다. 따라서 墳墓의 所有者가 될 수 없는 者는 아무리 長期間 사실상 관리를 하여도 墳墓基地權을 시효취득하지 못한다.[4)] 慣習上 墳墓는 宗孫의 所有에 속하므로 분묘기지권을 宗孫 이외의 者가 取得할 수는 없고

1) 郭潤直, 393.
2) 大判 62. 4. 26, 4294民上1451(集 10-2, 244).
3) 大判 57. 10. 31, 4291民上539(集 5-3, 33); 大判 59. 11. 5, 4292民上130(要集 民 Ⅰ-1, 549); 大判 69. 1. 28, 68다1927, 1928(集 17-1, 114).
4) 大判 59. 4. 30, 4291民上182(集 7, 81).

宗孫이 없어 絶家된 경우에는 次宗孫이 祭祀相續을 하지만 宗孫이 長期間 行方不明이라는 사유만으로는 次宗孫에게 그 相續이 되어 그가 墳墓基地權을 취득한다고는 할 수 없다는 判例가 있다.[5] 그러나 墳墓基地權이 비록 宗孫에게만 속한다 하더라도 墳墓에 安置된 先祖의 宗孫 이외의 子孫은 종손의 墳墓基地權에 터잡아 그 범위 내에서 相當視할 수 있는 한도로 墳墓의 基地를 사용하고 나아가 그 墳墓基地權을 행사할 수 있다고 할 것이다.[6]

한편, 判例에 의하면 他人所有의 토지 위에 그의 承諾없이 분묘를 설치한 者가 時效取得하는 권리는, 그가 所有의 意思로 占有를 계속하여 왔다고 볼 만한 특별한 사유가 없는 한 所有權이 아니라 그 墳墓基地權일 뿐이라고 한다.[7] 즉 占有者는 일반적으로 民 §197 I 에 의하여 所有의 意思로 점유하는 것으로 推定되나, 墳墓基地權의 時效取得에 있어서는 自主占有가 아니라 他主占有로 推定될 뿐이다.

(3) 自己所有의 土地에 墳墓를 설치한 者가 후에 그 墳墓基地에 대한 所有權을 유보하거나 또는 墳墓를 따로 移葬한다는 特約을 함이 없이 토지를 賣買 등으로 처분한 때에는 墳墓所有者가 그 분묘를 소유하기 위한 墳墓基地權을 취득하게 된다.[8] 말하자면 後述하는 慣習法上의 法定地上權에 관한 判例理論을 類推適用한 것이다. 당초 判例는 이러한 경우에 바로 墳墓基地權을 取得하지는 못하며, 그 處分이 있은 때로부터 20년간 平穩·公然하게 墳墓基地를 占有하여야만 비로소 墳墓基地權을 時效取得한다고 하였었으나,[9] 이러한 태도를 변경하여 인정하게 된 특별한 取得事由이다.

(4) 이상의 경우에 墳墓基地權은 취득되나, 이때의 墳墓는 그 내부에 屍身이 安葬되어 있을 것을 요하며, 屍身이 안장되어 있지 않은 이상 外形上 墳墓의 형태를 갖추었다 할지라도 이는 실제 墳墓라 할 수 없으므로 墳墓基地權이 생길 수 없다.[10] 또 반대로 屍身이 안장되어 있더라도 墳墓가 이른바 平葬되어 외부에서 墳墓임을 인식할 수 없는 경우라든가,[11] 이른바 暗葬되어 객관적으로 墳墓의 존재를 인식할 수 없는 상태라면[12] 墳墓基地權이 取得 내지 成

5) 大判 59. 5. 28, 4291民上257(要集 民 I-1, 285).
6) 大判 79. 10. 16, 78다2117(集 27-3, 103).
7) 大判 69. 1. 28, 68다1927, 1928(集 17-1, 114)
8) 大判 67. 10. 12, 67다1920(集 15-3, 212).
9) 大判 55. 9. 29, 4288民上210(集 3-1, 14).
10) 大判 76. 10. 26, 76다1359, 1360(集 24-3, 173).
11) 前述(註 7)의 判決.
12) 大判 62. 3. 8, 4294民上804(要集 民 I-1, 363).

立될 수 없다.

2. 이상의 경우에 成立하고 取得되는 墳墓基地權은 일종의 物權이다. 그렇다면 그 得失에 관하여도 物權變動에 관한 원칙에 따라 登記를 하여야 한다고 해석하여야 할 것인바, 舊民法에 관한 大法院判例는 登記없이도 제3자에게 對抗할 수 있는 것이 우리 나라의 慣習이라고 판시하고 있었다.[13] 현행 民法에 관한 判例는 이직 없으나 舊民法에 관한 判例에 비추어 볼 때 현행 民法下에서도 登記는 墳墓基地權取得의 要件이 아니라고 보고 있는 것으로 짐작된다.

우리 나라의 墓制上 墳墓는 흙을 쌓아 올려 둥근모양으로 만드는 것이 보통이어서 누구나 一見해서 墳墓라는 것을 인식할 수 있다. 즉 墳墓의 모양이 바로 公示方法으로서의 구실을 하고 있는 것이다. 따라서 登記없이도 위와 같은 모양이 존재하는 한 墳墓基地權이 成立한다고 하여도 별다른 不合理가 없을 것이다.

Ⅲ. 權利의 內容

1. 槪 說

墳墓基地權은 判例가 밝히고 있는 바와 같이 "地上權에 유사한 物權"이다. 따라서 이는 일종의 制限物權으로서 타인의 土地를 制限된 범위 내에서 사용할 수 있는 權利에 지나지 않는다. 뿐만 아니라 그 使用은 오직 墳墓를 所有하기 위하여서만 할 수 있다. 이 점에서 民法이 규정하는 보통의 地上權과 다르기 때문에 그것은 地上權에 「類似한」 物權인 것이다.

또한 이때의 墳墓는 언제나 "이미 設置되어 있는 墳墓"만을 의미한다. 따라서 基地에 새로운 墳墓를 설치할 권능은 포함되지 않는다.[14] 또 墳墓基地權者는 그 墳墓部分이 침해당할 때에는 그 侵害의 排除를 청구할 수 있으나, 墳墓의 守護를 이유로 그 墳墓에 인접한 他人所有의 墳墓를 侵犯하는 등의 행위를 할 수 없다.[15]

---

13) 大判 57. 10. 31, 4290民上539(集 5-3, 33); 大判 63. 7. 25, 63다157(要集 民 Ⅰ-1, 550).
14) 大判 58. 6. 12, 4290民上771(要集 民 Ⅰ-1, 549).
15) 前述(註 1)의 判決.

2. 範 圍

墳墓基地權이 미치는 범위는 墳墓를 守護하고 奉祀하는 데 필요한 범위이다. 따라서 墳墓가 직접 설치된 基地에 한하는 것이 아니고 墳墓의 守護 및 祭祀의 奉行에 필요한 주위의 빈 땅에도 效力이 미치게 된다.[16] 따라서 土地所有者라 하더라도 이러한 墳墓周邊地域을 침범하여 工作物 등을 설치할 수 없다.[17] 보다 구체적으로 표현한다면 墳墓의 保護 및 祭祀에 필요불가결한 莎城[18] 내의 地域, 莎城 없는 분묘에 있어서는 莎城에 준하는 지역을 포함하며,[19] 또한 동일 宗孫이 所有·管理하는 여러 代의 분묘가 集團設置된 경우에 분묘기지권이 미치는 지역은 그 宗孫이 그 집단된 전 墳墓를 保全守護하여 墓參拜에 소요되는 범위를 참작하여 포괄적으로 정하는 것이 慣習의 취지라고 해석되고, 그 확실한 범위는 각 구체적인 경우에 위와 같은 관습의 취지에 비추어 個別的으로 정하여야 한다.[20]

3. 地 料

墳墓基地의 使用代價인 地料의 支給이 필요한가? 아직 判例는 없다. 원래 地上權에 있어서 地料는 그 要素가 아니다. 따라서 土地所有者의 承諾을 얻어서 墳墓를 설치한 경우에는 당사자 사이에 地料에 관한 約定이 있으면 물론 그에 따르게 될 것이나, 그러한 約定이 없을 때는 無償이라고 새기는 것이 타당할 것이다. 또 墳墓基地權을 時效取得하는 경우에도 無償이며 역시 地料를 支給할 필요가 없다고 해석하여야 할 것이다.

반대로 自己土地 위에 墳墓를 가지고 있던 者가 그 土地를 처분하여 墳墓基地權을 취득하게 된 때에는 地料를 支給하여야 하며, 民 §366 但書를 준용하여 당사자 사이에 協議가 이루어지지 않으면 法院이 이를 決定한다고 새기는 것이 타당할 것이다. 이 경우는 앞의 두 경우와 달리 慣習法上의 法定地上權에 관한 判例理論을 類推適用한 것으로 보아야 하므로 法定地上權에 관한 규정을 準用하는 것이 옳기 때문이다.[21]

---

16) 大判 65. 3. 23, 65다17(要集 民 I-1, 550).
17) 大判 59. 10. 8, 4291民上770(集 7, 243).
18) 莎城이란 墳墓의 뒤를 반달 모양으로 두둑하게 둘러 쌓은 土城을 가리킨다.
19) 大判 59. 10. 8, 4292民上(要集 民 I-1, 549).
20) 大判 60. 6. 30, 4292民上840(集 8, 91); 大判 88. 2. 23, 86다카2919(集 36-1, 47).
21) 郭潤直, 396-7.

4. 存續期間

土地所有者의 承諾을 얻어서 墳墓를 설치하는 경우에는 당사자가 存續期間을 約定할 가능성이 있으나, 그 밖의 경우에는 存續期間이 約定될 가능성이 없다. 이 경우에 民 §281와 §280에 의하여 처리한다면 墳墓는 建物 이외의 工作物에 해당하게 되어 存續期間이 5년이 되겠으나 이는 너무 短期이어서 墳墓基地權의 存續期間으로는 적당하지 않다. 따라서 墳墓基地權의 존속기간에 관하여는 民法의 地上權에 관한 규정에 따를 것이 아니라 당사자 사이에 약정이 있는 등 특별한 사정이 없으면 墳墓基地權者가 墳墓의 守護와 奉祀를 계속하는 한, 그 墳墓가 존속하고 있는 동안은 權利가 존속한다고 해석함이 타당하다.[22] 만약 權利者가 상당한 기간동안 그 守護와 奉祀를 저버리고 있다면 土地所有者가 墳墓의 移轉(掘移)을 청구할 수 있다고 하여야 할 것이다.

Ⅳ. 問 題 點

墳墓基地權에 관하여는 앞으로 신중히 고려되어야 할 문제점이 있다. 在來로 墳墓는 林野에 설치하는 것이 慣例이고, 한편 林野는 큰 단위로 去來되는 것이 보통인 까닭에 去來當事者가 일일히 現地를 샅샅이 調査하기가 어렵다. 따라서 墳墓가 설치되어 있는 土地를 取得하게 되는 者가 뜻밖의 制限物權에 의한 制限을 받게 됨으로써 곤란을 겪는 경우가 많다. 아무리 墳墓의 존재 여부를 그 형태의 特殊性으로 쉽게 알 수 있다고 하더라도 登記와 같은 확실한 公示方法 없이 墳墓基地權이 성립하고 대항할 수 있다는 점은 역시 문제라 할 것이며, 앞으로 보다 愼重한 措置가 요망된다.

특히 近來에 와서 활발해진 林野의 開墾, 産業發展에 따른 각종 團地의 造成 및 國土의 綜合開發의 促進 등에 있어서도 전통적인 墳墓制度 내지 慣行은 여러 障碍要因이 되고 있다. 특히 山林綠化에 주는 지장이 크며, 美觀上으로도 문제이다. 이러한 여러 점에 비추어 생각할 때, 墳墓基地權을 앞으로도 그대로 認定하고 유지할 것인지는 다각도로 신중히 검토하여야 할 것이다.[23]

---

22) 大判 82. 1. 26, 81다1220(集 30-1, 45).
23) 郭潤直, 397-8.

後論 第2. 慣習法上의 法定地上權

차 례

Ⅰ. 序 說

1. 法定地上權制度의 意義

同一人의 所有에 속하였던 建物이 어떠한 사정으로 각각 그 所有者를 달리하게 된 때에, 建物所有者에게 그의 建物所有를 위하여 당연히 成立되는 것으로 法律에 規定되어 있는 地上權이 법정지상권이며, 이는 土地뿐만 아니라 建物도 독립한 부동산으로 하고 있는 우리 法制의 특수성에 기인하는 缺陷을 是正하기 위하여 두게 된 제도라는 점은 地上權의 前論 Ⅱ. 2. (2)에서 설명한 바와 같다. 그리고 現行法上 이 法定地上權이 인정되는 경우로서는 傳貰權에 의한 경우(民 § 305 Ⅰ), 抵當權에 의한 경우(民 § 366 Ⅰ), 假登記擔保權 등에 의한 경우(假擔 § 10), 立木의 경우(立木 § 6)의 네 경우 뿐이라는 것도 같은 곳에서 설명한 바와 같다.

2. 慣習法上의 法定地上權의 沿革 및 認定根據

그런데 判例는 위의 네 경우 외에도 일정한 요건하에 慣習法上 당연히 法定地上權이 設定된 것으로 보아야 하는 경우가 있다고 하고 있는데, 이것이 바로 慣習法上의 法定地上權이다.

이는 당초 日政當時의 朝鮮高等法院에서 "韓國에 있어서의 慣習"이라 하여 인정하게 된 것인데,[1] 우리 大法院 역시 "우리 나라의 관습"이라 하여 이를 따르면서 인정한 이래[2] 오늘날까지 같은 취지로 一貫하여 옴으로써 判例로 確立된 상태에 있다. 判例에 의하면 "우리 민법은 일정한 조건하에서의 법정지상권을 인정하고 있으나 민법에서 규정하는 요건을 구비하지 아니하였다고 하더라도 토지와 건물이 같은 소유자의 소유에 속하였다가 그 건물 또는 토지가 매각 또는 그 외의 원인으로 인하여 양자의 소유자가 다르게 될 때에는 특히 그 건물을 철거한다는 조건이 없는 이상 당연히 건물소유자는 토지소유자에 대하여 소위 관습에 의한 법정지상권(당사자의 합의에 의한 것이 아니라는 의미이다)을 취득하게 되는 것"이라고 한다.[3] 요컨대, 慣習法上의 法定地上權이란 土地와 建物이 동일 所有者에게 속하였다가 그 중 어느 하나가 賣買 기타의 일정 원인으로 각각 所有者를 달리하게 된 때에 그 建物을 撤去한다는 特約이 없으면 建物所有者가 당연히 취득하게 되는 法定地上權이라고 정의할 수 있다.[4]

慣習法上의 法定地上權의 認定根據에 관하여는 前述의 각 判例가 우리 나라의 慣習이라고 說示하고 있으나, "건물로 하여금 건물로서의 가치를 유지케 하자는 국민경제상의 필요에 의하여 인정된 제도"라고 설명하는 判例도 있다.[5]

Ⅱ. 成立要件

判例를 종합해보면 慣習法上의 法定地上權은 ① 土地와 建物이 동일인의 所有에 속하였을 것, ② 賣買 기타의 사유로 인하여 土地와 建物의 所有者가 다르게 되었을 것, ③ 당사자 사이에 建物을 撤去한다는 특약이 없을 것 등 세 가지의 要件을 갖추었을 때에 成立하게 된다.

1. 土地와 建物이 同一人의 所有에 속하였을 것

(1) 土地와 建物이 각각 所有者를 달리하고 있었을 때에는 이 法定地上權이 성립할 여지가 없다. 따라서 土地所有者의 承諾을 얻어 건축한 건물을 轉

1) 朝高判 16. 9. 29(總 1-2, 599).
2) 大判 60. 9. 29, 4292民上944(要集 民 Ⅰ-1, 549).
3) 大判 62. 4. 18, 4294民上1103(集 10-2, 149).
4) 郭潤直, 399.
5) 大判 68. 8. 30, 68다1029(集 16-2, 361).

傳買受한 자는 토지에 대한 慣習法上의 法定地上權을 취득할 수 없다.[6] 동일인의 所有에 속하는 한 未登記의 無許可建物인 경우에도 관계없이 이 法定地上權이 성립한다.[7] 다만 未登記建物을 讓受한 데 불과한 경우처럼 未登記建物의 所有權을 당초부터 취득하지 못했었던 경우에는 이 法定地上權을 취득할 수 없다.[8]

(2) 土地와 建物 중 어느 하나가 處分될 당시에 양자가 동일인의 所有에 속하였으면 족하지 原始的으로 동일인의 所有였을 필요는 없다.[9] 強制競賣의 경우에는 競落 당시에 동일인의 所有이면 족하고 強制競賣를 위한 押留時 이후부터 競落에 이르는 기간중 계속하여 所有者를 같이 하고 있을 필요는 없다.[10]

(3) 建物이 위치한 垈地가 共有인 경우 垈地의 共有者들이 그 垈地를 분할하여 그 建物敷地를 共有者 중 한 사람의 소유로 한 경우에는 다른 특별한 사정이 없는 한, 그 建物所有者는 그 建物의 所有를 위하여 慣習法에 의한 法定地上權을 취득하였다고 보아야 한다.[11]

(4) 한편 土地에 관하여 讓渡擔保의 취지로 債權者 앞으로 移轉登記를 經了하여준 土地所有者(債務者)가 그 후 債權者의 承諾을 얻어서 그 土地 위에 建物을 건축한 경우에, 그 土地는 일단 債權者가 所有權을 취득하되 擔保의 목적에 의하여 債權的으로 制限을 받는 데 불과한 이상 債務者는 債權者 또는 그로부터의 轉得者에 대한 관계에서 위의 建物이 자기 土地上에 건축된 것이라고 주장할 수 없으므로, 慣習法上의 法定地上權을 취득하였다고 볼 수 없다는 判例가 있다.[12]

(5) 또 土地所有權을 名義信託받은 者(名義受託者)가 名義信託關係의 存續 중에 그 土地上에 건물을 신축하였다가 名義信託이 解止되어 登記名義가 환원된 경우, 그 名義受託者는 信託者와의 對內的 關係에 있어서 그 土地가 자기의 所有였다고 주장할 수 없고 어디까지나 名義信託者所有의 토지 위에 건축한 것이라 할 것이므로 慣習法上의 法定地上權을 취득하였다고 볼 수 없다

6) 大判 71.9.28, 71다1561(要集 民 I-1, 554); 大判 71.12.28, 71다2124(集 19-3, 200); 大判 88.6.28, 87다카2895(公 829, 1116).
7) 大判 88.4.12, 87다카2404(公 824, 839). 民 §366의 法定地上權에 관한 同旨의 判決로는 大判 64.9.22, 63아62(集 12-2, 111).
8) 大判 87.7.7, 87다카634(公 807, 1320); 大判 87.12.8, 87다카869(公 816, 168).
9) 大判 66.2.22, 65다2223(集 14-1, 86).
10) 大判 70.9.29, 70다1454(集 18-3, 119).
11) 大判 67.11.14, 67다1105(集 15-3, 282); 大判 74.2.12, 73다353(集 22-1, 38).
12) 大判 66.5.17, 66다504(集 14-2, 22).

는 것이 判例이다.[13)]

2. 賣買 기타의 原因으로 所有者가 달라질 것

(1) 土地와 建物의 所有者가 달라지는 원인은 抵當權에 기한 競賣 등 前述 네 가지 法律上의 法定地上權發生事由를 제외한 모든 사유이다. 가장 전형적인 경우는 賣買이겠으나,[14)] 贈與라고 해서 결론이 달라지는 것이 아니며,[15)] 共有物分割,[16)] 強制競賣,[17)] 歸屬財産의 拂下,[18)] 國稅滯納處分에 의한 公賣[19)] 등도 判例가 들고 있는 사유이다.

반면 換地處分에 의한 慣習法上의 法定地上權의 성립은 인정되지 아니한다. 즉 判例는 土地와 地上建物이 동일인의 所有였다가 換地處分으로 인하여 토지만이 數人의 共有로 된 경우에 그 建物所有者가 다른 토지공유자의 持分에 대한 관계에 있어서 건물을 위한 慣習法上의 法定地上權을 취득한다고 보아야 한다는 法理는 없다고 하고 있다.[20)] 또 共有의 土地가 共有物分割에 의하여 1인의 單獨所有로 된 경우에 이 法定地上權이 인정되는 것[21)]과 달리, 土地의 共有者 중의 1인이 共有土地 위에 건물을 소유하고 있다가 土地의 持分만을 賣渡함으로써 그 持分에 관하여 慣習法上의 法定地上權이 성립된 것으로 볼 사유가 생겼다 하더라도, 당해 土地 전체에 관하여 위의 法定地上權이 성립된 것으로 보게 된다면 이는 土地共有者의 1인으로 하여금 다른 共有者의 持分에 대하여서까지 地上權設定이라는 處分行爲를 할 수 있도록 하는 것이 되어 부당하므로 위와 같은 경우에는 慣習法上의 法定地上權의 성립을 인정할 수 없다는 것이 判例이다.[22)]

(2) 위의 사유가 있었다고 해서 그것만으로 慣習法上의 法定地上權이 성립하는 것이 아니고 이를 원인으로 하여 所有權이 移轉된 때, 즉 賣買 등의 法律行爲의 경우에는 所有權移轉登記가 이루어진 때,[23)] 그 밖의 경우, 즉 法律의

13) 大判 86.5.27, 86다카62(集 34-2, 3).
14) 大判 60.9.29. 및 62.4.18. 前述(註 2) 및 (註 3)의 判決.
15) 大判 63.5.9, 63다11(集 11-1, 290).
16) 大判 67.11.14. 및 74.2.12. 前述(註 11)의 判決.
17) 大判 70.9.29. 前述(註 10)의 判決.
18) 大判 66.2.22. 前述(註 9)의 判決 및 大判 86.9.9, 85다카2275(集 34-3, 23).
19) 大判 67.11.28, 67다1831(集 15-3, 323).
20) 大判 71.5.22, 71다552(要集 民 I-1, 554).
21) 前述(註 11)의 本文 및 判決.
22) 大判 87.6.23, 86다카2188(公 806, 1218).
23) 大判 66.4.26, 65다2530(要集 民 I-1, 551)은 未登記建物을 買受하였으나 登記를 하

規定에 의한 경우에는 해당 規定에 따라 所有權移轉의 效力이 생기는 사유가 발생한 때에 각각 이 法定地上權이 성립함은 말할 나위도 없다.

3. 當事者 사이에 建物을 撤去한다는 特約이 없을 것

判例가 이를 요건의 하나로 들고 있는 것은 그러한 特約이 없을 때라야만, 土地와 建物의 所有者가 달라진 후에도 建物所有者로 하여금 그 建物의 所有를 위하여 土地를 계속 사용케 하려는 默示的 合意가 당사자 사이에 있는 것으로 볼 수 있고, 따라서 慣習法上의 法定地上權을 인정할 수 있다는 취지에서라고 짐작된다.[24] 동일인에 속하였던 垈地와 建物 중 건물만을 매도하면서 따로 建物을 위해 垈地에 대한 賃貸借契約을 한 경우에는 建物買受人이 慣習法上의 法定地上權을 抛棄한 것이라고 보아야 한다.[25]

訴訟에 있어서는 위의 法定地上權의 성립을 주장하는 쪽에서 위의 特約이 없었다는 점을 立證하여야 하는 것이 아니라, 法定地上權의 成立을 다투는 쪽에서 위의 特約이 있었다는 점을 立證하여야 할 책임이 있다.[26]

4. 登記의 要否

위와 같은 要件을 갖추었을 때에 성립하는 慣習法上의 法定地上權은 문자 그대로 慣習法에 의하여 당연히 성립하는 것이므로 民 §187에 의하여 登記는 필요하지 않다고 보아야 한다.[27] 따라서 登記(地上權設定登記)를 하지 않더라도 建物所有者는 垈地所有者에 대하여 慣習法上의 法定地上權을 주장할 수 있다고 보아야 한다. 보다 자세한 내용은 項을 바꾸어 설명하기로 한다.

Ⅲ. 內 容

1. 概 說

慣習法上의 法定地上權은 그것의 認定根據가 慣習法이고 또 그러한 慣習

지 않고 있는 사이에 垈地가 타에 賣渡되어 移轉登記가 마쳐졌다면 그 후 建物買受人이 건물의 保存登記를 마쳤더라도 새로운 垈地所有者에 대하여 慣習法上의 法定地上權을 주장할 수 없다고 판시한다.

24) 郭潤直, 399-400.

25) 大判 68. 1. 31, 67다2007(集 16-1, 37).

26) 大判 88. 9. 27, 87다카279(集 36-2, 154).

27) 大判 71. 1. 26, 70다2576(集 19-1, 28); 大判 72. 7. 25, 72다893(要集 民 Ⅰ-1, 354).

法에 의하여 設定契約없이 당연히 성립한다는 점을 제외하고는 보통의 地上權과 다를 것이 없다. 따라서 그 내용에 관하여는 특별한 사정이 없는 한 民法의 地上權에 관한 규정에 따라 결정된다고 보아야 하며, 判例도 이러한 입장에서 民法의 地上權에 관한 規定이 準用된다고 하고 있다.[28]

2. 存續期間

判例는 慣習法上의 法定地上權은 存續期間이 약정되지 않은 것으로 보고 있다. 따라서 民 §281 I 에 의하여 民 §280가 정하는 最短存續期間, 즉 石造, 石灰造, 煉瓦造 등의 견고한 建物의 경우에는 30년, 그 밖의 建物의 경우에는 15년이 되어야 한다고 判示하고 있다.[29]

3. 使用權이 미치는 範圍

法定地上權者의 土地使用權은, 建物 자체의 敷地는 물론이고 그 建物의 維持 및 使用에 필요한 범위 내의 隣接土地에 미친다.[30] 따라서 그 建物의 構造와 面積, 建物의 본래의 使用目的, 建物의 位置의 객관적인 여러 사정들을 종합하여 그 建物을 사용하는 데 일반적으로 필요한 범위로 인정할 수 있는 범위 내의 土地에 대해서만 法定地上權이 인정될 뿐 그 이외의 垈地部分에 대해서까지는 인정될 수 없는 것이다.[31]

4. 地 料

慣習法上의 法定地上權者가 土地使用權을 가지게 代價로 土地所有者에게 地料를 지급하여야 함은 당연하다고 할 것인데, 그 金額에 관하여는 民 §366 但書를 준용하여야 한다는 것이 종래의 判例이다.[32] 따라서 地料의 額이나 支給方法은 먼저 土地所有者와의 協議에 의하여 정할 수 있으나 協議가 이루어지지 않은 때에는 法院에서 당사자의 청구에 의하여 이를 정하게 된다. 이러한 地料指定請求는 非訟事件이 아니라 일반 民事訴訟의 형식으로 하여야 한다는 것이 또한 從來의 判例인데, 法院이 이러한 訴訟에서 地料의 額, 支給方式(定期給이냐 一時給이냐, 또 年給이냐 月給이냐 등)을 정함에 관하여는 準據할 法規가 없으며, 法院의 自由裁量에

28) 大判 68.8.30. 前述(註 5)의 判決.
29) 大判 63.5.9. 및 86.9.9. 前述(註 15) 및 (註 18)의 判決.
30) 大判 74.2.12, 73다353(集 22-1, 38).
31) 大判 66.12.20, 66다1844(集 14-3, 332); 大判 71.9.28, 71다1631(集 19-3, 19).
32) 朝高判 16.9.29. 前述(註 1)의 判決.

일임된 것이기 때문에 이론상 形式的 形成의 訴에 해당한다고 볼 것이다.[33] 그러나 判例는, 土地所有者는 法院이 상당한 地料를 결정할 것을 전제로 하여 바로 그 支給을 구하는 請求를 할 수 있다고 判示함으로써, 地料關係訴訟은 반드시 形成의 訴에 의할 필요가 없고 직접 履行의 訴인 地料支給請求의 형태로 訴求하여도 상관없다는 태도를 취하고 있다.[34] 後者의 請求에 대한 判決에서는 判決의 理由에서 地料를 얼마로 정한다는 說示를 하고 主文에서는 그 金額의 支給을 명하면 족한 것이지, 主文에서 따로 地料를 얼마로 정한다는 裁判을 할 필요까지는 없을 것이다.[35]

5. 其他의 問題

慣習法上의 法定地上權의 존속기간이 滿了된 경우에는 民 §283에 의하여 地上權者가 土地所有者에 대하여 建物의 買受請求權을 행사할 수 있으며, 이는 地上權者가 地料를 지급해 왔는지 여부와는 별개 문제이고, 다만 地上權者가 合意 또는 法院의 決定에 의하여 地料를 지급할 의무가 있음에도 불구하고 이를 지급치 않은 관계로 土地所有者가 地上權消滅請求를 한 경우에는 買受請求를 할 수 없다고 한 判例가 있다.[36]

Ⅳ. 成立後 土地 또는 建物의 讓渡와 法定地上權의 效力

1. 土地가 讓渡된 境遇

(1) 원래 大法院은, 民 §366의 法定地上權에 관하여 建物所有者가 垈地所有者에게 登記없이 地上權을 대항할 수 있다고 하여도 그 垈地所有者의 변동이 있는 경우 地上權의 登記가 없는 한 垈地를 취득한 제3자에 대하여 대항할 수 없다고 판시한 바 있었고,[37] 慣習法上의 法定地上權에 관하여도, 이 法定地上權이 성립한 후에 "垈地所有權의 讓渡가 있은 경우 뿐만 아니라" 法定地上權이 붙은 建物所有權의 讓渡가 있은 경우에도 그 法定地上權에 대한 登記

33) 李時潤, "判例를 中心으로 한 慣習上 法定地上權", 法學 14-1, 130.
34) 大判 64. 9. 30, 64다528(要集 民 Ⅰ-1, 617).
35) 李時潤(註 33), 131.
36) 大判 68. 8. 30. 前述(註 5)의 判決.
37) 大判 62. 3. 22, 4294民上777. 李時潤(註 33), 131.

가 없이는 建物讓受人은 垈地所有者에 대하여 法定地上權을 주장할 수 없다고 판시한 바 있었다.[38]

그러나 그 후 大法院이 民 §366의 法定地上權에 관하여 全員合議體判決로, "民法 제366조의 法定地上權은 법률행위로 인한 물권의 취득이 아니고 법률의 규정에 의한 물권의 취득이므로 登記를 필요로 하지 아니하고 地上權의 효력이 발생하며, 따라서 지상권을 취득할 당시의 所有者나 이로부터 토지소유권을 전득한 제3자에 대하여 登記없이 지상권을 주장할 수 있다. 다만 地上權을 처분할 때에는 등기를 필요로 한다"라고 判示함으로써[39] 從前의 태도를 변경한 이후에는 慣習法上의 法定地上權에 관하여도 위 全員合議體判決과 같은 취지의 判例를 내기에 이르렀다.[40] 이와 같이 변경된 判例의 태도가 타당함은 말할 것도 없다.[41]

(2) 한편, 舊民法이 시행되고 있는 동안에 취득한 慣習法上의 法定地上權에 관하여는 判例가 통일되어 있지 않다. 즉 舊民法上의 物權變動에 관한 對抗要件主義(意思主義)에 따라 地上權取得當時의 垈地所有者와 建物所有者 사이에는 登記없이 慣習法上의 法定地上權을 대항할 수 있으나 그 후 垈地所有者나 建物所有者의 변동이 있는 경우에는 登記없이 대항할 수 없다고 판시한 것이 있는가 하면,[42] 현행 民法施行 전에 취득한 慣習法上의 法定地上權은 民 §187에 의하여 登記를 요하지 아니하고 效力을 保有하며 이로써 제3자에 대하여 地上權者의 權利를 주장할 수 있다고 한 判決도 있다.[43] 後者의 判決의 태도가 타당하다고 생각한다.

2. 建物이 讓渡된 境遇

(1) 前述한 바와 같이 慣習法上의 法定地上權이 성립할 당시의 建物所有者가 건물의 소유를 계속하는 한 그는 당시의 垈地所有者는 물론이고 그로부

---

38) 大判 65.7.27, 65다864(要集 民 I-1, 550).
39) 大判 65.9.23, 65다1222(要集 民 I-1, 617).
40) 大判 71.1.26. 및 72.7.25. 前述(註 27)의 判決 및 大判 84.9.11, 83다카2245(集 32-4, 10).
41) 다만 이와 같은 해석을 할 경우 登記簿上 公示되지 않은 法定地上權의 존재를 알지 못하고 垈地를 취득한 善意의 제3자에게 豫測하지 못했던 損害를 입히는 것이 되지 않는가 하는 문제점이 있는바, 이에 관하여는 尹眞秀, "法定地上權成立 後 建物을 取得한 者의 地位(上)", 司行 305, 61 참조.
42) 大判 62.7.5, 4294民上233(要集 民 I-1, 550); 大判 63.9.26, 63다444(要集 民 I-1, 550); 大判 68.8.30. 前述(註 5)의 判決의 傍論.
43) 大判 63.1.17, 62다737(要集 民 I-2, 1639).

터 垈地所有權을 轉得한 제3자에 대하여도 登記없이도 위 法定地上權을 주장할 수 있다. 그러나 建物所有權이 移轉된 경우에 建物의 讓受人은 위 法定地上權의 取得登記(地上權設定登記) 및 그 移轉登記를 미치지 못하는 한 土地所有者(成立 당시의 所有者이든 그 후의 土地讓受人이든)에 대하여 地上權을 주장하지 못한다.[44] 民 §187 但書의 해석상 당연한 결론이다.

한편 建物의 所有權이 法律의 규정에 의하여 移轉된 경우는 어떨까? 判例는 建物所有를 위하여 法定地上權을 취득한 者로부터 競賣에 의하여 所有權을 移轉받은 競落人은 競落 후 건물을 철거한다는 등의 賣却條件下에서 競賣된 경우 등 특별한 사정이 없는 한 建物의 競落取得과 함께 法定地上權도 당연히 취득한다고 한다.[45] 이 判例가 競落의 경우와 法律行爲에 의한 移轉의 경우를 구별하고 있는 근거를 명확히 설시하고 있지는 않으나 競落의 경우는 民 §187의 法律의 規定에 의한 物權變動으로서 登記없이도 效力이 생긴다는 취지로 이해된다.[46] 그러나 그렇게 해석하려면 建物뿐 아니라 法定地上權 자체도 競賣의 목적이 되었어야 할 것인데, 法定地上權에 대한 登記와 押留의 登記 및 그 가액을 평가하는 등의 절차가 밟아지지 않았다면 法定地上權이 競賣의 대상이 된 것으로는 볼 수 없지 않나 하는 의문이 있다.[47]

(2) 建物所有權만 移轉되었을 뿐 위의 法定地上權에 관하여는 設定 및 移轉登記가 마쳐지지 않은 경우에 그 法定地上權의 운명은 어떻게 될까? 이 경우 그 法定地上權은 당초의 法定地上權者에게 유보되어 있다고 보는 것이 判例이다. 즉 法定地上權者가 建物을 타인에게 名義信託하였더라도 법정지상권의 移轉登記가 수반되지 않았다면 이는 당초의 法定地上權者에게 留保되어 있으므로 法定地上權者가 그 건물의 所有權을 회복하면 다시 土地所有者에게 법정지상권을 주장할 수 있다고 한다.[48][49] 나아가 이 法理는 後述 (3)에서 보는 바와 같은 法理, 즉 建物이 讓渡된 경우에 建物讓受人이 土地所有者를 상대로 建物讓渡人을 代位하여 地上權設定登記를 청구할 수 있다는 法理의 이론적 기

44) 大判 65.1.26, 64다1211(集 13-1, 6); 大判 66.10.18, 66다1432(要集 民 I-1, 551); 大判 70.7.24, 70다729(集 18-2, 180). 民 §366의 法定地上權에 관한 同旨의 判決로는 大判 65.2.4, 64다1418, 1419(集 13-1, 58) 참조.

45) 大判 76.5.11, 75다2338(集 24-2, 33); 大判 79.8.28, 79다1087(公 619, 12193).

46) 尹眞秀(註 41, 中), 司行 306, 23-4.

47) 尹眞秀(註 41, 中), 司行 306, 24.

48) 大判 80.9.9, 78다52(集 28-3, 1).

49) 이와 달리 建物所有權이 讓渡되면 위의 法定地上權이 소멸한다는 견해 또는 별도의 移轉登記없이도 法定地上權이 建物所有權과 함께 建物讓受人에게 당연히 移轉된다는 견해의 소개 및 이에 대한 批判에 관하여는 尹眞秀(註 41, 中), 司行 306, 22-3 참조.

초가 되어 있다.

(3) 한편 判例는 法定地上權의 성립 후 建物所有權이 順次移轉된 경우에는 특별한 사정이 없는 한 建物과 함께 법정지상권도 讓渡하기로 하는 債權的 契約이 있는 것으로 보고 建物讓受人이 建物讓渡人을 순차로 代位하여 土地所有者(法定地上權 성립당시의 所有者이든 그 후의 土地讓受人이든)를 상대로 地上權設定登記의 이행을 구하고 建物讓渡人들에 대하여는 순차로 그 地上權의 移轉登記의 이행을 구할 수 있다고 판시하고 있다.[50] 前述 (2)에서 본 바와 같이 이러한 法理는 建物所有權만이 移轉登記된 경우에 法定地上權은 소멸하거나 당연히 隨伴移轉되는 것이 아니라 당초의 法定地上權者에게 남아 있다는 法理를 기초로 하고 있으며, 나아가 주된 權利와 종된 權利에 관한 民 §100 Ⅱ의 類推適用에 의하여 그 타당성이 설명될 수 있다고 할 것이다.[51]

(4) 法定地上權이 성립된 후 그 登記가 마쳐지지 않은 상태에서 建物만에 관하여 所有權移轉登記가 마쳐진 경우 土地所有者 또는 그로부터의 土地讓受人이 建物讓受人을 상대로 所有權에 기한 建物撤去請求를 할 수 있을까?

㈎ 이 점에 관한 종래의 判例는 法定地上權의 設定 및 移轉登記가 없는 이상 建物讓受人이 法定地上權을 아직 承繼取得하지 못하여 土地所有者에게 이를 주장할 수 없다는 이유를 들어 土地所有者의 建物撤去 및 土地引渡請求를 認容하고 있었으며, 建物讓受人이 土地所有者에 대하여 地上權設定登記請求權을 代位行使할 수 있는 地位에 있다 하더라도 그것만으로는 土地의 占有를 정당화할 만한 適法한 權原이 되지 못한다고 판시하고 있었다.[52]

㈏ 한편 學說은 위와 같은 判例의 견해에 贊成하는 견해와 反對하는 견해가 나뉘어 있었으나 判例에 반대하는 견해가 多數說이었다고 할 수 있다.[53]

㈐ 위와 같은 判例의 입장과 이에 대하여 批判的이었던 多數說과의 대립은, 大法院이 1985.4.9 全員合議體判決로써 종전의 判例를 廢棄하고, 위의 경우에 土地所有者가 法定地上權을 취득할 지위에 있는 建物讓受人에 대하여 建物의 撤去를 구함은 "지상권의 부담을 용인하고, 또한 그 설정등기절차를 이행할 義務 있는 者가 그 권리자를 상대로 한 請求라 할 것이어서 신의성실의 원

50) 大判 67.11.28, 67다1831(集 15-3, 323); 大判 81.9.8, 80다2873(集 29-3, 29).
51) 尹眞秀(註 41, 中), 司行 306, 25-6.
52) 大判 70.7.24, 70다729(集 18-2, 180); 大判 82.10.12, 80다2667(集 18-3, 118). 이 判決에 대한 批判的評釋으로는 徐敏, "法定地上權讓受人의 法的地位", 民判硏 6, 54가 있음.
53) 이 學說對立의 자세한 내용에 관하여는 尹眞秀(註 41, 下), 司行 307, 36-7 참조.

칙상 허용될 수 없다"고 판시함에 따라 解消되기에 이르렀다.[54)]

위 判決은 大法院判事[55)] 7인의 지지를 받은 多數意見과 6인의 지지를 받은 少數意見으로 나누어졌는데, 多數意見이 위와 같이 土地所有者의 청구가 信義誠實의 원칙에 위반된다는 것을 근거로 실시하고 있는 데 대하여, 少數意見은 그러한 多數意見의 견해가 信義誠實의 원칙을 지나치게 擴張適用하는 것이어서 부당하다고 하는 상세한 長文의 批判論을 전개하고 있다.

少數意見의 要旨를 간추려 보면 다음과 같다.

(a) 土地所有者는 法定地上權을 가진 당초의 建物所有者 아닌 者에 대하여는 특별한 사정이 없는 한 자기의 土地用益權을 주장할 수 있다.

(b) 土地所有者가 부담하는 地上權設定登記義務는 이미 有效하게 성립되어 있는 法定地上權의 公示方法을 갖추어준다는 의미가 있을 뿐이고 取得時效의 경우처럼 그 登記에 의하여 建物所有者에게 새로운 權原을 창설하여 주는 것이 아니므로 이를 信義則違反의 根據로 삼을 수 없다.

(c) 土地所有者는 당초의 建物所有者인 法定地上權者에 대하여는 그의 權利實現에 협력할 의무가 있으나 地上權移轉登記請求權만을 가진 建物讓受人에 대하여는 그 利益의 실현에 협력할 의무를 지지 않으므로 그러한 土地所有者가 建物讓受人의 利益을 配慮하지 않는다 하여 이를 信義則違反이라 할 수는 없다. 특히 地上建物撤去가 가능할 것으로 믿고 土地所有權을 취득한 자의 權利行使를 획일적으로 衡平과 信賴에 어긋나는 權利行使라고 할 수는 없다.

(d) 多數意見과 같이 해석하면 建物讓受人은 언제나 登記를 하지 않고도 사실상 法定地上權의 배타적 효력을 향유하게 되어 不動産公示制度의 원칙에 어긋난다.

(e) 土地와 建物의 所有者가 달라진 경우의 土地利用關係의 조정에 있어서는 社會經濟的 損失을 이유로 건물의 存立保護만을 우선시킬 수는 없는 것이고, 土地所有者의 權益과 公示制度의 원칙과를 고려하여 조정이 이루어져야 하는데, 建物讓受人은 자신의 권리를 보호할 法的 手段(登記)이 부여되어 있으므로 이를 갖춘 경우에만 利害相衝되는 土地所有者의 用益權에 우선할 수 있고 그렇지 못하면 土地所有者의 撤去請求에 대항하지 못한다고 보는 것이

54) 大判 85.4.9, 84다카1131, 1132(集 33-1, 174). 이후 同旨의 判決로서 大判 85.9.10, 85다카607(公 763, 1329) 및 大判 88.9.27, 87다카279(集 36-2, 154) 등이 나와 있다.

55) 判決 당시의 職名임.

公平하고도 合理的인 해석이다.

문제의 論議를 信義誠實의 원칙의 적용 여부에 限定시켜 본다면 少數意見의 論理가 多數意見의 論理보다 설득력이 있다고 생각되나, 大法院의 태도가 建物所有者의 建物撤去請求를 부정하는 쪽으로 굳어진 이상 信義誠實의 原則을 적용하지 않고서도 그러한 결론에 이를 수 있는 理論的 可能性이 있는지 연구될 필요가 있다고 생각된다.[56)]

V. 餘 論

원래 法定地上權은 동일인에게 속하고 있었던 土地와 建物 중 어느 하나가 타인에게 歸屬하게 된 때에 당사자가 建物所有者를 위하여 토지의 利用權을 설정할 수 있는 기회를 가지지 못한 경우, 이를 인정하여 建物所有者에게 土地의 利用權을 줌으로써 건물의 철거를 막고 그 價値가 維持되도록 하는 것이 社會經濟上 바람직하다는 데 그 認定趣旨가 있다 할 것이다. 따라서 土地所有權에 중대한 제한이 되는 이 제도는 부득이한 最小限의 경우에만 認定되어야 할 제도이며, 그 認定範圍가 확대되는 것은 되도록 피하여야 한다.[57)]

당사자의 의사에 의하지 않고 이루어지는 強制競賣나 租稅滯納處分에 의한 公賣의 경우는 別論으로 하고 당사자의 賣買나 贈與 등 法律行爲에 의하여 土地 또는 建物이 讓渡됨으로써 兩者의 所有者가 달라지는 경우에 그 이유야 어디에 있든 당사자가 賃貸借契約이나 地上權의 設定 등 아무런 조치를 취하지 않은 경우까지 염려하여 一律的으로 建物을 위한 土地使用權을 인정한다는 것은 建物所有者에게 지나친 친절이 됨과 동시에 土地所有者에게는 지나친 犧牲을 강요하는 것이 된다는 데에 문제가 있다. 따라서 앞으로도 계속 이러한 制度를 유지할 것인지는 좀더 깊이 생각할 문제라고 하겠다.

[朴 在 允]

56) 信義誠實의 原則을 적용하지 않고 建物讓受人의 土地占有 자체가 適法한 점유로 인정될 수 있다고 하는 理論構成을 시도하고 있는 見解로는 尹眞秀(註 41, 下), 司行 307, 39-44 이 있음.
57) 郭潤直, 402.

第5章 地 役 權

前 論

차 례

Ⅰ. 地役權의 意義와 性質

1. 地役權의 意義

地役權이란 어느 土地의 便益(즉, 土地의 利用價値의 增進)을 위하여 타인의 토지를 이용하는 用益物權의 일종이다. 예컨대, A土地의 所有者가 B土地를 통행하기 위하여, 또는 A土地의 所有者가 B土地 위에 引水를 위한 水路를 개설하기 위하여 취득하게 되는 權利이다.

이 경우 A土地를 「要役地」라 하고, B土地를 「承役地」라 부르며, 地役權은 要役地를 위하여 承役地 위에 설정된다. 따라서 地役權의 設定에는 반드시 要役地와 承役地, 두 개의 토지가 필요하게 된다. 地役權設定에 의하여 要役地의 利用價値는 증가하게 되고, 承役地의 이용은 제한되게 된다.

地役權은 이와 같이 土地 相互間의 利用權인데, 隣接地 사이의 土地利用의 조절에 관하여는 따로 相隣關係에 관한 규정들이 있다. 그러나 相隣關係는 法律上 당연히 발생하는 최소한의 이용의 조절로서 말하자면 그것은 所有權 자체의 權能이 미치는 범위라고 하여야 하는 데 대하여, 地役權은 당사자의 契約

에 의하여 성립하고 相隣關係의 규정에 의한 利用의 조절을 다시 확대하는 것이어서 土地所有權 이외의 독립한 物權이라는 성질을 가진다.[1]

2. 地役權의 機能

자기의 土地를 위하여 타인의 土地를 사용하는 방법으로는 賃貸借(또는 使用貸借)가 있으며, 이에 의하여도 地役權과 같은 목적을 달성할 수는 있다. 그러나 賃貸借에 의한 權利는 債權的 權利이기 때문에 土地所有權의 이전에 관계없이 土地使用權을 保有하기 위해서는 地役權 쪽이 훨씬 유리할 뿐 아니라, 지역권이 설정되면 物權으로서 後述과 같이 要役地所有權과 결합된 것으로 다루어지며, 따라서 要役地는 그만큼 가치가 증대되게 된다. 또한 承役地가 받는 負擔은 地役權의 목적을 달성하는 데 필요한 최소한의 범위에 그치므로 賃貸借의 경우와 같이 그 土地가 使用權者의 獨占的 利用에 돌아가지 않고 地役權과 저촉되지 않는 한도에서는 承役地所有者의 土地使用이 계속될 수 있다.

즉 地役權은 타인의 土地의 使用이라는 면에서는 賃借權이나 다른 用益物權과 다를 바가 없으나, 地役權에 있어서의 타인의 土地의 使用은 단순한 土地使用이 아니라 실질적으로는 두 개의 土地의 利用을 調節한다는 기능을 가지는 점에서 큰 특징을 가지는 것이다.[2]

3. 地役權의 種類

(1) 行使形態에 의한 分類

㈎ 作爲地役權과 不作爲地役權　　地役權의 내용을 이루는 便益에는 作爲뿐만 아니라 不作爲도 포함된다. 地役權者가 일정한 행위를 할 수 있고, 承役地所有者 등이 이를 忍容할 의무를 부담하는 것을 作爲地役權 또는 積極地役權이라 하고, 이에 대하여 承役地所有者 등이 일정한 利用行爲를 하지 않을 의무를 부담하는 것을 不作爲地役權 또는 消極地役權이라 한다. 要役地의 소유자가 承役地를 통행하거나 用水路를 개설할 것을 내용으로 하는 지역권이 前者에 속하고, 承役地 위에 要役地의 시야를 방해하는 建物을 건축하지 않을 것을 내용으로 하는 지역권이 後者에 속한다. 이 분류는 地役權者의 행위의 내용이 다를 뿐이고 어느 쪽이든 地役權의 效力에는 차이가 없으므로 兩者의 구별

1) 郭潤直, 407.
2) 郭潤直, 406-7.

은 法律上 별 實益이 없다.

㈏ 繼續地役權과 不繼續地役權 地役權의 행사가 시간적으로 나타나는 모습에 의한 구별이다. 일정한 通路를 개설하고 있는 通行地役權이나 送電線을 架設하고 있는 지역권 또는 前述 不作爲地役權과 같이 권리의 내용의 실현이 끊임없이 계속되고 있는 지역권을 繼續地役權이라 부르고, 반대로 통로를 개설하지 아니한 通行地役權과 같이 권리의 내용을 실현함에 있어서 그때그때 權利者의 개별적 행위를 요하는 지역권을 不繼續地役權이라 한다. 이 구별의 실익은 地役權의 時效取得(民 §294)에 관하여 생긴다.

㈐ 表現地役權과 不表現地役權 地役權의 행사가 외형적으로 나타나는 모습에 의한 구별이다. 예컨대, 通路를 개설한 通行地役權이나 地表에 送水管을 설치한 用水地役權과 같이 權利의 내용의 實現을 外部로부터 인식할 수 있는 地役權을 表現地役權이라 하고, 반대로 前述 不作爲地役權이나 地表에 나타나지 않는 導管에 의한 用水地役權과 같이 권리의 내용의 실현을 외부에서 인식할 수 없는 것을 不表現地役權이라 한다. 이 구분의 실익 역시 地役權의 時效取得(民 §294)에 관하여 생긴다.

(2) 便益의 內容에 따른 分類

地役權의 내용을 이루는 便益은 여러 가지가 있을 수 있으나 대표적인 형태를 들어보면 다음과 같다.

㈎ 通行地役權 가장 대표적인 地役權이며, 判例에 나타나는 사례도 많다. 要役地所有者가 타인의 土地를 통행하기 위하여 設定하는 地役權으로서, 通路를 개설하는 것(繼續·表現)과 通路를 개설하지 않는 것(不繼續·不表現)으로 나누어진다.

㈏ 用水地役權 要役地에 사용하기 위하여 承役地로부터 물을 끌어오거나, 要役地로의 引水 또는 要役地로부터의 排水를 위하여 도랑이나 送水管을 敷設하기 위하여 설정하는 地役權이다.

㈐ 기타의 地役權 送電線을 가설하기 위한 地役權, 要役地의 眺望이나 日照를 방해할 수 있는 建造物을 건축하지 않게 할 것을 목적으로 하는 地役權 등이 있을 수 있다. 한편 일정한 지역의 住民이 集合體의 관계로 각자가 타인의 土地에서 草木, 野生物 및 土沙의 採取, 放牧 등의 收益을 하는 慣習上의 권리가 있는 경우에 관하여 地役權에 관한 규정들이 準用되게 되어 있는 바(民 §302), 이는 土地가 便益을 얻는 것이 아니라 그 지역의 住民, 즉 사람이 便

益을 얻는 것이기 때문에 地役權이라고 할 수는 없다.[3] 구체적인 내용은 民§302의 注解를 참조할 것.

4. 地役權의 法的 性質

(1) 地役權의 特質

㈎ 非排他的, 共用的 性格　　地上權에 있어서는 土地使用의 목적이 法律에 명확히 한정되어 있으나, 地役權의 土地使用目的에는 制限이 없다. 또 地上權에 의한 타인의 土地使用은 전면적이기 때문에 土地所有權의 用益權能이 전면적으로 停止됨에 반하여, 地役權에 의한 土地使用은 제한적이고 承役地所有者도 地役權行使에 필요한 범위에서 일정한 의무를 부담하는 데 그칠 뿐 소유권의 用益權能이 전면적으로 停止되지는 않는다.

따라서 甲이 그의 所有土地에 乙을 위한 通行地役權을 설정하여도 甲은 乙의 通行을 방해하지 않는 범위 내에서 그 土地를 통행할 수 있고 또 다른 목적에 사용할 수도 있다. 또 동일 土地 위에 數個의 지역권이 設定될 수도 있다. 甲이 그 所有土地에 乙을 위한 通行地役權과 丙을 위한 眺望地役權을 설정할 수 있고, 또 乙을 위한 通行地役權을 설정한 土地에 다시 丙을 위한 通行地役權을 설정하는 것도 乙의 권리행사를 방해하지 않는 한 무방하다.[4]

이와 같이 地役權은 토지에 대한 排他的 支配權이라기 보다는 일종의 共同利用權이라고 할 수 있다. 따라서 地役權者에게는 物權的 請求權 중에서 妨害排除請求權과 妨害豫防請求權만 인정될 뿐 返還請求權은 인정되지 않는다(民 §301).

㈏ 附從性(隨伴性)　　地上權이나 傳貰權은 사람을 위한 權利이지만 地役權은 토지를 위하여 존재하는 권리이다. 따라서 抽象的으로 말한다면 前者의 권리는 누구라도 取得할 수 있지만, 後者의 地役權은 일정한 토지의 所有者 또는 그 土地에 대하여 어떤 權原을 가진 사람이 아니면 이를 取得할 수 없는 것이다.

地役權도 物權이므로 讓渡性을 가지지만 위와 같은 이유 때문에 地上權이나 傳貰權에서와 같은 양도성을 가지지는 못한다. 즉 地役權은 要役地를 위해서 존재하는 권리이므로 要役地와 분리하여 지역권만을 讓渡할 수는 없다. 地役權은 要役地와 함께 하여서만 양도할 수 있으며, 또 要役地가 이전되면 特約

3) 郭潤直, 412-3.
4) 乙과 丙의 地役權 사이에서는 일반원칙대로 登記의 先後에 따라 優劣이 결정된다.

이 없는 한 地役權도 이에 따라 移轉하게 된다(民 §292). 이와 같이 地役權이 要役地의 所有權(또는 그 用益權)에 수반하는 것을 要役地의 附從性 또는 隨伴性이라 부른다.

㈐ 不可分性 地役權의 특성으로서 不可分性이라는 것이 주장된다. 地役權의 不可分性의 내용으로서 일반적으로 설명되는 것을 들어보면 다음과 같다.

(a) 要役地 또는 承役地가 共有인 경우에 그 共有者의 1인은 要役地를 위한 地役權 또는 承役地가 부담하는 지역권을 소멸하게 하는 행위를 하지 못한다(民 293 § I). 또 土地가 分割되거나 一部讓渡된 경우에는 지역권은 要役地의 각 부분을 위하여 또는 承役地의 각 부분 위에 存續하며(民 §293 II 本文), 다만 성질상 토지의 일부분만에 관한 것일 때에는 그 부분에 관하여서만 存續한다(民 §293 II 但).

(b) 共有者의 1인이 地役權을 취득한 때에는 다른 共有者도 이를 取得한다(民 295 § I). 따라서 占有에 의한 地役權의 취득시효의 중단은 지역권을 행사하는 모든 共有者에 대하여서 하지 않으면 그 효력이 없다(民 295 § II). 또한 地役權을 행사하는 共有者가 數人이 있는 경우에는 그 1인에 대하여 取得時效停止의 원인이 있더라도 그 效力은 다른 共有者에게 미치지 않는다(明文規定이 없으나 通說임. 舊民 §284 III 참조).

(c) 要役地가 共有인 경우에 그 1인에 관한 消滅時效의 중단이나 정지는 다른 共有者에 관하여서도 효력이 있으며, 따라서 소멸시효는 어느 共有者에 관하여서도 完成되지 않는다(民 §296).

(2) 地役權과 登記

地役權은 土地(要役地)에 附隨하는 권리이기 때문에 登記法上 다른 制限物權과 달리 특수한 취급을 받는다.[5)]

地役權은 承役地를 대상으로 하는 用益物權이므로 承役地의 乙區事項欄에 등기되어야 함은 물론이지만(不登 §16 V), 한편 要役地에 附隨하는 권리이므로 요역지의 乙區事項欄에도 지역권의 표시를 하게 되어 있다(不登 §138 I).

먼저 承役地의 登記簿에 기재할 사항으로서는 要役地의 표시와 지역권설정의 목적과 범위가 必要的 記載事項이고, 그 밖의 任意的 記載事項으로 民 §292 I 但書의 約定, 民 §297 I 但書의 約定 또는 民 §298의 約定을 기재할 수 있는 것으로 되어 있다(不登 §137). 다만 요역지의 登記簿에는 承役地의 표시와 그 승역지가 지역권의 목적이라는 취지 및 地役權設定의 목적과 범위를 기재하여야 한다.

---

5) 郭潤直, 不登, 363-4.

地役權의 代價와 存續期間은 당사자 사이에 정함이 있더라도 이를 登記할 수 있다는 규정이 없기 때문에 登記할 수 있는지 여부가 문제된다. 登記의 可否에 관하여는 民 §291의 注解 Ⅳ.Ⅴ. 참조하기 바란다. 立法論上으로는 이를 任意的 記載事項으로 할 필요성이 크다고 할 것이다.

Ⅱ. 地役權의 取得

1. 取得事由

地役權은 당사자 사이의 設定契約과 登記에 의하여 취득되는 것이 보통이나, 그 밖에 遺言, 讓渡, 相續에 의하여도 취득된다. 土地所有者가 자기 土地 위에 通路를 개설하여 타인으로 하여금 영구히 사용케 하기로 約定하고 그 代金을 受領한 경우 이 約定은 地役權設定에 관한 合意라고 봄이 상당하다고 한 판례가 있다.[6]

또 要役地의 所有權 또는 使用權이 이전될 경우에 地役權은 그에 수반해서 당연히 移轉된다(民 § 292 Ⅰ).[7]

2. 時效에 의한 取得

時效에 의한 地役權의 취득에는 이미 성립한 地役權을 要役地의 소유권과 함께 時效取得하는 경우와 종래 성립하지 않았던 지역권을 새로이 取得하는 경우가 있다. 前者의 경우는 取得時效 일반의 원칙에 의하게 되나, 後者의 경우는 "繼續되고 表現된 것"에 한하여 時效取得이 인정된다(民 § 294).

어느 경우이든 占有期間의 경과만으로는 부족하고 取得時效完成을 원인으로 한 地役權設定登記를 마쳐야만 지역권을 취득하게 됨은 물론이다. 共有地를 위하여 共有者 중 1인이 지역권을 時效取得하면 모든 共有者를 위하여 取得時效가 완성하게 됨(民 § 295 Ⅰ)은 前述한 바 있다.

---

6) 大判 80.1.29, 79다1704(集 28-1, 48).

7) 따라서 地役權의 移轉 또는 地役權을 다른 권리의 목적으로 하는 때에는 要役地에 관하여 移轉登記 또는 權利設定의 登記를 하면 되는 것이지, 따로 地役權에 관하여 그러한 登記를 할 필요는 없다. 또 그러한 登記는 불가능하다. 郭潤直(註 5), 364.

Ⅲ. 地役權의 消滅

1. 消滅事由

地役權은 要役地 또는 承役地의 滅失, 地役權者의 拋棄, 混同, 存續期間의 滿了, 約定消滅事由의 발생, 承役地의 收用(土收 §67) 등으로 소멸하게 된다. 이들에 관하여는 특별히 설명할 것이 없다.

2. 承役地의 時效取得에 의한 消滅

承役地가 제3자에 의하여 時效取得되는 경우에는 지역권이 消滅하는 것이 원칙이라고 해석된다(舊民 §289 참조). 다만 다음의 예외가 있다.

(1) 承役地의 時效取得者가 地役權의 존재를 認容하면서 占有를 계속한 때에는 地役權의 제한을 받는 소유권을 時效取得하였다고 해석하여야 하므로 지역권은 消滅하지 않는다.

(2) 承役地의 取得時效가 진행되고 있는 동안에 地役權者가 그의 권리를 행사하면 取得時效의 기초인 占有는 지역권의 제한을 받는 것이 되므로 承役地가 時效取得되어도 지역권은 消滅하지 않는다(舊民 §290 참조).

3. 地役權의 時效消滅

(1) 地役權이 消滅時效에 걸리는 권리임은 물론이다(民 §162 Ⅱ). 그 消滅時效의 기산점은, 不繼續의 지역권에 있어서는 최후의 行使時이고, 繼續地役權에 있어서는 그 행사를 妨害하는 사실이 생긴 때라고 해석하여야 할 것이다(舊民 §291 참조).

(2) 要役地가 共有인 경우에 消滅時效는 모든 共有者에 관하여 완성한 때에만 效力이 생기며, 1인에 대하여 생긴 時效의 中斷 또는 停止는 다른 共有者에게 영향이 없다(民 §296).

(3) 地役權者가 그 權利의 일부만을 행사하는 경우에는 그 不行使된 부분만이 시효로 消滅한다고 해석하여야 함은 물론이다(舊民 §293 참조).

[朴 在 允]

第 291 條 (地役權의 內容)

地役權者는 一定한 目的을 위하여 他人의 土地를 自己土地의 便益에 利用하는 權利가 있다.

차 례

Ⅰ. 序　　說

本條는 地役權에 관한 定義를 내리고 있는 규정이다. 즉 地役權은 일정한 목적을 위하여 타인의 土地를 自己土地의 便益에 이용하는 權利이다. 타인의 土地를 이용한다는 점에서는 다른 用益物權, 즉 地上權이나 傳貰權과 동일하지만, 地上權이나 傳貰權이 사람을 위하여 인정되는 權利인 데 반하여 地役權은 "土地의 便益에 利用하는", 즉 土地를 위하여 인정되는 權利이다. 또 地上權이나 傳貰權에 있어서는 土地의 사용목적이 한정되어 있는 데 반하여 地役權에 관하여는 사용목적이 한정되어 있지 않다.

"土地의 便益에 利用"한다는 관념은 土地를 사용한다는 관념보다 넓게, 적극적으로 土地를 使用·收益하는 것 뿐만 아니라, 소극적으로 土地를 使用·收益하지 못하게 하는 것도 포함하는 것으로 해석되기 때문에 地役權에 기한 타인의 土地의 사용목적은 地上權이나 傳貰權에 비하여 훨씬 넓다고 하겠다.

地役權은 本章의 前論에서 설명한 바와 같이 要役地와 承役地와의 관계이다. 要役地의 便益에 이용하는 權利이기 때문에 要役地는 당연히 一筆(또는 數筆)의 土地일 것이 필요하며, 一筆의 土地의 일부만을 위하여 地役權을 設定할 수는 없다.

그러나 承役地는 一筆의 土地이어야 할 필요는 없으며, 土地의 一部 위에도 地役權은 성립할 수 있다. 要役地의 便益을 위하여 반드시 承役地의 全部를 이용할 필요가 없는 경우가 흔할 것이기 때문이다.

Ⅱ. 地役權者

地役權이 設定된 경우에 要役地의 所有權者가 地役權을 행사할 수 있음은 말할 것도 없고, 나아가 要役地에 地上權·傳貰權이 설정되거나 賃貸借契約이 締結된 경우에 그 地上權者·傳貰權者 또는 賃借人이 이 지역권을 행사할 수 있으며, 또 承役地의 地上權者, 傳貰權者 또는 賃借人이 地役權에 의한 제한을 받게 된다는 점에 대하여도 의심의 여지가 없다. 따라서 要役地의 所有權者뿐만 아니라 要役地의 地上權者·傳貰權者·賃借人 등도 모두 本條의 「地役權者」에 해당한다고 할 수 있을 것이다.

문제는 어느 土地의 地上權者·傳貰權者·賃借人 등이 그들이 사용하는 土地를 위하여 이를 요역지로 하는 지역권을 取得할 수 있으며, 또 그들이 使用하는 土地 위에 이를 승역지로 하는 지역권을 設定할 수 있는지이다.

우리 나라의 學說은 地役權이 두 土地의 이용의 조절을 목적으로 하는 것이라는 이유로 承役地의 地上權者·地役權者·賃借人 등도 그들의 權限 범위 내에서는 유효하게 地役權을 설정할 수 있다고 보는 것이 多數說이다.[1] 그러나 賃借人에 한하여는 이를 부정하는 見解도 있다.[2] 大法院의 判例는 아직 없고, 日本의 학설과 판례는 地上權 등의 物權者인 경우에 관하여는 이를 긍정하면서도 賃借人에 관하여는 否定的이었다가 근래에 와서 肯定說이 유력해지고 있다.[3]

생각건대, 前述 多數說의 견해에 일단 찬성하는 바이나, 다만 賃借人의 경우에는 그 土地賃貸借가 등기되거나 地上建物이 등기되는 등 對抗力을 갖춘 것이라야만 地役權을 취득하거나 설정할 수 있다고 해석하여야 할 것이고, 또 承役地가 될 토지의 用益物權者 또는 賃借人이 지역권을 설정한 경우에 그 地役權의 효력은 그 기초가 된 用益物權이나 賃借權의 범위(특히 存續期間에 관하여)를 초과할 수 없고 이를 초과한 부분은 無效라고 보아야 할 것이다. 반면 要役地가 될 토지의 用益物權者나 賃借人이 지역권을 취득한 경우에는 그러한 制限이 요구되지 않는다고 볼 수 있다.

---

1) 郭潤直, 404; 金曾漢, 343; 張庚鶴, 各論(上), 57, 金顯泰(下), 6.
2) 崔栻, 241.
3) 日注民(7), 483.

Ⅲ. 地役權의 內容

1. 本條는 地役權의 내용에 관하여 "自己의 土地의 便益에 이용하는 權利"라고 규정할 뿐이고 그 便益의 내용에 관하여는 규정하고 있지 않다. 그러나 地役權의 내용이 相隣關係에 관한 強行規定에 위반하는 것이어서는 안 된다고 해석된다. 舊民法에는 이에 관한 明文規定이 있었으나(舊民 §280 但 참조), 그러한 明文規定이 없는 本條에 관하여도 동일하게 해석하는 것이 타당하다.[4] 民法의 相隣關係에 관한 규정이 원칙적으로 任意規定이라는 견해가 있으나,[5] 성질상 원칙적으로 強行規定이라고 하여야 하고 예외적으로 任意規定의 性質을 띠는 규정이 있다고 해석하는 것이 옳다.[6] 따라서 이웃 土地(承役地)로부터 자연히 흘러들어 오는 물의 流入을 전면 금지하는 것을 내용으로 하는 地役權의 設定은 허용되지 않으나, 境界線으로부터 法定의 거리를 두지 않고 要役地에 地下施設을 설치하는 것을 내용으로 하는 地役權을 設定하는 것은 이에 관한 民 §244가 強行規定이라고 볼 수 없으므로,[7] 허용된다고 보아야 한다.

2. 本條가 土地의 便益의 내용이나 종류를 制限하지 않고 있는 것은 地役權設定에 의한 土地利用의 방법이 천차만별이기 때문이라고 생각된다. 地役權이 설정되면 承役地의 소유권이 제한되고 承役地所有者는 일정한 義務를 부담하게 된다. 그 義務의 태양은 지역권의 내용에 따라 여러 가지이겠지만 대체로 다음과 같이 분류할 수 있다.

(1) 地役權者의 行爲를 容認하는 것

예컨대, 地役權者가 承役地를 통행하거나 承役地에 있는 웅덩이(溜池)로부터 물을 끌어 쓰는 것(引水)을 容認할 의무, 地役權者가 承役地上에 用水路나 電線路를 敷設하는 것을 容認할 의무, 또는 承役地에서 立木을 伐採하는 것을 容認할 의무 등이 이에 속한다.

(2) 承役地의 利用을 制限하는 것

예컨대, 地役權者의 眺望을 방해할 수 있는 建築物을 건축하지 아니할 義

---

4) 郭潤直, 403.
5) 方順元, 112.
6) 郭潤直, 278.
7) 大判 82.10.26, 80다1634(集 30-3, 148).

務 또는 地役權者가 耕作하는 밭의 농작물의 生育에 장해가 되는 樹木을 植栽하지 아니할 義務 등이 이에 속한다. 이때에는 承役地所有權의 用益權能이 제한된다.

(3) **地役權의 內容의 實現에 필요한 附隨行爲를 하는 것**

예컨대, 地役權者의 通行에 필요한 통로를 개설하거나 引水에 필요한 土管을 설치·보존할 의무 등이 이에 속한다. 이에 관하여는 地役權이 物權으로서 承役地를 지배할 수 있는 데 그치며 타인의 행위를 목적으로 하는 請求權的 內容을 가지는 것이 아니므로 그러한 義務를 내용으로 하는 地役權은 허용될 수 없다는 見解가 있다.[8] 그러나 地役權은 다른 用益物權과 달리 두 개의 土地의 利用調節이라는 기능을 가지는 權利이므로 이 점을 중시하여 承役地所有者로 하여금 地役權의 행사에 필요한 工作物의 設置 또는 保存이나 修繕과 같은 부수적인 행위를 하도록 하는 義務를 내용으로 하는 地役權도 허용된다고 보는 것이 옳다.[9] 民法도 承役地所有者가 그러한 의무를 부담하는 경우를 예정하고 있으며(民 § 298), 또 그러한 約定을 登記할 수도 있다(不登 § 137).

Ⅳ. 地役權의 存續期間

1. 地役權의 存續期間에 관하여는 民法에 規定이 없고, 또 이는 地役權의 要素가 되지 않는다고 해석된다. 그러나 당사자가 存續期間에 관하여 約定하는 것은 물론 有效하다고 보아야 한다. 다만 不動產登記法이 이를 明定하고 있지 않기 때문에(不登 §§ 137, 138 참조) 地役權의 存續期間에 관한 約定을 登記할 수 있는지가 의심스러우나 登記할 수 있다고 해석하는 것이 타당할 것이다.[10] 그렇게 해석하지 않는다면 存續期間에 관한 約定을 제3자에게 대항할 수 없게 되어, 예컨대 期間의 약정 있는 지역권이 讓渡된 경우에도 地役權의 讓受人은 언제나 無期限의 지역권을 주장할 수 있게 되어 부당하기 때문이다.

2. 地役權의 존속기간을 永久無限으로 約定할 수 있는가? 원래 制限物權에 의하여 所有權을 영구히 제한하는 것은 성질상 인정될 수 없다는 이유로

8) 張庚鶴, 各論(上), 56.
9) 郭潤直, 404; 金曾漢, 342; 方順元, 184; 金顯泰(下), 5.
10) 郭潤直, 408.

부정하는 견해가 없는 것은 아니나,[11] 地役權이 원래 영구의 것으로서 設定되고 있었던 로마法 이래의 沿革과 地役權에 의하여 소유권이 제한되는 정도가 낮은 점, 그리고 그 制限하는 범위 내에서도 所有者의 이용을 전면적으로 빼앗는 것이 아니라는 점 등을 이유로 이를 肯定하여 永久無限의 地役權을 인정하는 것이 通說이다.[12] 土地의 利用의 조절이라는 地役權의 기능에 비추어 볼 때 그렇게 해석하는 것이 타당할 것이다.

따라서 地役權은 無期限이더라도 무방하고, 또 最短期에 관한 制限도 없으므로 당사자가 얼마든지 임의로 이를 정할 수 있다.

V. 地役權의 代價

舊民法에 관한 日本의 옛 判例 중에 지역권은 無償이어야 한다는 전제하에 承役地使用의 代價로 地料 기타의 報酬를 약정하였더라도 이는 地役權의 내용을 이루지 않는다고 판시한 것이 있었다.[13] 그러나 地役權의 代價가 前述 存續期間과 마찬가지로 지역권의 要素는 아니라 하더라도 地役權이 반드시 無償이어야 한다는 規定이나 根據는 찾아볼 수 없다. 따라서 地役權은 有償이든 無償이든 어느 것이나 무방하다고 해석하는 것이 옳다.[14] 農近 §161도 地役權에 代價가 있는 경우를 고려하고 있다.[15]

地役權의 代價에 관한 約定을 登記할 수 있는지에 관하여도 前述 存續期間과 마찬가지로 不動産登記法에 아무런 규정이 없다(不登 §§137, 138 참조). 이에 관하여는 登記가 가능하다는 견해와 불가능하다는 견해가 대립되어 있는데,[16] 前述 存續期間의 경우와 달리 취급할 이유를 찾아보기 어려우므로 그와 같은 이유에서 登記할 수 있다고 보는 것이 옳지 않을까 한다.

[朴 在 允]

11) 我妻, 判例コンメンタール Ⅱ, 328.
12) 郭潤直, 408; 金曾漢, 345; 張庚鶴, 各論(上), 66; 方順元, 186.
13) 日大判 昭 12(1937). 3. 10(民集 16, 255).
14) 郭潤直, 404; 金曾漢, 342; 張庚鶴, 各論(上), 184; 方順元, 148.
15) 同條 Ⅰ은 "농지개량사업의 시행으로 인하여… 지역권…의 목적이 되는 토지의 이용가치가 증가된 경우에는 소유자는…지역의 대가…의 증액을 청구할 수 있다"라고 규정하고, 同條 Ⅱ은 "제1항의 규정에 의한 청구가 있을 때에는…지역권자…는 그 권리를 포기…하고 그 의무를 면할 수 있다"라고 규정한다.
16) 登記可能說로는 金曾漢, 342; 登記不可能說로는 郭潤直, 404.

第 292 條(附從性)

① 地役權은 要役地所有權에 附從하여 移轉하며 또는 要役地에 대한 所有權 이외의 權利의 目的이 된다. 그러나 다른 約定이 있는 때에는 그 約定에 의한다.

② 地役權은 要役地와 分離하여 讓渡하거나 다른 權利의 目的으로 하지 못한다.

Ⅰ. 槪　說

本條는 지역권의 附從性과 隨伴性에 관한 규정이다. 地役權은 土地(要役地)의 便益을 위하여 존재하는 권리이므로 要役地로부터 분리되어 독립적으로 존재할 수 없고, 당연히 土地의 移動에 수반하여 이동하며 土地와 별도로 移動할 수 없다는 취지가 규정되어 있다.

Ⅱ. 地役權의 隨伴性

1. 地役權은 要役地의 所有權이 移轉하면 당연히 따라서 移轉하게 된다(本條 Ⅰ 本文 前段). 따라서 要役地가 賣買되어 所有權移轉登記가 마쳐지면 地役權도 당연히 新所有者에게 이전되며, 地役權의 賣買에 관한 별도의 意思表示가 있을 필요가 없고, 地役權에 관하여 따로 移轉登記를 할 필요도 없으며 또 그 移轉登記를 할 수도 없다.[1)]

또 要役地 위에 地上權·傳貰權 또는 賃借權 등의 用益權이 設定되면 이들 用益權者는 地役權을 행사할 수 있으며,[2)] 要役地 위에 저당권이 설정되면 당연히 地役權 위에도 그 저당권의 효력이 미치게 된다(本條 Ⅰ 本文 後段). 따라서 抵當權에 기하여 競賣가 된 경우에 競落人은 土地所有權과 함께 당연히 지역권을 취득한다. 이러한 성질을 地役權의 隨伴性이라 부른다.

---

1) 郭潤直, 不登, 364.
2) 賃借權은 對抗力있는 것일 필요가 없다고 할 것이다.

2. 위와 같은 地役權의 隨伴性에 관하여 당사자는 이를 배제하는 特約을 할 수 있다(本條 I 但). 즉 要役地의 現所有者에 한하여만 지역권의 행사를 인정하고, 그 밖의 者(要役地의 第3取得者)에 대하여는 이를 인정하지 않고자 하는 경우에는 그러한 취지의 特約을 할 수가 있다. 이 경우에 要役地의 소유권이 移轉되면 그와 동시에 地役權은 消滅하게 된다. 또 要役地의 소유자에 한하여 地役權의 행사를 인정하고 要役地의 用益權者(地上權者나 賃借人)에게는 그 행사를 인정하지 않고자 할 경우에도 그 취지의 特約을 할 수 있다.

다만 이상의 特約은 登記하여야 하며(不登 §137), 登記하지 않으면 要役地의 所有權讓受人이나 用益權取得者 등 제3자에 대하여 그 效力을 주장하지 못한다.

3. 要役地의 所有者가 아니라 用益權者(地上權者, 傳貰權者, 對抗力있는 賃借人)에 의하여 지역권이 取得된 경우에는,[3] 地役權은 요역지의 소유권이 아니라 그 用益權에 隨伴한다고 하여야 할 것이다.

예컨대, 甲의 所有土地 위에 지상권을 취득한 乙이, 자신의 地上權을 위하여 丙의 所有土地를 승역지로 하는 지역권을 취득한 경우를 보기로 하자. 甲이 土地所有權만을 丁에게 양도하였다 하더라도 地役權이 所有權에 수반하여 丁에게 移轉된다고 할 수는 없고, 그대로 乙에게 남아 있다고 보아야 할 것이며, 반대로 乙이 地上權을 丁에게 讓渡한 경우에는 前述의 特約이 없는 한 地役權이 그 地上權에 수반하여 丁에게 移轉된다.

Ⅲ. 地役權의 附從性

地役權은 요역지에 수반하고 要役地를 위하여 존재하는 權利이므로, 要役地로부터 分離하여 地役權만을 따로 讓渡하거나 擔保로 제공할 수는 없다(本條 Ⅱ). 이는 地役權의 성질로부터 오는 당연한 결과이며, 이를 地役權의 附從性이라 부른다.

[朴 在 允]

---

3) 要役地의 用益權者에 의한 地役權의 取得에 관하여는 民 § 291 의 注解 Ⅱ. 참조할 것.

第 293 條(共有關係, 一部讓渡와 不可分性)

① 土地共有者의 一人은 持分에 관하여 그 土地를 위한 地役權 또는 그 土地가 負擔한 地役權을 消滅하게 하지 못한다.

② 土地의 分割이나 土地의 一部讓渡의 경우에는 地役權은 要役地의 각 部分을 위하여 또는 그 承役地의 각 部分에 存續한다. 그러나 地役權이 土地의 一部分에만 관한 것인 때에는 다른 部分에 대하여는 그러하지 아니하다.

本條는 地役權의 不可分性을 규정하고 있는데, 이 不可分性은 土地의 共有로부터 생기는 必然的 歸結이라고 할 수 있다.

1. 要役地가 數人의 共有인 경우에 각 共有者가 地役權을 分割하여 행사할 수는 없으므로 共有者가 그 持分만에 관한 地役權을 消滅시킨다는 것은 있을 수 없다.

예컨대, 通行地役權은 承役地를 통행하는 권리인데, 전혀 통행을 하지 않는 등으로 地役權에 의한 便益을 사실상 누리지 않을 수는 있을 뿐이지, 地役權의 몇분의 1을 消滅시킬 수는 없는 것이다. 地役權의 消滅은 어디까지나 共有者 전원이 하지 않으면 안 된다(本條 前段 I).

이러한 이치는 承役地가 數人의 共有에 속하는 경우에도 마찬가지이다. 共有者가 承役地의 持分을 가진다고 하더라도 單獨으로 자기의 持分만에 관하여 承役地 위에 존재하는 地役權을 소멸시킬 수는 없다(本條 後段 I).

2. 土地가 分割된 때 또는 土地의 一部가 讓渡되어 각각 所有者를 달리하게 된 때에도 원칙적으로 地役權은 消滅하지 않고 그대로 分割되어 각 土地上에 存續한다(本條 本文 II).

예컨대, A土地(要役地)의 眺望保護를 위하여 建物을 짓지 않기로 하는 내용의 지역권이 설정되어 있는 B土地(承役地)가 數筆로 분할되거나 일부가 讓渡되어 제3자의 소유가 되어라도 그 地役權은 각 土地에 관하여 存續한다. 또 역으로 要役地인 A土地가 分割되거나 一部讓渡되어 所有者를 달리하게 되더라도 그 각 土地를 위하여 B土地上의 地役權은 그대로 存續한다(本條 Ⅱ 本文).

要役地 또는 承役地가 分割 또는 一部讓渡되더라도 그 地役權의 성질이나 내용상 分割 후의 한 土地에만 관한 것인 때에는 다른 土地에 관하여는 地役權이 소멸하게 된다(本條 Ⅱ 但).

예컨대, 承役地인 B土地上에 존재하는 用水地役權이 要役地인 A土地의 동쪽 반만의 便益을 위하여 設定된 것일 때, A土地가 東西로 분할되면 地役權은 A土地의 東半分의 토지 위에만 존속하고 西半分의 토지에 관하여는 소멸하게 된다. 또 A土地의 便益에 제공되는 通行地役權이 B土地의 南半分에만 존재할 경우(通行路가 B土地의 南半分에만 위치하고 있는 등)에, B土地가 南北으로 2분되면 南半分의 土地에는 여전히 地役權이 존속하지만 北半分의 토지에서는 地役權이 消滅한다.

本條 Ⅱ이 "土地의 分割이나 土地의 一部讓渡의 경우"라고 표현하여 두 경우를 나누어 규정하고 있는데, 一部讓渡의 경우도 토지의 分割이 없으면 이루어질 수 없으므로 원래는 "土地의 分割"로 통일하여 규정하는 것이 낫지 않았을까 생각된다.

3. 要役地가 분할되어 일부분의 所有權이 타인에게 移轉되었다 하더라도 아직 要役地의 소유자가 地役權設定登記를 마치지 못한 경우에는 타인 소유로 된 土地部分까지를 要役地로 하여 承役地所有者를 상대로 地役權設定登記를 청구할 수 있다는 판례가 있다.[1)]

[朴 在 允]

1) 大判 71.4.6, 71다249(集 19-1, 335).

第 294 條(地役權取得期間)

地役權은 繼續되고 表現된 것에 限하여 第245條의 規定을 準用한다.

차 례

Ⅰ. 序　說

時效에 의하여 地役權을 取得하는 경우 중에는, 이미 성립한 地役權을 要役地와 함께 時效取得하는 경우와 전혀 새로운 地役權을 時效取得하는 경우 등 두 가지가 있다. 本條는 前者의 경우에 적용되는 규정이 아니라 後者의 경우에만 적용되는 규정으로서 "繼續되고 表現된 것에 한하여" 地役權의 時效取得을 인정한 취지이다.

不繼續地役權의 내용이 되는 權能은 타인이 이를 行使할 때 所有者가 별다른 異議를 제기하지 않고 好意的으로 이를 承認하였다 하더라도 地役權을 設定할 意思까지는 없는 경우가 많을 것이기 때문에 그러한 관계가 長期化되었다 하여도 이를 權利로까지 인정해 줄 수는 없다는 이유에서, 한편 不表現地役權의 내용이 되는 權能은 타인이 이를 行使하고 있어도 所有者가 이를 알지 못하는 경우가 많을 뿐더러 社會的인 公認을 받은 것이라고 보기 어렵다는 이유에서 각각 時效取得을 인정하지 않고 있다고 생각된다.

이미 成立하고 있는 地役權은 繼續되고 表現된 것이 아니더라도 이를 제3자가 時效取得할 경우 承役地所有者의 不利益이 별로 크지 않을 것이기 때문에 이를 인정하여도 무방할 것이다. 따라서 本條는 전혀 새로이 地役權을 時效取得하는 경우에만 적용되는 것이다.

民 §245의 규정은 어차피 所有權 이외의 財産權에 준용되는 것이므로 (民 §248), 本條는 不繼續 및 不表現인 地役權에 관하여 時效取得이 인정되지 않음을 정한 데 의미가 있을 뿐이라고 하겠다.

Ⅱ. 繼續되고 表現된 地役權

1. 總　　說

(1) 繼續地役權이란 權利의 내용의 실현이 끊임없이 계속되고 있는 地役權을 말하고, 表現地役權이란 권리의 내용의 실현을 외부에서 認識할 수 있는 地役權을 말하는데, 時效取得이 될 수 있는 것은 계속되고 表現된 것에 한정되므로 兩者의 성격을 함께 갖추고 있는 것이어야 한다.

(2) 土地를 不法으로 占有하고 있는 者에게는 地役權의 時效取得이 있을 수 없으나,[1] 地上權者·傳貰權者·對抗力 있는 賃借人 등 적법한 用益權者는 地役權을 時效取得할 수 있다고 보아야 할 것이다. 다음에 어떠한 경우가 계속되고 表現된 地役權인지를 보기로 한다.

2. 通行地役權

取得時效의 成否가 다루어진 것은 通行地役權에 관한 것이 많다. 判例는 通路의 開設이 없이 일정한 장소를 오랜 시일 通行한 사실이 있다거나 또는 土地의 所有者가 다만 이웃하여 사는 교분으로 通行을 묵인하여 온 사실이 있다고 하더라도 그러한 사실만으로써는 地役權을 取得할 수 없고, 本條에 의하여 地役權을 취득함에 있어서는 要役地의 所有者가 要役地上에 通路를 開設하여 承役地를 항시 통행하고 있는 客觀的 狀態가 民 §245에 규정된 기간 繼續된 사실이 있어야 한다고 判示하고 있다.[2]

따라서 通行地役權의 시효취득에는 要役地所有者가 승역지가 될 토지에 通路를 開設하였을 것이 필요하다는 것이 判例의 태도라고 할 수 있다. 通路가 필요하다는 점에 관하여는 異論이 있을 수 없지만 그 통로가 반드시 要役地所有者에 의하여 개설될 필요가 있는지는 의문이다. 오히려 통로의 開設者가 누구라 하더라도 要役地所有者가 자기의 費用이나 勞力으로 維持管理를 하고 있기만 하면 족한 것이 아닐까 생각한다.

---

1) 大判 76.10.29, 76다1694(集 24-3, 274).

2) 大判 66.9.6, 65다2305, 2306(集 14-3, 3). 그 밖에 同旨의 判決로서 大判 70.7.21, 70다772, 773(要集 民 Ⅰ-1, 568); 大判 79.4.10, 78다2482(集 27-1, 257) 등이 있음.

3. 用水地役權

(1) 用水地役權에 관한 判例를 본다. 蒙利民들이 계속하여 20년 이상 平穩·公然하게 溜池의 물을 사용하여 所有農地를 耕作하여 왔다면 本條와 民 §245에 의하여 地役權取得期間의 경과로 溜池所有者에 대하여 그 貯水를 灌漑에 이용할 수 있는 權利를 取得하였다고 한 判例가 있는데,[3] 명시는 안 되어 있으나 일정한 水路의 開設이 요구되는 것은 前述 通行地役權의 경우와 비교하여 볼 때 분명하다고 할 것이다.[4]

(2) 한편 判例가 用水地役權과 구별하여 취급하고 있는 「用水權」이라는 개념이 있다. 民 §231가 규정하고 있는 公有河川用水權과 구별하기 위하여 「私有池沼用水權」이라고 부르는 개념인데, 定義를 내려 보자면 "私有池沼의 沿岸에서 農工業을 경영하는 者가 그 이용을 위하여 私有池沼로부터 引水하는 權利"라고 할 수 있다.[5]

判例는 前述 用水地役權이 아닌 用水權의 성립을 否認해 오고 있다. 즉 判例는 公有河川 아닌 私有池沼에 대한 蒙利畓所有者들의 用水權은 오랜 기간 그 池沼의 물을 灌漑用으로 사용하였거나 國家補助金으로 그 池沼를 改修한 사실이 있었다는 것 만으로 또는 慣習에 의하여 생긴다고는 할 수 없다고 判示한 데 이어,[6] 用水權을 時效로 인하여 취득할 수 없다고 판시함으로써,[7] 私有池沼로부터는 아무리 長期間에 걸쳐 用水해왔다 하더라도 私有池沼用水權을 慣習上 취득할 수 없으며, 그러한 慣習法도 존재하지 않고 또한 時效에 의하여 이를 取得할 수 없음을 명백히 하고 있다. 또 判例는 원고들의 時效取得을 이유로 用水地域權設定登記의 이행을 구한 事案에서, 原審이 이를 물 자체를 사용할 權利의 주장으로 보고 그러한 權利는 地役權으로 주장할 수 없다고 하여 排斥하였으나, 이를 破棄하여 원고들의 주장하는 바는 물 자체에 관한 權利(用水權)가 아니라 用水를 위한 用益物權으로서의 地役權(用水地役權)임을 분명하

3) 大判 68. 2. 20, 67도1677(集 16-1, 刑 17). 한편 大判 67. 5. 30, 66다1382(集 15-2, 34)은 用水를 내용으로 하는 地役權은 時效取得할 수 없다는 취지의 판시를 한 바 있으나 後述과 같이 그 타당성은 심히 의문이다.

4) 引水할 溜池와 要役地가 직접 接하고 있는 경우가 아닌 한, 水路의 開設없이는 引水가 아예 불가능할 것이다.

5) 具然昌, "用水權과 用益物權으로서의 用水地役權", 民判硏 1, 129.

6) 大判 65. 2. 4, 64다1493(要集 民 I-1, 435).

7) 大判 67. 5. 30, 66다1382(集 15-2, 34). 이 判決은 前述(註 3)에서 본 바와 같이 用水地役權의 時效取得까지도 부정하고 있으나 이 부분은 같은 註의 大判 68. 2. 20, 67도1677의 判旨와 어긋난다.

다고 하고 後者의 경우인지를 분명히 가려 심판하여야 한다는 취지로 還送判決을 하고 있다.[8)]

判例가 이와 같이 물 자체에 관한 權利로서의 用水權을 否認하고, 일정한 경우에 한하여 用水地役權의 성립을 인정하고 있을 뿐인바, 用水地役權의 成否가 문제될 수 있는 경우를 분류하여 보면 다음과 같다. 즉 (A) 承役地上에 있는 池沼로부터 承役地上에 설치된 水路를 통하여 要役地로 引水하는 경우, (B) 承役地 건너편에 있는 公有河川이나 제3의 土地上의 池沼로부터 承役地上에 설치된 水路를 통하여 要役地로 引水하는 경우, (C) 承役地上에 있는 池沼로부터──그 池沼가 要役地의 경계에 직접 隣接하기 때문에── 水路를 통하지 않고 직접 要役地로 引水하는 경우 등이다.

이중 (A)와 (B)의 경우에 있어서는 承役地 위에 要役地를 위한 用水地役權을 設定하는 데 아무런 문제가 없으며 判例도 이를 인정하고 있다. 이에 반하여 (C)의 경우는 承役地 자체를 이용하는 것이 아니라 그 地上에 있는 池沼의 물 자체를 이용하는 것에 불과하기 때문에 用水地役權의 成立 여부가 문제되는 것이다. 이 (C)와 같은 경우에 관하여 前述(註 7)의 大判 67.5.30, 66다1382은 私有池沼用水權은 물론 用水地役權의 성립조차 부정하고 있다.

그러나 다음과 같은 이유에서 위 (C)의 경우에도 用水地役權의 성립을 인정하여야 한다고 본다. ① 위 (A)의 경우는 引水와 동시에 水路의 敷地까지 이용함으로써 (C)의 경우보다 承役地에 制限 내지 負擔을 더 가하고 있음에도 불구하고 (A)의 경우에는 用水地役權의 성립을 인정하면서 (C)의 경우에는 私有池沼用水權도 用水地役權도 인정하지 않고, 단지 債權的 保護만을 준다는 것은 衡平에 반한다. ② 물을 끌어 쓴다는 것은 池沼를 占用하는 것이어서 引水에 의하여 물 자체는 물론 池沼의 湖床을 간접적으로 支配하는 것으로 보아야 하며, 따라서 (C)의 경우 要役地의 用水를 위하여 承役地의 池沼의 물 및 그 아래에 있는 湖床을 이용하는 것이 되므로 要役地와 承役地 사이의 관계라는 地役權의 本質에 반하지 않는다.[9)]

따라서 위의 각 경우에 私有池沼用水權이라는 권리의 성립을 판례의 견해와 같이 부정한다 하더라도 用水地役權의 성립만은 인정되어야 할 것으로 생각한다.

---

8) 大判 75.5.24, 74다383(集 25-2, 38).
9) 具然昌(註 5), 136-7.

Ⅲ. 時效取得과 登記

地役權을 時效取得하더라도 期間의 경과만으로 바로 地役權者가 되는 것이 아니라 時效取得을 원인으로 한 登記(地役權設定登記)請求權을 취득할 뿐이고 登記를 마침으로써 비로소 地役權을 취득하게 됨은 所有權의 時效取得의 경우와 같다. 時效取得에 의한 登記請求權은 時效完成 당시의 承役地所有者뿐 아니라 相續人 등 一般承繼人에 대하여도 행사할 수 있다.

地役權의 時效取得期間(20년)이 滿了되었거나 그 후 그로부터 土地를 承繼取得한 경우라도 아직 地役權設定登記를 마치지 않고 있는 사이에 承役地가 될 土地가 처분되어 所有權移轉登記가 먼저 마쳐지면 地役權의 時效取得者 또는 承繼取得者는 새로운 所有權者에 대하여 이를 주장할 수 없다.[10]

地役權에 관하여도 占有取得時效(民 245 § I) 외에 登記簿取得時效(民 245 § II)가 인정됨은 물론이다.[11] 따라서 地役權設定登記를 마치고 地役權行使의 의사로 平穩·公然하게 선의이며 過失없이 10년간 地役權의 내용을 행사한 때에는 가사 設定行爲에 無效 또는 取消 등의 사유가 있었더라도 地役權을 有效하게 취득하게 될 것이다.

[朴 在 允]

第 295 條(取得과 不可分性)

① 共有者의 一人이 地役權을 取得한 때에는 다른 共有者도 이를 取得한다.

② 占有로 인한 地役權取得期間의 中斷은 地役權을 行使하는 모든 共有者에 대한 事由가 아니면 그 效力이 없다.

1. 本條는 地役權의 不可分性에 관한 또 하나의 규정이다. 地役權은 要役地를 위하여 존재하는 權利이므로 A土地를 위하여 B土地를 承役地로 하는 地

10) 大判 90. 10. 30, 90다카20395(公 886, 2412).
11) 李英俊, 620.

役權이 성립하면 A土地의 所有者가 지역권을 취득하게 되는 것이고, A土地가 1인의 單獨所有地이든 수인의 共有地이든 가리지 않는다. 따라서 A土地의 소유자가 수인의 共有인 경우에 共有者 중 1인이 지역권을 취득하면 共有者 전원이 地役權을 취득한다(本條 I).

本條 I은 地役權의 時效取得의 경우에만 적용되는 규정인가? 舊民 §284는 共有者의 1인이 "時效로 인하여" 地役權을 취득한 때에는 다른 共有者도 이를 取得한다고 규정하고 있었기 때문에 의문의 여지가 없었으나, 本條는 이러한 制限을 붙이지 않고 있기 때문에 문제가 있다. 그러나 地役權의 취득에 관하여 인정되는 不可分性이 꼭 時效取得의 경우에만 한정된다고 할 근거가 없으므로 널리 設定行爲에 의한 取得 등 모든 경우에 本條 I이 적용된다고 해석하는 것이 타당할 것이다. 따라서 共有者의 1인이 承役地所有者와 사이에 地役權設定契約을 체결하여 登記를 마친 경우에는 다른 모든 共有者도 本條 I에 의하여 地役權者가 된다고 보아야 할 것이다.

2. 占有로 인한 地役權取得期間, 즉 取得時效期間의 中斷에 관하여는 위의 원칙의 반대로서의 特則이 마련되어 있다(本條 II).

원래 時效中斷의 효력은 相對的이어서 相對方 및 그 承繼人에게만 미치고 그 밖의 者에게는 미치지 않는데(民 §169), 이 규정에 의한다면 A土地의 所有者 甲·乙·丙이 B土地上에 通行地役權을 시효취득하고자 하는 경우에 B土地의 所有者가 甲과 乙만을 상대로 通行禁止를 訴求하는 등 請求權을 행사하여 時效를 중단시켰을 때에는 甲·乙에 관해서만 중단의 效力이 있고 丙에 관해서는 중단의 效力이 없게 되어 丙만이 地役權을 時效取得하게 될 것이다. 그러나 本條 II의 규정에 의하여 위의 설례에서 甲·乙만을 상대로 한 時效中斷措置는 당초부터 效力이 없게 되고 時效期間滿了時에 甲·乙·丙 전원이 함께 地役權을 時效取得하게 된다. 時效를 중단시키려면 地役權者가 되려고 하는 共有者 전원에 대하여 中斷事由가 생기도록 하지 않으면 안 된다.

3. 時效의 停止에 관하여는 民法에 아무런 규정이 없으나, 中斷의 경우와 마찬가지로 不可分性이 인정된다는 점에 관하여 異說이 없다. 따라서 舊民 §284 III의 규정과 같은 취지로 해석하여 共有者 중 1인에 관하여 時效停止의 원인이 있더라도 다른 共有者에 대해서만 時效가 진행되는 것이 아니라 停止

原因이 있는 共有者를 포함한 모든 共有者를 위하여 시효가 進行된다고 보아야 할 것이다.

[朴 在 允]

第 296 條 (消滅時效의 中斷, 停止와 不可分性)

要役地가 數人의 共有인 境遇에 그 一人에 의한 地役權消滅時效의 中斷 또는 停止는 다른 共有者를 위하여 效力이 있다.

本條는 要役地가 數人의 共有에 속하는 경우의 消滅時效의 中斷 또는 停止의 효력을 정한 규정이다. 즉 要役地의 共有者 중의 1인에 관하여서라도 消滅時效의 진행을 中斷 또는 停止시키는 사유가 있는 때에는 共有者 전원을 위하여 消滅時效의 중단 또는 정지의 效果가 생긴다.

取得時效의 중단에 관한 民 §295 Ⅱ과 正反對의 형식으로 규정되어 있는 것처럼 보이지만, 地役權의 不可分性에 기초하는 동일한 취지의 규정이다. 왜냐하면 要役地의 共有者 중의 1인이라도 地役權을 취득하면 그 土地의 便益을 위하여 그 地役權이 성립하는 것이기 때문에 取得時效의 中斷事由가 共有者 중 일부에 관하여 생기더라도 전원에 공통되지 않는 한 中斷의 效力이 없도록 하는 것이 위 民 §295 Ⅱ의 규정인 한편, 그 共有者 중의 1인이라도 地役權을 상실하지 않으면 그 土地의 便益을 위하여 地役權을 존속시켜야 하기 때문에 消滅時效의 中斷 또는 停止事由가 共有者 중 일부에 관하여 생기더라도 그 效力이 바로 共有者 전원에 관하여 생기도록 한 것이 本條의 규정 내용이기 때문이다.[1)]

[朴 在 允]

1) 日注民(7), 499-500.

第 297 條(用水地役權)

① 用水承役地의 水量이 要役地 및 承役地의 需要에 不足한 때에는 그 需要程度에 의하여 먼저 家用에 供給하고 다른 用途에 供給하여야 한다. 그러나 設定行爲에 다른 約定이 있는 때에는 그 約定에 의한다.

② 承役地에 數個의 用水地役權이 設定된 때에는 後順位의 地役權者는 先順位의 地役權者의 用水를 妨害하지 못한다.

Ⅰ. 概　　說

本條는 用水地役權에 관한 特則에 해당한다. 用水地役權은 일반의 다른 地役權과 달리 물이라고 하는 自然物의 消費를 내용으로 하는 것인데, 원래 물이란 사람의 日常生活에 必要不可缺한 것이고, 또 물을 둘러싼 紛爭이 옛부터 종종 있어 왔으므로 이러한 사정을 고려하여 用水地役權에 의한 물의 利用에 관하여 要役地와 承役地 사이의 관계 및 數個의 用水地役權 사이의 관계를 정하고 있는 것이다.

Ⅱ. 用水地役權에 있어서 用水의 調節

1. 本條 Ⅰ은 물의 數量이 부족한 경우 要役地와 承役地 사이의 물 使用에 관한 조절을 정하고 있다. 즉 물의 數量이 需要量보다 적은 때에는 要役地와 承役地 모두 먼저 家用을 우선으로 하고 나머지가 있으면 家用 이외의 다른 용도에 供給하여야 한다.

家用이란 日常生活에 필요한 飮料用, 炊事用, 洗濯用, 沐浴用 등을 가리킨다. 家用 이외의 다른 용도에 관하여는 특별한 制限이나 規定이 없고, 또 다른 用途 상호간의 순위도 규정하지 않고 있다. 따라서 要役地와 承役地의 한쪽이 生活用에 사용하고 다른 쪽이 農業 또는 工業 등의 營業用에 사용하고 있는 때, 물이 부족하면 먼저 生活用에 사용하는 쪽의 需要에 供給하고 나머지가 없으면 다른 쪽의 營業用에는 供給할 수 없게 된다. 다른 쪽이 논에 灌漑할 農業用水로 사용하고 있는 경우에 위와 같이 처리되어 논농사를 짓지 못하게 됨으로써 장래의 생활에 곤란을 받게 된다 하더라도 우선 당장의 생활에 필요한 물을 優先的으로 보장해준다고 하는 것이 本項의 취지라고 할 수 있다.[1]

쌍방이 모두 家用에 사용하고 있을 경우에는 그 需要에 따라 물의 供給量을 配分하여야 할 것이고 양쪽의 居住人員이 그 기준이 될 것이다. 단순한 人員數뿐만 아니라 평소의 消費量도 고려하여야 할 것인지가 문제되는데, 물이 부족한 경우이므로 오히려 機械的으로 人員數에 의하여 供給量을 결정하는 것이 옳을 것이다. 家用 이외의 利用에 관하여도 각 토지의 需要에 따라 供給量을 결정하여야 할 것이지만 이 경우에는 평소의 消費量과 使用目的의 緊急度 등을 참작하여 결정하여야 할 것이다.[2]

本條 I은 強行規定이 아니다. 但書에 규정된 바와 같이 特約에 의하여 당사자가 따로 그 供給方式을 정할 수 있다. 用水地役權이 時效에 의하여 취득된 경우에 그 取得期間中의 用水의 모습에 本項과 다른 解決方式이 있었을 때에는 但書에 규정된 "設定行爲에 다른 約定이 있는 때"에 해당한다. 이러한 특별한 約定을 登記(不登 §137)하지 않으면 제3자에 대하여 그 效力을 주장하지 못한다고 해석된다.[3]

2. 本條 II은 동일 承役地 위에 用水地役權이 두 개 이상 設定된 경우 그 地役權 상호간의 관계를 규정하고 있는데, 후에 用水地役權을 취득한 者는 먼저 用水地役權을 취득한 者의 물의 使用을 妨害하지 못한다. 物權의 排他性으로부터 볼 때 당연한 규정인데, 地役權取得의 선후는 물론 設定登記의 선후에 의하여 결정된다.

本項의 규정은 要役地 상호의 관계뿐만 아니라 承役地와의 관계에서도 의미를 가진다. 즉 本項은 承役地와 先順位 要役地의 수요를 충족하기에 물의 양이 부족한 경우에는 먼저 本條 I의 규정에 의하여 양쪽의 家用에 우선 供給하고 그 나머지 양을 後順位 要役地의 家用에 공급하여야 함을 정한 것이라고 해석하여야 한다. 家用 이외의 물의 사용에 관하여도 마찬가지의 순서에 따라

1) 日注民(7), 493.
2) (註 1) 참조.
3) (註 1) 참조.

配分하여야 할 것이다.[4)]

3. 本條는 要役地와 承役地 모두 승역지로부터 引水를 하는 地役權에 대해서만 적용되는 규정일 뿐, 예컨대 제3의 土地 또는 公有河川으로부터 承役地上의 水路를 통하여 要役地로 引水할 뿐 承役地는 전혀 引水를 하지 않는 地役權에 관하여 적용될 수 없음은 말할 것도 없다.

[朴 在 允]

第298條(承役地所有者의 義務와 承繼)

契約에 의하여 承役地所有者가 自己의 費用으로 地役權의 行使를 위하여 工作物의 設置 또는 修繕의 義務를 負擔한 때에는 承役地所有者의 特別承繼人도 그 義務를 負擔한다.

承役地의 所有者가 설정된 地役權의 성질에 따라 지역권의 내용을 실현하는 데 필요한 施設을 설치하는 등의 積極的 義務를 지게 되는 경우가 있다.[1)] 예컨대, 用水地役權의 설정에 있어서 承役地所有者가 用水路를 설치할 의무 또는 자기의 비용으로 用水路를 수선할 義務를 부담하는 등이다. 承役地의 所有者가 그러한 의무를 질 것인지는 그의 자유의사에 의하여 設定行爲 또는 個別的 約定으로 정해진다. 承役地所有者가 그러한 의무를 부담하게 된 이상 그 義務는 地役權의 내용을 이룬다고 볼 것이며, 承役地所有者의 地役權者에 대한 債務에 불과하다고 볼 것은 아니다.

本條는 承役地所有者가 地役權의 내용으로서 위와 같은 義務를 부담한 경우에, 承役地의 讓受人 등 特定承繼人도 그 의무를 당연히 承繼한다는 취지를 정하고 있다. 이 義務는 登記하여야만(不登 §137) 그 特定承繼人에게 그 효력을 주장할 수 있다.

[朴 在 允]

4) 日注民(7), 494.
1) 이 점에 관한 見解의 대립에 관하여는 民 §291의 注解 Ⅲ. (2) (다) 참조.

第 299 條(委棄에 의한 負擔免除)

承役地의 所有者는 地役權에 필요한 部分의 土地所有權을 地役權者에게 委棄하여 前條의 負擔을 免할 수 있다.

차 례

Ⅰ. 總 說

承役地所有者가 地役權의 행사에 필요한 工作物의 設置 또는 修繕을 할 義務, 즉 民 §298의 規定에 의한 積極的 義務를 부담한 경우에 그 義務가 장기간 계속될 때에는 그 義務의 移行에 관하여 經濟的 心的負擔感을 느끼는 경우가 생긴다. 또 承役地의 讓受人일 경우에는 그 義務가 원래 자신의 意思에 의하여 부담하게 된 것이 아니기 때문에 더욱 견디기 어려울 수 있다. 이러한 義務를 언제까지나 承役地所有者에게 지우는 것이 객관적으로 가혹할 경우가 있을 뿐 아니라 承役地所有者로서는 承役地의 所有權을 拋棄하여서라도 그 義務에서 벗어나고 싶다고 생각하는 경우도 있을 수 있다.[1)]

本條는 이러한 경우에 承役地所有者가 그 一方的 意思에 의하여 그 소유권을 拋棄하여 이를 地役權者에게 歸屬시킴과 동시에 위와 같은 義務를 면할 수 있는 길을 열어주고 있는 규정이다.

Ⅱ. 委棄의 法的 性格

委棄란 承役地를 地役權者에게 귀속시키기 위하여 承役地所有者가 그 소유권을 拋棄하는 意思表示를 가리키며, 단순한 소유권의 拋棄와는 다르다. 단순한 拋棄라면 地役權者라고 하여 당연히 소유권을 취득할 수 없고 無主의 不動產이 되어 國有가 될 것이기 때문이다(民 §252 Ⅱ).[2)]

1) 日注民(7), 495.
2) (註 1) 참조.

委棄는 地役權者에 대한 一方的 意思表示로써 하며, 地役權者의 承諾은 필요가 없다.

Ⅲ. 委棄制度의 社會的 意義

委棄制度는 承役地所有者로 하여금 그 義務를 면케 하여 주기 위하여 마련된 제도이지만, 별개의 점에서 주목할 필요가 있다. 즉 예컨대, 밭의 중간에 用水路를 설치하거나 通行路를 개설한 경우에 地役權의 存續期間이 長期에 걸치는 때에는 가사 장차 지역권이 소멸하더라도 承役地의 原狀回復이 현저히 곤란해지는 수가 많다. 用水路를 철거하거나 通行路를 폐쇄하여 원래의 밭으로 돌아가는 것이 物理的으로는 가능하지만 社會的으로는 非經濟的인 경우가 적지 않을 것이다. 따라서 地役權을 소멸시켜서 原狀回復하는 것보다는 그대로 用水路나 通行路로서 사용하는 편이 사회적으로도 유리하고 土地利用上으로도 적절한 경우가 많고, 또 承役地所有者도 原狀回復이 곤란하므로 그대로 用水路나 道路로 사용하기를 희망하는 수도 있을 것이다.

이와 같이 承役地所有者가 原狀回復을 희망하지 않는 경우에, 承役地上의 施設維持義務를 부담시키는 것은 적당치 않다. 이 경우의 承役地所有者의 그 부분에 대한 土地所有權은 완전히 명목상의 것이기 때문에 언제든지 地役權者에게 土地所有權을 귀속시켜서 명목상의 所有權을 실질적인 것으로 변경시킬 필요가 있다. 本條는 이러한 의미를 가지고 있다.[3)]

Ⅳ. 委棄에 의한 所有權의 移轉

1. 委棄의 의사표시는 物權行爲의 일종이며 이른바 物權的 單獨行爲에 속한다.[4)] 따라서 委棄에 의하여 당연히 所有權移轉의 효과가 생기는 것이 아니라 所有權移轉登記義務를 부담하게 되는 데 불과하고 移轉登記가 마쳐짐으로써 소유권이 移轉하게 된다. 이 委棄는 承役地 전부에 대하여 행해져야 하는

3) 日注民(7), 495-6.
4) 郭潤直, 411; 李英俊, 624.

것이 아니고 地役權에 필요한 土地部分, 예컨대 承役地 중의 일부 위에 用水路나 通行路가 설치된 경우에는 그 用水路나 通行路가 위치한 부분만에 대하여 행해질 수 있음은 물론이다. 委棄가 행하여지고 所有權移轉登記가 마쳐지면 地役權은 混同에 의하여 소멸한다. 한편 承役地所有者가 民 §298의 義務로부터 면제되는 시기는 所有權移轉登記時가 아니라 委棄의 意思表示時라고 해석하는 것이 합리적이라고 본다.[5]

2. 委棄에 의한 承役地의 所有權移轉은 언제나 無償이다. 물론 有償으로 承役地所有權을 地役權者에게 양도하여도 좋지만, 地役權者가 응하지 않으면 그만이다.

承役地所有者가 民 §298의 積極的 義務를 부담하는 경우는 대개 有償의 地役權인 경우일 것임에도 불구하고 위 義務를 면하기 위하여 無償으로 承役地所有權을 讓渡하여야 한다는 것이 어쩐지 公平에 어긋나지 않는가 하는 느낌이 있다. 立法論上으로는 承役地所有者에게 地役權에 대하여 土地部分의 買受請求權을 인정하는 것이 오히려 타당하지 않을까 생각된다.[6]

[朴 在 允]

第 300 條 (工作物의 共同使用)

① 承役地의 所有者는 地役權의 行使를 妨害하지 아니하는 範圍內에서 地役權者가 地役權의 行使를 위하여 承役地에 設置한 工作物을 使用할 수 있다.

② 前項의 경우에 承役地의 所有者는 受益程度의 比率로 工作物의 設置, 保存의 費用을 分擔하여야 한다.

本條의 立法趣旨는 民 §227와 동일하다. 民 §227는 土地所有者가 그 所有地의 물을 疏通하기 위하여 이웃 土地所有者가 시설한 工作物을 使用할 수 있

5) 그렇게 해석하지 않는다면 地役權者가 移轉登記를 회피하는 경우 언제까지나 承役地所有者가 費用負擔에서 벗어나지 못하게 되어 부당하기 때문이다.
6) 日注民(7), 496.

다는 내용의 규정인데, 本條는 地役權을 행사하기 위하여 承役地上에 설치된 工作物에 관하여 承役地所有者가 이를 使用할 수 있다는 취지를 규정한 것이기 때문이다. 따라서 승역지소유자는 承役地 위에 설치된 引水施設이나 排水施設 또는 通行路 등을 사용할 수 있다.

물론 그 使用에 있어서 地役權者의 權利行事를 방해하여서는 안 된다. 따라서 排水路를 이용하여 汚水를 放流하거나 通行路를 共同使用하는 것은 허용되나, 引水路의 물을 중간에서 끌어 쓰는 것은 地役權者가 특히 承認한 경우를 제외하고는 허용되지 않는다고 보아야 한다.[1] 承役地所有者가 이러한 工作物을 사용하는 경우에 이로 인하여 받는 利益의 정도의 比率에 따라 工作物의 設置·保存의 비용을 분담하여야 하는 점도 民 §227의 경우와 동일하다.

[朴 在 允]

第301條(準用規定)

第214條의 規定은 地役權에 準用한다.

本條는 地役權에 기한 物權的 請求權에 관한 규정이다. 地役權도 일정한 범위 내에서 承役地를 직접 支配하는 物權이므로 그 지배가 妨害되는 경우에는 物權的 請求權이 부여되어야 함은 물론이다. 그러나 地役權에는 承役地를 독점적으로 점유할 권능이 포함되지 않으므로 목적물의 返還請求權(民 §213)을 인정할 수는 없고 단지 妨害除去請求權과 妨害豫防請求權(民 §214)만을 인정하면 충분할 것이다. 本條는 民 §214만이 地役權에 준용됨을 규정함으로써 이러한 취지를 명시하고 있다.

妨害除去請求權과 妨害豫防請求權의 要件·內容 등에 관하여는 民 §214의 注解를 참조하기 바란다. 이들 權利의 行使의 상대방은 地役權에 대한 妨害行爲를 하고 있는 者 또는 그러한 妨害行爲를 할 염려를 조성하고 있는 者이면 되며, 承役地所有者이든 제3자이든 관계가 없다.

[朴 在 允]

1) 日注民(7), 496.

第 302 條 (特殊地役權)

어느 地域의 住民이 集合體의 關係로 各自가 他人의 土地에서 草木, 野生物 및 土砂의 採取, 放牧 기타의 收益을 하는 權利가 있는 경우에는 慣習에 의하는 외에 本章의 規定을 準用한다.

차 례

Ⅰ. 意 義

어느 지역의 住民이 集合體의 관계로 각자가 타인의 土地에서 草木·野生物 및 土沙의 採取·放牧 기타의 收益을 하는 권리를 民法은 特殊地役權이라 하여 규정하고 있다(民 § 302).

본래 舊民法(즉 現行 日本民法)은 어느 지역의 住民이 집합체로서 特定土地를 收益하는 權利를 「入會權」이라 하고, 그 특정토지의 所有權이 누구에게 있느냐에 따라 이를 두 가지로 구분하여 所有權이 이를 收益하는 주민들에게 속하는 경우는 共有의 法理에 의하여(舊民 § 263), 所有權이 이를 收益하는 주민들 이외의 他人(예컨대, 國家, 地方自治團體 또는 個人 등)에게 속하는 경우는 地役權의 法理에 의하여(舊民 § 294) 각각 규율하였다.

현행 民法은 위와 같은 「入會權」 중 前者에 관하여는 별도의 규정을 둠이 없이 總有의 一般規定(民 §§ 275-277)에 맡기고,[1] 後者에 관하여만 이를 他物權으로 하여 地役權의 규정을 準用(民 § 302)하고 있다.

Ⅱ. 性 質

현행 民法의 立案者는 특수지역권을 地役權의 특수한 형태로 보았

1) 郭潤直, 413; 金容漢, 408; 金曾漢, 289; 李英俊, 625; 李太載, 281.

다.[2] 그러나 學說은 현재 이를 일종의 人役權[3]으로 파악하는 것이 通說[4]이다.[5] 다만 전통적인 人役權은 特定의 개인에게 속하는 데 비하여 特殊地役權은 다수의 住民에게 속하는 점이 다르다.[6]

요컨대, 特殊地役權은 일정지역[7]의 住民이 特定土地에 대한 收益權을 共同으로 所有, 즉 準總有[8]하는 것이다.[9]

Ⅲ. 適用法規

特殊地役權에 관하여는 慣習에 의하는 외에는 地役權의 규정을 準用한다(民 § 302). 特殊地役權의 취득 자체가 後述하는 바와 같이 慣習에 의하는 경우가 많을 것이므로 그 規律 또한 慣習에 의함이 보통이고, 慣習이 없는 경우에 한하여 地役權에 관한 民法規定에 따라 土地所有者의 소유권과 이해관계를 조절하게 된다.

人役權임에도 地役權의 규정을 준용하여 이해관계를 조절하는 것은 民法에 人役權에 관한 규정이 없고, 所有權의 이용조절은 地役權이나 人役權 모두에 공통되기 때문이다.[10]

---

2) 民法案審議錄(上), 182; "本條의 權利는…慣習에만 의하는 것이 아니고, 契約에 의하여서도 발생할 수 있는 것으로서 承役地만 있고 要役地가 없는 경우이다. 일종의 特殊地役權인 것이다."

3) 人役權의 詳細에 관하여는 李好珽, "民法에 있어서의 人役權", 法政 61-10, 19 이하 참조.

4) 李好珽(註 3), 24; 李光秉, 村落共同體의 法理, 191; 郭潤直, 413; 權龍雨, 391; 金基善, 298; 金容晉, 192; 金容漢, 409; 金曾漢, 291; 金顯泰(下), 20; 李相浩, 247; 李英俊, 625; 李太載, 282; 張庚鶴, 517.

5) 그러나 그 용어를 特殊地役權(金基善, 297; 張庚鶴, 593; 鄭範錫, 177; 崔栻, 267), 總有的 土地收益權(金曾漢, 288), 總有的 土地用益權(李好珽(註 3), 24; 李太載, 280), 土地收益權의 準總有(郭潤直, 413), 準總有的 土地收益權(金容漢, "民法 제302조", 考試界 75-1, 91; 權龍雨, 390; 李相浩, 245), 土地의 準總有的 用益關係(金顯泰(下), 18) 등 다양하게 사용하는바, 어느 용어를 사용하든 그 실질에 있어서는 동일하므로 크게 문제될 것이 없다. 따라서 여기서는 民法典上의 용어 그대로 特殊地役權이라는 말을 사용한다. 다만 純日本式 표현으로 현행 民法이 버린 용어인 "入會權"이라는 말을 다시 사용(金容晉, 190; 方順元, 193)하는 것만큼은 바람직하지 못하다.

6) 金曾漢, 291; 金顯泰(下), 20; 李英俊, 625-6.

7) 한 개의 部落에 국한할 필요는 없으며, 수개의 部落이 공동으로 主體가 될 수도 있다(金容晉, 191; 金曾漢, 292).

8) 特定土地에 대한 收益權이 아니라 所有權을 共同으로 所有할 경우에는 總有가 된다.

9) 水產業에 있어서의 入漁權도 대체로 準總有的 土地收益關係와 유사한 성질을 지니는 바, 이에 관하여는 水業 §§ 40, 85에 규정되어 있다.

10) 李光秉(註 4), 192; 金容漢, 410; 金曾漢, 292; 李英俊, 626.

土地所有者의 이해관계조절은 이처럼 地役權의 규정에 의하게 되나, 그 밖에 土地收益權이 住民 전체에게 總有的으로 귀속하는 관계에 관하여는 總有에 관한 규정을 準用할 것이다(民 § 278).[11]

Ⅳ. 得喪 等

1. 일정지역의 住民들이 集合體로서 特定土地에 대하여 特殊地役權을 취득하는 것은 그 土地의 所有者와의 계약에 의할 수도 있을 것이나,[12] 慣習에 의하여 취득하는 경우가 많을 것이다.[13] 그리고 慣習에 의한 취득은 登記를 요하지 않는다고 볼 것이다.[14]

역으로 住民들은 계약이 解消되거나 權利의 處分·拋棄에 의하여 特殊地役權을 상실한다. 또한 收益土地가 멸실하거나 公用徵收되면 特殊地役權도 소멸함은 물론이다.

2. 개개의 주민은 住民인 지위를 得喪함과 동시에 特殊地役權도 자동적으로 得喪하게 되며(民 §§ 278, 277),[15] 住民의 지위와 분리하여 特殊地役權을 處分함은 허용되지 않는다.[16]

3. 特殊地役權은 주민들이 集合體로서 準總有하는 것이므로 이 權利 자체를 管理·處分하는 權能은 주민 전체에 속하고,[17] 目的土地를 使用·收益(草木, 野生物, 土沙의 採取, 放牧 등)하는 權能은 주민 개개인에게 속한다.[18] 地域住民의 일부가 그 權能의 범위를 넘어 收益하거나, 그 收益으로 인하여 다른 주민의 權利行使를 방해

11) 郭潤直, 414; 李英俊, 626; 李太載, 282; 鄭範錫, 176.
12) 民法案審議錄(上), 182.
13) 李光秉(註 3), 192; 李英俊, 626; 金容漢, 409; 金顯泰(下), 23.
14) 李光秉(註 3), 192; 權龍雨, 391; 金基善, 302; 金容漢, 410; 金曾漢, 293; 金顯泰(下), 24; 李英俊, 626.
15) 李光秉(註 3), 193; 權龍雨, 391; 金基善, 303; 金容晉, 192; 金容漢, 411; 金曾漢, 293; 金顯泰(下), 21; 李英俊, 626; 張庚鶴, 599.
16) 金容晉, 192; 金容漢, 411; 金曾漢, 293; 金顯泰(下), 21; 李英俊, 626.
17) 目的土地의 所有者에 대하여 收益의 對價를 지급하여야 할 경우에는 주민 전체가 그 債務를 總有로 부담한다. 金容漢, 410.
18) 註釋民法(上), 530; 權龍雨, 391; 金容漢(註 5), 95; 金曾漢, 292; 金顯泰(下), 21. 反對 金基善, 299.

한 경우 또는 제3자가 주민들의 使用·收益을 방해한 경우에는, 住民全體 혹은 權利行使를 방해받은 住民이 그 行爲의 中止 및 損害賠償을 請求할 수 있다(民 §276 해설 Ⅲ. 참조).[19]

Ⅴ. 特殊地役權의 運命

과거 자연경제적 農耕時代에 있어 特殊地役權은 농촌주민에게 생활의 중요한 기반일 수 있었다. 그러나 교통의 발달, 交換經濟의 확대보급, 政府의 적극적인 開發施策(農地改革法, 農業基本法, 山林法, 農村近代化促進法, 農地賃貸借管理法, 草地法, 農地의 保全 및 利用에 관한 法律 등 다수의 法律이 제정되었다) 등에 의한 농촌의 근대화와 더불어 特殊地役權은 점점 자취를 감추게 되었고, 오히려 土地의 합리적인 이용·개발을 저해하는 요인으로 되었다.

그 결과 特殊地役權은 하나의 遺物로 民法上에 자리할 운명에 처해 있다고 하여도 과언이 아닐 것이다.[20]

[閔 日 榮]

19) 權龍雨, 391; 金基善, 303; 金容晉, 192; 金容漢, 410-1; 金曾漢, 292-3; 金顯泰(下), 22-3; 李相浩, 249; 張庚鶴, 598.

20) 郭潤直, 414는 特殊地役權이 없어지면 貧寒한 農民이 타격을 받게 되므로 현재로서는 존속시킬 필요가 있다고 한다. 또한 金容漢, 406, 92; 金曾漢, 290; 金顯泰(下), 18-9 각 참조.

第6章 傳 貰 權

前 論

차 례

Ⅰ. 制度的 意義와 社會的 機能

1. 傳貰權은 傳貰金을 지급하고 타인의 不動產을 그 용도에 좇아 占有·使用·收益하며, 그 不動產 全部에 대하여 전세금의 優先辨濟를 받을 수 있는 權利이다(民§303 I). 우리 民法上 財產法分野의 대부분의 法制는 西歐諸國에서 형성·발달된 것을 繼受하여 規定한 것임에 비해, 傳貰權制度는 그 起源이 東洋社會 특유의 관행에 있다는 점에 그 특색이 있다. 이는 朝鮮後期로부터 日帝時代에 걸쳐 주로 都市에서 建物에 관하여 이용되어 온 慣習上 제도로서의 傳貰를 民法制定과 함께 物權의 일종으로 편입하여 成文化한 것으로서, 不動產의 賃貸借와 金錢消費貸借의 기능을 동시에 충족시키는 兩面的 效能을 발휘한다는 점에 機能的 特色이 있다. 즉 舊慣의 傳貰制度는 不動產所有者가 貰入者로부터 일시에 相當額의 傳貰金을 지급받는 대신 貸與期間 중에는 따로 借賃을 支給받지 아니하며, 期間經過 후에 전세금을 반환하고 目的物을 반환받는 것으로서, 이를 통하여 不動產所有者는 일시에 지급받은 傳貰金을 利子支給없이 使用할 수 있는 金融의 편의를 얻는 것이고, 다른 한편 貰入者는 月貰 등의 형태로 單位期間마다 借賃을 支給하는 번거로움 없이 不動產을 占有·使用할 수

있는 便益을 얻는 것이다. 이를 構造的으로 분석해보면, 不動產所有者의 입장에서는 그 不動產을 傳貰金相當의 金錢債務에 대한 擔保로서 이용하는 것이고, 貰入者의 立場에서는 그 不動產에 대한 用益權을 취득하게 되는 것인바, 民法은 이러한 舊慣習上의 傳貰를 그대로 受容하여 物權으로 구성함으로써 傳貰權者의 用益權者로서의 지위를 강화함과 동시에 傳貰金에 대한 優先辨濟權을 明文化하여 傳貰權의 擔保的 機能을 확실하게 뒷바침하고 있는 것이다.

2. 그러나 傳貰權이 物權으로 성립하기 위하여는 다른 物權의 경우와 마찬가지로 登記를 하여야 할 것인바(民 §186), 民法이 物權으로서의 傳貰權을 규정하였다 하더라도, 契約自由의 原則上 종래의 관습과 같은 登記없는 傳貰關係의 設定이 금지되는 것은 물론 아니다.[1] 民法이 위와 같이 未登記傳貰의 利用可能性을 남겨 둔 채, 物權으로서의 傳貰權을 規定한 것은 과연 타당한 立法態度인가?

이에 관하여는 "傳貰權은 우리 나라에서 고래로 인정되던 慣習을 成文化한 것이다. 관습상의 傳貰權은 아직 登記制度가 미숙하였던 탓으로 債權上의 傳貰로 머물러 있었던 것을 이번에 物權上의 傳貰權으로 成文化하였다는 점에서 立法上의 발전이 엿보인다. …… 우리 傳貰權은 東洋의 다른 나라의 제도를 참고하면서 우리의 고유의 관습을 성문화한 것이며, Ehrlich 의 이른바 「살아있는 法」(lebendes Recht)을 발견하였다는 데 그 의의가 크다"[2]고 하거나 "民法이 …… 과거의 債權的 傳貰權을 物權化한 것은 「賃借權의 物權化」 또는 「利用權의 強化」로써 표현되는 現代私法의 요청에 부응하는 것으로서 타당한 立法이라고"[3] 하여 民法의 태도를 적극 지지하는 見解가 있는 반면에, 民法이 傳貰權이라는 制度를 창설한 것 자체는 「利用權의 強化」라는 점에서 좋은 立法이라고 할 수 있다고 하면서도 "民法이 物權的 傳貰權에 관하여는 자세한 規定을 두면서 債權的 傳貰에 관하여는 이를 규정함이 없이 방치하고 있는 것은, 결과적으로 많이 이용되는 制度보다도 이용도가 훨씬 낮은 制度만을 규율하기에 노력하고, 그 保護가 보다 더 화급한 經濟的 弱者의 보호보다도 그러한 要請의 強度가 그만 못한 不動產利用者의 보호에만 주력하고 있다는 결과가 되

1) 金曾漢, 295.
2) 張庚鶴, 600-1.
3) 金容漢, 413.

어 균형을 잃은 立法이 되고 말았다"[4]고 하는 批判的인 見解가 있다.[5]

3. 傳貫制度의 利用實態를 보면 확실히 民法上의 傳貫權보다는 관행에 의한 登記없는 傳貫의 이용이 압도적으로 많은 것은 사실이다. 이는 不動產의 所有者가 자기의 不動產을 이용하는 者보다도 強力한 地位를 보유하려 하므로 利用者가 對抗力과 處分權까지를 가지게 되는 強한 物權의 設定을 회피하려 하고,[6] 傳貫登記를 하게 되면 銀行 등 다른 金融機關으로부터 貸出을 받을 때 貸出限度額이나 貸出條件에 있어 不利할 수가 있고, 登記事項에 傳貫金이 표시되므로 稅源이 있는 그대로 드러나게 되며,[7] 印鑑證明의 交付 등 登記節次 자체를 번거롭게 느끼는 일반의 타성과 登錄稅의 負擔 및 抹消登記 과정에서 貫入者가 충분히 협조해 줄 것인지에 대한 우려 등 복합적인 要因이 작용한 결과라고 생각된다.

여기에서 民法上 傳貫權의 利用可能性에 대하여 강한 회의를 표시하거나[8] 심지어 傳貫權 규정의 死文化를 우려하는 見解[9]가 제시되기도 하였다. 그러나 오늘날 傳貫制度는 종래 다수의 慣行처럼 少額의 傳貫金으로 一個의 建物의 일부를 住居用으로 빌려 사용하던 것에서 나아가 都市地域의 아파트 등에서 흔히 보듯이 住居用의 경우에도 一個의 建物全部를 貫얻는 경우가 많아 졌고, 事務室用建物이나 旅館, 店鋪 등 商業用建物의 전세도 漸增하고 있어서 종전에 비하여 傳貫金의 額數도 크게 증가하는 추세를 보이고 있다. 따라서 不動產所有權을 보유하면서 상당한 資金의 융통을 얻으려 할 때 所有者가 그 不動產을 스스로 使用·收益하여야 할 사정이 없는 경우에는 傳貫權이 擔當權보다 오히려 손쉬운 일면이 있고,[10] 現實的으로도 부족한 資金으로 不動產所有權을 취득하려는 경우에 金融機關으로부터의 貸出이 쉽지 않은 社會實情으로 인하여 傳貫權制度의 이용은 날로 증가하는 추세에 있다.[11] 장래에 있어서도 그러

---

4) 郭潤直, 423.
5) 李相浩, 252-3도 物權인 傳貫權의 實效性은 과대평가할 것은 못된다고 하여 批判的인 입장을 보인다.
6) 郭潤直, 420.
7) 金炳泰, "傳貫登記에 관한 特別法制定을 提案", 新聞 1678, 12.
8) 金基善, 298; 李太載, 283.
9) 國會事務處, 速記錄 47, 11-3(玄錫虎議員); 崔栻, 新物權·擔保物權法, 251.
10) 金曾漢, 物權法(下), 58(1976).
11) 法院行政處에서 간행한 法院統計年報 및 司法年鑑에 의하면 傳貫權設定登記의 件數와 比率은 다음과 같이 모두 증가하는 추세에 있다.

한 경향은 우리 社會의 產業化 내지 都市化의 진전에 따라 더욱 확대될 것으로 보이고,[12] 적어도 民法上 다른 用益物權보다는 많이 利用될 것으로 전망되지만, 한편 住居用建物의 경우에는 住宅賃貸借保護法에 의한 保護가 실질적으로 民法上 傳貰權과 거의 대등한 정도에 이르렀으므로 公示方法의 容易性 등으로 인하여 오히려 物權으로서의 傳貰權의 이용은 減少할 수도 있을 것으로 생각된다.

4. 요컨대, 民法施行 이후에도 舊慣習上의 傳貰制度가 民法上의 傳貰權보다는 훨씬 더 많이 利用되고 있는 것이 우리 社會의 實情이고, 앞으로도 그러한 추세가 쉽게 변화될 것으로 생각되지는 않는다. 그러나 그럼에도 불구하고 民法上의 傳貰權은 우선 종래의 慣習을 物權으로 격상시켜 創設하였다는 점에서 독특한 歷史的 意味를 지니는 것이며, 이는 타인의 不動產을 이용하는 者의 地位를 強化하여 그를 보호하고자 하는 現代立法의 要請에도 부응하는 것이고, 현실적으로도 傳貰目的物의 態樣이나 傳貰金의 多寡에 따라 不動產所有者와 利用者間의 目的物利用에 관한 制度的 選擇의 여지를 넓혀 주고, 物權으로서의 傳貰權이 선택되면 그 범위 내에서 不動產所有者와 傳貰權者間의 利害調節이라는 社會的 機能을 다해 왔다는 점에서 傳貰權의 창설은 충분한 制度的·社會的 意味를 지니는 것으로 생각된다.

물론 종래 慣習上의 傳貰制度를 民法에 편입하면서, 이를 존재하는 社會的 事實 그대로 一元的으로 규율함으로써 傳貰利用者의 균형있는 法的 保護를 꾀하려 하지 아니하고 결과적으로 동일한 社會的 機能을 하는 傳貰制度를 慣習

항목 연도	총등기건수	전세권설정등기건수	비율(%)
1977	3,579,520	8,331	0.2
1978	4,078,989	7,642	0.2
1979	4,992,216	8,729	0.2
1980	5,794,022	7,744	0.1
1981	7,323,913	7,081	0.1
1982	4,423,570	7,372	0.2
1983	5,967,536	7,480	0.1
1984	5,565,405	10,641	0.2
1985	5,935,799	19,309	0.3
1986	5,044,086	37,983	0.8
1987	5,850,541	63,026	1.1
1988	7,210,809	83,756	1.2

12) 同旨 郭潤直, 420; 張庚鶴, 601.

上의 未登記傳貰와 民法上의 傳貰權으로 二元化시키고 前者에 관하여는 아무런 法的 規制裝置를 마련하지 아니하였다는 것은 분명 아쉬운 점으로 남는다.[13] 그러나 오랫동안의 施行을 통하여 어느 정도 制度的인 정착을 이룬 民法上 傳貰權을 다시 원점으로부터 再構成하려고 시도하는 것은 커다란 社會的 혼란을 초래할 우려가 있으므로, 民法上 傳貰權에 대하여는 그 나름의 機能을 하도록 存置해 두고, 대신 그에 의한 保護範圍 밖에 있는 未登記傳貰에 대하여는 별도의 法的 保護措置를 마련해주는 것이 바람직하리라 본다. 그런 의미에서 住宅賃貸借保護法의 制定과 1983년의 改正을 통하여 同法 §12가 住宅을 목적으로 한 未登記傳貰에 대한 法的 保護를 강화한 것은 타당한 立法方向의 일례라고 할 수 있을 것이다.[14]

Ⅱ. 沿革과 立法例

1. 傳貰慣習의 形成과 內容

우리 나라의 傳貰慣習에 관한 調査記錄으로는 日帝가 植民地支配의 기초자료를 마련할 목적으로 실시한 舊慣制度調査事業에 의한 慣習調査報告書[15]가 가장 오래된 文獻이라고 한다.[16] 그에 의하면, 傳貰는 "朝鮮에서 가장 일반적으로 행하여지고 있는 家屋賃貸借의 방법으로서 貸借할 때에 借主로부터 일정한 金額(家屋의 對價의 半額 내지 7·8分이 通例)을 家主에게 寄託하여 별도로 借賃을 지불하지 않고 家屋返還의 時에 이르러 그 반환을 받는 것"으로서 月貰와 함께 家屋賃貸借의 一類型이라고 하고 있다.[17] 이로 미루어 우리 나라의 傳貰慣習은 日帝의 強占 이전에 이미 형성되어 널리 利用되고 있었던 것으로 짐작은 되지만, 그것이 언제부터 社會的 慣習으로 정착된 것이고, 어떤 제도에 뿌리를 두고 발전된 것인지에 관하여는 보다 專門的인 研究에 맡기기로 하고,[18] 여기에서는 民法上 傳貰

13) 尹大成, 韓國傳貰權法研究, 201.
14) 郭潤直, 423; 同旨 金容漢, 413.
15) 朝鮮總督府取調局 編, 慣習調査報告書(1913).
16) 舊慣制度調査事業의 상세한 경과에 관하여는 尹大成, "우리 나라 固有法으로서의 傳貰制度에 관한 研究", 馬山大學論文集 6-1, 94-8 참조.
17) 慣習調査報告書(註 15), 243.
18) 尹大成, "傳貰權法前史小考", 高昌鉉記念論文集, 250-74는 傳貰慣習은 朝鮮時代末期에서 甲午改革의 前後에 成立된 것이라고 하면서, 그 制度的 淵源은 朝鮮後期에 성행된 不動産擔保制度로서의 '典當'에서 찾고 있다. 典當의 유형과 내용에 관하여는 朴秉濠, 韓國法制史特殊研究, 114-27; 尹大成, "李朝後期의 家屋賃借型 物的擔保制度에 관한 一考

權規定의 新設에 가장 직접적인 영향을 미쳤을 것으로 보이는 日帝時代의 調査記錄과 判例에 나타난 傳貰慣習의 단편만을 소개하는 데 그친다.

慣習上 傳貰의 경우에도 傳貰權者가 相對方에게 상당액의 傳貰金을 交付하고 所定期間 상대방 所有의 家屋을 占有·使用하되 家屋使用의 對價와 傳貰金의 利子는 서로 相殺되며, 기간이 만료되면 家屋明渡와 동시에 傳貰金을 반환받는 것을 내용으로 하는 제도였던 점은 오늘날과 별 차이가 없다. 다만 傳貰目的物은 一棟의 家屋의 전부 또는 일부 및 그에 딸린 敷地에 한하고 土地만을 傳貰對象으로 하는 경우는 없었고,[19] 期間은 통상 1년이지만 契約에 따라 일정하지 않고 서울지방에서는 特約이 없으면 100일로 하는 慣例가 있었으며,[20] 傳貰契約에 기한 家屋使用의 권리는 이를 讓渡하거나 轉貸할 수도 있다.[21] 舊韓末 서울에서는 家屋所有者와 傳貰人이 連署로 漢城府에 請願書를 제출하여 府尹으로부터 家契[22]에 公證[23]을 받는 慣例가 있었고, 그 경우에는 제3자에 대하여도 傳貰人의 권리로 대항할 수 있었다고 하지만,[24] 日帝時代의 判決은 傳貰人은 家屋의 新所有者에게 대항할 수 없고 傳貰金返還請求權은 占有家屋에 관하여 발생한 債權이 아니기 때문에 留置權을 認定할 수도 없다고 하였다.[25]

2. 民法上 傳貰權規定의 立法經過

종래의 慣習上의 傳貰制度를 物權으로 구성한 것은 法典編纂委員會의 民法草案을 토대로 한 政府提出의 民法案에 이미 나타나 있었던바, 國會는 이를 法制司法委員會 소속의 民法案審議小委員會로 하여금 審議하게 하였고, 小委員會는 政府原案 중 傳貰權의 物權性에 반하는 一部條項[26]을 삭제하는 등 修正

察", 昌原大學論文集 7-1, 181~94; 尹大成(註 13), 34-83 참조.

19) "傳貰權法前史小考"(前註), 256.

20) 慣習調査報告書(註 15), 243.

21) 家屋所有者의 承諾이 필요했는지에 대하여는, 朝高判 明 45(1912). 3. 8(朝鮮高等法院判例類集, 267)은 필요하다는 듯이 說示하였으나(前註), 243-4 및 朝高判 昭 18(1943). 6. 22(司法協會雜誌 22-7, 120)은 貰入者는 所有者의 承諾없이 그의 權利를 讓渡, 典當, 轉貸할 수 있는 것이 慣習이라고 한다.

22) 家契란 家屋의 소유에 관한 官의 認證書로서 1893부터 1906. 10까지 시행된 제도이다. 詳細는 朴秉濠(註 18), 84-7; 尹大成(註 13), 52-4 및 74-7.

23) '懸錄'이란 용어를 썼다. 朴秉濠(註 18), 84-7 참조.

24) 尹大成(註 13), 77.

25) 朝高判 昭 18(1943). 6. 22. 詳細는 高翔龍, "韓國·日本에 있어서의 住宅에 관한 法律制度", 法과 社會硏究 1, 50-2.

26) 傳貰權의 讓渡에 관하여, 債權讓渡에 있어서처럼 讓渡通知나 承諾을 對抗要件으로 규정한 原案 § 294의 삭제가 그 대표적인 예이다.

補完한 案을 내놓았으며,[27] 이것이 法制司法委員會의 修正案으로 채택되어 政府原案과 함께 本會議에 회부되었고, 다른 修正案들과 함께 表決에 부쳐진 결과 傳貰權部分은 法制司法委員會의 修正案이 그대로 통과되었다.

傳貰權 立法過程에서의 論議의 초점은 역시 이를 物權으로 구성함이 과연 타당한 것인지, 그리고 實效性은 있을 것인지의 점에 모아졌다. 民法案審議小委員會는 이 점에 관하여 "從來에 慣行되어 왔던 傳貰權은 債權의 일종인 賃貸借와 消費貸借의 結合體에 불과한 것"이라고 하면서 "賃貸權에 物權的 效力을 附與할 필요를 느꼈던 과거의 실정으로 보나 또는 家屋과 金錢의 相互貸借라는 서민층의 有無相通의 관행에 관한 法律關係를 명확히 하여 法律制度化하는 意味에서" 物權으로서의 傳貰權의 新設은 타당한 것이라고 하였다. 그러면서도 "登記가 勵行되지 아니하는 韓國의 실정으로서는 物權인 本章의 傳貰權制度가 충분히 이용될는지는 多少 疑問"이라고 하고, "登記를 하지 아니함으로써 本章의 傳貰權(物權)은 아니라도 종래 慣行의 傳貰契約으로서는 그 效力이 있을 것이며, 이러한 債權關係에도 가급적 本章의 規定이 類推適用될 것이다(債權的 性格에 反하지 않는 限)"[28]라고 하여 物權으로서의 傳貰權制度보다는 未登記傳貰의 盛行을 예견하면서 立法에 임한 것을 알 수 있게 한다.

한편 政府原案의 審議過程에서 大學教授들이 구성한 民事法硏究會가 만든 民法案意見書[29]와 이를 토대로 하여 玄錫虎議員 등이 國會 本會議에 上程한 修正案[30]은 모두 傳貰權을 物權으로 규정하는 데 반대하면서 대신 債權編의 賃貸借 다음에 典型契約의 하나로 傳貰의 節을 新設하고, 傳貰金返還請求權을 당해 不動産에 관하여 생긴 債權으로 본다는 特別規定을 두어 留置權에 의한 傳貰權者의 보호를 꾀하는 한편 傳貰에 관하여 法律의 規定 또는 慣習法이 없으면 賃貸借의 規定을 準用하도록 하고 있었다. 당시 제기된 傳貰權 物權化에 대한 反對論의 論據는 傳貰의 慣行은 아직 전국적인 것이라 할 수 없는데다 그 자체가 변천하고 있으며, 家屋의 일부를 목적으로 하는 傳貰權은 登記의 履踐이 불가능하고, 傳貰의 法的 本質은 賃貸借인데 이를 物權關係로 규율할 積極的인 이유가 없고, 債權關係로 규정하면서도 傳貰權者의 보호는 가능하며,

27) 原案에 대한 修正의 자세한 내용은 民議院 法制司法委員會 民法案審議小委員會, 民法審議錄(上), 182-94 참조.
28) (前註), 183.
29) 民事法硏究會, 民法案意見書, 112 및 184-6(1957).
30) 國會事務處, 速記錄 42(附錄), 104-5.

현실적으로도 物權傳貰와 債權傳貰가 있다는 것은 불필요한 混亂을 야기하고 物權的인 傳貰를 만들더라도 空文化 내지 死文化될 뿐이라고 하는 데 있었다.[31)]

어쨌든 國會는 傳貰를 債權關係로 규정한 위 修正案을 否決시키고 法制司法委員會의 修正案을 通過시킴으로써 物權으로서의 傳貰權이 우리 民法에 登場하게 된 것이다.

3. 外國의 立法例

民法案審議小委員會는 傳貰權 物權化의 民法案을 내면서, 참고로 한 外國의 立法例로서 中民 §911 내지 §927 및 滿民 §294 내지 §311를 열거하고 있다.[32)] 이들 條項은 모두 物權의 일종인 典權에 관한 規定인바, 中華民國民法은 中國에서의 慣習調査를 통하여 얻어진 자료를 기초로 典權을 成文化하여 1929년에 公布한 것이고, 滿洲民法은 위 中國民法과 日本法學界의 학설들을 기초로 하여 주로 日本學者들에 의하여 만들어진 것으로서 1937년에 公布된 것이다.

이들 立法例에서의 典權이라 함은 一定額의 典價를 지급하고 타인의 不動産을 占有·使用·收益할 수 있는 權利[33)]로서, 典價의 支給이 그 成立要素의 하나이고 不動産의 使用對價와 典價의 利子는 相殺되며, 典權設定者는 이를 通하여 資金融通을 받는 등의 社會的 機能을 한다는 것은 傳貰權의 경우와 同一하다. 그러나 典權의 경우에는 典權設定者가 典物回收請求權[34)]을 행사하여 典權을 소멸시킬 수는 있지만[35)] 典權者가 典價의 반환을 청구할 權利는 갖지 아니하며 典權者에게 競賣權과 같은 換價權能도 부여되어 있지 않고, 다만 典物回收請求權의 行使없이 一定期間이 경과하면 典物 자체의 所有權이 典權者에 歸屬되도록 되어 있으며,[36)] 典權設定者가 典物을 他에 賣渡하려는 경우에는 典權者에게 先買權이 認定되는[37)] 등 傳貰權의 경우와 달리 用益權的인 성격보다는 擔保權的인 성격이 보다 강하게 스며 있는 것을 볼 수 있고,[38)] 一見 還買權

31) 尹大成(註 13), 189-96.
32) 民法案審議錄(上)(註 27), 183.
33) 中民 §911; 滿民 §294.
34) 中民은 '回贖'이라 하고, 滿民은 '請戾請求權'이라 한다.
35) 中民 §§923, 924; 滿民 §§300, 301.
36) 滿民 §305.
37) 中民 §926.
38) 民法典의 編制上으로도 中國民法의 典權은 제 6 장 抵押權, 제 7 장 質權과 제 9 장 留置權의 사이인 제 8 장에 규정되어 있다.

留保附賣買와 유사한 일면을 발견하게 된다.[39)]

따라서 우리 民法上 傳貰權은 기본적으로는 우리 고유의 慣習을 토대로 한 독특한 立法임이 분명하고 立法者도 그러한 認識의 바탕 위에서 法律을 制定한 것으로 볼 것이다. 그러나 그럼에도 불구하고 위 立法例들 중 특히 滿洲民法의 상당 條文은 우리의 傳貰權 규정과 거의 동일한 점에 비추어[40)] 그것이 우리 民法의 制定過程에서 작용한 상당한 영향력을 부인할 수는 없다.

4. 1984年의 改正

民法 중 傳貰權에 관한 規定은 1984년에 이르러 제정 이래 처음으로 一部條項이 改正되었다. 그 主要內容은 ① 傳貰金返還請求權에 優先辨濟的 效力을 認定하고(民 §303 I 後段), ② 建物傳貰權에 관하여 最短存續期間을 新設하고(民 §312 II), ③ 建物傳貰權에 法定更新制度를 도입하였으며(民 §312 IV), ④ 傳貰金增減請求權을 認定함과 동시에 增額比率의 制限規定을 新設한 것(民 §31-2)으로 요약할 수 있다.

위 改正內容 중 ①은 民法制定 이래 民事訴訟法·競賣法 등 節次法과의 不調和로 인하여 줄곧 學說對立이 있어 온 문제를 立法的으로 해결한 것이고, ②, ③, ④의 점은 1981년부터 시행되어 1983년에 1차개정된 住宅賃貸借保護法과의 균형을 맞추어 不動產利用者의 地位強化라는 社會的 要請에 응답한 것이다.[41)]

Ⅲ. 傳貰權과 未登記傳貰

1. 未登記傳貰의 本質과 適用法條

(1) 民法上 傳貰權은 舊慣上 傳貰에 기초하여 成文化된 것이고 民法施行 이후에도 慣習上 傳貰制度의 이용이 傳貰權의 이용보다 월등 많다는 점, 그리고 慣習上 전세도 傳貰權과 마찬가지로 傳貰金의 授受를 통한 資金融通의 附隨的 機能을 수행한다는 점은 모두 앞서 본 바와 같다.[42)] 大法院도 民法施行

39) 典權에 관한 상세한 내용은 尹大成(註 13), 117-54 및 李銀榮, "中華民國民法의 典權에 관한 硏究", 金曾漢記念論文集, 382-400 참조.
40) 예컨대, 改正前 民 §303 I, §§305, 308, 319 등. 상세한 對比는 尹大成(註 13), 173-4 참조.
41) 改正過程에서의 상세한 討議內容은 尹大成(註 13), 202-22 참조.
42) 前述 I의 1, I.의 3.

이전의 判例가 "傳貰契約은 傳貰權者가 相對方에 대하여 傳貰金을 交付하고 所定期間 相對方所有의 家屋을 占有·使用하고 그 家賃과 傳貰金의 利息을 相殺시킬 것을 내용으로 하는 雙務契約으로서 傳貰權者가 同貰를 지급하지 않음이 慣習"[43]이라고 하였던 것을 民法施行 이후에도 그대로 受容하여, 未登記 傳貰의 사례에서 "전세권설정자는 그 수령한 전세금의 이자에 해당되는 금원을 그 부동산의 사용료에 충당시키고 전세계약종료시는 그 수령한 전세금만을 반환하는 것이 보통의 경우이다"[44]고 判示하고 있다.

(2) 慣習上 전세의 본질이 民法上 傳貰權과 달리 債權이라고 하는 점은 學說·判例上 거의 異論이 없고,[45] 여기에서 從來 學者들은 慣習上 傳貰를 통상 債權的 傳貰라고 부르면서 民法上 典型契約 중에서는 특히 賃貸借의 범주에 포함시켜 解釋해 왔다.[46] 따라서 住居用建物의 賃貸借에 관한 特別法인[47] 住宅賃貸借保護法을 1983년의 改正을 통하여 未登記傳貰에 준용되도록[48] 한 것은 債權的 傳貰를 일종의 賃貸借로 보는 종래부터의 判例·學說의 입장을 明文化한 것으로서[49] 매우 적절한 조치였다고[50] 하며, 나아가 債權的 傳貰를 임차권으로 看做한 것이라고 설명하기도 한다.[51] 이러한 通說에 대하여 少數說은 傳貰制度는 擔保權으로서의 社會經濟的 機能을 수행하는 독자적인 제도이며,[52] 傳貰權과 未登記傳貰는 法律關係의 실체에 있어 동일한 것으로 다만 登記라는 公示方法을 갖추었는가의 차이가 있을 뿐이라고 하면서[53] 未登記傳貰를 賃借權的으로 구성함은 부당하며 궁극적으로 傳貰權에 합체시켜 一元的으로 구성하여야 하고,[54] 住賃 §12는 동일한 淵源을 가진 傳貰制度를 法的으로

43) 大判 58. 4. 24, 4290民上867(集 6, 18).
44) 大判 61. 2. 23, 4293民上274(註釋民法(上), 532에서 再引用). 同旨 大判 76. 10. 26, 76다1184(集 24-3, 166); 大判 79. 9. 25, 79다762(公 621, 18).
45) 高翔龍, "傳貰制度의 再檢討—解釋論的 試圖—", 金曾漢記念論文集, 376은 傳貰의 目的物이 居住用家屋인 경우에는 登記 외에 居住라는 公示方法을 解釋論上 인정하여 對抗力을 부여할 수 있다고 하지만, 그 경우에도 債權性을 부인하지는 않고 있다. 反對 尹大成(註 13), 260-5.
46) 郭潤直, 416; 金曾漢, 295; 金容漢, 424. 判例上 債權的 傳貰라는 用語를 사용한 例로는 大判 76. 10. 26, 76다1184(集 24-3, 166); 大判 79. 9. 25, 79다762(公 621, 18); 大判 87. 11. 24, 87다카1708(公 816, 38) 등 多數.
47) 住賃 §1.
48) 住賃 §12.
49) 高翔龍, "住宅賃貸借保護法中「改正法律」의 解說", 改正 民事法解說, 252.
50) 郭潤直, 418.
51) 趙鍾炫, "住宅賃借權의 住居保護", 高昌鉉記念論文集, 455.
52) 尹大成(註 13), 248.
53) (前註), 242.
54) (前註), 260-6.

완전히 二重構造化한 불미한 立法으로서 通說의 설명과는 달리 위 규정은 오히려 未登記傳貰와 賃貸借는 서로 相異한 것이라는 前提에 설 때만 의미있는 규정이 되는 것이라고 하는 견해가 있다.[55)]

(3) 위와 같은 見解의 대립은 단순한 理論構成上의 흥미에 그치는 것이 아니고 債權的 傳貰 내지 未登記傳貰에 관하여 民法上 傳貰權과 賃貸借의 규정 중 어느 것을 적용규율할 것인가 하는 실질적인 차이를 초래한다. 즉 未登記傳貰를 賃貸借로 보는 通說에 의하면 未登記傳貰에서 생기는 모든 法律關係는 債權編의 賃貸借에 관한 規定을 直接 適用하여 해결할 것이지만, 傳貰는 비록 未登記라 할지라도 賃貸借와는 다른 별개의 制度라고 보는 少數說에 의하면 未登記傳貰 역시 物權編의 傳貰權에 관한 規定을 준용하되, 다만 登記를 갖추지 못하였으므로 對抗力에 관한 규정만은 準用되지 아니한다고 해석한다.[56)] 이 문제에 관하여 民法制定 당시의 立法者는 未登記傳貰는 債權關係라고 그 法的 性格을 규정하면서도 그러한 債權的 性格에 반하지 않는 한, 가급적 傳貰權에 관한 규정이 類推適用되어야 할 것이라고 하였음은 앞서 본대로인바,[57)] 이와 유사한 견해로서는, 債權的 傳貰權은 民法上의 傳貰權 또는 賃貸借와는 별도로 활용되고 있다면서, 그 法律關係에 관하여는 物權으로서의 요소를 갖추지 못한 점을 제외하고는 性質에 반하지 않는 한 傳貰權에 관한 규정이 類推通用되어야 할 것이라고 하는 주장이 있고,[58)] 한편 債權的 傳貰를 賃貸借의 특수한 형태로 보면서도 그 法律關係에 대하여는 傳貰權에 관한 규정 중 物權인 특징에 터잡은 규정을 제외한 나머지 규정과 賃貸借에 관한 규정들이 함께 直接 또는 類推適用되어야 할 것이라고 하는 見解도 있다.[59)] 보다 구체적으로는 民 §§309, 314, 315, 317 등은 未登記傳貰에 準用 내지 類推適用되어야 한다는 주장이 나와 있다.[60)]

(4) 이 문제에 대한 判例의 태도는 반드시 일관되어 있는 것 같지는 않다. 우선 未登記傳貰에서 目的物明渡義務와 傳貰金返還義務의 同時履行關係를

55) (前註), 236-7.
56) (前註), 265. 同旨 金疇洙·文鍾誠, 註釋民法通覽, 329.
57) 民法案審議錄(上)(註 28), 183.
58) 徐晟, "債權的 傳貰權에 있어서 目的物에 관한 修繕義務 其他 通常管理義務의 適用法條", 大法院判例解說 2-2, 60(司法硏修院, 1981).
59) 金榮一, "소위 債權的 傳貰權에 관한 慣習", 裁判資料 11, 145.
60) 朴禹東, "債權的 傳貰權에 관하여", 法曹 16-3, 17은 民 §§314, 315, 317의 類推適用을, 徐晟(註 58), 62는 民 §309의 類推適用을, 金榮一(前註), 138 및 143은 民 §§316, 317의 準用을 주장한다.

傳貰權에 관한 규정인 民 §317에 근거하여 도출한 判例가 있는 한편,[61] 전세목적물이 燒失된 경우의 未登記傳貰權者의 손해배상책임은 民 §315가 아닌 債權編의 民 §390로 구성한 判例가 있다.[62] 또한 刑事事件의 判例이기는 하지만, 債權的 傳貰關係에 있어서는 賃貸借에 관한 규정인 民 §623의 適用은 배제되고 傳貰權의 규정인 民 §309가 適用되어야 한다는 上告人의 주장을 그대로 받아들여, 債權的 傳貰權에 있어서 目的物에 관한 修繕義務와 通常의 관리에 속하는 의무는 傳貰權者가 부담한다고 한 判例가 있는가 하면,[63] 債權的 傳貰契約을 곧 賃貸借契約의 일종으로 보고 說示한 듯한 判例가 있다.[64]

(5) 생각건대, 傳貰制度는 沿革으로 보나 社會的 機能으로 보나 西歐의 法制를 繼受하여 규정한 典型契約으로서의 賃貸借와는 사뭇 다르고, 그 契約의 내용 역시 순수한 賃貸借와는 다른 특색을 지닌 우리 固有의 法制라 할 수 있다. 그러므로 비록 登記를 갖추지 못하여 物權으로는 成立하지 못한 未登記傳貰라 하더라도 이것을 단순히 借賃支給方法만이 특수한 賃貸借라고 규정해버리는 것[65]은 우리 생활 속의 慣習上 제도를 전체로서 있는 그대로 受容하지 아니하고 어느 한 典型契約의 틀 속에 꿰어 맞추려는 解釋이라는 비난을 면하기 어렵다 할 것이다. 또한 그러한 理論構成은 通說이 스스로 인정하는 傳貰制度의 消費貸借的 要素를 외면함으로써 用益權的 機能만을 중시하고 擔保權的 側面을 포용하지 못한 片面的 理論構造라고 아니할 수 없다.[66] 특히 우리 民法의 傳貰權 규정은 현재 慣行上 이용되고 있는 未登記傳貰의 내용을 그대로 整理·成文化하고 이에 登記라는 公示方法만을 추가하여 物權으로 규정한 것이므로 傳貰權과 未登記傳貰는 그 뿌리에 있어 전혀 동일한 제도임에 비해 賃貸借와 未登記傳貰는 그것이 모두 他人의 不動産을 이용할 수 있게 하는 制度라는 점에서는 共通하지만 거기에서 派生되는 각각의 法的 問題들은 반드시 동일한 構造 속에서 같은 방법으로 처리되어야 할 어떤 歷史的·事實的 聯關도 존재하지는 않는 것 같다. 이는 民 附則 §11가 民法 施行日 전에 慣習에 의하

61) 大判 69.12.23, 69다1745(集 17-4, 217).
62) 大判 67.12.5, 67다2251(集 15-3, 353).
63) 大判 78.1.24, 77도3465(集 26-1, 刑 15). 이 判旨대로 하면 未登記傳貰에서는 必要費償還請求權(§626 I)은 인정되지 않을 것이다. 이 判例에 대한 評釋은 徐晟(註 58) 및 徐晟, "債權的 傳貰權에 있어 民法의 適用法條", 司行 20-2, 70 참조.
64) 大判 79.9.25, 79다762(公 621, 18).
65) 郭潤直, 416; 金容漢, 424; 張庚鶴, 607 등.
66) 京城覆審法院 大 7(1918).4.15, 民控 第174號 判決이 傳貰契約은 一面 賃貸借의 성질을 갖고 他面 消費寄託(任置)의 성질을 갖는 일종의 結合契約이라고 한 것은 참고할 만하다.

여 취득한 傳貰權은 施行日로부터 1년 내에 登記함으로써 物權의 效力을 갖는다고 한 것으로부터도 분명한 示唆를 얻을 수 있다. 즉 民法이 舊慣에 의한 傳貰權을 단순한 賃貸借로 보았다면 登記에 의하여 對抗力있는 賃借權이 될지언정 物權으로서의 傳貰權이 될 수는 없는 노릇이기 때문이다.

그러므로 未登記傳貰는 民 §186에 비추어 그 자체 物權이라고는 할 수 없고, 未登記로 인하여 당연히 債權關係에 머무는 것임은 분명하다. 그렇다고 하여 이를 곧 賃貸借라고 단정해버리는 것도 合當하지 아니하며 일종의 非典型契約으로 보는 것은 어떨까.[67] 그리하여 未登記傳貰의 法律關係에는 傳貰權에 관한 규정을 우선적으로 類推適用하되 그 중 物權으로서의 특성에 기한 규정들은 당연히 그 適用이 排除될 것이며, 二次的으로는 債權編의 典型契約 중 傳貰에 가장 가까운 典型契約인 賃貸借에 관한 규정이 類推適用될 수 있다 할 것이다.[68] 그러나 그 경우에도 傳貰制度의 본질에 어긋나는 규정들은 역시 適用이 排除되어야만 할 것이다. 따라서 예컨대, 民 §303 後段의 優先辨濟權에 관한 규정이나 法定地上權에 관한 民 §305, 讓渡·轉貸 등 處分의 自由를 부여한 民 §306, 競賣請求權에 관한 民 §318 등은 債權關係인 未登記傳貰에 적용될 수는 없는 규정들이라 하겠지만, 나머지 傳貰權에 관한 규정들은 대부분 未登記傳貰에도 類推適用될 수 있는 규정들로 생각되며,[69] 賃貸借에 관한 규정들 중에서는 賃借權의 讓渡·轉貸의 제한에 관한 民 §629가 未登記傳貰에도 適用될 수 있는 代表的 規定으로 생각된다. 그러나 賃貸借에 관한 규정 중 民 §633나 民 §640는 傳貰制度의 본질에 어긋나는 것이어서 適用될 수 없고,[70] 民 §621 역시 民法이 賃貸借 외에 傳貰權 규정을 따로 마련해 둔 점이나 民 附則 §11의 規定內容에 비추어 未登記傳貰에는 適用이 없다고 봄이 옳지 않을까 한다.[71]

---

67) 契約의 法的 性質은 諾成契約이고(따라서 傳貰金의 授受는 成立要件이 아니다), 雙務契約이며 有償契約이라 할 것이다. 同旨 李相浩, 256.

68) 郭潤直, 債各, 32(非典型契約의 法律上 取扱에 관한 類推主義).

69) 民法施行前의 判例인 大判 55. 1. 27, 4287民上236(集 1-10, 39)은 기간의 정함이 없는 傳貰契約의 解止에 관하여 民 §635(舊民 §617)를 적용하였으나, 民法 시행 후라면 동일한 결론을 民 §313의 類推適用에 의하여 도출함이 보다 타당하다고 본다. 未登記傳貰에서 傳貰契約이 解止된 경우에 民 §317를 類推適用하여 傳貰金返還義務와 傳貰物返還義務의 同時履行關係를 인정한 경우로는 前述(註 61)의 大判 및 서울高判 65. 8. 20, 65나652(高集, 397) 참조.

70) 따라서 傳貰契約期間中에 傳貰入者에 대한 損害賠償債權에 傳貰金을 충당하였다고 하면서 實質的인 借賃延滯를 이유로 民 §640에 의한 契約解止를 주장하는 것과 같은 것은 民 §315 Ⅱ에 비추어 허용되지 않는다 할 것이다.

71) 同旨 金永一(註 59), 142. 詳細는 後述 民 §303 注釋 부분 참조.

2. 傳貰權과 未登記傳貰의 比較

傳貰權과 未登記傳貰는 그것이 物權과 債權이라는 본질적인 차이가 있고, 따라서 傳貰權者에게 인정되는 優先辨濟權(民 §303 I)이나 讓渡 등 處分의 自由(民 §306) 및 競賣請求權(民 §318)은 未登記傳貰權者에게는 인정되지 아니할 것임은 당연하다. 그러나 위와 같은 物權的 特性에 기한 규정들을 제외한 나머지 規定들은, 賃貸借에 관한 規定에 앞서 未登記傳貰에 준용된다고 보면 兩者間의 거리는 그만큼 좁혀지게 되고, 특히 住宅에 대한 未登記傳貰의 경우에는 제한된 범위에서 對抗力과 優先辨濟權이 부여되어 있다는 점에서 傳貰權과 거의 대등한 정도로 法的 保護가 강과되었다(住賃 §§3, 3-2, 8). 특히 保證金 중 일정액은 순위의 優劣에 관계없이 다른 擔保權者보다 우선하여 辨濟받을 權利가 있고(住賃 §8), 事實婚關係에 있는 者에게도 사실상의 相續權이 인정되는 등(住賃 §9) 傳貰權者보다 오히려 두터운 保護를 받는 측면도 있다. 여기에서 住民登錄 등 住宅賃貸借保護法上의 대항요건도 갖추고 있으면서 民法에 의한 傳貰權登記도 마친 住宅傳貰權者는 民法에 의한 傳貰權者로서의 權利 외에 住宅賃貸借保護法에 의한 法的保護를 주장할 수도 있는지가 문제될 수 있지만, 住賃 §12가 전세의 경우에는 未登記인 때에 한하여 同法을 準用하도록 명백히 규정한 점에 비추어 부정적으로 해석할 것이다.

어쨌든 住宅賃貸借保護法에 의하여 傳貰目的物이 住宅인 경우에는 未登記傳貰라도 상당한 정도로 그 地位가 강화된 것은 틀림없지만, 그 경우에도 여전히 競賣請求權은 부여되어 있지 아니하므로, 傳貰入者는 傳貰金을 반환받을 때까지 目的物을 使用·收益하거나 競賣 또는 公賣節次에 참가하여 優先辨濟를 받을 수 있을 뿐이고, 傳貰設定者가 전세금을 반환하지 않는다고 하더라도 제3자가 競賣請求를 하지 아니하면 스스로 그 목적물을 競賣換價하여 傳貰關係에서 벗어날 방도는 없다는 점에서 傳貰權의 경우와 결정적인 차이가 있다.

[朴 炳 大]

第 303 條(傳貰權의 內容)

① 傳貰權者는 傳貰金을 支給하고 他人의 不動産을 占有하여 그 不動産의 用途에 좇아 使用·收益하며, 그 不動産 全部에 대하여 後順位權利者 기타 債權者보다 傳貰金의 優先辨濟를 받을 權利가 있다.

② 農耕地는 傳貰權의 目的으로 하지 못한다.

차 례

Ⅰ. 傳貰權의 法律的 性質

1. 傳貰權은 物權이다

(1) 즉 傳貰權은 객체인 부동산을 直接支配하여 利益을 얻는 권리이고 그 權利의 實現에 他人의 行爲의 介在를 必要로 하지 않는다. 따라서 不動産所有者의 변경은 傳貰權의 운명에 영향을 주지 아니하며, 전세권의 讓渡나 轉傳貰, 賃貸 나아가 擔保提供에 不動産所有者의 同意를 필요로 하지 아니한다 (民 §306). 이러한 傳貰權處分의 자유는 傳貰權者가 그의 權利範圍 내에서 目的土地 위에 地役權이나 地上權을 설정하는 것도 가능하게 한다.[1] 다만 傳貰權이 集合建物에 있어 垈地使用權으로 등기된 경우에는 이를 建物專有部分과 분리하여 처분할 수 없는 등(集建 §20 Ⅰ) 特別法에 의한 制限을 받는 경우는 있다.

(2) 傳貰權은 目的不動産에 대한 排他的 支配를 내용으로 하는 권리이

1) 地役權의 設定에 관하여 同旨 郭潤直, 404; 金容漢, 396; 張庚鶴, 583.

다. 그러므로 傳貫權의 得失·變更은 登記에 의한 公示가 필요하다(民 §§ 186, 187).[2] 그 具體的 登記事項에 관하여는 不登 §139 및 不登規 §62가 規定하고 있다. 또한 전세권은 객체에 대한 排他的인 占有를 할 수 있는 권능이 있으므로 地役權과는 달리 妨害除去請求權 및 妨害豫防請求權 외에 目的物返還請求權도 認定이 된다(民 §§ 319, 213, 214).

2. 傳貫權은 不動產物權이다(傳貫權의 客體)

(1) 즉 傳貫權의 객체는 부동산이고, 不動產에 대한 權利나 動產은 그 객체가 될 수 없다. 舊慣의 傳貫는 주로 건물을 목적으로 한 것이었지만, 民法上 傳貫權은 부동산인 한, 建物인가 土地인가를 묻지 않는다. 土地 가운데 傳貫權의 목적이 될 수 없는 유일한 예외는 農耕地이다(民 § 303 Ⅱ). 이는 農地에 대한 小作, 賃貸借 또는 委託經營 등의 행위를 금지하는 農地改革法의 規定과 步調를 맞추기 위한 것이다(農改 § 17). 農耕地인지의 여부는 田, 畓, 果樹園 등 地目 여하에 상관없이 실제 耕作에 사용하고 있는지의 여부, 즉 土地現狀에 의하여 判別할 것이다(農改 § 2 Ⅱ). 一筆의 土地 중 일부만이 農地인 경우에는 나머지 非農地部分은 傳貫權의 목적이 될 수 있다.[3] 한편 特別法에 의하여 不動產으로 취급되는 立木이나 工場財團, 鑛業財團에 대하여는 전세권의 설정이 許容되지 아니하며(立木 § 3, 工抵 § 14 Ⅱ, 鑛抵 § 5), 明認方法에 의하여 公示되는 부동산 역시 傳貫權의 객체는 되지 못한다.

(2) 民法은 傳貫權의 목적물이 土地이냐 建物이냐에 따라 다소 그 法的 取扱을 달리 한다. 즉 傳貫權의 最短存續期間에 관한 規定(民 § 312 Ⅱ)과 法定更新에 관한 規定(民 § 312 Ⅳ)은 建物傳貫權에만 적용이 있고 土地傳貫權에는 적용이 없다. 이는 1984년의 民法改正時 建物利用者의 法的 地位를 강화하기 위하여 住宅賃貸借保護法의 규정을 수용하면서 생겨난 차이이다.

(3) 傳貫權의 객체는 一個不動產 전부일 필요는 없고, 一筆의 토지의 일부이거나 一棟의 건물의 일부라도 좋다.[4] 土地 또는 建物의 일부가 전세권의

2) 따라서 傳貫權設定登記가 적법하게 抹消되면 傳貫權도 당연히 소멸하는 것임에도, 先順位假登記에 기한 本登記의 경료에 의해 設定登記가 抹消된 傳貫權者에 대하여 다시 傳貫權設定契約의 解除節次를 거쳐야 傳貫金의 반환을 구할 수 있다는 듯이 判示한 서울高判 73. 7. 4, 73나426(高集 73-2, 1)은 부당하다.

3) 大判 68. 7. 23, 68다1013(要集 特 Ⅱ, 78).

4) 郭潤直, 424; 金基善, 302; 金容漢, 416; 張庚鶴, 602-3. 同旨 大判 62. 3. 22, 4292民上1297(集 10-1, 246).

목적인 때에는 設定登記時에 地籍圖 또는 建物의 圖面을 첨부하고 그 목적인 부분을 표시하여야 한다(不登 § 139 Ⅱ, 不登規 § 62 Ⅱ).

(4) 共有持分을 목적으로 한 傳貰權의 설정은 가능한가. 이를 인정하면, 하나의 物件에 배타적인 物權으로서의 用益物權이 중복되어 성립하게 되므로 物權法定主義에 어긋나고 一物一權主義에도 반한다는 이유를 들거나,[5] 傳貰權의 목적이 不動産의 일부인 때에는 그 圖面을 첨부하여야만 設定登記를 신청할 수 있는데(不登 § 139 Ⅱ), 단순한 持分의 경우에는 그 要件을 충족시킬 수 없다는 취지에서,[6] 또는 物權은 목적물을 직접지배하는 것을 그 내용으로 하기 때문에 다른 共有者의 同意가 있어야 비로소 目的物의 使用·收益이 가능하게 되는 것과 같은 用益物權의 設定은 위와 같은 物權의 본질에 비추어 消極的으로 해석하지 않을 수 없다는 점,[7] 나아가 持分上의 用益權의 설정은 그 效力이 公有物 전부에 미치기 때문에 共有者 全員에 대하여 부담을 지우는 것이 된다는 것[8] 등을 이유로 각 共有者가 自己持分에 독자적으로 用益物權을 設定하는 것은 허용되지 않는다고[9] 보는 견해가 많은 듯하다.[10]

그러나 持分權은 同一物上의 다른 共有者의 持分에 의하여 制限을 받고 있기는 하지만 그 자체 하나의 所有權과 같은 성질을 가지는 것이므로 각 共有者는 그의 持分을 자유로이 처분할 수 있고 共有物 전부를 持分의 비율로 使用·收益할 수 있다(民 § 263). 그렇다면 共有者 중 1인이 다른 共有者의 持分에 의하여 制限을 받는 現狀 그대로의 自己持分을 傳貰權의 목적으로 하는 것 역시 허용되어야 하는 것이 아닐까. 각 共有者가 自己持分에 각각 用益權을 설정한다 하더라도 이는 하나의 所有權에 내포된 使用·收益權能이 각 共有者의 持分比率에 따라 수량적으로 분할된 것에 지나지 아니하므로, 그것이 곧 物權法定主義나 一物一權主義에 위배되는 것이라고 보기도 어렵다 할 것이고, 그

---

5) 金仁銖, "共有, 共有物分割과 登記", 裁判資料 44, 135; 浦野雄章, "不動産の持分と權利の設定, 處分制限等の登記", 不動産登記講座 (Ⅰ), 320-1.

6) 金鍾權, "垈地權의 登記와 垈地權인 趣旨인 登記", 裁判資料 44, 462.

7) 林 良平·青山正明 編, 註解不動産法 6(1988), 742.

8) 塩崎 勤, "共有物の保存·管理をめる諸問題", 民事判例實務硏究 1(1980), 100; 日注民(7), 308.

9) 林 良平(註 7), 742는 地上權에 관하여, 비록 他共有者의 同意가 있었어도 持分上의 설정은 不可하다고 한다. 그 이유는 위 同意는 同意를 받는 측의 共有者의 持分에 地上權을 설정하는 것의 同意이고 自己持分에 기한 使用·收益權의 포기 또는 그 制限을 受忍해서 自己持分에까지 地上權設定을 同意하는 것은 아니기 때문이라고 한다.

10) 대법원 89.12.26. 등기 제2407호 質疑回答은 共有持分에 대한 地上權設定登記는 이를 할 수 없다고 한다.

경우 持分傳貰權者가 그 목적물의 占有使用을 보장받을 수 있느냐의 문제는 共有者 상호간의 目的物利用에 관한 協議·調整의 문제와 동일한 구조로 생각하면 될 것이어서, 傳貰權者라도 傳貰權設定者의 持分比率에 따라서만 目的物을 使用·收益할 수 있을 뿐이라고 보면, 그로 인하여 다른 共有者에게 특별히 不當한 負擔을 지우게 된다고 단정할 수도 없다. 이와 같이 持分에 대한 傳貰權設定을 부정할 實體法上의 합당한 이유가 없는 바에야 不動産登記法 같은 節次法을 이유로 持分傳貰權을 부정하는 理論 역시 설득력이 없고, 觀點을 달리하여 보면, 共有持分에 대한 傳貰權設定登記申請의 경우에는 設定者 및 持分比率을 명확히 하면 그로써 不登 §139 Ⅱ의 要件을 갖추는 것으로 보아도 무방할 것이다.

더구나 傳貰權은 뒤에서 보는 바와 같이 用益權的 性質 외에 擔保權的 性質도 함께 가지는 것이므로, 가사 傳貰權의 목적이 된 持分이 過半數에 미치지 못하고 他共有者와의 協議가 원만히 되지 못함으로써 사실상 用益權的인 기능을 수행할 수 없게 되었더라도, 그러한 사정은 事後的인 權利行使의 障碍要素일 뿐 權利發生 내지 權利成立의 障碍要素라고 할 수는 없고, 그 경우 傳貰權者로서는 객체가 된 目的持分의 競賣를 통하여 傳貰金의 優先辨濟를 받는 實益을 누리게 된다는 점을 무시해서도 안 될 것이다. 또한 一筆의 土地를 數人이 位置特定하여 일부씩을 점유하면서 共有持分登記를 해두고 각자의 占有部分 地上에 建物을 소유하는 형태의 土地共有를 자주 보게 되는데,[11] 이때 傳貰權에 의하여 그 建物을 이용하려는 者는 그 垈地持分에 대하여도 用益하지 않으면 아니될 현실적인 필요가 있고, 따라서 그 垈地의 이용까지도 고려한 傳貰金이 授受될 것임에도 불구하고, 垈地持分權에 대한 傳貰權의 설정을 否認한다고 하면,[12] 결국은 垈地와 建物의 分離競賣에 따른 競落價格의 하락으로 傳貰權者의 利益을 해칠 우려가 있다. 이상의 여러 면으로 보건대, 共有持分에 대한 傳貰權의 설정도 이를 法理的으로 부정할 이유가 없고 현실적으로도 필요한

11) 大判 80.12.9, 79다634(全集 民事(Ⅱ), 247)는 이 경우 關係當事者 內部關係에서는 각자 特定占有部分의 所有權을 취득하고 共有持分登記는 相互 名義信託의 관계에 있는 것으로 보고 있으므로, 각 共有者가 自己持分에 따른 占有部分을 여하히 獨自利用한다 하더라도 他共有者의 利益을 해치는 일은 없다 할 것이다.

12) 占有部分의 圖面을 添附하는 방식의 傳貰權登記를 想定해 볼 수도 있으나, 持分權은 土地全部에 미치고 傳貰權設定은 共有物의 處分行爲에 해당하므로 그 경우에는 당해 토지에 대한 共有者 全員과 함께 共同으로 登記申請을 하여야 할 터인데, 그 共有者가 多數이거나 일부가 협조를 거절하면 위 방식의 등기는 事實上 불가능하게 된다는 難點이 있다.

것[13]이 아닌가 생각한다.[14]

(5) "集合建物의 所有와 管理에 관한 法律"에 의한 區分建物에 垈地權登記가 경료된 경우, 建物과 함께 垈地權에 대하여도 傳貫權을 設定할 수 있는가? 이 문제 역시 共有持分에 대한 用益物權의 설정을 부정하는 견해에 의하면 허용되지 않는다고 볼 것이다.[15] 大法院의 登記例規도 垈地權의 登記가 경료된 區分建物에 있어서는 건물만에 대하여 傳貫權設定登記를 할 수 있다고 하여[16] 위와 같은 입장에 선 것으로 보인다. 그러나 持分에 대한 傳貫權設定을 무조건 부정할 理論的 根據가 없음은 前述한 바와 같고, 현실적으로도 區分建物을 利用하고자 하는 者는 그 垈地持分에 대하여도 用益하지 아니할 수 없는 필요가 있다. 뿐만 아니라 區分建物의 專有部分과 그에 딸린 垈地使用權은 원칙적으로 일체로서 처분하여야 하고(集建 §20 I), 垈地權을 등기한 建物登記에 있어 건물만에 관한 취지의 附記가 없는 경우에는 建物에 대한 등기의 효력이 建物登記用紙의 表題部에 기재된 垈地權에도 미친다고 할 때(不登 §165-3 II, §135-4 I), 傳貫權이라 하여 특별히 달리 해석할 이유도 없는 것이 아닐까 생각한다.

다만, 垈地權이 所有權이 아니고 賃借權이나 地上權인 경우에는 그 垈地權에 대한 傳貫權設定은 허용되지 아니하며, 建物만에 관한 취지의 附記가 없이 傳貫權設定登記가 되었어도 전세권의 效力이 위 垈地權에 미치지는 아니한다. 이는 권리에 대한 傳貫權의 설정이 허용될 수 없기 때문이다.

3. 傳貫權은 他物權인가?

傳貫權은「他人의」부동산에 대한 權利임을 원칙으로 하고(民 §303 I), 따라서 일반적으로는 他物權임에 틀림없다. 그러므로 傳貫權者가 목적물의 買受, 相續 등을 통하여 그 所有權을 취득하면 傳貫權은 혼동에 의하여 消滅한다(民 §191 I 本文). 그러나 그 경우에도, 傳貫權을 목적으로 한 抵當權이 設定되어 있거나, 傳貫權보다 後順位인 抵當權이 있는 경우에는 傳貫權은 소멸하지 않고(民 §191 I 但), 그런

13) 예컨대, 甲과 乙이 共有하는 토지 위에 甲이 건물을 所有하고 있는 경우, 乙의 持分處分에도 불구하고 甲이 土地使用權을 확보해 두려면 乙의 持分에 대한 用益權의 設定이 허용되어야 하고, A 土地와 그 地上의 a 建物을 목적물로 한 傳貫權을 설정하였는데, 그 후 A 土地가 B 土地와 合同으로 C 土地로 換地되고 a 建物은 여전히 C 土地 위에 존재한다면 A 土地上의 傳貫權은 C 土地의 共有持分에 轉寫될 수밖에 없을 것이다.

14) 共有持分上 用益權設定을 肯定하는 견해로는 前田達明, "共有持分への用益權の登記", 判例タイムス 501, 7~9.

15) 不登 §139 II을 근거로 부정하는 견해로는 前述(註 6)이 있다.

16) 登記先例要旨集 I (法院行政處), 127.

점에서 傳貰權을 他物權이라고 하는 것은 항상 명확한 표현이라고는 할 수 없다. 전세권이 用益物權이기 때문에 인정되어야 할 混同의 특수한 예외도 있다. 예컨대, 轉傳貰權者가 목적물의 所有權을 취득한 경우에는, 비록 그 傳貰權 또는 目的物이 타인의 권리의 목적이 아닌 경우에도, 當事者 사이에 特約이 없는 한 轉傳貰權은 소멸하지 않는다.[17] 그렇게 보아야만 소유자가 轉傳貰權의 존속기간 동안 轉傳貰權者의 지위에서 傳貰權者에 우선하여 목적물을 使用·收益할 수 있는 까닭이다.

4. 傳貰權은 用益物權인가, 擔保物權인가?

(1) 民法改正前의 學說

1984년에 民法이 改正될 때까지 民 §303 I 은 "傳貰權者는 傳貰金을 지급하고 타인의 부동산을 점유하여 그 不動産의 용도에 좇아 使用·收益할 權利가 있다"고만 되어 있어 優先辨濟權의 유무에 관하여는 침묵하고 있었다. 여기에서 傳貰權은 그 객체에 대한 使用·收益의 權能을 要諦로 하는 用益物權이라고만 볼 것인지 아니면 法定地上權이나 競賣請求權의 규정(民 §§ 305, 318) 등에 비추어 傳貰權도 저당권처럼 對象不動産의 교환가치를 목적으로 하는 擔保物權이라고 볼 것인지, 그리고 그 경우에 明文規定이 없음에도 불구하고 傳貰權者에게 優先辨濟權이 인정될 수 있을 것인지에 관하여 學說은 用益物權說, 擔保物權說, 그리고 特殊用益物權說의 세 가지로 크게 나뉘어 있었다. 그 내용을 개관하면 다음과 같다.

㈎ 用益物權說[18] 民法이 傳貰權者에게 優先辨濟權이 있다는 뜻을 明定하고 있지 않음에도 불구하고 解釋에 의하여 이를 認定하려는 것은 物權法定主義에 위반하는 것이며,[19] 따라서 傳貰權은 어디까지나 用益物權에 불과하다는 見解이다. 傳貰權者에게 특별히 競賣請求權을 인정한 것은 傳貰權消滅時에 傳貰金의 반환을 특히 보호하기 위한 것에 불과하며,[20] 비록 優先辨濟權이 없는 競賣權이라도 그로써 어느 정도 傳貰金의 반환을 촉구하는 힘이 있을 뿐 아니라 競賣申請時 債務名義가 필요없으므로 절차와 비용을 절감하는 效果

17) 轉貸借에 관하여 日最判 昭 35(1960). 6. 23(民集 14-8, 1507) 同旨.
18) 郭潤直, 422-9(1975); 李太載, 286-9(1981).
19) 郭潤直, 425.
20) 李太載, 289.

는 있다고 하면서,[21] 그러나 立法論으로서는 優先辨濟權을 인정하는 방향으로 民法을 改正할 것을 주장하였다.[22]

(나) 擔保物權說 傳貰權은 用益物權에는 속하지 않고 오직 擔保物權이라고 하는 見解이다. 그 이유는 ① 用益物權인 地上權·地役權은 모두 地料의 지급을 필수요건으로 하지 않는 데 반하여, 傳貰權의 경우에는 전세금의 지급이 필수요건이고, ② 傳貰金의 액수가 不動産價額의 5割에 이르는 高率로서 傳貰權은 저당권에 비하여 오히려 많은 額數의 금전을 융통하게 해주므로 저당권이 擔保物權이라면 전세권은 더욱 擔保物權으로 인정하여야 하고, ③ 傳貰權者에게는 다른 용익물권자에게는 인정되지 않는 競賣請求權이 附與되어 있고 立法精神에 비추어 優先辨濟權도 인정하는 것이 타당하지만, 설사 優先辨濟權이 없다손 치더라도 留置權이 競賣權만 있고 우선변제권이 없는데도 擔保物權인 것처럼 傳貰權 역시 담보물권임에 틀림이 없고, ④ 傳貰權에 法定地上權을 인정한 것은 抵當權의 경우와 같고, 이는 傳貰權의 객체인 건물의 使用價値보다도 交換價値 혹은 擔保價値를 보유하기 위한 것이며, ⑤ 民法의 編別上으로도 傳貰權은 용익물권인 地役權과 擔保物權인 留置權의 중간에 위치하므로 이를 담보물권으로 이해하는 데 體裁上의 무리도 없다는 것이다. 요컨대, 전세권은 擔保物權 중 不動産質權이고 그 중에서도 특히 부동산의 收益으로 債務元本의 利子에 갈음하는 利質의 일종이라는 見解이다.[23]

(다) 特殊用益物權說[24] 傳貰權은 用益物權인 동시에 擔保物權의 성질도 兼有하지만, 주된 성질은 역시 用益物權이라는 견해이다. 즉 전세권은 타인의 부동산을 使用·收益하는 權利이므로 우선 用益物權의 성질을 가지는 權利인 것은 명백하다. 그러나 傳貰權은 設定者의 입장에서 보면 자기의 所有物에 他物權을 설정함으로써 資金融通을 받는다는 점에서 質權이나 抵當權같은 約定擔保物權과 공통한 성질을 가지고 있고, 傳貰金의 利子와 目的物에 대한 使用·收益의 對價가 相計되는 法的 構成을 취한다는 점에서 舊民法上의 擔保物權인 不動産質權과 동일하며, 實定法上으로도 留置權에서와 같은 競賣請求權이 인정되는 점, 抵當權에서와 같은 法定地上權이 인정되는 점 외에 傳貰金을 代位辨濟한 보증인이 전세권을 代位行使할 수 있도록 한 것(民 § 482 Ⅰ, Ⅱ i)은 傳貰權

21) 郭潤直, 425.
22) 郭潤直, 426-7; 李太載, 289.
23) 金基善, 299-301(1980).
24) 金容漢, 428-9(1975); 金曾漢(下), 62-3(1973); 註釋强制執行法, 494.

을 擔保物權으로 취급하는데서 나온 규정들이므로 傳貰權은 擔保物權性을 兼有하는 權利라는 것이다. 이 見解를 取한 분들은 또한 모두가 民法의 해석에 의하여 傳貰權에 優先辨濟的 效力까지도 인정하고 있었으나,[25][26] 그럼에도 불구하고 傳貰權에 있어 당사자의 意思는 부동산의 貸借가 중심인 故로 그 法的 性質은 用益物權性이 主이고 擔保物權性은 부수적인 것이라고 하였다.

㈑ 실무상으로는 傳貰權의 法的 性質 그 자체보다는 優先辨濟權의 有無가 관심의 대상이었다. 大法院은 "전세금에 관하여는 우선변제권이 없는 것이므로 전세금채권과 압류채권자의 채권에 앞선 저당권자의 채권액을 합한 금액이 최저경매가격을 초과할지라도 압류채권자의 경매신청에 의한 매각처분은 적법한 것이다"[27]고 하여 強制競賣의 경우에 傳貰權者에 優先辨濟權을 인정하지 아니 하였다. 그러나 任意競賣의 경우에는 競 §34 Ⅲ에 따라 傳貰權者가 사실상 優先辨濟를 받았던 것 같다.[28]

(2) 民法改正後의 學說動向과 判例

㈎ 1984년의 改正으로 民 §303 Ⅰ이 전세권의 優先辨濟的 效力을 명문화하자. 그 이후 나온 學說 가운데는 傳貰權을 순수한 用益物權으로 보는 견해는 없는 듯하다. 그리하여 이제 학설은 純粹擔保物權說[29]과 特殊用益物權說[30]의 두 가지로 좁혀지게 되었다. 各說의 論據는 대체로 종전과 동일하고, 다만 擔保物權說에서는 우리 나라의 傳貰制度는 조선시대까지 성행하였던 占有質形態의 담보제도인 家舍典當에서 유래하였다는 沿革的 側面을 강조하면서, 傳貰權이 목적물을 使用·收益하는 권능을 가지는 것은 擔保制度로서의 不動產質의 屬性에 의한 것일 뿐이고, 그것이 用益物權이기 때문은 아니라고 주장하기도 하고,[31] 또한 民法이 優先辨濟權을 명문화한 것은 전세권의 擔保物權性을

25) 金容漢(前註), 430-1; 金曾漢(前註), 62-3. 優先辨濟權의 認定根據는 民 §318 외에 競落代金의 配當에서 저당권과 전세권을 同等取扱한 競 §34 Ⅲ, 傳貰權에도 別除權을 인정한 破 §84 등을 들고 있다.

26) 李英燮, "傳貰權에 관한 몇 가지 問題", 法曹 10-3, 4, 5은 傳貰權에 優先辨濟權은 인정하지 않으면서도 留置的 效力을 인정하여 사실상의 優先辨濟를 도출하려는 견해이다. 이에 대한 비판은 郭潤直, "傳貰權制度에 대한 若干의 考察", 法學 3-2, 279-93 참조.

27) 大判 61. 7. 6, 4294민재항29(要集 民 Ⅰ-1, 570).

28) 註釋強制執行法, 498은 競 §34 Ⅲ을 強制競賣에도 적용하여야 한다고 주장하였다.

29) 金基善, 299-301; 尹大成, 韓國傳貰權法研究, 246-8.

30) 郭潤直, 415; 金容漢, 420-2; 金曾漢, 299-300; 李相浩, 261-3; 張庚鶴, 607; 黃迪仁, 民法(Ⅱ), 273; 徐敏, 債權讓渡에 관한 研究, 53-4; 李熙鳳, 法學과 民事法의 諸問題, 396-7.

31) 尹大成(註 29), 240-1; 同, 255은 用益權으로 보는 견해는 日帝에 의하여 변용된 傳貰賃貸借論의 도그마에서 연유한다고 비판한다.

立證한 것이라고 하는 주장[32]이 추가되었다. 이에 대하여 特殊用益物權說은 여전히 전세권의 基本性格은 用益物權이라고 하면서, 그 이유로서는 ① 傳貰權은 그 제도 자체가 타인의 不動産을 使用·收益하는 것을 本體로 하는 것이고,[33] 擔保物權性을 부여한 것은 傳貰金返還請求權을 확보해준다는 政策的 考慮에 의한 것이며,[34] ② 당사자의 主觀的 意思도 不動産의 貸借가 중심목적이고, 傳貰金의 交付는 그에 대한 對價의 지급일 뿐이지 거꾸로 金錢의 貸借가 主目的이고 不動産의 引渡와 返還은 이를 擔保하는 수단이라고 생각하는 것은 아니라는 점,[35] ③ 傳貰權의 목적물이 一部滅失되었다고 해서 그 滅失部分에 해당하는 傳貰金이 減額된다고 하는 것(民 § 314 Ⅰ)도 순수한 擔保物權에서는 있을 수 없는 일이라는 점[36] 등을 들고 있다.

(나) 생각건대, 傳貰權은 그 生成沿革으로 보나[37] 信用의 授受라는 社會的 機能으로 보나, 그리고 優先辨濟權과 競賣請求權을 인정하는 우리 民法의 규정으로 보나 그것이 擔保物權性을 가지고 있는 權利임을 부정할 수는 없다. 그러나 실제의 法律關係에서 傳貰權의 擔保物權性이 가장 두드러지게 나타나는 것은 傳貰權이 존속기간의 滿了나 競賣로 인하여 先順位抵當權을 따라 消滅함으로써 傳貰金의 返還 등 傳貰關係의 淸算이 문제로 되는 단계에서라고 할 수 있고 傳貰權이 유효하게 존속하고 있는 동안에는 目的物의 使用·收益이라는 用益權的 法律關係만이 表面에 드러나고 擔保權으로서의 성격은 내재하고 있을 뿐이라고 보아도 좋을 것이다.[38] 또한 傳貰權의 成立段階에서의 傳貰金의 交付가 傳貰權成立의 필수요소라 하여 이를 擔保物權에서의 被擔保債權의 존재와 비견하기도 하고, 실제에 있어서도 傳貰金은 不動産買受人의 구입자금의 부족을 보충해주는 역할을 수행하는 등 傳貰權設定者의 입장에서 보면 傳貰權은 분명 擔保權的 機能을 수행하고 있지만, 다른 한편 경우에 따라서는 傳貰金이 오히려 목적물의 價格을 상회하는 경우도 있다는 社會實情이고 보면

32) 金基善, 300.
33) 金容漢, 421; 張庚鶴, 607.
34) 郭潤直, 415. 다만 傳貰權의 擔保物權性이 政策的 考慮에서 생긴 것이라는 주장은 郭潤直 敎授뿐인 듯하고, 다른 분들은 本質的 性格의 하나로 보는 듯하다. 金容漢, 420-1 참조.
35) 金曾漢, 300. 同旨 金容漢, 421; 張庚鶴, 607.
36) 金曾漢, 300. 그 밖에 民 § 312나 § 312-2의 규정도 오로지 用益物權의 경우에만 있을 수 있는 條文들로 생각된다.
37) 張庚鶴, 601은 "民法의 傳貰權은 1984년의 개정으로 傳貰權者의 우선변제권을 인정한 것은 慣習上의 傳貰에 가까워진 것이다"고 한다.
38) 註釋强制執行法, 498.

傳貰金은 본질적으로 목적물의 使用價値에 따라 결정되는 것이지 그 交換價値에 따라 결정되는 것은 아니라고 본다.

그렇다면, 결국 전세권의 擔保物權性은 전세금의 授受라는 傳貰權成立의 단계에서 부분적으로 顯出되고, 傳貰權이 消滅된 경우에 競賣節次가 진행되면 결정적으로 다시 나타나게 되지만, 權利의 存續期間 중에는 用益的 權能의 表面 아래에서 潛在하고 있을 뿐이라고 하겠으므로 이론적으로는 傳貰權은 用益物權性을 기본으로 하고 擔保物權性은 부가적으로 兼有하는 특수한 物權이라고 하는 特殊用益物權說이 타당하다고 생각한다. 그러나 현재 擔保物權說이든 特殊用益物權說이든 民法規定에 따른 使用·收益의 權能과 擔保物權的인 권능을 모두 인정하고 있으므로 실제상의 權利內容은 어느 學說을 취하느냐에 따라 별다른 차이를 가져 오지는 않는 것 같다.

㈐ 民法改正後 判例는 傳貰權은 "용익물권과 담보물권적 성질을 겸비하고 있는 것"으로서 목적물의 "사용가치와 교환가치의 우선적 파악을 목적으로" 하는 권리라고 함으로써[39] 결국 위 特殊用益物權說에 가까운 견해를 밝히고 있다.

5. 傳貰權의 用益物權的 特性

傳貰權은 타인의 부동산을 "占有하여 그 不動產의 用途에 좇아 使用·收益"하는 權利이므로(民 § 303 Ⅰ) 用益物權이고, 그에 따른 특성을 分說하면 다음과 같다.

(1) 傳貰權者는 목적물을 「占有」할 수 있다. 즉 傳貰權은 目的不動產에 대한 使用·收益을 그 本源的 權利內容으로 하므로 이의 實現을 위하여 傳貰權者는 目的不動產을 점유함으로써 이를 현실적으로 支配할 수 있는 權利를 가진다. 그러므로 傳貰權者는 占有를 侵奪한 者에 대하여 物權的 返還請求權을 行使할 수 있고(民 §§ 319, 213), 隣接한 부동산의 利用者와 사이에 相隣關係 규정의 준용을 받게 된다(民 §§ 319, 216 내지 § 244). 또한 不動產引渡命令이나 強制管理에 의하여 權利行使를 방해당하는 경우에 傳貰權者에게 第三者異義의 訴를 제기할 수 있는 當事者適格을 인정하는 것도[40] 傳貰權의 占有·使用의 權能에서 연유하는 것이라고 할 수 있다.

39) 大判 89. 9. 26, 87다카2515(公 860, 13).

40) 註釋強制執行法, 634; 同, 702.

(2) 傳貰權者는 目的不動產의「用途에 좇아」이를 使用・收益하여야 한다.

(가) 用途에 좇은 使用인지의 여부는 그 不動產의 經濟的 效能에 의하여 판단할 것이지만, 구체적으로는 設定契約의 내용과 目的物의 성질이 決定基準이 된다(民 § 311 I). 特約이 없는 한 目的物의 現狀에 변경을 가져 오는 것은 用途에 위반한 使用이 되겠지만(民 § 309), 用途違反의 사용이 있다 하여 그로써 곧 傳貰權이 消滅하는 것은 아니고, 傳貰權設定者에게 전세권의 消滅과 原狀回復 또는 損害賠償을 청구할 수 있는 권리를 발생시킬 뿐이다(民 § 311).

(나) 傳貰權의 객체가 토지인 경우에 이를 地上權에 의하여 달성되는 목적으로 이용할 수 있는가. 즉 傳貰權은 목적물을「用途」에 따라 사용하는 權利이고, 地上權은 "土地에 建物 기타 工作物이나 樹木을 소유하기" 위한 權利인바(民 § 279), 어떤 토지에 建物이나 樹木의 소유를 위하여 地上權이 아닌 傳貰權을 설정하는 것은 許容되는가. 학설은 대립하나 多數說[41]은 肯定한다.

否定說에 의하면, 民法이 지상권에 관하여는 最短期間만을 制限하고(民 §§ 280, 281) 土地傳貰權에 관하여는 이와 반대로 最長期間의 制限規定만을 둔 것은 地上物의 소유를 목적으로 하는 地上權에 있어서는 地上物의 經濟的 機能을 다하게 하고 地上物에 投資한 地上權者를 보호하기 위하여 되도록 長期일 것을 바라고, 그와 반대로 傳貰權에 있어서는 오히려 너무 長期로 되지 않기를 바라는 것이므로 地上物所有를 목적으로 한 傳貰權의 設定은 허용될 수 없다고 주장한다.[42]

이에 대하여 肯定說은 다음과 같은 이유를 들어 否定說을 반박한다.[43] 첫째, 民法이 地上權에는 最短期만을 정하고, 傳貰權에는 最長期만을 정하면서도 土地傳貰權의 設定目的에 관하여는 명문상 어떠한 제한도 두지 아니한 것은, 當事者가 長期間 地上物을 소유하기를 원하는 때에는 地上權을 설정하게 하고, 地上權보다 短期間의 地上物所有로써 만족할 수 있을 때에는 傳貰權에 의할 수 있게 하기 위한 것으로 보는 것이 타당하다. 둘째, 建物이나 樹木의 소유를 목적으로 하는 土地傳貰權의 설정을 금한다면, 地上物所有를 위한 土地의 이용은 地上權이나 賃借權에 의할 수밖에 없는데, 그렇게 되면 토지의 短期使用을 위한 物權의 취득은 불가능하게 되고, 長期使用이 필요한 경우에도, 最短期間의 제한 등 所有權에 대한 보다 강한 制約 때문에 土地所有者는 지상권의

41) 郭潤直, 424-6; 金容漢, 416-7; 李相浩, 259-60; 李太載, 285-6; 張庚鶴, 603-4.
42) 金曾漢, 360(1980); 金曾漢, 296(1984).
43) 郭潤直, 425-6; 金容漢, 417; 張庚鶴, 604.

設定을 기피하게 될 것이므로 利用者는 결국 그 토지를 賃貸借에 의하여 사용할 수밖에 없게 될 것인데, 이는 利用權의 강화를 꾀한 民法의 취지에 역행하는 것이다. 셋째, 다같이 建物이나 樹木의 범주에 속하는 地上物이라 하더라도 그 구체적인 效用이나 목적달성을 위한 必要期間은 다양한 것이므로 當事者로 하여금 구체적인 필요와 土地의 상황에 따라 地上權·傳貰權·賃借權 가운데 어느 制度를 이용할 것인지를 選擇하도록 맡겨 두는 것도 부당하지는 않다는 것이다. 肯定說에 찬성한다.

(3) 傳貰權者는 目的物을 「使用·收益」할 수 있다.

(가) 目的物의 使用은 정상적인 방법에 의한 것인 한, 그에 의한 價値低減이 있더라도 無妨하지만, 동시에 傳貰權者는 善良한 管理者의 注意義務를 다하여 그 목적물을 통상의 使用에 적합한 상태로 유지할 義務를 진다[44](民 §309). 目的物使用을 위하여 필요한 때에는 傳貰權者도 地役權을 行使할 수 있고,[45] 建物傳貰權의 효력이 그 建物의 소유를 목적으로 한 地上權 또는 賃借權에 미친다고 하는 것(民 §304 I)은 모두 傳貰權者의 目的物使用權을 보장하기 위한 것이다.

(나) 傳貰權者는 收益權이 있으므로 목적물의 使用利益과 더불어 果實收取權을 가진다.[46] 그 果實에 天然果實과 法定果實이 모두 포함됨은 당연하고, 果實이 생기기까지 사이에 收益權者에 변동이 생긴 경우의 果實歸屬의 문제[47]는 民 §102에 따라 해결할 것이나 위 條項은 任意規定으로 해석되므로[48] 當事者 사이에 별도의 特約을 하는 것은 無妨하다. 그에 관한 立證責任은 물론 特約의 존재를 주장하는 측이 지게 될 것이다.

(다) 위와 같이 傳貰權者는 목적물에 대한 果實收取權을 가지므로, 이를 擔保物權的 側面에서 파악하면 傳貰權은 일종의 不動產質權으로서 우리 民法上 유일하게 「收益的 效力이 있는 擔保物權」으로 분류될 수 있다.[49]

---

44) 따라서 傳貰權者에게는 必要費償還請求權이 인정되지 아니하며, 이 점 留置權이나 質權같은 純粹擔保物權과 구별된다. 民 §§325 I, 343 참조.

45) 郭潤直, 404.

46) 獨民 §100에서 말하는, 果實과 使用利益을 합친 개념으로서의 收益(Nutzungen)과 우리 民 §303 I의 收益은 같은 개념으로 보아도 좋을 것이다. 果實收取權을 인정한 判例로는 大判 76.7.27, 75다1824(要集 民 I, 388; 總 2-1(A), 452-17).

47) 예컨대, 目的土地의 일부가 承役地로 제공된 상태에서 傳貰權이 설정되었을 때, 地役權者가 지급하는 對價의 歸屬問題 등.

48) 郭潤直, 總則, 318(1989); 註釋總則(上), 630-1.

49) 郭潤直, 464; 金基善, 301; 金容漢, 424; 尹大成(註 29), 259-60; 張庚鶴, 606.

6. 傳貰權의 擔保物權的 特性

傳貰權이 擔保物權的 性質을 가진다는 것은 현재 學說·判例上 異論이 없다. 따라서 傳貰權 역시 擔保物權의 공통적 특성으로 일컬어지는 附從性·隨伴性·不可分性·物上代位性을 가진다.[50)]

(1) 附從性과 隨伴性

㈎ 擔保物權으로서의 전세권은 被擔保債權인 傳貰金返還請求權에 附從하고, 處分에 있어 상호 隨伴한다. 즉 傳貰金의 交付에 의한 傳貰金返還請求權의 성립이 없으면 傳貰權도 성립할 수 없고, 傳貰金返還請求權이 소멸하면 傳貰權도 소멸하며[51)](附從性), 傳貰金返還請求權은 전세권과 함께가 아니면 이를 讓渡하거나[52)] 다른 權利의 목적으로 하지 못한다[53)](隨伴性).

㈏ 하나의 傳貰金債務를 위하여 數個의 부동산에 전세권이 設定된 경우, 예컨대 建物과 그 敷地인 垈地를 일괄하여 傳貰契約의 목적물로 한 경우, 즉 共同傳貰[54)]의 경우에는 어떠한가. 共同傳貰라도, 一物一權主義의 원칙상 傳貰權은 각 傳貰目的物마다 하나씩 성립한다고 본다.[55)] 그러나 그 複數의 傳貰權은 被擔保債權을 공통으로 하고 있기 때문에 附從性과 隨伴性의 관계에 있어서는 共通運命의 관계에 있다. 즉 傳貰金債權의 發生原因에 瑕疵가 있으면 이를 擔保하는 複數의 傳貰權 전부가 동일한 영향을 받는다. 傳貰金債權이 소멸하면 複數의 傳貰權 모두가 함께 消滅하고, 傳貰金債權의 讓渡 기타 處分 역

---

50) 郭潤直, 430-1. 同旨 張庚鶴, 607; 尹大成(註 29), 256.

51) 따라서 예컨대, 傳貰金返還請求權이 時效로 소멸하면 傳貰權登記가 말소되지 않고 있더라도 그에 기한 競賣請求는 허용되지 않는다 할 것이다.

52) 傳貰金返還請求權을 傳貰權과 分離하여 讓渡할 수 있느냐에 관하여는 後述 民 §306 註釋 참조.

53) 傳貰權의 隨伴性을 "傳貰金에 대한 權利가 讓渡·相續 등으로 그 동일성을 유지하면서 承繼된 때에는 傳貰權도 그에 따라 承繼"되는 성질이라고 설명하는 것이 보통이지만(郭潤直, 430; 張庚鶴, 607), 우리 民法은 物權變動에 관하여 成立要件主義를 취하고 있으므로 被擔保債權의 讓渡가 있더라도 登記가 없으면 擔保物權의 承繼는 이루어지지 않으며, 相續의 경우에 있어서도 傳貰金債權의 承繼에 따라 從屬的으로 傳貰權이 承繼된다기보다는 兩者가 일체로서 이전된다고 보는 것이 타당하므로, 우리 民法의 해석에 있어 傳貰權, 나아가 擔保物權의 隨伴性은 被擔保債權과 擔保物權의 分離處分이 가능한지의 문제로 다루어져야 할 것이다. 따라서 傳貰權의 隨伴性은 傳貰權의 傳貰金債權에 대한 片面的 從屬으로 설명되기보다는 兩權利의 상호의존에 의한 처분의 일체성을 의미하는 것으로 보는 것이 보다 的確한 설명이 되리라고 생각한다.

54) 이 명칭은 民 §368의 共同抵當이란 용어를 유추하여 붙여 본 것인데 이하에서는 같은 用法으로 사용한다. 共同傳貰의 登記方法에 관하여는 共同抵當의 규정이 準用되고 있다. 不登 §139 Ⅲ, §§145-147, §§149-155.

55) 共同抵當에 관하여 郭潤直, 600 同旨.

시 複數의 傳貰權 모두와 수반해서만 가능하다.[56] 따라서 共同傳貰에 있어서도 각 전세권이 附從性과 隨伴性을 가지는 점에서는 변함이 없지만, 共同傳貰關係에 있는 複數의 傳貰權은 상호 結束되어 일제히 附從·隨伴된다는 데 특색이 있다.

(2) **不可分性**

㈎ 擔保物權은 被擔保債權의 全額辨濟가 있을 때까지 목적물의 전부에 그 效力을 미치고, 債權이 殘存하는 한 目的物範圍의 減縮은 없다. 이를 擔保物權의 不可分性이라 하고, 民法은 留置權에 관하여 그 규정을 두고(民 § 321), 이를 質權과 抵當權에 준용하고 있으나(民 §§ 343, 355, 370), 傳貰權에 관하여는 明文規定이 없다.[57] 그러나 傳貰權의 擔保物權性을 肯定하는 한, 그에 관하여도 당연히 不可分性이 인정된다고 해석할 것이다.[58]

㈏ 따라서 傳貰金이 일부라도 남아 있으면 傳貰權者는 目的物 전부에 대하여 競賣申請을 할 수 있고, 辨濟 기타의 사유로 傳貰金債權의 일부가 소멸하더라도 傳貰權設定者는 그에 상응하는 비율로 목적물의 반환을 請求하거나 競賣를 沮止하지는 못한다.[59]

㈐ 目的物의 일부가 不可抗力 기타의 사유로 滅失된 경우에도 그 殘存部分이 당연히 傳貰金債權의 전액을 담보하고, 目的不動產이 분할되거나 一部讓渡가 있은 경우에도 傳貰權은 그 전부에 追及하여 效力을 유지한다.[60]

㈑ 留置權 등의 不可分性에 관한 위 民法條項들을 強行規定으로 볼 필요는 없다 할 것이므로, 傳貰權의 경우에도 當事者 사이에서 不可分性을 排除하거나 제약하는 특약을 하더라도[61] 이는 有效한 것으로 볼 것이다.[62]

㈒ 不可分性과 관련하여 가장 문제로 되는 것은 共同傳貰의 경우이다.

(a) 共同傳貰라 하더라도 그것을 이루는 複數의 傳貰權은 각각 被擔保債權의 전부를 담보하고, 傳貰權者가 그 目的物 전부에 대하여 동시에 傳貰

56) 曺大鉉, "共同抵當의 登記原理", 裁判資料 44, 178.
57) 郭潤直, 431은 이 점을 立法의 不備라고 지적하고 있다.
58) 郭潤直, 431. 同旨 張庚鶴, 607; 尹大成(註 29), 256.
59) 郭潤直, 431.
60) 日注民(9), 50.
61) 예컨대, A土地에 傳貰權을 설정하면서 一定時期까지 全體傳貰金 중 일정액을 반환하면, A土地를 a와 a′로 分割하여 a부분에 대한 傳貰權은 먼저 抹消해주기로 하는 것과 같은 特約이다. 이 경우에 分割없이 1個不動產 중 特定一部에 대한 競賣를 申請하는 것은 一不動產一用紙主義의 원칙상 허용되지 않는다. 金鼎鉉, 競賣實務要論(上), 84-5 참조.
62) 郭潤直, 431.

權을 실행할 수 있음은 擔保物權의 不可分性의 論理上 당연한 것이고,[63] 또한 위와 같은 不可分性은 오로지 擔保權의 강화를 위하여 인정되는 것이기 때문에[64] 傳貰權者가 스스로 共同傳貰目的物의 일부만을 택해서 傳貰權을 실행하는 것도 인정되어야 할 것이다.[65]

(b) 그렇다면 傳貰權者는 어느 경우에나 權利를 實行할 目的不動產을 자유로이 선택할 수 있고, 同時實行의 경우이든 順次實行의 경우이든, 그리고 어느 不動產의 競賣代金이든 임의로 선택하여 傳貰金의 優先辨濟를 받을 수 있다고 볼 것인가, 아니면 共同傳貰라는 이유로 일정한 制約을 받는다고 볼 것인가? 民法은 共同抵當의 경우에는 明文의 규정을 두어 이 문제를 해결하고 있으면서도 共同傳貰에 관하여는 아무런 規定도 두고 있지 아니하다. 즉 民 §368는, 共同抵當에 있어서 債權者의 實行選擇權을 저해하지 않는 범위 내에서 抵當權의 不可分性을 制約함으로써, 각 부동산의 所有者·後順位權利者 등 關係當事者間의 이해조절을 꾀하면서, 同時配當의 경우와 異時配當의 경우를 분리하여 규정하고 있다. 그럼에도 불구하고 民法이 共同抵當과 동일한 문제에 봉착하게 될 共同傳貰에 관하여는 위 規定의 準用조차도 없이 방치한 것은 분명 立法上의 중대한 過誤라고 생각되지만, 그와 같은 明文規定의 不存在는 곧 共同傳貰에 있어서 不可分性의 貫徹을 의미하는 것인가? 그리고 그것은 과연 타당할 것인가? 아니면 明文規定이 없더라도 共同抵當에 관한 규정을 共同傳貰에도 類推適用하는 것이 가능하다고 볼 것인가?

(c) 먼저 共同傳貰에 있어, 民 §368와 같은 규정이 없다 하여 곧바로 擔保物權의 不可分性을 전면적으로 긍정하는 견해는 취할 바 못된다고 생각한다. 그 이유로서 우선 民 §368의 存在意義를 살피건대, 共同抵當에 있어 不可分性의 원칙을 관철하면, 抵當權者의 恣意에 의한 競賣不動產의 選擇 및 優先辨濟要求에 따라 각 부동산의 所有者·後順位權利者間에 현저한 不公平을 초래할 수 있고, 각 부동산은 共同抵當임에도 불구하고 최악의 경우 被擔保債權 전액까지의 負擔이 현실화하는 것을 각오해야 하므로 共同抵當의 목적이 된

63) 이는 傳貰權者의 신청대로 目的物全部가 競落에까지 이르느냐와는 별개의 문제이다. 즉 共同傳貰의 目的物 중 일부 不動產의 賣得金만으로 債權全額을 辨濟하기에 충분한 때에는 다른 不動產의 競落은 허가되지 않는다(民訴 §§ 636, 728).

64) 日注民(9), 50 참조.

65) 郭潤直, 431이 "目的物이 分割할 수 있는 것일 때에는 그 일부만을 競賣할 수 있다"고 한 것도 같은 취지를 포함하고 있는 것으로 보인다. 大判 83. 3. 22, 81다43(公 704, 749) 및 大決 87. 3. 26, 86마341, 86마카22(公 804, 23)도 共同抵當에 관하여 同旨.

부동산의 剩餘擔保價値를 크게 低減시키는 결과가 되기 때문에, 民法은 이러한 문제점을 解消하기 위하여 抵當權의 不可分性에 대한 예외로서 각 抵當物件에 합리적인 負擔을 割當하는 등의 措置를 취하고 있다.[66] 그런데 共同傳貰에 있어 그러한 明文規定이 없다는 이유만으로 不可分性의 理論的 貫徹을 취하게 되면, 결국 民 §368의 立法原因이 된 不合理가 그대로 노출될 것이므로, 가능만 하면 해석에 의하여 이를 制限하는 방안을 모색하여야 할 것이다.

다음으로, 共同傳貰는 그것이 擔保物權的 性質을 갖는다 하더라도, 典型的 約定擔保物權인 共同抵當의 경우와는 그 本質에 있어 같게만 볼 수 없는 特性이 있다. 즉 共同抵當에 있어서는 債權者는 오로지 債權의 확실한 辨濟만을 확보하기 위한 擔保價値의 증대에 관심이 있다 해도 지나친 말은 아니다. 그러나 共同傳貰에 있어서는 각 목적물이 傳貰金에 대한 擔保物로 제공된 것이기 이전에 우선 用益의 對象物로 제공된 것이고,[67] 被擔保債權 역시 目的物과 遊離되어 결정되는 抵當權과 달리 個別目的物에 대한 각각의 傳貰金의 結集이라고 하는 측면도 부인할 수 없기 때문에 傳貰權의 被擔保債權은 당초부터 個別 目的物과의 긴밀한 연계 아래 決定된다고 볼 수 있다. 다시 말해 共同抵當의 경우에는 被擔保債權의 發生原因과 抵當權取得은 전혀 별개의 차원에서 이루어지고, 따라서 각각의 抵當目的物이 被擔保債權의 일부씩을 分割하여 담보한다는 것은 그 본질에 어긋나는 것이지만, 共同傳貰의 경우에는 被擔保債權인 傳貰金債權의 發生原因이 곧 擔保權取得의 원인도 되는 것이므로, 抵當權과는 달리 당초부터 오히려 分割擔保의 관념이 전제되어 있다고 해석할 수도 있는 것이다. 따라서 典型的 擔保物權에서의 理論으로 형성된 不可分性의 원칙은 共同傳貰에서 그 權利特性에 따라 變容이 있어야 마땅할 것으로 생각한다. 그런 까닭에 共同傳貰에 있어 規制條項의 不在가 곧 不可分性의 理論的 貫徹을 意味하는 것으로 斷定되어서는 아니될 것이다.

(d) 共同抵當에 관한 民 §368를 共同傳貰에 전면적으로 類推適用하는 것은 어떠한가? 생각건대, 民 §368를 共同傳貰에 준용하거나 類推適用할 수 있으려면 그것이 共同擔保의 일반적 본질에 터잡은 規定이어야만 할 것인데, 위 規定은 단순한 立法政策上의 선택에 지나지 않는다는 것이 종래의 通說이고

---

66) 郭潤直, 602.

67) 따라서 用益의 대상이 아닌 不動産을 단지 傳貰金返還의 擔保만을 위하여 共同傳貰의 目的物에 포함시킨 경우에는 傳貰權의 效力은 用益을 위하여 제공된 不動産部分에 한하여 미친다고 볼 것이고, 그것이 物權法定主義에도 합치하는 것이다.

보면,[68] 共同傳貰에 위 條項이 적용될 論理的 當爲性은 우선 배척된다고 할 수 있다. 게다가 共同抵當과 共同傳貰는 앞서 본 바와 같이 被擔保債權의 形成構造가 전혀 相異할 뿐 아니라, 實際問題에 있어서도 준용은 곤란한 障壁이 있다. 즉 民 §368 Ⅱ 本文은 異時配當에 관하여 不可分性을 관철하면서 대신 但書에서 後順位抵當權者의 代位權을 인정하여 利害調節을 꾀하고 있으므로, 이 兩規定은 상호 연계되어 同件適用될 때만 立法趣旨에 부합한다고 할 것이다. 그러나 明文規定이 없는 共同傳貰에 있어서는 民 §368 Ⅱ 本文의 결론은 傳貰權의 擔保物權性으로부터 동일하게 도출해 낼 수 있다 치더라도, 但書가 규정한 代位權은 일종의「法律의 規定에 의한 物權變動」에 해당하므로,[69] 그에 관한 法律規定이 없는 한 이를 인정하기는 어렵다. 그러므로 共同傳貰에 관한 規制의 틀은 그 자체의 論理에 의하여 이끌어낼 수밖에 없고, 共同抵當에 관한 民 §368를 그대로 準用할 수는 없다고 본다.

(e) 그렇다면 現行法下에서의 解釋論으로서, 共同傳貰에 있어 配當의 문제는 어떻게 보는 것이 가장 바람직할까? 앞에서 말한 共同傳貰에 있어 被擔保債權과 目的不動產의 긴밀한 연계로부터 보면, 共同傳貰權者는 同時配當의 경우이든 異時配當의 경우이든 상관없이 각 부동산으로부터 일정한 割當額만을 配當받을 수 있다고 볼 여지도 있다. 그러나 다음과 같은 이유에서 同時配當과 異時配當은 달리 취급하는 것이 옳다고 본다. 먼저 同時配當의 경우에 複數의 목적물로부터 나온 競賣對價가 傳貰金을 초과하면, 어떤 형태로든 각 不動產이 부담할 債務額을 分割할 필요가 있고, 위와 같이 分割 자체가 傳貰權의 本質에도 부합하는 것이므로, 이때에는 傳貰權者는 각 부동산으로부터 責任分擔額만을 優先辨濟받을 수 있다고 볼 것이다. 그 때 割當의 비율은 역시 個別目的物의 競賣對價에 따라 按分하는 것이 가장 합당한 방법으로 생각된다. 그러나 異時配當의 경우에는 傳貰權者는, 먼저 配當하는 일부의 競賣代價에서 傳貰金 전액의 優先辨濟를 받을 수 있다고 본다. 數個의 목적물의 價額이 傳貰金을 현저히 초과할 경우, 위와 같이 一部競賣에서도 全額辨濟를 받을 수 있는 길을 터 주어야만 傳貰權設定者는 民訴 §636의 過剩競賣不許 규정에 의한 보호를 받을 수 있고, 傳貰權者도 쉽게 전세금 전액을 優先辨濟받을 수 있는 利益을 갖게 된다. 그 밖에 競賣實務上으로도 만약 共同傳貰權者는 언제나 각 부

68) 曺大鉉(註 56), 163.
69) 郭潤直, 605.

동산의 割當金額만을 優先辨濟받을 수 있다고 보게 되면, 競賣法院으로서는 傳貰目的物인 不動產 전부에 대한 競落이 있기까지는 각 부동산의 割當額을 확정할 수 없어 配當도 불가능하게 된다는 결과를 빚게 되고, 이는 쓸데없이 모든 不動產의 競賣를 강요하고, 競賣節次의 지연을 가져옴으로써 결국 누구에게도 利益되지 않는 不合理한 결과가 되고 만다. 그러므로 共同傳貰에 있어 配當의 문제는 위에서 말한 대로 同時配當과 異時配當을 달리 취급함이 옳고,[70] 위와 같은 결론은 결과적으로는 共同抵當에 관한 民 §368 I 및 同條 II 本文을 적용한 것과 동일하게 된다고 하겠다. 요컨대, 共同傳貰에 있어서도 不可分性은 인정되지만, 傳貰權은 被擔保債權의 발생에 있어 用益物權的 性格과 연관지어진 特性이 있는 까닭에 不可分性의 論理的 貫徹은 다소의 制約을 받는 것으로 해석할 것이다.

(f) 共同傳貰의 登記를 함에 있어서는, 目的物이 된 각 부동산에 관하여 각각 傳貰權設定登記를 하고, 동시에 다른 不動產에 관한 權利와 같이 傳貰權의 목적인 취지를 기재하여야 한다.[71] 이는 數個의 傳貰權이 共同傳貰關係에 있음을 公示하기 위한 것인바, 만약 실질은 共同傳貰인데 이를 밝히지 아니한 채 登記申請을 함으로써 獨立傳貰처럼 登記된 경우에는 어떻게 볼 것인가. 共同傳貰인가의 여부는 設定契約에 의하여 決定되는 것일 뿐, 登記가 共同傳貰의 成立要件은 아니라고 생각되며, 실질에 따라서 獨立傳貰가 아닌 共同傳貰로 본다 하여 後順位權利者 기타 제3자의 利益을 해할 염려도 없으므로, 위의 경우는 共同傳貰의 登記가 된 경우와 다름없이 附從性, 隨伴性, 不可分性이 생긴다고 할 것이다.[72]

(3) 物上代位性

傳貰權이 목적물의 滅失 등으로 用益權的 性格을 잃고 擔保權으로 기능할 때, 傳貰權은 오로지 객체가 된 物件의 交換價值의 취득만을 목적으로 한다. 따라서 目的物 자체는 아니지만 그 交換價值를 대표하는 것이 생겼을 때 傳貰權

70) 이와 같이 보면, 異時配當의 경우에 각 不動產의 所有者나 後順位權利者間에 不公平을 초래할 우려가 남게 되겠지만, 이는 명문의 규정이 없는 한 어쩔 수 없고, 또한 실제로는 傳貰權이 설정된 부동산에 後順位로 抵當權을 設定하는 債權者는 登記에 나타난 傳貰金 全額을 공제한 擔保價值를 파악할 것으로 보이기 때문에 그리 큰 不合理가 생기는 것은 아니라고 본다. 또한 §368 II 但書에서와 같은 傳貰權의 代位는 인정되지 않더라도, 앞서 본 傳貰金債權의 본질로부터 不當利得法理에 의한 保護의 가능성은 생각해 볼 수 있다.

71) 不登 §139 III, §§149, 150, 152.

72) 共同抵當에 관하여 曺大鉉(註 56), 191 同旨.

의 효력이 그 代表物 위에 미칠 것임은 당연히 인정되어야 한다.[73] 民法은 擔保物權의 物上代位性을 質權에서 인정하고(§342), 抵當權에 準用하면서도(§370) 傳貰權에 관하여는 이를 전혀 규정하고 있지 않다. 그러나 物上代位性은 擔保物權의 通有性이므로 위 규정은 傳貰權에도 類推適用될 수 있을 것이다. 따라서 傳貰權者는 목적물의 滅失·毁損 또는 公用徵收로 인하여 傳貰權設定者가 받을 金錢 기타의 物件에 대하여도 優先辨濟權을 行使할 수 있다. 이 경우에는 그 代表物의 특정을 위하여 支給 또는 引渡前에 押留하여야 한다.

Ⅱ. 傳貰權의 取得과 變動

1. 傳貰權의 取得事由

傳貰權은 다른 用益物權이나 約定擔保物權과 마찬가지로, 當事者 사이의 設定契約과 登記에 의하여서만 성립하고, 그것이 가장 일반적인 取得原因이다. 그러나 일단 성립한 傳貰權은 讓渡·相續 또는 取得時效에 의해서도 취득될 수 있음은 물론이다.[74] 民法上 傳貰權의 경우에는 住賃 §9와 같은 特別規定이 없으므로, 相續은 民法의 일반원칙에 따를 것이고 事實婚關係에 있는 配偶者 등에게는 相續權이 없다.

2. 設定契約에 의한 取得

(1) 傳貰權의 成立原因이 되는 設定契約은 物權契約이다. 그러나 當事者가 특히 物權的 合意를 따로 행하기로 約定하고 있지 않으면 그것은 債權契約으로서의 設定契約과 결합되어 하나의 行爲로서 행하여지는 것이 보통이다.

(2) **傳貰權設定契約은 要物契約인가?**

傳貰權設定契約은 전세권설정에 대한 合意와 傳貰金의 支給을 성립요건으로 하고, 따라서 傳貰權設定行爲는 要物契約이라고 하는 說이 있다.[75] 그러나 傳貰權의 성립을 위하여 傳貰金의 支給이 필요하다고 해서 곧바로 傳貰權設定契約을 要物契約이라고 단정할 수 있는지는 의문이다. 만약 傳貰權設定契約을 要物契約이라고 한다면, 傳貰權設定에 관하여 當事者間에 合意가 있는 것만으

73) 同旨 郭潤直, 431; 張庚鶴, 607; 尹大成(註 29), 256.
74) 傳貰權의 時效取得에 관한 詳細는 郭潤直, 430-3(1975).
75) 金容漢, 426; 金曾漢, 300-1; 張庚鶴, 610.

로는 아무런 法的 效果가 발생하지 아니한다고 할 것이다. 따라서 가령 傳貰權을 設定하기로 약정한 당사자의 일방이 정당한 이유없이 傳貰金의 설정 또는 傳貰金의 지급을 거부하더라도 상대방은 그 履行을 강제할 아무런 권리도 갖지 못하게 된다. 그러나 이는 "약속은 지켜야 한다"는 法原則에도 어긋날 뿐 아니라,[76] 傳貰權設定의 합의에 따라 傳貰金을 2—3회에 걸쳐 분할지급하는 통상의 法現實에도 부합하지 않는 부당한 것이라고 생각한다.

그러므로 傳貰權設定契約은 우리 民法上 대부분의 契約과 마찬가지로 諾成契約으로 볼 것이고, 傳貰金의 지급은 傳貰權設定契約 및 登記와 함께 傳貰權成立의 또 하나의 요소로 해석함이 상당하다 할 것이다.[77] 判例가 傳貰金의 지급이 완결되지 않은 상태에서 그 設定契約의 解除를 인정하는 것도[78] 傳貰權設定契約이 諾成契約임을 전제로 한 것이 아닌가 생각된다.

(3) 設定契約과 登記의 관계

物權行爲와 登記의 관계에 관한 일반론과 마찬가지로, 多數說은 登記를 傳貰權設定契約의 효력발생요건으로 해석한다.[79] 그러나 登記는 物權行爲와 독립한 물권변동의 요소라고 보는 것이 타당하고, 傳貰權에 있어서도 設定契約과 함께 傳貰權成立을 위한 병렬적인 요소의 하나로 볼 것이다.[80]

登記와 設定契約의 내용이 일치하지 아니하는 경우에는 傳貰權은 그 내용이 합치하는 한도에서만 효력이 생긴다.[81] 따라서 當事者間의 合意에 의하여 傳貰金을 증액지급하였거나 傳貰期間을 연장하였더라도 그 내용을 登記하지 아니하였다면, 傳貰權者로서는 傳貰目的物의 讓受人이나 抵當權者와 같은 제3자에 대하여는 물론이고, 직접 契約當事者인 傳貰權設定者에 대하여도 그 更新約定에 따른 債權을 주장함은 별론으로 하고, 物權으로서의 傳貰權을 주장하여 대항하지는 못한다고 할 것이다.

(4) 傳貰權은 目的不動產을 점유할 권리를 포함하지만, 目的物의 引渡는 傳貰權의 성립요건이 아니다.[82] 따라서 物權行爲로서의 傳貰權設定契約과 傳貰金의 支給, 그리고 登記가 있으면 傳貰權은 유효하게 성립하고, 그 후까지도 設

76) 梁彰洙, "動產質權에 관한 약간의 問題", 저스티스 20, 67.
77) 同旨 郭潤直, 432; 李太載, 290.
78) 大判 77.9.13, 77다918(公 570, 15).
79) 金曾漢, 301; 金容漢, 426; 金基善, 304; 張庚鶴, 610; 黃迪仁, 274.
80) 郭潤直, 432.
81) 金曾漢, 301; 金容漢, 426; 郭潤直, 433; 張庚鶴, 610.
82) 郭潤直, 433; 金容漢, 426; 金曾漢, 301; 李相浩, 266; 李太載, 290-1; 張庚鶴, 610-1; 黃迪仁 外, 註釋民法(Ⅱ), 520.

定者가 목적물을 引渡하지 않으면 傳貰權者는 傳貰權에 기한 返還請求權에 의하여 그 引渡를 請求할 수 있다. 이 점은 占有의 移轉을 권리의 成立要件으로 하고 있던 舊民法上의 不動產質權과 다른 점이다.

3. 傳貰權設定登記請求權

(1) 債權的 傳貰權者의 登記請求

傳貰權設定에 관한 物權的 合意, 즉 登記節次의 履行에 관한 명시적인 約定이 있다면, 그에 기한 傳貰權設定登記請求는 당연한 것이다. 문제는 登記에 관하여 아무런 約定이 없이 傳貰契約을 맺고 목적물을 用益하고 있는 이른바 債權的 傳貰權者에게 傳貰權設定登記 또는 賃借權登記를 청구할 수 있는 權利가 인정되느냐 하는 점이다.

學說은 크게 둘로 나뉜다. 그 첫째의 견해는 債權的 傳貰權은 賃借權의 특수한 것이므로 登記를 하면 제3자에게 대항할 수 있고, 또한 當事者 사이에 반대의 特約이 없으면 債權的 傳貰權者는 賃貸人에 대하여 登記節次에 협력할 것을 請求할 수 있다는 見解이다.[83] 이는 未登記傳貰의 본질을 賃貸借와 완전히 동일시하는 전제에서, 債權的 傳貰關係에 民 §621를 직접적용하는 解釋論이다. 이에 대하여 反對說은 債權的 傳貰가 對抗力을 갖춘다는 것은 民法上 物權인 傳貰權이 되는 것이므로 債權的 傳貰인 채로의 대항력의 구비는 있을 수 없다고 주장한다.[84] 따라서 債權的 傳貰에 있어서는 民 §621에 의한 登記는 허용되지 아니한다고 볼 것이고, 債權的 傳貰權者가 民法上 傳貰權設定登記를 請求하려면 그에 관한 별도의 約定이 있어야만 가능하다는 것이다.[85]

判例는 "가옥에 대한 전세권설정을 계약한 자는 전세권자에게 대하여 전세권설정등기를 할 의무가 있다 할 것이오, 이 의무는 계약서에서 반드시 그 등기를 할 것을 규정하여야만 생기는 것은 아니라 할 것"이라고 한다.[86] 이 判例의 事案은, 傳貰契約書에는 傳貰權設定登記에 관하여 아무런 언급이 없는데도 불구하고 家屋所有者에 대하여 물권으로서의 傳貰權設定登記節次의 이행을

83) 郭潤直, 417; 金曾漢, 295; 張庚鶴, 608; 黃迪仁, 272; 註釋民法(上), 532.
84) 金榮一, "소위 債權的 傳貰權에 관한 慣習", 裁判資料 Ⅱ, 142.
85) 李輔煥, "傳貰權에 관한 小考, 司論 6, 11-2. 다만 이 論文에서 위 (註 83)의 견해를 비판하면서, 債權的 傳貰를 民 §621에 의하여 登記하면 곧 物權으로서의 傳貰權이 되는 듯이 설명한 부분은 賃借權登記와 傳貰權登記의 차이를 看過한 것으로 생각되며, 위 (註 83)의 견해도 債權的 傳貰權者에게 곧바로 傳貰權設定登記請求權을 인정하는 것은 아니라는 점은 주의해야 할 것이다.
86) 大判 62. 3. 22, 4294民上1297(集 10-1, 246).

請求한 것이었다.[87] 이 判例의 해석에 관하여도, 이는 民法施行 전의 判例가 傳貰契約을 일종의 賃貸借로 보았던 태도를 실질적으로 변경한 것이라고 하여, 傳貰契約에 기한 登記는 民 §186의 登記일 뿐이고 民 §621에 의한 登記와는 다른 것이라고 하는 見解가 있고,[88] 위 判例의 「전세권설정을 계약한 자」는 登記履行을 약속한 者만을 지칭하는 것으로 보아야 한다는 견해가 있다.[89]

생각건대, 傳貰契約은 그것이 未登記라 하더라도, 典型契約으로서의 賃貸借와 동일시하여 賃貸借에 관한 民法規定을 모두 그대로 適用하는 것은 制度의 沿革이나 機能, 그리고 民法規定 등 모든 면에서 적절한 것이 못된다.[90] 다시 말해 傳貰契約은 賃貸借와는 다른 일종의 非典型契約이고, 이를 物權化한 것이 傳貰權制度이므로, 이른바 債權的 傳貰權者는 目的物所有者와 사이에 登記履行의 合意가 있었음을 主張·立證하여 傳貰權設定登記의 이행을 청구할 수는 있다 할 것이지만, 登記를 배제하는 특약이 없었다는 이유로 民 §621에 의한 賃借權登記를 請求할 수는 없다고 본다. 바꾸어 말하면, 이른바 債權的 傳貰에 관하여는 民 §621의 直接適用이 없음은 물론이고, 民法이 따로 傳貰權制度를 마련한 이상 위 條項의 類推適用도 인정되지 않는다. 따라서 傳貰契約의 경우에는 當事者間에 登記節次의 履行에 관하여 明示的이든 默示的이든 合意가 있어야만 登記請求權이 생기고, 그 合意의 존재에 관한 立證責任은 登記請求者에게 있다 할 것이며, 傳貰契約에 기하여 賃借權登記를 청구하는 것은 허용되지 않는다.

다만 立法論으로서는, 利用者의 지위를 強化·保護한다는 측면에서 傳貰權者가 보다 쉽게 登記를 할 수 있도록 길을 열어 주는 것이 바람직할 것이다. 傳貰權登記를 傳貰入住者의 單獨申請主義로 변경할 것을 주장하는 見解,[91] 傳貰權에 관하여도 民 §621와 같은 규정을 두어 立證責任을 顚倒시키자는 見解[92] 들도 같은 취지에서 나온 것으로 생각된다.[93]

---

87) 大法院判決集에 실려 있는 判決內容과 上告理由만으로는, 法院이 債權的 傳貰權者에게 物權으로서의 傳貰權設定登記請求權을 인정한 것인지 아니면 契約書 이외의 방법으로 物權인 傳貰權設定登記에 관한 合意가 있었다고 事實認定을 한 것인지는 분명하지 않다.

88) 尹大成, 韓國傳貰權法研究, 251.

89) 李輔煥(註 85), 12.

90) 詳細는 前述 總說 Ⅲ의 1. 부분 참조.

91) 尹大成(註 88), 272; 文濟祐, "傳貰權 및 賃借權의 保護策", 司論 4, 558.

92) 李輔煥(註 85), 35.

93) 1989년의 住宅賃貸借保護法 改正으로, 傳貰入住者는 傳貰契約證書에 確定日字印을 받음으로써 優先辨濟權을 취득할 수 있게 되었으므로, 住居用建物에 관한 한 문제의 대부분은 해소된 것 같다.

(2) 登記請求權의 存續期間

設定契約上의 傳貰權存續期間이 개시되기 전이거나, 그 期間이 終了되지 아니한 동안이라면 언제라도 登記請求를 할 수 있을 것임은 의문이 없다. 그런데 約定된 存續期間이 이미 지나버렸음에도 아직 設定登記를 經了하지 못하였다면 어떤가. 여전히 登記請求權은 살아 있는가 아니면 約定存續期間의 經過와 더불어 登記請求權도 소멸하는가.

大法院은 傳貰契約이 존속기간의 만료로 종료되면 위 契約을 원인으로 하는 傳貰權設定登記節次의 履行請求權도 소멸한다고 하였다.[94]

그러나 傳貰權에 있어 존속기간은 그 權利 본연의 用益權的 性格이 살아 있는 기간일 뿐이고, 擔保物權으로서의 傳貰權의 效力은 오히려 存續期間이 경과함으로써 비로소 表面에 나타난 것이 보통이다. 특히 競賣請求權(民 § 318)이나 優先辨濟請求權(民 § 303 I)은 未登記傳貰에는 인정되지 아니하는 效力이므로, 約定存續期間이 이미 경과하였더라도 傳貰權者로서는 위와 같은 權能의 취득을 위하여서라도 設定登記를 할 충분한 이유와 실익이 있다.[95] 더구나 目的物所有者가 設定契約上의 의무를 위반하여, 登記節次의 이행에 협력하지 아니하고 있는 동안에 約定存續期間이 경과되어버린 것과 같은 경우에, 이제는 登記請求權이 소멸하여 設定登記를 청구할 수 없다고 한다면 이는 보호할 필요가 있는 傳貰權者에게 不利益을 주고, 그 토대 위에서 불성실한 所有者를 보호하는 不合理가 생긴다.[96] 그러므로 傳貰權設定登記請求權은 約定存續期間의 滿了 여부와는 상관없이, 당해 傳貰權設定契約에 기한 法律關係의 淸算이 있기까지는 消滅하지 아니한다고 볼 것이다.

4. 當事者의 交替(所有者의 變動)

傳貰權關係에 있어 當事者의 交替는 傳貰權者가 交替된 경우와 目的物所有者가 交替된 경우로 나누어 볼 수 있다. 傳貰權者의 交替는 相續과 같은 法定事由로도 생기지만, 대개는 讓渡에 의하여 이루어질 것인바, 그에 관하여는 民法이 따로 규정(民 §§ 306, 307)을 두고 있으므로, 여기에서는 目的物所有者의 변동이

94) 大判 74. 4. 23, 73다1262(公 488, 38).
95) 同旨 尹大成(註 88), 252. 대법원판결집 22-1, 163-4 의 上告理由 부분도 참조.
96) 그 不合理는, 예컨대 傳貰權者가 不登 § 38에 의한 假登記假處分까지 해두고 傳貰權設定의 本登記節次의 履行을 구하는 訴를 진행하는 중에 存續期間이 경과되어버린 경우를 想定하면 더욱 두드러진다.

있는 경우만에 관하여 살핀다. 所有者의 변동이라도 그것이 相續이나 企業合倂 같은 包括承繼에 의하여 이루어진 경우에는 종전 所有者에 대한 法律關係가 新所有者에게 그대로 承繼될 것은 의문이 없다. 문제는 賣買나 競賣와 같은 特定承繼의 방식에 의하여 目的物所有者의 변동이 생긴 경우이다. 그 경우에도 新所有者는 從前所有者의 지위를 그대로 승계할 것인가, 그리고 從前所有者는 傳貰權에 관한 權利義務關係에서 완전히 이탈하는가 하는 점이다.

종래 이와 유사한 문제로서, 對抗力있는 賃借權이 설정된 경우에 관하여는 學說上 많은 論議가 있었다.[97] 그러나 傳貰權에 관하여는 언급하신 분이 거의 없는 가운데 대체로 否定的인 견해만이 발견된다. 즉 傳貰建物의 讓受人은 그 전세기간 동안 傳貰權者가 그 주택에서 居住하는 것을 容認하여야 할 消極的 義務가 있을 뿐이고 賃借建物의 讓受人과 같이 傳貰權者의 거주에 필요한 상태를 유지하게 할 의무나 傳貰金을 반환할 의무를 지는 것은 아니다. 다만 傳貰金返還에 관해서는 傳貰權設定者(前所有者)가 傳貰金을 반환하지 않을 경우 전세권자는 그 建物을 競賣할 수 있으므로(民 §318) 傳貰住宅讓受人은 洽似 傳貰權設定者의 傳貰金返還債務에 대하여 物上保證人이 된 것과 같은 모양이 된다. 그러나 傳貰權者가 競賣를 신청한 경우에 傳貰住宅讓受人이 그 競賣를 면하기 위하여 전세권자에게 傳貰金을 지급하였을 때에는 民 §576 Ⅱ에 의하여 前所有者(傳貰權設定者)에게 그 償還을 청구할 수 있고 競賣의 실행으로 주택의 소유권을 상실하였을 때에는 계약을 解除하고 原狀回復과 損害의 배상을 청구할 수 있게 된다는 것이다.[98] 요컨대, 傳貰目的物의 所有權變動이 있더라도 傳貰權에 관한 권리의무관계가 新所有者에게 당연히 승계되는 것은 아니고, 舊所有者가 여전히 傳貰權設定者로서의 지위에서 책임을 진다는 것이다.

그러나 이에 대하여는, 賃借權의 대항력에 관한 종래 通說의 입장에서는 반대의 견해를 취할 것으로 추정된다. 왜냐하면 登記된 賃貸借에 관한 종래의

97) 기존의 賃貸借關係가 新所有者에게 當然承繼된다는 점에서는 異見이 없는 듯하고, 다만 從前所有者, 즉 원래의 賃貸人이 免責되느냐에 관하여 多數說은 肯定하고 少數說은 이를 否定하면서 일종의 중첩적 채무인수관계가 된다고 주장한다. 詳細는 李範柱, "住宅賃借權의 對抗力", 方順元記念論文集, 175-84; 李在性, 李在性判例評釋集(Ⅹ), 502-11; 閔日榮, "賃貸住宅의 讓渡人에 대한 賃借保證金의 返還請求", 民判硏 9, 100-12 참조.

98) 李在性(前註), 506-7; 李周興, "傳貰權과 競賣(下)", 法曹 31-11, 54-7은 傳貰金은 高額이므로 그 當然承繼를 인정하면 新所有者에게 예측 못할 막대한 손해를 입히는 수가 생기고, 傳貰金返還義務者의 信用이나 資産狀態의 변동으로 그 履行方法이 달라져 傳貰權者에게 반드시 無害하다고도 할 수 없다는 이유로, 傳貰金返還債務의 引受는 어디까지나 債務引受의 문제로서 舊所有者와의 합의 외에 債權者인 전세권자의 承認이 있어야 한다고 한다.

通說이 그 대항력의 의미를 賃貸人地位의 當然承繼와 從前賃貸人의 면책으로 해석하는 근본이유는 賃借權의 物權化性에 있다고 보여지고,[99] 그렇다고 하면 바로 物權 그 자체인 傳貰權에 관한 解釋論으로서도 傳貰權設定者 지위의 當然承繼와 從前所有者의 면책으로 새기는 것이 論理의 일관성이 있기 때문이다.[100]

私見으로도, 傳貰權의 목적부동산에 관한 所有權變動이 있으면 설정자의 지위는 新所有者에게 當然承繼되고 舊所有者는 원칙적으로 면책된다고 새기는 것이 옳다고 본다. 그 이유는 다음과 같다.

우선 傳貰權 設定契約當事者間의 관계는, 登記를 통하여 物權으로서의 傳貰權이 성립되어버리면 이제는 債權關係가 아닌 物權關係로서 物權法定主義에 따라 法이 정한 傳貰權의 내용과 효력에 좇아 傳貰權者가 목적물을 直接 支配하는 權利義務關係로 이행된다고 볼 수 있다. 그 후 目的物所有權의 변동이 있더라도 傳貰權者와 目的物, 즉 傳貰權者와 目的物所有者間의 관계라는 物權關係의 본질이 변할 수는 없는 것이므로, 新所有者는 당초의 傳貰權設定者인 종전 所有者와 동일한 지위에서, 法이 정한 傳貰權의 내용에 따른 모든 權利義務의 직접적인 당사자가 된다. 각도를 달리하여 보면, 目的物의 所有權이 이전되면 그와 함께 傳貰權設定者의 지위도 이전되고, 傳貰權設定者라도 그 目的物의 소유권을 잃으면 설정자로서의 權利義務關係에서 離脫한다고 할 것이다.

특히 傳貰權의 경우에는 대항력있는 賃借權의 경우와 달리, 傳貰權者에게 競賣請求權이 있으므로 目的物讓受人이 傳貰權設定者로서의 지위를 면책적으로 引受하는 法的 構成을 취한다 하여 전세권자에게 하등 不利益할 것이 없고, 讓受人도 登記의 열람 등을 통하여 傳貰權에 의한 제약을 당연히 예상하고 있었을 것이므로 不測의 손해를 입는 경우도 없다.

또한 傳貰權에 관한 民法規定을 보더라도 有益費償還請求權(民 § 310), 傳貰權의 消滅請求 및 消滅通告(民 §§ 311, 313), 傳貰金增減請求權(民 § 312-2), 附屬物買受請求權(民 § 316) 등은 모두 權利行使 당시의 傳貰權者와 目的物所有者間의 관계에서 의미를 가지는 규정들임이 분명하다.[101]

99) 李範柱(註 97), 176-7; 郭潤直, 債各, 283.

100) 賃貸人地位의 重疊的 承繼를 주장하는 少數說도, 賃貸借關係는 근본적으로 契約當事者間의 債權關係라는 점을 강조하면서 賃借人의 보호를 위하여 종전 所有者의 免責을 부정할 뿐이고, 新所有者의 地位承繼까지도 부정하는 것은 아니므로, 傳貰權에 관하여도 新所有者에의 承繼 자체를 부정하지는 아니할 것으로 생각된다.

101) 民 § 311는 法文 자체가 특히 '소유자'라고 되어 있고, 다른 條文들은 대개 '설정자'로 되어 있으나 그 경우에도 이를 「設定契約當事者」로 새기기보다는 오히려 「所有者」로 새겨야 할 것으로 생각된다.

위와 같이 볼 때, 남는 문제는 民 §576와의 관계에서 解釋上의 충돌이 없는가 하는 점이다. 즉 民 §576Ⅱ이 傳貰權의 목적인 부동산의 買受人이 賣渡人에 대하여 傳貰金 등 出財額의 償還을 구할 수 있도록 한 것은 傳貰物所有權의 변동이 있더라도 傳貰金返還債務는 여전히 종전 所有者에게 남아 있는 것을 前提로 한 것이 아니겠느냐 하는 의문이 생기는 것이다.[102] 그러나 생각건대, 民 §576는 不動產賣渡人이 傳貰權의 行使로 인하여 완전한 所有權을 넘겨 줄 수 없게 된 경우의 債務不履行責任을 法定責任化한 데 의의가 있는 것이고, 傳貰權者와 傳貰物所有者 사이의 權利義務關係를 규정짓는 근거조항은 아닌 것이다. 따라서 民 §576Ⅱ이 買受人의 償還請求權을 인정하고 있다 하여, 그것이 곧 傳貰金返還債務의 不承繼를 전제한 것이라고 단정할 수는 없다. 만약 위 條項이 傳貰金返還債務의 不承繼를 전제한 것이라면, 당해 不動產이 轉轉讓渡된 경우에도 최초의 傳貰權設定契約者만이 傳貰金返還의 債務者일 것이니, 最終讓受人이 권리보전을 위하여 出財한 傳貰金도 결국은 원래의 채무자인 당초의 傳貰權設定者에게만 상환을 求할 수 있도록 하는 것이 論理에 부합할 것이지만, 民 §576Ⅱ은 그와 같은 형태의 償還請求를 인정하는 취지는 아니고 단지 賣買契約의 直接當事者 사이의 責任關係를 규정한 데 지나지 아니한다 할 것이다. 뿐만 아니라 傳貰物所有權의 변동이 있더라도 傳貰金返還債務는 承繼되지 않는다고 하면, 傳貰物買受人의 辨濟는 제3자의 辨濟(民 §469)가 되어 그 買受人은 당연히 償還請求權을 갖게 될 것이므로 民 §576Ⅱ은 특별한 存在意義를 갖지 못하게 된다. 오히려 傳貰物所有權의 변동에 따라 傳貰金返還債務도 承繼된다고 볼 때 비로소 위 條項은 買受人이 自己債務를 辨濟하였음에도 償還請求權을 취득하는 근거규정으로서의 效用을 갖게 되는 것이다.

요컨대, 私見으로는 傳貰物所有權의 변동이 있으면 원칙적으로 舊所有者는 傳貰權利義務關係에서 완전히 벗어나고 新所有者가 그의 지위를 承繼하는 것이고, 다만 民法이 정한 傳貰權의 내용 이외의 特約事項이 있다면 이는 契約當事者 사이의 債權關係이므로 新所有者에게 當然承繼되는 것은 아니라고 생각한다.

判例가 住宅賃貸借保護法의 대항력있는 賃借權에 관하여, 賃貸借保證金의 返還債務는 不動產所有權과 결합하여 일체로서 移轉하는 것이며, 그에 따라 讓渡人의 保證金返還債務는 소멸한다고 하면서도,[103] 다른 한편 讓受人의 讓渡人

102) 李在性(註 97), 506 및 510은 그와 같이 해석한다.
103) 大判 87. 3. 10, 86다카1114(集 35-1, 147). 同旨 大判 89. 10. 24, 88다카13172(公 862, 24).

에 대한 求償金請求를 긍정하는 것은[104] 傳貰權에 관한 위 私見과 脈을 같이 하는 것으로 생각된다.

Ⅲ. 傳 貰 金

1. 傳貰金의 意義

傳貰金은 전세권자가 目的不動産使用의 對價로서 設定者에게 교부하는 金錢이다. 이는 傳貰權消滅時에 전세권자에게 반환되어야 한다는 점에서, 通常賃貸借의 借賃과 다르고, 通說은 金錢에 한한다고 한다.[105]

傳貰金은 반드시 지급되어야 하는 傳貰權成立要素의 하나이고, 따라서 當事者間에 傳貰金을 지급하지 아니한다는 特約을 하더라도 이는 無效이다.[106] 그러나 傳貰金의 지급은 傳貰權成立의 요소일 뿐 傳貰權存續의 요소는 아니라 할 것이므로 傳貰權存續期間 중에, 設定者가 지급받은 傳貰金을 傳貰權者 또는 그의 債權者 등에게 반환하였다 하더라도 그로써 傳貰權이 소멸되는 것은 아니다.[107]

傳貰金의 額에 관하여는 法律上 아무런 제한이 없으므로 오로지 당사자간의 合意에 의하여 결정될 것이지만, 그 額은 登記하여야 하며(不登 §129 I), 登記된 額에 한하여 제3자에게 대항할 수 있고, 이는 傳貰權存續期間中에 增額한 경우에도 같다.

2. 傳貰金의 法的 性質

(1) 使用對價로서의 性質

傳貰金은 目的不動産의 使用對價로서 賃貸借에 있어 借賃이나 地上權에 있어 地料와 유사한 성질을 가진다. 다만 借賃이나 地料는 통상 週期的으로 일정액이 지급되는 데 비해 傳貰金은 일시에 전액이 지급되고, 設定者는 傳貰金의 이자로써 目的不動産使用의 대가에 갈음할 뿐이다. 傳貰金 외에 月貰 등의

104) 大判 85. 5. 28, 84다카1890(公 756, 26). 이 判決에 대한 評釋은 閔日榮(註 97), 96-112 참조.

105) 郭潤直, 427; 李太載, 285.

106) 郭潤直, 427. 한편 黃迪仁 外, 註釋民法(Ⅱ), 519은 그 경우에 無效行爲의 轉換理論에 의하여 경우에 따라 地上權 또는 使用貸借의 成立을 인정할 수 있다 한다.

107) 債權的 傳貰에 관하여 서울高判 68. 3. 20, 67나2415(高集 68-4, 161) 同旨.

형식으로 일정액을 정기적으로 추가지급하기로 하는 특약이 있더라도, 그 경우의 傳貰權設定契約 자체를 無效로 볼 것까지는 없다 할 것이지만, 그러한 特約事項은 登記事項이 아니므로 제3자에까지 대항할 수는 없다 할 것이다.

(2) **保證金으로서의 性質**

民 §315는 傳貰權의 목적물의 전부 또는 일부가 傳貰權者에 책임있는 사유로 인하여 滅失된 때에는 傳貰權設定者는 傳貰權이 소멸된 후 傳貰金으로써 그 손해의 배상에 충당할 수 있다고 규정한다. 이는 傳貰金이 賃貸借에 있어 賃貸保證金처럼 傳貰權存續期間 중에 傳貰權者가 부담하는 채무에 대한 擔保機能을 수행한다는 점을 명문으로 인정한 것이라고 할 수 있다. 문제는 傳貰金이 담보하는 債權이 범위에 관한 것으로서, 設定者가 傳貰金으로부터 優先辨濟를 받을 수 있는 債權은 위 民 §315가 정한 目的物滅失로 인한 손해배상채권으로 한정할 것이냐 아니면 目的物損傷으로 인한 손해배상채권도 포함시킬 것이냐 하는 점이다. 通說은 目的物滅失 이외의 이유로 傳貰權者가 부담하는 손해배상채무에 관하여도 設定者는 傳貰金返還債務와 損害賠償債權을 相計할 수 있으므로 실제에 있어서는 傳貰權者의 모든 채무를 담보한다 하여도 무방할 것이라고 한다.[108)]

그러나 생각건대는 傳貰金은 위 民 §315가 없더라도 당연히 保證金的 性格을 가지는 것이고, 따라서 傳貰權設定者는 목적물을 明渡받을 때까지 傳貰權者에 대하여 당해 傳貰關係에서 취득한 모든 債權을 傳貰金으로부터 優先控除받을 수 있고, 그 債權의 만족을 위하여 별도로 相計의 意思表示를 할 필요는 없는 것이 아닐까 한다. 만약 通說처럼 相計의 法理를 개재시키게 되면, 傳貰權存續期間中에 전세권자의 傳貰金返還債權이 제3자에 의하여 押留된 경우에는 그 이후에 目的物滅失 이외의 사유로 취득한 傳貰權設定者의 債權은 傳貰金으로부터 만족을 받을 수 없게 될 것이다. 그러나 滅失의 경우와 그 밖의 경우의 法的 效果를 위와 같이 구분취급할 뚜렷한 합리적 근거를 발견할 수 없고, 傳貰金의 保證金的 性格은 民法이 傳貰權을 명문화하기 이전부터 당연히 인정되어 왔던 慣習이 한 내용이었으며, 民 §315 이외의 경우에도 전면적으로 保證金的 性格을 인정하는 것이 當事者의 意思나 傳貰權設定者의 기대에도 합치하는 것으로 생각된다. 그러므로 民 §315는 이를 例示的 規定으로 해석하여, 傳貰金은 賃貸保證金과 마찬가지로 目的物明渡時까지 傳貰權者가 부담하는 모든 債

---

108) 郭潤直, 428; 金容漢, 423; 張庚鶴, 606 등.

務를 별도의 意思表示없이 당연히 擔保하는 것으로 새길 것이다.[109)]

다만, 賃貸保證金에 있어서는 賃貸借存續 중에도 履行되지 않은 債務의 辨濟에 충당할 수 있지만, 傳貰金의 경우에는 傳貰權이 期間滿了 기타의 사유로 消滅되어야만 충당할 수 있다는 점에서 兩者는 다소의 차이가 있다(民 § 315 Ⅱ).[110)] 이는 賃貸保證金은 오로지 賃借人의 채무를 담보하기 위하여 교부되는 금전임에 비해, 傳貰金은 그 1차적 사명이 目的物使用의 對價支給方法으로서 교부되는 금전이라는 機能上의 차이에서 유래하는 것이다.

(3) 信用授受의 手段으로서의 性質

앞서 傳貰權의 法的 性格을 논하면서 살펴본 바와 같이 傳貰權은 실질적으로 不動產質과 유사한 기능을 수행하는 일면이 있고, 그 경우 傳貰金은 不動產所有者가 목적물의 使用價値를 擔保로 하여 傳貰權者로부터 얻는 金融으로서의 성질을 가지게 된다. 따지고 보면 傳貰制度가 성행하는 실질적인 이유는 일반서민이 銀行 등 制度金融을 이용하여 금전대출을 받는 것이 사실상 용이하지 아니한 반면, 傳貰金債務를 부담하고라도 不動產所有權을 취득해두면 不動產價格의 상승률이 높은 까닭에 결국 취득할 수 있는 재산적 이득이 크다는 데 연유하는 것이라고 할 때, 현실에 있어서의 傳貰金의 기능은 不動產所有者가 비교적 손쉽게 高額의 금융편의를 얻을 수 있는 수단이 된다는 데 있다 할 것이다.

Ⅳ. 優先辨濟請求權

1. 規定의 經過 및 意義

1984년에 民法이 改正될 때까지는 民法은 質權이나 抵當權에서와 달리(民 §§ 329, 356), 傳貰權에 있어서는 競賣請求權에 관한 규정만을 두고 있을 뿐(§ 318) 優先辨濟權에 관하여는 明文의 규정을 두고 있지 않았다. 그러면서도 競 § 34 Ⅲ은 "競賣代金의 ……配當에 관하여는 抵當權者와 傳貰權者와의 순위는 登記의 先後에 의한다"고 하고, 破 § 84는 전세권자에게 別除權을 부여함으로써, 節次法上으로는 실질적으로 傳貰權의 優先辨濟的 效力을 인정하는 규정이 있었

109) 債權的 傳貰에 관하여 大判 68. 7. 24, 68다895(集 16-2, 300) 同旨.
110) 郭潤直, 429.

기 때문에 實體法인 民法과의 관계에서 해석상의 논란을 불러 일으키고 있었다.[111] 게다가 不動產所有者에 비하여 통상 經濟的 弱者의 위치에 있는 傳貰權者를 보다 두텁게 보호해야 한다는 社會經濟的 요청이 증대함에 따라 改正民法에서는 傳貰權者의 投下資本回收를 보다 확실하게 보장하기 위하여 優先辨濟權을 명문화하기에 이른 것이다.[112]

이로써 종래의 學說上의 대립은 해결되었고,[113] 傳貰權者는 任意競賣와 強制競賣의 구별없이 언제나 一般債權者 및 다른 權利者와 사이에 抵當權者와 같이 登記의 先後에 따라 目的不動產의 競賣代金에서 傳貰金의 優先支給을 받을 수 있게 되었다.

2. 優先辨濟請求의 範圍

(1) 債權의 範圍

民法은 傳貰權에 優先辨濟的 效力을 부여하여 이를 擔保物權化하고서도 質權이나 抵當權에서와 달리(民 §§ 334, 360), 被擔保債權의 범위에 관하여는 별도의 규정을 두지 아니하고, 다만 民 §303 I 에서 「傳貰金」의 優先辨濟를 받을 權利가 있다고만 규정할 뿐이다. 따라서 傳貰權者가 傳貰關係에서 취득하는 債權 중 가장 핵심을 이루는 傳貰金返還請求權이 優先辨濟의 대상이 되는 것임은 의문의 여지가 없다.

문제는 傳貰金返還請求權 이외의 債權, 예컨대 목적물에 관한 有益費償還請求權이나(民 § 310), 買受請求權의 행사에 의한 賣買代金請求權(民 § 316), 傳貰權設定者의 傳貰金返還債務의 履行遲滯 등으로 인한 損害賠償債權 등은 優先辨濟의 대상이 되는 債權의 범주에서 제외되는 것인가 하는 점이다.

생각건대, 質權이나 抵當權에 있어서는 그 권리의 내용을 규정하는 條項이 모두 「自己債權」의 優先辨濟를 받을 권리라고 되어 있음에 비해(民 §§ 329, 356), 傳貰權에 있어서는 「傳貰金」의 優先辨濟를 받을 권리라고 되어 있어(民 § 303 I), 우선 規定의 文言이 상이한바, 이는 立法過程에서의 의도적인 배려의 결과임을 주목할 필요가 있다. 즉 1984년의 民法改正時 최초의 政府試案에는 傳貰權의 경우에도

111) 당시 多數說과 判例는 優先辨濟權을 부정하고 있었다. 郭潤直, 424-9(1975); 大決 61. 7. 6, 4294민재항291(要集 民 I, 570). 詳細는 前述 I의 4. 부분 참조.

112) 大韓民國 國會事務處, 제119회 國會法制司法委員會會議錄 10, 1-2.

113) 學者들도 위와 같은 民法의 改正을 대체로 찬성하는 것으로 보인다. 韓國民事法學會 編, 改正民事法 解說, 33-4, 41, 57의 金曾漢, 黃迪仁, 金容漢 교수의 견해 등 참조.

優先辨濟의 대상이 되는 權利를 「自己債權」이라고 규정하고 있었는데,[114] 그 試案에 대한 각계의 의견을 수렴하는 과정에서 傳貰權者의 채권범위를 구체화하여야 한다는 法制處의 의견이 수용된 결과 위 「自己債權」이라는 文言은 현재와 같이 「傳貰金」이라는 표현으로 대체된 것이었다.[115] 그렇다면 적어도 法律案의 起草者 내지 立法者의 意思는 傳貰權의 경우에는 優先辨濟를 받을 수 있는 債權을 傳貰金返還請求權으로 제한하고자 하였던 것이라고 推斷해도 무방할 것으로 보인다.

한편 現行法의 규정 자체로 보더라도 民 §303 I 에 명백히 「傳貰金」의 優先辨濟를 받을 權利라고 되어 있음에도 불구하고, 質權이나 抵當權에 있어서의 被擔保債權의 범위에 관한 규정들을 유추적용하여 債權範圍를 확장하는 것은 뚜렷이 解釋의 한도를 벗어나는 것이라고 보여지고, 자칫 抵當權者 등 後順位權利者의 地位를 위태롭게 할 우려도 있는 것이므로, 결국 傳貰權者가 傳貰目的物로부터 優先辨濟를 받을 수 있는 債權은 法律의 文言대로 傳貰金返還請求權으로 한정하여 해석하는 것이 타당하다고 생각한다. 따라서 傳貰金返還請求權 이외의 債權에 관하여는 傳貰權者는 一般債權者와 동등한 地位에 설 뿐이라고 하겠다.

그러나 立法論으로서는 위와 같은 民法의 태도가 결코 바람직한 것이었다고는 생각되지 않는다. 우선 傳貰權設定者의 傳貰金返還遲滯로 인한 손해배상채무 등과 같이, 傳貰金返還債權에 附隨하는 내용의 채권은 抵當權에서와 같은 일정한 制限 아래(民 §360 但) 이를 優先辨濟의 대상에 포함시키는 것이 옳고, 有益費償還請求權의 경우에도 그 債權發生의 반면으로 목적물의 擔保價値가 그만큼 증대하고 있을 것이므로 質權에서의 규정을 참고하여(民 §334) 이 역시 優先辨濟를 받을 수 있도록 하였어야 할 것이다.[116] 장차 적절한 立法的 補完이 필요하다고 본다.

(2) **目的物의 範圍**

㈎ 傳貰金을 優先辨濟받기 위한 목적물은 傳貰權의 객체인 당해 不動產 그 자체가 될 것임은 자명하나, 전세권의 경우에도 擔保物權의 通有性인 物

114) 尹大成, "傳貰權의 改正過程에 관한 考察", 昌原大學論文集 9-1, 166.
115) (前註), 170-1.
116) 有益費償還請求權의 경우에는 「目的物에 관하여 생긴 債權」으로서 留置權이 인정될 것이므로 사실상 優先辨濟를 받을 수는 있다고 하겠지만, 立法으로서는 傳貰權의 效力으로서 優先辨濟를 받을 수 있도록 함이 보다 세련된 태도라 할 것이다.

上代位性이 긍정되어야 할 것이므로 목적물에 대한 代表物이 있으면, 傳貰權者는 그로부터 優先辨濟를 받을 수 있다.[117)]

(나) 한 개의 不動産의 일부에 대한 傳貰權者라도 「그 不動産 전부에 대하여」 優先辨濟를 받을 權利가 있다. 즉 傳貰權의 목적물이 한 개의 不動産 전부가 아닌 경우에도, 傳貰權者는 그 不動産에 대한 權利의 順位에 따라, 그 부동산 전체의 매각대금에서 傳貰金을 優先辨濟받을 수 있고, 客體가 되는 부분의 비율에 따른 매각대금만이 優先辨濟의 대상이 되는 것이 아니다. 이는 한 개 不動産의 일부만이 傳貰權의 객체가 된 경우에 그 부분만을 분할하여 경매한다는 것이 사실상 불가능한 경우가 많고, 그 일부만의 交換價値를 區分精算하는 것 또한 쉽지 아니하다는 현실적인 難點을 고려하여 傳貰權者의 보호를 위해 優先辨濟權의 범위를 확장한 것이라고 할 수 있다.[118)]

(다) 抵當權에 있어서의 民 §358와 같은 明文의 규정이 없지만, 傳貰權의 경우에도 본래의 목적물에 대한 附合物과 從物에도 그 權利의 效力이 미친다고 할 것이다.

(라) 區分建物에 垈地權登記가 경료되어 있는 경우에, 垈地權은 建物에 대하여 從物과 유사한 성질을 가지므로 가사 建物만에 관한 취지의 附議가 있는 경우라 하더라도 傳貰權者는 垈地權에 대한 競賣代金에서도 優先辨濟를 청구할 수 있다 할 것이다.

3. 優先辨濟의 順位

(1) 傳貰權者는 「後順位權利者 기타 債權者」에 우선한다. 따라서 傳貰權者는 一般債權者에 대하여는 항상 우선한다.

(2) 傳貰權과 抵當權이 競合하는 경우의 優先順位의 문제는 傳貰權의 消滅이 전제된다. 따라서 抵當權보다 전세권이 先順位이고 競落으로 인하여 消滅되지 아니하는 경우에는 優先辨濟의 문제는 발생하지 않지만, 存續期間의 정함이 없거나 競賣申請登記時로부터 殘存한 存續期間이 6월 미만인 경우에는 先順位인 전세권도 소멸하므로 그 때는 傳貰權者가 가장 우선적으로 傳貰金을

117) 前述 Ⅰ의 6. (3) 참조.

118) 傳貰權者가 優先辨濟를 받을 수 있는 賣却代金의 범위가 위와 같이 확장되어 있으므로, 傳貰權者는 다른 사람이 신청한 경매절차에서는 언제나 그 目的物 전체의 매각대금에서 優先辨濟를 받을 수 있지만, 그렇다고 하여 일부 傳貰權者가 그 不動産 전부에 대하여 적극적으로 競賣申請을 할 權利까지 당연히 보장되는 것은 아니다. 學說 등 詳細는 後述 民 §318에서 Ⅲ의 2. 부분 참조.

配當받을 것이다(民訴 §608 Ⅱ).

또한, 傳貰權이 가장 먼저 登記되었다 하더라도 競賣進行中에 期間滿了 등의 사유로 傳貰權이 소멸하거나, 傳貰期間이 남아 있음에도 불구하고 傳貰權者가 殘餘期間의 使用·收益權을 포기하고 傳貰金의 優先辨濟를 청구해 오는 경우에 이를 허용할 것이냐 하는 문제가 있다. 생각건대, 위 兩者 중 우선 期間滿了의 경우에는 당연히 傳貰權者의 權利行使가 認容되어야 할 것이고,[119] 中途抛棄에 의한 청구의 경우에도, 이를 불허하게 되면 경우에 따라서는 競落人이 소유권을 취득한 이후에 새로운 競賣가 실시됨으로써 절차의 無用한 반복을 초래한다는 점에서 이를 허용함이 타당할 것으로 생각한다. 다만 위와 같은 경우에 만약 傳貰權이 引受될 것을 전제로 한 鑑定評價가 이루어지고 이를 토대로 競賣節次가 진행되고 있었다면, 위와 같은 傳貰權利關係의 변동으로 인한 목적물의 再鑑定 및 最低競賣價格의 再調整 등 경매절차상으로 유의할 점이 있음은 별문제이다.[120]

(3) 傳貰權보다 先順位의 저당권이 있는 경우에는, 그 抵當權者나 傳貰權者가 競賣를 신청한 경우는 물론이고, 傳貰權者보다 後順位의 抵當權者, 나아가서는 一般債權者가 競賣申請한 경우에 있어서도 전세권은 소멸하고 傳貰權者는 設定登記의 先後에 따라 配當을 받게 된다.[121]

4. 優先辨濟權의 實行方法

(1) 傳貰權者가 傳貰金을 優先辨濟받는 가장 통상적인 방법은 競賣이다.[122] 그러나 傳貰金의 반환시기가 도래한 후에 傳貰權의 目的不動產을 競賣가 아닌 任意의 방법으로 처분하여 精算하기로 하는 特約, 즉 任意換價의 特約도 有效하다.[123]

(2) 傳貰權者는 目的不動產에 대하여 優先辨濟權을 행사함이 없이 먼저 債務者의 일반재산에 대하여 一般債權者로서 執行할 수 있는가. 傳貰權에 있어서는 그 점에 관한 아무런 제한규정이 없지만, 質權이나 抵當權에서는 一般債權者의 보호를 위하여 원칙적으로 이를 허용하지 않고 있다(民 §§ 340, 370). 立法의

119) 同旨 金鼎鉉, 競賣實務要論(上), 554.
120) 崔世模, "不動產競賣와 傳貰權", 裁判資料 36, 335.
121) 同旨 金鼎鉉(註 118), 554; (前註), 331-3, 反對 金曾漢, 310.
122) 競賣에 의한 실행의 詳細는 民 § 318 부분 참조.
123) 郭潤直, 449.

不備라고 할 것이지만, 傳貰權도 담보물권이므로, 民 §340가 준용된다고 새길 것이다.[124)]

따라서 傳貰權者는 원칙적으로 傳貰目的物로부터 먼저 優先辨濟를 받아야 하고, 그럼에도 지급받지 못한 傳貰金이 있을 때, 비로소 一般債權者의 지위에서 債務名義를 얻어 전세권설정자의 一般財産에 스스로 강제집행을 하거나, 타인이 執行을 하는 경우에 그 配當에 참가할 수 있다.

[朴 炳 大]

第304條(建物의 傳貰權, 地上權, 賃借權에 대한 效力)

① 他人의 土地에 있는 建物에 傳貰權을 設定한 때에는 傳貰權의 效力은 그 建物의 所有를 目的으로 한 地上權 또는 賃借權에 미친다.

② 前項의 경우에 傳貰權設定者는 傳貰權者의 同意없이 地上權 또는 賃借權을 消滅하게 하는 行爲를 하지 못한다.

Ⅰ. 本條의 趣旨

土地와 建物은 法律上 별개의 부동산이기는 하지만, 建物의 이용을 위하여는 그에 따른 敷地의 이용이 불가결한 것이고 兩者는 經濟的 일체성을 갖게 된다. 따라서 建物과 그 敷地인 토지의 所有權이 동일인에게 속한 경우에는, 가령 設定契約에서 토지를 제외하고 건물만을 傳貰權의 목적으로 한 경우에도 傳貰權者는 그 建物의 使用·收益을 위하여 필요한 범위 내의 垈地에 대하여 당연히 利用權을 가진다고 하지 않으면 안 된다.

本條는 그와 같은 전제에서 土地와 建物이 그 所有者를 서로 달리하는 경우에도 建物에 대한 傳貰權의 효력은 그 건물의 소유를 목적으로 한 地上權 또는 賃借權에 미친다고 하고, 나아가 垈地使用에 대한 建物所有者의 처분을 제한함으로써 建物傳貰權者의 垈地利用權을 보장해주고 있는 것이다.

124) (前註).

Ⅱ. 本條 第1項

1. 傳貰權의 效力이 "地上權 또는 賃借權에 미친다"고 할 때, 그 규정의 의미에 관하여는 견해가 갈린다. 第1說은 그 建物의 소유를 목적으로 한 地上權 또는 賃借權에 대하여도 法律上 당연히 傳貰權을 취득한다는 뜻으로 해석하면서, 이는 法律의 규정에 의한 物權의 취득이므로 따로 登記하지 않아도 效力이 생긴다고 한다.[1] 이에 대하여 反對說은 傳貰權의 목적이 되는 것은 어디까지나 「不動産」에 한하는 것이고 「不動産物權」을 목적으로 하는 것이 아니므로, 위 條項은 단지 傳貰權者도 마치 자신이 地上權者 또는 賃借人인 것 같이 그 土地를 이용할 수 있음을 表明한데 지나지 않는다고 해석한다.[2]

생각건대, 民 §305에 의하여 法定地上權이 인정되는 경우에도 그 權利는 建物所有者에 귀속하고 그로써 傳貰權者의 垈地利用權이 충분히 보장되는 것이지, 그 法定地上權에 대하여 建物傳貰權者가 다시 傳貰權을 취득한다고 하는 중복적인 法的 擬制는 불필요한 것인 점에 비추어, 本條의 경우에도 傳貰權者에게 建物所有者와 동등한 정도로 垈地利用權을 보장해주는 것으로 충분하고, 그에서 나아가 權利에 대한 傳貰權이라는 어색한 擬制를 하는 것은 필요하지도 아니할 뿐 아니라 가능한 해석도 아니라고 할 것이어서, 결국 後說이 옳다. 따라서 垈地利用權에 대한 侵害가 있으면 傳貰權者는 바로 建物傳貰權 그 자체의 效力으로서 妨害排除를 구할 수 있고, 따로 地上權 또는 賃借權을 주장할 필요는 없다 하겠다.[3]

2. 위의 경우 建物傳貰權者의 신청에 의하여 그 건물이 競落되면 垈地利用權도 競落人에 이전하는가. 이는 그 利用權이 地上權이냐 賃借權이냐로 경우를 나누어 볼 필요가 있다. 먼저 利用權이 地上權과 같은 물권인 경우에는 그 處分의 自由가 보장될 뿐 아니라, 建物所有를 목적으로 한 地上權은 建物所有權에 대하여 일종의 從된 권리로서의 성질을 가진다고 할 수 있으므로, 建物이 競落되면 競落人은 建物所有權과 함께 地上權도 취득한다고 볼 것이다.

1) 金曾漢, 304; 金基善, 302.
2) 郭潤直, 436; 金容漢, 434; 張庚鶴, 613; 黃迪仁, 275.
3) 金基善, 302은 建物의 傳貰權者는 자기의 이름으로 垈地의 地上權 또는 賃借權을 행사할 수 있다고 하나 의문이다.

그러나 賃借權의 경우에는 賃貸人의 同意가 있어야 이를 讓渡處分할 수 있으므로(民 § 629 I), 建物이 競落된 경우에도 賃貸人의 동의가 없는 한 競落人은 종전 所有者의 賃借權으로 賃貸人에 대항할 수 없다 할 것이다.[4)]

Ⅲ. 本條 第2項

1. 위에서와 같이 傳貰權의 효력이 地上權 또는 賃借權에 미치는 경우에는 傳貰權設定者는 전세권자의 同意없이 그 地上權 또는 賃借權을 소멸시키는 행위를 하지 못한다. 이는 전세권자의 建物利用을 방해하지 않아야 할 傳貰權設定者의 消極的 忍容義務의 한 표현이라 할 수 있다.[5)]

2. 傳貰權者가 동의하면 傳貰權設定者는 地上權 또는 賃借權을 소멸시킬 수 있다. 地上權 또는 賃借權이 소멸하면 地上物을 收去하고 토지를 原狀에 회복하여 반환하여야 할 것이므로, 그 경우에는 建物에 대한 傳貰權도 당연히 消滅한다고 할 것이다.[6)] 이때 傳貰權의 존속기간이 滿了하지 않았다면, 傳貰權者는 土地利用權의 소멸에 대한 동의에 의하여 殘存傳貰期間의 利益을 포기한 것이 된다(民 § 153 II).

3. 傳貰權設定者가 전세권자의 同意없이 地上權 또는 賃借權을 소멸시키더라도, 傳貰權設定者는 물론 地上權設定者 및 賃貸人도 그 사유로써 傳貰權者에 대항할 수는 없다 할 것이다. 즉 本條 I에 의한 傳貰權의 效力範圍의 확장은 法律의 규정에 의한 것이므로, 傳貰權者는 전세기간의 범위 내에서 본래의 地上權 存續期間 또는 賃貸期間까지는 地上權抹消登記 등에 상관없이, 제3자에 대하여도 당해 垈地에 대한 利用權을 주장·대항할 수 있다 할 것이다.

[朴 炳 大]

4) 日注民(9), 40~1 참조.
5) 郭潤直, 437; 註釋民法(上), 536.
6) 郭潤直, 436; 金容漢, 434; 註釋民法(上), 536; 黃迪仁 外, 註釋民法(Ⅱ), 522.

第 305 條(建物의 傳貰權과 法定地上權)

① 垈地와 建物이 同一한 所有者에 속한 경우에 建物에 傳貰權을 設定한 때에는 그 垈地所有權의 特別承繼人은 傳貰權設定者에 대하여 地上權을 設定한 것으로 본다. 그러나 地料는 當事者의 請求에 의하여 法院이 이를 定한다.

② 前項의 경우에 垈地所有者는 他人에게 그 垈地를 賃貸하거나 이를 目的으로 한 地上權 또는 傳貰權을 設定하지 못한다.

Ⅰ. 規定의 趣旨와 效用

1. 建物은 그 性質上 토지의 利用關係를 수반하지 아니하고는 存立할 수 없음에 반해, 建物을 토지로부터 독립한 부동산으로 취급하는 우리 法制의 特殊性을 고려하여 建物과 그 垈地의 不可分的인 利用關係를 法的으로 보장해 주고자 하는 제도가 法定地上權이다. 즉 垈地所有權과 建物所有權이 다른 사람에게 歸屬하게 된 경우, 兩者間에 土地利用關係에 대한 合意가 성립되지 아니하더라도 建物所有者가 그 垈地에 대하여 당연히 地上權을 취득하는 것으로 法律에 의하여 擬制함으로써 그 건물에 대한 傳貰權者의 垈地利用을 확보해 주고자 하는 것이 本條의 취지이다.[1)]

2. 그러나 本條는 傳貰權의 地上權·賃借權에 대한 效力擴張을 정한 前條의 規定과 判例에 의하여 확립된 慣習上 法定地上權의 理論에 의하여 실제적으로는 獨自的 效用을 발휘할 여지가 거의 없다.

(1) 우선 垈地와 그 地上의 建物을 같은 사람이 소유하고 있다가 垈地만을 처분하는 경우에는, 建物所有者는 垈地讓受人과 사이에 地上權 또는 賃借權 등 垈地使用을 위한 契約을 체결해 두는 것이 보통일 것이다. 그 경우에는 建物에 대한 傳貰權者는 民 §304 Ⅰ에 의하여 建物所有者가 취득한 地上權 또는 賃借權에 대하여 傳貰權의 效力을 주장할 수 있으므로, 本條에 의한 法定地上

1) 註釋民法(上), 536.

權은 운위할 여지가 없다.[2)]

(2) 同一人의 所有에 속하는 垈地와 建物이 건물 또는 대지만의 賣買·贈與·競賣 등에 의하여 건물의 所有者와 垈地의 소유자가 상이하게 되고, 當事者 사이의 契約으로 地上權 또는 賃借權 등 垈地利用權이 設定되지 못한 경우에는 건물의 所有者는 당연히 慣習上의 法定地上權을 취득한다는 것이 확립된 判例이다.[3)] 이때 건물에 대하여 傳貰權이 設定되어 있다면 그 傳貰權者는 구태여 本條 Ⅰ에 의한 法定地上權을 援用하지 않더라도, 建物所有者가 취득한 慣習上 法定地上權에 대하여 前條 Ⅰ에 의한 權利主張을 함으로써 垈地利用을 보장받을 수 있는 것이다.

(3) 따라서 本條에 의한 法定地上權이 存在意義를 가지는 것은 建物所有者가 慣習上의 法定地上權을 事實上 拋棄한 경우, 예컨대 建物을 철거하기로 約定한 때와 같은 특수한 경우뿐이고, 그 밖의 경우에는 사실상 적용될 실익이 없다.[4)] 그러나 그럼에도 불구하고, 慣習上의 權利는 원칙적으로 實定法에 적용하는 근거가 없는 경우에 補充的으로 인정되는 것이므로(民 §1), 建物所有者가 本條의 要件을 충족하는 한, 本條에 의한 法定地上權을 취득하는 것으로 구성함이 옳고 그 경우에도 구태여 慣習法에 의한 權利構成으로 갈 것은 아니라고 본다.

Ⅱ. 法定地上權의 成立要件

1. 傳貰權設定當時 토지와 건물이 동일인의 所有에 속하였어야 한다. 그때 이미 土地와 建物의 所有者가 상이하였다면, 건물을 위한 垈地利用關係가 당사자 사이의 約定에 의하여 따로 調整되어 있을 것이고, 가사 그렇지 않다 하더라도 그 사정을 알면서 건물에 傳貰權을 취득한 자에게까지 法律에 의하여 垈地利用權을 보장해 줄 필요는 없는 것이며, 나아가 그 경우에까지 法定地上權을 인정해주면 垈地所有者와 建物所有者間의 協議가 원만치 못한 경우에 建物所有者가 건물에 전세권을 설정함으로써 垈地所有者의 受忍을 일방적으로 강요하는 부당한 결과를 초래할 수도 있기 때문이다.

2) 金容漢, 435.
3) 大判 84. 9. 11, 83다카2245(集 32-4, 10) 등.
4) 註釋民法(上), 537.

2. 그 후 垈地所有權의 변동으로 垈地와 建物의 所有者가 상이하게 되었어야 한다.

(1) 垈地所有權의 變動原因은 이를 묻지 않는다. 따라서 本條의 「特別承繼人」에는 賣買·贈與 등 約定에 의한 承繼人은 물론이고 競賣에 의한 競落人도 포함된다.[5)]

(2) 本條가 垈地所有權의 「特別承繼人」이라 한 것은, 一般承繼의 경우에는 承繼 이후에도 垈地와 建物의 소유권이 동일인에게 귀속할 것이므로 그런 경우에는 따로 法定地上權을 인정할 필요가 없는 까닭에, 결국 傳貰權設定後 垈地와 建物의 소유자가 상이하게 되었을 것을 本條의 요건으로 한 취지로 해석된다.

(3) 垈地所有權은 변동이 없고 建物所有權만이 제3자에 移轉된 경우에도 本條의 法定地上權을 인정할 것인가. 一部學說은 이러한 경우에도 法定地上權의 成立은 인정되어야 할 것이라고 하면서, 그 이유로서는, ① 土地利用의 潛在的 關係가 현실화되어야 할 필요가 있는 점에 있어서 垈地所有權만이 讓渡된 경우와 전혀 같고, ② 垈地所有權이 讓渡된 경우에는 當事者 사이의 契約으로서 地上權 또는 賃借權을 設定할 수 있는 기회가 있을 것이나 建物競賣의 경우에는 그러한 기회가 없으므로 法定地上權을 인정하여야 할 필요는 훨씬 더 크다는 점을 들고 있다.[6)]

1984년의 民法改正을 위한 論議過程에서도 위와 동일한 근거에서 本條 I 本文을 "垈地와 建物이 동일한 소유자에 속한 경우에 建物에 傳貰權을 設定한 후에 垈地所有權의 讓渡 또는 建物의 競賣로 인하여 그 垈地와 建物이 다른 所有者에 속하게 된 때에는 垈地所有者는 建物所有者에 대하여 地上權을 설정한 것으로 본다"로 改正하여야 한다는 意見이 제시되기도 하였다.[7)]

그러나 위와 같은 경우, 우선 傳貰權設定者(즉 建物의 從前所有者)가 여전히 垈地所有權을 보유하고 있다면, 그는 傳貰權設定契約의 당사자로서 建物傳貰權者의 垈地利用을 방해하지 말아야 할 消極的 受忍義務의 直接的 負擔者이니 傳貰權者를 위하여 建物所有者에게 따로 法定地上權을 인정해주어야 할 실제상의 필요가 있을까 하는 의문이 생긴다. 뿐만 아니라 건물이 抵當權에 기하여 競賣되었다면 建物所有者는 民 §366에 의한 法定地上權을 취득하게 될 것이니 따로 本條

5) 黃迪仁 外, 註釋民法(II), 523.
6) 金曾漢, 305-6; 金容漢, 435. 同旨 黃迪仁 外(前註), 523.
7) 金錫宇 敎授의 意見(尹大成, 韓國傳貰權法研究, 209에서 引用).

에 의한 法定地上權을 論할 아무런 이유가 없는 것이고, 一般債權者의 申請에 의한 競賣의 경우에도 垈地와 建物은 통상 一括競賣를 하고 있으므로[8] 垈地所有權과 建物所有權이 分離되는 사례는 좀처럼 발생하지도 아니할 뿐 아니라, 分割競賣가 된 경우라 하더라도 建物競落人은 관습법상의 法定地上權을 취득하게 될 것이어서 그와 별도로 本條를 準用 내지 類推하여 법정지상권의 成立을 인정할 필요는 없는 것이 아닌가 생각된다.[9] 따라서 本條의 解釋에 있어서는, 역시 法律의 문언대로 垈地所有權의 변동이 있는 경우로 한정함이 타당하고, 建物所有權의 變動이 있는 경우에까지 擴張하여 새길 것은 아니라고 본다.

3. 建物에 관하여 傳貫權이 設定되어 있어야 한다. 이 경우 「傳貫權」은 設定登記를 경료한 物權으로서의 傳貫權을 의미하는 것임은 당연하고, 따라서 本條의 法定地上權이 인정되려면 건물에 관하여 所有權保存登記가 마쳐져 있을 것이 前提된다. 이 점 民 §366의 法定地上權의 경우와 다른 점이다.[10]

Ⅲ. 法定地上權의 內容 및 效果

1. 法定地上權이 성립하는 시기는 垈地의 所有權이 이전하는 때이다. 따라서 보통의 경우에는 移轉登記時이지만, 競賣의 경우에는 競落人이 競落代金을 完納한 때이다(民訴 § 646-2).

2. 法定地上權을 취득하는 者는 傳貫權者가 아니라 建物所有者이다(通說). 이는 地上權이란 원래 地上權을 所有하기 위한 權利이기 때문이다.[11] 傳貫權者는 前條 Ⅰ에 의하여 建物所有者의 法定地上權에 대한 전세권의 效力擴張을 주장할 수 있을 뿐이다.

3. 法定地上權의 범위는 그 建物의 垈地뿐 아니라 建物利用을 위하여 필

8) 大判 67.8.31, 67마781(集 15-2, 284); 大判 85.7.23, 85마269(公 762, 19) 등과 民訴 §615-2 참조.

9) 慣習法上 法定地上權의 妥當性을 부인하는 입장에 선다면, 그 한도 내에서는 위 學說의 논의는 의미를 가질 수는 있을 것이다.

10) 大判 64.9.22, 63아62(集 12-2, 111).

11) 金容漢, 435.

요한 隣地를 포함한다.

4. 法定地上權은 民 §187에서 말하는 「法律의 規定」에 의한 物權이므로, 그 취득을 위하여 登記를 필요로 하지는 않는다. 法定地上權이 성립된 후 傳貰權이 양도된 경우에도 그 讓受人은 傳貰權移轉의 登記節次만 마치면 讓渡人과 마찬가지로 建物所有者의 法定地上權에 대하여 前條 I에 의한 권리를 주장할 수 있다.[12] 建物所有權이 이전된 경우, 讓受人이 法定地上權에 대한 移轉登記까지 마쳤다면 아무런 문제가 없고, 설령 建物所有權의 移轉登記만 해두고 法定地上權의 移轉登記는 하지 않은 경우라도 傳貰權者는 건물의 종전 所有者가 여전히 보유하고 있는(民 §187) 法定地上權으로서 垈地所有者에 대항할 수 있을 것이다.

5. 地料는 1차적으로 當事者間의 約定에 의하고, 그것이 성립되지 않으면 當事者의 청구에 의하여 法院이 이를 정한다(本條 I 但). 法院이 결정한 地料는 地上權成立時에 遡及하여 효력이 생긴다.[13]

6. 法定地上權의 존속기간은 期間約定이 없는 地上權의 존속기간에 관한 民 §281에 의할 것이다.[14] 얼핏 생각하면 本條의 법정지상권은 傳貰權者의 建物使用을 보장하기 위한 것이므로 傳貰權이 소멸하면 法定地上權도 소멸한다고 볼 수도 있지만, 本條가 없다고 하면, 建物所有者는 동일한 條件下에서 慣習法上의 法定地上權을 취득할 수 있고, 그 기간은 民 §281에 의한다는 것이므로,[15] 이와의 衡平上 本條에 의한 法定地上權도 民 §281에 의하여 存續期間을 인정해줌이 타당할 것이다.

7. 本條 I에 의한 法定地上權이 성립하면, 垈地所有者는 타인에게 그 垈地를 賃貸하거나 이를 목적으로 한 地上權 또는 傳貰權을 설정하지 못한다(本條 II). 이는 垈地所有者로 하여금 法定地上權의 行使를 방해하지 못하게 하려는 데

---

12) 學說上 民 §187 但書는 垈地所有者의 交替로 인하여 성립한 法定地上權에는 適用되지 않는다고 하는 것(金曾漢, 306; 金容漢, 436)은 위와 같은 취지의 주장으로 이해된다.
13) 金曾漢, 306.
14) 同旨 (前註); 黃迪仁 外(註 5), 524.
15) 大判 63. 5. 9, 63아11(集 11-1, 290); 大判 68. 8. 30, 68다1029(集 10-2, 361).

뜻이 있는 규정이지만, 실제로는 특별한 效用이 있는 것 같지는 않다. 우선 賃貸의 경우에는 賃借人은 債權者일 뿐이므로 物權인 法定地上權에 대항할 수 없을 것이고, 地上權 또는 傳貰權의 경우에도 法定地上權에 대하여는 後順位가 되어 그로써 建物傳貰權者 또는 建物所有者의 地位를 위협할 수는 없기 때문이다. 規定의 취지가 위와 같으므로 법정지상권의 行使를 방해하지 않는 범위 내에서 區分地上權을 설정하는 것 등은 허용된다 할 것이다.[16)]

[朴 炳 大]

第306條(傳貰權의 讓渡, 賃貸等)

傳貰權者는 傳貰權을 他人에게 讓渡 또는 擔保로 提供할 수 있고 그 存續期間內에서 그 目的物을 他人에게 轉傳貰 또는 賃貸할 수 있다. 그러나 設定行爲로 이를 禁止한 때에는 그러하지 아니하다.

차 례

Ⅰ. 傳貰權處分의 自由와 制限

1. 傳貰權者는 통상 傳貰權消滅時에 목적물을 반환하고 그 所有者로부터 傳貰金 및 有益費 등을 지급받음으로써 그가 投下한 資本을 회수하게 된다. 그러나 경우에 따라서는 傳貰權存續中에 이를 처분하여 傳貰關係로부터 벗어나거나 傳貰權을 담보로 금융의 편의를 얻을 필요가 생길 수 있고, 한편 傳貰權은 物權이므로 賃借權 같은 債權에서와 달리 傳貰權設定者의 同意없이 이를 讓渡하거나 擔保로 제공하고 轉傳貰 또는 賃貸의 목적으로 할 수 있음은 당연

16) 註釋民法(上), 537.

한 法理라 할 수 있다. 따라서 本條 本文은 그와 같은 傳貰權處分의 자유를 확인한 당연한 규정이라 하겠다.

2. 정작 本條에서 주목할 것은 處分의 자유에 대한 制限을 규정한 但書 부분이다. 즉 物權의 處分可能性은 이를 制限할 수 없는 것이 原則임에도 傳貰權의 경우에는 設定行爲로 이를 禁할 수 있도록 한 것이다. 이는 傳貰權이 物權이면서도 여전히 對人關係로서의 성질의 여운을 가지고 있는 탓이라고 설명되기도 하지만,[1] 物權의 특질을 도외시한 것이고 傳貰權者의 投下資本回收에 제한을 가하는 것이므로 廢止되어야 한다는 批判論도 있다.[2]

3. 設定行爲에 의한 處分禁止의 特約이 있는 때에는 이를 登記하여야만 제3자에게 대항할 수 있다(不登 §139 I). 禁止에 위반한 처분은 民 §311의 "設定行爲에 의하여 정하여진 用法"으로 使用·收益하지 않은 것이 되므로 傳貰權設定者의 傳貰權消滅請求의 원인이 된다.

Ⅱ. 傳貰權의 讓渡

1. 傳貰權의 讓渡 역시 不動產物權變動의 일반원칙에 따라 當事者間의 合意와 登記에 의하여 하고(民 §187), 登記는 傳貰權設定者의 관여없이 讓渡人과 讓受人만의 共同申請에 의하며[3] 附記로써 한다(不登 §156-2).

2. 讓渡代金에 관하여는 아무런 制限이 없으므로, 設定者에게 지급된 傳貰金보다 高額이라도 상관없지만, 讓受人은 讓渡人과 동일한 權利義務를 취득할 뿐이므로(民 §307) 傳貰權設定者에 대하여는 讓渡人이 지급한 登記된 傳貰金에 한한다(通說).

3. 一部讓渡가 허용될 것인가. 특별히 禁止하는 규정이 없으므로 處分自由의 原則上 전세권 중 一部持分의 讓渡도 이를 부정할 이유는 없다고 본다.

1) 金曾漢, 312.
2) 玄勝鍾 教授의 견해(尹大成, 韓國傳貰權法研究, 206에서 引用) 및 金基善, 309.
3) 大法院例規 86. 7. 9. 등기 제323호(등기선례요지집 1, 126).

다만 一部持分의 讓渡가 있더라도 전세권의 不可分性 때문에 傳貰權 자체가 分割되는 것은 아니고 각 權利者가 전세권의 準共有關係에 서게 될 것이므로[4] 移轉登記를 함에 있어서는 그 持分을 명백히 하여야 할 것이다. 持分讓渡의 방식이 아니라 目的物 중 特定部分에 대한 使用·收益權을 양도하는 방식에 의한 一部讓渡도 實體法上은 이를 부정할 이유가 없지만, 節次法인 不動產登記法上 圖面의 添附 등 移轉部分을 특정하기 위한 규정이 없고, 그 경우에도 傳貰權이 여러 개로 分割되는 것은 아닐진대 傳貰金에 대한 持分을 특정할 방도 또한 분명치 아니하므로 現行法上은 위와 같은 방식의 一部讓渡가 인정될 수 있을 것인지는 의문이 있다.

4. 傳貰權存續期間이 경과된 이후에도 傳貰權 자체를 양도할 수 있는가? 約定存續期間이 경과된 이후라도 傳貰權設定登記請求를 허용하여야 하는 점에 비추어[5] 讓渡 또한 인정되어야 할 것으로 본다.[6]

5. 傳貰權의 讓渡와 관련하여 가장 문제로 되는 점은 傳貰金返還請求權만을 傳貰權과 분리하여 讓渡하는 것은 가능하냐 하는 점이다.

(1) 學 說

1984년의 民法改正 이전에는 肯定說과 否定說로 나뉘어 있었다. 肯定說은 條件附債權 또는 將來債權의 양도성을 부정할 이유가 없으므로 傳貰金返還請求權의 分離讓渡도 가능하다는 것이고,[7] 否定說은 傳貰金은 傳貰權의 요소라는 점을 근거로 하였다.[8] 그러나 1984년의 民法改正으로 傳貰權의 擔保物權性이 명문화되기에 이르자, 學說은 擔保物權의 隨伴性을 근거로 傳貰金返還請求權만의 分離讓渡는 이를 부정하는 데 대체로 일치되어 있는 것 같다.[9]

(2) 判 例

大法院은 1984년의 民法改正 이전부터 "傳貰權者는 傳貰權이 존속하는 한

4) 日注民(9), 49 참조.
5) 前述 民 §303에서 Ⅱ의 3. (2)부분 참조.
6) 서울高判 88. 3. 18, 87나2968(下集 88-1, 192)는 登記된 傳貰權存續期間의 滿了 이후에 그 傳貰權에 대한 讓渡契約을 체결하고 傳貰權移轉의 附記登記를 한 事案에서 "전세권이 존속기간의 만료로 인하여 소멸된 경우에 있어서도 당해 전세권설정등기 또는 전세권이전의 부기등기는 전세금반환채권을 담보하는 범위 내에서는 유효한 것이다"고 판시하였다.
7) 徐敏, 債權讓渡에 관한 硏究, 53; 金疇洙, 債總(1984), 323.
8) 金容漢, 債總(1983), 437; 玄勝鍾(1975), 310.
9) 郭潤直, 430; 徐敏(註 6), 53-4; 尹大成(註 2), 254.

傳貰權과 分離하여 傳貰金返還請求權만을 양도하여도 傳貰權의 요소가 되는 전세금에 관한 返還請求權은 이전되지 않는다"고 하여 否定說의 입장에 있다.[10)]

(3) 생각건대, 현행 民法下에서는 傳貰金返還債權의 分離讓渡는 부정하는 것이 옳지만, 그 근거는 이를 傳貰權의 隨伴性에서 찾을 것이지, 傳貰金의 性質, 즉 傳貰金은 傳貰權의 요소라고 하는 데서 구할 것은 아니라고 본다. 왜냐하면 傳貰金의 지급은 전세권의 成立要素이기는 하지만 그 權利의 存續要件은 아닌 까닭이다.[11)]

Ⅲ. 傳貰權의 擔保提供

傳貰權의 擔保提供은 곧 전세권을 목적으로 한 抵當權의 설정만을 의미한다(民 § 371 Ⅰ).[12)] 不動產의 使用·收益을 목적으로 하는 권리는 權利質權의 목적이 되지 못하는 까닭이다(民 § 345 但). 大法院이 전세권을 목적으로 한 擔保權設定契約에 기한 登記를 함에 있어, 登記簿上 권리의 종류를 「擔保權」이라고 記入한 사례에서 이를 抵當權의 설정으로 해석한 것은[13)] 그런 점에서 理解할 수 있다. 抵當權을 실행하면(民訴 § 733), 競落人은 傳貰權을 취득하게 된다.

Ⅳ. 轉 傳 貰

1. 意　　義

轉傳貰란 傳貰權者가 그 傳貰權의 범위 내에서 傳貰目的物의 일부 또는 전부에 관하여 제3자에게 다시 傳貰權을 설정해주는 것을 말한다.[14)] 통상 轉

10) 大判 66. 7. 5, 66다850(要集 民 Ⅰ, 573); 同旨 大判 66. 6. 28, 66다771(要集 民 Ⅰ, 573); 大判 66. 9. 6, 66다769(要集 民 Ⅰ, 573). 學者들 가운데는 大判 69. 12. 23, 69다1745(集 17-4, 217)의 경우에는 傳貰金返還債權의 分離讓渡를 인정하고 있으므로 判例의 입장이 상충된다고 하는 견해도 있다(郭潤直, 430; 徐敏(註 6), 53; 尹大成(註 2), 253-4). 그러나 위 69다1745 判決은 未登記傳貰의 사안이므로 이를 두고 判例의 입장이 엇갈린다 함은 반드시 정확한 분석은 아닌 것 같다.

11) 前述 民 § 303에서 Ⅲ의 1. 부분 참조.

12) 大法院 89. 12. 11. 등기 제2317호 질의회답.

13) 大判 64. 12. 8, 64마589(總 2-2(A), 628).

14) 학자들 중에는 轉傳貰란 傳貰權者의 傳貰權을 기초로 하여 그 傳貰權을 목적으로 하는 傳貰權을 다시 설정하는 것이라고 정의하는 예가 많다(郭潤直, 439-40; 金容漢, 442;

傳貰는 傳貰目的物의 일부에 관하여 전세권을 設定할 때 이용될 것이고, 傳貰目的物의 전부에 관하여 제3자에게 傳貰權을 취득하게 할 경우에는 傳貰權讓渡의 방법이 더 많이 利用될 것으로 생각된다. 轉傳貰는 원래의 傳貰權者가 그의 傳貰權을 그대로 유지하면서 이를 기초로 하여 제3자에게 傳貰權을 취득하게 한다는 점에서 傳貰權의 讓渡와 다르다. 轉傳貰도 傳貰權處分의 일종이므로, 原傳貰權設定行爲로 금지되어 있지 않는 한 傳貰權者가 자유로이 설정할 수 있다.

2. 要 件

(1) 轉傳貰權도 하나의 傳貰權이므로 當事者, 즉 傳貰權者와 轉傳貰權者 사이의 轉傳貰權設定의 合意와 登記에 의하여 성립한다(民 §187). 傳貰權設定者는 轉傳貰權의 설정에 있어서는 당사자가 아니며, 賃貸借에 있어서의 賃貸人과 같은 同意權者도 아니다. 轉傳貰權은 전세권의 존재를 기초로 하여 성립하는 것이므로 登記도 附記에 의할 것이고 獨立登記를 하지는 않는다.[15]

(2) 轉傳貰權은 原傳貰權을 기초로 하여 성립하는 것이므로 목적물의 範圍, 存續期間, 傳貰金의 額數 등 어느 것이나 原傳貰權의 조건을 초과할 수는 없다.[16] 우선, 目的物의 범위에 있어서는 轉傳貰權의 목적물이 原傳貰權의 범위를 넘는다면 그 超過部分에 대한 것은 이미 轉傳貰라 할 수 없는 것이고, 存續期間에 관하여는 本條가 명문으로 原傳貰權의 범위 내일 것으로 制限하고 있다. 따라서 當事者가 原傳貰權의 存續期間을 넘는 기간을 약정한 경우에는 原傳貰權의 存續期間으로 단축된다고 해석할 것이다.[17] 約定된 存續期間은 이를 登記하여야 제3자에 대항할 수 있고, 登記하지 아니하면 기간의 정함이 없는 轉傳貰로 취급될 것이다.

轉傳貰의 경우에도 轉傳貰金은 반드시 지급되어야 할 轉傳貰權成立의 요소이다. 그 額數에 관하여는 法律上 아무런 制限이 없다는 이유로 原傳貰金의

張庚鶴, 620; 註釋民法(上), 538). 그러나 轉傳貰權도 傳貰權의 일종이므로 그 목적물은 「不動產」이어야 하고 「權利」일 수는 없는 것이므로 轉傳貰權이 「傳貰權」을 목적으로 하는 것이라는 定義는 반드시 的確한 것이라고는 할 수 없다. 金曾漢, 313; 黃迪仁 外, 註釋民法(Ⅱ), 527 등은 轉傳貰의 목적물을 傳貰不動產으로 규정한 예이다.

15) 朱明植, 新不動產登記法論, 216.

16) 轉質에서처럼 轉傳貰權을 原傳貰權設定者의 承諾이 없는 「責任轉傳貰」와 承諾이 있는 「承諾轉傳貰」로 구분하여, 後者의 경우에는 轉傳貰의 條件이 반드시 原傳貰의 條件 범위 내일 필요는 없다고 하는 견해가 있지만(崔栻, 261), 그러한 구분 자체가 근거없는 것이라는 批判을 받고 있다(郭潤直, 440).

17) 郭潤直, 440; 金容漢, 443; 張庚鶴, 621; 黃迪仁 外, 註釋民法(Ⅱ), 527.

額을 초과하여도 상관없다고 하는 少數說이 있기는 하지만,[18] 絶對多數의 學說은 그 역시 原傳貰金의 額을 초과하지 못한다는 데 意見의 일치를 보인다.[19]

3. 效　果

(1) 轉傳貰權者의 地位

轉傳貰權도 하나의 傳貰權이므로, 轉傳貰權者는 그의 權利範圍 내에서 目的不動産을 점유하여 使用・收益할 권리가 있고, 原傳貰權者가 傳貰權設定者에 대하여 가지는 것과 동일한 내용의 權利義務를 가진다. 그러나 承諾轉質이나 賃貸人의 同意를 얻은 轉貸의 경우와 달리, 轉傳貰權者는 原傳貰權設定者에 대하여 직접으로는 아무런 權利義務도 가지지 아니한다.[20] 따라서 轉傳貰權者가 目的不動産을 用法에 위반하여 用益하더라도 原傳貰權設定者로서는 原傳貰權에 대한 消滅請求를 통하여 轉傳貰權을 소멸시킬 수는 있을지언정 직접으로 轉傳貰權만의 소멸을 청구하지는 못한다. 또한 轉傳貰權者가 목적물에 관하여 有益費를 지출한 것이 있더라도 原傳貰權設定者에 대하여 직접 그 償還을 청구할 권리는 없다.

(2) 原傳貰權의 制限과 責任의 加重

轉傳貰權이 設定되더라도 原傳貰權이 消滅하는 것은 물론 아니지만, 轉傳貰權의 범위 내에서 그 用益이 제한을 받을 것임은 당연하다. 轉傳貰權이 존속하는 동안에는, 原傳貰權者는 轉傳貰權의 기초가 된 자신의 傳貰權을 포기하거나 기타 방법으로 소멸시키는 행위를 하지 못한다.[21]

傳貰權者는 傳貰目的物을 任意로 轉傳貰할 수 있는 대신, 轉傳貰하지 아니하였으면 免할 수 있는 不可抗力으로 인한 손해에 대하여도 그 책임을 負擔한다.[22]

(3) 轉傳貰權者의 競賣請求權

轉傳貰權은 전세권의 존속을 전제로 하는 까닭에, 傳貰權이 存續期間의 滿了 또는 傳貰權設定者의 消滅請求 등의 사유로 소멸하면 轉傳貰權도 당연히 소멸하고, 傳貰權者가 轉傳貰金의 반환을 遲滯한 때에는 目的不動産에 대한 競

18) 金曾漢, 313.
19) 郭潤直, 440; 金容漢, 443; 李太載, 300-1; 張庚鶴, 621; 黃迪仁 外(註 16), 428.
20) 金曾漢, 314; 金容漢, 444; 黃迪仁 外(前註), 428.
21) 郭潤直, 441; 金容漢, 444 등.
22) 詳細는 後述 民 §308 부분 참조.

賣를 請求할 수 있다(民§318).

그러나 轉傳貰權은 傳貰權에 터잡아 성립한 것이므로, 轉傳貰權者가 競賣를 청구할 수 있으려면 傳貰權者가 履行遲滯에 빠진 것만으로는 안 되고, 동시에 傳貰權設定者의 傳貰權者에 대한 債務도 履行遲滯狀態에 있어야 한다. 따라서 轉傳貰權의 존속기간이 傳貰權의 그것보다 먼저 滿了한 때에는 轉傳貰權에 기한 당장의 競賣請求는 허용되지 아니하며, 傳貰權設定者가 傳貰權者에게 이미 傳貰金을 변제해버렸다면, 그로써 傳貰權者의 경매청구권은 소멸해버리므로 비록 전세권자가 轉傳貰金返還債務의 履行을 遲滯하고 있다 하더라도 轉傳貰權에 기하여 경매청구를 하는 것은 허용될 수 없다(通說).

한편, 轉傳貰權者가 목적물에 대한 競賣를 청구하지 아니하고, 轉傳貰金返還債權에 기하여 同時履行의 항변권을 行使하는 경우에도 傳貰權設定者에 대하여는 자기의 권리로써가 아니라 전세권자의 同時履行의 抗辯權을 援用함으로써 목적물의 引渡를 거부하는 것이므로,[23] 傳貰權者의 동시이행의 항변권이 소멸하면 轉傳貰權者 역시 傳貰權設定者에 대항할 수 없게 될 것이다.

V. 傳貰權의 賃貸

傳貰權者는 設定行爲에 의하여 금지되어 있지 않는 한 傳貰權設定者의 承諾없이도 전세권을 賃貸할 수 있다. 賃貸條件에 관하여는 賃貸期間이 전세권의 存續期間 내이어야 한다는 점 외에는 아무런 제한이 없다. 賃借人은 轉傳貰權者와 마찬가지로 傳貰權設定者에 대하여는 직접으로 아무런 權利義務를 가지지 아니하며, 다만 賃貸人인 傳貰權者의 일부 권리를 援用할 수 있을 뿐이다. 傳貰權者는 전세권의 賃貸에 의하여 가중된 책임을 부담하는 점은 轉傳貰의 경우와 같다(民§308).

[朴 炳 大]

23) 大判 88. 4. 25, 87다카2509(集 36-1, 181) 참조.

第 307 條 (傳貰權讓渡의 效力)

傳貰權讓受人은 傳貰權設定者에 대하여 傳貰權讓渡人과 同一한 權利義務가 있다.

傳貰權이 讓渡되었을 때, 그 讓渡 이후에 새로 발생한 權利義務關係에 관하여는 讓渡가 있었던 것과 상관없이 民法이 정한 傳貰權의 내용과 효력에 따라 규율될 것은 의문의 여지가 없다. 다만 傳貰金의 額數나 傳貰期間 등, 讓渡人과 傳貰權設定者 사이에서 정해진 傳貰權의 기본적인 요소에 관한 내용은 讓受人이 이를 그대로 承繼할 것이므로 讓渡代金의 多少에 상관없이 傳貰權消滅時에 讓受人이 辨濟받을 수 있는 전세금은 登記된 額에 한하는 등 제한이 있을 것이지만, 이는 傳貰權의 양도가 權利內容의 변경없이 權利者만이 交替되는 것을 본질로 하는 것이므로 당연한 결과이다.

傳貰權讓渡의 효력과 관련하여 가장 문제가 되는 점은 讓渡 이전에 이미 발생한 전세권자의 權利義務가 讓受人에게 그대로 承繼되느냐 하는 것이다. 예컨대, 讓渡人이 이미 지출한 傳貰目的物에 대한 有益費의 償還請求權이나 讓渡人에게 책임있는 사유로 인하여 전세목적물이 毁損된 경우의 損害賠償債務와 같은 것이 讓受人에게 移轉되느냐 하는 문제이다. 생각건대, 이 문제는 원칙적으로 傳貰權讓渡契約의 내용에 따라 해결되어야 할 意思解釋의 문제이지만, 當事者의 의사가 不明한 경우에는, 讓渡當時의 목적물의 現狀 그대로를 移轉하고자 하는 것이 통상의 當事者의 의사라고 보고 承繼與否를 정함이 옳다고 본다. 따라서 目的物의 毁損으로 인한 損害賠償債務는 讓受人이 讓渡人의 毁損事實을 알고 讓受하였다는 등 특별한 사정이 없는 한 讓受人에게 이전되지는 아니한다고 할 것이다.[1] 그렇더라도 전세권설정자가 傳貰權消滅時에 전세금으로써 그 損害의 배상에 충당하는 데는 지장이 없다고 할 것이며(民 § 315 Ⅱ), 그 경우에는 讓受人은 讓渡人에 대하여 충당된 賠償額 상당을 求償할 수 있다고 할 것이다. 그러나 有益費償還請求權이나 附屬物買受請求權의 경우에는 讓渡人이 지출한 有益費 또는 附屬시킨 附屬物이 讓渡當時 목적물의 현상으로 이미 드러나 있을 터이므로, 다른 특별한 사정이 없는 한 讓受人에게 그 권리가 承繼된다고 볼 것이다. 有益費償還請求의 경우에 전세권설정자는 支出金額이 아닌 傳貰權

1) 金曾漢, 313은 不法行爲責任은 行爲者가 져야 한다는 이유로 讓受人의 책임을 부정한다.

消滅時의 增加價額을 선택하여 償還할 수도 있는 점(民 § 310 I), 附屬物의 경우에도 傳貰權消滅時에 전세권자에게 收去權이 인정되는 점(民 § 316 I) 등도 위와 같은 解釋을 뒷받침하는 것으로 생각된다.

[朴 炳 大]

第308條(轉傳貰等의 경우의 責任)

傳貰權의 目的物을 轉傳貰 또는 賃貸한 경우에는 傳貰權者는 轉傳貰 또는 賃貸하지 아니하였으면 免할 수 있는 不可抗力으로 인한 損害에 대하여 그 責任을 負擔한다.

1. 傳貰權者는 전세권설정자의 同意없이 그의 權利範圍 내에서 전세목적물을 轉傳貰 또는 賃貸할 수 있지만(民 § 306), 轉傳貰 또는 賃貸가 행해진 경우에도 이는 傳貰權者와 轉傳貰權者 또는 傳貰權者와 賃借人 사이의 법률관계의 설정에 지나지 아니하고 傳貰權設定者는 직접 轉傳貰 등의 法律關係의 당사자가 되는 것은 아니므로, 설사 傳貰權設定者가 위와 같은 傳貰權者의 처분행위에 同意를 한 경우라 하더라도 轉傳貰權者나 賃借人이 傳貰權設定者에 대하여 직접 어떤 권리를 취득하거나 義務를 負擔하지는 아니한다.[1]

그렇다면, 轉傳貰 또는 傳貰目的物의 賃貸가 행하여진 이후에 轉傳貰權者나 賃借人이 그 목적물을 占有使用하는 동안에 損害가 발생하였다면 이는 누가 賠償責任을 져야 할 것인가.

2. 먼저, 轉傳貰權者等의 책임있는 사유로 傳貰目的物에 손해가 생겼다면 그 轉傳貰權者 등은 不法行爲 당사자로서 目的物所有者인 전세권설정자에 대하여 직접 損害賠償債務를 부담할 것은 당연하지만, 한편 傳貰權者도 轉傳貰 등을 할 때는 이를 自己責任下에 하는 것이고[2] 轉傳貰權者 등은 목적물 維持義務者로서의 전세권자의 履行補助者的인 지위에 있다 할 것이므로, 傳貰權者

1) 前述 民 § 306 부분 참조.
2) 民 § 366는 轉質에 관하여 그 취지를 명문으로 규정하고 있다.

가 비록 그 損害의 발생에 직접적인 歸責事由가 없다 할지라도, 傳貰權設定者에 대하여 民 §315에 의한 賠償責任을 부담할 것이어서, 결국 이와 같은 一般論的인 구성으로 傳貰權者나 轉傳貰權者의 책임을 물을 경우에는 특별히 本條가 적용될 필요는 없다고 하겠다.

(1) 따라서 本條規定의 1차적 의의는 法文 그대로, 轉傳貰 또는 傳貰目的物의 賃貸 이후에 발생한 「不可抗力으로 인한 損害」의 賠償責任을 정한 데서 찾을 수 있다. 즉 損害가 不可抗力으로 인하여 발생하였다면 본래는 누구도 그에 대한 賠償責任을 지지 않아야 할 것이지만, 民法은 轉傳貰 등의 경우에는 傳貰權者의 책임을 가중하여 轉傳貰 또는 賃貸하지 아니하였으면 면할 수 있는 不可抗力으로 인한 손해에 대하여는 傳貰權者가 그 책임을 부담한다고 규정한 것이다.

(2) 그러나 轉傳貰 등의 경우에는 轉質의 경우와 달리 目的物 자체의 場所的 移動은 없는 것이고, 다만 占有使用者의 변경이 있을 뿐이므로, 실제로는 轉傳貰 또는 賃貸하지 아니하였으면 면할 수 있는 不可抗力으로 인한 損害란 거의 존재하지 아니한다고 보아도 무방할 것이니,[3] 결국 本條는 그 法文 그대로 이를 平面的으로 해석하는 한, 사실상 존재의미가 없는 無用한 規定이 되고 마는 것이다.

(3) 여기에서 多數의 學說은, 本條는 傳貰權設定者의 손해배상청구에 있어, 轉傳貰 등이 행하여진 경우에는 특별히 歸責事由에 관한 立證責任을 전환시켜 傳貰權者가 이를 부담하도록 규정한 것이라고 解釋하고 있다. 즉 傳貰權者가 "轉傳貰 또는 賃貸하지 아니하였으면 면할 수 있는 不可抗力으로 인한 損害"에 대하여 責任을 진다고 하는 것은, 轉傳貰 등을 한 후에 損害가 발생한 경우에는, 누구의 故意·過失의 有無를 논할 것 없이 그 損害가 轉傳貰를 하지 않았더라도 일어났을 不可抗力으로 인한 損害임을 證明하지 못하는 한, 損害發生이라는 사실만을 이유로 損害賠償의 책임을 져야 한다는 뜻으로 새겨야 한다는 것이다.[4] 이렇게 보면 本條가 규정한 "轉傳貰 또는 賃貸하지 아니하였으면 면할 수 있는 不可抗力으로 인한 損害"가 사실상 존재하지 아니함으로 인한 本條規定의 공허는 극복되고, 轉傳貰 등 이후에 발생한 損害에 관하여 歸責事由가 不明한 경우에는 傳貰權者에게 그 책임을 부담시킬 수 있게 되어 그

3) 郭潤直, 441; 金曾漢, 314 등 同旨.
4) 金曾漢, 315; 金容漢, 445; 張庚鶴, 622; 黃迪仁 外, 註釋民法(Ⅱ), 529.

규정의 實效性이 생겨나게 되는 것이다.

생각건대, 傳貰權의 경우에는 다른 物權의 경우와 달리 당사자간의 約定으로 讓渡 등 處分行爲의 자유를 제한하는 것이 허용되는 등(§306 但) 그 권리의 淵源에 따른 人的色彩가 잔존해 있고, 用益權의 경우에는 使用者가 누구이냐에 따라 그 目的物의 보존과 이용에 상당한 차이를 가져 올 수도 있는 것이므로, 傳貰權者에게 원칙적인 處分行爲의 자유를 인정하는 대신, 處分行爲 이후에도 원래의 傳貰權者가 그 法律關係에서 이탈하지 아니하는 轉傳貰나 賃貸의 경우에는 위와 같이 立證責任을 전환시켜 傳貰權設定者를 보호해주는 것이 당사자간의 衡平에도 부합하는 것으로 보이므로, 위와 같은 學說의 解釋論은 충분히 수긍할 만한 것이라고 하겠다. 그러나 立法論으로서는, 보다 명확한 文言에 의하여 文面 그 자체로서 法的 意味가 읽혀질 수 있도록 함이 바람직할 것은 물론이다.

[朴 炳 大]

第309條(傳貰權者의 維持, 修繕義務)

傳貰權者는 目的物의 現狀을 維持하고 그 通常의 管理에 속한 修繕을 하여야 한다.

I. 本條의 意義

傳貰權者는 목적물을 전면적으로 支配하여 그 用途에 좇아 이를 使用·收益할 權利를 가지므로(民 303 § I), 그 반면으로 使用·收益에 적합하도록 목적물의 현상을 유지하고 통상의 修繕費用을 부담하는 것이 公平하다는 데 本條의 立法根據가 있는 듯하다.[1] 이는 賃貸借의 경우에 契約期間 중 목적물을 使用·收益함에 필요한 상태로 유지할 의무를 賃貸人이 부담하도록 한 것과 대조되며(民 §623), 留置權이나 質權에 있어서는 必要費償還請求權을 인정함으로써 그 목적물의 現狀維持 내지 保存을 위한 비용의 궁극적인 부담자를 目的物의 所有者

1) 獨民 §1041 및 日注民(8), 318 참조.

로 정한 것과도 대비된다(民§§ 325 I, 343).

Ⅱ. 現狀維持義務

1. 現狀維持義務는 목적물을「用途에 좇아」使用·收益하는(民 § 303 I) 傳貰權의 내용에 대응하는 의무이다.[2] 즉 傳貰權者는 設定契約 또는 目的物의 성질에 의하여 정하여진 用法으로 이를 使用·收益할 수 있을 뿐이고(民 § 311 I), 目的物의 현상을 변경함으로써 用途를 달리하여 使用하는 것은 원칙적으로 허용되지 아니한다. 이는 현상이 변경된 경우에 이를 회복시켜야 할 적극적인 修繕義務에 대한 消極的인 義務라고 할 수 있다.

2. 어떤 경우에 목적물의 現狀에 변경이 있다고 볼 것이냐는 결국 구체적인 경우에 따라 去來觀念과 信義則에 비추어 판단할 수밖에 없을 것이다. 地上物의 所有를 목적으로 한 토지의 傳貰權者가 그 토지에서 大量의 土砂를 搬出한다거나, 遊園地經營을 위한 傳貰權者가 그 遊園地의 出入에 불필요한 自動車通路를 개설하는 것[3] 또는 住居用建物의 傳貰權者가 이를 商街用으로 개조하여 일부씩을 賃貸하는 등의 행위는 모두 현상을 변경한 使用에 해당한다고 볼 것이다.

3. 現狀維持義務의 위반이 있을 때에는 傳貰權設定者는 전세권의 소멸을 請求하고 原狀回復 또는 損害賠償을 청구할 수 있다(民 § 311).

Ⅲ. 修繕義務

1. 傳貰期間 중 목적물의 현상에 변경이 생겨, 본래의 用法에 따른 使用·收益에 적합하지 아니하게 된 때에는 傳貰權者가 이를 修繕할 적극적인 의무를 부담한다. 어느 경우에 修繕이 필요한 정도의 現狀變更이 있느냐 하는

2) 註釋民法(上), 540.
3) 日注民(7), 417 참조.

점 역시 그 목적물의 經濟的 效用에 비추어 去來觀念에 따라 판단할 수밖에 없을 것이지만, 修繕이 필요한 破損狀態가 생긴 원인은 이를 묻지 아니한다. 즉 傳貰權者 자신의 歸責事由로 인한 경우는 물론, 天災地變 기타 不可抗力에 의한 변경 또는 제3자의 歸責事由에 의한 破損의 경우에도 傳貰權設定者에 대한 관계에서는 傳貰權者가 그 修繕의 책임을 진다.

2. 傳貰權者가 修繕義務를 지는 것은 「通常의 管理」에 속한 것에 한한다. 立法者는 「通常의 管理」라 함은 保存行爲보다 약간 範圍가 넓은 것이라고 하지만,[4] 有益費에 관하여는 전세권자에게도 그 償還請求權이 인정되는 점에 비추어(民 §310 I), 대체로 보존행위와 같은 범위로 보아도 무방할 것이 아닌가 생각된다. 따라서 목적물에 생긴 현상의 變更이 주어진 用途에 따른 使用·收益이 不能할 정도로 대규모의 것인 때에는 그 범위에서 傳貰權의 소멸(民 §314) 또는 傳貰權者의 損害賠償責任이 문제될 수 있을 뿐이고(民 §315 I), 傳貰權者가 그 목적물을 修繕할 作爲義務를 부담하지는 아니하는 것이다.

한편 判例는 "부엌방에서 부엌으로 통하는 문에 틈이 있고 부엌방의 바닥에 심한 균열이 있다 하여도 반드시 임대인에게 수선의무가 있는 대규모의 것이라고 할 수 없다"고[5] 판시함으로써, 賃貸借에 있어 賃貸人이 목적물의 維持修繕義務를 부담하도록 한 民法規定(民 §623)을 제한적으로 해석하고 있는바, 이와 같이 賃貸借의 경우에도 使用·收益에 필요한 일상적인 修繕義務는 賃借人이 이를 부담한다고 보게 되면, 傳貰權者가 「通常의 管理에 속한」 修繕義務를 부담한다고 하는 本條의 경우와 실제에 있어서는 별 차이가 없게 될 것이다.[6]

3. 위와 같이 目的物修繕義務는 傳貰權者가 이를 부담하므로, 傳貰權者가 목적물의 보존을 위한 必要費를 지출하였더라도 傳貰權設定者에 대하여 그 費用의 償還을 청구하지는 못한다.[7] 傳貰權者가 修繕義務를 履行하지 아니하여

---

4) 民法案審議錄 上卷, 188.

5) 大判 78.1.24, 77도3465(集 26-1, 刑 15).

6) 私見으로는 賃貸借에 관하여 判例와 같이 해석하는 것은 民 §623에도 배치될 뿐 아니라, 그런 解釋論에 서면 당연한 論理的 歸結로서, 賃借人이 償還請求를 할 수 있는 必要費도 賃貸人이 부담하는 「大規模의 修繕」에 든 費用에 한하고 通常의 修繕 내지 保存을 위한 費用은 제외된다고 볼 수밖에 없을 것인데, 이는 결과적으로 賃借人의 必要費償還請求權을 정한 民 §626 I 마저 空虛化할 우려가 있어, 再考의 필요가 있다고 생각한다. 이와 관련하여 주목할 점은 前註와 같은 判例는 모두 刑事事件에서 賃貸人의 無過失을 判示하기 위하여 방론으로 나온 것들이라는 점이다.

7) 民法草案에는 本條 다음에 "傳貰權者는 그 目的物의 管理費用 및 公課金을 負擔한다"

목적물이 滅失되거나 毁損된 때에는 傳貰權設定者에 대하여 그 손해를 배상하여야 한다(民 § 315 I).

Ⅳ. 特 約

本條는 이를 強行規定으로 볼 이유는 없으므로, 當事者間의 特約으로 傳貰權設定者가 목적물의 維持·修繕義務를 부담하도록 정하는 것은 허용된다고 할 것이다. 다만 그러한 特約은 이를 登記할 방법이 없으므로 목적물의 讓受人에 대하여는 特但의 사정이 없는 한 傳貰權者가 위 特約으로 대항할 수는 없다 하겠다.

[朴 炳 大]

第 310 條 (傳貰權者의 償還請求權)

① 傳貰權者가 目的物을 改良하기 위하여 支出한 金額 기타 有益費에 관하여는 그 價額의 增加가 現存한 경우에 한하여 所有者의 選擇에 좇아 그 支出額이나 增加額의 償還을 請求할 수 있다.

② 前項의 경우에 法院은 所有者의 請求에 의하여 相當한 償還期間을 許與할 수 있다.

1. 本條는 占有者의 有益費償還請求權에 관한 民 § 203 Ⅱ 및 Ⅲ과 마찬가지로 不當利得에 관한 民 § 741에 대한 特則規定이라고 할 수 있다. 占有權, 留置權, 質權, 賃借權 등의 경우와 다른 점은(民 §§ 203, 325, 343, 594 Ⅱ, 626) 傳貰權의 경우에는 有益費의 반환청구만이 인정되고 必要費償還請求權은 인정되지 아니한다는 데 있다.

는 규정이 마련되어 있었으나 管理費用에 관하여는 本條와 중복되는 규정이라 하여 삭제하였다. 民法案審議錄 上卷, 188 참조.

2. 有益費는 목적물의 客觀的 價値를 증가시키는 데 기여한 費用을 말한다. 따라서 이른바 奢侈費는 返還請求가 인정되지 아니하며,[1] 有益費라 하더라도 償還請求를 할 수 있으려면 傳貰權消滅時까지 그 비용의 지출로 인한 價額의 增加가 현존하고 있어야 한다(本條 I).

所有者는 전세권자의 支出額과 價値의 現存增加額 중에서 적은 쪽을 선택하여 償還할 수 있지만, 어느 경우이든 그 價額의 증가가 현존하고 있는 事實 및 支出額이나 증가액의 금액에 대한 입증책임은 傳貰權者가 부담한다.[2]

3. 傳貰權者가 전세권이 소멸된 이후에 위 請求權을 拋棄하는 것은 물론, 事前에 拋棄하는 것도 허용이 된다. 傳貰權設定契約上에 전세권자는 傳貰權消滅時에 목적물을 原狀復舊하기로 약정한 경우에 이는 통상 有益費償還請求權의 事前拋棄로 해석될 것이다.[3]

4. 有益費償還請求權은 그 목적물에 관하여 생긴 債權이라 할 것이므로, 傳貰權者는 위 청구권에 기하여 目的不動産 전부에 대하여 留置權을 행사할 수 있다.[4]

그러나 所有者는 法院으로부터 有益費의 償還에 관하여 상당한 猶豫期間을 許與받음으로써 留置權의 성립을 방해할 수 있고,[5] 그 경우에는 有益費의 상환없이 곧바로 목적물의 引渡를 請求할 수 있다.

［朴 炳 大］

1) 郭潤直, 252.
2) 大判 62. 10. 18, 62다437(集 10-4, 93) 참조.
3) 大判 74. 3. 12, 73다1814(總 2-2(A), 635-1).
4) 傳貰權 자체의 優先辨濟的 效力과 有益費償還請求權의 관계에 관하여는 前述 民 §303에서 Ⅳ의 2. (1)부분 참조.
5) 郭潤直, 252.

第 311 條(傳貰權의 消滅請求)

① 傳貰權者가 傳貰權設定契約 또는 그 目的物의 性質에 의하여 定하여진 用法으로 이를 使用, 收益하지 아니한 경우에는 傳貰權設定者는 傳貰權의 消滅을 請求할 수 있다.

② 前項의 경우에 傳貰權設定者는 傳貰權者에 대하여 原狀回復 또는 損害賠償을 請求할 수 있다.

I. 傳貰權消滅請求權의 發生

本條가 정한 傳貰權消滅請求權은 전세권자가 목적물을 「정하여진 用法」에 좇아 使用·收益하지 아니함으로 인하여 발생하고, 그 「用法」은 傳貰權設定契約 또는 목적물의 성질에 의하여 결정된다. 設定行爲로 전세권의 讓渡, 擔保提供, 轉傳貰 또는 賃貸를 금지하였음에도(民 § 306 但) 傳貰權者가 이를 위반하는 처분행위를 한 경우가 「設定契約에 의하여 정하여진」 用法으로 使用·收益하지 아니한 전형적인 例이고,[1] 傳貰權者가 목적물의 現狀維持義務 또는 修繕義務(民 § 309)에 違背하여 목적물을 破損하거나 管理不在狀態로 방치하는 것, 또는 住居用建物을 食堂 등 營業用으로 轉用하는 것 등은 모두 「目的物의 性質에 의하여 정하여진」 用法으로 使用·收益하지 아니하는 경우에 해당한다고 할 수 있다. 어떤 경우에 목적물의 성질에 어긋나는 使用·收益이 있다고 볼 것이냐는 目的不動產의 構造, 面積, 주변환경 등 여러 요소를 고려하여 去來觀念에 따라 객관적으로 판단할 수밖에 없을 것이다.

또한 用法에 위반한 使用·收益이 있으면 족하고, 목적물에 대한 毁損의 결과가 발생할 것은 필요치 않으며,[2] 用法違反의 用益이 있다는 점에 대한 立證責任은 傳貰權設定者가 부담한다. 그리고 소멸청구에 관한 本條規定은 강행규정이므로 用法에 위반하지 아니하더라도 消滅請求를 할 수 있다는 내용의 設定契約은 傳貰權者를 害하므로 무효라 할 것이다.[3]

1) 郭潤直, 442; 金容漢, 449-50 등.
2) 註釋民法(上), 542.
3) 張庚鶴, 616.

Ⅱ. 傳貰權消滅請求權의 法的 性質

多數說은 本條의 소멸청구권은 形成權이라고 하여, 設定者의 一方的 意思表示로써 法的 效果가 발생한다고 보는 데 대하여,[4] 少數說은 이를 債權的 請求權으로 해석한다.[5]

少數說은 소멸청구권을 형성권으로 새겨야 할 實定法上 근거가 전혀 없을 뿐 아니라, 우리 民法과 같이 물권변동에 관하여 成立要件主義를 취하는 곳에서는 消滅請求權을 形成權으로 새겨서는 論理가 맞지 않고 合理的인 해석이 불가능하다고 주장한다.[6]

消滅請求權을 形成權으로 새길 경우 어느 점에서 論理에 부합하지 않는다는 것인지 少數說의 주장은 명백하지는 않지만, 物權變動에 관한 對抗要件主義의 法制에서는 형성권으로 보더라도 상관없다고 하는 설명[7]에 비추어, 이는 消滅請求에 의한 傳貰權消滅 이후에 登記가 抹消되지 않고 있는 동안에 생길 수도 있는 善意의 제3자를 보호하기 위한 배려로 추측된다.

그러나 本條가 정한 消滅請求權은 본질적으로는 傳貰權者가 목적물을 정하여진 用法에 좇아 使用·收益하지 아니하는 義務違反行爲를 한 경우에 設定者가 이를 이유로 設定契約을 解止할 수 있도록 보장해 준 것에 다름 아니다. 즉 本條의 消滅請求權은 賃貸借에 있어서의 民 §629 Ⅱ에 상응한 것으로서 일종의 解止權으로 볼 수 있고, 따라서 이는 形成權이며, 그 權利의 行使에 따른 法的 效果의 발생을 위하여 傳貰權者의 承諾 등은 필요하지 않고 解除에 있어서와 같은 催告도 필요치 않다(民 §544)고 보아야 할 것이다.[8] 多數說에 찬성한다.

Ⅲ. 消滅請求와 傳貰權消滅의 時期

消滅請求權을 債權的 請求權으로 보는 견해에 의한다면, 傳貰權은 設定者

4) (前註); 金容漢, 450; 金曾漢, 317; 李相浩, 277; 張庚鶴, 623; 黃迪仁 外, 註釋民法(Ⅱ), 532.
5) 郭潤直, 144-5.
6) (前註).
7) (前註).
8) 金容漢, 450; 黃迪仁 外(註 3), 532.

의 消滅請求 외에 傳貰權者의 承諾에 의한 抹消登記가 있어야만 消滅한다고 볼 것임은 論理上 당연하다.[9)]

그러나 消滅請求權을 形成權으로 보는 학자들 사이에서는 그 견해가 갈린다. 즉 第1說은 소멸청구권은 形成權이므로 傳貰權設定者가 소멸을 청구함으로써 傳貰權은 당연히 소멸한다고 하고,[10)] 이에 대하여 第2說은 소멸청구권은 形成權이기는 하지만 그 行使는 物權的 單獨行爲이므로 登記함으로써 效力이 생긴다고 한다.[11)] 前說은 本條에 의한 傳貰權의 소멸을 法律의 규정에 의한 物權變動(民 §187)으로 보는 것이고, 後說은 이를 法律行爲에 의한 物權變動(民 §186)으로 보는 것이다.

생각건대, 앞서 본 것처럼 本條의 消滅請求는 전세권자의 義務違反을 이유로 한 一種의 解止라 볼 때, 解止의 效果에 관하여 物權行爲의 有因性을 인정함으로써 이른바 物權的 效果說을 취한다면,[12)] 本條의 소멸청구의 경우에도 消滅請求權의 行使에 의하여 傳貰權設定契約은 장래에 향하여 그 效力을 상실하고 抹消登記없이도 전세권은 소멸한다고 보지 않을 수 없는 것이 아닐까. 이는 民 §§186, 187와는 관계없이, 物權行爲의 有因性을 인정하는 데서 당연히 이끌어지는 解釋論으로 생각된다.[13)] 이와 같이 보는 것이 傳貰權者에게 本條에 정한 사유 이외의 債務不履行이 있었음을 理由로 傳貰權設定契約을 解止하는 경우와[14)] 균형을 맞출 수 있고, 또한 學說은 民 §314 Ⅱ의 消滅通告를 本條의 소멸청구와 같은 성질의 것으로 이해하고 있는바,[15)] 目的物의 일부가 滅失되어 傳貰權의 목적을 達成할 수 없게 되어 傳貰權者가 전세권의 소멸을 청구하였음에도, 抹消登記가 있기까지는 傳貰權이 존속하여 傳貰權者가 목적물의 殘存部分을 維持·修繕하여야 한다면(民 §309) 이는 衡平에 어긋나는 것이라 하겠으므로, 결국 本條의 경우이든 民 §314 Ⅱ의 경우이든 消滅請求의 意思表示가 상대방에 到達한 때에 傳貰權은 소멸한다고 보는 것이 타당하다고 본다. 그 후 목적물의 引渡 및 傳貰權設定登記의 抹消登記에 필요한 書類의 交付와 傳貰金의 반환은 모두 傳貰權消滅 그 자체의 效果로 볼 것이고(民 §317), 이를 傳貰權의 소

9) 郭潤直, 145.
10) 黃迪仁 外(註 3), 532.
11) 金容漢, 450; 金曾漢, 316; 張庚鶴, 623.
12) 註釋債各(Ⅰ), 424; 郭潤直, 債各, 140-1; 大判 77.5.24, 75다1394(集 25-2, 44).
13) 郭潤直, 137 참조.
14) 一般的 債務不履行을 이유로 한 法定解止權의 인정에 관하여는 郭潤直, 債各, 152-3 참조.
15) 郭潤直, 444; 金容漢, 451 등. 詳細는 後述 民 §314 부분 참조.

멸을 위한 要件事實로 볼 것은 아니라고 생각한다.[16]

이렇게 보면, 消滅請求 이후 抹消登記前에 登記上 기재에 따른 傳貰權의 존속을 믿고 讓受, 轉傳貰, 賃借 또는 抵當權의 設定 등으로 利害關係를 맺은 제3자가 있는 경우에 그에게 不測의 손해를 끼칠 우려가 있게 되지만, 우리 民法上으로는 登記에 公信力이 인정되지 아니하고 本條에는 契約解除에 있어서와 같은 제3자 保護規定(民 §548 I 但)이 없는 이상 이는 어쩔 수 없는 것이 아닐까 한다. 다만 立法論으로서는 民 §548 I 但書와 같은 제3자 保護規定을 마련해주는 것이 바람직할 것은 물론이다.

Ⅳ. 消滅請求와 原狀回復義務 등

傳貰權設定者가 本條 I에 의한 消滅請求를 한 경우에, 傳貰權者의 用法에 좇지 않은 使用·收益으로 目的不動產에 변경이 생겼거나 損害가 발생한 때에는, 傳貰權設定者는 전세권자에 대하여 原狀回復 또는 損害賠償을 청구할 수 있다(本條 II).

法文 자체는 原狀回復과 損害賠償을 택일적으로 청구할 수 있는 듯이 되어 있지만, 本條의 消滅請求는 본질적으로 民 §543 이하의 解止와 같다고 할 것이므로 民 §551가 정한 바처럼 原狀回復과 함께 손해의 배상을 請求할 수도 있다고 새길 것이다.[17]

[朴 炳 大]

16) 同時履行의 抗辯과 관련한 前述(註 11) 見解의 모순에 관하여는 後述 §317의 解說 I의 2. 부분 참조.

17) 註釋民法(上), 542.

第 312 條(傳貰權의 存續期間)

① 傳貰權의 存續期間은 10年을 넘지 못한다. 當事者의 約定期間이 10年을 넘는 때에는 이를 10年으로 短縮한다.

② 建物에 대한 傳貰權의 存續期間을 1年 미만으로 定한 때에는 이를 1年으로 한다.

③ 傳貰權의 設定은 이를 更新할 수 있다. 그 期間은 更新한 날로부터 10年을 넘지 못한다.

④ 建物의 傳貰權設定者가 傳貰權의 存續期間滿了前 6月부터 1月까지 사이에 傳貰權者에 대하여 更新拒絶의 通知 또는 條件을 變更하지 아니하면 更新하지 아니한다는 뜻의 通知를 하지 아니한 경우에는 그 期間이 滿了된 때에 前傳貰權과 同一한 條件으로 다시 傳貰權을 設定한 것으로 본다. 이 경우 傳貰權의 存續期間은 그 定함이 없는 것으로 본다.

차 례

Ⅰ. 傳貰權의 存續期間 槪觀

傳貰權의 존속기간은 當事者間 約定에 의하여 임의로 정할 수 있음이 原則이다. 民 §312 Ⅰ, Ⅱ, Ⅲ은 設定行爲 또는 그 이후의 更新에 의한 存續期間의 設定 및 延長의 자유를 前提로 하여 일정한 경우에 最長 또는 最短期間의 제한을 정한 것에 다름 아니다. 이 경우 民法은 約定存續期間의 制限에 관하여 土地의 경우와 建物의 경우를 달리 취급하고 있음을 유의할 것이다(民 §312 Ⅰ, Ⅱ).

當事者가 設定行爲에 의하여 存續期間을 정하지 아니한 경우에 관하여는

民 §313가 規律하고 있고, 設定行爲에 의하여 정하여진 存續期間이 滿了되었을 때 그 延長에 관하여 約定이 없는 경우에 대하여는 民 §312 Ⅳ이 規律하고 있다. 約定에 의한 存續期間의 設定 또는 延長은 이를 登記하여야 하고(不登 §139), 登記하지 아니하면 제3자에 대한 관계에서 存續期間의 정함이 없는 것으로 다루어질 것이지만, 그 경우에도 約定當事者 사이에서는 約定된 存續期間을 주장하여 대항할 수 있다 할 것이다.

Ⅱ. 最長存續期間의 制限

約定에 의한 傳貫權의 존속기간은 그 목적물이 土地이든 建物이든 상관없이 10년을 넘지 못한다. 約定期間이 10년을 넘는 경우에는 10년으로 단축된다(民 § 312 Ⅰ). 이는 最長期間에 대해서는 아무런 制限이 없고 最短期間에 대하여만 일정한 制限을 둔 地上權의 경우(民 § 280)와 대조된다. 本條 但書에 의하여 10년으로 단축될 경우의 期間은 約定時가 아니라 登記上 기재된 傳貫權의 始期로부터 起算할 것이다.

다만 立法論으로서는 本條 Ⅰ과 같은 最長期間의 제한은 재고되어야 할 것으로 본다. 통상의 경우 不動產用益權者보다는 用益權의 設定者가 經濟的 強者일진대 그가 스스로 傳貫權의 存續期間을 10년 이상 許與하고자 하는 경우 이를 法으로 금할 合理的 根據를 발견할 수 없을 뿐 아니라 約定으로 存續期間을 정하지 않은 경우에는 消滅通告(民 § 313)가 없는 한 10년이 경과되더라도 傳貫權은 그대로 존속하는 것과[1] 대비하더라도 本條 Ⅰ 規定의 타당성은 의문이 있다.[2]

Ⅲ. 建物傳貫權의 最短存續期間

建物에 대한 전세권의 最短存續期間은 1년이다. 1년 미만으로 期間을 約定한 경우에는 이를 1년으로 본다(民 § 312 Ⅱ). 最短期間의 제한은 傳貫權의 목적물이

1) 金容漢, 432.

2) 民 § 312 Ⅰ, Ⅲ은 日本民法上 不動產質權에 관한 § 360 Ⅰ, Ⅱ과 거의 동일하나, 不動產質權은 순수한 擔保物權일 뿐이라는 점을 유의할 필요가 있다고 본다.

建物인 경우에 한하고, 土地의 경우에는 適用이 없다. 建物傳貰權의 最短期間을 制限한 民 §312 II 은 1984년의 改正으로 新設된 條項이다.[3] 이는 用益權者의 지위를 强化·保障해주려는 近來의 立法趨勢에 따른 것으로 보이지만,[4] 보다 가깝게는 債權인 住宅賃借權에 관하여는 住宅賃貸借保護法이 그 最短存續期間을 정하고 있음에 반해[5] 物權인 傳貰權에 관하여는 그 制限이 없는 데 따른 法體制上의 不合理를 시정하기 위한 조치였다고 보여진다.[6]

建物傳貰權의 最短期間을 제한한 것은 위와 같이 傳貰權者를 보호하기 위한 것이므로, 傳貰權者 스스로 本條 II에 의한 기한의 이익을 拋棄하고, 1년 미만의 約定存續期間을 그대로 주장하는 것은 허용된다고 볼 것이다.

IV. 傳貰權의 約定更新

1. 更新의 自由와 制限

傳貰權의 존속기간이 滿了된 경우 當事者間의 約定으로 이를 更新하는 것은 契約自由의 원칙상 당연히 인정될 것이다. 이 경우 傳貰金의 額數를 증감하거나 讓渡 등 處分行爲의 제한을 添削하는 등 從前契約의 내용과 조건을 변경하는 것도 물론 가능하다. 이러한 更新의 자유에 대한 유일한 制限은 更新된 傳貰權의 존속기간이 更新한 날로부터 10년을 넘어서는 아니된다는 것이다(民 § 312 III). 이는 本條 I 本文의 규정에 상응한 制限이라 할 것이므로, 更新된 존속기간이 10년을 넘는 때에는 I 但書規定을 상응하여 그 기간은 10년으로 단축된다고 볼 것이다. 10년의 制限期間은 「更新한 날」로부터 起算하는 것으로 되어 있지만, 이때의 「更新한 날」이란 更新登記의 接受日을 의미하고, 그 登記上 기재된 登記原因日字를 뜻하지는 않는다고 할 것이다.

傳貰權에 있어서의 設定契約의 更新은 本條 IV 의 法定更新의 경우를 제외하고는 언제나 當事者間의 合意에 의한 約定更新만이 인정되고, 地上權이나 賃

3) 改正前의 大判 65. 3. 23, 64다1675(總 1-2(A), 208-10)은 傳貰權의 存續期間을 30일로 約定한 경우에는 그것이 當事者 사이의 眞正한 意思에 의한 것인지 또는 그렇게 할 特別事情이 있었는지를 심리판단하여야 한다고 하였다.

4) 尹大成, 韓國傳貰權法硏究, 206.

5) 1990년 改正前의 住賃 §4 I, §5 참조.

6) 同旨 金容漢, 431-2. 그러나 1990년의 住宅賃貸借保護法 改正으로 住宅賃借權에 관하여는 기간의 정함이 없거나 期間을 2년 미만으로 정한 경우에는 이를 2년으로 본다고 규정함으로써(同法 §4 I), 다시 物權과 債權間의 不合理한 不均衡이 생겨나게 되었다.

貸借에 있어서와 같은 更新請求權(民 §§283 I, 643)이나 賃貸借에 있어서의 默示의 更新(民 §639 I)과 같은 것은 인정되지 않는다.[7]

傳貰權의 約定更新은 존속기간의 정함이 있는 경우는 물론, 存續期間의 정함이 없었던 경우에도 할 수 있음은 물론이다. 원래의 設定契約上에는 존속기간을 정하지 아니하였으나 更新約定을 締結하면서 새로이 존속기간을 정하는 것은 그 一例라 할 것이다.

2. 約定更新의 時間的 限界

存續期間의 정함이 있는 傳貰權을 更新하는 경우에도, 그 更新의 시기는 반드시 원래의 存續期間이 滿了된 때일 필요는 없다. 즉 존속기간이 相當期間 남아 있다 하더라도 원래의 設定契約에서 정한 條件을 변경하여 更新約定을 체결하는 것 역시 契約自由의 원칙상 부정할 이유가 없는 까닭이다. 經濟事情의 變動으로 傳貰金이 상당하지 않게 된 경우 當事者間 합의에 의하여 傳貰金을 增減한 경우(民 §312-2 참조)가 그 한 例라 할 수 있다.

그러나 更新에 의한 傳貰權登記의 변경은 적어도 원래의 存續期間이 滿了되는 날까지는 마쳐져야 한다고 볼 것이다.[8] 왜냐하면, 更新없이 存續期間이 滿了되면 그 傳貰權은 원칙적으로 消滅하고(民 §316 I), 이제는 目的物과 傳貰金의 相換 등 淸算關係로 들어서게 되며, 傳貰權登記도 用益權的 機能을 상실하고 傳貰金의 優先辨濟 등을 위한 擔保權的 機能만을 유지하게 될 것이기 때문이다.[9] 存續期間滿了 이후의 更新登記는 그 登記時에 새로운 전세권을 設定한 것으로 해석할 것이다. 다만 建物傳貰權의 경우에는 法定更新이 인정되므로(民 §312 Ⅳ), 登記上 존속기간이 滿了된 이후에도 다시 約定更新을 할 수 있겠지만, 이는 엄밀한 의미에서 存續期間滿了 후의 更新이 아니고, 期間의 정함이 없는 傳貰權을 그 權利存續中에 更新하는 것에 지나지 아니한다(民 §312 Ⅳ 但).

傳貰權의 목적물에 대하여 競賣開始決定 등에 의한 押留의 記入登記가 마쳐진 이후에도 更新할 수 있는가. 押留의 效力은 부동산에 대한 債務者의 管理·利用에는 영향을 미치지 아니하므로(民訴 §603 Ⅱ) 更新 그 자체는 가능하다고 할

7) 郭潤直, 433-4; 金容漢, 431. 存續期間의 約定이 없는 傳貰權에 관하여는 默示의 更新을 인정하는 견해가 있으나 찬성할 수 없다. 詳細는 後述 民 §313 부분 참조.

8) 日大阪高判 昭 38(1963). 8. 8(判例時報 348, 22)은 更新된 賃貸借의 對抗力에 관하여 同旨.

9) 傳貰期間滿了 후에 한 傳貰權「移轉」의 附記登記는 傳貰金返還債權을 담보하는 범위내에서 有效하다고 한 事例로서는 서울高判 88. 3. 18, 87나2968(下集 88-1, 192)이 있다.

것이다. 다만 押留記入登記 후에 된 전세권의 更新은 처분을 금지하는 押留의 효력에 비추어 押留債權者 내지 競落人에게 대항할 수는 없다고 할 것이다.[10]

3. 約定更新과 登記

約定에 의한 전세권의 更新은 登記하여야 效力이 생긴다(民 §186). 그 登記의 성질은 일종의 權利變更登記(不登 §63)라 할 것이므로, 이를 附記登記로 할 것인가 獨立登記로 할 것인가가 우선 문제된다. 생각건대, 傳貰權의 更新은 새로운 전세권의 設定이라고 하기보다는 기존의 傳貰權을, 종전대로 順位를 보유하도록 하면서 傳貰條件만을 변경하는 것에 지나지 아니하고, 從前傳貰權과 更新된 전세권은 實質的 同一性이 유지되는 것으로 보아야 할 것이므로,[11] 更新에 의한 登記는 附記에 의하여 함이 원칙일 것이다.[12]

그러나 그 更新에 의한 權利變更登記에 관하여 登記上 이해관계있는 제3자가 있는 경우에는 申請書에 그 承諾書 또는 이에 대항할 수 있는 裁判의 謄本을 添附한 때에 한하여 附記에 의한 登記를 할 수 있고, 그 承諾書 등을 添附하지 않았을 때에는 主登記(獨立登記)에 의하여 그 變更登記를 할 수밖에 없다(不登 §63).[13]

따라서 傳貰權設定登記 후 後順位의 抵當權者 등 登記上 이해관계있는 제3자가 있는 경우에, 傳貰金의 增額이나 전세기간의 延長을 위한 變更登記를 함에 있어 그 제3자의 承諾書 등을 받지 못하여 獨立登記에 의한 變更登記를 하였다면 그 후 그 抵當權의 실행에 의하여 目的不動產이 競賣되면 전세권자는 後順位抵當權者에 대하여 그 更新된 내용에 의한 대항은 이를 할 수 없다고 할 것이다.[14]

---

10) 李宙興, "傳貰權과 競賣", 法曹 31-10, 60-1; 崔世模, "不動產競賣와 傳貰權", 裁判資料 36, 336.
11) 同旨 崔世模(前註), 336; 金容漢, 427.
12) 不動產登記記載例集(法院行政處), 78(1982).
13) 大法院登記例規 405-1, 大法院例規集 登記編, 204-1.
14) 後順位抵當權의 실행으로 競賣節次가 終了되었다 하더라도 先順位의 傳貰權은 消滅되지 않는다고 한 大判 72.3.28, 71다889(集 20-1, 153)에 관하여, 그 判例가 正當性을 가지려면 競落으로 인한 所有權移轉時를 기준으로 아직 傳貰權存續期間이 남아 있어야 하고(李在性, "不動產競賣와 傳貰權의 運命", 民事裁判의 理論과 實際 2, 299), 위 事案은 傳貰權이 更新된 경우이므로 그에 관한 登記의 經了가 전제되어야 한다는 評釋(李宙興(註 9), 59)이 있는바, 위 條件들이 충족되더라도 그 更新登記가 附記登記에 의한 경우라야만 또한 정당한 判例로 인정된다 할 것이다.

V. 建物傳貰權의 法定更新

1. 法定更新의 意義와 趣旨

本條 Ⅳ은 "建物의 傳貰權設定者가 傳貰期間滿了 후 6월부터 1월까지 사이에 傳貰權者에 대하여 更新拒絶의 通知 또는 條件을 변경하지 않으면 更新하지 아니한다는 뜻의 通知를 하지 아니한 경우에는 그 期間이 滿了한 때에 前傳貰權과 동일한 條件으로 다시 傳貰權을 設定한 것으로 본다"고 규정하는바, 이것이 本條 Ⅲ의 約定更新에 대한 의미에서, 法定更新 또는 默示의 更新으로 불려지는 것이다.[15] 法文上의 表現으로는 새로운 傳貰權의 設定으로 되어 있으나, 그 실질은 既存傳貰權의 연장에 지나지 않는다.[16]

위와 같이 建物傳貰權에 法定更新을 인정한 것은 1984년에 民法을 改正할 때, 住賃 §6 I 의 規定을 그대로 導入하여 규정한 것이다. 이는 住居用建物에 관한 한, 賃借人이 傳貰權者보다 오히려 두터운 保護를 누리게 되어 있던 制度的 不均衡을 시정하기 위한 조치였다고 할 수 있고, 다만 立法過程에서 法定更新의 適用을 받는 목적물의 범위가 建物一般으로 확대되었을 뿐이다.

傳貰權에 法定更新을 인정한 制度的 趣旨는 傳貰權者가 目的建物에서 退去하거나 傳貰契約을 更新함에 있어 時間的·經濟的·精神的인 猶豫를 갖게 하고, 일정한 경우에 傳貰權의 존속을 보장함으로써 傳貰權者의 지위를 강화시켜 주기 위한 것이고, 나아가 傳貰權者가 목적건물에 特殊施設을 한 경우에 그 繼續的 利用을 보장하는 것이 부동산의 利用度를 提高시키는 결과가 된다는 社會經濟的인 이유도 아울러 고려한 것이라고 설명된다.[17]

2. 法定更新의 要件

(1) 傳貰權의 목적이 건물인 경우에 한한다. 즉 法定更新은 建物傳貰權에 관해서만 적용되고 土地傳貰權에는 적용이 없다. 建物인 한, 용도는 묻지 아니하며 반드시 住宅 또는 住宅兼用建物이어야 할 필요는 없다. 建物과 그 敷地인 토지에 共同傳貰權이 설정된 경우에도 法定更新은 건물만에 관하여 인정된다고 할 것이지만, 그 경우에 傳貰權設定者는 傳貰權者의 建物用益을 위하여 필

15) 郭潤直, 434; 金容漢, 427.
16) 金容漢, 427 및 前述(註 9) 참조.
17) 金容漢, 427-8.

요한 범위 내에서 土地所有權의 行使는 制限을 받게 되고, 제3자에 대한 관계에서는 法定地上權(民 §305) 등이 인정될 수도 있겠다.

(2) 法定更新은 傳貰權設定者가 傳貰權者에 대하여 更新拒絶 또는 條件을 변교하여야만 更新하겠다는 通知의 어느 것도 하지 아니한 경우에만 성립한다. 更新拒絶의 경우 거절의 사유는 묻지 아니하며, 轉傳貰權이 設定되어 있더라도 傳貰權者에 대한 通知만으로 족하고 따로 轉傳貰權者에게 通知함을 要하지는 않는다.[18] 거절의 방식은 제한이 없고, 建物明渡를 구하는 訴를 提起하거나 傳貰權者의 義務不履行 등을 이유로 設定契約의 解止 등 傳貰關係의 存續을 부정하는 취지의 주장을 한 경우에는 更新拒絶의 通知가 포함되어 있다고 새길 것이다.[19]

「條件을 變更하지 아니하면 更新하지 아니한다는 뜻의 通知」는 通知 자체에 「更新하지 아니한다는 뜻」이 明示되어 있을 필요는 없지만, 그 성질은 條件附의 更新拒絶이고, 傳貰權者가 조건의 변경을 承諾한 경우에는 合意에 의한 更新으로 된다는 점을 제외하고는 단순한 更新拒絶과 마찬가지로 취급해도 좋을 것이다. 條件의 변경을 傳貰權者가 承諾하지 아니한 경우에는 傳貰權은 期間滿了時에 소멸한다.[20] 條件變更의 가장 흔한 사유는 傳貰金의 增額일 것으로 생각되나, 傳貰權의 更新條件으로 傳貰金의 增額을 구하는 경우에는 民 §312-2는 적용이 없다고 할 것이므로, 經濟事情 등에 비추어 종전 傳貰金이 상당하지 않게 되었을 것이 필요하지도 않고, 民 §312-2 但書에 의한 大統領令에 정한 增額請求의 制限比率에 拘束되지도 아니한다고 할 것이다.

傳貰權者가 傳貰權設定者로부터 條件變更의 通知를 받고 명백한 承諾도 거절도 하지 아니하고 있는 경우에는, 本條의 法定更新이 성립되지 않음은 물론이고, 특별한 사정이 없는 한, 通知內容대로의 約定更新의 성립을 速斷하기도 어렵다.[21] 따라서 實務上 때로 주장되는 것처럼, 傳貰權設定者가 期間滿了時에 근접하여 傳貰金增額의 條件變更通知를 하였으나 당사자간에 合意가 成立되지 아니한 상태에서 전세기간이 終了하고 그 후에도 傳貰權者가 목적물을

18) 日本 借家法 §1-2 및 §4는 拒絶事由와 轉借人에 대한 관계에서 일정한 制限을 둔 立法例이다. 또한 우리 民 §638 참조.

19) 日注民(15), 494-5.

20) 日注民(15), 495.

21) 日本 借家法 §2 II은 條件變更의 通知에도 불구하고 期間滿了 후 賃借人이 建物의 使用·收益을 계속하는 경우에 賃貸人이 지체없이 異議하지 아니하면 法定更新의 성립을 看做한다.

繼續占有한 데 대하여 期間滿了時부터 明渡時까지 增額通知된 傳貰金과 當初傳貰金의 差額에 대한 利子相當의 지급을 구하는 경우, 增額通知에 대하여 명백히 合意가 결렬된 경우는 물론이고 전세권자가 承諾與否를 침묵하고 있었던 경우라도 그 通知된 내용대로의 約定更新의 성립이 推定되지는 아니하는 것이므로, 위 利子相當의 지급을 구하는 傳貰權設定者가 從前傳貰金이 객관적으로 상당하지 아니하다는 점에 관하여 별도로 立證을 하여야만 할 것이다.[22]

한편, 民法이 法定更新의 성립을 막기 위한 更新拒絶 등의 通知義務를 전세권설정자에게만 부과한 취지는 傳貰權者의 보호를 위한 것이라 하겠으므로,[23] 설령 傳貰權設定者에 의한 更新拒絶通知가 없었다 하더라도, 傳貰權者가 期間滿了時에 傳貰權의 消滅을 주장하는 것은 자유이고, 그 경우에 傳貰權設定者가 法定更新을 주장하여 民 §313에 의한 期限猶豫의 利益을 가지는 것은 허용되지 아니한다 할 것이다.

(3) 更新拒絶의 通知는, 단순한 것이든 條件附의 것이든, 傳貰權의 存續期間滿了 전 6월부터 1월까지 사이에 하여진 것이 아니면 안 된다. 通知可能한 最初時點에 제한을 둔 것은, 만약 이 制限이 없으면 設定契約에 更新拒絶條項을 끼워넣는 등의 방법으로, 사실상 法定更新의 성립을 원천적으로 봉쇄하는 것이 가능하게 될 것인바, 이는 存續期間의 정함이 있음에도 불구하고 따로 更新拒絶의 通知를 하도록 한 法趣旨를 몰각시키는 결과를 빚게 되기 때문이다. 또한 更新拒絶通知의 最終時點을 1월로 제한한 것은, 그 때까지 별도의 通知가 없으면 傳貰權者는 存續期間 이후에도 목적물을 계속 占用할 수 있다고 信賴할 것이라는 측면을 고려한 것으로 생각된다. 따라서 위 制限期間의 범위를 벗어난 更新拒絶의 通知는 無效이고,[24] 그 期間制限을 傳貰權者에게 不利하게 변경하는 特約 또한 效力이 없다 할 것이다.

傳貰權 存續期間滿了日로부터 소급하여 6개월 이전 또는 1개월 이후에 更新拒絶의 통지를 하면, 그로써 法定更新의 성립을 막을 수는 없다고 하더라도 期間滿了時에 民 §313의 解止通告를 한 것으로는 인정될 수 있을까. 更新의 拒絶과 解止의 通告는 엄연히 意思內容이 相異하고, 民 §313의 解止通告는 기간의 정함이 없는 賃貸借가 이미 성립한 것을 前提로 하여서만 가능한 것이므로,

22) 서울高判 76. 9. 3, 74나1928(高集 76-3, 34)은 不當利得의 成立이 당연히 부정되는 것처럼 判示하고 있다. 이 점에 관한 詳細는 後述 民 §317 부분 참조.
23) 金容漢, 428.
24) 金容漢, 429.

위와 같은 制限期間의 범위를 벗어난 通知 이후 存續期間滿了 전까지 사이에 建物明渡를 구하는 訴를 제기하였다는 등 특별한 사정이 없는 한, 解止通告로서의 效力을 인정할 수는 없다고 본다.[25)]

(4) 法定更新도 登記하여야만 效力이 생기는가. 이를 肯定하는 견해도 있지만,[26)] 法定更新은 法律의 規定에 의한 物權變動으로 볼 것이므로 그 成立을 위하여는 登記가 필요치 아니하다 할 것이다.[27)] 處分을 위해서는 存續期間에 관한 變更登記를 하여야 함은 물론이다(民 § 187). 判例도 "전세권의 법정갱신의 경우에는 전세권갱신에 관한 등기를 필요로 하지 아니하고 전세권자는 그 등기없이도 전세권설정자나 그 목적물을 취득한 제3자에 대하여 그 權利를 주장할 수 있는 것이다"고 한다.[28)]

(5) 押留와 法定更新

建物傳貰權에 관하여 傳貰權設定者로부터 更新拒絶 등의 通知는 없었으나, 存續期間의 滿了, 즉 法定更新의 성립 이전에 제3자가 目的建物을 押留한 경우에도 存續期間滿了時에 法定更新이 성립한다고 볼 것인가. 생각건대, 押留가 있더라도 目的物所有者의 처분행위가 절대적으로 금지되는 것은 아니고 다만 그 處分行爲로서 押留債權者 내지 競落人에게 대항할 수 없게 될 뿐이므로(押留의 相對的 效力), 傳貰權의 存續期間滿了 전에 競賣申請 등에 의한 押留의 記入登記가 있었더라도 競落에 의하여 그 목적물의 소유권이 移轉될 때까지는 傳貰權者는 法定更新을 주장하여 그 建物을 使用·收益할 수 있다고 할 것이다. 그러나 押留債權者에 대하여는 그 法定更新으로 대항할 수 없으므로 그의 申請에 의해 목적물이 競賣된 경우에는 傳貰權은 競落人에게 引受되지 아니하고 消滅된다고 할 것이다.[29)]

(6) 立證責任

建物傳貰權에 관하여, 정해진 기간 내에 更新拒絶 등의 通知가 없으면 당연히 法定更新이 성립하는 것이므로, 制限期間 내에 更新拒絶의 通知를 하였다는 점은 法定更新의 성립을 부정하려는 傳貰權設定者가 그 立證責任을 부담한다고 할 것이다.

---

25) 同旨 日注民(15), 496.
26) 郭潤直, 434; 張庚鶴, 611; 崔世模(註 9), 336.
27) 金容漢, 429; 黃迪仁 外, 註釋民法(Ⅱ), 535.
28) 大判 89. 7. 11, 88다카21029(公 855, 23).
29) 李宙興(註 9), 60-1; 水本浩, "民法 第395條の短期賃貸借と競賣開始後の法定更新", 民商法雜誌, 50-3, 454-60.

3. 法定更新의 效果

法定更新이 인정되면, 當初傳貰權의 存續期間이 滿了된 때에 前傳貰權과 동일한 조건으로 다시 傳貰權을 設定한 것으로 본다. 따라서 傳貰目的物의 범위, 傳貰金의 額數, 性質 또는 特約에 의한 傳貰建物의 用途制限 등은 모두 前傳貰權과 동일한 것으로 취급된다. 다만 存續期間에 관하여는 그 정함이 없는 것으로 본다(民 §312 Ⅳ 但).

[朴 炳 大]

第312條의 2(傳貰金增減請求權)

傳貰金이 目的不動産에 관한 租稅·公課金 기타 負擔의 增減이나 經濟事情의 變動으로 인하여 상당하지 아니하게 된 때에는 當事者는 장래에 대하여 그 增減을 請求할 수 있다. 그러나 增額의 경우에는 大統領令이 定하는 基準에 따른 比率을 초과하지 못한다.

Ⅰ. 規定의 趣旨

원래 民法에는 地上權과 賃借權에 관하여만 地料 및 借賃의 增減請求權을 규정하고 있었고(民 §§ 286, 628), 傳貰權에는 그러한 규정을 두고 있지 아니하였는데, 1984년의 民法改正으로 本條가 新設되었다. 地上權에서의 地料와 賃借權에서의 借賃 및 傳貰權에서의 傳貰金은 모두 목적물에 대한 使用對價의 성질을 가진다는 점에 비추어, 傳貰金에 관하여만 그 增減請求權을 규정하지 아니한 것은 立法의 不備 내지 體制의 不均衡이라고 할 수 있었던 점에서[1] 本條의 新設은 民法 자체의 體制整備로서의 意義를 갖는 것이었다. 그러나 本條의 立法에 이른 보다 직접적인 배경은 住宅賃貸借保護法이 1983년에 改正되면서 本條와 同一한 規定이 新設된 데 영향을 받은 것으로 보인다(住賃 §7). 이는 地上權이나 賃

1) 金容漢, 438.

借權에서의 增減請求權의 경우와 달리, 本條는 住宅賃貸借保護法을 따라 그 但書에서 增額比率의 최고한도를 大統領令에 委任하여 制限한 것으로 보아서도 알 수 있는 바이다. 그러나 本條 但書規定에 대하여는 法案討議過程에서, 行政立法이 아닌 基本法인 民法에서 그 내용의 일부를 大統領令에 委任한다는 것은 적당하지 아니하다는 傾聽할 만한 反論이 있었다.[2)]

그러나 立法當時의 社會經濟的인 상황은 부동산, 특히 建物需要의 증가에 따른 傳貰金의 暴騰을 억제해야 한다는 현실적인 요구가 강한 터였으므로, 立法의 實質的 比重은 本條 本文보다는 오히려 但書에 정한 增額比率의 制限에 더 크게 두어져 있었던 것이 아닌가 싶다.[3)] 어쨌든 本條가 정한 傳貰金增減請求權은 社會經濟的인 事情變更에 대응한 이해의 조정을 위한 것이므로, 法理的으로는 사정변경의 원칙을 制度化한 일례로 볼 수 있겠다.[4)]

Ⅱ. 傳貰金增減請求의 要件과 性質

1. 相當額의 認定基準

法規定은 租稅·公課金 기타 負擔의 增減이나 經濟事情의 변동을 傳貰金이 상당하지 않게 된 사유로 들고 있다. 여기에서 말하는 경제사정의 變動이란 물가의 激變, 부동산가격의 昂騰, 부동산의 供給量과 需要量의 變化, 維持·管理費用의 增減 등 외적인 경제조건의 변동뿐 아니라 住居地域이 商街地域으로 바뀌는 경우처럼 目的不動產 자체의 用途 및 使用方法의 변경도 포함된다고 할 것이고, 나아가 當事者間의 友好關係 등에 의하여 隣接不動產에 비해 현저히 낮은 傳貰金을 약정하였는데, 그 特殊關係가 解消되었다는 등 주관적인 事情變更도 고려요소가 될 수는 있다. 여하튼 本條가 정한 租稅 등 負擔의 增減이나 經濟事情의 변동은 이를 제한적으로 나열한 것으로 볼 필요는 없고, 당초에 約定한 傳貰金이 객관적으로 상당하지 아니하게 된 모든 事情의 變更이 그 考慮對象이 된다. 사정변경에 관한 立證責任은 請求者가 부담한다.

2) 尹大成, "傳貰權의 改正過程에 관한 考察", 昌原大學論文集 9-1, 177(柳鉉錫 辯護士의 公聽會에서의 發表內容 중 일부였다). 그러나 改正 이후에는 學者들은 傳貰權者를 보호하기 위하여 增額比率을 제한하고, 그 비율을 彈力性있게 조절하기 위하여 大統領令에 委任한 것은 타당한 조치였다고 하여 대체로 찬성하는 듯하다(金容漢, 439; 張庚鶴, 618).
3) 尹大成, 韓國傳貰權法硏究, 207 참조.
4) 金容漢, 439.

2. 增減請求權의 法的 性質

本條의 規定에 의한 增額이나 減額도 언제나 當事者 사이의 合意에 의하며, 一方當事者의 請求로 당연히 增減의 효과가 발생하지는 않는다고 하는 請求權說과[5] 일방의 增減請求에 의하여 곧바로 增減의 효과가 발생하고, 다만 相對方이 불응할 때에는 法院에 提訴하여 그 增減程度를 결정받을 수밖에 없지만 그에 의한 增減의 효과는 請求時에 遡及하여 효력이 생긴다는 形成權說[6]이 대립한다.

생각건대, 當事者間의 合意에 의한 傳貰金의 增減은 本條의 規定이 없더라도 당연히 可能한 것이므로, 위 增減請求權을 請求權으로 본다면 구태여 本條를 新設한 아무런 의미가 없다. 또한 本條는 經濟事情 등의 變動과 같은 契約外的인 여건의 변화에 따라 公平의 原則에 비추어 傳貰金이 상당하지 않게 된 경우에 이를 是正할 수 있게 하기 위한 것일진대, 當事者 쌍방의 合意를 그 增減의 요건으로 한다면 그 規定趣旨를 沒却시킬 우려가 있으므로, 결국 本條가 정한 增減請求權은 이를 形成權으로 새기는 것이 타당하다고 본다. 그것이 地上權이나 賃借權에 있어서의 增減請求權을 形成權으로 보는 通說[7]과도 解釋上의 일관성을 유지하는 것으로 생각된다.

3. 增額請求의 制限

本條 但書는 傳貰金增額請求의 경우에는 大統領令이 정하는 기준에 따른 比率을 초과하지 못한다고 규정하는바, 이 但書條項에 따른 大統領令이 "民法 제312조의 2 但書의 施行에 관한 規程"이다. 增額의 경우만을 제한한 이유는, 減額은 經濟安定과 經濟的 弱者인 傳貰權者의 보호를 위하여 기능할 수 있기 때문에 바람직한 것이지만, 增額의 경우에는 傳貰權設定者의 일방적인 傳貰金額의 引上으로 인하여 經濟的 窮迫과 生活環境의 불안을 강요당하는 傳貰權者를 보호하기 위하여 일정한 制限을 설정할 필요가 있기 때문이라고 설명된다.[8] 생각건대, 住居用建物의 경우에는 住宅賃貸借保護法에 의한 制限과의 均衡上으로 보아, 本條 但書의 제한에 수긍할 만한 바가 없지 않지만, 그 밖의 建物이나

5) 郭潤直, 427.
6) 金容漢, 438; 張庚鶴, 618.
7) 郭潤直, 383; 郭潤直, 債各, 319-21.
8) 金容漢, 439.

土地에 관하여는 賃貸借에 있어서와 달리 傳貰權에서만 그러한 제한을 設定하는 것은, 결국 用益權者에게 보다 유리한 物權의 設定을 방해하는 것이 되어 과연 위 立法이 전면적으로 타당한 것이었는지는 다소의 의문이 남는다.

한편 위 大統領令은 增額請求의 기준에 관하여, 첫째 約定傳貰金의 20분의 1을 초과하지 못한다고 하여 그 비율을 制限함과 동시에(同 §2), 둘째 傳貰權設定契約이 있은 날 또는 約定한 傳貰金의 增額이 있은 날로부터 1년 이내에는 이를 하지 못한다고 하여 그 時期에 대한 制限을 두고 있다(同 §3).[9] 여기에서「傳貰權設定契約이 있은 날」또는「約定한 傳貰金의 增額이 있은 날」이라 함은 設定登記 또는 變更登記가 있은 날을 의미하는 것으로 새길 것이고, 다만 현재의 傳貰金이 本條에 의한 傳貰金增額請求權의 행사로 인한 것인 경우에는, 增額請求權이 形成權이란 性質上 그 請求日을 기준으로 하여야 할 것이다.[10]

4. 約定更新과 增減請求

存續期間의 정함이 있는 傳貰權에 있어 그 존속기간이 滿了되기 전이거나, 존속기간의 정함이 없는 傳貰權에 있어서는 經濟事情의 변동 등을 이유로 傳貰金增減請求를 할 수 있음은 異論이 없을 것이다. 문제는 存續期間의 정함이 있는 傳貰權에 있어 存續期間滿了에 따른 約定更新의 경우나 民 §312 Ⅳ에 따른 條件附更新拒絶의 通知의 경우에도 本條 但書에 따른 기준범위 내에서만 增額이 가능한 것인가 하는 점이다.[11] 用益權者의 法的 地位의 安定性을 보장한다는 점에서 보면, 存續期間滿了에 따른 更新의 경우에도 本條 但書에서 정한 制限을 적용시켜야 할 필요성이 없는 것은 아니다. 그러나 法定更新을 저지하기 위한 通知에 있어(民 § 312 Ⅳ), 本條 但書가 정한 制限을 넘는 비율에 의한 전세금의 增額을 更新의 조건으로 부가한 경우, 그 條件部分을 無效라고 보게 되면 위 通知는 無條件의 更新拒絶이 되어 존속기간의 만료로 傳貰權은 消滅하게 되어 결국 傳貰權者에게 유리할 것이 없고, 위 條件을 本條 但書가 정한 制限範圍 내에서만 有效한 것으로 제한적인 解釋을 함으로써 傳貰權者의 承諾에

9) 民法은 명백히 增額의 比率에 관한 基準設定만을 大統領令에 위임하고 있음에 비추어, 위 규정이 增額請求의 시기에 관하여도 制限한 부분은 과연 母法의 委任範圍 내인가 하는 의문이 있다. 請求時期에 관한 부분은 從前傳貰金이 상당한가의 여부에 관한 判斷要素의 하나로 남겨 두는 것이 오히려 바람직하지 않았을까 하는 생각이 든다.

10) 金容漢, 440.

11) 趙鍾炫, "住宅賃借權의 住居保護", 高昌鉉紀念論文集, 458은 住宅賃借權에 관하여 更新契約時에도 그 제한의 적용이 있다고 본다.

의하여 本條 但書가 정한 最高制限比率에 의한 增額更新을 擬制하는 것도 하나의 案일 수 있지만, 이는 뚜렷한 근거없이 當事者의 의사를 지나치게 恣意的으로 解釋하는 것이라는 비판을 피할 수 없을 것이다. 실제적인 측면에서 보더라도, 存續期間滿了에 따른 更新에 있어서도 本條 但書의 制限이 적용된다고 하여, 설사 當事者間에 그 制限比率을 넘는 增額의 合意가 있었더라도 그 超過部分을 無效라고 보게 되면, 傳貰權設定者는 그 制限을 회피하기 위하여 존속기간을 짧게 設定하고 그 期間滿了時마다 更新을 거절하고 새로운 傳貰入者를 물색할 것이기 때문에 오히려 傳貰權者 등 不動産利用者의 안정적인 用益을 해치는 결과를 초래하고 말게 된다.[12] 뿐만 아니라 本條가 정한 傳貰金增減請求權은 일종의 形成權으로서, 當事者 일방의 片面的인 意思表示에 傳貰金增減의 效果를 인정하려는 것이므로, 當事者 쌍방의 合意에 의한 增額의 경우와는 그 본질적인 法的 性質을 달리하는 까닭에, 결국 本條 但書에 의한 제한은 約定更新에는 그 적용이 없다고 볼 것이다.

Ⅲ. 增減請求의 效果

傳貰金增減請求權은 形成權이므로, 그 行使에 따른 傳貰金增減의 효과는 請求時에 발생하고, 當事者間에 다툼이 있어 法院에 提訴한 경우에도 法院이 인정한 增減의 효과는 請求時에 遡及하여 발생한다는 점은 앞서 본 바와 같다.

그러나 法院의 判決에 의한 增額이 확정되기까지는 傳貰權者가 그 증가된 傳貰金의 追加支給을 거부하더라도, 債務不履行이 되지는 아니한다 할 것이고, 한편 增額請求權을 확정적으로 行使한 바가 없다면, 아무리 從前傳貰金이 상당하지 아니하더라도 周邊不動産의 傳貰金 등을 立證하는 방법으로 差額相當의 부당이득을 請求하는 것은 허용되지 아니한다.[13]

〔朴 炳 大〕

12) 趙鍾鉉(前註), 458은 住宅賃貸借에 관하여 실제로 그러한 現象이 발생되고 있음을 지적한다.

13) 서울高判 76. 9. 3, 74나1928(高集 76-3, 34).

第 313 條(傳貰權의 消滅通告)

傳貰權의 存續期間을 約定하지 아니한 때에는 각 當事者는 언제든지 相對方에 대하여 傳貰權의 消滅을 通告할 수 있고 相對方이 이 通告를 받은 날로부터 6月이 經過하면 傳貰權은 消滅한다.

Ⅰ. 規定의 趣旨와 妥當性 與否

1. 存續期間의 정함이 있는 전세권은 그 원칙적인 消滅事由가 기간의 滿了임에 대하여, 存續期間의 정함이 없는 전세권은 終了를 원하는 一方當事者의 消滅通告에 의하여 消滅함이 원칙이다. 本條前段은 無期限債務의 一般原則(民§387Ⅱ)에 상응하여 그 消滅通告는 언제든지 할 수 있는 것임을 확인한 것이고, 이에 대하여 本條 後段은 意思表示의 一般原則(民§111Ⅰ)에 대한 예외로서, 傳貰權消滅通告의 경우에는 그 通知가 상대방에 到達한 때에 즉시 效力이 발생하지 않고 6개월의 猶豫期間이 경과하여야 效力이 생긴다는 특례를 규정한 것이다.

이는 消滅通告를 받은 상대방에게 傳貰權消滅에 대응한 준비를 위한 기간을 부여한 것이며, 本條의 비중은 그 後段部에 놓여 있다고 할 것이다.

2. 한편 本條는 物權變動에 관하여 對抗要件主義를 취하는 法制에서는 있어도 상관없으나, 우리 民法처럼 成立要件主義를 취하는 法制에서는 체계적인 解釋이 불가능한 엉뚱한 規定이며,[1] 나아가 存續期間을 約定하지 않은 경우에 각 當事者가 언제든지 傳貰權의 소멸을 청구할 수 있는 것으로 한 民法의 태도는 地上權과 비교할 때(民§281 참조), 傳貰權者의 지위를 지나치게 弱化시키는 것으로서, 전세권의 物權性은 이 規定 때문에 거의 상실되는 느낌이 있고, 모처럼 전세권을 物權化해서 利用權을 강화하려고 한 정신에도 배치되는 부당한 規定이라는 批判이 있다.[2]

생각건대, 消滅通告에 의한 전세권의 消滅을 法律行爲에 의한 物權變動

---

1) 郭潤直, 146.

2) 郭潤直, 434-5. 同旨 張庚鶴, 612.

(民 §186)의 일종으로 보는 多數說에 의한다면, 本條規定에 의하여 제3자의 利益을 해하는 경우는 생기지 아니하므로, 本條가 成立要件主義를 취하는 우리 法制와 어울리지 않는다는 위 비판은 과연 적정한 것인지 의문이 있다. 그러나 本條에 의한 傳貰權의 소멸을 法律의 規定에 의한 物權變動(民 §187)으로 보는 견해를 취할 경우에는, 消滅通告時로부터 6개월이 경과된 후, 抹消登記를 미처 하지 못한 상태에서 그 登記記載를 믿고 利益關係를 맺은 제3자가 있을 때에는 그의 利益을 해칠 우려가 있음에도, 本條가 그러한 제3자를 보호하기 위한 조치를 취하지 아니한 것은 立法論的인 비판의 대상이 될 수 있다고 할 것이다. 契約解除에 있어서의 民 §548 I 但書는 本條의 消滅通告의 경우에도 立法論的인 參考가 될만 하다고 본다.

또한 本條가 存續期間의 정함이 없는 傳貰權에 있어서의 消滅通告에 期間制限을 두지 않고 언제든지 할 수 있도록 한 점에 대한 비난은, 각도를 달리하여 보면, 傳貰權에도 地上權처럼 最短存續期間을 설정했어야 한다는 주장으로 받아 들여도 좋을 것 같다.

따라서 民法改正으로 §312 II 에 의하여 建物傳貰權에 관하여 最短存續期間規定이 마련된 지금에 있어서는, 위 비판은 土地傳貰權에 한하여 타당성이 인정될 수 있을 것이지만,[3] 대개의 傳貰權設定契約에는 존속기간에 관한 約定이 있을 것이고, 설령 그 約定이 없다 하더라도 本條後段에 의하여 최소한 6개월은 그 土地의 用益이 보장될 것이므로, 本條의 規定 때문에 傳貰權의 物權性이 거의 상실되었다는 주장은 지나친 우려가 아닌가 생각된다.

立法論的으로는 土地傳貰權에 관하여도 最短存續期間規定을 마련하는 한편 존속기간의 정함이 없는 傳貰權에 있어서는 그 消滅通告를 할 수 있는 最初時點을 규정함으로써 一定期間 傳貰權의 존속을 보장해주는 방안이 고려되어야 할 것이다.

---

3) 傳貰權에는 地上權에 있어서의 民 §281 I 과 같은 규정이 없음에도, 建物傳貰權은 존속기간의 約定이 없더라도 1년 내에는 消滅通告에 의하여 消滅시킬 수 없는 것으로 해석되기 때문이다(郭潤直, 434; 張庚鶴, 612). 따라서 設定時로부터 6개월 이내에 한 建物傳貰權의 消滅通告는 6개월이 되는 때에 비로소 통고로서의 效力이 생기고, 그 때로부터 本條後段에 정한 6개월의 기간이 경과된 때(즉 設定 후 1년이 되는 때) 傳貰權消滅의 효과가 생긴다고 할 것이다.

Ⅱ. 消滅通告의 法的 性質과 效果

本條의 消滅通告에 의한 傳貰權消滅의 효과가 언제 발생하느냐에 관하여는 學說의 대립이 있다.

多數說은 本條의 消滅通告도 일종의 物權的 單獨行爲로서 登記를 하여야 효력이 발생하므로(民 §186), 消滅通告로부터 6개월의 경과로 傳貰權이 자동적으로 소멸하는 것은 아니고, 登記抹消請求權이 생길 뿐이라고 한다.[4)]

이에 대하여 少數說은 消滅通告의 法的 性質은 解止로서, 그에 의한 傳貰權의 소멸은 法律의 規定에 의한 物權變動에 해당하고(民 §187), 通告時로부터 6개월이 경과하면 傳貰權은 당연 소멸한다고 주장한다.[5)]

私見으로는 本條의 消滅通告 역시 民 §311의 消滅請求와 마찬가지로 그 法律的 性質은 解止로 보아야 하고,[6)] 따라서 物權行爲의 有因性으로 인하여 本條에 의한 소멸통고의 意思表示가 效力을 발생하는 때, 즉 消滅通告가 상대방에 도달한 때로부터 6개월이 경과한 때에 전세권은 消滅하고, 抹消登記나 목적물의 引渡 및 傳貰金의 返還 등은 傳貰權消滅의 효과로서 생기는 雙方當事者의 淸算義務에 지나지 않는다고 생각한다.[7)]

Ⅲ. 餘　　論

1. 本條가 정한 消滅通告의 방식에는 아무런 제한이 없으므로, 소유권에 기한 目的物返還의 訴를 提起한 경우에는 그 訴提起時에 本條의 消滅通告가 있은 것으로 해석하여도 좋을 것이다.[8)]

2. 約定으로 존속기간을 정하지 아니한 傳貰權의 경우에는 默示의 更新을 인정하여야 하고(民 §639), 그로써 10년 이상의 存續이 보장될 수 있다고 하는

4) 郭潤直, 145-6, 434; 金容漢, 432; 金曾漢, 302 및 317; 張庚鶴, 612.
5) 黃迪仁 外, 註釋民法(Ⅱ), 537.
6) 註釋民法(上), 543 및 (前註)도 同旨.
7) 目的不動產 및 傳貰金의 반환에 관하여는 金容漢, 451도 同旨이다.
8) 大判 55. 10. 6, 4288民上54(總 3-2(A), 403) 참조.

주장이 있다.[9]

그러나 存續期間의 정함이 없는 傳貰權의 10년 이상의 존속을 認定하고 이를 설명하기 위한 필요에서라면, 구태여 黙示의 更新理論을 끌어 올 필요도 없고, 傳貰權에서는 賃貸借에서와 같은 黙示의 更新은 인정되지도 아니한다고 생각한다. 즉 기간의 정함이 있는 전세권이 約定更新(民 § 312 Ⅲ), 또는 法定更新(民 § 312 Ⅳ)에 의하여 10년 이상의 존속이 가능한 것처럼, 期間의 정함이 없는 傳貰權도 10년 이상 존속할 수 있다고는 할 것이지만, 이는 存續期間의 정함이 없는 傳貰權은 원칙적으로 本條에 의한 消滅通告가 있어야 消滅하는 것이고 그 通告가 없는 한 繼續存續이 당연한 것이기 때문이지, 黙示의 更新에 의한 것은 아니다.

또한 黙示의 更新을 인정하는 견해는, 傳貰權에 存續期間의 約定이 없으면 民 §312 Ⅰ에 의하여 그 存續期間을 10년으로 보는 전제에 서야만 理論의 條理가 선다고 할 것인데, 위 條項은 단지 約定存續期間의 최장기를 제한하는 規定일 뿐, 存續期間의 정함이 없는 경우의 期間推定規定은 아니라는 점에서 보더라도 부당한 주장이고, 한편 傳貰權에 관하여는 約定更新과 法定更新(民 § 312 Ⅲ, Ⅳ)이 인정될 뿐, 賃貸借에 있어서와 같이 黙示의 更新을 인정하는 規定이 없음에도 불구하고, 유독 存續期間의 정함이 없는 경우에만 黙示의 更新을 인정한다는 것도 근거없는 주장으로 생각된다.

3. 本條 後段이 정한 6월의 기간은 傳貰權의 존속을 보호하기 위한 것이므로 賃貸借에 있어서와 같은 明文規定(民 §§ 652, 635)이 없더라도 위 기간을 단축하는 約定은 無效라 할 것이다.[10]

[朴 炳 大]

9) 金容漢, 432; 註釋民法(上), 543.
10) 註釋債各(Ⅰ), 431.

第 314 條(不可抗力으로 인한 滅失)

① 傳貰權의 目的物의 全部 또는 一部가 不可抗力으로 인하여 滅失된 때에는 그 滅失된 部分의 傳貰權은 消滅한다.

② 前項의 一部滅失의 경우에 傳貰權者가 그 殘存部分으로 傳貰權의 目的을 達成할 수 없는 때에는 傳貰權設定者에 대하여 傳貰權 全部의 消滅을 通告하고 傳貰金의 返還을 請求할 수 있다.

Ⅰ. 目的物의 滅失과 傳貰權의 消滅

1. 目的物의 滅失은 物權의 일반적이고도 당연한 消滅事由의 하나이다. 民法은 목적물의 滅失이 不可抗力으로 인한 것인가 傳貰權者에 責任있는 事由로 인한 것인가로 경우를 나누어, 本條와 民 §315에서 각각의 法的 效果를 규정하고 있다. 本條 Ⅰ은 목적물의 전부가 滅失되면 傳貰權도 全部消滅하고, 일부가 滅失되면 그 滅失된 부분의 傳貰權이 소멸한다는 당연한 法理를 재확인한 규정에 지나지 않는다.

2. 目的物이 不可抗力으로 인하여 滅失되었다면 전세권자에게는 歸責事由가 없으므로, 그 滅失로 인한 損害賠償債務도 부담하지 아니할 것은 의문이 없다. 문제는 그 경우에 傳貰權設定者는 여전히 傳貰金 전액의 返還債務를 부담하느냐 하는 것이다. 이와 관련하여 本條는 傳貰金返還債務에 관한 危險負擔(民 §537)의 特則으로서 일반원칙과 달리 債權者主義를 선언한 것이라고 하면서 그 當否는 의심스럽다고 하는 주장이 있다.[1] 本條의 어느 부분이 위와 같은 주장의 根據가 되는지는 언급이 없어 알 수 없지만, 傳貰目的物滅失의 경우의 傳貰金返還債務의 문제를 危險負擔의 문제로 돌리는 위 주장은 반드시 타당한 것이라고는 할 수 없다고 생각한다. 왜냐하면 危險負擔은 雙務契約에 있어 서로 對價的 意味를 가지고 대립하는 債務 사이의 문제임에 비하여,[2] 傳貰權消滅時의 傳貰金返還債務와 目的物返還債務는 이를 상호대립하는 「對價的 關係」에

1) 註釋民法(上), 543.
2) 郭潤直, 債各, 88.

있는 것이라고는 할 수 없는 까닭이다. 즉 傳貰權에 있어서는 傳貰權者가 목적물을 배타적으로 使用·收益할 권리와 그의 使用·收益期間 동안 傳貰權設定者가 傳貰金을 임의로 이용할 수 있는 권리가 相互對價的 關係에 서는 것이므로, 傳貰期間中 목적물이 不可抗力으로 인하여 滅失되었다면 전세권자의 目的物用益權이 消滅됨과 동시에 傳貰權設定者도 約定期間滿了時까지 전세금의 利用을 계속할 권리를 상실한다는 점에서는 危險負擔의 一般原則(民 §537)이 적용된다. 그러나 傳貰金返還債務는 目的物滅失에 따른 傳貰權消滅의 효과로서 구체화된 것이고, 目的物返還債務와 사이에는 同時履行의 관계에 서는 것일 뿐(民 §317) 對價的 關係에 있는 것은 아니다.

따라서 목적물의 滅失로 인하여 傳貰權者의 目的物返還債務가 履行不能이 되었다 하여, 民 §537를 適用함으로써 전세권자도 傳貰金의 반환을 청구할 수 없다고 하는 것은 成立될 수 없는 설명이고, 오히려 傳貰權者는 목적물의 반환이라는 同時履行의 抗辯이 떨어져 나간 완전한 형태의 권리로서의 傳貰金返還請求權을 가지게 된다고 할 것이다.[3)]

3. 한편 목적물이 不可抗力으로 滅失하였더라도, 존속기간의 경과 등으로 傳貰權이 소멸한 이후에 傳貰權設定者가 傳貰金返還債務의 履行의 提供을 하였음에도 傳貰權者가 목적물을 반환하지 아니하는 등 전세권자의 履行遲滯中에 그 滅失이 생겼다면, 滅失 그 자체에는 傳貰權者의 歸責事由가 없더라도, 傳貰權者는 그 滅失로 인한 손해배상의 책임을 지게 될 것이다(民 §392 참조).

Ⅱ. 一部滅失의 法的 效果

1. 殘存部分만으로 目的達成이 可能한 경우

目的不動產의 일부가 滅失되면 그 滅失部分에 대한 傳貰權이 消滅할 것, 즉 傳貰目的物의 범위가 그만큼 축소될 것임은 명백하다. 그러나 그 滅失이 不可抗力으로 인한 것이고 殘存部分만으로도 目的達成이 가능한 경우에는 傳貰權者든 傳貰權設定者든 일방적으로 전세권의 소멸을 청구할 수는 없고

3) 서울高判 65. 8. 20, 65나652(高集 64-65, 397) 및 大判 65. 11. 23, 65다1898(總 3-2(A), 407) 참조. 民 §314 Ⅰ의 경우에도 傳貰金返還債務는 존속한다는 결론에 관하여는 郭潤直, 443; 金曾漢, 318 同旨.

(民 §311 I 및 §314 II의 反對解釋), 전세권은 殘存目的物에 관하여 존속한다.

이 경우에 목적물의 축소에 따라 傳貰金도 減額되는가. 學說은 滅失된 部分만큼 傳貰金도 減額된다는 데 일치하여 있다.[4] 그 根據는 本條 I이 "그 滅失된 부분의 傳貰權은 消滅한다"고 한 것은 직접 전세권의 一部消滅뿐만 아니라, 아울러 그에 따르는 傳貰金의 減額을 규정한 것이라는 데서 구하고 있다.[5] 減額을 인정한다고 할 때, 그 效果는 목적물의 一部滅失과 동시에 생긴다고 할 것이나, 金額은 當事者 사이의 合意에 의하여 결정될 것이고, 合意가 成立되지 아니하면 결국 法院이 결정하게 될 것이다(民 §627 I 참조).

2. 殘存部分만으로는 目的達成이 不可能한 경우

傳貰權의 목적물의 일부가 不可抗力으로 인하여 滅失된 경우에 그 殘存部分으로 전세권의 목적을 達成할 수 없는 때에는, 傳貰權者는 傳貰權設定者에 대하여 傳貰權全部의 소멸을 통고하고 傳貰金의 반환을 청구할 수 있다(本條 II). 法文은 「消滅通告」로 되어 있지만, 學說은 이를 民 §311의 「消滅請求」와 같은 性質의 것으로 새기는 데 대체적인 일치를 보이고 있다.[6] 그 이유는 歸責事由도 없이 목적물의 일부가 滅失하여 傳貰權의 목적을 達成할 수 없게 되었음에도 民 §313의 消滅通告의 경우처럼 6개월을 기다려야 한다면 이는 명백히 부당한 것이기 때문이라고 설명한다.[7]

消滅通告로 인한 傳貰權의 消滅은 抹消登記없이도 效力이 생기고,[8] 이 경우 傳貰權者는 損害賠償責任이 없으므로 傳貰金 전액의 반환을 求할 수 있다.[9] 立法論으로는 本條의 경우에도 民 §311의 경우와 같이 「消滅請求」로 用語를 정리함이 바람직할 것이다.

[朴 炳 大]

4) 郭潤直, 444; 金容漢, 453; 金曾漢, 319; 張庚鶴, 626; 黃迪仁 外, 註釋民法(Ⅱ), 539.
5) 金容漢, 453; 金曾漢, 319.
6) 郭潤直, 444; 金容漢, 451; 金曾漢, 317; 張庚鶴, 627; 黃迪仁(註 4), 537.
7) 郭潤直, 444; 金容漢, 451.
8) 反對說 등 詳細는 前述 民 §311의 Ⅲ. 부분 참조.
9) 金曾漢, 320.

第 315 條(傳貫權者의 損害賠償責任)

① 傳貫權의 目的物의 全部 또는 一部가 傳貫權者에 責任있는 事由로 인하여 滅失된 때에는 傳貫權者는 損害를 賠償할 責任이 있다.

② 前項의 경우에 傳貫權設定者는 傳貫權이 消滅된 후 傳貫金으로써 損害의 賠償에 充當하고 剩餘가 있으면 返還하여야 하며 不足이 있으면 다시 請求할 수 있다.

I. 規定趣旨와 責任의 本質

1. 民 §314가 목적물의 不可抗力으로 인한 滅失의 경우를 규정함에 대하여, 本條는 목적물이 傳貫權者에 책임있는 사유로 滅失된 경우의 法的 效果를 정하고 있다. 不可抗力으로 인한 경우이든 傳貫權者의 歸責事由로 인한 경우이든 목적물이 滅失되면, 그 滅失된 범위에서 傳貫權도 소멸할 것임은 당연하다. 本條는 그 前提 위에서 傳貫權者의 손해배상책임을 인정하고, 나아가 傳貫金의 保證金性을 인정한 데 그 意義가 있다.

2. 損害賠償責任의 本質

傳貫權者에 책임있는 사유로 목적물의 全部 또는 一部가 滅失되었다면, 이는 한편으로는 傳貫權者의 용도에 좇은 使用·收益義務(民 §303), 維持·修繕義務(民 §309) 또는 目的物返還義務(民 §§316 I, 317)의 違背에 해당하고, 다른 한편으로는 設定者의 目的物所有權에 대한 침해를 구성한다. 따라서 傳貫權設定者는 前者와 같은 債務不履行을 이유로 하거나(民 §390 이하), 後者와 같은 不法行爲를 이유로 하여(民 §750) 傳貫權者에 대한 손해배상을 청구할 수도 있다. 그럼에도 불구하고 本條 I 이 傳貫權者의 損害賠償責任을 규정한 것은 民 §314와의 관계에서 傳貫權者가 지는 責任을 명확히 하는 한편, 本條 II 이 인정하는 傳貫金의 保證金性을 고려하여 特則을 둔 것으로 이해된다.[1]

그러나 위 책임의 本質은 不法行爲責任이라기보다는, 民法이 정한 전세권자의 諸般義務의 違反, 즉 債務不履行으로 인한 책임으로서의 성질을 갖는다고

1) 同旨 註釋民法(上), 544.

생각된다. 따라서 目的物의 滅失에 관하여 전세권자에게 歸責事由가 있다는 점은 傳貰權設定者가 입증책임을 부담하는 것이 아니라, 傳貰權者가 불가항력으로 인한 것임을 立證하지 못하면 그로 인한 損害賠償責任을 免할 수 없는 것으로 해석함이 옳을 것이다.[2)]

왜냐하면 傳貰權者가 목적물을 使用·收益하던 중 그 전부 또는 일부가 滅失되었다는 事實 그 자체가 곧 傳貰權者의 目的物維持義務 내지는 返還義務에 대한 違反으로 볼 수 있는 까닭이다.[3)]

3. 傳貰金의 保證金性

傳貰目的物이 傳貰權者에 책임있는 사유로 滅失된 경우에는 傳貰權設定者는 傳貰權이 소멸된 후 傳貰金으로써 손해의 賠償에 충당하고 剩餘가 있으면 반환하여야 하며 부족이 있으면 다시 請求할 수 있다(本條 II). 여기에서 傳貰金으로써 損害의 賠償에 충당할 수 있다는 것은 바로 傳貰金의 保證金性을 인정하는 根據規定이 되는 것이고, 滅失의 경우 뿐 아니라 損傷의 경우에도 동일한 法理가 적용된다는 점에 관하여는 前述하였다.[4)]

Ⅱ. 歸責事由로 인한 滅失의 效果

1. 全部滅失의 경우

傳貰目的物의 전부가 滅失하면 전세권도 당연히 消滅하고, 다만 傳貰權者가 그로 인한 損害賠償의 책임을 지는 점이 불가항력으로 인한 滅失의 경우(民 § 314 I)와 다른 점이다. 目的物滅失時에 전세권도 함께 消滅하므로, 設定者는 滅失 즉시 傳貰金으로 손해의 배상에 충당하고 過不足額은 返還 또는 追加請求를 할 수 있다.

---

2) 郭潤直, 債總, 141 참조.

3) 大判 67. 12. 6, 67다2251(集 15-3, 353)은 "傳貰權者는 전세물인 가옥을 선량한 管理者의 주의로써 보관할 義務가 있고 계약이 해지되면 傳貰物을 반환하여야 하는 債務를 지는 것이므로, 전세권자의 실화로 인하여 가옥을 소실케 하여 그 返還義務를 이행할 수 없게 된 때에는 한편으로는 과실로 인하여 傳貰物에 대한 소유권을 침해한 것으로서 不法行爲가 되는 동시에 다른 한편으로는 과실로 인하여 채무를 이행할 수 없게 됨으로써 債務不履行이 되는 것이다"고 한다.

4) 前述 民 § 303의 Ⅲ의 2의 (2) 부분 참조.

2. 一部滅失의 경우

(1) 殘存部分만으로 目的達成이 可能한 경우

傳貰目的物의 일부가 傳貰權者에 책임있는 사유로 滅失되었으나 殘存部分만으로도 傳貰權의 목적을 달성할 수 있는 경우에는 그 殘存目的物의 범위 내에서 傳貰權은 존속한다. 그 경우에 傳貰權者는 一部滅失을 이유로 하여 傳貰權全部의 消滅을 請求할 수도 없고, 滅失部分에 상응한 전세금의 減額을 주장하지도 못한다.[5] 왜냐하면 傳貰權者는 그 一部滅失에 대하여 책임이 있음에도 자기의 책임을 외면한 채 傳貰權全部의 소멸을 청구할 수 있도록 하는 것은 衡平에 어긋나는 것이고, 傳貰金 또한 傳貰權者가 지는 損害賠償債務를 담보하는 것이기 때문이다.

그러나 傳貰權設定者가 목적물의 一部滅失을 문제삼아 전세권의 消滅을 請求하는 것은 인정된다(民 § 311 Ⅰ). 이는 傳貰權者의 歸責事由로 인한 목적물 일부의 滅失 그 자체가 用法違反에 해당되는 까닭이다.[6] 따라서 傳貰權設定者로서는 存續期間滿了 등의 사유로 傳貰權이 소멸할 때까지 기다렸다가 一部滅失로 인한 損害金을 전세금에서 控除하거나, 一部滅失 이후 곧바로 전세권의 消滅을 청구하고 傳貰金에서 損害金을 賠償받는 방법 중 하나를 임의로 선택할 수 있는 地位를 갖게 된다고 할 것이지만, 殘存目的物 위에 傳貰權의 존속을 인정하면서 傳貰權消滅 전에 一部滅失로 인한 손해배상을 먼저 청구하는 것은 허용되지 아니한다(本條 Ⅱ의 反對解釋).

(2) 殘存部分만으로는 目的達成이 不可能한 경우

傳貰目的物의 일부가 傳貰權者에 책임있는 사유로 滅失됨으로써 殘存部分만으로는 傳貰權의 목적을 달성할 수 없게 된 경우에 傳貰權者가 傳貰權全部의 消滅을 청구할 수 있는가. 民法은 不可抗力으로 인한 滅失의 경우(民 § 314 Ⅱ)와 달리 이 점에 관하여 침묵하고 있지만, 學說은 殘存部分만으로는 도저히 傳貰權의 목적을 달성할 수 없는 경우 傳貰權을 존속시킨다는 것은 無意味하다는 이유로 그 消滅請求를 인정하는 데 일치되어 있다.[7] 傳貰權設定者側에서 用法違反을 이유로 먼저 傳貰權의 消滅을 청구하는 것도 당연히 인정될 것이다(民 § 311).

傳貰權이 전세권자와 전세권설정자 중 누구의 請求에 의하여 消滅한 경우

---

5) 郭潤直, 444; 金容漢, 453; 金曾漢, 319 등 同旨.
6) (前註).
7) 郭潤直, 444; 金容漢, 454; 金曾漢, 320 등.

이든, 傳貰權者는 목적물의 一部滅失로 인한 損害賠償의 債務를 지게 됨은 물론, 傳貰權이 期間滿了 전에 일찍 소멸함으로써 設定者가 입은 損害가 있으면 그에 대한 賠償責任도 아울러 지게 되고,[8] 이는 모두 傳貰金에 의하여 擔保된다(本條 Ⅱ).

[朴 炳 大]

第 316 條(原狀回復義務, 買受請求權)

① 傳貰權이 그 存續期間의 滿了로 인하여 消滅한 때에는 傳貰權者는 그 目的物을 原狀에 回復하여야 하며 그 目的物에 附屬시킨 物件은 收去할 수 있다. 그러나 傳貰權設定者가 그 附屬物件의 買受를 請求한 때에는 傳貰權者는 正當한 理由없이 拒絶하지 못한다.

② 前項의 경우에 그 附屬物件이 傳貰權設定者의 同意를 얻어 附屬시킨 것인 때에는 傳貰權者는 傳貰權設定者에 대하여 그 附屬物件의 買受를 請求할 수 있다. 그 附屬物件이 傳貰權設定者로부터 買受한 것인 때에도 같다.

차 례

Ⅰ. 總 說

本條는 傳貰權消滅時에 전세목적물 및 그에 附屬시킨 物件을 어떻게 처리할 것인가에 관하여, Ⅰ 本文에서 原狀回復의 원칙을 규정하는 한편, Ⅰ 但書와

8) 金曾漢(下), 96(1976); 註釋民法(上), 545.

Ⅱ에서 전세권설정자와 전세권자에게 각각 附屬物買受請求權을 인정함으로써, 兩當事者의 利害調整과 社會經濟的인 손실의 방지를 동시에 추구하고 있다. 즉 전세목적물의 利用을 위하여 전세권자가 자본을 投下해서 附屬시킨 물건이 있는 경우에, 傳貰權消滅時에는 항상 이를 收去하여야 한다면 그 分離로부터 생길 수도 있는 附屬物의 價値低減으로 인하여 傳貰權者가 投下資本을 回收함에 있어 不利益을 당할 우려가 있고, 다른 한편 그 物件이 傳貰目的物의 이용을 위하여 필요한 것이라면 傳貰權設定者의 입장에서도 이를 存置시키는 것이 收去 후 新設보다 훨씬 유리한 경우가 많을 것이라는 점에서 本條가 인정한 附屬物買受請求權은 1차적으로 兩當事者의 資本的 利害의 조정을 목적으로 한 것이라 할 수 있고, 나아가 그를 통하여 附屬物件 및 傳貰目的物의 가치를 보존시킨다는 社會經濟的인 利益保護를 꾀한 것이라고 할 수 있다.[1)]

本條가 정한 傳貰權에 있어서의 原狀回復義務나 附屬物收去權은 地上權이나 使用賃借, 賃貸借의 경우에도 모두 유사한 규정이 있으나(民 §§285 Ⅰ, 615, 654), 傳貰權設定者의 附屬物買受請求權은 지상권의 경우에(民 § 285 Ⅱ), 傳貰權者의 附屬物買受請求權은 賃貸借의 경우에만(民 § 646) 각각 類似規定이 있을 뿐이다.

Ⅱ. 附屬物의 意義

民法은 傳貰目的物에 「附屬시킨 物件」에 관하여 收去權과 買受請求權이 있다고 규정할 뿐, 그 附屬物의 개념이나 범위에 관하여는 특별한 규정을 두지 아니하고 解釋論에 맡기고 있다. 종래 이 점에 관한 논의는, 賃貸借에 있어 有益費償還請求權(民 § 626)과 附屬物買受請求權(民 § 646)의 限界를 구분짓는 척도를 제시하기 위한 필요에서 주로 거론되었다.[2)] 賃貸借에 있어서의 學說은 대체로 買受請求의 대상이 되는 附屬物은 ① 目的不動產에 附屬은 되어 있으나 그 構成部分으로는 되지 않고 독립성을 가질 것, ② 目的不動產의 客觀的 利用價値를 증가시키는 것임을 요한다고 해석하고 있다.[3)] 賃貸借에서의 論議를 참고하여 전세권에 있어서의 附屬物의 槪念範圍를 차례로 分說한다.

---

1) 日注民(15), 513-4 참조.

2) 賃貸借에 있어, 有益費償還請求權에 관한 규정은 任意規定임에 비해 附屬物買受請求權에 관한 규정은 強行規定이므로(民 § 652), 그 權利의 事前拋棄가 가능하냐와 관련하여 논의의 실익이 충분한 것이다.

3) 郭潤直, 債各, 316; 註釋債各(Ⅱ), 250.

1. 目的物에 附屬된 것일 것

買受請求의 대상이 되는 附屬物이 되기 위해서는 그것이 目的不動産에 상당한 정도로 附着·合體되어 있어야 하고, 家具나 庭園石과 같이, 전혀 부착된 것이 아니거나, 容易하게 떼어 낼 수 있고, 떼어 내더라도 그 價值가 감소하지 않는 것은 附屬物이 아니다.[4)]

2. 獨立한 物件이어야 하는가?(有益費償還請求權과의 관계)

종래의 通說은, 附加한 물건이 傳貰目的物의 構成部分을 이루는 경우에는 傳貰權者는 그 附加物의 소유권을 취득하지 못하고 그에 대한 有益費의 償還을 청구할 수 있을 뿐이며, 그 附加物이 독립한 존재를 가지는 경우에만 그에 대한 별도의 소유권이 傳貰權者에 귀속하여 收去權이나 買受請求權의 대상이 될 수 있다고 설명한다.[5)]

그러나 위와 같은 通說의 解釋은 抽象的 理論으로는 명쾌한 듯이 보이지만, 실제문제로서 附屬된 물건이 과연 目的不動産의 構成部分을 이루는지의 여부, 즉 그 所有權이 목적부동산에 흡수되었는지의 여부를 구분짓기는 그리 쉬운 일이 아니라는 데 문제가 있다. 사실 本條의 附屬物은 傳貰目的物로부터 독립한 존재이어야 한다는 要件을 엄격하게 해석하면, 傳貰權者가 目的不動産의 便益을 위하여 제공한 物件이 「附屬物」로 인정되는 경우는 거의 없고, 대부분이 목적물의 構成部分으로 인정될 것이거나,[6)] 그와는 정반대로 도대체 목적물에 附着된 것이라고조차 인정되기 어려운 완전한 獨立動産으로 보아야 할 것이므로, 사실상 本條는 無意味한 규정이 될 우려가 있다.

여기에서 一部學說은 附屬物買受請求의 대상과 有益費償還請求의 대상을 通說처럼 相互排他的인 것으로 보지 아니하고, 각 請求權의 成立要件을 충족하는 한 이를 선택적으로 行使할 수 있는 것으로 해석하자고 주장한다.[7)]

---

4) 李起中, "賃借人의 附屬物買受請求權", 司論 13, 114.

5) 郭潤直, 債各, 315; 日注民(7), 427 참조. 大判 77.6.7, 77다50, 51(集 25-2, 128)도 賃貸借에 있어 買受請求의 대상이 되는 附屬物은 "建物에 附屬된 物件으로 賃借人의 所有에 속하고 建物의 構成部分으로는 되지 아니한 것으로서"라고 하여 같은 입장에 선 것으로 보인다.

6) 從來 日本의 判例에서 「附屬物」로 인정된 水道, 가스施設, 階段, 引入線, 굴뚝 등은 모두 民 §256의 解釋論으로부터 본다면 不動産에 附合된 構成部分을 이룬다고 할 것이다. 日注民(15), 515 참조.

7) 日注民(15), 515. 同旨 李起中(註 4), 515(물론 이들 主張은 모두 傳貰權에 관한 것이 아니고 賃貸借에 관한 것이다).

생각건대, 有益費償還請求의 대상은 目的不動產에 附合된 附加物이고, 買受請求의 대상은 目的不動產에 附着은 되었으나 여전히 독립한 所有權의 객체이어야 한다는 通說의 주장은 우선 우리 民法上 어디에도 그러한 구분을 뒷받침해 주는 근거가 없다는 점에서 비판되어야 할 것이다. 또한 通說은 위와 같은 兩分論으로써 傳貰權者의 投下資本回收가 모두 보장되는 듯이 誤信함이 없지 않은 듯하나, 예컨대 目的不動產에 附加된 物件이 獨立所有權의 객체가 될 만한 것이기는 하지만, 그 附着에 관하여 傳貰權設定者가 同意를 한 바도 없고 그것이 傳貰權設定者로부터 買受한 物件도 아니라면, 傳貰權者로서는 이를 收去할 수 있을 뿐, 附着된 상태에서의 價値를 보전하면서 投下한 資本을 회수할 方法은 전혀 없게 되고 만다. 왜냐하면 그러한 附屬物에 관하여는 目的不動產의 構成部分이 아니므로 有益費償還請求를 할 수도 없고, 本條 Ⅱ의 要件을 충족시키지 못하므로 買受請求를 할 수도 없는 까닭이다. 그러나 그러한 결론은 構成部分으로 된 附加物의 경우에 대비하여 衡平에도 어긋날 뿐 아니라 社會經濟的으로도 바람직한 것이 못된다. 그런 점에서 有益費償還請求權과 附屬物買受請求權을 併存可能한 權利로 보면서 傳貰權者에게 選擇權을 부여하려는 위 少數說의 주장은 충분한 타당성이 인정되고, 그것이 投下資本回收의 목적을 達하는 데도 合理的이라는 論據 역시 수긍할 만한 것으로 생각된다.

따라서 私見으로는, 本條가 정한 收去權이나 買受請求權의 대상이 되는 附屬物이 되려면 傳貰目的物로부터 독립한 존재이어야 한다는 要件은 필요치 않다고 본다. 그렇게 볼 때, 傳貰權者에게 附屬物收去權을 인정한 本條 Ⅰ 本文도 비로소 存在意義를 가지게 된다. 왜냐하면 附屬物이 목적물에 附加된 상태에서도 독립한 所有權의 객체가 될 정도의 것이라면 이는 당연히 傳貰權者의 所有物로서 목적물의 所有權과는 별도이므로(民但 § 256) 傳貰權消滅時에 그 所有者인 傳貰權者가 이를 收去할 수 있음은, 本條 Ⅰ 本文처럼 따로 收去權을 인정하는 규정이 없더라도 의당 인정될 것이어서, 결국 通說에 의한다면 民法이 傳貰權者에게 收去權을 인정한 것은 아무런 의미도 없게 되고 만다. 이와 달리 私見과 같이 本條의 附屬物은 객관적으로는 傳貰目的物의 構成部分이 되어 있는 附加物이라도 괜찮다고 보면, 그러한 附屬物은 원칙적으로 附着과 동시에 目的物所有者인 傳貰權設定者의 所有에 歸屬되는 것이지만, 傳貰權者는 本條가 인정한 附屬物收去權에 의하여 傳貰權消滅時에 이를 다시 分離取去할 수 있는 權利를 가지게 되는 것이어서 本條에서 정한 附屬物收去權은 독자적인 存在意

義를 갖게 되는 것이다. 그러므로 가령 그 附加物이, 附加된 상태에서 보면, 傳貰目的物의 構成部分이 되어 있다고 할지라도 本條가 정한 다른 要件을 충족시키기만 하면 收去權이나 買受請求權의 대상이 되는 데는 지장이 없다고 解釋할 것이다.[8]

3. 目的物의 使用에 客觀的인 便益을 가져오는 것이어야 하는가?

賃貸借에 있어서는 條文 자체가 "賃借人이 그 使用의 便益을 위하여 …… 附屬한 物件"이라고 되어 있는 까닭인지는 모르나(民 § 646 I), 學說·判例는 買受請求의 대상인 附屬物이 되려면 그것이 목적물의 客觀的 利用價値를 증가케 하는 것이어야 한다는 데 대체적인 일치를 보이고 있는 듯하다.[9] 傳貰權의 경우에도 같게 해석해야 할 것인가. 私見으로는 반드시 그러한 요건을 붙여 限定할 필요는 없다고 본다. 왜냐하면 우선 傳貰權에 있어서는 法條文 자체가 「便益을 위하여」 附屬한 것임을 요구하고 있지 아니하고, 둘째 本條가 정한 「附屬物件」은 買受請求의 대상이기에 앞서 傳貰權者의 收去權의 대상이 되는 것일진대, 가령 그 物件이 傳貰權者의 특수한 용도를 위하여 附着된 것이라 하여 收去權이 인정되지 아니한다면 그 역시 부당할 뿐 아니라, 本條가 함께 규정한 原狀回復義務와도 相衝될 우려가 있고, 셋째 설령 그 附屬物이 객관적으로 보아서는 目的不動産의 價値를 증대시키는 것이 아니라 하더라도, 傳貰權設定者가 스스로 그 存置를 원하고 있음에도 이를 拒否할 필요는 없다 할 것이며, 넷째 客觀的으로는 便益의 增進을 가져오지 아니하는 것이기는 하지만, 傳貰權設定者가 그 附屬에 동의하였거나 나아가 傳貰權者에게 賣渡한 것임에도 買受請求의 대상은 될 수 없다고 하면 公平의 原理에도 어긋나는 것이기 때문이다.[10]

---

8) 賃貸借에 있어서의 收去權(民 §§ 654, 615)에 관하여, 附屬物을 ① 賃借人의 所有權이 성립하는 독립한 物件, ② 社會經濟的으로 전혀 獨立性이 없고 收去할 수도 없는 것, ③ 賃借人의 所有權이 인정될 정도는 아니지만 收去는 가능한 것의 세 가지로 분류하여 위 ①, ③의 경우에만 收去權을 인정하는 견해도 있지만(我妻, 債各 中卷 1, 466-7; 日注民(15), 231), 위 ②의 경우의 收去不能이란 物理的 不能이 아니라 附屬物 또는 賃借目的物의 價値毁損을 의미한다고 볼 것인바, 그러한 경우에도 傳貰權에 있어서는 傳貰權設定者가 먼저 買受請求를 함으로써(民 § 366 I 但書), 傳貰權者의 收去權에 의한 橫暴를 沮止할 수 있는 길이 있으므로, 이를 특별히 收去權의 대상인 附屬物의 범주에서 제외할 필요는 없다고 본다.

9) 郭潤直, 債各, 316; 前述(註 5)의 大判 등.

10) 여기에서 賃貸借에 관하여 賃貸人으로부터 買受한 附屬物은 그것이 建物의 客觀的 利用價値를 증가시킨 여부를 따질 필요가 없다는 주장도 있지만(李起中(註 4), 123), 理論의 일관성도 없을 뿐 아니라 근거없는 분류라고 생각된다.

Ⅲ. 傳貰權者의 原狀回復義務와 收去權

傳貰權이 消滅한 때에는 傳貰權者는 그 목적물을 原狀에 회복하여야 하며 그 목적물에 附屬시킨 物件은 收去할 수 있다(民 §316 Ⅰ 本文). 法文은 「存續期間의 滿了로 인하여 消滅한 때」만을 규정하고 있지만, 그 밖의 사유로 消滅한 경우에도 마찬가지라고 하는 데 異說이 없다.

傳貰權者의 收去權은 이를 목적물에 대한 原狀回復義務의 측면에서 보면 오히려 收去義務라고 할 수 있는 일면도 있다. 그러나 原狀回復義務는 어디까지나 目的物所有者의 이익을 보호하기 위한 것이므로, 모든 附屬物件에 관하여 傳貰權者에게 收去義務가 있는 것이라고는 할 수 없다. 附屬物件이 目的不動產의 使用에 전혀 도움이 되지 아니한다거나 나아가 그 價値를 低減시키는 것일 때에는 이를 收去하여 목적물을 原狀에 回復시켜야 할 것임은 분명하나, 逆으로 그 附屬物件이 목적물의 便益을 위하여 필요한 것이고 價値의 증대를 가져오는 것이라면 傳貰權者가 이를 收去할 權利는 있다 할 것이지만, 原狀回復을 위한 收去의 義務를 부담하는 것은 아니라고 해석할 것이다.[11] 이 경우에 傳貰權消滅 후 그 附屬物件을 收去할 수 있는 상당한 기간이 경과하였음에도 傳貰權者가 이를 收去하지 아니하면 그 收去權을 默示的으로 抛棄한 것으로 볼 것이고 따라서 附屬物件의 處分權은 目的物所有者에게 歸屬한다고 할 것이다.

收去는 傳貰權消滅 후 지체없이 하여야 하나, 收去를 위하여 필요한 期間은 目的不動產을 계속 사용할 수 있다고 해석된다.[12]

Ⅳ. 傳貰權設定者의 附屬物買受請求權

傳貰權者가 目的不動產에 附屬시킨 物件에 대하여 傳貰權設定者가 買受를 청구하면 傳貰權者는 정당한 이유없이 이를 거절하지 못한다(民 §316 Ⅰ 但). 傳貰權이 期間滿了 이외의 사유로 소멸한 경우에도 위 買受請求가 인정된다는 점에는 異論이 없고, 그 權利行使의 시기는 傳貰權 消滅 후, 收去 전이어야 하며, 이는

11) 日注民(7), 428 참조.
12) 郭潤直, 449; 黃迪仁 外, 註釋民法(Ⅱ), 541.

傳貰權設定者의 權利일 뿐 義務는 아니라는 점은 法文으로 보아 명백하다.

위 買受請求權은 形成權의 일종이므로, 傳貰權設定者의 一方的 意思表示에 의하여 賣買가 성립한다는 점에도 異論이 없다.[13] 賣買價格은 權利行使 당시의 時價相當이라고 할 것인바, 傳貰權의 경우에도 地上權의 경우처럼(民 § 285 II) 「相當한 價額의 提供」이 買受請求의 요건이 되느냐에 관하여는 見解가 나뉜다. 否定說은 地上權의 경우와 달리 傳貰權의 경우에는 이를 要求하는 명문의 규정이 없고, 傳貰權에 있어서의 附屬物은 그다지 巨額이 아니기 때문이라고 한다.[14] 이에 대하여 肯定說은 傳貰權의 경우라 할지라도 附屬物買受請求權의 行使에 의하여 賣買가 성립하려면 당연히 상당한 價額의 提供이 前提되어야 한다거나,[15] 그 쪽이 傳貰權者의 보호를 위하여 바람직하다[16]는 것을 근거로 하고 있다.

생각건대, 賣買代金의 특정이 일반적인 賣買契約의 성립을 인정하기 위한 要件事實의 하나이기는 하지만, 賣買가 諾成契約인 한 그 代金의 現實提供은 필요치 않은 것이고, 한편 傳貰權設定者가 買受請求를 함에 있어 상당한 價額의 提供이 필요하다고 할 때, 그 「相當한 價額」이란 결국 時價를 의미한다고 볼 수밖에 없고, 설령 傳貰權設定者가 제공한 價額이 時價에 다소 못미친다고 하더라도 買受請求 자체를 無效라고 보는 것 역시 合目的的인 해석은 아니라고 보여지므로, 私見으로는 買受請求時에 상당한 價額을 제공할 것은 반드시 필요한 요건은 아니라고 생각된다.

그러므로 傳貰權設定者가 價額을 제공하였느냐의 여부나 제공한 경우 그 額數에 상관없이 買受請求權을 行使할 때의 객관적인 時價에 의한 賣買契約의 成立을 인정함이 타당할 것이다.[17] 이때 時價의 額數에 대한 立證責任은 賣渡人에 해당하는 傳貰權者가 부담한다고 할 것이다.

危險負擔의 문제와 관련하여 買受請求의 대상이 된 附屬物의 所有權移轉時期가 문제될 수 있다. 먼저 그 附屬物이 별개의 소유권의 객체가 될 만큼 독립한 존재라면 物權變動의 一般原則에 따라 登記나 引渡 등 公示方法을 갖춘

13) 郭潤直, 449-50; 金容漢, 448; 金曾漢, 311; 張庚鶴, 632.
14) 金曾漢, 311; 註釋民法(上), 545.
15) 金容漢, 448.
16) 張庚鶴, 632.
17) 서울高判 76. 12. 2, 76나524, 525(大判 77. 6. 7, 77다50, 51의 원심판결임. 集 25-2, 134)도 "매수청구권은 형성권으로서 그 형성권행사에 의하여 매수의 효력이 즉시 발생하며 그 가액은 매수청구권행사 당시의 시가상당액이다"고 하여 대체로 같은 취지로 判示한다.

때에 所有權도 移轉된다고 보아야 할 것임은 분명하다. 문제는 附屬物이 傳貰目的物의 構成部分을 이루고 있는 경우라 할 것인데, 그러한 附屬物은 附着과 동시에 傳貰目的物의 所有權에 吸收되는 것이고, 다만 傳貰權消滅時에 傳貰權者가 다시 收去할 수 있는 制約이 있을 뿐이므로, 傳貰權設定者가 그에 대한 買受請求權을 行使하면 그 즉시로 전세권자의 收去權이 消滅하여 그 附屬物에 대한 潛在的 制約이 떨어져 나간다고 해석할 것이다.

傳貰權者는 傳貰權設定者의 買受請求에 대하여 「正當한 理由」가 있으면 이를 拒絶할 수 있다(民§316 I 但). 傳貰權者가 買受請求의 通知를 받기 전에 이미 그 附屬物을 제3자에게 讓渡하기로 約定하였다거나, 傳貰權者 자신이 이를 다른 곳에 옮겨 直接使用하려 하고 그것에 合理性이 인정되는 경우 등이 종래 學說上 「正當한 理由」가 있는 경우로 예시되고 있다.[18] 買受請求를 거절할 만한 정당한 이유가 있다고 인정되면 買受請求에 의하여 성립한 賣買契約은 遡及的으로 效力을 잃는다.

V. 傳貰權者의 附屬物買受請求權

傳貰權者가 전세권설정자에게 行使하는 附屬物買受請求權은 그 附屬物件이 傳貰權設定者의 同意를 얻어 附屬시킨 것이거나 傳貰權設定者로부터 買受한 것인 때에 한하여 인정된다(民§316 II). 이 점 傳貰權設定者에게 인정되는 附屬物買受請求權의 경우와 크게 다른 점이다.

附屬에 대한 同意는 언제라도 할 수 있기 때문에 附屬의 전후를 묻지 않으며, 明示이든 默示이든 상관이 없다.[19] 또한 傳貰權存續期間中에 목적물소유자에 변동이 있고, 附屬物이 從前所有者의 承諾을 얻어 附着한 것이거나 從前所有者로부터 買受한 것이라도, 傳貰權消滅時의 목적물소유자에게 그에 대한 買受를 請求할 수 있다고 할 것이다.

傳貰權이 존속기간의 滿了 이외의 사유로 消滅한 경우에도 위 買受請求權이 인정된다는 데 學說上은 異論이 없는 듯하다.[20] 따라서 消滅通告(民§§313, 314 II), 合意解止, 傳貰權의 抛棄 등의 경우에도 買受請求가 가능하다는 점은 의문이

18) 日注民(7), 427.
19) 李起中(註 4), 122.
20) 金容漢, 448.

없으나, 賃貸借에 있어 債務不履行으로 인한 賃貸借契約解止의 경우에는 附屬物買受請求權을 부정하는 判例가 多數 있고,[21] 그러한 見地에서라면 전세권에 있어서도 債務不履行으로 인한 契約解止의 경우 또는 民 §311의 消滅請求의 경우에 附屬物買受請求權이 인정될 수 있을 것인가가 문제로 될 수 있다. 賃貸借에 있어 否定說의 論據는, 法이 附屬物買受請求權을 인정한 이유는 성실한 賃借人을 보호하기 위한 것일진대, 債務不履行으로 계약을 解止당하는 賃借人에게까지 그 권리를 인정할 필요는 없다고 하는 점에 있는 듯하다. 그러나 民法이 賃借人이나 전세권자에게 附屬物買受請求權을 인정한 취지는 附屬物을 목적물로부터 떼어냄으로 인한 社會經濟的 損失을 막고, 目的物所有者로 하여금 殘存하는 부당이득을 반환하게 하는 데 있으며, 반드시 誠實한 傳貰權者 등에게만 혜택을 주려는 恩惠的 制度가 아니라는 점, 有益費償還請求權은 債務不履行의 경우에도 부정되지 아니한다는 점, 債務不履行에 대한 制裁로서는 契約解除나 損害賠償 등으로도 충분하다는 점 등에서 위 判例의 입장은 批判을 면치 못하고 있다.[22]

그러므로 傳貰權의 경우에도, 債務不履行으로 인한 設定契約의 解止 또는 消滅請求(民 §311)로 傳貰權이 消滅될 때라도 本條의 附屬物買受請求權은 인정된다고 볼 것이다.

傳貰權者가 가지는 附屬物買受請求權의 性質, 行使의 時期 및 效果 등은 앞서 전세권설정자의 附屬物買受請求權에 관하여 설명한 것과 다를 바 없다. 附屬物이 傳貰權設定者로부터 買受한 것이라 하더라도, 本條의 買受請求權의 行使에 의한 賣買代金은 그 權利行使時의 時價相當이고 전세권설정자로부터의 買受價額과는 무관하다.

Ⅵ. 餘 論

1. 附屬物買受請求權 拋棄特約의 效力

賃貸借에서와 달리 傳貰權에 있어서는 本條가 強行規定인지의 여부에 관하여 아무런 規定이 없다(民 §652 참조). 그러나 民法이 物權으로서의 傳貰權制度를

21) 大判 72. 12. 26, 72다2013(集 20-3, 228); 大邱高判 88. 2. 11, 87나1148(下集 88-1, 103).
22) 詳細는 李起中(註 4), 124-6 참조.

新設한 것은 종래 賃借人과 유사한 法的 地位를 가지던 慣習上의 傳貰權者를 보다 두텁게 보호하기 위한 배려였던 점, 전세목적물에 附着使用된 附屬物이면 어떤 경우에도 收去할 수 없고 그 買受를 청구할 수도 없도록 하는 當事者間 約定을 인정하게 되면 傳貰權設定者의 橫暴와 不當利得이 우려된다는 점, 특히 傳貰權設定者로부터 買受한 附屬物의 경우에도 買受請求를 할 수 없도록 하는 것은 현저히 衡平에 어긋난다는 점 등에 비추어 本條의 경우에도 明文의 規定은 없지만 이를 強行規定으로 해석함이 타당하다고 본다. 다만 그 強行規定性은 賃貸借의 경우와 마찬가지로 傳貰權者에게 불리한 事前約定의 效力을 否認하는 한도에서이고, 모든 附屬物에 관하여 傳貰權者에게 買受請求權을 인정하는 등 전세권자에게 유리한 約定이나, 傳貰權消滅 후에 買受請求權을 포기하기로 하는 등 事後約定은 有效하다고 할 것이다.[23)]

2. 同時履行의 抗辯權과 留置權

傳貰權者는 附屬物買受請求權의 行使에 의하여 취득한 附屬物賣買代金請求權에 기하여, 傳貰目的物 전부에 대하여 代金受領과 相換으로만 引渡하겠다고 주장하거나 傳貰目的物에 대한 留置權을 주장할 수 있는가. 賃貸借에서의 사례이기는 하지만, 大判 81.11.10, 81다378 判決은[24)] 同時履行의 抗辯權을 인정하고 있고, 大判 65.3.30, 65마258 判決은[25)] 留置權의 성립을 긍정한다.[26)]

[朴 炳 大]

23) 大判 82.1.19, 81다1001(公 676, 48)은 附屬物買受請求權을 포기하기로 하는 特約이 賃借人에게 불리한지의 여부는 保證金이나 月賃料의 額數, 賃貸借期間 등 여러 사정을 함께 고려하여 판단할 것이고, 附屬物買受請求權을 포기한 데 대한 다른 對價가 주어졌다고 인정되면 반드시 賃借人에 불리한 約定이라고 할 수 없다는 취지로 判示하였다.
24) 集 29-3, 192.
25) 總 2-2(A), 650-1. (註 17)의 서울高判도 同旨인 듯.
26) 賃貸借에 있어서의 學說에 관하여는 李起中(註 4), 136-41 참조.

第 317 條(傳貰權의 消滅과 同時履行)

傳貰權이 消滅한 때에는 傳貰權設定者는 傳貰權者로부터 그 目的物의 引渡 및 傳貰權設定登記의 抹消登記에 必要한 書類의 交付를 받는 同時에 傳貰金을 返還하여야 한다.

차 례

Ⅰ. 同時履行抗辯權의 發生

1. 傳貰權이 소멸하면, 傳貰權者와 傳貰權設定者는 각각 상대방의 法的地位를 原狀態로 복귀시켜 줄 淸算義務를 부담하므로, 전세권자는 目的不動産을 引渡하고 傳貰權登記의 抹消登記에 필요한 서류를 交付하여야 하며 傳貰權設定者는 전세금을 반환하여야 한다. 本條는 이들 의무가 同時履行의 관계에 있음을 규정한 것인데, 이는 民法이 傳貰權制度를 창설하기 이전부터 判例나 慣習에서 인정되던 내용을 구체화한 것이고,[1] 根本趣旨는 當事者 사이의 公平을 꾀한 것이라고 할 수 있다.

2. 傳貰權者와 傳貰權設定者가 債務의 相換履行을 주장할 수 있는 시기에 관하여 法文은 「傳貰權이 消滅한 때」라고 규정한다. 登記된 존속기간이 滿了된 때가 그 대표적인 예라고 할 수 있는바,[2] 문제는 消滅請求 또는 消滅通告의 경우이다(民 §§ 311, 313, 314 Ⅱ). 多數說이 주장하는 것처럼, 消滅請求나 消滅通告가 있어도 전세권은 바로 消滅하지 않으며, 그 경우 전세권설정자는 抹消登記請求權을 취득한다고 하면, 傳貰權者는 전세금을 지급받기 전에 抹消登記書類의 交付를 先履行하여야 하는 불이익을 입게 된다. 왜냐하면 傳貰權者는 전세권이 소멸하

1) 大判 55. 3. 17, 4287民上275(總 4-1(A), 695)는 현행 民法 시행 이전의 傳貰契約關係에서 同時履行의 抗辯權을 인정한 대표적 예이다.

2) 建物傳貰權에 관하여는 法定更新이 인정되므로, 登記上存續期間의 경과만으로 傳貰權의 消滅을 속단해서는 아니될 것임은 물론이다(民 § 312 Ⅳ).

여야 그 때 비로소 傳貰金의 반환을 청구할 수 있는데, 抹消登記 전에는 아직 傳貰權이 존속한다고 보기 때문이다. 여기에서 위 學說은 消滅請求 또는 消滅通告의 경우에는 예외적으로 傳貰權이 消滅하기 전이라도 抹消登記請求를 하면서 목적물의 引渡를 청구할 수 있고, 그 경우 스스로 傳貰金返還의 履行提供도 하여야 하는 것으로 새기고 있다.[3] 그러나 그렇게 보면 이제는 통상의 경우에 비해 傳貰權設定者가 불리하게 된다. 왜냐하면 存續期間의 滿了로 傳貰權이 소멸한 통상의 경우에는 傳貰權設定者가 목적물의 引渡 및 抹消登記書類의 交付를 청구함에 있어 미리 전세금의 履行提供을 할 필요는 없고, 訴에 있어서도 傳貰權者가 傳貰金返還의 同時履行抗辯을 하지 아니하는 한 무조건의 履行判決을 하게 될 것인데, 消滅請求나 消滅通告의 경우에는 유독 傳貰金返還의 履行提供까지 함께 하여야만 勝訴判決을 받을 수 있게 될 것이기 때문이다.

私見으로는, 消滅請求 또는 消滅通告의 경우에만 위와 같이 특별히 예외를 인정하는 것 자체도 선듯 납득하기 어려울 뿐 아니라, 근본적으로 消滅請求나 消滅通告의 경우에 傳貰權의 消滅은 그 意思表示의 到達에 의하여 이루어지고 抹消登記까지 필요한 것은 아니라고 생각하므로,[4] 本條가 정한 同時履行關係는 언제나 傳貰權消滅 후에 생기는 法律問題라고 할 것이다.

Ⅱ. 相換請求의 當事者

1. 同時履行의 抗辯權을 가지는 당사자는 法文上으로는 「傳貰權設定者」와 「傳貰權者」로 되어 있으나, 이는 設定契約의 당사자가 아니고, 傳貰權消滅當時의 目的物所有者와 전세권자를 뜻한다고 새길 것이다.[5] 따라서 목적물소유권이나 傳貰權이 轉轉讓渡되었다면, 목적물의 從前所有者나 종전의 傳貰權者는 傳貰金返還이나 目的物引渡의 義務者도 아니고,[6] 그에 따라 당연히 本條의 抗辯權도 援用할 필요가 없을 것이다.

---

3) 金曾漢, 316.
4) 前述 民 § 311 의 Ⅲ. 부분 解說 참조.
5) 大判 77.10.11, 77다1354(總 4-1(A), 638-41)는 "건물의 매매에 있어 傳貰金을 떠안고 매수하였다면 특별한 사정이 없는 한 同時履行의 의무를 승계하는 약정이 있다 할 것이다"고 한다.
6) 前述 民 § 303의 解說 Ⅱ의 4. 부분 참조.

2. 傳貰目的物이 數人의 共有인 경우에는 傳貰金返還債務는 성질상의 不可分債務이다.[7] 따라서 전세권자는 目的物共有者 중 한 사람에 대하여 또는 모든 共有者에 대하여 同時나 順次로 傳貰金 전부의 반환을 청구할 수 있다(民 §§ 411, 414). 그러나 共有者 중 한 사람에게 한 履行의 請求가 다른 共有者에게도 絶對的 效力을 가지지는 아니하므로,[8] 履行遲滯나 시효중단의 효과는 請求를 당한 共有者에게만 생긴다. 한편 傳貰金返還債務가 不可分債務인 것과 마찬가지로, 目的不動產의 共有者가 가지는 目的物引渡請求權이나 抹消登記請求權은 不可分債權에 속한다. 따라서 共有者 중 한 사람이 共有者全員을 위하여 傳貰權登記의 전부말소와 목적물전부의 引渡를 구할 수 있지만, 傳貰權者도 그에게 한 동시이행의 抗辯으로 다른 共有者에게 대항할 수 있다(民 § 409).

3. 數人이 공동으로 傳貰權者가 되어 있는 경우에는 傳貰權設定者가 數人인 경우와는 사정을 달리 한다. 우선 목적물을 數人이 共同으로 占用하고 있다면 그 目的物返還債務는 이를 성질상 不可分債務로 보아도 좋을 것이지만, 單獨占用의 경우에는 占有者만이 目的物返還債務를 지는 것이 아닐까. 또한 登記抹消義務는 전세권자 각자가 그들의 持分만큼 부담하는 것이므로 그에 관하여는 可分·不可分의 문제가 생길 여지도 없고, 傳貰金返還請求權은 각 傳貰權者의 登記抹消義務와 同時履行關係에 서는 分割債權으로 보는 것이 전세권자의 보호를 위하여 타당하지 않을까 한다.[9]

Ⅲ. 同時履行抗辯權의 效果

1. 履行拒絶의 權能

傳貰權이 소멸함으로써 傳貰權者의 目的物引渡 등 債務와 傳貰權設定者의 傳貰金返還債務는 모두 履行期에 도달하지만, 兩當事者는 서로 상대방이 그 債務의 履行의 제공을 할 때까지 自己債務의 이행을 거절할 수 있다.[10] 이러한

7) 大判 67. 4. 25, 67다328(總 3-1(A), 123)은 未登記傳貰에 관하여 同旨.
8) 民 § 416은 不可分債務에서 준용되지 아니하기 때문이다(民 § 411 참조).
9) 大判 83. 12. 13, 83다카1847(公 721, 37)은 債權的 傳貰에서 傳貰金返還請求權을 分割債權으로 보는 듯하다.
10 서울高判 84. 11. 6, 84나1444(下集 84-4, 116)은 傳貰金返還債務를 擔保하기 위하여 抵當權設定登記를 經了한 경우에는 특단의 사정이 없는 한 傳貰金返還債務가 抵當權設定

履行拒絶의 권능이 本條가 정한 抗辯權의 本體的 效力인바, 이는 상대방이 自己債務의 履行 또는 履行의 제공을 할 때까지만 有效하다는 점에서 延期的 抗辯權의 典型을 이룬다.

한편 위와 같은 履行拒絶의 권능이 있음으로 인하여 傳貫權者가 傳貫權消滅 이후에 목적물의 占有를 계속하더라도 이는 정당한 이유가 있는 適法占有이고, 따라서 傳貫權設定者는 自己債務의 이행의 제공을 통하여 傳貫權者의 同時履行의 抗辯權을 상실시키기 전에는 不法占有를 전제로 한 損害賠償을 청구할 수 없다.[11]

2. 遲滯責任의 問題

傳貫權者든 傳貫權設定者든 동시이행의 항변권을 가지는 동안은, 즉 일방이 自己債務의 履行 또는 그 提供을 하기까지는 상호 履行遲滯에 빠지지 아니하며, 따라서 遲延賠償의 문제도 생기지 아니한다.[12] 또한 傳貫權者가 목적물에 대한 競賣를 청구하기 위해서는 傳貫權設定者가 傳貫金返還債務의 履行을 遲滯하고 있어야 하므로,[13] 同時履行의 抗辯權이 살아 있는 한은 競賣請求도 할 수 없다.

한편 위와 같이 相對方의 履行提供이 없는 한 遲滯責任을 지지 않는다는 효과는 抗辯權의 존재 자체로서 생기는 것인지 아니면 抗辯權을 援用行使하여야만 생기는 것인지에 관하여는 見解가 갈린다. 이른바 存在效果說과 行使效果說의 대립이 그것인바, 通說·判例는 前說의 입장에 있다.[14]

3. 不當利得의 成否

傳貫權消滅 후 전세권자가 目的不動產을 繼續占用하는 경우에, 傳貫權設定者가 전세권자에게, 목적물의 明渡와 함께 傳貫權消滅 후 명도시까지의 適正傳

登記의 抹消義務보다 先履行關係에 있다고 한다.

11) 大判 76.10.26, 76다1184(公 549, 54); 大判 89.10.27, 89다카4298(公 862, 63) 등은 未登記傳貫에서 同旨. 이와는 反對로 大判 73.8.21, 72다2584(總 2-2(A), 637-1)은 存續期間이 滿了된 다음날부터 不法占有가 된다고 하나 타당성은 의문이다.

12) 一方이 履行提供을 하여 他方이 遲滯責任을 지는 경우의 損害賠償의 범위는 民 §393에 의한다. 大邱高判 85.1.23, 84나989(下集 85-1, 52)은 傳貫權者가 目的物明渡義務를 遲滯함으로 말미암아 所有者인 法人이 이를 一定期間內에 業務用으로 사용할 수 없게 됨으로써 非業務用不動產으로 인정되어 取得稅를 重課당한 사례에서 그 重課稅당한 손해는 特別損害로 보고 있다.

13) 大判 77.4.13, 77마60(總 2-2(B), 221).

14) 詳細는 註釋債各(I), 294-5 참조.

貰金과 支給받은 從前傳貰金의 차액을 기준으로 不當利得의 반환을 청구하는 경우를 종종 보게 된다. 이러한 사례는 傳貰期間中의 物價上昇이나 諸稅公課金의 增加 또는 周邊環境의 變化 등으로 인하여 목적물에 대한 傳貰金時勢가 현저히 상승한 경우에 흔히 나타난다.

그러나 위와 같은 경우에도 傳貰權設定者가 먼저 自己債務의 履行의 제공을 하여 전세권자를 履行遲滯에 빠뜨리지 않는 한, 傳貰權者의 점유는 同時履行의 抗辯權에 기한 適法한 占有이므로 가사 實質關係에서는 傳貰權者가 適正額數보다 少額의 傳貰金으로 目的不動産을 用益하는 利得을 얻고 있다 하더라도 이는 法律上 정당한 원인이 있는 것이어서 결국 不當利得은 성립되지 않는다.[15)]

Ⅳ. 餘 論

1. 立證責任

傳貰權設定者의 傳貰金返還義務는 전세권자의 目的物引渡 및 抹消登記書類의 交付義務와 同時履行關係에 있으므로, 傳貰權者가 목적부동산을 明渡하지 아니한 채로 있거나 아직 抹消登記가 經了되지 못하고 있다면 傳貰金返還債權도 존재하고 있는 것으로 推定되고, 傳貰金만을 미리 返還하였다는 점은 傳貰權設定者가 이를 主張立證하여야 한다.[16)]

또한 當事者中 어느 일방이 상대방의 履行遲滯를 주장하려면, 自己債務의 履行 또는 履行의 提供에 의하여 상대방의 同時履行의 抗辯權이 상실되었음을 主張立證하여야 할 것이다.[17)]

2. 任意規定性

本條는 任意規定으로 해석되므로,[18)] 當事者間의 特約에 의하여 어느 일방

---

15) 同旨 서울高判 76. 9. 3, 74나1928(高集 76-3, 34). 한편 大判 79. 9. 25, 79다762(公 621, 18); 大判 89. 10. 27, 89다카4298(公 862, 62) 등은 債權的 傳貰의 사례에서, 傳貰金을 반환받기까지는 「利得」이 없다는 이유로 不當利得의 成立을 부정하고 있지만 傳貰金의 急騰이 事實關係로 인정될 수 있는 경우에는 그 이유는 的確한 것이 못된다고 생각한다.
16) 大判 84. 12. 26, 84다카1255(公 747, 17).
17) 大判 89. 10. 27, 89다카4298(公 862, 62).
18) 註釋民法(上), 546.

의 義務를 先履行으로 하여도 상관없다.[19]

[朴 炳 大]

第318條(傳貰權者의 競賣請求權)

傳貰權設定者가 傳貰金의 返還을 遲滯한 때에는 傳貰權者는 競賣法의 定한 바에 의하여 傳貰權의 目的物의 競賣를 請求할 수 있다.

차 례

Ⅰ. 總 說

本條는 傳貰權者로 하여금 전세금의 返還을 보장받도록 하기 위하여, 傳貰權設定者가 傳貰金返還을 遲滯한 경우에 傳貰權者가 목적물에 대한 競賣를 청구할 수 있도록 한 규정이다. 1984년의 民法改正 전에는 전세권자에게 優先辨濟權이 있는지에 관하여 明文의 규정이 없었으므로 本條가 규정한 競賣請求權과 競賣法上의 配當順位에 관한 규정(舊競 §34 Ⅱ) 등을 근거로 傳貰權의 擔保物權性이 인정될 수 있느냐에 관하여 論難이 많았으나, 이제 그 문제는 立法的으로 해결되었다(民 § 303 Ⅰ).

따라서 存續期間의 滿了나 消滅請求, 消滅通告 등 傳貰權終了事由가 발생하면, 종전의 擔保權性否定論의 입장에서는 그로써 곧 傳貰權의 物權으로서의 性格은 모두 消滅되는 것이고 단순히 對人的인 拒絶權能으로서의 同時履行抗

19) 大邱高判 85. 3. 6, 84나511, 512(下集 85-1, 153)은 債權的 傳貰에 있어 그러한 特約을 인정한 예이다. 大法院例規도 傳貰權登記의 登記事項으로 「存續期間」과는 별도로 「傳貰金返還時期」의 난을 두고 있다(大法院例規集 登記編, 203).

辯權이 있을 뿐이라고 보았었지만,[1] 이제는 傳貰權終了事由가 발생하면 그로써 消滅하는 것은 전세권의 用益權的 權能뿐이고 擔保物權으로서의 性格은 그대로 유지되므로 殘存登記도 그 한도에서 여전히 有效하고[2] 이 경우 傳貰權은 抵當權과 마찬가지로 취급받게 되었다.

한편 1990년의 民事訴訟法改正으로 舊競賣法이 廢止되고 競賣節次가 任意競賣이든 強制競賣이든 民事訴訟法에 의한 規律로 통일되었으며(民訴 §724 내지 §728), 특히 傳貰目的物의 競賣로 인한 傳貰權의 運命에 관하여 引受主義와 消滅主義의 절충에 의한 明文規定이 新設되었음을 유의할 일이다(民訴 §608 Ⅱ). 本條가 傳貰權者는「競賣法의 정한 바에 의하여」목적물의 競賣를 청구할 수 있다고 한 것은 이제 民事訴訟法의 정한 바에 의한 競賣로 변경되었다(民訴附則 §8 Ⅱ).

Ⅱ. 傳貰權者의 競賣請求의 要件

1. 傳貰權終了事由의 發生

傳貰權者가 스스로 전세목적물에 대한 競賣를 청구할 수 있으려면, 存續期間의 滿了나 消滅請求, 消滅通告 또는 傳貰權의 拋棄[3]와 같은 傳貰權終了事由가 발생하였어야 한다. 왜냐하면 傳貰權者의 경매청구권은 傳貰金返還請求權의 強制實現을 보장해주기 위한 것이므로 競賣請求의 前提로서 傳貰金返還請求權은 履行期에 도달해 있어야 하기 때문이다.

여기에서 주의할 점은, 傳貰權終了事由가 발생했어야 한다는 것, 즉 傳貰金返還請求權이 履行期에 도달해 있어야 한다는 요건은 傳貰權者가 스스로 競賣請求를 함에 필요한 요소일 뿐이고, 제3자가 신청한 競賣節次에서 競落에 의하여 소멸하는 傳貰權의 범위와는 별개의 문제라는 점이다.

즉 抵當權者나 一般債權者의 신청에 의한 競賣節次에서 競落으로 인하여 소멸하는 전세권은, 申請當時에 이미 存續期間이 滿了되었다는 등 終了事由가 생긴 傳貰權뿐 아니라, 存續期間의 정함이 없거나 競賣申請의 記入登記가 있은 때로부터 6월 이내에 그 기간이 滿了되는 傳貰權도 포함된다는 점이다(民訴 §608 Ⅱ).

1) 李宙興, "傳貰權과 競賣(上)", 法曹 31-8, 57-8.
2) 同旨 서울高判 88. 3. 18, 87나2968(下集 88-1, 192).
3) 통상의 경우 傳貰權을 拋棄하는 當事者의 意思는 傳貰金返還請求權까지도 拋棄한 것으로는 새길 수 없다. 同旨 郭潤直, 445.

2. 傳貰權設定者의 履行遲滯

傳貰權終了事由가 발생하면 傳貰金返還請求權은 곧 履行期에 도달하지만, 이는 傳貰權者의 目的物引渡 및 抹消登記書類의 交付義務와 同時履行의 관계에 있으므로, 傳貰權者가 傳貰金返還請求權의 확보를 위하여 競賣를 신청하려면 먼저 自己債務의 이행의 제공을 하여 상대방을 履行遲滯에 빠뜨려야 한다.[4] 轉傳貰權者도 競賣請求權을 가지지만 이는 原傳貰權者의 競賣請求權에 기초한 것이므로, 原傳貰權者가 抹消登記書類의 交付 등 履行提供을 하지 않는 한, 轉傳貰權者만의 履行提供으로는 競賣請求를 할 수 없다.

Ⅲ. 競賣請求目的物의 範圍

1. 共同傳貰의 境遇

하나의 傳貰金債務를 위하여 數個의 부동산에 傳貰權이 設定된 경우, 즉 共同傳貰의 경우에도 전세권은 각 傳貰目的物마다 하나씩 성립하므로, 傳貰權者는 그 目的物 전부에 대하여 동시에 競賣請求를 할 수도 있고, 일부만에 대하여 먼저 競賣를 請求하는 것도 자유이다.[5] 그러나 共同傳貰의 목적물 중 한 개의 부동산의 賣得金만으로 전세권자 등의 債權全額을 辨濟하기에 충분한 때에는 다른 부동산의 競落은 許可되지 않는다(民訴 §§ 728, 636).

2. 不動產의 一部에 대한 傳貰權의 境遇

傳貰權의 目的物이 한 개의 不動產의 전부가 아닌 일부인 경우에 傳貰權者는 그 目的部分에 관하여만 競賣請求를 할 수 있을 뿐인가, 아니면 그 不動產 全部에 대하여 競賣請求를 할 수 있는가. 이는 1984년에 民法이 개정되어 §303 Ⅰ이 한 개 부동산의 一部에 대한 傳貰權者라도 그 부동산 全部로부터 優先辨濟를 받을 수 있다고 규정하면서도, 民 §318는 이를 개정하지 아니하고, 종전처럼 一部傳貰權者의 競賣請求權에 관하여 침묵함으로써 본격적으로 제기된 문제라고 할 수 있다.

4) 大判 77. 4. 1, 77마60(總 2-2(B), 221).

5) 다만 順次實行이냐 同時實行이냐에 따라 各 不動產間 配當金의 配分 등 특수한 문제가 있다. 詳細는 前述 民 §303 Ⅰ의 6의 (1)의 (나) 및 (2)의 (바) 부분 참조.

(1) 學說과 判例

多數說은 전부에 대한 競賣請求權을 부정하는 쪽이고, 少數說은 이를 긍정한다.

多數說은 ① 부동산의 一部를 目的으로 하는 傳貰權者에게 그 부동산 全部에 대한 競賣請求權을 인정하는 것은 傳貰權設定者에게 지나친 불이익을 강요하게 되어 부당하고,[6] ② 勤勞基準法上의 賃金債權, 住宅賃貸借保護法에 의한 住宅賃貸借保證金返還債權처럼 優先辨濟權이 인정되면서도 競賣請求權이 인정되지 아니하는 권리가 있는가 하면, 留置權처럼 競賣請求權은 인정되면서도 優先辨濟權貫權은 인정되지 아니하는 권리가 있는데서 알 수 있듯이, 개정민법이 一部傳貰權者에게 전부로부터의 優先辨濟權을 인정하였다 하여 전부에 대한 競賣請求權을 인정하여야 할 논리적 필연성은 없고,[7] ③ 本條가 정한 傳貰權者의 競賣請求의 대상이 「傳貰權의 目的物」이라고만 규정하고 있는 이상, 한 개 부동산의 일부에 대한 傳貰權者가 스스로 경매를 청구하는 경우에는 傳貰權의 목적이 된 부분에 한정하여 청구할 수 있을 뿐이고, 다만 抵當權者 등 다른 債權者의 신청에 의하여 진행된 경매절차에서는 民 §318에 따라 그 부동산의 전부로부터 優先辨濟를 받을 수 있다고 주장한다.[8][9]

이에 대하여 少數說은 ① 民 §303 I 이 부동산 일부에 대한 傳貰權者에게 전부로부터의 優先辨濟權을 인정한데 비추어 傳貰權者가 적극적으로 競賣를 청구하는 경우에 있어서도 그 부동산 전부에 대한 一括競賣를 청구할 수 있다고 볼 것이며, ② 一部競賣申請만을 허용하면 價額의 산정곤란 등으로 競賣節次가 지연되어 傳貰權者에게 일방적으로 불리하고, 한편 傳貰權設定者는 언제

6) 郭潤直, 447-8; 金鼎鉉, 競賣實務要論(上), 84; 崔世模, "不動產競賣와 傳貰權", 裁判資料 36, 321; 尹大成, "傳貰權制度의 再構成", 成均館法學 2(1988), 122; 閔日榮, "不動產의 一部에 대한 傳貰權者의 不動產 全部에 대한 競賣請求의 可否", 司行 378(1992. 6), 65.
7) 閔日榮(前註), 71.
8) 閔日榮(前註), 71.
9) 否正說은 결국 전세의 목적이 된 한 개 부동산의 일부에 대한 경매청구만을 인정하는 견해라고 할 것인데, 다같이 부정설의 입장에 서면서도 그 일부에 대한 구체적인 경매신청의 방법과 관련하여서는 다시 견해가 나뉜다. 제1설은 1부동산 1용지라는 부동산등기법의 원칙상 부동산의 일부만을 목적으로 하는 경매신청의 記入登記를 할 방법이 없으므로 부동산의 일부에 대한 경매신청은 허용되지 아니하고 전세권자는 전세권의 목적으로 되어 있는 부동산의 일부에 대한 분할등기를 한 후 경매신청을 하여야 한다고 주장한다(註 6)의 대부분의 견해). 제2설은 전세권자는 전세권의 목적이 된 부분을 포함하여 1필의 토지나 1동의 건물의 전부를 표시하여 경매신청을 할 수 있고, 다만 경매법원은 전세권의 목적이 된 부분에 관하여서만 경매개시결정을 하면 전세권자는 이를 대위원인으로 하여 분할등기를 하고, 이에 경매법원이 경매신청기입등기를 촉탁하여여야 한다고 한다(법원실무제요 강제집행(하), 52).

라도 傳貰金을 반환하면 競賣를 막을 수 있는 것이므로 전부에 대한 競賣申請을 허용한다 하더라도 傳貰權設定者의 보호에 그리 미흡하게 되지는 않는다는 것을 근거로 한다.[10]

대법원은 "건물의 일부에 대해 전세권이 설정되어 있는 경우 그 전세권자는 민법 제303조 제1항, 제318조의 규정에 의하여 그 건물 전부에 대하여 후순위 권리자 기타 채권자보다 전세금의 우선변제를 받을 권리가 있고, 전세권설정자가 전세금의 반환을 지체한 때에는 전세권의 목적물의 경매를 청구할 수 있다 할 것이나, 전세권의 목적물이 아닌 나머지 건물부분에 대하여는 우선변제권은 별론으로 하고 경매신청권은 없다"고 하여[11] 否定說의 입장에 서 있다.

(2) 私 見

생각건대, 傳貰權者의 競賣請求의 대상물은 특별한 사정이 없다면 당해 傳貰權의 目的物에 한정하는 것이 당연한 원칙이기는 하다. 그러나 한 개 부동산의 일부에 대한 傳貰權者에 대하여도 이 원칙을 관철하는 위 多數說이나 判例의 입장에 대하여는 다음과 같은 비판이 가능하다.

㈎ 위 否定說에 의한다면 傳貰權者 이외의 제3자가 競賣申請을 한 경우에는 그 목적물의 일부에 대한 전세권자라도 그 객체가 된 부분의 비율에 따른 賣却代金이 아니라 전체매각대금에서 傳貰金의 優先辨濟를 받을 수 있음에 반해, 傳貰權者가 스스로 競賣申請을 하는 경우에는 결국 그 客體가 된 부분의 매각대금만이 우선변제의 대상이 되어 누구의 신청에 의한 경매이냐에 따라 配當金額이 달라지는 불합리를 초래하게 된다.

㈏ 위 否定說은 전세권의 목적이 된 부분이 독립한 所有權의 객체가 될 수 있는 경우에는 그런대로 가능한 주장이겠지만, 목적부분이 構造上 또는 利用上 獨立性이 없는 때에는 分割이 불가능하여 결국 그 주장에 따른 방법으로 경매를 청구할 수는 없게 되고 만다. 여기에서 다시 그와 같이 分割이 불가능한 경우에는 擔保物權의 不可分性과의 관계에서 그 부동산 전체를 競賣할 수 있다고 새기는 견해[12]와 그 경우에는 傳貰權者는 競賣申請을 할 수 없고 따라서 傳貰金의 회수는 별도의 방법을 취할 수밖에 없다고 하는 견해[13]가 대립되어 있다. 그러나 前說이 근거로 하는 擔保物權의 불가분성은 피담보채권의

10) 李英俊, 649.
11) 大決 92. 3. 10, 91마256, 257(公 919, 49).
12) 郭潤直, 448; 閔日榮(註 6), 72.
13) 崔世模(註 6), 321.

전액변제가 있을 때까지 목적물의 전부에 擔保物權의 효력이 미친다는 것으로서, 一部傳貰權의 경우 그 전세목적부분이 아닌 부분에 대하여서까지 傳貰權의 효력이 미친다고 해석할 근거로는 될 수 없는 점에 비추어 分割이 불가능한 경우에만 예외적으로 전부에 대한 競賣申請을 인정하는 근거가 박약할 뿐 아니라, 傳貰權의 不可分性이 그 근거가 될 수 있다고 하면, 분할이 가능한 경우라고 하여 왜 전부에 대한 경매청구를 불허하여야 하는지에 대한 적절한 설명이 곤란하며, 분할가능한 경우와 사이에 논리가 일관되지 아니하다는 비난을 면하기 어렵다. 한편 위 後說은 傳貰權者에게 인정되어 있는 競賣請求權을 합당한 이유없이 解釋論으로 박탈하는 결과가 되어 부당하다.

(다) 本條가 정한 경매대상물인 "傳貰權의 目的物"은 이를 一物一權主義와 연계하여 해석하면 한 개 부동산의 일부에 대한 傳貰權의 경우 그 傳貰權의 대상이 된 부분을 포함한 그 한 개 부동산 전체를 의미하는 것으로 새기지 못할 바 아니다.

(라) 전체에 대한 競賣請求를 인정하게 되면 傳貰權設定者에게 지나친 불이익을 강요하는 결과가 된다고 하나, 도대체 傳貰權에 기한 競賣의 문제는 傳貰權設定者의 傳貰金返還債務의 遲滯가 원인이 되어 생기는 것이고, 競賣節次가 진행되는 중이라도 傳貰金을 반환하면 競賣는 즉시 중지될 수 있는 것이므로, 一部傳貰權者에 전부에 대한 競賣請求權을 인정한다 하여 傳貰權設定者에게 반드시 지나친 불이익이 된다고는 단정할 수는 없고, 오히려 多數說처럼 傳貰權者로 하여금 競賣申請에 앞서 먼저 分割의 절차를 밟도록 하는 것이야말로 傳貰權設定者의 非協助, 分割節次의 번거로움 등을 고려할 때 傳貰權者에게 보장된 競賣請求權을 제약 내지 박탈하는 불이익의 강요가 된다. 또한 사회의 전세이용실태에 비추어 한 개 부동산의 일부, 특히 1棟의 주택의 일부처럼 나머지부분과 분리하여서는 獨立性을 유지할 수 없는 일부분만을 목적으로 한 傳貰權者에 대하여 競賣請求權을 사실상 부인하는 것은 경제적 弱者의 보호에도 합치하지 아니하는 것이며, 전체에 대한 경매청구권을 인정한다하여 다른 後順位 權利者 등 제3자에게 어떤 불이익이 돌아가는 것도 없는 점에 비추어 볼때, 결국 肯定說쪽이 당사자간의 이해조절에도 보다 바람직한 것이라고 할 수 있다.

(마) 優先辨濟權과 競賣請求權이 반드시 倂存的으로 인정되어야 할 논리적 필연성은 없다는 多數說의 주장은 옳은 것이기는 하지만, 住宅賃貸借保護法

上의 賃借保證金返還債權과 傳貰權의 경우는 근본적인 사정의 차이가 있다. 즉 前者는 비록 한 개 부동산 전부를 賃借한 경우라도 法에 의하여 競賣請求權은 인정되어 있지 아니하지만, 後者는 한 개 부동산 전부이든 일부이든 民 §318에 의한 競賣請求權이 보장되어야 하는 것이다.

(바) 否定說 중 分割이 불가능한 경우에는 競賣請求를 할 수 없다고 하는 견해에 의하면, 傳貰權設定者가 傳貰金의 반환을 지체하고 後順位權利者나 一般債權者 등 제3자도 그 부동산에 대한 競賣申請을 하지 아니하고 있으면, 一部傳貰權者가 취할 수 있는 남은 방법은 결국 傳貰金返還請求의 訴를 제기하여 判決을 받은 다음 그 債務名義에 기하여 目的不動産에 대한 強制競賣를 신청하고, 그 경매절차에서 다시 一般債權者로서의 競賣申請人이 아닌 傳貰權者의 지위로 돌아가 그 不動産 全部의 賣却代金에서 優先辨濟를 받을 수밖에 없는데, 이런 불합리한 우회를 거치게 강요할 하등의 이유가 없다.

이상으로 보아 私見으로는 傳貰權의 目的物이 한 개 부동산의 一部인 경우에도 傳貰權者는 그 목적부분의 分割登記 등의 절차를 거칠 필요없이, 언제나 그 不動産 全部에 대하여 競賣請求를 할 수 있다고 새기는 것이 타당하다고 본다. 立法論的으로는 위 같은 다툼을 해소할 수 있는 명확한 규정이 바람직할 것임은 물론이다.

Ⅳ. 競賣節次와 傳貰權

1. 競賣期日의 公告와 傳貰權

1990년에 民事訴訟法이 改正되기 전에는 競賣目的不動産에 전세권이 설정되어 있는 경우에 이를 競賣期日公告에 記載하여야 하는지에 관하여 法은 아무 規定도 두고 있지 않았으며, 다만 競賣申請人이 傳貰權者인 경우에는 그 뜻만을 記載하도록 정하고 있을 뿐이었다(舊競 §31 I). 이에 반하여 賃貸借의 경우에는 그 期限, 借賃, 借賃의 先給이나 보증금의 지급이 있는 때에는 그 數額을 競賣期日公告에 記載하도록 정하고 있었으므로(舊民訴 §618 iii, 舊競 §31 I), 여기에서 學說은 전세권을 競賣期日公告에 記載하여야 하는지에 관하여 肯定說과 否定說로 양분되어 있었다.[14]

14) 詳細는 崔世模(註 6), 322-4 참조.

그러나 改正 民事訴訟法은 종전에 賃貸借에 관하여만 公告事項을 정하고 있던 부분을 고쳐서 "不動產의 占有者, 占有의 權原, 占有使用할 수 있는 期間, 借賃 또는 保證金의 約定有無와 그 數額"을 公告하도록 함으로써(民訴 § 618 iii) 從來의 學說對立을 立法的으로 해결하였다. 따라서 現行法下에서는 傳貰權의 내용도 競賣期日의 公告에 반드시 記載하여야 하도록 되었으며, 그 記載가 누락되면 競落不許決定 또는 競落許可에 대한 異議事由가 된다(民訴 §§ 635 Ⅱ, 633 Ⅴ).[15]

2. 傳貰權과 競賣不動產의 評價

競賣不動產의 평가는 원칙적으로 評價時를 기준으로 하는 것이므로, 存續期間滿了 후에 傳貰權者가 경매신청을 한 경우 또는 제3자가 競賣申請을 하였더라도 評價時에 이미 傳貰權의 존속기간이 滿了되었다면 당연히 傳貰權의 物的 負擔이 없는 不動產價格을 평가시켜야 한다. 그리고 存續期間의 정함이 없거나 競賣申請의 記入登記 후 6월 이내에 그 기간이 滿了되는 전세권도 競落으로 인하여 消滅하므로(民訴 § 608 Ⅱ), 그 경우에도 평가에 있어 傳貰權의 존재를 참작할 필요가 없다.

위의 어느 경우에도 해당하지 않는 傳貰權은 競落으로 인하여 消滅하지 아니하고 競落人이 그 物的負擔을 引受하므로, 평가에 있어서도 이를 고려한 價格으로 정함을 요한다.

그러나 競賣節次進行中에 時日이 경과하여 傳貰權의 존속기간이 滿了된 경우에는 평가의 전제가 된 權利狀態의 변경이 있으므로 競賣不動產의 再評價 등을 통하여 最低競賣價格도 변경하여야 할 것이다.[16]

Ⅴ. 競賣와 傳貰權의 引受 및 消滅

1. 競落代金의 完納으로 인하여 目的不動產의 소유권이 移轉되기 전에(民訴 § 646-2) 이미 存續期間이 滿了된 傳貰權 또는 存續期間의 정함이 없거나 競賣

15) 傳貰權을 對抗力이 있는 경우와 對抗力이 없는 경우로 나누어서 法的 取扱을 달리 하는 見解도 있지만(崔世模(註 6), 324-6), 民法改正 전이면 몰라도 현행 民法下에서는 傳貰權의 存續期間이 滿了되더라도 擔保物權性은 그대로 유지되므로 對抗力없는 傳貰權이란 있을 수 없어 부당하다. 競落人에 對抗할 수 있느냐는 傳貰權의 引受, 消滅에서 문제될 뿐이다.

16) 李宙興, "傳貰權과 競賣(下), 法曹 31-11, 47; 崔世模(註 6), 335.

申請의 記入登記 후 6월 이내에 그 기간이 滿了되는 傳貰權은 競落으로 인하여 모두 消滅하고(民訴 § 608 Ⅱ), 그 밖의 전세권은 원칙적으로 競落에 의하여 영향을 받지 아니하고 競落人이 그 負擔을 引受한다.

전세권이 消滅하는 경우에는 競賣申請人이 누구이든 상관없이 傳貰權者는, 配當要求를 하지 아니하더라도 登記順位에 따라 傳貰金의 우선변제를 받게 되고, 가사 그 配當金額이 傳貰金返還債權額에 未達하더라도 전세권의 소멸에는 변동이 없다.

2. 存續期間이 남아 있고 그 殘餘期間이 경매신청의 登記時로부터 6월 이상인 경우에도, 그 전세권이 競賣申請登記보다 후에 登記된 것이거나, 傳貰權보다 先順位의 抵當權이 설정되어 있는 경우에는 競落으로 인하여 傳貰權도 소멸한다.[17]

傳貰目的不動産에 대하여 競賣開始決定이 있으면 그와 동시에 그 不動産은 押留되므로(民訴 § 603 Ⅰ), 그 후에 설정된 傳貰權으로는 押留債權者에 대항할 수 없는 까닭에 그 傳貰權은 競落으로 인하여 消滅한다고 볼 수밖에 없고, 傳貰權보다 先順位의 저당권이 있는 경우에는 先順位抵當權의 擔保價値實現을 보장해주어야 한다는 점에서 비록 競賣申請 자체는 傳貰權보다 後順位權利者가 한 경우라도 競落으로 인하여 先順位抵當權과 함께 傳貰權도 소멸한다고 보아야 하는 것이다.[18]

[朴 炳 大]

17) 郭潤直, 446; 李宙興, "傳貰權과 競賣(中), 法曹 31-10, 53; 崔世模(註 6), 327; 李玲愛, "抵當權設定登記와 強制競賣申請 사이에 對抗力을 갖춘 賃借權의 對抗力", 대법원판례해설 7, 76-7.

18) 後順位權利者가 競賣申請人인 경우에는 傳貰權 및 先順位抵當權이 모두 消滅하지 아니한다고 보는 견해, 先順位抵當權은 소멸하지만 傳貰權은 존속한다는 견해 등 反對說이 있다. 詳細는 李宙興(註 13), 54-5 참조.

第 319 條(準用規定)

第213條, 第214條, 第216條 내지 第244條의 規定은 傳貰權者間 또는 傳貰權者와 隣地所有者 및 地上權者間에 이를 準用한다.

Ⅰ. 物權的 請求權規定의 準用

傳貰權은 目的不動産을 占有하여 현실적으로 支配할 수 있는 권능이 있으므로, 그 占有에 대한 侵奪이 있으면, 傳貰權에 기한 目的物返還請求權, 妨害除去請求權, 妨害豫防請求權이 인정될 것임은 당연하다. 民 §213와 §214의 準用은 그 法理를 확인한 것이라고 할 수 있다.

Ⅱ. 相隣關係規定의 準用

相隣關係의 규정은 隣接한 土地利用者間의 利用上의 관계조절을 목적으로 하는 것이므로 傳貰權者와 隣地利用者 사이에 그 規定이 準用될 필요성은 명백하고, 民 §216 내지 §244를 傳貰權에 準用한 것도 그 취지이다.[1]

[朴 炳 大]

1) 大判 76.10.29, 76다1694(公 549, 62) 및 大判 77.9.13, 75다1958(總 2-2(B), 54)은 傳貰權者에게 周圍土地通行權을 인정한 예이다.

第7章 留 置 權

前 論

차 례

Ⅰ. 留置權의 意義와 社會的 作用

1. 意 義

留置權은 타인의 物件이나 有價證券을 점유한 자가 그 물건이나 有價證券에 관하여 생긴 債權을 가지는 경우에, 그 채권의 辨濟를 받을 때까지 그 목적물을 留置할 수 있는 權利이다(民 §320 I). 物件에 관하여 留置權이 성립하는 예를 들면, 타인의 物件을 수리한 자가 그 수리비를 지급받을 때까지 留置權을 주장하여 그 物件의 引渡를 거절할 수 있고,[1] 賃借人이 賃借物에 대하여 有益費를 지출하여 償還請求權이 생기면(民 §626 II) 이를 근거로 留置權을 주장할 수 있으며,[2] 必要費를 지출하였으면 이를 상환받을(民 §626 I) 때까지 賃借物을 유치할 수 있다. 그리고 有價證券의 경우에, 그 證券의 受置人은 그의 보수를 받을 때까지 任置物인 유가증권을 유치할 수 있다.

2. 社會的 作用

위에서 본 경우들에서 留置權者에 대하여 수리를 부탁한 자나 賃貸人

1) 大判 59.10.22, 4291民上898(集 7, 264).
2) 大判 59.8.27, 4291民上672(要集 民 I, 900).

또는 任置人은 그 修理費, 有益費나 必要費, 報酬 등을 지급하지 않으면 그 물건이나 유가증권을 찾아오지 못한다. 그러므로 이들은 간접적으로 심리적 압박을 받게 되고 債務를 辨濟하려고 노력하게 되므로 修理人, 賃借人, 受置人 등의 채권의 실현이 보장된다. 뿐만 아니라 留置權者는 목적물을 競賣할 수 있고(民 §322 I; 民訴 §734), 경우에 따라서는 목적물로써 직접 辨濟에 충당할 수도 있다(民 §322 II). 유치권에 優先辨濟的 效力은 없지만 不動産競賣에 있어서 競落人은 유치권자에게 그 留置權으로 담보되는 債權을 辨濟할 책임이 있으므로(民訴 §608 III)[3] 競落人에 대하여는 단순히 물건의 引渡를 거절할 수 있는 것에 그치지 않고 나아가 辨濟를 청구할 수 있다.

法律이 이러한 權利를 인정하는 것은 오로지 公平의 원칙에 기하는 것이다. 타인의 物件이나 有價證券의 점유자가 그 物件이나 有價證券으로 인하여 생긴 債權을 가지는 경우에, 그 채권의 辨濟를 받기 전임에도 자기만이 먼저 그 물건이나 유가증권의 占有를 상대방에게 이전하여야 한다고 하면 債權의 추심이 매우 어렵게 된다. 이러한 불공평한 결과를 방지하기 위하여 그 目的物의 占有者의 債權을 특히 보호하여 '債權者 平等의 原則'을 깨뜨리려는 것이 留置權을 인정한 취지이다.[4]

II. 留置權制度의 沿革과 立法例

1. 沿　革

留置權은 일종의 引渡拒絶權으로서 그 기원은 로마法의 '惡意의 抗辯'(exceptio doli)에 있다고 한다. 로마法에서는 引渡拒絶權을 retentio라고 하였는데, 이는 상대방이 동일한 法律關係에서 발생한 反對給付를 할 때까지 자신의 給付를 거절하는 권리를 가리켰다. 이 retentio는 그 자체가 訴를 제기할 근거는 되지 않았고, 상대방이 提訴한 경우에 이 retentio를 근거로 抗辯權을 가졌다.[5] 이 抗辯權은 契約의 종류에 따라서 그 내용이 달랐다. 債權者가 주된 給

3) 과거에는 舊競 §3 III이 競落人은 留置權者에게 辨濟하지 아니하면 목적물을 受取할 수 없다고 규정하였으나, 1990. 1. 13의 民事訴訟法 개정과 함께 競賣法이 폐지되고, 그 내용이 民事訴訟法 強制執行編의 제5장 '擔保權의 實行 등을 위한 競賣'에 편입되었다.

4) 郭潤直, 465-6.

5) Sohm-Mitteis-Wenger, Institutionen, Geschichte und System des römischen Privatrechts, 17. Aufl., München/Leipzig 1931, S. 707, N. 4.

付請求權을 가지고 債務者가 부수적인 反對給付請求權을 갖는 不完全雙務契約에 있어서 債務者는 자신의 請求權을 주장할 수도 있지만(contrarium iudicium), '惡意의 抗辯'(exceptio doli)을 주장하여 給付의 이행을 거절할 수가 있었다.[6] 본래 惡意의 抗辯은 原告의 請求原因에 惡意(dolus)가 있는 때에 被告가 原告의 청구를 배척하기 위하여 제출하는 抗辯인데,[7] 그 抗辯을 제출할 때에는 형식적으로 "이 事件에 관하여 原告 아무개의 惡意로 인하여 행하여졌거나 행하여지는 것이 아무것도 없는 경우에는"(si in ea re nihil dolo malo Auli Agerii factum sit neque fiat)라는 문구를 사용하였다.[8]

이 문구에서도 알 수 있는 바와 같이 이 抗辯에서 주장되는 惡意에는 두 종류가 있었다. 하나는 특히 契約締結에서 債權者가 실제로 惡意를 갖고 있었다는 訴訟 이전의 惡意이고, 다른 하나는 提訴時에 나타나는 넓은 의미의 信義違背로서의 惡意였다. retentio가 바로 이 후자의 근거가 되었으며, 이 후자로 인하여 嚴格訴訟(iudicia stricti iuris)의 審判人이 실제로 넓은 裁量權을 갖게 되었다.[9] 그러나 본래부터 審判人에게 많은 裁量權이 주어지는 誠意訴訟(bonae fidei iudicia)에서는 이 抗辯이 그 안에 내포된 것으로 간주되었기 때문에 별도로 주장할 필요가 없었다.[10]

그리고 契約當事者 쌍방이 대등한 債權債務를 가지는 完全雙務契約에 있어서는 한 당사자는 그의 債權에 대한 給付를 상대방이 제공하지 않는 한 자신의 給付를 거절할 수 있는 retentio를 가졌다. 이 拒絶權은 신의성실(bona fides)에 기하여 인정된 것으로, 뒤에 普通法 시대에 '同時履行의 抗辯權'으로 변모하였다.[11]

2. 立法例

위에서 본 바와 같은 로마법상의 抗辯權은 근대 立法에서 서로 다른 두 방향으로 발전되었다. 그 하나는 이를 단순한 債權法上의 給付拒絶權으로 구성하는 것이고, 다른 하나는 이를 독립된 擔保物權으로 규정하는 것이다. 전자에

6) Kaser, Römisches Privatrecht, 11. Aufl., Müchen 1979, § 38 Ⅳ 2 b, S. 160.
7) 玄勝鍾, "民事留置權 및 同時履行의 抗辯權의 沿革的 考察", 法曹 9-12, 14-5.
8) Gai, Institutiones Ⅳ, 119, cf. Zulueta, The Institutes of Gaius, Part Ⅰ, Text with critical notes and translation, Oxford 1946, pp. 280, 281.
9) Kaser, a.a.O., § 34 Ⅳ 4, S. 139.
10) A.a.O., § 38 Ⅳ 2 b, S. 160.
11) A.a.O., § 38 Ⅳ 3, S. 161.

속하는 것이 佛蘭西民法과 獨逸民法이고 후자에 속하는 것이 프로이센일반란트法, 日本民法, 瑞西民法, 우리 民法 등이다.

(1) 프로이센일반란트법

留置權에 관하여 통일적인 規定을 최초로 둔 이 法에서는 제1편 제20장 §536 이하에 "留置權에 관하여"(Vom Zurückbehaltungsrecht)라는 표제를 달고 있다. 그리고 留置權을 "타인의 物件의 保有者가 자신의 反對債權이 만족을 얻을 때까지 그 물건을 소지할 수 있는 權能"이라고 정의하고(同法 §536), 留置權이 인정되는 債權은 物件 그 자체와 관련하여서 성립한 것이거나, 占有者의 占有의 근거가 된 행위로부터 성립한 것이어야 한다고 규정하였다(同法 §539).[12)]

(2) 佛蘭西民法

여기서는 로마法에 있어서와 마찬가지로 통일적인 規定을 두지 않고 각개의 경우에 給付拒絶權(droit de rétention)을 인정하고 있다. 예를 들면, 賣買에 있어서 買受人이 代金을 지급하지 않는 경우에는 賣渡人은 買受人에게 期限을 유예하지 않은 한 목적물을 引渡할 필요가 없고(佛民 §1612), 代金支給에 관한 期限猶豫가 있더라도 買受人이 破産한 경우나 買受人이 支給不能이 되어 物件引渡 후에 賣買代金을 받지 못할 위험에 빠질 조짐이 보이는 경우에 賣渡人은 이 권리를 행사할 수 있다(佛民 §1613).[13)] 또 受置人은 任置에 의하여 지급받을 것 전부의 辨濟가 있을 때까지 任置物을 유치할 수 있다(佛民 §1948). 그리고 명문의 규정은 없으나 判例에 의하여 委任契約에 있어서 受任人은 委任人에게 引渡할 물건을 자신의 請求權이 만족될 때까지 유치할 수 있다는 원칙이 세워져 있다.[14)] 이러한 給付拒絶權들은 民法典에 개별적으로만 규율되어 있지만, 學說은 이를 不動産뿐만 아니라 動産에도 성립하는 擔保物權(sûreté réelle)으로 파악하고 있다. 다만 아무 給付나 다 拒絶할 수 있는 것이 아니고 物件의 引渡에 한한다. 그리고 이 權利의 法的 性質과 적용범위에 관하여 判例와 일부 學說은 引渡를 거절할 物件과 특별히 밀접한 債權을 위하여서만, 즉 物件 자체가 反對債權의 '債務者'가 되어 있는 경우에만 이 給付拒絶權이 문제된다고 한다. 이러

12) 이 부분은 梁彰洙, 留置權의 發生要件으로서의 「債權과 物件간의 牽連關係」, 劉基天記念論文集, 400-1 참조. 다만 여기서는 이 法에서 留置權은 占有의 引渡를 스스로 청구할 權限이 있는 제3자에 대하여는 원칙적으로 주장할 수 없다고 한 것(同法 §546)을 들어 物權的 效力을 부인한다고 설명하고 있다.

13) Ferid-Sonnenberger, Das Französische Zivilrecht, Bd. 2, 2. Aufl., Heidelberg 1986, Rdnr. 2 G 730 f.

14) A.a.O., Rdnr. 2 K 237.

한 엄격한 要件 아래에서만 이 권리가 物權的 效力을 가지며 그 외에는 인정되지 않는다는 것이다.[15]

(3) **獨逸民法**

獨逸에서는 留置權을 대립하는 債權의 給付拒絶權(Zurückbehaltungsrecht)으로 구성하여 民法 債務關係法 속에 규정하고 있다. 債務者가 자신의 義務를 발생시킨 것과 같은 法律關係에 기하여 債權者에 대하여 履行期가 도래한 請求權을 가졌으면, 그 채무자는 자기가 받을 給付가 이행될 때까지 자신의 給付를 거절할 수 있다(獨民 § 273 I). 目的物을 반환할 義務를 진 자가 그 目的物에 들인 費用이나 그 目的物로 인하여 받은 損害에 기하여 발생한 履行期가 도래한 請求權을 갖고 있는 경우에도 같은 權利를 가진다. 다만 債務者가 故意로 한 不法行爲로써 그 목적물을 취득한 경우에는 그러하지 아니하다(獨民 § 273 II). 債權者는 擔保를 제공하여 留置權의 행사를 면할 수 있다. 그러나 保證에 의한 擔保提供은 허용되지 않는다(獨民 § 273 III).

(4) **瑞西民法**

여기서는 留置權(Retentionsrecht)을 商事留置權과 통일적으로 動産質權의 節에 규정하였다. 債權者는 자신의 債權이 履行期가 도래하였고 그 성질상 留置의 目的物과 관련이 있으면 그 債權이 만족될 때까지 債務者의 意思에 의하여 債權者가 占有하게 된 動産과 有價證券을 유치할 수 있다(瑞民 § 895 I). 債權者가 債務者에게 속하지 않는 物件을 善意取得한 경우에도 留置權을 가지는데, 다만 이전의 占有로 인하여 제3자의 權利가 성립한 경우에는 그러하지 않다(瑞民 § 895 III). 그러나 성질상 換價가 허용되지 않는 物件에 관하여는 留置權을 행사할 수 없고(瑞民 § 896 I), 또한 債權者가 부담한 義務, 物件의 인도 전이나 인도시에 債務者가 정한 규정 또는 公共秩序에 위반되는 경우에도 留置權은 배제된다(瑞民 § 896 II). 債務者의 支給不能의 경우에는 債權者는 채권의 履行期가 도래하지 않았어도 留置權을 가지며(瑞民 § 897 I), 支給不能이 物件을 인도한 뒤에 생기거나 債權者에게 알려졌을 경우에는 債權者는 자신이 부담한 義務나 債務者가 정한 특별규정에 위배되더라도 留置權을 행사할 수 있다(瑞民 § 897 II), 留置權의 효과로는, 債務者가 義務를 이행하지 않으면 債權者는 충분한 담보가 없는 한 사전에 債務者에게 통지하고 質權과 같이 換價할 수 있다(瑞民 § 898 I).

---

15) A.a.O., Rdnr. 3 D 5.

Ⅲ. 留置權의 法律的 性質

1. 法定擔保物權

(1) 物　權

留置權은 타인의 物件을 담보의 목적으로 占有할 수 있는 독립된 物權이다. 物權이므로 對世的 效力이 있어 債權者는 債權의 변제를 받을 때까지 모든 사람에 대하여, 즉 그 物件의 讓受人·競落人 등에 대하여도 목적물의 引渡를 거절할 수 있다.

留置權의 物權性은 한편 '留置'할 목적범위 내에서 인정되므로 다른 物權에 비하면 매우 약하다. 즉 留置權이 성립하려면 占有가 있어야 하며, 占有를 상실하면 留置權도 소멸하며(民 §328), 단지 占有物返還請求(民 §204 I)에 의하여 그 占有를 회복할 수밖에 없다.

그러나 다른 한편 留置權은 '留置의 목적'을 달성할 수 있어야 하므로 그 物件이 반드시 債務者의 所有일 필요가 없고 제3자의 所有라고 하더라도 그 所有者에 대하여도 주장할 수 있다.

(2) 擔保物權

留置權은 擔保物權으로서 다음과 같은 특징을 가진다. 첫째, 附從性이 있다. 留置權의 부종성은 擔保物權 중에서 가장 강하며, 債權이 발생하지 않거나 소멸하는 때에는 留置權도 성립하지 않거나 소멸한다. 債權이 없는데 留置權만을 인정할 필요가 없기 때문이다.

둘째, 隨伴性도 있다. 留置權은 특정의 債權을 담보하는 것이므로 그 債權의 이전이 있으면 留置權도 당연히 이전한다. 다만 이전되는 債權과 함께 目的物의 占有도 이전하여야 한다.

셋째, 不可分性이 있다. 留置權者는 債權 전부의 辨濟를 받을 때까지 留置物 전부에 대하여 그 權利를 행사할 수 있다(民 §321). 民法은 §321를 다른 擔保物權에 準用하고 있다(民 §§343, 370).

그러나 다른 擔保物權들이 가지고 있는 物上代位性에 관하여는 이를 인정하는 少數說이 있었으나[16] 오늘날은 인정하지 않는 것이 통설이다.

---

16) 張庚鶴(上), 195-6.

(3) 法定擔保物權

留置權은 일정한 요건을 갖추면 法律上 당연히 성립하는 權利이며, 當事者 사이의 합의에 의하여 설정할 수 있는 것이 아니다. 이 점에서 約定擔保物權인 質權이나 抵當權과 다르다. 法律上 당연히 발생하므로 不動産 위에 성립하는 留置權의 경우에 登記는 그 요건이 아니며(不登 참조 §2), 有價證券留置權에 있어서도 背書는 필요가 없다. 이는 留置權이 목적물의 占有와 함께하는 權利이므로 이로써 충분히 公示의 목적을 달성할 수 있다고 생각하였고, 이렇게 하여도 不動産物權의 公示나 有價證券의 원칙을 문란케 할 염려가 없다고 보았기 때문일 것이다.[17]

2. 同時履行의 抗辯權과의 關係

(1) 共 通 點

留置權과 비슷한 제도로 雙務契約에서의 同時履行의 抗辯權이 있다(民 §536 I 本文). 여기서 留置權과 동시이행의 抗辯權은 어떠한 관계에 있는지를 볼 필요가 있다. 兩者는 우선 공통된 연혁, 즉 로마법상의 retentio에 그 기원을 두고 있다. 그리고 이들을 인정한 근거가 公平의 원칙에 있다는 점도 공통된다. 兩者는 모두 債務者가 동시에 債權을 가지는 경우에 자기가 가진 債權의 辨濟를 받을 때까지 債務의 履行을 거절하는 것이 公平의 원칙에 맞는다는 사정이 있을 때에 法律이 인정한 일종의 履行拒絶權이다.

(2) 差 異 點

양자의 근본적인 차이점은 다음과 같다.

(가) 同時履行의 抗辯權은 債權契約인 雙務契約의 효력으로서 상대방에 대한 請求에 기한 抗辯을 그 내용으로 하는 단순한 拒絶權能으로서 독립적 權利로 구성되어 있지 않은 데에 반하여, 留置權은 독립한 物權으로서 목적물을 직접 지배하는 權利이다. 그 결과 ① 同時履行의 抗辯權은 계약의 상대방에 대하여서만 행사할 수 있지만, 留置權은 누구에게 대하여서든지 행사할 수 있다.[18] ② 同時履行의 抗辯權에 의하여 거절할 수 있는 給付에는 제한이 없지만, 留置權에 의하여 거절할 수 있는 급부는 목적물의 引渡에 한한다. ③ 同時履行의

17) 郭潤直, 469.

18) 通說. 다만 이미 留置權 성립 당초부터 債務者와 所有者가 상이한 경우에 所有者가 返還을 청구하는 경우에는 이를 행사할 수 없으므로 留置權의 物權性은 다른 物權에 비하여 약하다고 하는 견해도 있다(李英俊, 659).

抗辯權에 의하여 보호되는 債權은 원칙적으로 동일한 雙務契約에 의하여 발생한 것에 한하지만 留置權者의 債權은 어떠한 발생원인에 의한 것이든 상관이 없다.

(나) 양자가 모두 公平의 원리에 기한 것이라는 점은 공통되지만, 그 公平을 요구하는 목적은 서로 다르다. 同時履行의 抗辯權은 당사자의 일방만이 先履行을 강요당하는 것을 막자는 것이 그 목적이지만, 留置權은 留置權者의 債權擔保만을 목적으로 한다. 이는 民法이 留置權의 경우에는 다른 담보를 제공하면 소멸하는 것으로 규정하면서(§ 327), 同時履行의 抗辯權에 관하여는 그러한 消滅原因을 인정하지 않는 것을 보아도 알 수 있다.

(3) **兩者의 관계**

留置權과 同時履行의 抗辯權은 동시에 병존할 수 있다. 留置權은 채권이 변제되지 않는 한 소멸하지 않으므로 同時履行의 抗辯權이 존재하더라도 留置權의 존속에는 영향이 없다.

상대방이 目的物引渡請求를 하였을 때 同時履行의 抗辯權을 주장하면 相換履行判決, 즉 原告 一部勝訴判決을 하게 된다. 留置權이 있는 경우는, 그 擔保物權性을 강조한다면 請求棄却判決을 해야 원칙이겠지만 그렇게 되면 결국 상대방이 先履行義務를 부담하게 되므로 留置權의 행사로 同時履行의 抗辯權이 유명무실하게 된다.

公平의 원칙에 입각하여 이 경우에도 相換履行判決을 하여야 한다고 보는 것이 통설·판례인데, 이를 보면 兩者가 어느 정도 서로 접근하고 있음을 알 수 있다.

Ⅳ. 商事留置權

商法에서는 이른바 商事留置權이 인정된다(商 § 58). 이에 의하면 商人間의 商行爲로 인한 債權이 辨濟期에 있는 때에는 當事者 사이에 다른 約定이 없는 한 債權者는 辨濟를 받을 때까지 그 債務者에 대한 商行爲로 인하여 자기가 점유하고 있는 債務者 소유의 물건이나 有價證券을 留置할 수 있다. 商法에서 이같이 留置權을 따로 규정한 이유는 留置權의 成立要件을 완화하려는 데에 있다.

民法上 유치권이 성립하려면 被擔保債權과 목적물 사이에 牽連關係가 있어야 하지만, 商事留置權에 있어서는 이러한 牽連性은 필요 없고 단지 商行爲로 인하여 占有를 취득하였으면 된다. 그러므로 商人은 직접 그 占有物에 관하여 생긴 債權이 아니라도 그에 기하여 그 물건을 留置할 수 있다. 商法이 留置權의 효력에 관하여는 따로 정한 바가 없으므로 그 효력은 民法上의 留置權과 동일하다. 현행 破産法은 舊法과 달리 民事留置權과 商事留置權을 구별하지 않고 모두에 관하여 別除權을 인정한다(破 § 84).

이 제도는 民法上의 留置權과는 달리 중세 伊太利의 商人團體의 慣習法에서 유래된 것으로, 商人은 동일인과 계속적인 거래를 하고 서로 債權·債務를 부담하는 것이 보통이므로 이처럼 요건을 완화하는 것이 商人間의 信用을 유지하고 안전하고 확실한 거래관계를 지속시키는 데에 적합하다고 하여 인정되었다.[19]

商事留置權에는 위에서 본 일반적인 것 이외에 特別商事留置權도 있다. 代理商은 거래의 代理 또는 仲介로 인한 채권이 辨濟期에 있는 때에는 다른 約定이 없는 한 그 辨濟를 받을 때까지 본인을 위하여 점유하는 物件 또는 有價證券을 留置할 수 있다(商 § 91). 이 규정은 委託賣買人(商 § 111)에 준용된다. 그러나 運送周旋人의 경우는 運送物에 관하여 받을 報酬, 運賃 기타 委託者를 위한 替當金이나 先貸金에 관하여서만 運送物을 유치할 수 있으며(商 § 120), 이 규정은 運送人에게 준용된다(商 § 147).

[胡 文 赫]

19) 李英俊, 660-1.

第 320 條(留置權의 內容)

① 他人의 物件 또는 有價證券을 占有한 者는 그 物件이나 有價證券에 관하여 생긴 債權이 辨濟期에 있는 경우에는 辨濟를 받을 때까지 그 物件 또는 有價證券을 留置할 權利가 있다.

② 前項의 規定은 그 占有가 不法行爲로 인한 경우에 適用하지 아니한다.

차 례

Ⅰ. 留置權의 成立要件

留置權은 첫째 物件과 有價證券을 대상으로 하며, 둘째 債權이 留置權의 目的物에 '관하여 생긴 것'이어야 하며, 셋째 債權이 辨濟期에 있어야 하며, 넷째 留置權者는 타인의 物件 기타 有價證券의 占有者이어야 한다. 그리고 다섯째, 留置權의 발생을 배제하는 法令上·契約上의 사유가 없어야 한다. 이들을 하나씩 설명하기로 한다.

1. 留置權의 目的物

留置權의 목적이 될 수 있는 것은 物件 또는 有價證券이다. 舊民法은 物件이라고만 규정하였으나(§ 295), 현행 民法은 有價證券을 留置權의 目的物로 추가하였다.[1] 物件이면 되므로 動產과 不動產이 모두 대상이 된다. 이 점에서 같은

1) 民法草案은 '有價證券 또는 기타의 物件'이라고 표현하였으나 立法者는 "無記名債權은 動產으로 보고 物件으로 취급할 수 있으나 기타 有價證券은 반드시 物件의 개념에 포함되는 것이 아니므로 本條에서 '有價證券 또는 기타 物件'이라 함은 부정확하다"고 하여 現行法처럼 文言을 바꾸었다고 한다. 註釋民法(上), 568(註 71) 참조.

擔保物權이지만 動產과 權利만이 목적이 되는 質權이나 不動產만이 목적이 되는 抵當權과 다르다. 유치권의 성립에 있어서 不動產留置權의 경우에 登記를 필요로 하지 않고,[2] 有價證券留置權의 경우 背書가 필요없다는 점은 이미 설명하였다. 留置權의 讓渡에 있어서도 被擔保債權이 양도되고 목적물인 不動產의 占有가 이전되면 附從性에 의하여 당연히 留置權은 이전되므로 登記가 필요없음은 물론, 民 §187 但書가 적용될 여지가 없어 登記하지 않았어도 얼마든지 讓渡가 가능하다. 같은 이유에서 有價證券을 목적으로 한 留置權의 양도의 경우에도 背書가 필요없다.

留置權의 목적물은 讓渡가 가능한 것이어야 한다. 물론 留置的 機能만을 고려하면 處分이 불가능한 物件도 留置權의 목적물이 된다고 할 수 있겠으나, 留置權者는 목적물을 競賣나 簡易辨濟充當할 수 있으므로(民 § 322) 處分, 즉 讓渡가 불가능한 物件은 목적물이 될 수 없다고 해석된다.[3]

2. 債權과 目的物 사이의 牽連關係

留置權이 성립하려면 被擔保債權이 留置權의 목적물에 '관하여 생긴 것'이어야 한다. 이를 債權과 목적물 사이의 牽連關係(Konnexität)라고 한다. 이것이 가장 중요하고 논란이 많은 要件인데, '目的物에 관하여 생긴 債權'이 구체적으로 어떤 것을 의미하느냐가 분명하지 않기 때문이다. 여기서는 우선 牽連關係를 요구하게 된 沿革을 살펴보고 다음으로 그 내용을 검토하기로 한다.

(1) 牽連關係의 沿革

牽連關係理論의 발전에 결정적인 기여를 한 것은 뵈머(Georg Ludwig Boemer)라고 한다.[4] 그는 留置權을 "타인의 物件 또는 타인에게 반환하여야 할 物件을 그 타인이 반대로 부담하는 債務에 대하여 만족을 얻을 때까지 그 占有로부터 분리하지 않을 權利"라고 정의하고, "留置權은 市民法上이나 法務官法上으로 物件과 牽連關係가 없는 債權에 대하여는 주어지지 않는다"고 하여 견련관계를 인정하였다. 그리고 債權과 物件 사이에 牽連關係가 성립하는 경우로 다음을 열거하였다: ① 留置하려고 하는 타인의 물건에 비용을 들인 경우,

---

2) 그 근거에 관하여는 留置權이 法定擔保物權이며 목적물의 占有와 시종하는 權利여서 占有로써 충분히 公示되며, 또한 法律의 규정에 의한 物權變動(民 § 187)이기 때문이라는 견해가 있고(郭潤直, 469; 金容漢, 474, 478), 그것이 아니고 도대체 留置權에 관하여는 登記라는 것이 전혀 있을 수 없기 때문이라는 견해가 있다(李英俊, 672).

3) 同旨 李英俊, 672; 註釋民法(上), 568.

4) 梁彰洙(前論 註 12), 399(Boehmer, De iure retentionis eiusque effectu, 1777).

② 留置物을 반환할 원인으로부터 債權이 발생된 경우, ③ 債權이 留置物로써 辨濟되어야 하는 경우. 그 뒤에 글뤽(Christian Friedrich Glück)이 다음의 두 경우를 추가하였다.[5] ④ 타인의 물건으로 인하여 損害를 입어 이를 배상받을 債權이 생긴 경우, ⑤ 物件을 反對給付와 상환으로 인도하여야 할 경우. 그 뒤 크라머(Cramer)는 牽連關係를 확대하여 일반적으로 兩請求權이 동일한 法律關係와 관련되고 그에 기초할 때에는 牽連關係가 인정된다고 하였으며,[6] 이를 골트슈미트(Goldschmidt)가 받아들여, 請求權들이 사물의 성질상이나 當事者의 意思에 의하여 하나의 통일체를 이루는 것으로서의 法律關係들의 복합에 속하는 경우에 견련관계가 인정된다고 하였다.[7] 獨逸의 判例도 일찍부터 이 牽連關係를 留置權의 요건으로 인정하였다.[8]

牽連關係를 인정한 立法例로는 앞에서 본 바와 같이, 프로이센일반란트법에서는 債權이 "物件 그 자체와 관련하여서 성립"하였거나 "占有의 근거가 된 行爲로부터 성립"하였을 것을 요구하였고(同法 § 539), 獨逸民法은 권리와 의무가 동일한 法律關係로부터 발생하였거나, 物件에 들인 비용이나 그 物件으로 인하여 발생한 손해에 기한 請求權일 것을 요구하며(§ 273), 瑞西民法에서는 債權이 그 성질상 留置의 目的物과 관련이 있을 것을 요구한다(§ 895 I).

(2) 牽連關係의 內容

어떠한 경우에 牽連關係가 인정되느냐에 관하여 學說上 다투어지고 있다.

㈎ 二元說　　多數의 學者들과 判例에 의하여 지지를 얻고 있는 이 見解는 다음의 두 경우에 牽連關係가 있는 것으로 이해한다.[9]

---

5) Glück, Ausführliche Erläuterung der Pandekten, Bd. XV, 1814, S. 130; 梁彰洙(前論註 12), 399-400에서 재인용.

6) Cramer, Bemerkungen über das sogenannte Retentionsrecht, AcP 37(1854), 315ff.; 梁彰洙(前論 註 12), 400에서 재인용.

7) Goldschmidt, Handbuch des Handelsrechts, Bd. I, 1868, S. 974f.; 梁彰洙(前論 註 12), 400에서 재인용.

8) 그 한 예로, 用益賃貸借(Pacht)의 賃貸人은 賃貸人이 賃借人을 상대로 賃借期間 만료를 이유로 賃貸物 引渡와 밀린 借賃을 請求하는 訴를 제기하였는데, 이에 대하여 賃借人은 임대인이 그의 맥주공장에 1856년까지 賃借人을 고용하는 것이 이 用益賃貸借契約의 조건이었음에도 불구하고 賃貸人이 1848년에 벌써 賃借人을 해고하였고, 賃貸人이 함께 賃貸하기로 한 다른 물건들이 쓸모가 없거나 너무 늦게 공급되었다고 하여 이들에 기한 請求權을 이유로 留置權의 抗辯을 하였다. 이에 대하여 被告가 주장하는 權利는 비록 用益賃貸借에서 나온 것이기는 하나 原告의 請求와 牽連性이 없다고 하여 이를 받아들이지 않았다(Erk. des OAG zu Darmstadt v. 11. u. 12. Feb. 1852, Seuff. Arch. Bd. 6, Nr. 28).

9) 郭潤直, 471; 金曾漢, 講義, 337-8; 張庚鶴, 666; 金容漢, 478-80; 李根植, 講義(上), 367; 玄勝種, 民法(I), 279.

(a) 債權이 目的物 자체로부터 발생한 경우, 目的物에 지출한 費用의 償還請求權이나 目的物로부터 받은 損害의 賠償請求權과 같은 것이 여기에 해당된다. 判例가 費用償還請求權에 留置權을 인정한 예로는, 建物의 占有者가 有益費를 지출한 경우가 있다.[10] 좀더 구체적으로는 기초공사, 벽체공사, 옥상스라브공사만이 완공된 建物에 傳貰金을 지급하고 입주한 후 所有者와 이 建物을 매수하기로 合意하여 자기 자금으로 그 建物을 완성한 자는 이 建物에 들인 금액 상당의 辨濟를 받을 때까지 이 建物의 제3취득자에 대하여 留置權을 행사할 수 있다고 한 것이 있다.[11] 또, 鑛産業者로부터 德大契約에 기하여 鑛山을 인도받아 鑛山開發을 위하여 有益費를 지출하였는데 鑛産業者가 鑛山引渡請求를 하는 경우에도 留置權이 인정되었다.[12] 그 외에도 目的物에 지출한 必要費償還請求權을 위한 留置權도 인정됨은 물론이다. 다만 修理費 등을 지출하였더라도 歸屬財産의 경우 그 修理에 承認이 필요한데, 그 承認을 얻지 않은 경우에는 留置權 行使가 부정된다.[13] 목적물로부터 받은 손해의 賠償請求權의 예로는, 受置人이 任置物의 성질이나 瑕疵로 인하여 받은 損害의 배상을 청구하는 경우와[14] 甲所有의 말이 乙의 밭에 들어가서 耕作物을 먹어치워서 乙이 이 말을 끌고 갔고 甲이 所有物返還請求를 한 경우에 乙이 損害賠償請求權을 담보하기 위하여 留置權의 抗辯을 한 사례[15] 등을 들 수 있다. 그러나 賃貸人이 건물시설을 하지 않았기 때문에 賃借人이 건물을 賃借目的대로 사용하지 못한 것을 이유로 하는 損害賠償請求權은 건물에 관하여 생긴 債權이라고 할 수 없다고 하여 留置權 주장이 배척된다.[16]

여기서 債權은 목적물을 원인으로 해서 발생한 것이어야 하므로 債權이 目的物 그 자체를 목적으로 하는 경우에는 牽連關係는 인정되지 않는다. 예컨대, 賃借物을 使用·收益하는 賃借人의 債權인 賃借權은 賃借物을 목적으로 하여 성립하는 것이지 賃借物에 관하여 생긴 債權이 아니므로 이는 留置權의 발생원인이 되지 않는다. 이와 같은 債權은 채권자가 권리의 내용인 給付請求를

10) 大判 48.4.19, 4280民上332(要集 民 I-1, 575); 大判 59.8.27, 4291民上672(要集 民 I-1, 576).
11) 大判 67.11.28, 66다2111(集 15-3, 318).
12) 大判 63.10.31, 63다466(要集 民 I-1, 576).
13) 大判 56.10.13, 4289民上283(要集 民 I-1, 575); 大判 57.10.7, 4290民上186(要集 民 I-1, 575).
14) 郭潤直, 470.
15) 大判 69.11.25, 69다1592(集 17-4, 91).
16) 大判 76.5.11, 75다1305(集 24-2, 16).

物件에 대하여 행사함으로써 직접 辨濟받을 수 있으므로 목적물을 유치하여 그 辨濟를 담보한다는 문제는 생기지 않는다.[17)]

(b) 債權이 목적물의 返還請求權과 동일한 法律關係나 事實關係로부터 발생한 경우, 예를 들면 物件이나 有價證券의 賣買契約이 취소된 경우에 생기는 부당이득에 의한 賣買代金의 償還請求權과 목적물의 返還義務는 동일한 法律關係에서 생긴 것이므로 서로 견련관계를 가지며, 代金返還請求權者는 그 請求權을 담보하기 위하여 목적물 위에 留置權을 취득한다. 判例는 受給人의 공사 殘金債權이나 그 遲延損害金請求權과 都給人의 建物引渡請求權은 모두 그들 사이의 建物新築都給契約이라고 하는 동일한 법률관계로부터 발생한 것이라고 하면서 受給人의 損害賠償債權도 元債權의 연장이므로 物件과 元債權 사이에 牽連關係가 있으면 그 손해배상채권과 그 物件의 사이에도 견련관계가 인정된다고 하여 都給人의 建物引渡請求에 대하여 受給人이 損害賠償請求權을 주장하여 한 留置權의 抗辯을 인정하였다.[18)] 그리고 우연히 서로 物件을 바꾸어간 경우와 같이 동일한 사실관계에서 생긴 상호간의 返還請求權 사이에도 견련관계가 인정된다.

그러나 不動產二重賣買에서 제1의 買受人에게 不動產이 인도되고 제2의 買受人에게 登記가 이전되었을 경우, 제2의 買受人이 제1의 買受人에게 不動產의 引渡請求를 할 때 제1의 買受人이 賣渡人에 대한 손해배상채권에 기하여 제2의 買受人에게 留置權을 주장할 수 있는지, 그리고 不動產 賃貸人이 對抗力없는 賃借人이 占有 중인 賃貸目的物을 제3자에게 賣却한 경우에 賃借人이 賃貸人에 대한 이행불능에 의한 損害賠償請求權을 가지고 買受人에 대하여 유치권을 행사할 수 있는지, 그리고 讓渡擔保權者가 契約에 위반하여 목적물인 不動產을 제3자에게 매각하여 買受人이 목적물 占有者인 讓渡擔保設定者에게 부동산의 引渡를 청구할 때 占有者는 擔保權者에 대한 損害賠償請求權에 기하여 留置權을 주장할 수 있는지에 관하여 이를 부정하고 있다. 이 경우에 牽連性을 인정하여야 한다는 주장이 있을 수 있지만 다음과 같은 이유에서 이를 부정한다[19)]: 본래 牽連關係라는 것은 '留置權을 취득하게 되는 자와 相對方의 사이에' 物件의 占有者가 그 物件의 가치를 증대시키거나 그 물건으로부터 손해를 입었기 때문에 그 物件의 반환을 청구하는 자에 대하여 利得의 상환이나

17) 註釋民法(上), 562.
18) 大判 76.9.28, 76다582(集 24-3, 64).
19) 郭潤直, 471-2.

損害의 배상을 받을 때까지 引渡를 거절해서 간접적으로 辨濟를 촉구하는 '關係가 있는 것'을 의미한다. 그런데 위에서 든 二重賣買 등의 경우에 손해의 발생은 목적물에서 생긴 것이 아니라, 讓渡人·賃貸人 등의 背信行爲에 인한 것이고, 이들은 목적물을 양도할 때에 損害를 입은 자에 대하여 목적물의 반환을 청구할 지위에 있지 않으므로 損害를 입은 자와 背信行爲를 한 자 사이에는 처음부터 留置權이 성립하지 않고, 따라서 損害賠償請求權者가 목적물의 取得者에 대하여 留置權을 주장할 수 있는지 여부는 문제될 여지가 없다.

㈏ 一 元 說 이 견해는 牽連關係 유무를 하나의 기준으로 결정하자는 것으로 다시 두 가지 견해로 나뉘는데, 그 하나가 債權과 物件의 관계를 목적론적으로 고찰하여 債務者가 스스로 그 債務의 이행을 하지 않고 物件의 반환을 구하는 것이 사회관념상 부당하다고 생각되는 경우에 牽連性을 인정하자는 입장이고,[20] 둘째 견해가 債權의 성립과 物件의 존재간에 相當因果關係가 있으면 牽連性을 인정하자는 입장이다.[21]

㈐ 折 衷 說 이 견해는 원칙적으로 債權이 목적물 자체로부터 발생한 경우에만 牽連性을 인정하고 예외적으로 公平의 원칙상 이에 준할 수 있는 경우를 포함시키자고 하면서, 立法論으로 이에 해당하는 경우들을 일일이 法定化하는 것이 타당하며, 그렇게 되면 瑞西民法에서처럼 사실상 留置權이 法定質權化될 것이라고 하는 입장이다.[22]

㈑ 學說의 檢討

(a) 二元說에 대한 批判 二元說에 대하여는 우선 이 二元的인 기준이 제대로 기능하는 것인지가 의심스럽다는 비판이 가해진다.[23] 특히 '目的物의 引渡義務와 동일한 法律關係로부터 생긴 債權'은 留置權에서의 牽連性을 판단할 기준이 되지 않는다고 한다. 예를 들면, 賃借人의 賃借保證金返還請求權은 그 建物에 관하여 생긴 債權이라고 할 수 없다 하여 이에 기한 유치권을 인정하지 않는 것이 통설·판례이지만, 賃借人의 이 請求權이 그의 賃借目的物返還義務와 동일한 法律關係에서 발생한 것이 아니라고 보는 것이 이상하다는 것이다. 그리고 不動産二重賣買에서 第1의 買受人에게 부동산이 인도되고 第2의 買受人에게 登記가 이전되었을 경우, 第2의 買受人이 第1買受人에

20) 金基善, 345.
21) 方順元, 230.
22) 李英俊, 670.
23) 梁彰洙(前論 註 12), 403-5.

게 부동산의 引渡請求를 할 때 第1買受人이 賣渡人에 대한 損害賠償債權에 기하여 第2買受人에게 留置權을 주장할 수 있는지에 관하여 이를 부정하는 것이 일반적인데, 이 경우 역시 第1買受人의 賣渡人에 대한 損害賠償債權과 第2買受人의 第1買受人에 대한 引渡請求權이 賣渡人이 第2買受人에게 所有權을 양도하였다는 동일한 법률관계로부터 발생한 債權으로 보아야 할 것이나 그렇게 보지 않는 것은 利益衡量의 요소를 도입한 것이라고 하면서 그 자체가 二元說의 기준이 완전하지 못하다는 것을 보여준다고 한다.

다음으로는 二元說이 말하는 동일한 事實關係 또는 法律關係라는 것은 결국 동일한 法律關係와 같은 것이라고 하면서, 債權이 목적물의 返還請求權과 동일한 法律關係로부터 발생한 경우에도 留置權을 인정하는 解釋論은 우리 民法의 명문과 체계에 반하며, 留置權을 너무 광범위하게 인정하는 결과가 된다고 批判하는 견해가 있다.[24] 이에 의하면 우선 우리 民法은 의식적으로 '그 物件에 관하여 생긴 債權'이라고 명정하여 債權이 그 目的物 자체로부터 발생한 경우에 국한하고 있으므로 '동일한 法律關係'의 경우를 일률적으로 '그 物件에 관하여 생긴' 경우에 포함시키는 것이 불가능하다고 한다. 다음으로, 二元說과 같은 해석은 獨民 §273 Ⅰ, Ⅱ의 내용을 그대로 따온 것으로 생각되는데,[25] 獨逸民法은 유치권을 債權的 返還拒絶權으로 구성하고 있으므로 留置權을 독립된 物權으로 구성하는 우리 民法의 체계에 반한다고 한다. 끝으로 二元說은 賣買契約이 取消된 경우에 賣買代金의 返還請求權과 목적물의 返還義務는 賣買契約의 취소라는 동일한 법률관계에서 생긴 것이므로 牽連性이 있다고 하지만 이를 인정하면 前述한 부동산의 二重賣買의 경우도 牽連性을 인정하여야 논리적이고 그 밖에도 다른 많은 경우에 牽連性을 인정하여야 할 것인데,[26] 二元說이 여러 가지 이유로 그 성립을 제한하는 것은 논리적이지 못하다고 한다. 그리고 이처럼 留置權의 성립 범위를 넓히는 것은 제3자를 해하는 경우가 많고, 物權의 효력에 있어서 順位의 원칙을 간접적으로 잠탈하는 결과가 되므로 타당하지 않다고 한다.

(b) 一元說에 대한 批判　　一元說에 대하여는, 債權이 目的物 자체로부터 발생한 경우를 위주로 하여 牽連性을 인정하려는 점에 妥當性이 있다고 하면서, 그러나 이들 概念이 모호하기 때문에 실제 적용에 있어서 큰 부담

24) 李英俊, 666-9.
25) 이 점은 梁彰洙(前論 註 12), 405도 지적한다.
26) 실제로 二元說을 취하면서 이를 인정하는 見解도 있다. 張庚鶴, 668-9.

을 주게 된다고 비판한다.[27)]

(c) 結 論 앞에서 본 여러 學說들 사이의 논쟁에서 주장된 점들의 타당성을 살펴보고자 한다. 우선 折衷說이 二元說에 대하여 가하는 비판 중에는 잘못된 지적이 있다. 첫째, 우리 民法이 牽連性에 관하여 債權이 目的物 자체로부터 발생한 경우에 국한하고 있다는 점은 오히려 우리 民法의 명문에 반한다. 우리 民法은 '그 物件 자체로부터 생긴 債權'이라고 하지 않고 '그 物件에 관하여 생긴 債權'이라고 한다. '관하여'가 '그 物件 자체로부터 생긴' 보다 더 넓게 해석됨은 두말할 나위도 없다. 그러므로 二元說처럼 새기는 것이 明文의 規定에 반하는 것이라고 할 근거는 없다. 둘째, 二元說이 獨逸民法의 規定을 우리 民法의 解釋論에 도입한다고 하여 바로 우리 民法의 체계에 반한다고 속단할 필요는 없다. 물론 사항에 따라서는 우리 民法의 체계와 어긋나는 결과가 되는 경우도 있을 수 있다. 하지만 그렇다고 하여 獨逸民法 규정의 도입 자체가 바로 우리 民法의 체계에 반한다고 볼 필요는 없다. 오히려 折衷說이 주장하는 것처럼 瑞西民法에서와 같이 留置權을 法定質權化하게 하는 것이 우리 民法의 체계에 반한다. 앞에서 본 바와 같이 瑞民 §895는 動產과 有價證券에 대하여만 留置權을 인정하고 있으므로 '法定質權化'가 가능하지만, 우리 民法은 부동산에 대해서도 留置權을 인정하고 不動產質權은 인정하지 않으므로, 折衷說처럼 새기는 것은 物權法定主義에 위배된다. 셋째, 二元說에 의하면 賣買契約의 取消의 경우와 위에서 든 二重賣買 등의 경우 전혀 그 취급을 달리 할 수 없다고 하는 지적도 정확한 批判이 아니다. 이 두 경우는 분명한 차이가 있다. 그 하나는 賣買契約의 취소에 있어서는 賣渡人이 買受人에 대하여 目的物返還請求權을 가짐에 반하여 二重賣買 등의 경우에는 賣渡人이 占有者, 즉 損害賠償請求權者에 대하여 返還請求權을 갖지 않는다. 이 경우도 賣渡人이 제3자인 買受人에 대한 義務를 이행하기 위하여 占有者에 대하여 返還請求權을 가진다고 주장하나, 설사 그렇다고 하더라도 이 返還請求權은 '동일한 法律關係'로부터 발생한 것이 아니므로 별개의 문제이다. 즉 얼핏 보면 占有者의 損害賠償請求權과 賣渡人의 返還請求權은 모두 賣渡人의 目的物讓渡라는 동일한 法律關係에서 생긴 것으로 보이겠지만, 엄밀히 따지면 賣渡人의 返還請求權은 제3자인 買受人에 대한 債務를 履行하기 위하여 그 한 내용으로 행사하는 것이고 占有者의 損害賠償請求權은 賣渡人이 점유자에 대한 債務를 이행하지 않

27) 李英俊, 669.

았기 때문에 ―구체적으로 그것이 제3자에게 목적물을 賣却한 것이든 무엇이든 관계없이― 발생한 것이므로 같은 法律關係라고 할 수 없는 것이다. 다른 하나는 賣渡人의 契約取消行爲와 背信行爲는 차이가 없다고 하지만 분명한 차이가 있다. 전자는 점유자인 代金返還請求權者에 대한 행위일 뿐만 아니라 양자 사이의 行爲에 잘못된 것이 있어서 取消하는 것이므로 이 행위가 代金返還請求權과 物件返還請求權의 공통된 원인이 된다. 그러나 후자는 占有者에게 背信行爲가 되는 賣渡行爲는, 그 자체는 제3자인 買受人에 대한 행위인데, 그 行爲가 占有者에 대하여는 '背信'의 의미가 있다는 것이지 '背信行爲'라는 특정의 행위를 占有者에 대하여 한 것이 아니다. 더구나 牽連關係란 二元說이 밝히고 있드시 '留置權을 취득하는 자와 상대방 사이'의 관계이므로 위 두 경우가 같은 것일 수가 없다. 어떻든 二元說에 의하더라도 賣買契約取消의 경우와는 달리 二重賣買 등의 경우에는 기본적으로 占有者가 留置權을 갖지 못하므로 占有者인 損害賠償請求權者가 賣渡人에 대하여 留置權을 가지고 이를 제3자인 買受人에 대하여 주장할 수가 없다. 그러므로 二元說에 의하면 留置權이 너무 광범위하게 인정된다든가, 二重賣買 등의 경우까지 留置權을 인정하면 제3자를 해하는 경우가 대단히 많다든가 하는 批判은 그 대상이 없는 공허한 것이다.

이렇게 보면 二元說에 대한 비판은 대체로 妥當性이 없음을 알 수 있다. 그러나 반드시 '동일한 事實關係 또는 法律關係'라고 하는 요건이 어떤 구체적인 내용을 제시하지 못하는 경우가 있다는 批判이[28] 일리가 있는 것은 부인할 수가 없다. 賃借人의 賃借保證金返還請求權이 그의 賃借目的物返還義務와 동일한 法律關係에서 발생한 것이 아니라고 보는 것이 바로 그 경우이다. 그러므로 抽象的인 기준으로 二元說을 택하되 구체적으로는 관계되는 여러 사정을 종합하여 留置權 인정의 필요성에 따라 牽連性의 유무를 판단하여야 한다는 견해가[29] 설득력이 있다고 생각된다.

(3) 個別的 問題

㈎ 債權과 占有의 牽連性　　위에서 본 債權과 目的物의 牽連性 외에 채권과 목적물의 占有 사이에도 牽連性이 있어야 하는가, 즉 債權은 目的物의 占有 중에 또는 占有와 더불어 생긴 것이어야 하는가가 문제된다. 이에 관

28) 前述(註 23)의 本文.
29) 梁彰洙(前論 註 12), 414.

하여 견해가 대립되어 있는데, 多數說은 牽連關係를 요구하지 않는다.[30] 이에 대하여 少數說은 채권과 목적물의 占有에도 牽連性이 있어야 한다고 한다.[31] 즉 債權은 목적물의 占有 중이거나 占有와 동시에 생겨야 하고, 債權이 이미 발생한 뒤에는 그 목적물을 占有해도 留置權이 생기지 않는다고 한다. 이 문제는 日本의 舊民法에서 留置權의 成立要件으로 "債權이 物件에 관하여 또는 그 占有에 牽連하여 생긴 때"라고 표현하여 債權과 目的物의 占有 사이의 牽連性을 요구하였던 데에서 제기된 것이나, 우리 民法은 그러한 要件은 규정하지 않으므로 이를 부정하는 多數說이 타당하다.

判例도 多數說의 입장을 따라, 留置權의 성립에는 債權者의 債權과 留置權의 목적인 物件과에 일정한 관련이 있으면 충분하고 物件 占有 이전에 그 물건에 관련하여 債權이 발생한 후 그 物件에 대하여 점유를 취득한 경우에도 그 債權者는 留置權으로써 보호되어야 한다고 한다.[32] 그리고 목적물에 관련되는 債權이 먼저 발생하고 뒤에 목적물을 점유하게 된 경우는 물론, 留置權者가 물건의 占有를 일시적으로 상실하였다가 다시 그 物件을 占有하게 된 경우도 留置權은 취득된다고 한 判例도 있다.[33]

㈏ 債權의 發生原因

(a) 種 類 留置權의 성립에 앞에서 본 牽連關係만 있으면 되고 그 債權이 어떤 원인에 의하여 발생한 것인가는 문제되지 않는다. 즉 債權의 發生原因이 契約이든, 事務管理이든, 不當利得이든, 不法行爲이든 留置權의 발생에 영향이 없다.[34]

(b) 複數의 原因 牽連關係에서 말하는 '동일한 法律關係'가 하나의 關係이어야 하는가 아니면 복수관계이어도 무방한가가 다투어지고 있다. 예를 들면, 별개의 契約에 기하여 세 번 委任을 받은 경우에 최후의 契約에 기하여 占有를 취득한 物件에 대하여 전부의 報酬請求權을 위한 留置權 행사를 할 수 있는지가 문제된다. 이는 債權의 發生原因이 복수이어도 되는가 하는 문제인데, 多數說은 하나의 관계이어야 한다고 보는데,[35] 少數說은 경우를 나누어

30) 郭潤直, 473; 金基善, 348; 金曾漢(下), 124; 金顯泰(下), 87; 方順元, 230-1; 李英俊, 671; 張庚鶴(上), 266; 張庚鶴, 總論, 670.
31) 崔栻, 309-10.
32) 大判 65.3.30, 64다1977(集 13-1, 87). 같은 취지의 판례로는 大判 65.3.30, 65다1869(要集 民 I-1, 576); 大判 65.3.30, 65다258(要集 民 I-1, 577) 등이 있다.
33) 大判 55.12.25, 4288民上283(要集 民 I-1, 575).
34) 郭潤直, 471; 金容漢, 479.
35) 金曾漢, 338; 張庚鶴, 671; 崔栻, 309; 註釋民法(上), 567.

서 그 目的物이 동일한 경우는 牽連關係가 인정되지만, 목적물이 다른 경우에는 牽連性을 인정할 수 없다고 한다.[36] 그리고 견련성에 있어서 折衷說을 취하는 견해는 法律關係의 단복의 문제가 아니라 목적물의 동일성 여부의 문제라고 하여[37] 결과적으로 少數說과 같은 결론을 낸다.

생각건대, 이 문제는 구체적인 事案에 따라 해결하여야 할 것이다. 예를 들어 시계의 修繕을 의뢰하고는 그 報酬를 지급하지 않고 찾아간 뒤 시계가 다시 고장나서 修繕을 의뢰한 경우는 시계 修理工이 첫번째와 두번째의 報酬請求權을 담보하기 위하여 그 시계를 유치할 수 있다고 보아야 할 것이다. 이 경우에는 法律關係의 단복이 문제되는 것이 아니라 그 債權이 目的物 자체로부터 발생한 것이고, 債權과 占有의 牽連性은 요구되지 않기 때문에 留置權의 발생을 부정할 이유가 없기 때문이다. 그러나 債權이 目的物 자체로부터 발생한 것이 아닌 경우에는 債權과 目的物返還請求權이 동일한 法律關係나 事實關係로부터 발생한 것이어야 하는데, 전에 발생한 債權은 뒤의 目的物返還請求權과 동일한 법률관계나 사실관계에서 발생한 것일 수가 없으므로 그 債權을 담보하기 위한 留置權은 부정되어야 할 것이다.

3. 辨濟期의 到來

被擔保債權은 辨濟期에 있어야 한다(民§320Ⅰ). 債權의 辨濟期가 되기 이전에는 留置權이 발생하지 않는다. 辨濟期 전에 留置權이 생긴다고 하면 辨濟期 전의 債務履行을 간접적으로 강제하는 것이 되기 때문이다. 다른 擔保物權의 경우에는 被擔保債權의 辨濟期의 도래는 擔保物權 實行의 요건이 될 뿐이고 成立要件이 아닌데, 留置權에 있어서는 成立要件이 된다는 점에 留置權의 특색이 있다. 그러나 辨濟期가 정해지지 않은 債權의 경우에는 債權의 발생과 동시에 유치권이 성립한다.

民法은 占有者(民§203Ⅲ), 傳貰權者(民§310Ⅱ), 賃借人(民§626Ⅱ後文) 등의 有益費償還請求權에 관하여 法院이 상대방에게 상당한 期間을 許與할 수 있는 것으로 규정하

36) 金容漢, 480.

37) 李英俊, 671. 그러나 이 견해는 '하나의 關係'이어야 한다는 견해도 目的物이 동일한 경우까지 牽連性을 부인하는 취지는 아닐 것이므로 결론에 있어서는 차이가 없다고 하는데, 그렇다면 결국 學說對立은 없다는 이야기가 되는데, 이는 정확한 파악이 아니라고 보여진다. 뿐만 아니라 이 견해는 牽連性의 유무의 판단 기준으로 원칙적으로 債權이 目的物 자체로부터 발생한 경우만을 들면서 그 근거로 留置權이 성립하는 경우를 제한해야 한다는 것을 들고 있는데, 目的物만 동일하면 法律關係의 단복은 문제되지 않는다고 함으로써 오히려 留置權의 성립을 폭넓게 인정하는 결과가 되어 자가당착이 된다.

는데, 이러한 許與가 있으면 債權者의 유치권은 소멸한다(通說). 다만 債權者가 목적물을 계속 점유하는 한 그 후 許與期間이 경과하면 그 때부터 留置權이 생긴다.[38)]

留置權者가 受領遲滯에 빠져 있는 경우에는 留置權을 행사할 수 없다고 새겨야 할 것이다. 이는 辨濟의 受領을 하지 않으면서 留置權을 행사하는 것은 公平과 留置權制度의 목적에 위배되기 때문이다. 그리고 비록 債權의 辨濟期가 도래하였더라도 債權者의 物件의 返還義務가 먼저 履行期에 이르고, 그 義務履行을 고의로 자기 債權의 辨濟期까지 지연시킨 경우에는 留置權이 인정되지 않는다. 또한 債權의 辨濟期가 되었어도 상대방이 同時履行의 抗辯權을 주장하면 留置權을 행사할 수 없게 된다.[39)]

4. 他人의 物件이나 有價證券의 適法한 占有

留置權者는 타인의 물건이나 有價證券을 占有하고 있어야 하며(民 § 320 I), 그 占有는 不法行爲로 인한 것이어서는 안 된다(民 § 320 II). 이를 분설하면 다음과 같다.

(1) 他人의 所有

여기서 말하는 '他人'이 債務者만인가 아니면 제3자도 포함되는가 하는 점에 관하여 과거에 見解의 대립이 있었지만,[40)] 오늘날은 제3자도 포함된다고 새기는 데에 견해가 일치되어 있다. 判例도 留置權者의 占有下에 있는 목적물의 所有者가 변동되더라도 留置權者의 占有는 목적물에 대한 保存行爲로서 適法한 것이므로 새로운 所有者에 대하여도 유치권을 행사할 수 있다고 하여, 결과적으로 제3자의 所有物에 대하여도 留置權을 행사할 수 있음을 인정하였다.[41)] 民法은 "債務者所有의 物件 또는 有價證券"이라고 명정하고 있는 商 §58와 달리 '他人'이라고만 하고 있는 점과 留置權의 기초인 公平의 요구는 債權者가 점유를 취득한 물건이나 有價證券이 누구의 所有이냐에 따라서 달라지는 것이 아니라는 점 등을 고려하면 通說이 정당하다고 생각된다.

---

38) 註釋民法(上), 571.

39) 李英俊, 675-6; 註釋民法(上), 571.

40) 金曾漢(下), 126은 留置權者에게는 競賣權이 있는데 제3자의 所有物을 競賣할 수 있다는 것은 부당하다는 이유를 들어 여기서의 타인은 債務者만을 의미한다고 하면서 다만 債權者가 債務者의 所有로 믿고 動産인 목적물의 占有를 취득한 때에는 動産質權의 善意取得을 인정하는 民 §343를 유추하여 留置權의 善意取得을 인정하는 것이 좋다고 하였다. 그러나 뒤에는 通說에 따랐다(金曾漢, 415).

41) 大判 72. 1. 31, 71다2414(集 20-1, 48).

(2) 占有의 繼續

留置權은 점유하고 있는 物件이나 有價證券에 관하여 생기는 權利이므로, 이들 목적물의 占有를 떠나서 성립하지는 못한다. 留置權者가 목적물의 占有를 잃으면 留置權은 당연히 소멸한다(民§328). 그러므로 留置權者로부터 目的物의 占有를 승계한 자가 있을 경우에 이미 留置權者는 그 占有를 상실하면서 留置權도 상실하였기 때문에 承繼人은 前占有者를 代位하여 留置權을 주장할 수가 없다.[42] 그러나 留置權者가 일시 占有를 상실하였다가 후에 같은 物件을 다시 占有하게 되는 경우에는 留置權을 취득한다.[43] 여기서의 占有에는 直接占有뿐만 아니라 間接占有도 포함된다. 그러나 債權者가 債務者의 直接占有를 통한 間接占有를 하는 경우에는 문제가 있다. 이때는 債務者가 자기를 위하여 점유한다는 意思表示를 하여 間接占有를 언제든지 소멸시키고 따라서 留置權도 소멸시킬 수가 있기 때문에 이러한 留置權은 실효성이 없을 것이다.[44] 債權者와 債務者가 목적물을 공동으로 占有하는 경우에도 債權者는 留置權을 가진다고 보아야 한다.[45]

(3) 適法한 占有

債權者의 占有가 不法行爲에 의하여 시작된 것이어서는 안 된다(民§320 Ⅱ). 不法行爲에 의하여 占有를 취득한 자에게까지 留置權을 인정하여 그의 債權을 보호한다면 公平의 原則에 위배되고 또 그러한 것을 인정할 필요나 이유도 없기 때문이다.[46] 여기서는 不法行爲가 무엇을 뜻하는가, 그리고 占有開始時에는 不法行爲가 아니었는데 뒤에 不法行爲가 된 경우는 어떻게 되는가 등이 문제된다.

(가) 不法行爲의 意義와 立法例　　여기서 말하는 不法行爲가 民§750에서의 不法行爲와 같은 것, 즉 故意·過失로 인한 違法한 행위인지 여부가 문제된다. 立法例를 보면 獨逸에서는 債務者가 故意로 한 不法行爲로써 그 목적물을 취득한 경우에는 留置權이 배제되며(獨民§273 Ⅱ), 瑞西에서는 債權者가 부담한 義務, 物件의 인도 전이나 인도시에 債務者가 정한 규정 또는 公共秩序에 위반되는 경우에도 留置權은 배제된다(瑞民§896 Ⅱ). 즉 獨逸에서는 故意에 의한 不

42) 大判 72. 5. 30, 72다548(集 20-2, 81).
43) 大判 55. 12. 15, 4288民上283(要集 民 Ⅰ-1, 575).
44) 註釋民法(上), 569. 그렇기 때문에 이러한 間接占有는 留置權의 요건으로서의 占有에 해당하지 않는다는 주장도 나와 있다(李英俊, 673).
45) 註釋民法(上), 569; 李英俊, 673.
46) 郭潤直, 474; 金容漢, 481.

法行爲인 경우에만 留置權이 배제되고 過失에 의한 경우에는 留置權이 인정되며, 瑞西에서는 留置權을 배제하는 경우를 광범위하게 잡고 있다. 우리 民法은 단순히 不法行爲라고만 하고 있으므로 이는 民 §750의 不法行爲와 같은 것이라고 볼 수밖에 없는데,[47] 그렇다면 이들 두 나라의 중간적 태도를 취하는 셈이 된다. 우리의 學說은 占有가 적극적으로 가해진 不法行爲, 즉 侵奪, 詐欺·强迫 등에 의한 경우뿐만 아니라 占有者가 債務者에 대항할 수 있는 占有의 權原이 없이, 그리고 그 權原없음을 알거나 過失로 알지 못하고 개시된 경우도 '占有가 不法行爲에 의한 경우'에 포함된다고 새기고 있다.[48]

(나) 不法占有의 時期 占有者의 占有取得 자체가 不法行爲가 되는 경우가 전형적인 不法占有일 것이다. 이에 해당한다고 學說·判例가 인정한 예로는 다음과 같은 것들이 있다: 타인의 물건을 훔치거나 橫領한 자가 그 物件을 수선하여도 그 修繕費債權을 위한 留置權은 성립하지 않는다. 賃貸借契約을 체결하지 않고 타인의 不動産을 점유하는 자는 不法占有者로서 그 不動産에 관하여 必要費나 有益費를 지출하였더라도 留置權은 가지지 않는다.[49] 서울특별시로부터 타인이 분양받은 建物을 서울특별시의 승인도 받지 않고 讓受한 자가 다시 제3자에게 그 建物에 대한 일체의 權利를 양도하고 그 건물을 引渡하기로 하였는데 引渡日이 지난 뒤에도 계속 占有하면서 建物을 수리하고 애초에 분양받은 자가 낼 분양납입금을 대납한 경우에 修理費와 代納金의 償還請求權을 가지고 위 建物에 대한 留置權을 행사할 수 없다.[50]

占有開始 때부터 不法占有인 경우 뿐만 아니라, 처음에는 占有할 權原이 있었지만 나중에 그 權原이 소멸하였음에도 불구하고 계속 占有하는 경우도 不法行爲에 포함된다고 본다. 그러므로 賃貸借契約이 종료되거나 解止된 뒤에 그 不動産을 引渡하지 않고 계속 占有하는 자는 비록 그 기간동안에 必要費나 有益費를 들였더라도 留置權은 생기지 않는다.[51] 判例는 占有者의 費用償還請求權을 기초로 하는 留置權의 주장은 그 占有가 불법행위로 인하여 개시된 경우만이 아니라 費用 지출당시에 점유자가 이를 占有할 權原이 없음을 알았거나 이를 알지 못함이 重大한 過失에 기인한 경우에도 배척된다고 본다.[52]

47) 同旨 李英俊, 673. 反對 註釋民法(上), 569.
48) 郭潤直, 474.
49) 大判 55.10.6, 4288民上260(判例教材, 467).
50) 大判 67.1.24, 66다2144(判例教材, 468).
51) 金容漢, 481.
52) 大判 55.12.15, 4288民上136(總 2-2(A), 647); 大判 66.6.7, 66다600(集 14-2, 66).

(다) 不法行爲의 相對方 　不法行爲가 被擔保債權의 채무자에 대한 것에 제한할 필요는 없고 제3자에 대한 不法行爲인 경우도 留置權은 배제된다. 따라서 예를 들면, 債權者가 목적물을 수선하였지만 현재 목적물이 제3자에게 있을 때 제3자로부터 그 目的物을 탈취하여 점유를 취득한 경우에도 留置權은 성립하지 않는다.[53] 타인의 土地 위에 無許可建物을 지은 者가 자기의 債權者에게 그 건물을 代物辨濟하기로 하고 占有를 이전한 경우에, 그 建物의 존재와 점유 자체가 土地所有者에게 不法行爲가 되므로 債權者는 양도인에 대한 債權을 담보하는 留置權으로 土地所有者에게 대항할 수 없다.[54]

(라) 立證責任 　占有가 不法行爲로 인한 것이라는 것은 목적물의 반환을 청구하는 자에게 主張責任과 立證責任이 부과된다. 이것은 占有者는 善意, 平穩, 公然하게 占有하는 것으로 推定되고(民 §197 I), 占有者가 占有物에 대하여 행사하는 權利는 適法하게 보유한 것으로 推定될(民 §200) 뿐만 아니라, 不法行爲를 규정한 民 §320 II은 §320 I의 例外規定이기 때문이다. 그러므로 被告의 占有가 不法行爲로 개시되었다거나 적어도 被告가 비용지출 당시에 占有할 權原이 없음을 알았거나 중대한 過失에 기하여 알지 못했다는 것을 목적물의 引渡를 구하는 原告가 主張·立證해야 한다.[55]

5. 法令上 또는 契約上의 障碍事由

留置權의 발생에 法令上이나 契約上의 障碍事由가 없어야 한다. 法令上의 障碍란 예를 들어 歸屬財産을 占有하는 자가 이를 수리하려면 官財當局의 승인을 얻어야 하는데, 承認을 얻지 않고 수리한 경우는 그 修理費請求權에 기한 留置權을 행사할 수가 없게 되는 경우를[56] 말한다.

그리고 契約上의 障碍는 當事者들이 미리부터 留置權의 발생을 막는 特約을 한 경우인데 이때에도 留置權은 생기지 않는다. 유치권은 法定擔保物權이지만 債權者의 이익보호를 위한 債權擔保의 수단에 불과하므로 이를 배제하는 特約은 有效라고 보는 것이다.[57] 그러므로 債權을 성립시키면서 留置權을 배제하는 特約, 사전이나 사후에 留置權을 포기하는 特約 등이 모두 효력이 있다.

53) 註釋民法(上), 569; 李英俊, 674.
54) 大判 89. 2. 14, 87다카3073(公 845, 414).
55) 大判 55. 12. 15. 및 大判 1966. 6. 7(註 52).
56) 大判 56. 10. 13, 4289民上283(要集 民 I-1, 575); 大判 57. 10. 7, 4290民上186(要集 民 I-1, 575).
57) 郭潤直, 474; 李英俊, 676.

Ⅱ. 留置權의 效力

1. 概 說

留置權者는 채권의 辨濟를 받을 때까지 목적물을 留置할 수 있고(民 § 320 Ⅰ), 債權의 변제를 받기 위하여 留置物을 경매할 수 있으며(民 § 322 Ⅰ), 정당한 이유가 있는 경우에는 일정한 절차를 거쳐 簡易辨濟充當을 받을 수도 있다(民 § 322 Ⅱ). 그리고 果實收取權(民 § 323)과 留置物使用權(民 § 324 Ⅱ 但), 費用償還請求權(民 § 325) 등도 가진다. 그에 반하여 留置權者는 善良한 管理者의 注意義務(民 § 324 Ⅰ)와 債務者의 承諾 없이 留置物을 使用, 貸與, 擔保提供을 하지 않을 義務(民 § 324 Ⅱ)를 부담한다. 그 중 여기서는 목적물의 留置에 관하여만 설명하고 다른 효력들은 해당 條文에서 설명한다.

2. 目的物留置의 意義와 內容

留置權者는 그의 債務의 辨濟를 받을 때까지 목적물을 유치할 수 있다. 이것이 留置權의 중심적 효력이다. 여기서 '留置'라 함은 목적물의 占有를 계속함으로써 引渡를 거절하는 것이다. 이러한 일시적 權能에 의하여 物件返還義務를 지는 자가 이를 반환하지 않더라도 不法行爲가 되지 않고 履行遲滯에 빠지지 않는다.

動產이나 有價證券의 留置에는 별다른 문제가 없다. 그러나 不動產賃貸借의 경우 賃借人이 그의 費用償還請求權에 관한 유치권을 어떻게 행사하는지가 문제된다.

본래 留置權은 목적물의 引渡를 거절하여 債務者의 변제를 간접적으로 강제하는 것을 본체적 효력으로 하므로 목적물을 留置權者의 이익을 위하여 이용하는 것은 원칙적으로 허용되지 않는다. 그러나 그렇다고 하여 종래 거주해온 建物을 비워서 빈 집으로 만들거나 아니면 특별한 보관조치를 하여야 한다는 것도 타당하지 않다. 그러므로 종래 學說은 留置權者가 종전의 使用狀態를 계속하는 것을 留置하는 것으로 본다.[58]

58) 郭潤直, 475; 金容漢, 481-2. 이 점에 관한 상세한 것은 後述 民 § 324(註 20-6) 참조.

3. 留置權 行使의 相對方

(1) 債務者와 第三者

留置權은 物權이므로 債務者뿐만 아니라 모든 사람에게 그로써 대항할 수 있다. 그러므로 留置物이 제3자의 所有가 된 때에는 債權의 請求는 債務者에게 할 수밖에 없지만, 留置權의 행사는 새로운 所有者에 대하여 행사할 수 있다. 새로운 소유자가 債務까지도 승계한 경우에는 그에 대한 留置權의 행사는 바로 債務者에 대한 행사가 된다.

(2) 競落人

目的物에 대한 競賣가 있을 경우에 債權者는 유치권으로써 競落人에게 대항할 수 있다.

과거에는 任意競賣에는 舊競賣法이 적용되어 競落人은 留置權者에게 변제하지 않으면 競賣의 목적물을 수취할 수 없다는 규정(舊競 §3 Ⅲ)이 적용되었다. 그리고 強制競賣에는 民事訴訟法이 적용되어, 留置權이 부동산에 존재한 경우에는 競落人은 그 留置權으로 담보한 債權을 변제할 책임이 있다는 규정(民訴 §608 Ⅲ)이 적용되었고, 動產이나 有價證券의 경우에는 留置權者는 執達官에 대한 목적물의 引渡를 거절할 수 있는 것으로 되어 있었다(民訴 §528). 여기서 舊競 §3 Ⅲ에서 말하는 '辨濟하지 않으면 목적물을 수취할 수 없다'는 것과 民訴 §608 Ⅲ에서 말하는 '債權을 辨濟할 책임이 있다'는 것이 서로 다른 내용인가 여부가 문제될 수 있었지만 通說은 어느 경우이건 競落人은 債權을 변제하지 않으면 留置物을 수취하지 못한다는 것을 뜻한다고 새기고 있었다.[59]

그러나 1990.1.13의 民事訴訟法 개정과 더불어 競賣法이 폐지되고 그 내용이 民事訴訟法 제7편 제5장 '擔保權의 實行 등을 위한 競賣'에 편입되면서 舊競 §3 Ⅲ의 내용은 탈락되었다. 따라서 현재는 부동산의 경우에는 民訴 §608 Ⅲ, 動產이나 有價證券의 경우에는 民訴 §528에 의하여 留置權者는 目的物의 引渡를 거절할 수 있다.

여기서 문제되는 것은 動產이나 有價證券의 留置權者가 民訴 §528에 따라[60] 執達官에게 목적물의 引渡를 거절할 수 있는데, 留置權者가 競落人에 대하여도 留置權 주장을 할 수 있겠는지 하는 점이다. 競落人이 존재한다는 것은

59) 民訴 §608 Ⅲ이 '辨濟하여야 한다'라거나 '辨濟할 義務가 있다'고 하지 않고 '責任이 있다'고 규정한 것은 바로 양 규정이 차이가 없음을 보여주는 것이다.

60) 그 이유는 후술 (3) 執達官 부분 참조.

이미 競賣가 실시되었다는 것을 뜻하고 이는 留置權者가 執達官에게 目的物을 引渡하였다는 의미이다. 이 경우에 留置權者는 占有를 상실하여 留置權을 잃게 되는지가 문제될 수 있다. 이 점에 관하여 留置權者는 競落人에 대하여 留置權을 주장할 수 있다는 데에 異說이 없다. 그러나 그 法的 根據에 관하여는 견해가 나뉜다. 多數說은 이 경우 留置權者는 間接占有를 가지므로 영향이 없다고 본다.[61] 이에 대하여 少數說은 多數說이 擬制的이라고 비판하면서, 오히려 부동산에 관한 民訴 §608 Ⅲ의 정신을 類推適用하는 것이 좋다고 한다.[62] 그러나 다른 條文의 정신을 유추적용하는 것은 지나치게 우회하는 것이 되며, 間接占有를 부인할 이유가 없으므로 多數說이 타당하다. 만일에 執達官이 목적물을 留置權者에게 그대로 보관시키면(民訴 §527 I 但) 留置權者가 直接占有를 갖고 執達官은 間接占有를 가진다고 새겨야 할 것이다.[63]

(3) 執 達 官

民訴 §528에 의하면 債權者 또는 物件의 제출을 拒否하지 아니하는 제3자의 占有에 있는 물건의 押留에 債務者가 점유하는 물건의 押留에 관한 규정인 民訴 §527를 준용하기로 되어 있다. 留置權者는 일반적으로는 債權者에 속하겠지만 이 條文에서 말하는 債權者는 押留債權者를 말하는 것이고 物件의 引渡를 거절하는 留置權者를 포함하는 의미가 아니다. 그러므로 여기서 留置權을 행사하는 債權者는 '物件의 제출을 거부하는 제3자'에 해당될 것이다. 그러므로 앞에서 잠시 언급한 바와 같이 留置權者는 執達官에 대하여 留置物의 引渡를 거부할 수 있다. 그럼에도 불구하고 執達官이 그 물건을 競賣할 때에는 留置權者는 執行方法에 관한 異議(民訴 §504)나 第3者異議의 訴(民訴 §509)를 提起하여 이를 방해할 수 있다.[64]

4. 留置權 行使의 效果

債務者나 목적물의 소유자가 物件引渡請求를 할 경우 留置權者가 그 권리를 행사하느냐 않느냐는 留置權者가 자유로 결정할 수 있다. 留置權者인 被告가 留置權을 행사하지 않으면 法院은 유치권의 존재를 이유로 原告의 請求를 배척하지 못한다. 그러므로 留置權者가 辯論終結 전에 유치권을 행사하지 아니

61) 郭潤直, 476; 金曾漢, 420; 金容漢, 483.
62) 李英俊, 678.
63) 郭潤直, 476.
64) 異說없고 訴訟法學에서도 일반적으로 인정된다. 註釋執行(上), 209, 251 참조.

하여 敗訴確定된 경우에는 請求異議의 訴로써 다툴 수 없게 되며, 辯論終結 후 引渡日까지 목적물에 관하여 牽連性있는 債權을 새로이 취득한 때에는 民訴 §505 Ⅱ에 의하여 留置權을 행사하여 請求異議의 訴를 제기할 수 있다.[65]

債務者인 原告가 目的物引渡請求를 하였는데 占有者인 被告가 유치권을 주장하여 목적물의 引渡를 거절한 때에 法院의 判決은 두 가지가 있을 수 있다. 하나가 請求棄却判決(原告全部敗訴判決)이고 다른 하나가 相換履行判決(原告一部敗訴判決)이다. 이 중 法院이 어느 것을 할 것인가에 관하여 學說의 대립이 있다. 少數說은 留置權은 抗辯權이 아니라 物權이기 때문에 債權者는 債權을 辨濟받을 때까지 목적물을 유치할 수 있어야 함을 이유로 請求棄却判決을 하여야 한다고 주장한다.[66] 그러나 多數說은 이론적으로는 少數說이 타당하다고 인정하면서도 訴訟經濟와 當事者의 공평에 비추어 獨民 §274 Ⅰ에서와 같이 債權의 辨濟와 相換으로 목적물을 인도하라는 判決을 하는 것이 타당하다고 본다.[67] 判例도 초기에는 "피고가 점유중인 본건 가옥에 대하여 지출한 유익비 상환청구권에 의하여 그 가옥에 대한 유치권을 가지고 있다면 원고의 피고에 대한 가옥명도청구는 원고가 그 유익비의 상환 기타 방법으로서 위 유치권을 소멸시킨 후가 아니면 용인되지 못함은 유치권의 효력으로서 당연한 바이거늘 원심이 위 유익비와 교환으로 본건 가옥을 명도하라고 판결함은 유치권의 법리를 오해한 위법이 있다"[68]하여 少數說과 같은 입장을 취하였다. 그러나 뒤에 態度를 바꾸어 "유치권은 물건의 점유자가 그 물건에 관하여 생긴 채권의 변제를 받을 때까지 그 물건을 유치할 수 있음에 지나지 못하는 것이고 물건에 관하여 생긴 채권을 다른 채권에 우선하여 변제를 받게 하는 취지는 아니라 할 것이니 법원은 물건의 인도청구에 대한 유치권의 항변을 이유 있다고 인정할 때에는 그 물건에 관하여 생긴 채권의 변제와 상환으로 물건의 인도를 명할 수 있다"[69]하여 相換履行判決을 할 수 있다고 한 것이 나왔고, 그 후에 더 나아가 "물건의 인도를 구하는 소송에 있어서 피고의 유치권 항변이 인용되는 경우라도 원고의 청구를 전적으로 배척할 것이 아니라 그 물건에 관하여 생긴

65) 李英俊, 679.
66) 張庚鶴, 677.
67) 郭潤直, 477; 金容漢, 482; 金曾漢, 講義, 340; 李英俊, 679; 崔栻, 312.
68) 大判 48. 4. 19, 4280民上332(要集 民 Ⅰ-1, 575).
69) 大判 62. 4. 12, 62다4(註釋韓國判例集 Ⅳ, 257). 이 判決이 要集 民 Ⅰ-1, 576에는 63. 4. 12자로 되어 있으나 63년에는 4월 12일에 宣告期日이 잡힌 것을 볼 수 없으므로 이는 오식으로 보인다.

채권의 변제와 상환으로 그 물건의 인도를 명하여야 된다 할 것"[70]이라고 하여 아예 請求棄却判決의 가능성을 배제하였다. 判例가 相換履行判決을 할 수 있는 근거로 留置權者에게는 優先辨濟權이 없고 辨濟받을 때까지 유치할 수 있을 뿐이라는 점을 드는데, 이는 타당하지 않다. 優先辨濟權이란 留置權者가 債務者의 目的物引渡請求權보다 먼저 費用償還을 받을 수 있는 권능을 말하는 것이 아니라, 債務者의 다른 債權者보다 우선적으로 辨濟받을 수 있는 權能을 말하는 것이므로 相換履行判決을 하는 것과는 아무 관계가 없다. 어떻든 현재 判例의 태도는 결과적으로 多數說과 같은데, 만일 少數說처럼 請求棄却判決을 선고하고 말면, 原告는 적어도 辨濟의 提供이라도 해야 다시 訴를 提起할 수 있게 되는데 이는 當事者들에게 대단히 번잡스러운 일일뿐만 아니라 費用도 많이 소모될 것이다. 따라서 多數說이 타당하다고 생각된다. 다만 競落人의 引渡請求에 대하여 留置權이 행사된 경우에는 民訴 §608Ⅲ에 의하여 法院은 請求棄却을 해야 한다.[71]

[胡 文 赫]

第321條(留置權의 不可分性)

留置權者는 債權 全部의 辨濟를 받을 때까지 留置物 全部에 대하여 그 權利를 行使할 수 있다.

차 례

Ⅰ. 留置權의 不可分性의 意義

留置權은 被擔保債權의 전부가 辨濟될 때까지 目的物의 전부에 대하여 효

70) 大判 69.11.25, 69다1592(集 17-4, 91).
71) 李英俊, 679.

력이 미친다. 그리하여 첫째, 留置物의 전부로써 被擔保債權의 각 부분을 담보한다. 즉 留置權者의 채권의 일부가 辨濟, 相計, 混同, 更改, 免除 등으로 소멸하더라도 잔액이 있는 한 留置物 전부에 효력이 미친다. 그러므로 留置權者는 消滅된 債權의 비율에 따라서 목적물의 일부를 반환할 필요가 없다. 또 被擔保債權의 일부가 讓渡된 경우에는 債權의 讓受人과 讓渡人이 한 개의 留置權을 공동으로 가지게 된다.[1] 둘째, 留置物은 그 각 부분으로써 被擔保債權의 전부를 담보한다. 留置物의 일부가 不可抗力이나 기타의 사유로 滅失한 경우에도 그 남은 부분이 전 채권을 담보한다. 따라서 留置權者는 담보물의 보완을 청구할 수 없는 것으로 해석된다.[2] 留置物이 共有者 사이에서 분할되더라도 분할된 각 부분이 債權額 전부에 대한 담보가 된다.[3]

不可分性은 民法이 인정하는 모든 擔保物權에 인정되는 성질인데, 擔保物權의 효력을 강력하게 하기 위하여 인정되는 것이라 할 수 있다.

Ⅱ. 立 法 例

獨逸民法은 留置權에 관하여 이 원칙을 規定하지 않고 있고, 瑞西民法은 動產質權에 관하여 "그(債權者)의 債權이 완전히 만족되기 전에는 그는 質物을 전부 또는 일부를 引渡할 의무가 없다"고 규정하고 있다(瑞民 § 889 Ⅱ). 그리고 留置權은 動產質權과 함께 규정되어 있어 이 규정이 留置權에도 그대로 적용된다.

Ⅲ. 可分留置物에 관한 問題

留置權의 不可分性은 그 목적물이 分割 가능하거나 數個의 物件인 경우에도 적용됨은 물론이다. 同時履行의 抗辯權의 경우에는 공평의 견지에서 相對方이 一部履行을 한 뒤에 請求하면 원칙적으로 殘餘部分에 상응하는 범위에서 債務의 履行을 거부할 수 있다고 새기는 것이 通說인데,[4] 마찬가지로 公平의

1) 金容漢, 467.
2) 金容漢, 467.
3) 郭潤直, 463.
4) 예컨대, 郭潤直, 債各, 98.

원리에 입각한 留置權의 경우도 이와 같이 새겨야 되지 않겠는가 하는 의문이 들 수 있다. 그러나 留置權은 담보물권으로 구성되어 있어서 留置物의 각 부분 또는 각 留置物은 다른 부분, 다른 留置物과 관계없이 債權 전부를 담보하는 것이고 이를 분명히 밝힌 것이 바로 이 條文이므로 同時履行의 抗辯權과 같이 해석할 수는 없다. 경우에 따라서는 債權과 留置物 사이에 현저한 불균형이 생길 수 있겠지만, 이는 다른 擔保의 제공에 의한 留置權 消滅請求가 인정되므로 (民 §327) 이로써 해결하면 될 것이다.[5]

우리 判例는 수개의 不動產이 同一債權을 담보한 경우(共同擔保)에는 擔保權 불가분의 원칙에 의하여 각 擔保物이 債權 전부의 변제를 담보하는 것으로 債權者는 擔保物 전부에 대하여 동시에 또는 각 부분에 대하여 따로 각기 擔保權을 실행할 수 있다고 하며,[6] 抵當權의 경우 數個 不動產 중 일부가 제3자 所有라 하더라도 채권자는 擔保物權의 不可分性에 의하여 그 目的物들을 일괄하여 또는 그 중 어느 것을 분리하여 먼저 抵當權을 실행할 수 있다고 하여[7] 일반적으로는 不可分性을 엄격히 지킨다. 그러나 留置權에 관하여는 이를 완화한 判例가 보인다. 즉 登記簿上 한 筆地로 되어 있는 계쟁임야 4정8반4묘보를 占有하고 있는 被告에 대하여 原告가 그 임야의 引渡를 청구하자 被告가 그 임야 중 3,300평(전체의 4분의 1 약)을 開墾하였으므로 그로 인한 增加額이 현존한다는 것을 이유로 留置權의 抗辯을 한 사건에서, 抗訴審이 그 抗辯을 認容하여 原告의 請求를 전부 棄却하였다. 이에 대하여 大法院은 원래 土地는 법률상 각 필지별로 독립한 物權의 대상이 되는 것이라 할지라도 그 각 筆地의 성질과 거래의 통념상 경제적인 수요에 따라 分合이 가능하다는 점과, 留置權은 타인의 물건을 점유하는 자가 그 물건에 관하여 생긴 債權이 있는 경우에 그 辨濟를 받을 때까지 그 債權과 牽連關係가 있는 당해 物件을 留置할 수 있는 權利라는 점을 근거로 하여, "본건에 있어 피고의 위 유치권 항변을 고찰하건대 그 항변사실 자체가 위 임야 4정8반4묘보를 점유 중 그 임야 내의 3,300평 부분을 개간하였음을 전제로 하는 것이었으며 거래상 그 개간부분과 다른 부분과의 분할이 가능함이 용이히 추지되는 바이었은 즉 그 유치권의 객체는 위 임야 중의 개간부분에 한하는 것이었다고 할 것이었음에도 불구하고 원심이 그 유치권의 객체를 심리확정함이 없이 위 항변을 이유로 하여 원고의 위 청구 전부를 배

5) 註釋民法(上), 572.
6) 大決 57.5.4, 4290민재항30(要集 民 I-1, 621).
7) 大決 60.2.27, 4292민재항307(要集 民 I-1, 621).

척하였음은 법리의 오해로 인한 심리미진의 위법을 면치 못할 것이다"라고 判示하였다.[8)]

이는 債權者와 債務者 사이의 공평을 고려한 것으로 보이는데, 土地가 장차 분할될 수 있으므로 개간부분만이 被告의 債權과 牽連關係가 있다는 논리가 이 條文과 어떻게 조화될 수 있을지 납득하기가 어렵다.

Ⅳ. 留置權이 미치는 目的物의 範圍

이 條文에서 말하는 '留置物 全部'가 어느 범위인가가 문제될 수 있다. 被擔保債權과 牽連關係가 있는 占有物이 하나의 물건이면 그 物件 전체일 것이고, 수개의 물건이면 그들 중 債權과 牽連關係에 있는 물건들이 될 것이다.

그리고 建物賃借人이 건물에 관한 有益費償還請求權에 터잡아 취득하는 유치권은 賃借建物의 유지, 사용에 필요한 범위 내에서 賃借垈地 부분에도 그 효력이 미친다.[9)] 留置權은 목적물에 부속되는 從物에도 미치는데(民 § 100 Ⅱ), 다만 그 從物도 유치권자의 占有에 있어야 한다. 유치권은 留置物로부터 생기는 果實에도 미치는데, 이 경우에는 優先辨濟權이 인정된다(民 § 323 Ⅰ).

Ⅴ. 다른 擔保物權에의 準用

이 條文은 다른 담보물권인 動產質權과 權利質權 및 抵當權에 준용된다(民 §§ 343, 355, 370).

[胡 文 赫]

8) 大判 68. 3. 5, 67다2786(集 16-1, 136).
9) 大判 80. 10. 14, 79다1170(要集 民 Ⅰ-1, 579.

第322條(競賣, 簡易辨濟充當)

① 留置權者는 債權의 辨濟를 받기 위하여 留置物을 競賣할 수 있다.

② 正當한 理由있는 때에는 留置權者는 鑑定人의 評價에 의하여 留置物로 直接 辨濟에 充當할 것을 法院에 請求할 수 있다. 이 경우에는 留置權者는 미리 債務者에게 通知하여야 한다.

차 례

Ⅰ. 競 賣 權

1. 立法過程

留置權者가 競賣權을 가지는가에 관하여 舊民法에는 규정이 없고, 舊競賣法만이 留置權者를 競賣權者로 하였기 때문에(舊競 §§ 3, 22) 과연 留置權者에게 競賣權이 인정되느냐가 다투어졌다. 多數說은 留置權者가 그의 債權의 辨濟를 받지 못한 채로 오랫동안 목적물을 留置만 하고 있어야 하는 불편을 생각하여 競賣權을 인정하고 있었다.[1] 그런데 현행 民法의 초안은 競賣權을 인정하는 條項을 두지 않았는데,[2] 學界에서 이를 인정할 것을 주장하여[3] 받아들여졌다.

2. 競賣節次

(1) 節 次 法

競賣節次에는 民事訴訟法, 그 중에서도 強制執行法이 적용된다. 과거에는 留置權者, 質權者, 抵當權者, 傳貰權者의 競賣와 기타 民法, 商法의 규정에 의한

1) 郭潤直, 477 참조.
2) 民法案審議錄(上), 194-8 참조.
3) 民法案意見書, 117.

競賣節次에는 舊競賣法이 적용되었다(舊競 §1). 그러나 1990.1.13의 民事訴訟法 改正으로써 舊競賣法의 내용이 民事訴訟法에 흡수되고 競賣法은 폐지되었다. 民訴 §724 이하에서 이러한 任意競賣節次를 규정하고 있는데, 民 §§724-728에서 不動産, 民 §729에서는 船舶, 民 §730에서는 自動車, 重機 및 航空機, 民 §§731, 732에서는 有體動産, 民 §733에서는 債權 기타 재산권에 대한 擔保權의 실행을 위한 競賣를 규정하고, 民 §734에서 留置權에 의한 競賣와 民法, 商法 기타 法律의 규정에 의한 換價를 위한 競賣를 규정한다. 그러나 이들은 任意競賣에서의 특수성을 감안한 특칙들만 규정하고 있고 일반적인 절차는 執行法의 규정들을 準用하고 있으며, 留置權의 경우는 民訴 §734 I 이 擔保權의 실행을 위한 競賣의 예에 의하여 실시한다고만 규정하고 있어서 구체적인 절차는 強制執行法의 해당 규정이 準用된다. 이처럼 舊競賣法을 民事訴訟法에 흡수한 것은 強制競賣와 任意競賣는 동일한 원리에 따라 규율함이 합리적이고 이들을 구별할 실익이 없을 뿐 아니라 競賣法上 準用規定의 불명으로 실무상 혼란이 있어, 國民과 執行機關의 편의를 도모하고 執行節次를 통일하여 간소화하려는 데에 그 이유가 있다고 한다.[4]

(2) 競賣節次

㈎ 不動産에 대한 競賣 不動産에 대한 경매는 留置權者의 신청에 의하여 法院이 한다(民訴 §599 I). 競賣는 그 不動産 所在地의 地方法院이 관할한다(民訴 §600 I). 競賣를 신청함에는 債權者, 債務者, 所有者, 競賣할 不動産 및 競賣原因된 일정한 債權이 표시된 申請書를 제출하여야 하며(民訴 §601, 民訴規 §204 民), 留置權의 존재를 증명할 수 있는 서류를 첨부하여야 한다(民訴 §724 I).

法院은 決定으로 競賣節次를 개시하는데, 그와 동시에 그 不動産의 압류를 命하여야 하며, 競賣開始決定을 한 후에 法院은 부동산에 대한 侵害行爲를 방지하기 위한 措置를 할 수 있는데, 위 押留는 債務者에게 그 결정이 送達된 때 또는 競賣申請의 登記가 된 때에 그 효력이 생긴다(民訴 §603 I, Ⅲ, Ⅳ). 法院은 競賣開始決定을 하였으면 職權으로 그 사유를 登記簿에 記入할 것을 登記公務員에게 囑託하여야 하고, 登記公務員은 이를 기입하여야 한다(民訴 §611). 競賣申請을 却下한 裁判에 대하여는 卽時抗告를 할 수 있다(民訴 §603 V). 競賣申請은 取下할 수 있으나 買受의 申告가 있은 뒤에는 最高價買受申告人과 民訴 §626-2의 次順位買受申告人의 동의를 얻어야 한다. 위 押留는 競賣申請의 取下에 의하여 효력이 소멸

4) 民事訴訟制度 – 民事訴訟法改正資料 –, 法務資料 103(1988), 362.

한다(民訴 §610). 法院이 한 競賣開始決定에 대하여 利害關係人은 競落代金이 완납될 때까지 法院에 異議申請을 할 수 있는데(民訴 §603-3 I), 여기서 留置權의 부존재나 소멸을 주장할 수 있다(民訴 §725).

留置權이 없거나 消滅되었다는 취지의 確定判決의 定本, 또는 競賣申請을 取下하겠다는 취지나 被擔保債權의 변제를 받았거나 辨濟의 유예를 承諾한 취지를 기재한 서류가 제출되면 競賣節次는 停止된다(民訴 §726 I iii, iv). 또한 競賣 목적물에 대하여 強制競賣나 담보권의 실행을 위한 競賣節次가 개시된 경우에도 留置權에 의한 競賣節次는 정지되고, 그 競賣가 취소되면 續行된다(民訴 §734 II, III).

法院은 鑑定人에게 부동산을 평가하게 하여 이를 참작하여 最低競賣價格을 정하여야 한다(民訴 §615).

法院은 競賣期日과 競落期日을 公告하고 이해관계인에게 통지하여야 하는데(民訴 §617), 최초 競賣期日은 공고일로부터 14일 이후로 정하여야 하고(民訴 §619 I), 競落期日은 競賣期日로부터 7일 이내로 하여야 한다(民訴 §620 I). 執達官은 最高價買受申告人을 확정하고 경우에 따라 次順位買受申告人도 정하여 競賣의 終結을 告知한다(民訴 §627 I). 競落에 대하여 일정한 사유가 있거나 그 사유에 기한 異議申請(民訴 §633)이 있고 法院이 이를 정당하다고 인정한 때에는 競落을 허가하지 않는다(民訴 §635). 競賣期日에 허가할 買受價格의 신고가 없거나 競落을 불허하고 다시 競賣를 명한 때에는 新競賣期日을 정하여야 한다(民訴 §§631, 637). 競落을 허가하거나 불허하는 決定은 이를 宣告하여야 한다(民訴 §638 I). 이 決定에 대하여는 이해관계인 등이 일정한 요건하에 卽時抗告나 抗告를 할 수 있다(民訴 §§641, 642).

競落人은 競落代金을 완납한 때에 競賣의 목적인 권리를 취득하며(民訴 §646-2), 이는 留置權의 소멸에 의하여 방해받지 않는다(民訴 §727). 競落代金의 완납이 있으면 法院은 競落許可決定의 謄本을 첨부하여 競落人의 所有權登記, 競落人이 引受하지 않은 不動產 위의 부담의 記入의 抹消, 競賣申請登記의 抹消 등을 촉탁하여야 한다(民訴 §661 I).

法院은 競賣期日의 公告 전에 職權 또는 利害關係人의 신청에 의하여 競賣에 갈음하여 入札을 命할 수 있다(民訴 §663 I).

(나) 有體動產에 대한 競賣　　여기서의 有體動產에는 有價證券도 포함된다(民訴 §527 II iii). 有體動產에 대한 競賣의 申請에는 債權者, 債務者, 所有者, 被擔保債權의 表示, 대상이 된 有體動產의 표시 및 그 所在地 등을 기재한 申請書를 제출하여야 한다(民訴規 §§204, 210 I). 競賣는 留置權者가 그 목적물을 제출하거나

그에 대한 押留를 승낙한 때에 개시된다(民訴 §731).

執達官은 押留되었거나 제출된 목적물을 競賣의 방법으로 매각하여야 한다(民訴 §535). 그러나 그 物件이 高價品이면 적당한 鑑定人에게 그 평가를 하게 해야 한다(民訴 §536). 有價證券의 경우에는 市價가 있는 것은 賣却日의 市價로 適宜賣却하고 市價없는 것은 일반규정에 따라 競賣하여야 한다(民訴 §544). 競賣日字와 場所는 3일 전에 경매할 물건을 표시하여 公告한다(民訴 §539 Ⅱ). 그리고 執達官은 競賣의 일시와 장소를 債權者·債務者 및 押留物 보관자에게 미리 통지하여야 한다(民訴規 §116 Ⅰ). 押留日과 競賣日 사이에는 특별한 사정이 없는 한 7일 이상의 기간을 두어야 한다(民訴 §538). 執達官은 競賣期日을 개시함에 있어 賣却條件을 告知하여야 한다(民訴規 §117).

競賣에 있어서 債務者는 買受申請을 할 수 없다(民訴規 §119). 最高價競賣의 競落은 그 가격을 3회 연창한 후 결정하고 競賣物의 引渡는 대금과 상환으로 하여야 하며, 最高價競買人이 代金支給과 物件의 引渡請求를 懈怠한 때에는 再競賣하여야 한다(民訴 §540). 金銀物은 市價 이하로 競落하지 못하며, 市價 이상으로 競買하는 자가 없으면 執達官이 그 市價에 달하는 가격으로 適宜賣却할 수 있다(民訴 §543). 記名有價證券의 경우 執達官은 買受人을 위하여 債務者에 갈음하여 背書나 名義改書에 필요한 행위를 할 수 있고(民訴 §545), 어음 등의 경우에 提示나 請求가 필요하면 이에 필요한 행위를 해야 한다(民訴 §546). 執達官은 競賣調書를 작성하여야 한다(民訴 §500 Ⅰ, 民訴規 §§103, 121).

執達官이 賣得金을 領收한 때에는 債務者가 支給한 것으로 본다(民訴 §542). 執達官은 賣得金을 債權者에게 교부하고 殘額이 있으면 債務者에게 교부하여야 한다(民訴規 §122 Ⅰ).

競賣開始決定에 대한 異議事由(民訴 §725), 競賣節次의 停止(民訴 §726) 등은 動産에 대한 競賣에도 준용된다.

Ⅱ. 簡易辨濟充當

1. 留置權者의 優先辨濟權

留置權者는 다른 擔保權者와 달리 優先辨濟權을 갖지 않는다. 이는 다른 擔保物權에 관한 규정들, 즉 質權에 관한 民 §329, 抵當權에 관한 民 §356가

優先辨濟를 받을 權利가 있음을 밝히고 있으나 留置權에 관한 民 §320는 優先辨濟權에 관하여 언급하지 않고 있다는 점을 보면 분명해진다. 債務者나 競落人을 포함한 제3자가 목적물을 인도받으려면 留置權者에게 辨濟하여야 하므로 사실상 優先辨濟權이 있는 것과 같지만, 이는 어디까지나 事實的 效力에 불과하다.

그러나 民法은 몇 가지 경우에 예외적으로 留置權者에게 優先辨濟權을 인정한다. 本條가 규정하는 簡易辨濟充當의 경우, 果實을 收取하여 변제에 충당하는 경우(民 §323)가 그것이고, 破産法은 債務者가 破産한 경우에 留置權者는 別除權을 가진다고 규정하고 있다(破 §84). 여기서는 簡易辨濟充當을 설명한다.

2. 認定根據

留置權者가 채권의 변제를 받기 위하여 언제나 많은 費用이 들고 절차가 번거로운 競賣에 의하여야 한다면 債權者에게 불리한 경우가 많을 것이다. 더구나 留置權은 보통 少額의 債權을 담보하기 위하여 발생하는데, 이 모든 경우에 競賣에 의한다면 그 실행의 費用이 오히려 債權보다 많아 留置權者는 물론 所有者까지 해치는 경우가 생긴다. 이러한 경우를 위하여 民法은 留置物로써 직접 辨濟에 충당할 수 있는 간편한 방법을 인정한 것이다. 이는 본래 舊民法에서는 動産質權에서만 인정된 것인데(舊民 §354), 現行法이 留置權에도 인정하였다.

3. 要 件

(1) 正當한 理由가 있을 것

정당한 이유에 해당하는 사유로 들고 있는 것에는 다음과 같은 것들이 있다. 目的物의 가치가 적어서 多額의 비용을 들여 競賣하는 것이 불합리한 경우, 競賣를 하면 정당한 價格으로 競落되기 어려운 경우, 目的物의 성질상 留置權者에게 취득시키는 것이 적당한 경우, 競賣하는 것이 시기적으로 적절하지 않은 경우, 留置物에 공정시세가 있어서 競賣하지 않더라도 공정한 價格을 알 수 있는 경우 등. 어떻든 정당한 이유가 있는지 여부는 法院이 판단한다.

(2) 法院에 請求할 것

留置權者는 목적물을 임의로 辨濟에 충당하지 못하며 반드시 法院에 신청하여 그 許可를 얻어야 한다. 이 절차에는 非訟事件節次法이 적용되는데, 非訟 §91는 본래 質權者의 簡易辨濟充當에 관한 규정이지만 留置權의 경우도 다를 것이 없으므로 여기에 類推適用된다는 데에 異說이 없다. 이에 따르면 管轄法院은 債務履行地의 地方法院이 되고(非訟 §§ 91 I, 88 I), 法院은 裁判을 하기 전에 債權者와 債務者를 審問하여야 하며(非訟 §§ 91 I, 88 II), 法院이 留置權者의 신청이 이유 있다고 판단하는 때에는 鑑定人으로 하여금 목적물을 評價하게 하여야 한다(民 § 322 I). 辨濟充當의 許可 여부의 裁判은 결정으로써 하는데(非訟 § 17), 法院이 申請을 許可한 경우에는 그 절차의 비용은 債務者가 부담하고(非訟 § 91 II), 그렇지 않은 경우에는 申請人인 留置權者가 부담한다(非訟 § 25). 그리고 許可를 하는 裁判에 대하여는 不服의 신청을 할 수 없다(非訟 § 97). 다만 그러한 決定에 대하여는 裁判에 영향을 미친 憲法이나 法律의 위반이 있음을 이유로 하는 때에 한하여 大法院에 特別抗告를 할 수 있다(民訴 § 420).

判例는 法院이 허가를 함에 있어서는 職權으로 다른 法律上의 요건도 審理해야 한다고 判示한 바 있다. 즉 乙이 輸出業者로부터 화학섬유원단 납품주문을 받고 이를 제작, 납품하기 위하여 輸入業者로부터 화학섬유원사를 매입하여 원단을 짠 후 甲에게 제품가공을 위탁하였는데, 甲이 가공료가 밀린 것을 이유로 이 원단에 대하여 留置權을 행사, 簡易辨濟充當을 신청하여 法院으로부터 許可를 받았다. 이에 乙이 이 物件은 수출용원자재로 제작하여 수출용으로만 사용할 수 있는 물건이므로 상공부장관의 轉用許可가 없이는 다른 목적에 사용할 수 없는데 法院이 許可를 한 것은 法律에 위반된 것이라 하여 特別抗告를 하였다. 이에 대해 大法院은, "……이 사건 물품에 대한 민법 제322조 제2항, 비송사건절차법 제91조에 따른 간이변제충당신청은 일응 수출용원자재로 수입한 당초의 사용목적 이외의 용도에 사용하고자 할 때에 해당된다 할 것이니 본건 신청과 같은 간이변제충당에 있어서는 간이거래법 제18조 제1항에 의한 상공부장관의 승인을 미리 얻어야 한다고 볼 것이므로 원심으로서는 비송사건인 본건에 관하여 직권으로 사실의 탐지와 필요하다고 인정하는 증거의 조사를 하여야 한다 할 것이므로(비송사건절차법 제11조) 이 사건허가신청대상 물품이 무역거래법 제17조의 규정에 의하여 수입한 원료 또는 그 제품인지의 여부와 그 해당물품이라면 당초의 사용목적 이외의 용도에 사용하고자 하는 여부 및 당초 사용목적 이외의 용도에의 사용이라면 상공부장관의 승인 유무를 심리한 연후에 이 사건 간이변제충당허가결정을 하였어야 옳았다"고 判示하였다.[5]

5) 大決 78. 3. 17, 77그30(集 26-1, 206).

(3) 미리 **債務者**에게 **通知**할 것

留置權者는 簡易辨濟充當을 法院에 청구하기 전에 미리 債務者에게 그 뜻을 通知하여야 한다(民 Ⅱ § 322 後文). 이는 債務者가 이를 막기 위하여 스스로 辨濟를 하거나 다른 擔保를 제공하여 留置權을 소멸시킬 수 있는(民 § 327) 기회를 주기 위한 것이다. 留置權者가 이 通知를 하지 않고 申請을 한 경우에 法院은 그 申請을 却下할 것이지만, 만일 法院이 通知가 없었음을 간과하고 許可한 경우에는 그 許可決定은 유효하고, 債務者는 이에 대하여 不服을 신청하지 못한다(非訟 § 97).[6] 다만 留置權者는 通知를 하지 않은 탓으로 債務者에게 입힌 손해를 배상하여야 할 것이다.[7] 여기서의 債務者에는 留置物의 所有者도 포함된다고 해석된다.

4. 效 果

(1) **所有權**의 **取得**

앞에서 본 要件들을 갖추어 簡易辨濟充當 決定이 있게 되면 留置權者는 留置物의 소유권을 취득한다. 이 취득은 承繼取得이고,[8] 法律의 규정에 의한 物權取得이므로 登記가 필요없다는 데에 異說없다(民 § 187).

(2) **辨濟**와 **債權**의 **消滅**

留置權者는 목적물에 대한 所有權을 취득함과 동시에 評價額의 한도에서 辨濟를 받은 것이 되고 債權은 소멸한다.

(3) **精 算**

換價의 결과 債權額과 評價額에 차이가 없으면 문제가 없겠지만, 대부분의 경우에는 차이가 날 것이다. 評價額이 債權額을 초과하는 경우에는 그 超過額을 留置權者가 債務者에게 반환하여야 하며, 그 반대의 경우는 不足額에 대하여 債務者가 여전히 채무를 부담하므로 이를 辨濟해야 한다.[9]

Ⅲ. 다른 擔保物權에의 準用

本條는 動產質權에 준용된다(民 § 343). 그러나 動產質權 자체에 관하여 本條와

6) 郭潤直, 478; 李英俊, 681.
7) 註釋民法(上), 580.
8) 郭潤直, 479; 金容漢, 484.
9) 郭潤直, 479; 金容漢, 484.

같은 내용의 規定(民 §338)을 두고 있으므로 이 準用은 무의미하다. 立法的 실수로 보여진다.[10)]

[胡 文 赫]

第 323 條 (果實收取權)

① 留置權者는 留置物의 果實을 收取하여 다른 債權보다 먼저 그 債權의 辨濟에 充當할 수 있다. 그러나 果實이 金錢이 아닌 때에는 競賣하여야 한다.

② 果實은 먼저 債權의 利子에 充當하고 그 剩餘가 있으면 原本에 充當한다.

차 례

Ⅰ. 認定根據

留置權者가 留置物의 果實을 수취하여 우선적으로 辨濟에 충당할 수 있도록 한 것은, 留置權者는 善良한 管理者의 注意로써 留置物을 占有하여야 하므로(民 §324) 그 勞務에 대한 報酬로서 이러한 優先的 權利를 인정하는 것이 公平하고, 果實을 수취하여도 辨濟에 충당하므로 債務者의 利益을 해치지 않는다는 점을 고려한 것이다.[1)] 이 條文은 舊民 §297에서 온 것이나, 本條 Ⅰ 但書는 신설된 것인데, 종래 學說에 의하여 인정된 것을 立法化한 것이다.[2)] 이는 앞에서 언급한 바와 같이 留置權者에게 예외적으로 優先辨濟權을 인정한 경우이다.

10) 同旨 註釋民法(上), 654.
1) 郭潤直, 479; 李英俊, 682.
2) 民法案審議錄(上), 196.

Ⅱ. 法的 性質

留置權者가 果實을 수취하여 어떠한 權利를 얻는가 하는 점에 관하여 所有權取得說과 留置權取得說이 대립하고 있다. 전자에 의하면 留置權者가 果實을 수취함으로써 果實에 대한 所有權을 취득한다고 하며,[3] 후자에 의하면 유치권자는 수취한 果實에 대하여 優先辨濟權이 있는 留置權을 취득함에 불과하다고 한다.[4] 留置權은 본래 收益을 목적으로 하는 權利가 아니므로 果實에 대한 所有權 取得은 인정하기가 어렵고, 所有權 取得을 인정하면 民 §201 Ⅰ 외에 별도로 本條를 둔 취지를 설명할 수 없게 된다. 즉 民 §201 Ⅰ에서 말하는 '善意의 占有者'란 果實의 소유권을 취득할 權能이 있다고 믿는 자를 말하는데, 所有權取得說에 의하면 유치권자도 果實의 所有權을 취득할 자이므로 당연히 위의 '善意의 取得者'에 해당된다. 그러므로 民 §201 Ⅰ 이외에 굳이 本條를 둘 필요가 없게 된다.[5] 또한 所有權取得을 인정하면 留置權者는 자신의 所有物로써 자신의 債權의 辨濟를 받게 되고, 만일 債權을 辨濟하고 나머지가 있을 경우 다른 債權者도 유치권자의 소유물이 된 果實로부터 辨濟를 받게 되며, 다른 債權者가 없을 경우는 留置權者가 不當利得을 하게 된다.[6] 이러한 불합리한 점이 있으므로 所有權取得說은 타당치 않고 留置權取得說이 타당하다.

Ⅲ. 果 實

여기서 果實이라 함은 天然果實뿐만 아니라 法定果實도 포함된다. 주로 문제가 되는 것은 法定果實이다.

1. 留置權者의 使用·收益

留置權者가 債務者의 承諾에 의하거나(民 §324 Ⅱ 本文), 保存行爲로서(民 §324 Ⅱ 但) 목적물을 스스로 사용할 때에는 그 借賃 相當額의 利得을 보는 것인데, 이는 엄격

3) 方順元, 233-4.
4) 李英俊, 682-3; 張庚鶴, 683.
5) 李英俊, 682.
6) 註釋民法(上), 580-1.

한 의미에서의 果實은 아니나 果實에 준하여 留置權者가 그의 債權의 변제에 충당할 수 있다고 해석하는 데에 異說이 없다. 유치권은 본래 留置物을 使用·收益하게 하는 權利가 아니지만 이러한 사용은 留置權의 적법한 행사의 결과이기 때문에 이를 굳이 返還시키지 않고 辨濟에 충당하게 하는 것이 公平에 부합하기 때문임을 이유로 한다.[7)]

留置權者가 賃借人인 경우에도 그가 지급할 賃借料에 관하여 당연히 優先辨濟充當을 할 수 있다는 견해가 있다.[8)] 이것도 여기서 말하는 法定果實에 포함되는지는 의문이다. 本條의 法定果實은 유치권자가 취득하는 果實을 말하는데, 留置權者가 지급할 賃借料가 그가 취득하는 果實은 아니라고 생각된다.

이처럼 留置權者가 債務者에게 지급할 賃借料 자체나 借賃 相當額은 그 자체가 法定果實이 아닌데도 바로 辨濟充當을 인정하는 것은 무리라고 여겨진다. 그러나 이 경우 留置權者가 賃貸人에게 결국 賃借料나 借賃 相當額을 지급할 필요가 없다고 하는 결론은 정당한데, 이는 辨濟充當이 아니라 相計(民 § 492)에 의한 것이라고 새기는 것이 타당하다. 이 경우는 留置權者와 債務者가 서로 金錢債務를 부담하고 있고 양자가 모두 履行期가 도래한 경우이므로 相計適狀에 있기 때문에 굳이 무리하게 本條를 類推適用하여 변제충당이라고 할 필요가 없을 것이다. 본래 辨濟充當은 債務者가 이미 辨濟한 것을 놓고 이로써 어느 債權을 소멸시킬 것인가를 정하는 것이고, 相計는 債權者와 債務者가 서로 債權을 가지고 있을 때 대등액의 債權을 소멸시키는 것이다. 그러므로 留置權者가 債務者에 대하여 債務를 부담하는 경우에는 本條와 같은 規定이 없으면 相計로 처리하는 것이 원칙일 것이다. 그러므로 留置權者가 債務者에 대하여 가지는 債權과 債務者가 留置權者에게 대하여 가지는 賃料나 賃料 相當額의 支給債權이 다르다면(예컨대, 賃料를 쌀로 지급하기로 한 경우) 모르되 다 같이 金錢債權이면 相計로 처리할 수 있다고 볼 것이다.[9)]

2. 留置權者가 收取하는 賃貸料

留置權者가 賃貸料를 收取하게 되는 경우에 이 賃貸料가 여기서 말하는 法定果實에 포함되는가, 즉 이 賃貸料로써 辨濟에 충당할 수 있는가가 문제될 수 있다. 이는 경우를 나누어서 보아야 한다.

7) 註釋民法(上), 582.
8) 註釋民法(上), 582.
9) Staudinger-Selb, § 273 Rz. 2, Rz. 29.

(1) 留置權者가 留置權 성립 이전부터 轉貸人인 경우, 이 경우는 留置權者 자신이 賃貸人으로서 民 §102 상의 果實의 收取權者이며 그 賃貸料 자체는 債務者에게 지급하여야 하는 것이 아니므로 이 賃貸料가 優先辨濟充當의 대상이 되는 果實에 포함되지 않는다.[10] 그러나 土地賃貸借契約이 解止되었지만 賃借人이 그 토지에 관하여 留置權을 취득하고 계속하여 그 土地 위에 자기의 建物을 賃貸하고 있을 경우처럼 留置權者가 이미 賃貸人으로서의 使用·收益權能을 가지지 않는 경우에는 이 토지의 賃貸料에 관하여 本條가 적용된다.[11]

(2) 債務者가 타인에게 賃貸하고 있던 物件에 관하여 留置權이 성립하고 종래대로 賃借人이 사용하고 있는 경우, 예를 들면 債務者의 부재중에 관리를 맡은 자가 그 사이에 그 賃貸物에 관하여 費用償還請求權을 취득한 경우에도 管理人이 받은 借賃은 法定果實이며, 本條가 적용되어 변제에 충당할 수 있다.[12]

(3) 債務者의 승낙을 얻어 留置權者가 留置物을 賃貸하는 경우, 이때에는 特約이 없으면 債務者가 승낙한 것은 留置權者로 하여금 債權의 辨濟를 받게 하려는 의도가 있는 것으로 보아 그 賃貸料에 관하여 優先辨濟充當을 할 수 있다고 본다. 만일에 留置權者가 辨濟充當을 하지 않으면 收取한 賃貸料를 債務者에게 지급하여야 할 것이다.[13]

(4) 債務者의 承諾없이 賃貸한 경우, 이 경우의 賃貸料는 적법하게 수취한 果實이 아니기 때문에 不當利得이 되므로 債務者에게 반환하여야 한다.

Ⅳ. 債權者들 사이의 優先順位

留置權者는 本條에 의하여 다른 債權者보다 먼저 그 債權의 辨濟에 充當할 수 있다. 그러므로 그 果實 위에 존재하는 質權에 우선하며, 民 §359에 의하여 인정되는 果實 위의 抵當權에도 우선한다. 그러나 留置權者가 債務者의 承諾을 얻어 자기의 債務를 담보하기 위하여 留置物에 관하여 動産質權을 설정한 경우에는(民 §324 Ⅱ 本文), 그 물건으로부터 생긴 果實에 質權者는 果實質權을 취

10) 이 경우 留置權者는 轉貸人이면서 동시에 債務者에 대하여는 賃借人이므로 債務者에게 賃料를 지급하여야 하는데, 이 賃料에 대하여 本條의 辨濟充當을 하는 것은 가능할 것이다.
11) 註釋民法(上), 582; 李英俊, 683.
12) 註釋民法(上), 582.
13) 註釋民法(上), 582.

득하는데(民 §§ 343, 323), 이 경우에는 質權이 留置權에 우선한다고 본다.[14)]

間接占有가 있는 경우에는 間接占有者와 直接占有者 모두가 債務者에 대하여 占有物에 관한 債權과 留置權을 가지는 수가 있다. 이럴 때에는 留置物로부터 생기는 果實에 관하여 留置權이 競合하고 두 留置權은 동일한 順位를 가지며 각각 그 債權額의 비율에 따라 과실로부터 辨濟를 받을 수 있는 것이라고 새기는 것이 타당하다.[15)]

V. 換價 및 辨濟充當

1. 換價方法

果實이 金錢일 경우에는 바로 辨濟에 충당할 수 있다. 그러나 金錢이 아니면 競賣에 의하여 換價하는 것이 원칙이다(民 § 323 I 但). 여기서의 競賣는 民訴 § 734에 의한다고 함은 이미 설명하였다. 本條에서는 '競賣하여야 한다'고 규정하고 있으나 文言 그대로 하면 留置物 자체에 관하여 辨濟充當이 인정되는 것과 균형이 맞지 않으므로 그에 준하는 예외를 인정할 수 있다고 본다. 따라서 當事者의 合意에 의하여 평가할 수도 있고, 競賣를 하면 遲滯로 인하여 손해가 생길 우려가 있으면 留置權者가 賣却할 수도 있다고 새기는 것이 通說이다.

2. 辨濟充當의 順序

收取한 果實은 먼저 債權의 利子에 충당하고 나머지가 있으면 原本에 충당한다(民 § 323 II). 이 順序는 民 § 479와 같은 취지로, 원래 利子는 原本보다 먼저 지급되어야 하는 것이기 때문이다.[16)] 그러나 이러한 입법태도는 債務者보다 債權者를 더 보호하는 결과를 낳게 되는데,[17)] 이는 民 § 477 ii가 債務者에게 유리하게 하려는 취지와 모순되는 문제점이 있다. 어떻든 本條와 民 § 479는 모두 強行規定이 아니므로 이와 다른 내용의 特約도 가능하다.

14) 註釋民法(上), 581; 李英俊, 683.
15) 註釋民法(上), 582.
16) 郭潤直, 債總, 429.
17) 債務者가 原本을 그냥 둔채 利子만 계속 지급하는 것보다는 原本부터 갚아야 利子도 감소하여 債務者에게 유리하다.

Ⅵ. 質權에의 準用

本條는 動産質權과 權利質權에 준용된다(民 §§343, 355).

[胡 文 赫]

第324條(留置權者의 善管義務)

① 留置權者는 善良한 管理者의 注意로 留置物을 占有하여야 한다.

② 留置權者는 債務者의 承諾없이 留置物의 使用, 貸與 또는 擔保提供을 하지 못한다. 그러나 留置物의 保存에 필요한 使用은 그러하지 아니하다.

③ 留置權者가 前2項의 規定에 違反한 때에는 債務者는 留置權의 消滅을 請求할 수 있다.

차 례

Ⅰ. 概 說

이 條文은 형식적으로는 留置權者의 義務를 규정하고 있지만 내용상 제한된 범위에서의 留置物使用權도 함께 규정하고 있다. 즉 留置權者는 목적물의 占有에 있어서 善管注意義務를 부담하며, 목적물을 함부로 사용할 수 없고 만일에 이에 위반할 때에는 留置權을 잃게 됨을 규정하면서, 반면에 債務者가 승낙한 경우나 보존에 필요한 경우에는 그 留置物을 사용할 수 있도록 하였다. 本條는 舊民 §298와 같은 내용이다.

Ⅱ. 留置權者의 善管注意義務

1. 善管注意義務

(1) 意義와 內容

善良한 管理者의 주의라 함은 거래상 당해 경우에 있어서 평균인에게 일반적으로 요구되는 注意를 말한다. 이는 客觀的·抽象的인 표준에 의하여 정하여지는 것으로, 行爲者의 具體的·主觀的 注意能力에 따른 주의만을 요구하는 '自己財産과 동일한 注意'(民 § 695), '自己의 財産에 관한 행위와 동일한 注意'(民 § 922), '固有財産에 대하는 것과 동일한 注意'(民 § 1022) 등과 대비되고, 이들보다 한층 높은 정도의 주의를 뜻한다. 이 善管注意를 결하는 것을 抽象的 過失이라 하는데, 보통 문제되는 것은 抽象的 輕過失이며, 경감된 注意의 정도를 결하는 것을 具體的 過失이라고 한다.[1] 善管注意의 기준이 되는 客觀的·抽象的 표준은 劃一的인 표준을 뜻하는 것이 아니라, 평균적, 보통의, 정상적인, 합리적인 사람이 각 去來의 범주에서 기울일 수 있는 注意를 말한다.[2] 그러므로 예를 들어, 타인의 自動車에 留置權을 갖고 있는 修理工場 주인이 保存行爲를 하느라고 이 차를 운전하다가 급커브길에서 잘못하여 축대를 받아 自動車를 損壞시킨 경우에, 그가 도로표지판의 의미를 잘 몰랐다든가, 그 당시에 과로상태였다든가, 면허를 취득한지 하루밖에 되지 않았다든가 하는 등의 개별적 사정들은 그의 義務違反 여부를 정하는 데에 고려되지 않는다.[3]

善良한 管理者의 注意를 다하여 物件을 占有하는 것에 보존을 위한 使用도 포함될 것이다. 留置權者가 自動車나 재봉틀을 사용하지 않고 방치하여 녹이 슬고 작동이 잘 되지 않게 한다든가 성능이 저하되게 하는 경우, 또는 승마용 말을 내내 세워놓아서 승마용으로 쓸모없게 만드는 경우 등이 善管義務를 이행하지 않은 경우에 해당할 것이다. 이러한 경우는 保存을 위한 使用이 權利行使이지만 義務履行의 성격도 가진다.

이 注意義務違反이 있으면 債務者에게 손해가 발생하였는지의 여부와 관계없이 債務者는 留置權의 소멸을 청구할 수 있지만(이에 관하여는 後述한다), 債務者에게 손해가 생겼으면 留置權者는 이를 배상해야 한다(民 § 390).

1) 郭潤直, 債總, 47-8.
2) MünchKomm/Hanau, § 276 Rdnr. 78-9.
3) Vgl., a.a.O., Rdnr. 81.

民法에서는 本條 외에도 動産質權者의 質物占有(民 §§ 343, 324), 特定物引渡債務者의 目的物保存(民 § 374), 受任人의 委任事務處理(民 § 681), 後見人의 任務遂行(民 §§ 956, 681) 및 遺言執行者의 任務遂行(民 §§ 1103, 681) 등에 있어서 善管注意義務를 부과한다.

(2) **趣　旨**

留置權者에게 善管注意義務를 부과한 것은 그의 目的物 占有는 어디까지나 債權의 담보를 위한 것이고, 債務者가 辨濟하면 그 물건을 반환할 의무를 부담하므로 그가 더욱 높은 注意를 기울여서 占有할 것을 요구할 필요가 있기 때문이다. 같은 취지에서 動産質權者에게도 이 義務가 인정되는 것이다.

(3) **注意義務의 競合**

이러한 善管注意義務가 自己財産에 대한 것과 동일한 注意義務와 경합하는 수가 있다. 예를 들면, 無償受置人이 任置物의 하자로 인하여 손해를 입으면 任置人에 대하여 그 賠償을 청구할 수 있는데(民 § 697 本文), 이 請求權을 담보하기 위하여 受置人은 留置權을 취득한다. 본래 無償受置人은 任置物을 自己財産과 동일한 注意로 보관할 義務를 부담하는 데 불과하지만(民 § 695), 여기서는 留置權者의 지위도 가지기 때문에 善管注意義務도 부담한다. 이때는 受置人이 受置人으로서 목적물을 점유하는 데에 불과하면 自己財産과 동일한 注意義務를 부담하고, 적극적으로 자기의 利益을 위하여 留置權을 행사하느라고 점유하는 경우에는 善管注意義務를 부담한다고 새겨야 할 것이다.[4]

2. 留置物을 使用하지 않을 義務

(1) **留置物의 使用禁止**

留置權者는 債權擔保를 위하여 목적물을 占有하는 데 불과하므로 원칙적으로, 즉 債務者나 所有者의 承諾없이는 留置物을 使用, 貸與하거나 담보로 제공할 수 없다. 本條에 의하면 承諾할 자는 '債務者'로 되어 있지만 이는 목적물의 所有者가 債務者인 보통의 경우만을 생각하여서 그렇게 규정하였을 것이므로 그에 한하는 것은 아니고 債務者와 所有者가 동일인이 아닌 경우에는 承諾할 수 있는 자는 所有者뿐이라고 새겨야 한다는 데에 異說이 없다. 여기서의 使用은 保存行爲의 범위를 넘어선 使用을 말하며, 貸與는 賃貸借뿐만 아니라 使用貸借도 포함한다.[5] 이 義務를 위반하여 채무자 또는 소유자에게 損害를 발

4) 註釋民法(上), 584.
5) 註釋民法(上), 584; 李英俊, 684-5.

생시켰으면 留置權者는 債務不履行에 기한 損害賠償責任을 지며(民 § 390), 이 경우 損害의 발생 여부와는 관계없이 債務者나 所有者는 유치권의 소멸을 청구할 수 있다(상세한 것은 後述한다).

(2) **義務違反의 效果**

留置權者가 承諾을 얻지 않고 유치물을 使用, 貸與, 擔保提供을 하였을 경우에는 그것이 保存行爲가 아닌 한 그 利得은 유치권의 適法한 행사에 기한 것이 아니므로 不當利得이 된다. 따라서 그 利得을 債務者나 所有者에게 반환하여야 한다.[6] 留置權者가 이 義務에 위반하여 체결한 賃貸借契約이나 擔保設定契約의 효력이 어떻게 되는지가 문제된다.

承諾없는 賃貸借에 관하여 賃借人은 유치물에 대한 使用·收益權을 취득하지 못한다는 견해가 있다.[7] 그러나 賃貸借契約은 債權契約이므로 承諾有無에 관계없이 留置權者는 타인과 이런 契約을 체결할 수 있고 그 契約 자체는 效力이 있다. 그리고 목적물이 사실상 인도되어 賃借人이 借賃을 지급하고 使用·收益하는 경우에는 그 利得이 不當利得이 되지 않는다. 그러나 債務者나 所有者와의 관계에 있어서는 適法한 賃借人이 아니어서 그에게 대항할 수 없으므로 그 契約의 有效性은 契約當事者 사이에서만 인정된다. 그러므로 留置權者에게 지급되는 借賃은 留置權者의 不當利得이 되고, 留置權者는 이를 債務者나 所有者에게 반환하여야 한다고 새기는 것이 타당하다.[8]

承諾없는 擔保設定의 경우는, 留置權者가 유치물에 대한 處分權없이 한 것이므로 擔保設定契約은 무효라고 보는 데에 異說이 없다. 다만 動産質權의 설정을 받은 자는 質權을 善意取得할 수는 있다(民 §§ 343, 249).

3. 留置權의 消滅請求

(1) **趣旨 및 內容**

留置權者가 앞에서 본 두 가지 義務를 위반한 때에는 債務者는 유치권의 消滅을 請求할 수 있다. 留置權者의 이러한 行爲는 債權擔保를 위하여 目的物을 占有하도록 한 留置權 본래의 목적과 배치되는 것이고 이로 인하여 債務者가 받는 위험도 있을 것이므로 구체적으로 損害가 발생하였는가를 묻지 않고

6) 註釋民法(上), 585.
7) 張庚鶴(上), 302.
8) 註釋民法(上), 585.

留置權을 消滅시키는 것을 인정한 것이다.[9] 前述한 바와 같이 留置權者가 보존에 필요한 행위를 하지 않은 경우도 善管注意義務 위배이므로 채무자의 消滅請求가 가능하다고 보아야 한다.[10] 여기서 債務者에는 소유자도 포함되고,[11] 債務者와 所有者가 일치하지 않을 때도 兩者 모두 消滅請求를 할 수 있다고 해석된다.[12]

(2) 消滅請求의 性質

債務者의 소멸청구는 本條가 '請求'라고 하여 請求權의 행사로 오인되기 쉬우나, 그 法的 性質은 形成權의 행사라고 보는 데에 異說이 없다. 따라서 留置權者가 청구에 응하여 留置權을 소멸시키는 것을 기다릴 필요없이 債務者의 一方的 意思表示에 의하여 留置權은 소멸된다.[13] 그러므로 이 請求는 單獨的 物權行爲이다.

(3) 消滅請求의 效果

債務者의 이 행위가 있으면 留置權은 장래에 향하여 消滅한다. 그러므로 그 이전에 한 果實收取의 효과에는 영향이 없다. 목적물이 不動產인 경우 留置權의 消滅은 登記없이 효력이 생긴다. 留置權이 소멸해도 그 자체로부터 目的物返還義務가 留置權者에게 생기지는 않는다. 그러나 그 때까지 留置權에 의하여 저지되고 있던 채무자의 返還請求權이 행사될 수 있으므로 이에 의하여 결국 留置權者는 채무자에게 返還義務를 지게 된다.[14]

Ⅲ. 留置權者의 留置物使用權

1. 承諾에 의한 使用權

留置權者는 채무자나 소유자의 承諾이 있으면 留置物을 使用, 貸與 또는 擔保提供을 할 수 있다. 保存行爲를 위한 使用에는 承諾이 필요없다. 承諾은 事後에 하여도 무방하다. 일단 承諾이 있은 이상 貸與契約이나 擔保設定契約은

9) 李英俊, 690.
10) 郭潤直, 480; 金容漢, 486; 李英俊, 690.
11) 李英俊, 690; 郭潤直, 480과 金容漢, 487은 이를 분명히 밝히지는 않지만 "所有者의 一方的 意思表示에 의하여"라는 표현을 쓰고 있으므로 이를 전제로 한 것으로 보인다.
12) 註釋民法(上), 597은 이를 전제로 하여 民 §327의 消滅請求權者의 경우와 같다고 설명한다.
13) 이러한 의미에서 이 條文의 '消滅을 請求할 수 있다'는 표현은 적절하지 않다.
14) 李英俊, 690-1.

留置權이 소멸하여도 영향을 받지 않는다고 해석된다. 承諾에 의한 使用 등의 경우에는 賃料 상당액이나 借賃을 우선적으로 債權의 변제에 충당할 수 있다는 견해가 있으나,[15] 이는 相計할 수 있는 것으로 새겨야 함은 前述하였다.[16] 擔保設定의 경우에는 擔保權者, 즉 質權者나 抵當權者는 목적물에 관하여 優先權을 취득하고, 果實에 관하여도 留置權者에 우선한다. 일정한 기간을 정하여 承諾한 경우에는 留置權者의 이러한 使用도 그 기간에 한정된다.[17]

2. 保存을 위한 使用權

(1) 趣　旨

留置權者는 채무자나 소유자의 承諾을 얻지 않더라도 목적물을 보존하는 범위 내에서 이를 사용할 수 있다. 留置權者는 원칙적으로 目的物을 사용할 수 없지만 그렇다고 해서 物件의 保存에 필요한 使用까지 금지한다면 留置權者는 留置物을 완전히 보존할 수가 없게 되는데, 이는 善管注意에 의한 保存義務를 위배하게 된다는 모순에 빠지게 된다. 그러므로 이러한 使用權은 善管注意義務를 부담하는 자에게 당연히 인정된다.

(2) 使用權의 法的 性質

이 使用權이 權利인가 아니면 義務인가 하는 점이 문제된다. 이에 대하여 일반적으로 權利와 義務 양면을 모두 가진다고 보는데, 어느 쪽에 비중을 두느냐 하는 점에서는 견해가 갈린다. 權利임을 강조하는 견해에 의하면 民法이 인정한 이러한 예외적인 使用權을 오로지 善管義務의 이행을 위한 것이라고만 하여 善管義務 속에 완전히 해소시키면 이 使用權을 善管義務와 분리하여 별개의 것으로 규정한 民法의 立法趣旨에 반한다고 하고, 그러므로 이 使用權은 善管義務와 간접적인 연관관계가 있을 뿐이라고 한다.[18] 이에 반하여 義務라는 측면을 강조하는 견해는, 이 使用權은 어디까지나 留置權者의 善管義務의 이행으로서 인정되는 것이지 留置權者에게 이득을 얻게 하려는 것이 아니며, 여기서의 保存行爲는 자기를 위하여 하는 것이 아니라 타인을 위하여 하는 것이기 때문에 이는 義務이고, 다만 그 利用이 동시에 留置權者의 이익이 되기 때문에

15) 李英俊, 685.
16) 前述 民 §323(註 9) 및 그 본문 참조.
17) 註釋民法(上), 585.
18) 張庚鶴(上), 295.

'使用權'이라고 부르는 것이라고 한다.[19] 생각건대, 民 §324 Ⅱ에서 "保存에 필요한 使用은 그러하지 아니하다"라고 한 것은 그러한 使用이 債務者나 所有者를 해칠 염려가 없기 때문에 承諾이 필요없다고 한 것이지 독자적으로 적극적인 使用權을 인정한 것이라고는 보기 어려우므로 후자의 見解가 타당하다고 생각된다. 어떻든 이 使用權은 양면성을 지니고 있기 때문에, 保存行爲의 범위를 너그럽게 잡으면 義務履行으로는 볼 수 없는 使用이 이 속에 많이 포함될 것이며, 그 범위를 좁게 잡으면 거의 義務履行에 해당하는 使用만이 이에 포함될 것이다.

(3) **保存에 必要한 使用**

(가) 保存行爲 保存行爲란 그 物件의 가치를 유지하는 行爲를 말한다. 그러나 여기서 말하는 保存行爲가 구체적으로 무엇을 가리키는지는 반드시 분명치는 않다. 구체적인 경우에 따라서 판단하여야 할 것이다.

(a) 예를 들면, 소나 말을 留置하는 경우에, 운동을 시켜 그 가치를 유지할 수 있도록 적당하게 사용할 수 있다. 自動車 같은 기계류도 녹이 슬지 않고 성능을 유지할 수 있도록 적당히 사용할 수 있다. 前述한 바와 같이 이 경우는 오히려 사용하지 않아서 제 價値를 유지하지 못하면 善管義務에 위배되는 수가 많을 것이다.

(b) 建物이나 土地의 賃借人이 그의 費用償還請求權에 관한 留置權을 행사함에 있어서 종전대로 居住나 土地의 使用을 계속할 수 있다는 점에는 異說이 없는데, 문제는 이것이 保存에 필요한 사용인가 하는 점이다. 이 점에 관하여 견해의 대립이 있는데, 多數說은 이것은 保存에 필요한 使用이 아니고 하나의 留置方法이라고 한다. 居住나 使用은 주로 留置權者의 利益을 위한 것이므로 이를 保存行爲라고 할 수가 없다는 것을 논거로 삼는다.[20] 이에 반하여 少數說은 使用이 적어도 보탬이 되는 이상에는 그러한 使用은 모두 保存行爲에 포함될 수 있고, 民法이 자기만을 위한 保存行爲도 여러 곳에서 인정하므로 居住나 土地의 사용을 계속하는 것도 保存行爲라고 한다.[21]

判例는 이를 保存行爲라고 본다. 즉 被告가 占有하고 있는 건물의 당시 所有者에 대하여 有益費償還請求權이 있어 그 建物에 대하여 留置權이 있는데 그 辨濟를 받지 못한 상태에서 所有權이 제3자에게 이전되었고 그 이후 被告

19) 註釋民法(上), 586; 李英俊, 685.
20) 郭潤直, 475; 金容漢, 481-2; 金曾漢, 講義, 340; 張庚鶴, 676.
21) 註釋民法(上), 586-7; 李英俊, 686.

가 다시 그 건물에 必要費와 有益費를 들였는데, 이 建物이 競賣로 인하여 原告에게 競落되어 所有權移轉登記가 경료된 사건에서, 原審이 첫 所有者에 대하여는 被告에게 留置權이 인정되나 所有者가 제3자로 바뀐 이후에는 被告와 그 新所有者 사이에 賃借權의 존속에 관하여 특단의 合意가 없는 한 그 때부터 被告의 占有는 不法占有가 되므로 所有權變動 이후의 費用償還請求權을 위한 留置權은 성립하지 않는다고 하였다. 이에 대하여 大法院은 "피고가 본건 건물이 제3자인 박윤에게 소유권이전등기 경료전의 본건 건물에 관한 유익비의 상환청구권이 있고, 건물의 소유자가 변동된 후에도 위 건물에 대한 유치권이 있다고 함은 원판결이 위 전단에서 확정한 바이고, 그러하다면 피고가 위 건물의 소유자변동 후에 계속하여 점유하는 것은 유치권자인 피고가 유치물에 대한 보존행위로서 점유하는 것이므로 적법행위라 할 것이고 ……"라고 判示하면서 이를 전제로 나중의 費用償還請求權을 위하여도 留置權은 성립한다고 하였다.[22] 그리고 留置權을 가진 被告가 留置物인 건물의 일부인 큰 홀을 약 40일간 타인에게 빌려주어 그 곳에서 영화를 상영하게 하였음을 이유로 原告가 留置權의 消滅을 주장한 사건에 관하여 이러한 정도의 貸與라면 본건 留置物의 보존에 필요한 사용이라고 보지 못할 바 아니라고 判示하였다.[23]

생각건대, 多數說이나 少數說은 모두 留置物의 계속적 使用이 適法한 점유임을 인정하는 점에서는 차이가 없고, 단지 適用法條에서 차이가 날 뿐이므로[24] 논쟁의 실익은 크지 않다. 그러나 少數說은 기본적으로 本條에서의 保存行爲는 타인을 위한 것이라고 하면서 그의 義務性을 강조하는 입장인데,[25] 民法이 자기만을 위한 保存行爲를 여러 곳에서 인정하고 있다는 점을 들어서 이처럼 保存行爲의 범위를 넓히는 것은 논리가 일관되지 못한 감이 있다. 判例의 태도를 보면, 앞의 判決은 占有의 계속이 不法占有인지 여부가 쟁점이지, 그 行爲가 保存行爲인지 아니면 留置의 계속인지가 쟁점이 아니고, 양자 모두 適法한 占有임에는 다름이 없다. 그러므로 "보존행위로서 점유하는 것"이라는 표현에 큰 의미를 부여할 수는 없다. 그러나 적어도 그 占有가 保存行爲라는 견해를 밝힌 것은 틀림이 없다. 뒤의 判決은 그러한 행위까지 保存行爲의 범위에 포함되는지 의문이 가지만, 이러한 貸與行爲는 이를 하지 않았다고 해서 善管義務에 위반된

22) 大判 72. 1. 31, 71다2414(集 20-1, 48).
23) 大判 65. 3. 9, 64다1797(總 2-2(A), 654-1).
24) 多數說에 의하면 民 § 320 가, 少數說에 의하면 民 § 324 Ⅱ 但書가 적용될 것이다.
25) 前述(註 17) 및 그 本文 참조.

다고는 생각되지 않으므로 적어도 判例가 保存行爲의 범위를 폭넓게 잡아서 保存을 위한 使用이 權利가 될 수 있다는 것을 보여준 예라고 할 수 있다.[26] 그러나 이러한 경우도 단순히 留置를 위한 占有의 계속이라고 보면 무난할 것이다.

(나) 保存行爲의 범위를 넘은 경우　　예를 들면, 木造帆船의 留置權者가 賣買契約解除 후에도 종전대로 멀리 항해시킨 경우나,[27] 自動車의 성능을 유지하기 위한 것이라는 구실로 마치 자기의 車인 것처럼 매일 백여킬로미터씩 고속도로를 달리면서 事業에 사용한다든가 하는 경우는 비록 그것이 종전대로의 사용이라 하더라도 危險을 수반하는 것이고 保存의 목적 범위를 크게 넘어선 것이므로 債務者나 所有者의 承諾없이는 불가능하다.

(4) 使用利益의 處理

留置權者가 보존에 필요한 使用에 의하여 얻은 이익을 어떻게 처리할 것인가 하는 점에 관하여 결국 辨濟充當할 수 있다는 점에서 見解가 일치되어 있으나 이는 相計로 처리함이 타당하다는 점은 前述하였다.[28]

判例는 家屋의 占據者가 그 점거중 지출한 費用의 償還을 받기 위하여 留置權을 행사하였을 경우에 그 居住로 인한 실질적 이익은 法律上 原因없이 債務者의 재산으로 인하여 利益을 얻고 이로 인하여 債務者에게 손해를 가하였으므로 그 利益은 償還하여야 한다고 하고,[29] 留置權者가 留置物을 보관하기 위하여 留置建物을 사용하였을 경우는 특별한 사정이 없는 한 賃借料에 상당한 利得을 반환할 義務가 있다고 하고,[30] 家屋의 有益費償還請求權에 기하여 賃借한 가옥에 대하여 留置權을 행사하여 그 가옥을 使用收益을 할 경우에는 賃借人이 그로 인하여 얻은 실질적 이익은 이로 인하여 賃貸人에게 손해를 끼치는 한에 있어서 不當利得이 되어 賃貸人에게 償還할 義務가 있다고 하였다.[31] 이처럼 判例가 辨濟充當으로 처리하지 않고 不當利得으로 보아 返還하여야 한다고 본 것은 相計로 처리할 수 있는 전제를 인정한 것으로서 타당하다고 생각된다.

---

26) 그러므로 바로 이 사례가 少數說의 논리적 혼란을 보여주는 예가 될 것이다.
27) 李英俊, 686.
28) 前述 民 §323(註 9) 및 그 本文 참조.
29) 大判 60. 9. 15, 4292民上553(判例教材, 469).
30) 大判 62. 8. 30, 62다294(要集 民 I-2, 1095).
31) 大判 63. 7. 11, 63다235(集 11-2, 45); 大判 77. 1. 25, 76다2096(要集 民 I-2, 1099)도 같은 취지이다.

Ⅳ. 質權에의 準用

本條는 民 §§343, 355에 의하여 質權에 준용된다. 動産質權에 관하여는 전면적으로 準用되지만, 擔保設定에 관하여는 債務者의 承諾을 얻지 않고도 責任轉質이 가능하다는 점을 유의하여야 한다. 그리고 權利質權에 관하여는 使用과 貸與 부분은 準用될 여지가 없으며, 民 §355에 의하여 역시 責任轉質이 허용된다는 점을 주의하여야 한다.

[胡 文 赫]

第 325 條(留置權者의 償還請求權)

① 留置權者가 留置物에 관하여 必要費를 支出한 때에는 所有者에게 그 償還을 請求할 수 있다.

② 留置權者가 留置物에 관하여 有益費를 支出한 때에는 그 價額의 增加가 現存한 경우에 한하여 所有者의 選擇에 좇아 그 支出한 金額이나 增加額의 償還을 請求할 수 있다. 그러나 法院은 所有者의 請求에 의하여 相當한 償還期間을 許與할 수 있다.

차 례

Ⅰ. 趣旨 및 意義

留置權者의 費用償還請求權은 民 §324에 의하여 留置權者에게 善管義務가

지워져 있고 留置權者가 들인 費用에 관하여 그의 損失로 부당하게 所有者에게 이득을 줄 필요가 없기 때문에 특히 留置權者의 권리로 인정된 것이다.[1] 이미 留置權을 가지고 있는 債權者는 이 費用償還請求權에 의하여 다시 留置物 위에 留置權을 취득하는 셈이다. 이 請求權도 목적물에 관하여 생긴 것이기 때문이다.

이와 비슷한 내용인 占有者의 回復者에 대한 償還請求權이 民 §203에 규정되어 있다. 이 규정은 必要費의 경우 償還請求가 가능하지만 果實을 취득한 善意의 占有者(民 201 § I)는 통상의 필요비를 청구하지 못하는 것으로 하여, 留置權者의 償還請求權과 차이를 두고 있다. 그러므로 留置權에 관하여는 民 §203는 적용되지 않는다. 留置權도 목적물의 占有를 본질적인 요소로 하고 있음에도 民法이 이처럼 달리 規律하는 것은 留置權者가 善管義務를 부담하기 때문이라고 생각된다. 또 民 §626는 賃借人의 賃貸人에 대한 費用償還請求權을 규정하는데, 이와 本條의 관계에 관하여는 후술한다.

本條는 舊民 §299를 이어받은 것이다.

Ⅱ. 請求權의 當事者

1. 權 利 者

償還請求權者는 유치권자에 한한다. 그러므로 留置權消滅 후에 費用을 지출한 경우는 償還請求를 할 수 없다. 그리고 費用을 지출하였더라도 物上保證人과 동일한 사정에 있는 자는 留置權을 갖지 않으므로 費用償還請求權도 없다.[2] 이 留置權者가 歸屬財産에 관하여 管財當局의 승인없이 費用을 들인 경우에도 償還請求를 할 수 없다 함은 기술하였다.[3]

2. 義 務 者

請求의 상대방은 '所有者'라고 本條에 규정되어 있다. 그런데 通說에 의하면 留置物은 반드시 債務者의 所有일 필요가 없으므로[4] 債務者와 所有者가 다

1) 註釋民法(上), 591; 李英俊, 687.
2) 大判 59. 5. 14, 4291民上302(集 7, 99).
3) 前述 民 §320(註 56) 및 그 本文.
4) 前述 民 §320(註 40)의 本文 참조.

른 경우도 생긴다. 여기서 費用償還請求權의 상대방을 규정대로 所有者에 한정할 것인지 본래의 債務者도 이에 포함시킬 것인지가 문제된다. 일반적으로는 이 점에 관하여 별다른 언급이 없이 그냥 「所有者」라고만 하고 있으나,[5] 이를 '債務者 또는 所有者'로 해석하여 債務者에게 求償할 수 있다는 견해가 있다.[6] 제3자의 所有物에 대하여도 留置權은 성립할 수 있으며, 留置權者의 지출에 의하여 종국적으로 이득하는 자는 償還請求 당시의 所有者이지만 債務者도 그에 의하여 이익을 받는다는 것을 이유로 한다. 그러나 이 견해대로 하면 所有者 아닌 債務者가 무슨 이익을 받는지 분명하지 않고, 제3자의 所有物에도 留置權이 성립할 수 있음은 당연하나, 이러한 경우의 제3자는 留置權을 성립시킨 채무부담행위와 아무 관계가 없는 경우이지만, 費用償還請求에서의 所有者는 직접 留置權者의 費用負擔으로 이익을 얻은 자이므로 그러한 의미에서의 제3자로는 보기가 어렵고, 費用償還關係에서는 오히려 債務者가 제3자가 되므로 그것도 근거가 되지 않는다. 뿐만 아니라 필요없이 法律關係만 복잡하게 만들 우려가 있으며, 民法이 留置權에 관하여 債務者 또는 所有者를 의미하다고 해석되는 부분은 모두 「債務者」라는 표현을 쓰는데(民 §§ 322 Ⅱ, 324 Ⅱ, Ⅲ, 327), 유독 本條에서 '所有者'라고 한 것을 보면 債務者는 포함되지 않는다는 것을 뜻한다고 생각된다. 더구나 民 § 324 Ⅱ의 채무자를 '債務者 또는 所有者'라고 새기는 것도 債務者와 所有者가 일치하는 경우는 債務者를 가리키지만 일치하지 않는 경우는 所有者만을 가리키는 것을 의미한다고 해석되는데,[7] 이 見解가 거꾸로 소유자라고 못박아 놓은 것을 직접 이해관계도 없는 債務者까지 포함시키려는 것은 무리이다. 그리고 本條 Ⅱ의 有益費의 경우에 債務者가 타인의 物件에 대하여 償還의 종류를 선택하여 償還하고 뒤에 소유자에게 求償할 수 있다는 것은 부당한 간섭이라고 생각된다.

請求의 상대방을 所有者에 한정하면 留置權者는 費用償還請求權에 기하여도 留置權을 취득하므로 본래의 債務者와 이 請求權의 채무자가 달라지게 된다. 그렇게 되면 留置物의 소유자가 비용을 상환하거나 債務者가 辨濟를 해도 留置權者는 목적물의 반환을 하지 않게 된다. 만일 반환하고 나면 나머지 辨濟되지 않은 債權에 기한 留置權이 소멸되기 때문이다(民 § 328).

---

5) 郭潤直, 480; 金容漢, 486.
6) 註釋民法(上), 592; 李英俊, 688.
7) 民 §§ 322 Ⅱ, 327의 경우는 債務者와 所有者가 모두 이해관계를 가지므로 양자가 모두 관여할 수 있으나 民 § 324 Ⅱ의 경우에 所有者 아닌 債務者는 이해관계가 없다.

Ⅲ. 必要費의 償還請求

留置權者가 유치물에 관하여 必要費를 지출한 때에는 그 償還을 청구할 수 있다. 必要費는 修繕費나 動物의 飼育費 등과 같이 물건의 보존에 필요한 費用과 租稅와 같이 관리에 필요한 費用 등 善良한 管理者의 注意로써 物件을 보관하는 데 불가결한 費用을 말한다.

必要費는 通常費와 臨時費로 나누어진다. 通常費란 건물의 소규모의 수리라든가 租稅의 부담과 같이 일상의 보관에 필요한 費用을 말하며, 臨時費란 풍수해에 의한 가옥의 대수리와 같이 일상의 保管 이외에 지출할 필요가 있는 費用을 말한다. 일반 占有者는 臨時費는 항상 청구할 수 있지만, 占有者가 果實을 수취하였으면 通常費는 청구할 수 없다(民 § 203 I). 그러나 留置權者는 果實을 수취하더라도 이를 債權의 辨濟에 충당할 수 있음에 불과하고 그 所有權을 취득할 수는 없으므로 通常費의 償還도 청구할 수 있다. 그러므로 留置權에서는 이들을 굳이 구별할 필요는 없다.

Ⅳ. 有益費의 償還請求

留置權者가 留置物에 관하여 有益費를 지출한 때에는 그 가액의 증가가 현존한 경우에 한하여 이의 償還을 청구할 수 있는데, 이때 留置權者가 支出한 金額이나 增加額 중에서 하나를 留置物의 所有者가 선택하게 된다. 有益費償還請求權은 유치권의 存續 중에도 행사할 수 있다. 이 점은 占有者가 '占有物을 반환하는 경우'에(民 § 203), 賃借人은 '賃貸借 終了時'에(民 § 626 II) 償還을 청구할 수 있는 것과 다르다.[8]

1. 有益費의 意義

有益費는 留置權者가 善管義務를 이행하기 위하여 반드시 필요한 것은 아니지만 物件의 본질을 변화시키지 않고 利用·改良하기 위하여 지출한 費用을 말한다. 예를 들면, 기계의 기능을 향상시키든가, 建物에 附屬物을 설치하는 데

8) 註釋民法(上), 594; 李英俊, 689.

에 든 費用이 그것이다. 그러나 시계에 도금을 하거나 建物의 외벽에 조각품을 부착하는 것과 같이 물건의 가치와 관계가 없이 들인 費用인 이른바 奢侈費는 여기에 포함되지 않는다.

그리고 留置物에 유익한지의 여부는 留置權者를 기준으로 볼 것이 아니라 所有者를 기준으로 하여야 한다.[9] 判例도 "타인의 임야 내에서 토석을 채취코자 시설을 함으로써 그 시설에 소요되는 금원을 출연한 경우에 그 시설비는 토석을 채취하는 점유자의 사업에는 필요한 비용이라 하겠으나 원소유자가 그 임야를 보존하는 데 필요한 비용은 아니라고 할 것이고 또 그 시설비가 그 임야의 가치를 증가한 유익비라고 할 수도 없으므로 점유자로서는 소유자가 그 임야의 인도를 구함에 있어서 위 시설비의 상환청구를 할 수 없고 따라서 유치권 행사를 할 수 없는 것이다"라고 하여[10] 같은 취지의 判示를 하였다.

2. 價額의 增加

留置權者가 有益費를 지출하였어도 價額의 증가가 현존하지 않은 경우에는 所有權者는 부당이득을 한 것이 없고 留置權者가 임의로 지출한 것에 불과하다. 그러나 價額의 증가가 현존하는 경우에는 所有者가 이득을 얻게 되는데 所有者가 이득을 얻게끔 할 이유가 없으므로 留置權者는 그 이득의 상환을 請求할 수 있다.

3. 所有者의 選擇

民法은 이 경우에 일반 占有者의 경우(民 § 203 II)와 마찬가지로 相對方의 이익도 고려하여 留置權者가 지출한 費用이나 增加額 중 하나를 所有者가 선택하여 償還할 수 있도록 하였다. 이와 관련하여 소유자가 選擇債務를 부담하는지가 문제될 수 있다. 이에 관하여 所有者는 選擇債務를 부담하되, 留置權者로부터 催告를 받고도 選擇權을 행사하지 않으면 民 §381에도 불구하고 선택권이 留置權者에게 이전하지 않으며, 選擇權은 소멸하고 留置權者는 항상 增加額의 償還만을 청구할 수 있다는 견해가 있다. 이 選擇權은 특히 상대방의 이익을 위하여 인정된 것인데, 선택하지 않았다 하여 選擇權이 留置權者에게 이전된다고 하면, 留置權者가 增加額보다 큰 支出費用을 선택할 수 있게 되어 利得償還

9) 李英俊, 688.
10) 大判 57. 10. 21, 4290民上153(要集 民 I-1, 391).

時에 兩者의 조절을 도모하려고 하는 本條의 취지에 반한다는 점을 논거로 한다.[11]

다른 문헌에서는 보통 이 점에 관하여 언급하지 않는데, 이와 같은 취지인 占有者의 有益費償還請求權(民 § 203 Ⅱ)이 法律의 규정으로 발생하는 選擇債權임은 일반적으로 인정되어 있으므로[12] 이 경우도 選擇債權임은 의심의 여기가 없다. 다만 所有者의 選擇債務를 인정하면서도 民 §381의 적용을 배제하려는 것은 타당하지 않다. 소유자에게 選擇權을 준 것은 所有者의 이익을 위한 것임은 틀림이 없지만 그에게 선택의 기회를 부여하는 것으로 충분하며, 催告를 받고 그 選擇權을 행사하지 않은 경우까지 所有者를 보호하려는 취지는 아니라고 생각되기 때문이다.

그리고 이 견해는 留置權者의 支出費用이 항상 增加額보다 크다는 것을 전제로 하는데, 이 전제도 타당하지 않으므로 所有者가 선택하지 않으면 留置權者는 항상 增加額의 상환만을 청구할 수 있다는 이 견해는 타당하다고 볼 수 없다.

4. 償還期間의 許與

有益費의 償還請求에 대하여 法院은 소유자의 청구에 의하여 상당한 기간을 許與할 수 있다. 이는 留置權者가 상대방의 無資力을 이용하여 多額의 有益費를 지출하여 상대방이 償還請求權을 행사할 수 없도록 하는 것을 방지하려는 것이 그 취지라고 한다.[13]

이 기간의 許與는 留置權者를 被告로 하는 형성의 訴로써 청구하는데, 法院은 여러 사정을 참작하여 그 債權에 적당하다고 생각되는 履行期를 정하게 되고 설사 소유자가 기간을 정하여 請求하더라도 그에 구애되지 않으므로 이 訴는 이른바 形式的 形成의 訴가 된다. 法院이 정한 기간이 지나치게 긴 경우에는 留置權者가 上訴로써 다툴 수 있을 것이다.

法院이 기간을 許與하면 留置權者의 償還請求權은 辨濟期에 이르지 않았으므로 이 請求權에 터잡은 留置權은 행사할 수가 없게 된다. 그러나 그 기간이 지나면 다시 留置權을 행사할 수 있음은 물론이다. 이때에는 有益費償還請求權이 法院의 判決에 의하여 確定期限을 갖게 되고 상대방의 期間許與請求權

11) 註釋民法(上), 593-4.
12) 예컨대, 郭潤直, 債總, 83.
13) 註釋民法(上), 594; 李英俊, 689.

이 이미 소멸하였으므로 새로운 留置權行使를 막기 위하여 다시 기간의 許與를 청구할 수 없다.[14]

賃借人이 賃借物에 관하여 有益費를 지출한 때에는 그 增加額은 賃貸人의 부당이득이 되므로 賃貸借가 종료하였을 때에 賃借人은 그 償還을 청구할 수 있다(民 § 626 Ⅱ).

이 경우 賃借人은 留置權者의 지위에서도 費用償還請求權을 행사할 수 있는가라는 문제가 생긴다. 이 점에 관하여는 유치권의 경우에는 債權의 辨濟를 받으면 목적물을 유치할 수 없기 때문에 有益費가 있더라도 바로 費用의 償還을 청구할 수 있도록 한 것에 불과하므로, 賃貸借關係 존속중에는 有益費償還請求權의 履行期는 도래하지 않고, 따라서 留置權도 성립하지 않으며 그 종료시에 비로소 留置權도 성립한다고 새기는 견해가 있다.[15] 그러나 留置權의 경우 債權의 辨濟를 받으면 목적물을 유치할 수 없다는 전제는 정확하지 않다고 생각된다.

留置權者의 주된 債權의 변제가 있더라도 留置權者의 費用償還請求權이 남아 있는 한 유치권은 소멸하지 않으므로 굳이 그와 같이 새길 필요가 없고, 留置權者로서 가지는 費用償還請求權은 바로 행사할 수 있다고 새기는 것이 本條의 의의를 살리는 길이라고 생각된다.

V. 質權에의 準用

本條는 質權에 準用된다(民 §§ 343, 355).

[胡 文 赫]

14) 註釋民法(上), 594; 李英俊, 689.
15) 註釋民法(上), 595.

第326條(被擔保債權의 消滅時效)

留置權의 行使는 債權의 消滅時效의 進行에 影響을 미치지 아니한다.

Ⅰ. 立法趣旨

本條에 의하면 留置權者가 유치물의 占有를 계속하고 있더라도 유치권이 존재하는 債權에 관하여는 消滅時效가 진행하며 債權者, 즉 留置權者가 소멸시효를 중단하려면 民 §168 이하의 방법을 취하여야 한다.

佛蘭西民法에서는 被擔保債權은 質權이 존속하는 한 時效期間은 진행이 중단되는 것으로 되어 債權은 소멸하지 않는다고 해석되고 있으며,[1] 瑞西에서는 不動產擔保가 등기된 채권은 소멸시효에 걸리지 않는다고 하였으나(瑞民 §807) 우리 舊民法은 留置權의 행사와 債權의 청구는 다른 것이므로 物件의 留置는 債權의 행사가 아니라고 보아 兩者를 결합시키면 消滅時效制度의 취지에 반한다는 이유로 물건을 유치하여도 債權의 不行使의 상태는 진행된다고 규정하였다(舊民 §300). 현행 民法은 이와 같은 취지라고 한다.[2]

Ⅱ. 適用範圍

여기서 문제될 수 있는 것은 債務者가 유치물의 使用 등을 承諾한 경우(民 324 § Ⅱ)와 留置物에 관하여 競賣가 개시된 경우에 시효가 중단되는가와, 留置權者가 목적물의 반환을 거부하는 경우에 이를 民 §174의 催告와 같이 볼 수 있겠는가 하는 것이다.

1. 承 諾

앞에서도 말한 바와 같이 留置權行使 자체는 債權의 행사가 아니므로, 債權者가 유치물의 使用이나 賃貸에 관하여 債務者의 承諾을 얻었더라도 이는

1) Ferid-Sonnenberger, FrzZR Bd. 2, Rdnr. 3 D 103.
2) 民法案審議錄(上), 197.

債務의 承認(民§168 iii)이 아니고 단지 유치물의 使用·賃貸 그 자체만에 대한 承諾에 불과하다. 따라서 이는 時效中斷事由가 되지 않는다.[3)]

2. 競賣開始

不動產競賣의 경우에는 경매절차의 開始決定을 하면서 동시에 그 부동산의 押留를 명하여야 하므로(民訴 §§734, 728, 603 I), 이로써 時效中斷의 효과가 생긴다(民§168 ii). 動產競賣의 경우에는 債權者가 그 목적물을 제출하면 競賣가 開始되는데(民訴 §§734, 731), 이때에도 不動產押留와 달리 취급할 이유가 없으므로 마찬가지로 시효가 중단된다고 새겨야 할 것이다.

3. 目的物의 返還拒絶

留置權者가 채무자의 目的物返還請求에 대하여 유치권을 행사하여 이를 거절할 경우에 이를 時效中斷事由인 催告(民§174)와 같이 볼 수 있는가는 문제이나, 返還拒絶 그 자체는 원칙적으로 催告라 볼 수 없다. 이 점에 관하여 民§174의 催告는 그 자체가 독립된 時效中斷事由가 되지 않고 후에 裁判上의 請求 등 더 강력한 中斷方法을 취해야 비로소 중단의 효력이 생기므로 이를 넓게 해석하여 목적물의 返還拒絶도 이에 포함되는 것으로 보자는 見解가 있다.[4)] 그러나 催告를 하더라도 일단 時效中斷의 효력이 생기고 그 뒤 6월 내에 강력한 中斷方法을 취하지 않으면 그 效力이 생기지 않는 것이므로 여기에 留置物返還拒絶까지 포함시키면 本條의 의미가 상실될 우려가 있으므로 이 견해는 타당하지 않다. 그러나 留置權者의 반환거절에 被擔保債權의 존재를 주장하고 그 債權의 請求를 하는 意思가 명백한 경우에는 이를 催告로 볼 수 있을 것이다.[5)]

[胡 文 赫]

---

3) 註釋民法(上), 595.
4) 註釋民法(上), 596.
5) 註釋民法(上), 596은 日最判 昭 38(1963). 10. 30(民集 17, 1252)를 留置權의 抗辯이 催告에 해당되어 時效中斷事由가 된다고 判示하였다고 소개하나, 이 判決의 취지가 '權利主張의 意思가 명백한 경우에는' 이를 인정할 수 있다는 것임을 주의할 필요가 있다.

第327條(他擔保提供과 留置權消滅)

債權者는 相當한 擔保를 提供하고 留置權의 消滅을 請求할 수 있다.

차 례

Ⅰ. 留置權의 消滅事由一般

留置權은 물권이므로 물권의 一般的 消滅事由에 의하여 소멸한다. 즉 목적물의 滅失·土地收用·混同·抛棄 등이 이에 해당한다. 다만 留置權은 시효로 소멸하지는 않는다. 그리고 留置權은 擔保物權이므로 담보물권에 공통되는 消滅事由, 즉 被擔保債權의 소멸로 소멸한다. 留置權에 특수한 消滅事由로는 前述한 채무자의 消滅請求(民 § 324)와 후술하는 목적물의 占有喪失(民 § 328)이 있다.

Ⅱ. 立法趣旨

앞에 열거한 消滅事由 이외에 本條는 다른 담보의 제공을 留置權의 消滅事由로 규정하고 있다. 이는 留置權이 당사자의 約定에 의하여 생기는 것이 아니며, 대체로 被擔保債權보다 유치물의 價額이 훨씬 높기 때문에 債務者에게는 不利益이 매우 크다고 할 수 있다. 그리고 留置權者의 편에서 보더라도 債權額에 상당하는 담보가 留置物에 갈음하여 제공되면 아무런 損失도 입지 않는다. 뿐만 아니라 留置物에 관하여는 債權者, 債務者 모두가 이를 이용할 수 없기 때문에 경제적인 손실도 무시할 수가 없다. 이러한 이유에서 이처럼 다른 擔保의 提供으로 유치권의 소멸을 인정한 것이다.

獨民 § 273 Ⅲ은 擔保提供으로 留置權을 배제할 수 있다고 규정하였고, 瑞民 § 898 Ⅰ도 충분한 담보가 있는 경우에는 留置權者가 換價를 할 수 없다고 규정하고 있다.

本條는 舊民 §301를 이어받은 것이다.

Ⅲ. 留置權消滅請求의 要件

1. 相當한 擔保의 提供

(1) 擔保의 種類

제공될 擔保의 종류에는 제한이 없으므로 抵當權이나 質權의 설정과 같은 物的擔保나 保證과 같은 人的擔保가 모두 포함된다는 데에 異說이 없다. 이는 本條가 人的擔保를 배제하지 않고 있다는 것을 근거로 하는데, 이 점에서 保證人을 세우는 것은 擔保提供이 되지 않는다고 한 獨民 §273 Ⅲ 2文과 달리 해석된다.

(2) 相當한 擔保

제공되는 擔保는 '相當한' 것이어야 한다. 상당한지의 여부는 그 擔保가 債權의 담보로 적절한가, 留置權에 의하였던 擔保力을 저하시키지는 않는가 등에 의하여 결정하여야 하며, 일률적으로 留置物의 價額과 擔保目的物의 價額을 비교하여 결정할 것은 아니다.[1] 그러므로 유치물의 價額이 債權額에 비하여 과다한 경우에는 債權額에 해당하는 價額의 담보이면 되고, 留置物의 價額이 債權額보다 적을 때에는 留置物의 가액에 상응하는 담보이면 될 것이다. 人的擔保를 제공하는 경우에는 保證人은 留置物의 價額에 상당하는 金額을 한도로 하여 債權을 보증하면 될 것이다.[2]

(3) 擔保의 提供

擔保를 제공한다는 것은 擔保物權을 설정하거나 保證契約을 체결하는 것, 즉 현실로 제공하는 것을 말하고, 단순히 擔保物權을 설정하겠다거나 보증인을 세운다고 약속하는 것만으로는 부족하다. 그리고 이러한 것을 請約하는 것으로도 충분하지 않다. 擔保의 제공은 留置權者로 하여금 사실상 債權辨濟의 확보를 얻게 하면 되므로 債務者가 留置權을 소멸시킬 意思를 가지고 할 필요는 없다. 그러므로 사전에 이미 충분한 담보가 제공되어 있는 경우에는 留置權을 소멸시키기 위하여 별도로 담보를 제공할 필요는 없다.[3]

1) 註釋民法(上), 598; 張庚鶴(上), 306.
2) 同旨 註釋民法(上), 598.
3) 同旨 註釋民法(上), 598; 李英俊, 693.

그리고 擔保의 현실적 제공은 반드시 消滅請求를 하기 전에 할 필요는 없다. 예를 들어, 抵當權設定을 끝낸 뒤에 비로소 消滅請求를 할 수 있다고 한다면 債務者에게 지나치게 불리할 것이므로 擔保契約의 請約과 동시에 청구할 수 있다고 새겨야 한다.[4] 결국 提訴하지 않는 경우에는 留置權消滅의 효과는 擔保를 현실적으로 提供하였을 때에 생기며, 訴訟에 있어서는 담보의 현실적 제공은 事實審 辯論終結 이전에 하면 된다고 해석된다.

擔保의 제공에는 留置權者의 承諾이 있어야 한다는 점에 異說이 없다. 만일 留置權者가 부당하게 그 承諾을 하지 않을 경우에는 債務者는 訴로써 그 意思表示를 명하는 判決을 구할 수 있고(民 389 § II), 그 判決이 확정되면 이로써 意思表示에 갈음하게 된다(民訴 § 695).

2. 消滅의 請求

(1) 請求權者

本條는 請求權者를 債務者로 규정하고 있으나, 이에는 所有者도 포함된다고 새기는 데에 異說이 없다. 다만 債務者와 留置物의 所有者가 다를 경우에 所有者만이 請求權者인가 하는 문제가 대두되는데, 民 §324 II의 경우와는 달리 채무자와 소유자 모두가 消滅請求를 할 수 있다고 새기는 것이 타당하다.[5]

(2) 請求權의 法的 性質

留置權의 소멸청구에 留置權者의 承諾이 필요한가에 관하여 見解의 대립이 있다. 多數說은 소멸청구권을 形成權으로 보아 消滅請求 자체는 債務者의 一方的 意思表示로써 충분하다고 보고, 다만 擔保提供에는 유치권자의 承諾이 있어야 하므로 결국 留置權者의 承諾이나 이에 갈음하는 判決이 확정되어야 留置權은 소멸한다고 본다.[6] 少數說은 留置權의 消滅請求에도 債務者의 承諾이 필요하다고 하여 이 請求權은 形成權이 아니라고 한다.[7] 이러한 견해의 대립은 보통의 경우에는 어차피 留置權이 소멸하려면 留置權者의 승낙이 있어야 하므로 결과적으로 차이가 없지만, 留置權 성립 이전부터 이미 다른 담보가 충분히 제공되어 있는 경우에 차이가 생긴다. 多數說에 의하면 消滅請求의 意思表示만으로 留置權은 消滅한다고 보게 될 것이고, 少數說에 의하면 이 경우에

4) 同旨 註釋民法(上), 599.
5) 同旨 註釋民法(上), 597; 張庚鶴(上), 305.
6) 郭潤直, 482; 金曾漢(下), 133; 張庚鶴(上), 307-8; 註釋民法(上), 599.
7) 金容晋, 222-3.

도 留置權者의 承諾이 있어야 한다고 보게 된다. 그러나 다른 擔保가 이미 提供되어 있으면 그로써 留置權者는 충분히 보호되므로 굳이 承諾을 받아야 한다고 할 필요가 없으므로 多數說이 타당하다.

Ⅳ. 消滅請求의 效果

債務者가 留置權者의 承諾을 얻어 다른 담보를 제공하고 留置權의 소멸을 청구하면 留置權은 소멸한다. 消滅時期는 請求한 때임이 원칙이다. 그러나 債務者가 擔保設定의 請約을 한 것에 불과한 때에는 留置權者의 承諾을 얻어 擔保提供을 완료한 때에 소멸한다고 보아야 할 것이다.

留置權消滅의 청구로 留置權은 소멸하지만 留置權者가 가진 同時履行의 抗辯權까지 소멸하는 것은 아니다. 留置權과 同時履行의 抗辯權은 병존할 수 있고, 그 중 하나가 소멸하였다고 하여 다른 하나도 消滅하는 것이 아니기 때문이다.[8)]

[胡 文 赫]

第 328 條(占有喪失과 留置權消滅)

留置權은 占有의 喪失로 인하여 消滅한다.

차 례

Ⅰ. 立法趣旨

占有는 留置權의 성립요건일 뿐만 아니라 存續要件도 되므로 이를 상실하

8) 註釋民法(上), 599.

면 留置權이 소멸함은 당연하다.

舊民法은 같은 내용을 규정하면서(舊民 §302) 但書에 채무자의 承諾을 얻어 賃貸나 入質한 때에는 유치권이 소멸하지 않는다고 하였다. 그러나 現行法의 立法者는 舊法 但書는 종래 學說上 당연한 것으로 인정되어 왔기 때문에 이러한 規定이 없더라도 차이가 없다고 하여 이를 삭제하였다.[1]

Ⅱ. 占有의 喪失

占有喪失의 원인이 무엇인가는 묻지 않는다. 執行節次에서 留置權者가 목적물을 執達官에게 引渡하면 占有를 상실하게 되는가 하는 문제에 관하여 學說 대립이 있으나 이 경우에 留置權者는 間接占有를 가지므로 占有喪失이 아니라고 하는 점은 旣述하였다.[2] 마찬가지로 留置權者가 유치물을 賃貸하거나 담보로 제공한 경우에도 間接占有는 가지므로 占有를 잃는 것이 아니다. 이는 債務者의 承諾의 有無와는 관계가 없다. 承諾이 없어도 占有 자체를 잃는 것이 아니라 債務者가 유치권의 소멸청구를 할 수 있을 뿐이다(民 § 324 Ⅲ).

留置物의 占有가 제 3 자에 의하여 侵奪된 경우에는 점유의 상실이 될 것이다. 그러나 留置權者는 占有物返還請求權을 행사하여(民 § 204 Ⅰ) 占有를 회수할 수 있고 그렇게 되면 占有를 상실하지 않은 것으로 되므로(民 § 192 Ⅱ 但), 留置權도 소멸하지 않았던 것으로 된다.

Ⅲ. 占有喪失의 效果

1. 留置權의 消滅

占有喪失로 인하여 留置權은 당연히 소멸한다. 그러므로 留置權者는 留置權에 기한 返還請求權을 행사할 수가 없다. 다만 前述한 바와 같이 占有侵奪의 경우는 占有物返還請求를 할 수 있다.

---

1) 民法案審議錄(上), 198.
2) 前述 民 § 320(註 61) 및 그 本文 참조.

2. 占有의 再取得

留置權者가 점유를 확정적으로 상실한 경우, 즉 侵奪에 의한 상실이 아닌 경우에는 물론 留置權이 소멸한다. 그러나 그가 목적물의 占有를 뒤에 다시 取得하면 같은 債權에 관하여 다시 留置權을 취득한다고 해석된다.[3]

判例도 物件에 관한 債權을 가진 자가 物件의 占有를 일시 상실하였다가 다시 동일물건을 占有하게 된 경우에는 그 債權을 위하여 留置權을 취득할 수 있다고 한다.[4]

留置權者가 유치물을 任意로 債務者에게 반환한 뒤 다시 그 占有를 취득한 경우에 새로이 留置權을 갖는가는 다음과 같이 경우를 나누어서 보아야 한다.[5] 즉 우선 留置權者가 유치권의 존재를 알면서 반환한 경우에는 留置權의 拋棄라고 해석되므로 留置權이 종국적으로 소멸하고 다시 占有를 취득하여도 留置權을 가지지 않는다. 다만 拋棄를 하는 것이 아니라는 意思를 표시하였으면 다시 留置權을 갖게 된다. 다음으로 留置權者가 유치권의 존재를 알지 못하고 반환한 경우에는 유치권을 拋棄한 것이 아니므로 다시 새로이 留置權을 취득할 수 있다. 다만 이 경우의 留置權成立에 관한 다른 요건들을 갖추어야 한다.

[胡 文 赫]

---

3) 註釋民法(上), 600.
4) 大判 55. 12. 15, 4288民上136(要集 民 I-1, 575).
5) 註釋民法(上), 600.

第8章 質　　權

前　　論

차　례

Ⅰ. 質權의 意義와 特性

質權이라 함은 債權擔保를 위하여 債權者가 債務者 또는 제3자 所有의 일정한 재산을 占有하고 債務의 辨濟가 있을 때까지 이를 留置함으로써 그 변제를 간접적으로 강제함과 아울러 변제기에 債務의 변제가 없을 때에는 그 財産의 換價代金으로부터 우선적으로 債權의 만족을 얻을 수 있는 권리를 말한다.

質權은 留置權·抵當權과 더불어 民法이 규정하는 擔保物權의 하나이나 留置的 權能과 優先辨濟的 權能을 겸유하고 있다는 점에 그 특성이 있다. 質權의 특성을 다른 擔保物權에 대비하여 살펴보면 다음과 같다.

먼저 質權이 留置權과 구별되는 점으로는 ① 留置權은 法律의 규정에 의하여 발생하는 法定擔保物權임에 비하여 質權은 法定質權이라는 예외적인 경우가 있기는 하나 원칙으로 當事者의 意思에 기하여 성립하는 約定擔保物權이라는 점이다. 質權이 金融의 수단으로 이용될 수 있는 것은 바로 이 때문이다. ② 質權은 목적물을 換價한 대금으로부터 債權의 優先辨濟를 받을 권능이 있다는 점에서 法律上 優先辨濟權은 없고 단지 목적물을 留置함으로써 事實上 優先辨濟의 목적을 달하는 留置權과 구분된다.

다음, 質權이 抵當權과 구별되는 점으로는 ① 質權에는 抵當權과는 달리 留置的 效力이 있다는 점이다. 즉 質權은 設定者로부터 목적물의 利用權을 빼앗아 그 占有를 債權者가 보유한다는 점에서 목적물의 占有와 利用權能을 設定者의 手中에 남겨두는 抵當權과 근본적인 차이가 있다. 金融制度로서의 兩者의 기능상의 차이는 바로 이 점에 기인하는 것이다.[1] ② 質權은 그 留置的 效力을 확보하기 위하여 目的物의 引度를 절대적인 요건으로 한다. 따라서 質權은 占有에 의하여 그 존재가 비교적 뚜렷하게 들어나므로 달리 특별한 公示方法을 고안할 필요가 없는 반면, 抵當權에 있어서는 목적물의 占有가 여전히 設定者에게 남겨져 있으므로 外部에서 抵當權의 존재를 인식시킬 수 있는 특별한 公示方法이 있어야 하는데, 그것이 바로 登記制度이다. 그러므로 質權은 占有할 수 있는 것이라면 어느 것이나 目的物로 할 수 있는 데 비하여, 抵當權은 登記나 登錄이 가능한 것에 한하여 그 목적물이 될 수 있다. 이렇게 보면 質權쪽이 그 목적물의 범위가 훨씬 넓을 것 같으나 質權은 留置的 效力이라는 속성 때문에 실제로는 몇몇 動産 또는 財産權만이 목적물이 되는 데 그치고 있고,[2] 오히려 抵當權은 公示方法의 발달에 따라 그 객체의 범위를 점점 넓혀가고 있다.[3] ③ 質權制度는 庶民金融手段으로서의 기능에 중요한 意義가 있으므로[4] 債務者의 보호라는 측면에 制度의 중점을 두고 있으나 抵當權은 투자수단으로서의 기능이 보다 강조되므로 반대로 抵當權者의 지위를 확보함에 力點을 둔다. ④ 質權은 목적물의 引渡가 그 要件이므로 하나의 物件에 관하여 여러개의 質權이 겹치는 경우가 드문데 비하여, 抵當權의 경우에는 같은 物件에 관하여 여러 개가 얼마든지 동시에 成立할 수 있다. 따라서 質權의 경우에는 被擔保債權의 범위를 제한할 필요가 적으나 抵當權의 경우에는 後順位權者의 보호를 위하여 被擔保債權의 범위가 한정된다.

---

1) 後述 V. 참조.
2) 後述 Ⅳ. 2, 3. 참조.
3) 自動車, 船舶, 航空機, 重機 등은 動産에 속하는 것이나, 그에 관한 登記制度가 완비됨에 따라 抵當權이 원칙적인 擔保方法이 되었고, 自動車, 航空機, 船舶 등은 제도적으로 質權의 設定이 금지되기도 하며, 工場財團 등과 같은 企業設備에 관하여는 動産을 포함하는 집합적인 財産 위에 抵當權을 設定하는 방법이 考案되기도 하였다. 民 §331의 Ⅰ. 2. 참조.
4) 後述 Ⅳ. 2. 참조.

Ⅱ. 質權의 種類

1. 適用法規에 의한 分類

(1) 民 事 質

民法의 規定에 의하여 規律되는 質權이며, 本章이 이를 規律하고 있다.

(2) 商 事 質

商行爲에 의하여 생긴 債權을 담보하기 위한 質權으로서, 商 §59의 規定에 의하여 流質契約禁止에 관한 民 §339의 適用이 배제되는 것이 民事質과 다를 뿐이다.

(3) 典當鋪主의 質權

典當鋪主가 典當物에 관하여 가지는 質權이다. 이 質權의 특징은 당연히 流質의 特約이 附加되고, 質物의 가격이 債權額에 미달하더라도 典當鋪主는 그 부족액을 청구하지 못하고, 반대로 이를 초과하더라도 그 剩餘額을 반환할 필요도 없다(典當鋪營業 §§1, 21). 이를 物的 代當責任이라 한다.

2. 目的物에 의한 分類

質權은 그 목적물에 따라 動産質權, 不動産質權, 債權 기타의 權利質權의 세 종류로 분류된다. 우리 民法은 그 중 動産質權과 權利質權만을 규정하고 있고 不動産質權은 인정하지 아니한다.

부동산질권은 抵當權制度가 발달함으로써 그 效用性이 없어졌을 뿐 아니라 목적물의 占有에 의한 收益에 별다른 흥미가 없고 그 활용방법도 잘 알지 못하는 金融業者에게는 오히려 信用을 제공하는 데 장애가 되기 쉬워 이를 폐지하는 것이 오늘날의 立法趨勢이다.[5)]

이러한 立法태도에 관하여 대부분의 學者들은 贊意를 표시하고 있으나[6)] 오늘날 不動産質權, 특히 收益質에 유사한 傳貰制度가 널리 시행되고 있음을 들어 그 妥當性에 의문을 표시하는 見解도 있다.[7)]

---

5) 佛民 §2071 이하는 순수한 收益質로서 不動産質을 認定하고 있었으나 獨逸民法과 瑞西民法은 모두 이를 認定하고 있지 않다.
6) 方順元, 241; 金基善, 339; 金容漢, 224; 崔栻, 322; 李英俊, 698.
7) 郭潤直, 489.

3. 內容에 의한 分類

質權을 收益할 수 있는지 여부에 따라 占有質과 收益質로 나뉘어진다. 占有質은 質權者가 단순히 質物을 占有할 수 있을 뿐이나 收益質은 質權者가 이를 使用·收益할 수 있다. 收益質에는 收益으로 元本의 利子에 충당하는 利質과 元本 자체에 충당하는 鎖却質이 있다. 舊民法의 不動產質은 收益質, 그 중에서도 利質에 해당하는 것이었으나 현행 民法은 占有質만을 규정하고 있다.

4. 成立方法에 의한 分類

法律의 規定에 의하여 당연히 발생하는 것을 法定質權, 當事者 사이의 意思合意에 의하여 성립하는 것을 約定質權이라 한다. 民法은 兩者를 다 인정하고 있으나 어디까지나 約定質權이 원칙이고 法定質權은 예외적인 경우이다.

民法上 法定質權이 認定되는 경우는 土地賃貸人이 賃貸借에 관한 債權에 의하여 賃借地에 부속 또는 그 사용의 편익에 供用한 賃借人 소유의 動產 및 그 토지의 果實을 押留한 때(§648) 및 건물 기타 공작물의 賃貸人이 賃貸借에 관한 債權에 의하여 그 건물 기타 공작물에 부속한 賃借人 소유의 動產을 押留한 때이다. 舊民法은 公益 또는 特殊債權者를 보호하기 위하여 先取特權이라는 法定擔保物權을 인정하고 있었으나 현행 民法은 이를 廢止하면서 특별히 보호할 필요가 있는 債權에 관하여 개별적으로 法定質權을 規定하고 있는 것이다. 法定質權에 관해서도 動產質權의 규정을 원칙으로 準用할 것이나 그 상세한 설명은 각 해당 條文에 미룬다.

Ⅲ. 沿革과 立法例

物的擔保制度는 신탁적인 權利移轉으로부터 占有에 의한 擔保制度, 非占有擔保制度의 순서로 점차 발달하여 왔다. 質權은 이 발전과정 중 中間段階에 해당하는 것으로서 로마法과 게르만法 어느 것에서도 認定되고 있었다.

로마法에 있어서 質(pignus)은 抵當(hypotheca)과 더불어 共和政 末期에 인정되기에 이른 擔保權 중의 하나이나 兩者의 성질은 유사한 것으로서 동일한 원칙에 따르는 것이 많았다. 당초에는 流質契約이 허용되었으나 후에 금지되어 債權者는 목적물의 賣却代金으로부터 우선적으로 辨濟를 받을 수 있을 뿐이었다. 그러나 목적물을 賣却하지 못한 때에는 皇帝의 勅許를 얻어 法院의 評價額으로 채권자가 所有權을 취득할 수 있었다(domini impetratio).[8]

한편 게르만法에 있어서 占有質에 해당하는 최초의 擔保手段은 古質(Ältere Satzung)이다. 먼저 不動產에 대한 古質은 收益質이 원칙적인 형태로서 所有權에 따른 처분권능은 設定者에게 留保하고 그 使用·收益權能만을 移轉하는 형식이었다. 특기할 점은 不動產에 대한 古質의 설정은 반드시 일정한 公的 帳簿에 이를 기재하여야 하는 것으로서 公示의 原則이 게르만法에서 일찍이 싹트고 있었음을 여기에서 볼 수 있다. 動產에 대한 古質은 不動產의 경우와는 달리 停止條件附 所有權移轉의 성질을 가지고 있었다. 즉 債務者는 質權을 설정함과 동시에 사실상 債務를 면하고 자발적으로 債務를 변제하고 質物을 되찾을 權利는 있으나 債務辨濟의 의무는 없으며, 質物은 채무자가 辨濟期에 債務를 履行하지 아니하면 바로 債務者의 소유로 귀속되어버린다. 이때 質物의 價額이 債權額을 초과하더라도 채권자는 초과분을 반환할 필요가 없고, 반면 不足額이 있어도 더 請求할 수 없었다. 이러한 動產質權은 점차 순수한 制限物權으로 변모되어 가서 채무불이행이 있다하여 質物이 자동적으로 債權者의 所有로 귀속되는 것이 아니라 法院에 의한 換價와 精算節次를 거치는 것이 원칙으로 되었다. 이와 같은 古質은 그 후 經濟의 발전에 따라 占有를 수반하지 않는 擔保方法, 이른바 新質(Neuere Satzung)로 발전하게 되는데, 新質은 沿革的으로 抵當權과 직접 연결되는 것이다.

大陸法은 위와 같은 게르만法의 전통이 있음에도 불구하고 中世 이후 로마法을 전면적으로 繼受함으로써 그 擔保制度는 前述한 로마法上의 質과 抵當에 관한 法理에 의해 지배되었으나 近世에 이르러 그 고유의 公示制度가 되살려짐에 따라 점차 公示方法이 없는 動產에 대한 抵當權은 폐지되고 원칙으로 不動產에 관하여만 抵當權이 인정되기에 이르렀다. 公示의 原則을 기초로 하는 近代的 抵當權이 이와 같이 명실공히 독립된 擔保權으로 분화됨으로써 質權 또한 다른 擔保權的 要素가 捨象된 독립한 개념으로 정착되기에 이른 것이다.[9]

質權이 占有에 의한 債權擔保, 다시 말해서 목적물에 대한 占有를 그 요건으로 하는 점은 근대 民法 어느 것이나 다 共通的인 것이나 그 구체적인 내용

8) 玄勝鍾, 로마법原論, 231 이하.
9) 상세한 內容은 柚木, 擔保物權法(法律學全書 19) 75, 140 이하 참조.

과 범위는 立法例에 따라 약간씩의 차이가 있다.

佛蘭西民法은 質權(nantissement)을 動產質權(gage)과 不動產質權(antichrese)으로 구분한다(§2071 이하). 債權 기타의 권리는 法律의 規定에 의한 動產 또는 無體財產으로 취급되기 때문에(佛民 §527 이하) 그에 대한 質權은 動產質權에 포함된다. 또한 不動產質權은 순수한 收益質로서 優先辨濟權은 인정되지 아니한다. 質權契約은 목적물의 引渡를 요건으로 하는 要物契約으로 파악되고 占有改定을 허용하지 않으며 占有의 계속을 요구하고 있다.

獨逸民法의 質權은 動產質權(Pfandrecht an beweglichen Sachen)과 權利質權(Pfandrecht an Rechten)만이 規定되어 있을 뿐 不動產質權은 인정되지 아니한다(§1204 이하). 不動產質權은 抵當權에 의하여 그 立地를 빼앗긴 결과이다. 또 約定質權 외에 法律의 規定에 의하여 성립하는 法定質權(gesetzliches Pfandrecht) 및 押留에 의하여 성립하는 押留質權(Pfandungsphandrecht)도 있다.

瑞西民法은 로마法과 비슷하게 널리 物的擔保를 Pfand라고 부르고 있으나 그 중 不動產擔保權(Grundpfand)는 登記를 요건으로 하고 있어 抵當權으로 보아야 할 것이므로 質權으로는 動產質權(Fahrnispfand)만이 인정되는 셈이다(§891 이하). 다만 이중에는 占有質(Faustpfand)과 債權 기타의 權利에 관한 質權(Pfandrecht an Forderungen und andern Recht)이 있고, Retentionsrecht라는 일종의 法定質權도 포함된다.

日本民法은 佛蘭西民法의 영향아래 質權을 動產質權, 不動產質權, 債權 기타의 權利質權의 3種으로 구분하고 있다(§342 이하). 그 중 不動產質權은 收益質에 해당하는 것이나 佛蘭西民法의 경우와는 달리 優先辨濟權도 있다.

우리 民法은 動產質權과 債權 기타의 權利質權만을 인정할 뿐 不動產質權을 인정하지 아니하고, 또 約定質權 외에 法定質權도 인정하는 점에서 獨逸民法에 가장 近接하다고 보여진다.

Ⅳ. 質權의 社會的 機能과 展望

1. 留置的 效力과 機能的 特性

質權이 當事者의 約定에 의하여 금융의 매개로 이용되고 있는 점은 抵當權 기타의 다른 約定擔保物權과 마찬가지이다. 約定擔保物權 가운데는 순수히

擔保物의 교환가치만을 추출하여 信用授受의 매체로 이용하는 抵當權이 가장 발달되고 合理的인 것이라고 할 수 있다. 그러나 抵當權은 占有를 수반하지 않기 때문에 去來의 안전을 위하여 특수한 公示方法, 즉 登記 또는 登錄制度가 필수적으로 요구된다. 여기에 抵當權이 목적물로 삼을 수 있는 범위에 技術的인 限界가 있다. 民法上 저당권은 登記 가능한 不動産(民 §356) 및 不動産物權(民 §371)만을 객체로 할 수 있고, 그 밖의 財産이라도 自動車, 重機, 船舶, 航空機, 立木, 鑛業權, 漁業權, 特許權 등과 같이 特別法에 의하여 登記·登錄 등의 公示方法이 준비되어 있는 것이라면 그 객체가 될 수 있으나 그러한 公示方法이 마련되지 않은 財産, 특히 대부분의 動産에 관하여는 抵當權이 활동할 수 없다. 占有를 수반하는 質權은 바로 이러한 영역에서 眞價를 발휘하게 된다. 그러나 質權은 擔保目的物의 占有를 設定者로부터 빼앗아 채권자의 占有下에 두는 留置的 效力으로 말미암아 質權의 使用·收益 자체가 불가능하게 되어 그 效用價値를 반감시키므로 經濟的인 면에서 非效率的이라는 弱點을 지니게 되고 이로 인하여 스스로 機能上의 限界에 부딪치기도 한다.

2. 庶民金融手段으로서의 動産質權

動産은 그 기능적인 면에서 보아 生産 또는 營業活動의 用具가 되는 動産과 일상 消費生活의 用具가 되는 動産으로 나눌 수 있다. 前者는 企業이 경제적 활동을 하는 데 필요한 것으로서 企業活動에 필요불가결한 것이므로 그 용도에 따라 계속적으로 이를 이용하지 않으면 아무런 效用價値를 발휘할 수 없다. 이러한 動産은 質權의 목적물로 삼기에 부적당하다. 이를 入質하면 質權의 留置的 作用으로 말미암아 그 利用權能을 상실하게 되고 이는 곧 企業活動의 중단을 뜻하는 것이므로 운영자금이나 생산자금을 구하려는 金融 목적 자체가 무의미하게 되기 때문이다. 따라서 質權은 企業用 동산을 담보로 활용하고자 하는 企業金融의 요구에는 적절히 부응할 수 없다.

일상 消費生活에 쓰이는 動産이라도 衣食住 생활에 없어서는 아니되는 것은 물론 入質할 수가 없을 것이다. 그러나 옆에 없더라도 당장 생활에 지장을 주지 않는 生活用品, 예컨대 金반지·카메라·家電製品 등은 質物로 제공하기에 가장 적절한 것들이다. 이러한 物件은 주로 耐久性消費財에 속하는 것들이고 그 價額도 별로 高額이 아니다. 이를 담보로 信用을 얻으려는 者는 一般消費者가 대종이며, 그 밖에는 뚜렷한 擔保手段을 가지고 있지 못한 사람이 대부분이므로 이를 매개로 한 金融去來는 필연적으로 生活資金을 목적으로 한 庶民金融이 될 수밖에 없다. 이와 같은 債務者는 또한 그 信用度가 확실하지 않기 때문에 讓渡擔保와 같은 占有를 수반하지 않는 擔保方法을 이용하기도 쉽지 않다. 따라서 動産質權은 이 庶民金融의 분야에서 가장 그 眞價가 빛나는 金融手段으로서 독보적인 자리를 차지하는 것이다.

또한 動産質權에 있어 質權者는 質物을 占有하여야 하므로 반드시 이를 보관할 장소를 필요로 한다. 그런데 銀行과 같은 대형 金融機關은 거의 擔保物의 保管設備를 갖추지 않고 있으므로 債權擔保手段으로 動産質權을 선호하지 않을 것임은 명백하다. 더구나 질권자는 質物을 선량한 管理者의 주의로써 보관할 의무가 있고 이에 위반하면 質權設定者로부터 質權消滅請求를 받을 위험도 있으므로(民 §§ 343, 324 Ⅲ) 利益創出에 별다른 도움을 주지 못하는 動産質權에 銀行 등이 별다른 흥미를 가지지 못하는 것은 당연하다. 때문에 오늘날 動産質權은 거의 대부분 少額의 生活資金貸與機關인 典當鋪를 중심으로 이루어지고 있고 여기에 庶民金融의 전형을 볼 수 있다.

3. 留置的 機能의 緩和와 機能의 擴大

流通去來의 확대에 따라 製造業者 또는 商人이 소유하는 상품을 일정한 證券으로 化體하는 방법은 일찍부터 발달되어 왔다. 倉庫證券, 貨物相換證, 船荷證券 등이 그것이다. 이들 證券의 占有는 그가 表象하는 상품 자체의 占有와 동일시되므로 그 商品의 入質도 證券의 交付에 의하여 한다.[10] 이러한 상품은 使用·收益에 뜻이 있는 것이 아니므로 이를 入質하더라도 상품의 處分權能에만 다소 지장을 받을 뿐 使用·收益不能으로 인하여 經濟的 활동의 중단이 초래되는 것은 아니다. 더구나 質權設定에 의하여 商品價額 수준의 信用을 획득할 수 있다면 處分權能의 제한에서 오는 불이익도 극복할 수 있고, 심지어 證券없이도 權利를 행사할 수 있는 경우도 있다(商 § 159). 그러므로 이러한 動産은 같은 動産이라도 質權의 속성인 留置的 效力이 별로 힘을 발휘하지 못하게 된다.

債權 기타의 權利質權에 있어서는 그런 현상이 더욱 뚜렷하다. 예컨대, 가장 흔히 質物로 제공되는 無記名債權과 株式의 경우에, 占有에 의한 使用·收益價値는 없다고 보아도 과언이 아니다. 나아가 無體財産權에 대한 質權과 같

10) 後論 Ⅰ. 2. (4) 참조.

이 占有라는 것이 아무 문제가 되지 않는 경우도 있다. 이러한 財産에 대한 留置的 效力은 결국 優先辨濟를 확보하기 위한 處分權能의 제한이라는 의미밖에는 없는 것이어서 그에 대한 質權은 실질에 있어 抵當權에 가깝다.

證券化된 商品을 담보로 信用을 얻으려는 者는 물론 企業일 것이다. 無記名債權이나 株式을 대량으로 소유하는 者도 대부분 企業이므로 이를 擔保로 이용하려는 者 또한 企業일 것이다. 따라서 質權은 이 분야에서 庶民金融手段의 틀을 벗어나 企業金融의 방법으로 그 기능을 확대시킬 수 있다.

4. 將來의 展望

일반적으로 動産質權이 대규모 信用去來의 수단으로 이용되기 어려우리라는 점은 그 屬性에 비추어 앞으로도 변함이 없을 것이다. 따라서 生産 또는 營業手段이 되는 動産으로 企業資金을 얻고자 하는 者는 讓渡擔保 기타의 變則擔保에 의지하는 수밖에 없을 것이다.

庶民金融手段으로서의 動産質權의 역할은 어떠할 것인가? 오늘날 信用社會의 기반이 점점 정착되어감에 따라 銀行과 같은 金融機關에서도 物的인 擔保없이 信用만으로 貸出을 실시하는 범위를 넓혀가고 있다.[11] 또한 信用카드, 割賦賣買와 같은 새로운 金融技法이 속속 발달하여 담보에 의존하지 않고서도 少額은 물론 다소 高額의 金融까지도 쉽게 해결할 수 있는 길이 열리고 있다. 이러한 趨勢에 비추어 動産質權은 庶民金融의 분야에서도 그 설 땅이 점점 좁아져, 최소한의 社會的 信用조차 확보할 수 없는 者들만이 이용하는 이른바 "貧者들의 信用手段"으로 그 역할이 縮小될 可能性이 많다. 이에 따라 같은 庶民金融이라도 動産質權은 급박한 生活資金을 융통하기 위한 極小額의 金融手段으로만 활용되는 데 그치게 될 공산이 적지 않다.

한편 證券化된 商品이나 株式 또는 債權에 대한 質權은 企業金融으로서 중요한 위치를 차지하고 있고, 그 중요성은 앞으로도 繼續될 것이나, 質權設定의 형식에 있어 讓渡擔保와의 식별이 쉽지 아니한 데에 문제가 있다. 즉 위와 같은 財産에 대하여 質權이나 讓渡擔保를 설정함에 있어서는 어느 것이나 讓渡와 동일한 방식에 의하여야 하는데(民 §346), 이 경우 그 취지가 質權設定을 위

11) 1989년 1월부터 同年 7월까지 國內에서 유통되는 신용카드에 의한 總賣出額 4조4천3백82억원 중 現金서비스액은 55.9%인 2조4천8백4억원에 이르고 있고, 總賣出額에 대한 현금서비스액의 比率은 점점 증가추세를 보이고 있다고 한다. 朝鮮日報 89. 10. 10.자 제7면.

한 것인지 분명하지 않은 경우가 대부분이기 때문이다. 이러한 경우의 취급에 관하여는 다툼이 있기는 하나 學說上으로도 讓渡擔保로 보자는 견해가 유력하고 日本의 실무에서도 讓渡擔保로 處理하는 것이 多數라고 한다.[12] 만일 그러한 관행이 去來實務에까지 정착된다면[13] 證券에 의하여 表象되는 商品이나 無記名債權에 대한 質權 또한 立地가 좁아지게 될 것이다.

그렇다면 결국 質權은 動産은 물론 그에 준하는 法的 取扱을 받는 財産權에 관하여서도 擔保權으로서 효용과 기능을 발휘할 기회는 크게 줄어들 수밖에 없고, 다만 少額의 生活資金融通 또는 記名債權이나 株式과 같은 일정한 無體財産權의 분야에 있어서만 명맥을 유지하게 될 것으로 전망된다.

V. 質權의 法律的 性質

1. 物權으로서의 質權

質權은 優先辨濟權能과 留置的 權能에 의하여 擔保의 목적을 달하기까지 擔保目的物을 직섭 排他的으로 지배힐 수 있다는 점에서 지배권인 物權에 해당한다. 이러한 직접 排他的인 지배권능은 有體物인 動産質權에 있어서는 가시적이지만 債權 기타의 權利質權의 경우에는 다소 관념적이다. 그러나 債權 기타의 權利質權에 있어서도 담보의 목적범위 안에서 優先辨濟權能에 의하여 목적물의 交換價値를 지배하는 점에서는 有體物에 대한 支配와 동일시할 수 있는 것이므로 이 경우에도 物權으로 볼 수 있는 것이다.

2. 質權은 法定質權의 예외가 있지만 원칙으로 當事者의 任意에 의하여 성립되는 約定擔保物權이다.

3. 擔保物權으로서의 權能의 內容

質權은 留置權·抵當權과 더불어 民法이 규정하는 擔保物權의 하나로서 목적물의 交換價値를 구속한다는 점에서 목적물의 使用·收益權能을 본질로

12) 新田宗吉, 金融財政事情研究會刊 擔保法大系 2, 638 이하, 651 및 670; 我妻 외 4 編著, 判例コソメタール Ⅲ 擔保物權法, 191.

13) 이미 銀行實務에서는 讓渡擔保의 쪽이 선호되고 있다고 한다. 堀內仁 編, 銀行手續雙書 4, 債權·讓渡擔保, 145; 石田喜久夫, 口述物權法(1982), 492.

하는 用益物權과 그 성질을 달리한다. 質權은 擔保의 목적을 달하기 위한 수단으로 다른 擔保權과는 달리 목적물을 占有하는 留置的 權能과 그 交換價値로부터 優先辨濟를 받는 權能을 겸유하고 있다.

(1) **留置的 權能**

質權設定者로부터 목적물의 利用權을 빼앗아 그 占有를 債權者가 보유하게 되는 效力을 質權의 留置的 效力이라 한다. 이는 質權設定者에게 심리적인 압박을 주어 간접적으로 債務의 辨濟를 강제하는 효과를 거둠으로써 擔保權으로서의 效能을 배가하자는 데 그 뜻이 있으나, 바로 이 점이 質權의 機能을 확대하는 데 결정적인 장애가 되고 있고, 오히려 이 留置的 效力이 별로 힘을 발휘하지 못하는 분야에서 質權이 보다 확대된 機能을 수행하고 있음을 前述한 바 있다. 留置的 效力의 내용에 관하여는 民 §335 참조.

(2) **優先辨濟權能**

質權者는 목적물을 換價한 代金으로부터 債權의 優先辨濟를 받을 權能이 있다. 이 優先辨濟權能을 보장하기 위하여 質權者에게 競賣請求權이 부여되고 그 賣得金으로부터 우선적인 배당이 보장되는 것으로서 擔保權으로서 質權의 가장 중심적인 權能이라 할 수 있다. 상세한 내용은 民 §§338, 339 참조.

4. 擔保物權으로서의 공통적인 性質

質權은 擔保物權의 하나이므로 당연히 다음과 같은 擔保物權 공통의 性質을 가진다.

(1) **他 物 權**

質權은 타인의 權利 위에 성립하는 權利이다. 自己所有의 財產 위에 質權이 성립하는 것은 混同의 예외로서 認定될 뿐이다.

(2) **附 從 性**

質權의 성립과 존속에는 被擔保債權의 존재를 필요로 한다. 따라서 被擔保債權이 계약의 無效·取消·解除 등의 사유로 처음부터 발생하지 아니하거나 辨濟 등의 사유로 消滅하면 質權 역시 存立의 근거를 잃고 당연히 消滅하는데, 이를 附從性이라 한다. 그러나 約定擔保權인 質權에 있어 이러한 附從性은 반드시 철저하게 지켜지는 것은 아니다. 실제 去來에 있어 현재 존재하는 債權뿐만 아니라 장래 발생할 것이 예견되는 債權에 대하여도 擔保確保手段이 필요한 경우가 얼마든지 있을 수 있고, 質權이 金融의 수단으로 社會的 작용을 다하기 위하여는 이러한 경우에까지 機能을 수행할 수 있어야 하기 때문이다. 따라서 約定擔保物權에 있어서 附從性의 의미는, 權利의 목적이 오로지 債權擔保에 있고 債權發生의 기반이 이미 형성되어 있어 늦어도 擔保權實行의 단계까지는 被擔保債權이 확정될 수 있으면 충분한 것으로 緩和解釋되고 있다. 자세한 내용은 民 §329, Ⅲ.2. 참조.

(3) **隨 伴 性**

質權의 被擔保債權이 다른 債權者로 移轉되면 質權은 그에 따라 함께 이전되고, 被擔保債權이 다른 擔保權의 목적이 되면 質權 역시 같은 담보권에 服하게 되는 性質을 質權의 隨伴性이라 한다. 이에 관하여는 民法의 明文規定은 없으나 附從性의 이론으로부터 당연히 導出되는 성질이기도 하고 當事者의 의사에도 합치한다는 이유로 異說없이 인정되고 있다.

隨伴性은 當事者의 特約으로 排除할 수 있다. 그러한 特約을 할 수 있는 當事者는 이익을 받을 者와 質權設定者이고, 債權讓渡人과 質權設定者가 미리 그러한 特約을 할 수 없다는 見解[14]가 있으나 疑問이다. 그 特約의 當事者는 어디까지나 質權者와 質權設定者이고 다만 善意의 제3자에게는 대항할 수 없다고 해석함이 合理的이라고 본다.[15]

隨伴性으로 인하여 質權이 移轉되는 경우에는 質權의 목적물에 따라 정해진 公示方法이나 對抗要件도 모두 갖추어야 한다. 債權移轉에 따라 質權이 수반되지 않을 때에는 質權은 소멸하게 된다. 物上保證人이 설정한 質權은 그의 同意가 없이는 수반하지 않는다는 유력한 見解가 있다.[16]

(4) **不可分性**

留置權 章에 있는 不可分性(民 §341)에 관한 규정이 質權에도 준용되고 있는데(民 §343), 이에 관하여는 民 §343의 Ⅱ. 참조.

(5) **物上代位性**

이에 관하여는 民 §342 참조.

[梁 承 泰]

14) 林良平, 日注民(8) 232.
15) 民 §449의 類推, 質權의 수반으로 인하여 利益을 받을 者와 質權設定者 사이의 特約에 의한 隨伴性의 排除는 결국 質權의 拋棄와 다를 바 없을 것이다.
16) 郭潤直, 491; 李英俊, 702.

第1節 動産質權

總 說

動産質權은 質權의 原型이라고 할 수 있다. 有價證券이나 無體財産權 등의 새로운 거래방법 또는 新種의 재산이 발달하기까지는 動産은 質權의 목적이 되는 재산가운데 가장 중심적인 존재이었으므로 質權理論 역시 動産質權이 중심이 되었다.

占有質로서의 특징은 動産質權에서 철저히 관철되어 있고(民 §§ 330, 332, 335), 優先辨濟의 권능(民 § 329)과 그 節次(民 § 338)도 動産質權에서 典型을 볼 수 있어 결국 動産質權은 質權 가운데 표본이 되는 것이라 하겠다. 여기서 民法은 質權의 順位(§ 333), 被擔保債權의 범위(§ 334), 轉質(§§ 336, 337), 流質契約의 금지(§ 339), 物上保證人의 求償權(§ 341), 物上代位(§ 342) 기타 質權에 적용될 일반적 규정을 모두 動産質權의 節에 두고 權利質權에서는 이를 準用(§ 355)하도록 하는 體制를 취하고 있다.

한편 證券에 의하여 表象되는 動産의 入質은 성질상 動産質權이라 볼 것이나 證券에 의한 去來는 근본적으로 商法이 規律할 성질이므로 動産質權의 설명에 필요한 범위 안에서 後論에서 간략히 언급하기로 한다.

[梁 承 泰]

第329條(動産質權의 內容)

動産質權者는 債權의 擔保로 債務者 또는 第三者가 提供한 動産을 占有하고 그 動産에 대하여 다른 債權者보다 自己 債權의 優先辨濟을 받을 權利가 있다.

차 례

Ⅰ. 動産質權의 設定

質權은 예외적인 경우(民 §§ 648, 650)를 제외하고는 約定擔保物權이므로 動産質權을 設定함에는 일반 物權에 있어서와 같이 動産質權設定의 契約과 목적물인 動産의 引渡가 있어야 한다. 이를 分說한다.

1. 動産質權設定契約

(1) 契約當事者

㈎ 動産質權設定契約의 당사자는 動産質權을 취득하는 者와 목적물인 動産에 質權을 설정하는 者이다. 前者는 質權者, 後者는 質權設定者이다.

㈏ 質權者는 반드시 債權者이어야 한다. 담보물권에는 附從性이 있으므로 債權과 擔保物權이 그 주체를 달리할 수 없기 때문이다.[1] 債權者 아닌 者를 質權者로 하는 動産質權設定契約은 無效이다.

㈐ 반면 質權設定者는 반드시 債務者가 아니라도 무방하다. 타인의 債務를 담보하기 위하여 자기의 財産에 대하여 質權을 설정하는 者를「物上保證

1) 抵當權에 관한 大判 86. 1. 21, 84다카681(公 771, 373); 大判 63. 3. 14, 62다918(要集民 Ⅰ-1, 595).

人」이라 한다. 物上保證人은 保證人과는 달리 債權者에 대하여 債務를 부담하지는 아니하고, 다만 被擔保債務를 위하여 자기가 제공한 動產 위에 物的인 담보를 負擔할 따름이나 타인의 債務를 위하여 자기의 財產 위에 일정한 負擔을 갖는다는 점에서 保證人과 공통점이 많다.

㈑ 動產質權의 設定은 일종의 처분행위이므로 質權設定者는 반드시 處分權 또는 處分權能을 가져야 한다. 質權設定者는 質物의 所有權者가 대부분이겠으나 所有權이 없더라도 代理權·管理權 등과 같이 處分權能이 있으면 質權을 설정할 수 있다. 動產의 處分權이나 處分權能이 없는 者가 한 質權設定은 원칙적으로 無效라 하겠으나 表見代理 또는 善意取得의 요건을 구비한 경우에는 유효하게 質權을 취득하게 된다.

權原없이 타인의 物件을 自己債務의 質物로써 이용한 者는 質權契約의 내용 여하에 불구하고 債務를 辨濟하거나 기타 方法으로 所有權者의 所有權行使에 방해를 제거하여야 할 法律上의 義務가 있고 이 義務를 不履行한 때에는 그로 인한 손해를 賠償할 책임이 있다.[2)]

(2) 質權設定契約의 性質

物權行爲의 獨自性을 인정하는 見解에 따르면 質權設定契約은 원칙으로 物權契約만을 의미하게 되겠으나 이를 否認하는 見解를 취한다면 質權設定을 約定하는 債權契約과 순수히 質權設定 그 자체만을 목적으로 하는 物權契約이 混在하는 것으로 볼 것인바, 이는 物權行爲에 관한 一般理論에 맡길 문제이다. 또한 質權은 附從性이 있으므로 그 設定契約의 有效 여부는 被擔保債權의 存否에 달려있고, 따라서 質權設定契約은 從된 契約이다.

動產質權設이 要物契約인지 여부에 관하여는 民 §330 및 民 §332 참조.

2. 目的物의 引渡

目的物의 引渡에 관하여는 民 §330 및 民 §332 참조.

Ⅱ. 動產質權의 目的物

動產質權이 目的物로 할 수 있는 物件 및 動產質權의 效力이 미치는 目的

2) 大判 54. 12. 23, 4287民上116(集 1-6, 38).

物의 범위에 관하여는 民 §331 참조.

Ⅲ. 動產質權의 被擔保債權

1. 被擔保債權이 될 수 있는 資格

動產質權의 被擔保債權이 될 수 있는 債權에는 법률상 아무 제한이 없다. 그 발생의 원인을 묻지 아니하며 給付의 종류에도 제한이 없다. 金錢債權이 대부분이겠으나 금전 이외의 물건의 給付나 일정한 行爲를 할 것을 내용으로 하는 債權도 무방하고 심지어 금전으로 환산할 수 없는 債權(民 §373)이라도 被擔保債權이 될 수 있다. 그러한 債權에 관하여도 質權의 留置的 效力에 의하여 債務를 이행하도록 심리적으로 강제할 수 있고, 債務不履行의 경우에는 終局的으로 金錢에 의한 損害賠償債權으로 변하기 때문이다(民 §394).

2. 被擔保債權의 存在

(1) 擔保物權의 성립·존속 및 내용은 被擔保債權의 존립에 附從하는데, 이를 擔保物權의 부종성이라 한다. 이 附從性은 留置權과 같은 法定擔保物權에 있어서는 매우 엄격하여 被擔保債權이 존재하지 아니하는 상태에서 擔保權만이 존재하는 것은 예상할 수 없다. 그러나 質權이나 抵當權과 같은 約定擔保物權의 경우에는 그 사회적 작용이 金融의 매개에 있는 만큼 法定擔保物權에 있어서와 같이 경직되게 附從性의 이론을 적용한다면 장래의 債權을 위한 담보수단을 구하는 거래상의 필요에 부응하지 못하게 되어 그 사회적 기능을 제대로 발휘할 수 없다. 이 때문에 附從性理論의 완화라고 하는 문제가 주로 抵當權을 중심으로 오래 전부터 논의되어 왔다. 抵當權에 있어서는 登記와 관련된 기술적인 문제가 있어 더욱 복잡하기는 하지만 근본적인 쟁점은 質權에 있어서도 동일하다.

普通法 시대의 오랜 論爭을 거친 후에 制定된 獨逸民法은 質權(§1204 Ⅱ)과 抵當權(§1113 Ⅱ)에 관하여 장래의 債權 또는 條件附 債權의 담보를 위하여 質權 또는 抵當權을 설정할 수 있음을 규정하였고, 그 이후의 立法인 瑞西民法 또한 不動產擔保權[3]에 관하여 이를 따르고 있다(§824 Ⅱ).

---

3) 우리 民法의 抵當權에 해당하는 것이다.

(2) 장래의 債權이라 함은 債權의 效力이 확정적으로 생기기 위한 法定要件 중의 일부가 아직 발생하지 않은 債權이나 期限附 또는 條件附의 債權을 말한다. 이에 관하여 民法은 아무 規定도 두고 있지 않지만 위와 같은 債權을 담보하는 것도 유효하다는 점에 學說上 異論이 없다. 民法 스스로가 장래의 債權擔保를 認定하는 規定을 두고 있는 것이[4] 유력한 근거로 내세워진다. 理論的으로는, 擔保物權의 附從性은 擔保權이 債權擔保를 유일한 목적으로 하여 성립한다고 하는 뜻에서 擔保權과 債權의 共同目的性을 가리키는 일종의 目的論的理論에 지나지 않고, 被擔保債權은 반드시 擔保權 성립시에 존재할 필요는 없고, 장차 擔保權을 행사할 때까지만 확정되면 족하다고 새김으로써 충분하므로 그러한 사정이 인정되는 범위에서 附從性을 완화하는 데 아무 장애가 없다고 설명되고 있다. 결국 約定擔保物權에 있어서 附從性의 이론은 被擔保債權이 어떤 원인에 의하여 성립하지 아니하거나 無效로 되는 때에는 擔保權도 성립하지 아니한다는 소극적인 의미를 지니는 데 불과할 정도로 완화되고 있다.

장래의 債權이 條件未成就 또는 期限未到來 등의 사유로 확정되지 아니하는 동안에는 이를 위한 擔保權 역시 條件附 또는 期限附로 성립하는 것인가? 獨逸民法上으로는 債權이 발생하지 않았거나 停止條件이 성취되지 않은 동안에는 所有者土地債務가 있는 데 불과하고 擔保權은 아직 성립하지 아니하며 債權發生 또는 條件成就時에 비로소 보통의 擔保權으로 변한다고 해석되고 있다. 그러나 우리 나라의 通說은 債權이 條件附 또는 期限附인 경우에도 이를 위한 擔保權은 현재 有效하게 성립한다고 해석한다.[5] 따라서 이러한 경우의 動產質權도 債權의 未成立으로 인하여 優先辨濟權能의 행사가 허용되지 않는다는 점을 제외하면 留置的 權能이나 優先順位, 質物保管義務 등 擔保權으로서의 다른 효력은 완전히 발생한다. 質權設定契約과 목적물의 引渡와 같은 成立要件도 모두 구비하여야 하는 것은 물론이다.

(3) 한편 같은 장래의 債權이라도 그 債權이 특정되지 아니하고, 예컨대 當座貸越契約 등과 같은 계속적 去來關係에서 일정한 기간동안 增減變動하며 계속적으로 발생하는 不特定한 債權이 있는데, 이러한 債權을 담보하는 것을 이른바 根擔保라 한다. 이러한 채권은 앞서 말한 將來의 特定債權과 성질상 구분되는 것이기는 하나 종래 장래의 債權을 위한 擔保의 可否는 주로 根擔保의

4) 예컨대, 民 §§26 Ⅱ, 206, 443, 588, 639 Ⅱ, 662 Ⅱ, 918 Ⅱ, 956 등.

5) 郭潤直, 497; 金曾漢, 440; 金基善, 369; 金容晋, 234; 李英俊, 712; 張庚鶴, 707; 崔栻, 332.

문제를 해결하기 위하여 논의되어 왔고, 理論構成도 일괄하여 하는 것이 보통이며, 위 獨逸民法과 瑞西民法의 규정 역시 이 兩者의 債權擔保를 모두 포함하여 허용하는 취지이다. 우리 民法은 抵當權에 관하여 根抵當權을 인정하는 규정을 두고 있을 뿐, 그 밖의 경우에 관하여는 아무런 언급이 없으나 抵當權은 물론 質權에 있어서도 根質이 가능하다 함에 異說이 없다.

다만 根抵當權에 있어서는 登記와의 관계상 그 設定時에 반드시 債權最高額을 확정하여야 하는 데 動産質權에서는 留置的 效力으로 인하여 제3자와의 利害關係가 충돌될 염려가 없을 뿐 아니라, 이를 公示할 방법도 없으므로 그러한 요건을 필요로 하지 아니한다.[6]

(4) 被擔保債權이 契約의 無效·取消·解除 등의 사유로 성립하지 않게 된 때에는 動産質權 역시 성립하지 아니한다. 附從性理論의 완화가 이러한 경우까지 적용되는 것은 아니기 때문이다. 消滅時效가 완성된 債權을 위하여 담보를 설정한 경우에는 時效利益을 포기한 것으로 해석하는 것이 日本의 通說이다.[7]

3. 動産質權의 被擔保債權의 범위에 관하여는 民 §334 참조.

Ⅳ. 動産質權의 效力

1. 留置的 權能

動産質權者는 그의 債權의 전액을 변제받을 때까지 목적물의 占有를 계속하고 그 返還을 거부할 權能이 있다(民 §335 本文). 이 留置的 權能은 기본적으로 留置權에 있어서와 동일한 성질이므로 留置權에 있는 果實受取權(民 §323), 質物保管義務(民 §324), 費用償還請求權(民 §325) 등의 여러 규정들이 動産質權에도 準用되고 있다(民 §343). 그러나 動産質權에 있어서는 留置權과는 달리 優先辨濟權能까지 인정되고 있으므로 留置的 權能도 留置權에 있어서와 같이 강력한 것은 아니다(民 §355 但). 詳細는 民 §335 참조.

---

6) 同旨 郭潤直, 499; 李英俊, 713; 張庚鶴, 707.
7) 日注民(8), 236 참조.

2. 使用・收益權能

動產質權은 占有質에 불과할 뿐 收益質은 아니므로 원칙으로 使用・收益權能은 인정되지 않는다. 다만 예외적으로 目的物의 보존에 필요한 한도 안에서 이를 사용할 수는 있으나(民 §§343, 324 II) 이는 留置的 權能에 부수되는 효력일 뿐 動產質權의 본질적인 효력은 아니다.

3. 優先辨濟權能

動產質權者는 質物로부터 다른 債權者보다 자기 채권의 優先辨濟를 받을 권리가 있는데, 이 權能이야말로 質權의 중심적인 효력이라 할 수 있다. 質權者는 一般債權者가 質物에 대하여 強制執行을 하더라도 그 배당에 참가하여 우선적인 債權滿足을 얻을 수 있다(民訴 §552). 다만 동일한 목적물에 관하여 動產質權이 중복하여 성립할 수 있고, 다른 擔保權과 競合할 수도 있으므로 당해 質權者에 우선하는 質權者 기타의 擔保權者가 있는 때에는 優先辨濟의 권능이 제한을 받게 됨은 물론인데, 그 優先順位에 관하여는 民 §333 참조. 優先辨濟權能의 行使方法에 관하여는 民 §§338, 339 참조.

質權設定者가 파산한 때에는 質權者는 別除權을 가진다(破 §84).

4. 動產質權의 效力은 특별한 약정이 없는 한 主物뿐만 아니라 從物에 대하여도 미친다(民 §100 II). 다만 從物도 主物과 함께 引渡하여야 할 것이다. 果實에 대한 質權의 效力에 관하여는 民 §343 참조. 또한 動產質權의 被擔保債權의 범위에 관하여는 民 §334 참조.

V. 動產質權의 存續期間

舊民法에는 收益質인 不動產質權이 인정되었으므로 다른 종류의 用益權 또는 使用受益權과의 관계에서 存續期間이 중요한 의미를 가지고 있었다(舊民 §360). 그러나 순수히 占有質만을 認定하고 있는 현행 民法上으로는 被擔保債權의 辨濟期 외에 質權 자체의 存續期間은 의미가 없으므로 그에 관해 아무 規定도 두고 있지 않다.

Ⅵ. 動產質權의 處分

1. 動產質權者는 動產質權을 실행하기 전에 당연히 이를 처분할 權限이 있다. 이는 債權을 변제받기 전에 投資資金을 회수할 수 있는 방법이기도 하다. 質權을 실행하여 債權滿足을 얻는 것도 廣義에 있어 質權의 處分이라고 할 수는 있으나 이는 엄격히 말해서 權利內容의 실현에 해당하는 것이고 權利를 타인에게 이전하는 效果를 가져오는 狹義의 處分과는 의미가 다르다.

擔保物權에는 隨伴性이 있으므로 動產質權의 處分은 被擔保債權의 處分에 동반하는 것이 원칙이다. 舊民法은 抵當權에 관하여 제한적이나마 被擔保債權과 분리하여 抵當權을 처분하는 것을 인정하고 있었으므로(民 § 357) 質權에도 이를 類推하여 被擔保債權과 분리하여 質權을 처분할 수 있다는 見解가 가능하였다. 그러나 현행 民法은 抵當權을 被擔保債權과 분리하여 처분하지 못하도록 오히려 隨伴性을 강화하는 규정을 두고 있으므로(民 § 361) 動產質權 역시 被擔保債權과 분리하여 처분할 수는 없게 되었다고 보겠다.

2. 動產質權의 讓渡에는 物權變動에 관한 一般原則에 따라 動產質權讓渡에 관한 物權的 合意와 목적물의 引渡가 있어야 한다(民 § 186). 動產質權讓渡의 物權的 合意는 債權讓渡의 合意와 일체로서 행하여지는 경우가 대부분일 것이다.

有效한 債權讓渡의 合意가 있으면 讓受人은 讓渡人에 대하여 質物의 引渡를 구할 수 있으나 質權讓渡를 債務者에게 대항하기 위하여는 讓渡人의 通知 또는 債務者의 承諾을 필요로 하므로 이러한 요건을 구비하지 못하면 動產質權의 讓渡 역시 債務者에게 대항할 수 없다고 할 것이다. 다만 債權讓渡의 通知 외에 動產質權讓渡의 通知나 承諾까지 요하지는 않는다고 본다.[8)]

3. 債務者는 債權讓渡의 通知를 받은 때까지 생긴 사유로서 債權讓受人에게 대항할 수 있다(民 451 § Ⅱ). 異議를 유보한 承諾을 한 경우에도 마찬가지이다(民 451 § Ⅰ). 그러나 異議를 留保하지 아니하고 承諾을 한 경우에는 讓渡人에게 對抗할 수 있는 사유로서 讓受人에게 대항하지 못하므로 抗辯權 또는 形成權을 행사하거나 辨濟 등의 사유로 債務가 소멸한 때에도 讓受人은 유효하게 債權

8) 同旨 林良平, 日注民(8), 243.

을 취득한다. 그렇다면 이 경우에 그 債權을 被擔保債權으로 한 動產質權의 운명은 어떠한가? 이 점은 抵當權에서 주로 논의가 되는데, 登記에 公信力이 인정되지 아니하는 이상 抵當權은 復活하지 아니하고 영구히 消滅한다는 견해가 多數說이다.[9] 그러나 質權에 있어서는 抵當權과는 달리 그 公示方法인 占有에 公信力이 인정되고 있으므로(民 § 249) 善意取得의 요건을 구비하는 한 위와 같은 경우에 動產質權은 復活한다고 새겨야 할 것으로 본다.

4. 被擔保債權의 일부만을 처분한 경우에는 擔保物權의 不可分性에 비추어 어느 일방만이 動產質權을 보유하는 것이 아니라, 債權額의 비율에 상응하여 債權讓渡人과 讓受人이 動產質權을 準共有한다고 볼 것이다. 이 경우 質物의 占有는 債權讓渡人과 讓受人의 合意에 따를 것이나, 외관상 어느 일방이 혼자 質物을 占有한다 하여도 이는 그가 質權의 準共有者의 1인으로서 하는 直接占有와 다른 準共有者를 위하여 하는 間接占有가 混在하고 있는 共同占有의 형태라고 보아야 할 것이다.

Ⅶ. 動產質權의 侵害에 대한 救濟方法

1. 概　　說

動產質權은 목적물에 대한 留置的 權能과 그 換價代金에 의한 優先辨濟的 權能을 그 要諦로 한다. 동산질권의 留置的 權能은 質權者가 목적물을 占有하고 債務辨濟가 있을 때까지 그 반환을 거부할 수 있는 權能이므로 質權設定者나 제3자가 그 占有를 침해할 때에는 이를 배제할 수 있는 保護手段이 있어야 한다. 이 경우 質權者의 占有權에 기한 占有保護請求權(民 §§ 204-206)에 의하여 保護를 받을 수 있음은 물론이나, 質權 자체에 기한 物權的 請求權까지 행사할 수 있는지가 문제로 된다.

또한 목적물을 滅失·毁損함으로써 交換價値를 소멸 또는 저하시켜 優先辨濟權能을 害하고, 결과적으로 質權의 財產的 價値를 떨어뜨린 때에는 一般損害賠償의 法理에 따라 구제를 받을 수 있을 것인데, 이때에는 그 損害賠償의 기준이 문제로 된다.

9) 金曾漢, 579; 郭潤直, 599; 李英俊, 828; 金容漢, 587, 反對 崔栻, 423.

2. 物權的 請求權의 認定與否

物權的 請求權은 物權의 一般的 效力이라고 설명하는 것이 보통이다. 그런데 民法은 所有權에 기한 物權的 請求權을 규정한 民 §213와 §214를 다른 종류의 物權에는 모두 準用하고 있으면서 유독 質權에 관하여서만은 準用規定을 두고 있지 않다. 여기서 動產質權도 하나의 物權이므로 物權으로서의 屬性인 物權的 請求權을 당연히 행사할 수 있을 것인가, 아니면 質權에 한해서만은 物權的 請求權을 인정하지 않을것인가에 관하여 견해가 엇갈리고 있다.

연혁적으로 보아 質權은 로마法에서도 이미 物權의 효력을 인정받아, 占有를 상실한 質權者는 占有의 訴뿐만 아니라 本權의 訴에 의해서도 質物을 회복할 수 있었다. 근대 民法들도 로마法의 이론을 대체로 본받아서, 獨逸民法은 質權에 관하여도 所有權에 관한 返還請求權을 準用한다는 명시적인 규정을 두고 있고(§1227), 瑞西民法의 경우에도 명문의 규정은 없으나 그와 동일하게 해석하고 있다.

그러나 舊民法은 "動產質權者가 質物의 占有를 침탈당한 때에는 占有回收의 訴에 의하여서만 그 質物을 回復할 수 있다"라고 규정하여(§353) 質權에 기한 質物回復請求權을 명문으로 배제하고 있었다. 따라서 質權者가 質物을 遺失하거나 제3자의 詐術에 의하여 質物을 임의로 引渡한 경우에는 質物의 반환을 구할 방법이 없어 質權은 消滅하고 만다. 이러한 舊民法의 태도에 대하여 학자들은 매우 비판적이었고 되도록 이를 제한적으로 해석하려 하여, 제3자가 아닌 質權設定者 자신이 質物의 占有를 침탈한 경우에는 質權에 기한 物權的 請求權이 인정되고 또 占有侵奪 외의 방법으로 質權者의 占有가 방해되는 때에는 質權에 기한 妨害豫防請求權 또는 妨害除去請求權은 인정된다고 해석하는 것이 通說이었다.[10]

현행 民法에는 舊民法의 위와 같은 규정도 없고 다른 한편 質權에 기한 物權的 請求權을 인정하는 규정도 두지 않고 있는데, 그 해석에 관하여 두 개의 견해가 대립하고 있다. 質權에 기한 物權的 請求權을 부인하는 견해는 動產質權者가 質物의 占有를 상실하면 質權은 消滅하는데, 또 다시 質物의 返還請求權을 인정하는 것은 다른 債權者를 害할 우려가 있고, 動產質權의 目的物이 動產임을 감안하면 妨害豫防이나 妨害除去請求權은 인정하더라도 별로 實益이 없으므로 단지 占有保護請求權을 인정함으로써 權利保護에 충분하다는 것을

10) 현재 日本의 通說이기도 하다. 日注民(8), 302, 246 참조.

그 이유로 내세운다.[11] 반면 物權的 請求權을 인정하는 견해는 物權的 請求權은 物權의 속성이므로 質權이 物權의 하나인 이상 당연히 이를 인정하여야 하고, 만일 質權에 기한 物權的 請求權을 인정하지 아니하면 質權을 지나치게 약화시키는 결과가 되어 부당하다 함을 그 근거로 하면서 현행 民法이 舊民法의 위와 같은 규정을 두지 않은 것은 이러한 취지에서 나온 意圖的인 것이거나 그렇지 않으면 단순한 立法上의 錯誤에 불과하다고 주장하고 있다.[12]

3. 損害賠償請求權

質物을 滅失·毁損하는 것은 財産權인 質權을 침해하는 것이므로 不法行爲의 요건을 충족할 때에는 損害賠償을 구할 수 있음은 물론이다. 그러나 質權은 債權擔保의 목적으로 質物의 交換價値를 지배하는 것이므로 質物이 毁損되더라도 나머지 부분으로 被擔保債權의 擔保目的을 달할 수 있다면 損害의 발생은 없고, 따라서 損害賠償을 구할 수 없다.[13] 같은 이유로, 質權侵害로 인한 損害賠償의 額은 被擔保債權을 한도로 한다.

損害賠償請求를 할 수 있는 시기에 관하여는 다툼이 있다. 質物의 滅失·毁損으로 인한 實損害는 被擔保債權의 不履行으로 인하여 質權이 실행된 결과 質物의 換價金으로 被擔保債權의 완전한 만족을 얻지 못하게 된 때에 비로소 명확하게 되는 것이므로 그 前에는 損害賠償請求를 할 수 없는 것이 아닌가 하는 의문이 있기 때문이다. 通說[14]은 被擔保債權의 辨濟期 전이라도 損害額의 算定이 불가능하지는 아니하므로 不法行爲가 있으면 바로 損害賠償을 청구할 수 있다고 설명하고 있는데, 이 점은 抵當權에 있어서도 공통적인 문제이고 그 부분에서 주로 논의되는 문제이므로 자세한 설명은 抵當權編에 맡기기로 한다.

4. 기타 특별한 救濟方法

(1) 期限의 利益의 喪失

債務者가 담보를 損傷·減少 또는 滅失하게 한 때에는 期限의 利益을 주장하지 못한다(§388 i). 따라서 質權者는 즉시 被擔保債權의 辨濟를 청구할 수 있

---

11) 崔栻, 345; 方順元, 257; 金基善, 434; 金容晋, 247; 玄勝鍾, 281.

12) 金曾漢, 449; 郭潤直, 513; 張庚鶴, 730; 金顯泰, 136; 李根植, 384; 金容漢, 518; 李英俊, 736.

13) 日大判 昭 3(1928). 3. 8(民集 7. 671).

14) 郭潤直, 596; 金曾漢, 514; 崔栻, 416; 張庚鶴, 各論(上), 729; 李英俊, 736.

고 그 辨濟가 없을 때에는 나머지 質物에 대하여 質權을 실행할 수 있다.

(2) **質物補充請求**

質權設定者가 그의 歸責事由로 인하여 質物의 交換價値를 減少시킨 때에는 質權者는 그 原狀回復 또는 質物의 보충을 청구할 수 있는가? 抵當權의 경우에는 民 §362가 이를 명문으로 규정하고 있으나 質權에는 아무 규정이 없다. 立法例로서는 佛蘭西民法이 增擔保의 청구를 인정하고 있고(§2131), 獨逸民法 역시 담보의 復舊請求를 인정하고 있으며, 그 擔保의 일환으로 增擔保의 설정을 요구할 수도 있다. 日本民法은 이에 관하여 아무 規定도 두고 있지 않으나 多數의 학설은 質權者에게 增擔保請求權이 있다고 해석하고 있다.[15] 생각건대, 抵當權에서 抵當權者가 擔保物補充請求權을 행사할 때에는 擔保物의 毁滅로 인한 損害賠償請求나 期限의 利益喪失을 주장할 수 없고, 다만 擔保物補充請求를 하였음에도 불구하고 抵當權設定者가 충분한 擔保提供을 하지 않을 때 비로소 위와 같은 請求를 할 수 있다고 해석되고 있는데, 이러한 法理는 비단 抵當權에 있어서 뿐만 아니라, 擔保物權 전반에 一般化시킬 수 있는 매우 합리적이 해결책인 동시에 利害關係人 누구에게도 不利益을 주지 않는다 할 것이므로 質權에 있어서도 굳이 그 類推適用을 거부할 이유가 없다고 본다.[16]

Ⅷ. 動産質權의 消滅

1. 動産質權은 質權의 拋棄, 목적물의 滅失, 收用 등과 같은 物權一般의 消滅原因, 質權의 실행, 被擔保債權의 소멸 등의 擔保物權에 공통적인 消滅原因에 의해 소멸함은 물론 그외에 質權者가 質物을 質權設定者에게 반환한 때(民 §§342, 324) 등 質權에 특유한 사유에 의해서도 消滅한다.

(1) 被擔保債權이 소멸하면 質權도 소멸하는 것은 附從性의 당연한 결과이다. 留置權에 있어서는 留置權을 행사하는 것만으로는 被擔保債權의 消滅時效의 진행에 영향을 미치지 아니한다는 명문규정이 있고(民 §326), 舊民法은 質權에서 이를 준용하고 있었다(§§350, 300). 현행 民法은 명문으로 이를 準用하고 있지는 아니하나 마찬가지로 새겨야 할 것이다. 質物을 留置하는 것을 곧 債權의

15) 我妻, 擔物, 187 참조.
16) 李英俊, 737.

행사라고 볼 수는 없기 때문이다.[17]

質物의 반환을 구하는 訴訟에서 상대방이 質權의 抗辯을 제출한 경우에는 消滅時效의 中斷을 인정할 것인가? 日本判例[18]는 訴訟上 유치권의 抗辯이 제출된 경우 留置權者는 留置權의 발생·존속의 요건으로서 被擔保債權의 존재를 주장하여야 하고, 法院은 被擔保債權의 存否를 審理判斷하여 이를 긍정하는 때에는 被擔保債權의 이행과 상환으로 목적물을 引渡할 것을 명할 것이기 때문에 이러한 抗辯 중에는 被擔保債權이 이행되어야 할 것이라는 權利主張의 意思表示가 있는 것으로 볼 것이라는 이유로 그 抗辯에 時效中斷의 效力을 인정하고 中斷의 효력은 위 抗辯이 철회되지 않는 한 당해 訴訟係屬 중에 존속한다고 判示하고 있다. 이는 종래 學說上 주장되어 오던 이른바 「裁判上의 催告」[19]라는 개념을 받아 들인 것으로서 위와 같은 訴訟上의 抗辯에 관하여 催告(§174)에 유사한 時效中斷의 효력을 認定한 것인데, 이러한 효과는 質權의 경우에도 마찬가지로 인정할 수 있으리라 본다. 後述하는 바와 같이 質權의 抗辯이 인용될 경우에는 目的物引渡請求가 棄却되는 점에서 同時履行을 명하는(一部抛棄) 留置權의 抗辯보다 오히려 효력이 강력하기 때문이다. 그러나 質權을 이유로 한 質物返還拒否의 意思가 裁判 외에서 표시된 경우에도 동일한 效力을 인정할 수 있을는지는 의문이다.

被擔保債權이 존재하는 한 質權만이 별도로 時效消滅하지는 아니한다. 附從性의 당연한 결과이다.

(2) 質權이 실행되면 質權은 그 목적을 달하고 소멸한다. 質權의 留置的 權能은 당해 質權에 우선하는 債權者에게 대항하지 못하므로(民 § 335 但), 그 우선하는 債權者에 의한 競賣 기타 權利實行의 경우에도 質權은 소멸한다.

抵當權의 경우에는 強制執行이나 後順位抵當權의 실행으로 목적물이 競賣되면 그 不動産 위의 抵當權은 모두 소멸한다(民訴 §§ 608 Ⅱ, 728). 質權의 경우에는 質權者가 押留를 거부할 때에는 執行節次가 개시될 수 없으나(民訴 §§ 528, 731), 質權者가 이를 승낙하여 質物이 競賣된 때에는 抵當權과 같이 다른 質權도 모두 消滅되는지가 문제된다. 이에 관하여는 民 §335의 해설 Ⅱ.2, Ⅲ. 참조.

(3) 質物을 質權設定者에게 返還한 경우와 質權의 消滅請求에 관하여는 각 해당 條文(民 §§ 332, 343, 324 Ⅲ) 참조.

17) 通說이다. 郭潤直, 515; 金曾漢, 451; 金容漢, 521; 李英俊, 738; 張庚鶴, 732.
18) 日最判 昭 38(1963). 10. 30(民集 17-9, 1252).
19) 我妻, 總則, 356 참조.

2. 質權이 소멸하면 그 효과로서 質權者는 質物을 반환하여야 한다.

(1) 質物返還義務는 질권설정계약에 기한 義務이므로 그 반환의 상대방은 언제나 質權設定者이다. 質權設定者가 타인의 소유물을 所有者의 승낙을 받아 入質한 경우에도 마찬가지이다. 다만 質權이 소멸한 때에는 質物의 所有者도 所有權에 기하여 質物의 返還請求를 할 수 있음은 물론이다. 이 두 請求權이 競合하는 때에는 一般法理에 따라 物權的 請求權인 所有權에 기한 返還請求權이 우선한다.[20]

(2) 被擔保債權의 履行義務는 質物의 반환의무보다 先履行關係에 있다. 佛蘭西民法(§2081 I)과 瑞西民法(§889 II)은 이를 명문으로 규정한다. 따라서 被擔保債權의 履行請求에 대하여 債務者는 質物返還과의 同時履行을 주장할 수 없고, 債權이 소멸하기 전에 質權設定者가 質物의 반환을 청구한 때에는 債務의 이행과 상환으로 質物을 반환하라는 償還給付判決을 할 것이 아니라 原告의 청구를 棄却하여야 한다.[21)]

[梁 承 泰]

第 330 條 (設定契約의 要物性)

質權의 設定은 設定者에게 目的物을 引渡함으로써 그 效力이 생긴다.

Ⅰ. 本條의 趣旨

本條는 質權設定을 위하여는 質權의 발생을 목적으로 하는 物權的 合意 외에 목적물의 引渡가 있어야 함을 규정하고 있다. 이 규정의 취지에 관하여는 두 見解가 대립하고 있다. 하나는 本條는 質權設定契約이 意思의 合致 외에 반드시 목적물의 引渡를 요건으로 하는 要物契約임을 규정한 것이라는 見解[1)]이고, 다른 하나는 動產에 관한 物權變動에 物權的 合意와 목적물의 引渡가 있어

20) 同旨 李英俊, 737; 日大判 昭 10(1935). 5. 3(民集 14, 1037).
21) 通說이다. 李英俊, 738; 郭潤直, 515; 金曾漢, 414; 金容漢, 519; 張庚鶴, 730.
1) 張庚鶴, 各論(下), 400; 方順元, 249; 崔栻, 327; 李英俊, 706. 이는 舊民法時代의 通說이었다.

야 함은 民法의 基本原則이니 만큼(民 § 188 I) 質權設定에 物權的 合意 외에 質物의 引渡를 필요로 함은 法理上 당연하므로 이 規定은 별다른 意味가 없다고 새기는 見解[2]이다.

Ⅱ. 引渡의 方法

動産質權을 설정하기 위한 目的物引渡方法은 현실의 引渡는 물론 簡易引渡(民 §§ 196, 188 Ⅱ)나 目的物返還請求權의 讓渡(民 §§ 196, 190)로서도 할 수 있으나 占有改定에 의한 引渡(民 §§ 196, 198)는 제외된다. 이에 관한 詳細는 民 § 332 참조.

質權設定者가 목적물을 間接占有하고 있는 경우에 그 直接占有者가 數人인 때에는 直接占有者 전원에 대하여 目的物返還請求權讓渡의 通知를 하여야 목적물을 引渡한 것으로 된다. 또한 共同占有者의 1인이 목적물에 관한 持分을 入質하는 경우에는 質權設定者는 質權者로 하여금 자기에 대신하여 目的物을 타인과 共同占有할 수 있는 상태에 두어야 한다.

占有의 일부만을 引渡함으로써 質權設定者와 共同占有의 결과가 되는 경우는 어떠한가? 獨民 § 1206의 이른바 共同閉鎖(Mitverschluss)의 경우와 같이 예컨대, 이중잠금장치가 된 金庫의 별개의 열쇠 중 한 개를 質權者에게 引渡하는 경우 또는 제3자가 목적물을 占有하고 있는 경우에 質權者와 質權設定者의 共同請求에 의하여서만 目的物을 返還하도록 通知하는 경우 등은 直接 또는 間接占有의 일부만을 引渡하는 것이 되어 共同占有가 성립한다. 質權設定者로부터 목적물의 占有를 빼앗는 취지가 그에 관한 使用·收益을 못하게 함으로써 質權의 留置的 效力을 확보함에 있다면[3] 위와 같은 共同占有는 실질상 質權設定者의 使用·受益權을 박탈하는 것과 동일시할 수 있으므로 이를 금지할 이유가 없으리라 본다. 그러나 예컨대, 하나의 金庫에 동일한 두 개의 열쇄가 있는 경우 그 중 한 개를 質權者에게 引渡하는 것과 같이 質權設定者가 여전히 目的物의 使用·收益權能을 가지게 되는 경우에는 目的物을 引渡하였다고 볼 수 없다.

[梁 承 泰]

2) 金基善, 362; 金曾漢, 356; 郭潤直, 494. 특히 郭潤直, 494은 이를 "立法錯誤"라 한다.
3) 民 § 332의 해설 I. 참조.

第 331 條 (質權의 目的物)

質權은 讓渡할 수 없는 物件을 目的으로 하지 못한다.

Ⅰ. 動産質權의 目的物

動産質權의 목적물은 물론 動産에 한한다. 質權에는 債務辨濟가 없을 경우에 목적물을 처분하여 그 賣却代金으로부터 債權滿足을 취하는 優先辨濟權能이 있으므로 動産이라 하여도 讓渡할 수 없는 물건은 그 목적이 될 수 없음은 性質上 당연하다.

1. 오늘날 그 성질상 절대적으로 讓渡性이 없는 물건은 매우 드물고 法에 의하여 所持 자체가 금지되는 物件, 즉 僞造通貨(刑 §§ 207, 208) 또는 痲藥(痲藥 §§ 4, 6 등) 등의 禁制品이나 거래가 금지되는 國有文化財(文化財管理 § 54) 등에서 少數의 예를 볼 수 있을 뿐이다.

民事訴訟法 등에 의하여 押留가 금지된다고 하여 곧 質權을 設定할 수 없는 것은 아니다. 예컨대, 勳章(民訴 § 532 I vi) 등과 같이 押留禁止의 이유가 목적물을 讓渡하여서는 아니되는 것이기 때문인 경우에는 이를 質權의 목적으로 할 수 없으나 債務者에게 없지 못할 衣服(同條 I i) 등과 같이 押留禁止의 이유가 단순히 債務者를 보호하는 데 있을 뿐인 경우에는 이를 質權의 목적으로 하여도 상관없다. 債務者의 의사에 기하지 않고 강제로 換價하는 것을 금하는 취지일 뿐 債務者 스스로 이를 처분하는 것까지 금지하는 것은 아니기 때문이다. 特約에 의하여 讓渡를 금지한 물건도 質權의 목적으로 할 수 있다. 그러한 特約은 當事者 사이에만 효력을 가질뿐 물건 자체의 讓渡性을 박탈할 수는 없다.

2. 動産이라도 國家가 정책적으로 質權의 설정을 금하는 물건이 있다. 登記된 船舶(商 §§ 873, 874), 自動車(自抵 § 8), 航空機(航抵 § 8) 등이 그것이다. 이러한 動産은 모두 登記 또는 登錄에 의하여 公示되는 것으로서 그에 관한 權利의 得失變更은 登記 또는 登錄을 하여야만 효력을 발생하므로 占有를 公示方法으로 삼는 質權보다는 抵當權이 더욱 적절한 金融手段이 될 뿐만 아니라 質權을 설정할 경우 그 留置的 效力으로 인하여 生産手段으로서의 機能이 사장됨으로써 社會經

濟的인 손실이 초래되는 것을 방지하기 위한 것이다. 重機에 관하여도 명문의 규정은 없으나 성질상 마찬가지로 새겨야 할 것이다.[1)]

3. 경제의 발달과 함께 새로이 나타난 物的概念 중 集合物이 있다. 즉 多數의 물건이 계속적인 공동목적에 의하여 객관적으로 결합되어 있어 일반 去來觀念上 단일한 것으로 취급되는 것을 集合物이라 한다. 集合物은 주로 企業活動過程에서 형성되는 企業財産의 한 형태이므로 企業金融에 적합치 못한 質權이 개재될 여지는 비교적 적다.

集合物 중에는 工場이나 企業設備와 같은 확정적인 動産의 集合群, 倉庫내의 상품과 같이 流通過程에서 계속적인 入出庫에 의해 數量이 증감하는 등 그 構成部分의 변동이 끊이지 않는 動産의 集合群, 半製品, 原資材와 같이 生産過程에서 그 모습이 변형되는 動産의 集合群 등으로 분류할 수 있다.

工場抵當이나 鑛業財産抵當은 위 確定集合群에 속하는 집합물의 擔保方式으로서 그에 관하여 抵當權이 설정되면 그 구성요소가 되는 動産은 讓渡·處分이 금지되므로 動産質權의 목적이 될 수 없다.[2)] 그 밖의 유형의 集合物도 목적물을 특정하기가 어렵고 占有를 이전하거나 留置的 效力을 확보하기도 곤란하므로 動産質權의 목적으로 하기는 어려울 것이다.[3)] 따라서 이러한 動産에 관하여는 讓渡擔保가 그 주된 擔保方法이 될 것이다.[4)]

Ⅱ. 本條에 違反한 質權設定의 效力

本條에 위반하여 質權을 설정한 경우의 效力은 결국 讓渡를 금지한 法令의 해석에 의하여 결정되어야 할 것이다. 일반적으로 禁制品 등 讓渡性이 전혀

1) 重管 §3 참조, 重機所有權 또는 重機에 관한 權利의 得失變更 및 重機에 관한 押留·假押留 등의 權利執行은 모두 重機登錄原簿에 登錄하여야만 效力이 생기는데(重管 §§3, 4, 重抵 §5 Ⅰ Ⅱ), 質權設定의 경우는 이를 登錄할 방법이 없다.
2) 工抵 §§18, 23, 64, 鑛抵 §5.
3) 反對 李英俊, 711; 方順元, 249. 判例는 甲이 자기 所有의 小麥을 乙에게 보관시키고 入出庫를 계속함으로써 보관된 小麥의 數量은 계속 增減하던 차 丙에 대한 債務辨濟를 확보하기 위한 방법으로 乙은 위 小麥을 甲 이름으로 보관하되 그 중 22킬로그램을 한도로 丙을 위하여 보관하고 債權實行에 필요한 경우에는 丙이 乙로부터 小麥을 引渡받아 債權擔保의 목적을 달하기로 合意한 事案에서 이는 動産質權이 아니라 일종의 無名契約이라고 判示하였다. 大判 62. 4. 26, 1961民上1113(集 10-2, 213).
4) 集合物에 대한 상세한 解說은 石井眞司 외 1編, 特殊擔保, 94 이하 참조.

없거나 航空機 등과 같이 登記나 登錄에 의해 公示되는 物件에 관하여 設定한 質權은 절대적으로 無效라고 보아야 할 것이다. 그러나 法의 취지가 특정한 者에 대한 處分權能을 박탈한데 불과한 경우[5]에는 質權設定契約이 전혀 無效라고 할 수는 없고 善意取得의 法理에 의하여 質權을 取得할 수도 있다고 보아야 할 것이다.[6]

[梁 承 泰]

第 332 條(設定者에 의한 代理占有의 禁止)

質權者는 設定者로 하여금 質物의 占有를 하게 하지 못한다.

I. 立法趣旨

民 §330에서 記述한 바와 같이 質權設定을 위한 質物의 引渡方法으로서 占有改定이 제외되는 이유는 本條가 質權設定者의 質物占有를 금하고 있기 때문이다. 이러한 태도는 獨逸民法(§§ 1205, 1253), 瑞西民法(§§ 384, 885), 佛蘭西民法(§ 2076), 日本民法(§ 345) 등 근대 民法에 공통적인 것이다. 이를 금하는 이유에 관하여는, 占有에 의한 公示原則을 강화함으로써 거래의 안전을 꾀하기 위한 것이라고 설명하는 少數說[1]도 있으나 多數說[2]은, 質權設定者로부터 質物의 使用·收益權能을 박탈함으로써 質權의 留置的 效力을 확보하고자 함이 그 이유라고 해석한다. 한편 第3說로서 質權의 設定方法으로 占有改正을 배제하는 것은 現實的 支配와 占有를 수반하지 않는 한 質權은 없다고 하는 게르만法의 이른바 게베레(gewere)的 觀念의 殘像일 뿐이라고 보는 견해[3]도 있다.

---

5) 예컨대, 工場財團에 속한 動產에 관하여 質權을 設定한 경우.

6) 工抵 § 66 I 은 공장의 所有者가 抵當權의 목적이 된 工場財團을 구성하는 動產을 質權設定의 목적 등으로 제 3 자에게 引渡는 行爲를 刑罰로써 處罰하고 있으나 이는 效力規定은 아니고 團束規定으로 이해되고 있다(津島一雄, 工場抵當・財團抵當の實務, 56, 59) 또한 工抵 § 9 II 참조.

1) 金基善, 413. 이 見解는 質權보다 훨씬 강력한 權利인 所有權의 移轉에도 占有改正을 금하지 않는데, 質權에 관하여만 이를 금지하는 것을 公示의 原則으로는 설명할 수 없다는 점에서 批判이 가해진다.

2) 郭潤直, 495; 張庚鶴, 各論(下), 403; 金曾漢, 434; 李英俊, 707.

3) 林良平, 質權設定と代理占有 判例演習物權法, 192.

어쨌든 讓渡擔保의 有效性이 일반적으로 긍정되고 있는 오늘날에 있어서 占有改定에 의한 質權設定의 금지는 그 의의를 상실하였다 할 것이다.

Ⅱ. 質物의 返還과 動産質權의 效力

動産質權이 일단 성립한 후에 質權者가 質物을 質權設定者에게 반환하면 動産質權은 소멸하는가? 이 문제는 결국 質物의 引渡와 占有가 동산질권의 成立 또는 效力發生要件인가 아니면 그 存續要件인가의 문제와 직결된다. 獨逸民法(§1253 I)과 瑞西民法(§884 II)은 모두 質權設定 후 質物을 반환하면 質權은 消滅하는 것으로 규정하고 있고, 佛蘭西民法(§2076) 역시 引渡 및 占有의 계속을 質權의 成立 및 存續要件으로 하고 있다. 日本民法의 경우는 명문의 규정이 없어 質權消滅說과 對抗力消滅說이 대립하고 있고 判例[4]는 後者를 취하여 質物을 반환하는 경우에도 質權이 消滅하는 것은 아니고, 다만 質權으로써 제3자에게 대항할 수 없을 뿐이라고 한다.

우리 民法 역시 명문의 규정이 없어 日本과 마찬가지로 견해가 대립되어 있으나 多數說[5]은 本條의 주된 취지가 質權設定者의 使用·收益을 박탈하여 質權의 留置的 效力을 확보함에 있는 것이므로 質物을 返還함으로써 質權의 이러한 특질을 깨뜨리는 경우에는 質權은 소멸한다고 해석하고 있다. 이에 대하여 本條는 다만 質權의 效力發生要件을 규정한 것일 뿐이므로 質權設定 후에 質權者가 質物의 점유를 잃더라도 質權은 소멸하지 않고, 다만 제3자에게 대항할 수 없을 뿐이라고 하는 少數說[6]이 있다. 少數說은, 당사자 사이에는 效力이 있으나 제3자에게 대항할 수 없는 物權을 인정하는 것은 우리 物權法體系에 맞지 않는다는 데 弱點이 있다.

[梁 承 泰]

4) 日大判 大 5(1916). 12. 25(民錄 22, 2509).
5) 張庚鶴, 各論(下), 407; 崔栻, 329; 金曾漢, 435; 郭潤直, 496; 李英俊, 709.
6) 金基善, 414; 方順元, 256.

第 333 條 (動產質權의 順位)

數個의 債權을 擔保하기 위하여 同一한 動產에 數個의 質權을 設定한 때에는 그 順位는 設定의 先後에 의한다.

1. 本條는 동일한 動產 위에 數個의 質權이 설정되어 있는 경우 상호 效力關係에 관한 규정이다. 數個의 債權을 담보하는 경우라도 동일한 動產 위에 한 개의 質權이 설정되는 경우에는 本條가 적용될 여지가 없다. 動產質權은 質物의 引渡 및 占有의 계속을 그 성립 및 존속의 요건으로 하는 것이므로[1] 동일한 動產 위에 質權이 중첩하여 설정되는 경우가 매우 드물기는 하지만 그 占有는 間接占有라도 무방하므로 중첩적인 質權設定이 반드시 불가능한 것은 아니다. 예컨대, 債務者 甲이 乙에 대한 債務擔保를 위하여 어떤 動產에 관하여 質權을 설정한 다음 丙에 대한 債務擔保를 위하여 目的物返還請求權을 양도하는 방법으로 동일한 動產에 관하여 다시 質權을 설정하는 경우가 그것이다.

2. 여기서 順位라고 하는 것은 優先辨濟權能에 있어서 質權 상호간의 優劣關係를 의미한다. 즉 質物의 價額이 數個의 質權에 의하여 擔保되는 債權全額을 만족시키지 못하는 경우에 어느 債權의 辨濟에 먼저 충당할 것이냐의 문제인 것이다. 質權의 순위는 質權의 내용 중의 하나이기는 하나 質權과 質權間의 상대적인 관계를 정하는 것이므로 固有的이고 本質的인 내용에 속하는 것은 아니다. 따라서 質權者와 質權設定者와의 관계에서나 제3자에 대하여 物權的 請求權 등과 같은 고유의 權利를 행사하는 데 있어서 質權의 順位가 문제되는 일은 없다.

3. 質權의 순위는 그 設定의 순위에 의한다고 함은 質權設定의 시간적 순서에 따라서 그 순위를 결정한다는 뜻이다. 다시 말해서 먼저 설정된 質權이 나중에 설정된 質權에 우선한다는 것이다. 質權은 質權設定에 관한 物權的 合意와 목적물의 引渡에 의하여 성립하므로 그러한 요건을 먼저 갖춘 質權이 優先順位를 차지하게 되는 것이다. 停止條件附 기타 장래의 債權을 위한 質權의 경우에도 通說에 의하면 條件成就前 또는 債權發生前에도 質權은 이미 성립하

---

1) 民 § 330 의 해설 Ⅱ. 참조.

는 것이므로[2] 그 成立時를 기준으로 순위를 따져야 한다. 두 개 이상의 質權이 동시에 성립한 때[3]에는 각 質權은 어느 것이나 優先順位를 차지할 수 없으므로 결국 同順位에 서게 될 것이다.[4]

質權에 있어서도 順位昇進의 원칙이 적용되므로 先順位의 質權이 소멸하면 後順位에 있는 質權의 순위가 당연히 올라간다.

4. 質權의 순위는 양도하거나 포기할 수 있다. 그러나 質權의 순위는 質權의 속성에 해당하는 것이고, 當事者의 의사에 의하여 物權 내용의 변경을 가져 올 수는 없으므로 순위의 讓渡 및 拋棄는 다만 당사자 사이에 債權的인 효력이 있을 뿐이다.

順位의 讓渡는 讓渡人과 讓受人간의 契約에 의하고 債務者·設定者 또는 다른 質權者의 승낙을 요하지 아니하며, 讓受人은 讓渡人의 債權額 범위 안에서 先順位를 취득하게 될 뿐이다. 따라서 讓渡人의 債權額이 讓受人의 채권액보다 적을 때에는 그 差額에 관하여는 讓受人은 優先順位를 취득하지 못하는데, 이 경우 그 차액에 해당하는 讓受人의 채권과 讓渡人의 債權은 同順位로 된다.[5]

順位의 拋棄는 優先辨濟를 받을 권리를 포기하는 것이다. 다른 質權者 전원에 대한 순위의 포기는 質權設定者에 대한 意思表示로써 한다. 이때에는 다른 質權者의 順位는 하나씩 昇進하고 拋棄者의 순위는 가장 마지막이 된다.

한편 특정한 質權者를 위한 順位의 拋棄도 있을 수 있는데, 이 拋棄는 拋棄의 利益을 받을 자에 대한 意思表示로써 한다. 이때에는 拋棄의 이익을 받는 者는 우선 자기의 순위에 따라 配當을 받은 다음 부족분에 관하여 拋棄者의 取得分 위에 拋棄者의 채권과 평등하게 按分比例로 변제를 받을 수 있다.

[梁 承 泰]

---

2) 民 §329의 해설 Ⅲ. (3) 참조.
3) 目的物返還請求權讓渡의 방법으로 質物을 引渡하는 경우에는 두 개 이상의 質權이 同時에 成立할 수도 있다.
4) 同旨 李英俊, 722; 石田喜久夫, 日注民(8), 308.
5) 林良平, 日注民(8), 245.

第 334 條 (被擔保債權의 範圍)

質權은 元本, 利子, 違約金, 質權實行의 費用, 質物保存의 費用 및 債務不履行 또는 質物의 瑕疵로 인한 損害賠償의 債權을 擔保한다. 그러나 다른 約定이 있는 때에는 그 約定에 의한다.

1. 質權으로 담보되는 債權의 범위는 당사자의 約定에 의해 정해진다. 動産質權은 約定擔保物權이기 때문이다. 그러나 質權設定에 있어서 當事者는 개괄적으로 元本債務와 利子를 정할 뿐 구체적인 被擔保債權의 범위를 따로 약정하지 않는 것이 보통이다. 本條는 이러한 경우에 被擔保債權의 범위를 정하고 있다. 따라서 이 범위는 當事者의 約定으로 변경할 수 있다.

本條가 규정하는 被擔保債權의 범위는 抵當權의 경우(民 § 360 참조)에 비하여 상당히 넓다. 質物이 質權者의 占有下에 있기 때문에 동일한 목적물 위에 質權이 競合하는 경우가 드물어 다소 광범위하게 被擔保債權을 認定하여도 제3자를 해할 우려가 없기 때문이다.

2. 利子는 約定利子와 法定利子를 가리지 않는다. 利子의 범위에는 제한이 없으나 利子制限法의 제한을 초과하는 利子는 被擔保債權이 될 수 없다.

違約金은 違約罰과 損害賠償의 예정을 모두 포함한다. 兩者 모두 債權의 목적인 給付內容과 동일성을 가지는 것이기 때문이다.

質權實行의 비용은 質物評價費用(民 § 338)이나 債權의 推尋費用(民 § 353) 등 質權의 실행에 소요된 일체의 비용을 말한다. 다만 직접적인 競賣費用은 이에 해당하지 아니한다. 그 비용은 執行費用으로서 競賣賣得金 중에서 바로 공제되기 때문이다(民訴 § 513 I).

그러나 競賣節次가 종료되기 전에 債務者가 任意辨濟하여 競賣가 취소되는 경우와 같이 質權者의 과실없이 競賣節次가 취소되는 때에는 취소되기까지의 競賣費用도 質權實行의 비용에 포함된다. 物質保存의 비용은 質物의 修繕費와 같이 그 멸실·훼손 또는 감소를 막는 데 소요된 비용이다. 質權者가 質物에 관하여 지출한 必要費와 有益費의 상환을 구할 수 있으나(民 §§ 343, 325) 그 중 質物의 보존을 위하여 지출한 비용만이 被擔保債權으로 된다.

債務不履行으로 인한 損害賠償債權은 원래의 給付의 변형이므로 被擔保債權으로 되는 것은 당연하다. 質物의 瑕疵로 인한 損害賠償債權은 예컨대, 引火性이 강한 質物이 安全裝置의 미비로 인하여 폭발하거나 質物인 家畜이 보유하는 傳染病으로 인하여 質權者의 다른 가축을 感染시키는 등으로 質權者가 입은 損害 등을 말한다. 다만 그 瑕疵를 質權者가 이미 알고 있은 경우에는 本條의 適用은 없다고 보아야 할 것이다.[1)]

3. 前述한 바와 같이 本條는 任意規定으로서 당사자의 특약으로 그 범위를 달리 정할 수 있다. 이 특약의 당사자는 債權者와 債務者인가 아니면 債權者와 質權設定者인가? 被擔保債權의 범위는 결국 質權의 效力 범위에 관한 문제로서 그에 관한 특약을 質權設定契約의 延長線에 있는 것으로 볼 것이므로 債權者와 質權設定者가 당사자가 되어야 할 것으로 본다.

當事者의 특약으로 本條의 범위를 초과하여 被擔保債權의 범위를 정할 수 있는가? 이에 대하여는 제3자의 보호를 위하여 本條를 被擔保債權의 상한을 정하는 규정으로 보고 그 범위를 넘는 특약은 당사자 사이에만 효력이 있을 뿐 제3자에게 대항할 수 없다는 견해[2)]가 유력하나 質權의 留置的 效力으로 인하여 제3자의 利害關係가 교차할 경우가 드물 것임에 비추어 그러한 해석은 다소 의문이다.

質權이 설정된 후에 被擔保債權의 범위를 확대시키는 특약은 유효하나 동일한 質物에 관하여 다른 質權이 설정되어 있는 그 質權者의 동의가 있어야만 대항할 수 있다. 따라서 그 者의 동의가 없으면 그 확대된 부분의 被擔保債權에 관하여는 가장 마지막 順位의 質權이 성립되는 것으로 된다. 이에 반하여 被擔保債權의 범위를 축소시키는 特約은 다른 質權者의 同意가 없어도 效力이 있다.

[梁 承 泰]

---

1) 同旨 李英俊, 718. 舊民 § 346 는「숨은 瑕疵」라고 이 뜻을 明文으로 표현하고 있었다.
2) 石田喜久夫, 日注民(8), 262.

第335條(留置的 效力)

質權者는 前條의 債權을 辨濟받을 때까지 質物을 留置할 수 있다. 그러나 自己보다 優先權이 있는 債權者에게 對抗하지 못한다.

I. 本條의 意義

質權의 留置的 權能은 이미 民 §329가 "動産質權者는 ……動産을 占有"할 권리가 있다고 규정함으로써 優先辨濟權能과 더불어 質權의 기본적인 내용임을 명시하고 있다. 本條는 이 留置的 權能의 구체적인 내용과 범위를 규정하고 있다.

留置的 權能과 優先辨濟의 權能은 다같이 質權에 있어서 불가결한 요소이기는 하나 相互間의 비중에 관하여는 異見이 있다. 하나는, 質權의 핵심기능은 어디까지나 優先辨濟權能에 있고 留置的 效力은 이를 촉진시키기 위한 補助的인 기능으로 파악하는 견해이고, 다른 하나는, 留置的 權能과 優先辨濟權能을 等價的인 관계에 있는 質權의 本質的 要素라고 보는 見解이다. 前者의 견해에 의하여 質權者가 留置的 權能을 상실하더라도 곧 質權이 소멸되지는 않는다고 한다. 그러나 後者의 견해를 취하면 留置的 權能을 스스로 포기하면 質權의 기본적 요소가 흠결되어 質權이 소멸하게 된다.[1] 우리 나라의 多數說은 後者의 견해에 서서 質物을 質權設定者에게 반환하면 動産質權이 소멸하는 것으로 解釋하고 있음은 前述한 바 있다.[2] 다만 讓渡擔保의 출현 등으로 인하여 質權의 留置的 작용이 점점 그 빛을 잃어 감에 따라 質權의 理論도 점점 優先辨濟權 중심으로 옮아가고 있음을 부인할 수 없다.

II. 留置的 效力의 內容

1. 質權의 留置的 效力의 내용은 원칙으로 留置權에 있어서와 동일하다. 즉 動産質權者는 質權에 기하여 質物을 계속 占有하고 被擔保債務의 辨濟가

1) 近藤, "動産質權の設定・管理上の問題點", 加藤 外 5 編著, 擔保法大系 2, 660.
2) 民 §332의 해설 II. 참조.

없는 한 質物의 반환을 거부할 수 있다.

動産質權者의 質物에 대한 占有는 被擔保債權의 전부를 변제받을 때까지 목적물의 전부에 관하여 계속할 수 있다(民 §§ 343, 321). 質物을 점유할 권리는 質物을 사용할 權利를 뜻하는 것은 아니다. 質權者는 다만 保存에 필요한 한도에서 質物을 사용할 수 있을 뿐이고(民 §§ 343, 324 Ⅱ), 그 범위를 넘어서 사용하면 質權設定者의 消滅請求에 의하여 質權이 소멸될 수도 있다(民 §§ 343, 343 Ⅲ). 動産質權者가 質物의 점유에 관하여 방해를 받은 때에는 占有權에 기하여서는 물론 質權에 기한 物權的 請求權을 행사하여 그 배제를 구할 수 있음은 民 § 329의 해설 Ⅵ. 2.에서 記述한 바와 같다.

2. 留置的 效力의 결과 動産質權者는 民事執行에 있어서도 質物의 인도를 拒否할 수 있다.

먼저 強制執行에 있어서는 목적물인 動産이 제3자의 占有下에 있을 때에는 그 占有者가 목적물의 제출을 거부하지 아니하는 경우에만 이를 押留할 수 있다(民訴 § 528). 명문의 規定은 없으나 動産質權者가 質物에 대한 押留를 거부할 수 있음은 質權의 性質上 당연하다.[3] 執達官이 動産質權者의 승낙없이 質物을 押留한 때에는 動産質權者는 執行方法에 관한 異議로서 다투거나 第3者異議의 訴로써 그 취소를 구할 수 있다. 또한 擔保權實行을 위한 動産競賣, 즉 任意競賣節次에 있어서도 목적물이 債務者, 債權者 외의 제3자의 占有下에 있을 때에는 그 占有者가 押留를 승낙하여야만 절차를 개시할 수 있는데(民訴 § 731), 이때에도 動産質權者는 質物에 대한 押留를 거부할 권리가 있음은 強制執行의 경우와 마찬가지이다.[4]

動産質權者가 押留를 승낙한 때에는 留置的 權能을 상실하는가? 이에 관

3) 李時潤, 韓國司法行政學會刊 註釋強制執行法(上), 314. 執行目的物을 占有하는 제3자가 그 제출을 거부하는 때에는 執行債權者는 債務者가 제3자에 대하여 가지는 動産引渡請求權을 押留하여 이를 推尋하여 執達官에게 引渡할 수밖에 없는데(民訴 §§ 575, 576), 이 경우 動産質權者는 債務辨濟가 있을 때까지 그 引渡를 拒絶할 수 있음은 당연하다.

4) 舊競 § 3 Ⅲ은 "競落人은 質權者 또는 그 質權者에게 우선하는 債權者에게 辨濟하지 아니하면 競賣의 목적물을 受取할 수 없다"고 規定하고 있었다. 舊競賣法上 動産의 任意競賣에 있어서는 押留를 요하지 아니한다 함이 多數說과 實務의 태도이었고, 따라서 위 규정은 動産의 任意競賣에 있어 質權者의 留置的 權能을 보장하는 規定으로 해석되었으나 1990. 1. 13의 改正으로 競賣法이 民事訴訟法에 흡수되면서 § 731가 新設됨과 동시에 위 規定은 폐지되었다. 質權者가 押留를 거부하여 競賣節次開始 자체를 저지할 수 있는 힘이 있는 이상 舊競 § 3와 같은 규정은 따로 存置할 필요가 없을 것이다.

하여는 動産質權者가 質物을 執達官에게 引渡할 때에 占有를 유보하여 두면 質物에 대한 留置的 權能을 잃지 않는다고 하는 견해,[5] 執達官이 특히 代理占有者로서 質物의 占有를 취득하는 경우에는 留置的 權能은 상실되지 않지만 執達官이 代理占有者가 되지 아니하는 경우에는 留置的 權能은 소멸하고 競賣代金에 대하여 優先辨濟의 권능을 행사할 수밖에 없다는 견해[6] 등이 있다. 그러나 動産質權者가 押留를 승낙하여 質物을 執達官에게 引渡하면 이로써 留置的 權能을 잃는다고 보는 것이 합리적이라고 본다.[7] 押留를 거부할 권리가 있음에도 불구하고 그 權利를 행사하지 아니하고 質物을 引渡한 것은 競賣의 효과에 服하겠다는 뜻으로 받아 들여야 할 것이고, 그 후에도 계속 留置的 權能을 인정하는 것은 지나치게 두터운 보호를 주는 것이기 때문이다. 따라서 일단 押留를 승낙한 이상 動産質權者는 優先辨濟的 權能만을 행사할 수 있을 뿐이라고 할 것이고, 그 優先辨濟權能은 民訴 §552에 의하여 보장되어 있으므로 별다른 손해도 없을 것이다. 그렇다면 質物을 占有하고 있는 質權者가 押留를 승낙하였다면 그 競賣로 인하여 당해 質權 및 그보다 後順位의 質權은 모두 消滅한다고 보아야 할 것이다.

3. 質權設定者가 被擔保債務를 변제하지 아니한 채로 質物의 返還을 구하는 訴訟을 제기한 경우에는 留置權의 경우와는 달리 償還給付의 判決을 할 것이 아니라 請求棄却의 判決을 하여야 한다는 것이 通說이다.[8] 債務辨濟가 質物返還보다 先履行關係에 있기 때문이다. 質權이 優先辨濟의 권능을 가지는 擔保物權임을 생각하면 당연한 결론이라 하겠다.

Ⅲ. 留置的 效力의 制限

1. 動産質權者는 자기보다 우선권이 있는 債權者에 대하여는 留置的 權能으로써 대항할 수 없다(本條但). 質權의 본질적인 요소가 優先辨濟的 效力에 있고 留置的 效力은 보조적인 수단에 불과하다는 입장에서 보면 이러한 제한은

5) 田中, 日注民(8), 266.
6) 勝本, 擔保物權法, 336-7.
7) 同旨 我妻 외 4 編著, 判例コンメンタルⅢ 擔保物權法, 33, 131.
8) 郭潤直, 515; 金容漢, 519; 張庚鶴, 730; 李英俊, 738; 金曾漢, 454; 金顯泰, 140.

당연한 것이다. 본질적인 效力에서 劣位에 있는 者가 우월한 權利者에게 목적물의 引渡를 거절할 수는 없는 論理이기 때문이다. 그러나 留置的 效力과 優先辨濟的 效力이 等價的인 위치에 있다고 보는 입장에서는, 質權에는 優先辨濟的 效力이 있기 때문에 유치적 효력을 구태어 留置權에 있어서와 같이 강력하게 할 필요가 없기 때문인 특별히 이와 같은 規定을 둔 것이라고 설명하고 있다.[9]

2. 이러한 優先權能을 가지는 債權者에 의하여 質物이 競賣되는 때에는 質權者는 被擔保債權의 辨濟가 없다는 이유로 目的物의 引渡를 拒否할 수 없고 단지 競賣代金의 配當에 참가하여 그의 順位에 따라 配當을 받을 수 있을 뿐이다. 이 경우에는 質權者가 被擔保債權을 전부 辨濟받지 못하더라도 動産質權은 消滅한다. 만일 그 動産質權이 消滅하지 않는다면 그 質權을 競落人이 引受하여야 하는데, 이는 優先順位에 있는 債權者를 해하는 結果가 되기 때문이다.

3. 優先權을 가지는 債權者로는 先順位의 質權者(民 §333), 優先特權을 가지는 船舶債權者(商 §§ 871, 862 이하), 勤基 §45-2 Ⅱ 소정의 勤勞者의 賃金, 退職金債權 등을 들 수 있다. 그 밖에 國稅·地方稅 등의 租稅債權도 質權에 우선한다(稅基 §35 Ⅰ 本文, 地稅 Ⅰ). 다만 質物 자체에 관하여 賦課된 이른바 當該稅가 아닌 한 그 租稅의 納付期限 전에 설정된 質權에 대하여는 우선하지 아니한다(稅基 §35 Ⅰ iii, 地稅 §31 Ⅱ iii).[10]

4. 質權의 留置的 效力과 관련된 果實受取權, 管理使用權 및 費用償還請求權에 관하여는 民 §343 참조.

[梁 承 泰]

9) 郭潤直, 504; 金基善, 371; 張庚鶴, 713.

10) 稅基 §35 Ⅰ iii는 國稅의 納付期限으로 "… 부터 1년 전에" 설정된 質權 등에 한하여 租稅優先原則에 대한 예외를 인정하였으나 憲法裁判所 90. 9. 3. 宣告, 89헌가95 決定에 의하여 그 부분은 違憲으로 선언되었다.

第 336 條 (轉質權)

質權者는 그 權利의 範圍內에서 自己의 責任으로 質物을 轉質할 수 있다. 이 경우에는 轉質을 하지 아니하였으면 免할 수 있는 不可抗力으로 인한 損害에 대하여도 責任을 負擔한다.

차 례

I. 本條의 意義

轉質이라 함은 質權者가 質物 위에 새로이 質權을 설정하는 것을 말한다. 質權者는 轉質을 함으로써 그가 引渡받아 유치하고 있는 質物을 다시 담보로 이용할 수 있고 그로써 質物에 잠겨있는 그의 자본을 辨濟期 전에 再回轉시킬 수 있게 된다.

그런데 이 轉質權의 본질과 관련하여 本條의 해석에 관하여 과거 상당한 논란이 있었다. 즉 民 §343에 의하여 準用되는 民 §324 II은 質權者는 質權設定者의 승낙이 없이는 質物을 담보로 제공하지 못한다고 規定하고 있다. 그렇다면 轉質은 항상 質權設定者의 승낙이 있어야만 가능한 것이고, 本條는 단지 前記 §324 II을 敷衍하여 承諾轉質의 요건과 효력을 규정한 것이라고 해석할 것인가, 아니면 本條는 §324 II과는 별도로 質權者가 독립적으로 轉質을 할 수 있는 이른바 責任轉質을 규정한 것으로 볼 것인가 하는 문제이다. 舊民法 시대의 通說은 本條의 轉質은 民 §324 II의 制限을 받지않고 質權者가 債務者의 동의없이 轉質을 할 수 있는 責任轉質을 규정한 것이고 해석하고 있었고, 判例도 처음에는 이와 반대의 견해를 취하였으나 그 후 通說과 같은 내용으로 견해를 변경하였다.[1] 그러나 通說에 의하더라도 質權者가 債務者의 승낙을 얻어 轉質을 하는 것을 막을 이유는 없는 것이므로 결국 轉質에는 §324 II에 따라 채무자의 승낙을 얻어서 하는 承諾轉質과 本條에 의하여 질권자가 독자적으로 하

1) 日大決 大 14(1925). 7. 14.(刑集 4, 484).

는 責任轉質의 두 가지가 있게 된다. 현행 民法에 있어서도 本條를 舊民法 시대의 通說과 같이 解釋하여 責任轉質과 承諾轉質의 두 가지 轉質을 모두 인정하는 데 學說은 일치하고 있다.

Ⅱ. 責任轉質

1. 法的 性質

責任轉質의 理論的 構成에 관하여는 다음과 같이 여러 見解가 對立하고 있다. 다만 어느 견해에 입각하더라도 결과에 있어서는 큰 차이는 없다.

(1) 解除條件附 質權讓渡說

轉質은 辨濟 기타의 원인으로 轉質權者에 대한 債務가 소멸되면 質權은 原質權者에게 복귀한다는 조건, 즉 轉質權의 소멸을 解除條件으로 하여 原質權者가 質權을 轉質權者에게 양도하는 것이라는 견해이다.

이 견해는 質權도 物權이므로 당연히 양도할 수 있는 것이고, 또한 被擔保債權과 분리하여 質權을 양도하는 것도 質權設定者에게 손해를 주지 않는 한 허용될 수 있다고 주장한다. 이 견해를 따르면 轉質이 原質權의 權利範圍 내에서만 허용되는 이유는 용이하게 설명할 수 있으나, 만일 轉質이 質權의 讓渡에 해당하는 것이라면 轉質에 의하여 原質權者가 권리를 상실한다고 해석할 수밖에 없는데, 이는 轉質의 성질에 반하고, 또 被擔保債權과 분리하여 質權만의 양도를 인정하는 것은 附從性理論에도 반한다는 점 등이 弱點으로 지적된다. 현재 우리 나라에서 이 說을 취하는 견해는 없다.

(2) 質權入質說

質權 자체를 入質하는 것이라는 견해이다. 이 見解에 대하여는 그와 같은 轉質은 결국 權利質에 불과한 것이어서 民法이 따로 규정을 둔 의미가 없고 「質物」이라고 표현하고 있는 명문의 취지에도 반한다는 등의 批判이 있다. 이 說 역시 우리 나라에서는 따르는 견해가 없다.

(3) 質物再入質說

質權者가 자기의 責任下에 質物 위에 다시 새로운 질권을 설정하는 것이라는 견해이다.[2)] 이 견해는 獨逸 普通法時代를 지배했던 學說이며, 日本의 有

2) 方順元, 251; 崔栻, 343; 金基善, 430.

力說이다. 質物 위에 다시 質權을 설정한다 함은 한 때는 말 그대로 質物 그 자체를 轉質의 목적으로 한다는 취지로 주장되기도 하였으나 이를 관철하면 轉質權이 原質權의 범위 내에서만 성립할 수 있는 점(本條本文)을 설명하기 어려우므로 이 難點을 해소하기 위해 轉質權은 原質權이 지배하고 있는 목적물의 擔保價値를 지배하는 권리로서 原質權이 지배하고 있는 擔保的 價値를 그 목적으로 하는 것이므로 原質權의 범위를 초과할 수 없다고 설명을 약간 변형하고 있다. 아무튼 이 견해는 質權을 被擔保債權과 단절된 순수한 價値權으로 파악하려는 관념에 기초하고 있는 것이어서 擔保物權의 附從性을 엄격히 유지하고 있는 우리 擔保物權體系와 조화되지 않는다는 비판이 가해지고 있다.

(4) **債權·質權 共同入質說**

質權과 被擔保債權 모두를 轉質의 목적으로 한다는 견해로서 擔保物權의 附從性理論을 가장 충실히 따르는 견해이며, 獨逸의 通說이기도 하다. 이 見解에 대하여도 그러한 정도의 效果는 質權附債權의 入質에 의해서도 얼마든지 달할 수 있는 것이므로 法이 특별히 轉質規定을 둔 의미가 몰각된다는 비판이 없지 않으나 그 비판에 대하여는 債權의 入質과 質權의 入質은 규정하는 방향이나 要件·效果 등에서 상이하다는 再反論이 있고, 나아가 擔保物權의 附從性이 아직까지 우리 民法의 기본원리로서 유지되고 있어 債權과 분리하여 質權만을 처분하는 것이 허용될 수 없다는 점이나 民 §337가 轉質의 對抗要件으로서 權利質權設定에 있어서와 동일한 對抗要件을 요구하고 있어 轉質에는 당연히 質權의 入質도 예상되고 있다는 점 등이 理論的인 뒷받침이 되어 현재 이 견해가 우리 나라에서 가장 많은 支持를 받고 있다.[3] 이 說에 따르면 責任轉質에 관하여는 그 성질에 반하지 않는 한 債權質權에 관한 규정이 類推適用되어야 할 것이다.

2. 責任轉質의 要件

責任轉質 역시 質權의 한 형태이니만큼 그 성립에는 質權成立에 요하는 일반적인 요건을 필요로 한다. 그 밖에도 責任轉質의 속성상 原質權의 權利範圍 내라는 특수한 요건이 필요하다.

(1) 一般的인 要件으로서 質權設定에 관한 質權者와 轉質權者와 사이의

---

3) 張庚鶴, 各論(下), 477; 金曾漢, 446; 金顯泰, 133; 郭潤直, 510; 金容漢, 514; 李英俊, 731.

合意와 質物의 引渡를 요하는데, 이에 관하여는 民 §329 참조. 다만 債權證書가 있을 때에는 이를 轉質權者에게 교부하여야 한다(民 §347).

(2) 責任轉質은 原質權의 權利範圍 내이어야 한다. 따라서 責任轉質의 피담보채권은 原質權의 被擔保債權額을 초과할 수 없다. 만일 책임전질의 被擔保債權이 원질권의 그것을 초과할 때에는 一部無效의 法理에 따라 그 초과하는 額數에 관하여는 質權이 성립하지 아니하는 것으로 해석할 것이다.[4]

舊民法은 轉質權의 存續期間 역시 原質權의 존속기간 내이어야 한다고 明定하고 있었으나(§348) 收益質인 不動產質을 폐지하고 占有質만을 유지하고 있는 현행 民法에 있어서는 피담보채권의 辨濟期 외에 따로이 質權의 存續期間이라는 개념은 의미가 없는 것이므로 논의할 실익이 없다.[5]

轉質權의 被擔保債權의 변제기가 原質權의 被擔保債權의 변제기보다 후에 도래하는 것은 무방한가. 責任轉質에 관하여 원칙으로 債權質權에 관한 규정을 유추한다면 그와 같은 경우에는 民 §353 Ⅲ에 따라 처리할 수 있으므로 아무 지장이 없다고 본다.

(3) 責任轉質의 對抗要件에 관하여는 民 §337 참조.

3. 責任轉質의 效力

(1) 留置的 效力

轉質權者는 質權一般의 효력으로서 債權을 변제받을 때까지 質物을 留置할 수 있다(民 §335).

(2) 優先辨濟的 效力

轉質權者는 轉質權을 행사하여 자기의 채권에 優先的인 만족을 얻을 수 있다. 다만 轉質權者가 轉質權을 실행하기 위하여는 자기의 債權뿐만 아니라 原質權者의 債權 역시 그 履行期가 도래하고 있어야 한다. 質物의 賣却代金은 먼저 轉質權者의 債權에 충당되고 나머지가 있으면 原質權者의 債權에 충당된다.

(3) 轉質權者는 직접 原質權의 被擔保債權을 추심할 수 있는가. 債權·質權共同入質說에 의하면 民 §353가 유추될 것이므로 이를 긍정할 것이나 그 밖의 학설을 취한다면 선뜻 받아들이기 어려울 것이다.

---

4) 同旨 李英俊, 732.

5) 民 §329의 해설 V. 참조.

(4) 原質權者는 轉質을 함으로써 轉質權의 목적이 되는 原質權 및 그 被擔保債權에 구속된다. 따라서 질권자는 함부로 質權을 포기하거나 原質權의 被擔保債權의 推尋·免除·拋棄 등 그의 권리를 소멸시키는 행위를 할 수 없다. 債權·質權 共同入質說에 의하면 이는 당연한 결론이라 할 것이고(民 §352의 類推), 質物再入質說에 있어서도 原質權 또는 그 被擔保債權의 消滅로 轉質의 소멸을 초래하는 것은 허용될 수 없으므로 原質權者의 권리에 제약을 가하는 것은 당연하다고 해석하고 있다. 債權推尋을 할 수 없는 결과 訴로써 履行請求도 할 수 없으나 時效消滅을 막기 위하여 債權存在確認을 구할 수는 있다고 할 것이다.[6] 다만 原質權이 장래의 債務를 담보하는 경우에 그 債務가 발생하기 전에 기본되는 契約關係를 해제하는 것까지 제약을 받지는 아니하므로[7] 그 契約이 해제되어 原質權이 소멸하면 轉質權도 소멸한다.

原質權의 被擔保債權額이 轉質權의 被擔保債權額을 초과하는 경우에 그 초과하는 부분을 拋棄·免除 또는 辨濟受領하는 것은 가능한가. 轉抵當의 경우에 이를 긍정하는 日本의 學說과 判例가 있으나[8] 債權·質權 共同入質說에 의하면 그 被擔保債權이 入質되어 있으므로 不可分性의 원칙상 否定되어야 할 것이다.

轉質權이 실행되기 전에 原質權者가 그의 質權을 실행하는 것도 허용되지 아니하는가 하는 문제가 있다. 論理를 일관한다면 原質權의 실행으로 그 權利가 소멸되면 轉質權도 소멸되므로 허용되어서는 안 될 것 같으나 이는 너무 形式論理的인 해석이다. 原質權을 실행하여 먼저 轉質權者의 채권에 優先充當하고 나머지로 原質權의 채권에 충당하면 轉質權者에게 아무 손해가 없고 後順位擔保權者에게도 競賣申請을 허용하는 우리 執行法 체계와도 부합되기 때문이다.[9] 다만 原質權을 실행하기 위하여는 質物을 점유하고 있는 轉質權者가 押留를 승낙하여야 하므로(民訴 §731) 轉質權者의 승낙이 없이는 原質權을 실행하기가 사실상 불가능하다.

原質權者가 위와 같은 제한에 위반되는 處分行爲를 한 경우에 그 효력은 어떠한가? 위와 같은 구속은 轉質權者의 利益保護를 위한 것이므로 押留된 債

6) 債權質權에 관하여 日大判 昭 5(1930). 6. 27(民集 9, 616); 日大判 昭 12(1937). 7. 7(民集 16, 1112).
7) 同旨 林良平, 日注民(8), 280.
8) 我妻 외 4 編著, 判例コンメンタルⅢ 擔保物權法, 139; 日大決 昭 7(1932). 8. 29(民集 11, 1729).
9) 同旨 李英俊, 733.

權에 준하여 그 위반행위는 당사자 사이에서는 유효하고, 다만 轉質權者에게 그 효력을 대항할 수 없다고 새기면 충분할 것이다.[10] 다만 轉質이 아직 民 §337 I 의 對抗要件을 갖추지 못한 상태라면 債務者에 대하여 轉質을 주장할 수 없으므로 위와 같은 위반행위라도 완전한 효력을 가지는 것은 당연하다.

(5) 原質權者의 責任加重

質權者는 자기의 책임으로 轉質하는 것이므로 그로 인한 책임도 일반적인 過失責任보다 加重된다. 즉 質權者는 轉質을 하지 아니하였으면 면할 수 있는 不可抗力으로 인한 손해에 대하여도 책임을 부담한다(本條後文). 예컨대, 轉質權者의 집이 소실되어 그가 보관하고 있던 質物이 멸실된 경우 등이다. 그러나 이때 原質權者의 집도 함께 燒失된 경우와 같이 轉質을 하지 않았더라도 생길 손해에 대하여는 일반적인 過失責任을 질 뿐이다.

(6) 轉質權은 原質權을 기초로 하여 성립하는 것이므로 原質權이 소멸하면 轉質權도 소멸한다. 다만 위에서 본 바와 같이 原質權者가 제한에 위반하여 原質權을 소멸시킨 때에는 質權者에게 그 효력을 주장할 수 없으므로 轉質權者에 대한 관계에서는 原質權은 소멸하지 않고 따라서 轉質權도 존속한다.

Ⅲ. 承諾轉質

承諾轉質은 질권자가 質物所有者의 承諾을 얻어서 자기의 채무를 담보하기 위하여 質物에 관하여 새로이 설정하는 質權이다. 이러한 경우는 質物所有者가 質權者에게 質物에 대한 處分權限을 부여하는 경우이므로 法理上 인정하지 않을 이유가 없고 民 §343가 民 §324 Ⅱ을 준용함으로써 당연히 예정하고 있기도 하다. 承諾轉質은 原質權과 전혀 별개 獨立的으로 設定되는 것이므로 그 法的性質은 質物의 再入質이다.

承諾轉質에는 民 §§336, 337가 適用되지 않는다. 承諾轉質이 성립요건에 있어 責任轉質과 현저히 다른 점은 첫째, 承諾轉質에는 반드시 質物所有者의 승낙을 요하고 그 승낙없이 質權者가 轉質을 한 경우에는 質權設定者는 質權의 소멸을 청구할 수 있다(民 §§ 343, 324). 다만 이 경우에도 責任轉質의 요건을 구비하고 있다면 質權者가 責任轉質을 한 것으로 해석하여야 할 것이다. 둘째, 承諾

10) 李英俊, 752은 債權質權에 관하여 동일한 論旨를 펴고 있다.

轉質은 반드시 原質權의 權利範圍 내일 필요가 없다. 따라서 轉質權의 被擔保債權이 原質權의 그것을 超過하여도 무방하다. 그러나 수여된 處分權의 내용에 제한을 가함으로써 이를 달리 정할 수 있음은 물론이다. 셋째, 承諾轉質은 통지를 對抗要件으로 하지 아니한다.

承諾轉質의 효과는 당사자의 약정내용에 따를 것이나 별도의 약정이 없는 한 承諾轉質을 한 경우에는 原質權者의 책임은 가중되지 아니하므로 불가항력으로 인한 손해는 배상할 의무가 없다. 또한 承諾轉質은 原質權의 기초 위에 성립하는 것이 아니므로 原質權이 소멸하여도 轉質權이 당연히 소멸하는 것은 아니다. 民 §337가 承諾轉質에 당연히 類推될 성질은 아니므로[11] 原質權設定者가 原質權者에 대한 債務를 변제하는 데 대하여 轉質權者가 동의하였다 하여 그 변제로써 轉質權者에게 대항할 수 있는 것은 아니라 할 것이다. 다만 辨濟에 대한 轉質權者의 동의는 그로써 轉質權도 소멸시키겠다는 意思表示로 해석될 여지가 많을 것이다.

[梁 承 泰]

第 337 條 (轉質의 對抗要件)

① 前條의 경우에 質權者가 債務者에게 轉質의 事實을 通知하거나 債務者가 이를 承諾함이 아니면 轉質로써 債務者, 保證人, 質權設定者 및 그 承繼人에게 對抗하지 못한다.

② 債務者가 前項의 通知를 받거나 承諾을 한 때에는 轉質權者의 同意없이 質權者에게 債務를 辨濟하여도 이로써 轉質權者에게 對抗하지 못한다.

Ⅰ. 本條의 意義

舊民法은 轉質의 대항요건에 관하여 아무 規定을 두지 않았으나 債權·質

11) 同旨 李英俊, 735. 反對 郭潤直, 512.

權共同入質說은 물론 質物再入質說의 입장에서도 轉抵當이나 債權質權의 규정을 준용하여 轉質의 對抗要件으로 債務者에 대한 通知 또는 承諾을 필요로 한다는 데 견해가 일치되고 있었다. 현행 民法은 轉質의 대항요건을 명문으로 규정함으로써 이에 관한 立法上의 미비를 보완하였다. 本條의 내용은 債權質權에 관한 民 §349의 내용과 거의 비슷하다. 때문에 本條는 民法이 轉質에 관하여 債權·質權 共同入質說을 채택하였다는 유력한 근거로 지적되고 있다.

Ⅱ. 對抗要件의 內容

1. 通知 또는 承諾

轉質에 있어서의 대항요건은 債務者에 대한 通知 또는 承諾이다.

通知는 轉質權의 설정이 있었음을 알리는 행위로서 質權者, 즉 轉質權設定者가 債務者에게 하여야 하고 轉質權者가 통지하는 것은 對抗力이 발생하지 아니한다. 承諾은 轉質權設定의 사실에 대하여 認識을 표명하는 債務者의 행위이다.

通知나 承諾의 法的 성질은 모두 관념의 통지로서 指名債權質權의 對抗要件에 관한 民 §349, 나아가 同條에서 준용하는 民 §450의 通知 또는 承諾과 동일한 성질이다. 다만 여기에서의 對抗要件은 後述하는 바와 같이 債務者 등에 대하여 轉質을 주장할 수 있는 요건을 말하는 것이지 同一債權에 관하여 兩立할 수 없는 관계를 맺은 제3자와의 相互優劣關係에 관한 것이 아니므로 確定日字를 갖출 필요까지는 없다.

2. 通知·承諾의 效力

通知나 承諾이 있으면 轉質로써 債務者·保證人·質權設定者 및 그 承繼人에게 對抗할 수 있다.

對抗할 수 있다고 함은 轉質權의 효력을 주장할 수 있다는 뜻이다. 質權者와의 사이에는 通知나 承諾이 없어도 有效하게 轉質이 성립하여 이를 주장할 수 있음은 물론이다.

通知나 承諾이 있은 후에는 債務者에게 轉質을 주장할 수 있게 되는 결과 債務者는 轉質權者의 동의없이 質權者에게 채무를 변제하여도 轉質權者에게 그 辨濟로써 對抗하지 못한다. 그러나 質權者와 債務者 사이에서는 그 辨濟가 유효하다 할 것이므로, 결국 이러한 경우에는 原質權은 소멸하고 轉質權만 존속하게 된다. 또한 轉質權者가 辨濟에 同意한 때에는 轉質權者에 대한 관계에서도 辨濟는 유효하므로 原質權이 소멸함으로써 轉質權도 함께 소멸하게 된다.

通知나 承諾이 있기 전에는 轉質을 주장하지 못하므로 그때까지 債務者 등과 質權者 사이에 생긴 事由로써 質權者에게 대항할 수 있는 것, 예컨대 債務辨濟 등의 사유는 모두 轉質權者에게 대항할 수 있다고 보아야 할 것이다. 여기에서의 通知·承諾의 효력도 결국 民 §349 및 民 §450에서의 그것과 동일한 것으로 새겨야 할 것이기 때문이다.

[梁 承 泰]

第 338 條 (競賣, 簡易辨濟充當)

① 質權者는 債務의 辨濟를 받기 위하여 質物을 競賣할 수 있다.

② 正當한 理由있는 때에는 質權者는 鑑定人의 評價에 의하여 質物로 直接 辨濟에 充當할 것을 法院에 請求할 수 있다. 이 경우에는 質權者는 미리 債務者 및 質權設定者에게 通知하여야 한다.

차 례

Ⅰ. 動産質權의 實行方法

優先辨濟的 效力이 動産質權의 中核的인 권능의 하나라 함은 누차 기술한 바 있다. 本條는 그 優先辨濟의 목적을 달하는 방법으로서 競賣 및 簡易한 辨濟充當方法의 두 가지 절차를 규정하고 있다.

質權을 실행하기 위하여는 우선 被擔保債務가 履行遲滯에 빠져야 함은 말할 나위가 없다.

Ⅱ. 競　　賣

競賣는 質權을 실행하는 원칙적인 절차이다. 여기에서의 競賣는 民訴 §731에서 규정하는 이른바 任意競賣로서 그 절차에 관하여는 有體動産에 대한 強制執行의 規定(民訴 제2장 제2절 제2관)이 전면적으로 準用된다(民訴 §732). 質權者는 그 競賣代金에서 被擔保債權의 만족을 얻고 잔액이 있으면 質權設定者에게 반환하게 된다. 다만 目的物에 관하여 당해 質權者보다 우선하는 權利者가 있을 때에는 그 優先順位에 따라 競賣代金의 交付를 받을 수 있을 뿐이다. 우선하는 權利 및 優先順位에 관하여는 民 §333 및 民 §335의 해설 Ⅲ.3. 참조.

動産質權者는 그 자신이 競賣申請을 한 경우 뿐만 아니라 타인의 申請에 의하여 質物이 競賣되는 때에도 優先順位에 따라 賣得金의 배당을 받을 수 있다(民訴 §§552, 732). 質權者보다 우선하는 權利者의 신청에 의해 목적물이 競賣된 경우에 後順位의 質權이 소멸하는지 與否 및 後順位質權者 또는 一般債權者의 신청에 의하여 質物이 競賣된 경우에 先順位의 質權도 소멸하는지에 관하여는 각 民 §335의 해설 Ⅱ. 2, Ⅲ. 2. 참조.

質物의 競賣代金이 被擔保債權額에 미달될 때에는 質權者는 債務者의 일반재산에 대하여도 民事訴訟法의 규정에 따라 強制執行할 수가 있는데, 이에 관하여는 民 §340 참조. 다만 典當鋪營業法이 규정하는 典當鋪營業所의 質權은 物的有限責任으로서 질권자는 質物로부터 받은 辨濟의 부족액을 債務者에게 청구하지 못할 뿐만 아니라, 債務者의 質物 이외의 財産에 대하여 執行하지도 못한다(典當鋪營業 §§1, 21).

Ⅲ. 簡易辨濟充當

1. 意　　義

競賣는 動産質權을 실행하는 원칙적인 방법이지만 이는 절차가 번잡하고 비용이 많이 들기 때문에 價額이 저렴하거나 公正價格이 있는 動產에 대하여는 적절하지 못한 경우가 많다. 이러한 경우에 대비하여 本條 Ⅱ은 動產質權에 관하여 일정한 要件下에 競賣 외의 간이한 실행방법을 규정하고 있다. 이는 質權者로 하여금 法院의 평가를 받아 皇帝의 허가에 의하여 質物의 소유권을 취득할 수 있게 한 로마法에 그 淵源을 두고 있는데, 佛蘭西民法(§ 2078 I) 및 伊太利民法(§ 2098) 등의 立法例가 같은 취지의 규정을 두고 있다.

이 實行方式은 質權者가 임의 선택할 수는 있으나 債務者 또는 質權設定者가 먼저 이 방식에 의할 것을 주장할 수는 없다.

2. 要件 및 節次

(1) 正當한 理由가 있을 것

정당한 이유의 有無는 결국 質物의 性質 기타 諸般事情을 고려하여 法院이 판단할 것이나 質物의 價額이 競賣하기에는 너무 少額이거나 被擔保債務에 미달하여 바로 변제에 충당하는 것이 債務者에게도 유리한 경우, 競賣를 하면 정당한 價格을 받지 못할 특별한 사정이 있는 경우, 質物의 公正時勢가 있어 굳이 競賣를 하지 않더라도 公正한 값을 다 받을 수 있는 경우 등이 그 예가 될 것이다.

(2) 法院에 請求할 것

簡易한 辨濟充當은 질권자가 임의로 이를 할 수는 없고 반드시 法院에 이를 청구하여야 한다. 管轄法院은 債務履行地의 地方法院이다(非訟 §§ 91 I, 89 I). 請求를 받은 法院은 정당한 이유의 有無를 심리하여 그 이유가 없다고 인정한 때에는 請求를 却下하고 그렇지 않은 때에는 質物의 鑑定을 거쳐 이를 허가하게 된다. 質物의 使用目的이 다른 法令에 정하여져 있어 그 외의 용도에 사용하고자 할 때에는 行政官廳의 承認 등을 요하는 경우가 있는데(貿易去來 §§ 17, 18), 이 경우 質物에 의한 辨濟充當을 허가하는 때에는 그 承認의 유무도 審理하여야 한다.[1] 이 請求를 却下하는 裁判에 대하여는 抗告할 수 있으나(非訟 § 20 I) 許可하는 裁判에 대하여는 不服할 수 없다(非訟 § 97).

動產質權者는 위 請求를 한 후에도 그에 대한 裁判이 있기까지는 이를 取下할 수 있고, 債務者 및 質權設定者 역시 그때까지는 債務를 변제하고 動產質權을 소멸시킬 수 있다.

---

1) 大決 78. 3. 17, 77그30(集 26-1, 206).

(3) 鑑定人의 評價

質物의 價額은 鑑定人의 評價에 의하여야 하는데, 鑑定人은 法院이 선임한다. 鑑定人의 選任時期에 관하여 許可의 裁判을 하기 전에 하여야 한다는 說과 그와 동시에 하여야 한다는 說이 있으나 質物의 價額도 許可與否를 판단하는 한 資料가 될 수 있을 것이므로 前說이 타당하다.

(4) 債務者 및 質權設定者에게 미리 通知할 것

이는 債務者 및 質權設定者에게 質權의 實行方法을 미리 알려서 변제를 하게 하거나 그 절차를 감시하고 의견을 제시할 기회를 주기 위함이다. 그러므로 通知는 本項의 규정에 의한 請求를 할 것이라는 뜻과 그 時期 등을 다소 구체적으로 명시하여 債務者 등으로 하여금 위와 같은 대비를 할 수 있겠금 하여야 할 것이다.

通知를 하지 아니하고 本項의 청구를 한 경우에 法院은 그 請求를 却下하여야 할 것이나 이를 간과한 채 許可의 裁判을 하였다면 그 裁判은 유효하고 債務者나 質權設定者는 그에 대하여 不服을 신청할 수 없다(非訟 § 97).[2] 그러나 위 通知가 없음으로 말미암아 債務者 등이 손해를 입은 경우에는 質權者는 그 손해를 賠償하여야 할 것이다.

Ⅳ. 效 果

本項에 의한 請求를 許可하는 法院의 裁判이 있으면 그로써 動産質權者는 質物의 所有權을 취득한다. 이 所有權의 取得은 法律의 규정에 의한 物權變動이므로 引渡를 요하지 아니한다.

動産質權者가 質物의 所有權을 취득하면 그 評價額의 범위에서 被擔保債務는 소멸한다. 그러나 評價額이 채무에 미달되는 때에는 債務者는 그 부족액을 다시 질권자에게 辨濟하여야 하고 그 반대의 경우에는 質權者가 그 超過額을 質權設定者에게 반환하여야 한다.

[梁 承 泰]

2) 郭潤直, 478; 李英俊, 681.

第339條(流質契約의 禁止)

質權設定者는 債務辨濟期前의 契約으로 質權者에게 辨濟에 갈음하여 質物의 所有權을 取得하게 하거나 法律에 定한 方法에 의하지 아니하고 質物을 處分할 것을 約定하지 못한다.

I. 本條의 意義

流質契約이라 함은 質權設定者가 질권자에게 채무의 辨濟에 갈음하여 質物의 所有權을 취득하게 하거나 기타 法律이 정하는 方法에 의하지 아니하고 質物을 처분하게 하는 約定을 말한다. 辨濟期에 채무의 변제가 없으면 質權者는 質物을 換價하여 그 중 債權額에 해당하는 금원을 質權者가 우선적으로 취득하고 나머지가 있으면 質權設定者에게 이를 반환하여야 하는 것이 원칙이다. 流質契約은 이러한 원칙을 배제하고 質權者에게 보다 임의로운 質權實行方法을 인정하는 特約인 것이다.

이러한 特約을 무제한으로 허용하면 일시적인 窮迫狀態에 있는 채무자가 少額의 債務擔保를 위하여 高價의 動産을 質物로 제공하였다가 流質이 됨으로써 부당하게 착취를 당할 수가 있다. 이같은 結果를 방지하기 위하여 일찍이 로마法이 流質契約을 금지하는 태도를 취한 이래 佛蘭西民法(§2078), 獨逸民法(§1229), 瑞西民法(§894), 日本民法(§349) 등 근대 民法이 대부분 이를 답습하고 있고 우리 民法 또한 이러한 立法例에 따르고 있다.

그러나 이러한 立法態度의 妥當性에 대하여는 강력한 의문이 제기되고 있다.[1] 流質契約이라도 때로는 債務者에게 유리한 경우도 있고 그 暴利 또는 不當性與否는 民 §§103, 104에 의하여 개별적으로 審査하면 충분한데도 이를 일률적으로 금지함으로써 오히려 債務者 자신을 위한 金融의 길을 막게 된다는 것이다. 還買特約附 賣買(民 §590 이하)나 讓渡擔保 등의 迂廻的인 방법에 의하여 이 규정이 노리는 효과가 쉽사리 잠탈될 수 있는 것도 本條의 의미를 반감시키는 요인이 되고 있다. 立法論으로는 債權者와 債務者가 목적물의 價額과 債權額과의 차액을 淸算하도록 하는 것이 더욱 적절하다고 주장되고 있다.[2]

1) 金基善, 372; 金容晋, 241; 張庚鶴, 716; 崔栻, 341; 李英俊, 725; 郭潤直, 507.
2) 郭潤直, 507.

Ⅱ. 流質契約禁止의 內容

1. 禁止되는 流質契約은 質權設定時 또는 辨濟期 전에 체결되는 流質契約이다. 변제기의 前後에 따라 유질계약의 許容與否를 달리 할 이유가 없으므로 本條가 辨濟期 전에 체결되는 流質契約까지 금지한 것은 잘못이라는 비판이 있다.[3] 辨濟期 후에는 자유로이 流質契約을 맺을 수 있다. 이때의 流質契約은 일종의 代物辨濟(民 § 446)이다.

2. 質權者가 바로 質物의 所有權을 취득하는 경우는 물론 質權者가 所有權取得與否에 관한 선택권을 가지는 경우도 本條에 의하여 금지된다. 그러나 質權設定者의 선택에 따라 質物의 所有權을 質權者에게 취득시킬 수 있도록 하는 約定은 流質契約에 해당하지 아니하다.[4]

3. 質物의 처분에 관하여 法律이 정하는 방법은 競賣 또는 簡易辨濟充當方法이다(民 § 338). 이밖에 예컨대, 일정한 가격으로 質權者가 質物을 買收할 수 있게 하는 約定 등은 모두 本條에 의하여 금지된다.

4. 本條에 위반하여 체결된 流質契約은 無效이다. 本條는 強行規定이므로 당사자의 합의로 그 적용을 排除할 수는 없다. 다만 流質契約이 무효라고 하여 質權設定契約까지 무효로 되지는 아니한다.[5] 따라서 이러한 경우에는 流質契約이 없는 質權設定契約으로 될 것이다.

Ⅲ. 流質契約禁止의 例外

流質契約禁止는 民法의 원칙이기는 하나 다른 法律에서 그 예외를 認定하

---

3) 林良平, 日注民(8), 282.
4) 日大判 明 37(1904). 4. 5(民錄 10, 431).
5) 同旨 李英俊, 726; 張庚鶴, 720은 이를 當事者의 意思解釋에 의하여 결정할 문제라고 한다. 日本의 多數說 역시 意思解釋의 문제로 보고 있으나 일반적으로 質權設定契約까지 무효로 할 것으로 해석할 것은 아니라고 한다(林良平, 日注民(8), 283).

는 경우가 많아 이 원칙이 適用되는 경우는 의외로 그다지 많지 않다.

1. 商行爲로 인하여 생긴 債權을 담보하기 위하여 설정한 質權, 즉 商事質에 있어서는 本條가 適用되지 아니한다(商 §59). 商行爲의 當事者 사이에는 경제적인 힘의 차등이 일반 民事關係에 있어서 만큼 크지 않고 상호간의 自由競爭을 존중하는 것이 성질상 더욱 적합하기 때문에 이를 許容하는 것이다.

商法은 當事者雙方에게 모두 商行爲가 되는 경우 뿐만 아니라 그 일방에게만 商行爲가 되는 경우에도 적용되므로(商 §3) 流質契約이 허용되는 商事質에는 債務者 또는 債權者 중 일방에게만 商行爲가 되는 경우도 모두 해당된다고 해석할 것이나, 보다 두터운 債務者保護를 위하여 債務者에게 商行爲가 되는 경우의 商事質에 한하여 流質契約을 허용하여야 한다는 反對說이 있다.[6]

債務의 변제가 없으면 質權者가 質物의 소유권을 취득하기로 하는 流質契約이 유효한 경우에 그 法的 性質을 停止條件附 代物辨濟契約인 경우와 대물변제의 豫約인 경우로 나눌 수 있다. 前者의 경우에는 條件의 成就, 즉 債務不履行이 있으면 바로 質物의 소유권이 質權者에게 歸屬되지만, 後者의 경우에는 그 밖에 質權者의 豫約完決의 意思表示가 있어야 한다.[7] 따라서 後者의 경우에 일단 債務不履行이 있더라도 豫約完結權이 행사되기 전에 債務者가 債務를 이행하면 質權者는 더이상 質物의 所有權을 취득할 수 없다. 兩者 중 어느 경우에 해당되는지는 결국 意思의 解釋問題로 귀착될 것이다.

流質契約에 의하여 質物의 所有權이 質權者에게 귀속되면 債務도 소멸하는 것이 원칙이다. 그러나 質物의 價額이 債權額에 부족한 때에는 그 不足額을 다시 債務者에게 청구할 수 있도록 特約을 한 경우에는 그 특약은 유효하다. 그 경우에는 그 부족액에 관하여 債務者의 일반재산에 대하여도 強制執行할 수 있다 할 것이다(民 §340).

商事質에 관하여 流質契約이 허용된다하여 商事質에는 당연히 流質契約이 포함된다는 취지가 아님은 물론이다.

2. 典當鋪主에 대하여 設定하는 質權에는 당연히 流質契約이 수반된다(典當鋪營業 §1 I). 典當鋪營業에 대하여는 강력한 行政監督이 가해지므로 質權設定者가

6) 蔡利植, 商法講義(上), 172; 田中誠二, 新版商行爲法, 93.

7) 目的物은 이미 質權者의 占有下에 있으므로 따로 引渡라는 要件을 필요로 하지 아니한다.

부당하게 착취를 당할 위험이 적기 때문이다. 典當契約에 있어 流典期限은 契約成立日로부터 6개월 미만의 기간으로 정하여서는 아니된다(同法 §19 II). 流典期限이 지나면 典當鋪主는 典當物의 所有權을 취득하게 되나 그 物件을 처분하기 전에 典當物主가 元利金을 지불하면 이를 반환하여야 한다(同法 §21 I). 動產質權의 대부분은 典當鋪를 통하여 이루어지는 것이 현실이므로 위 規定으로 말미암아 流質契約禁止의 원칙이 적용될 자리는 크게 좁아졌다 하겠다.

[梁 承 泰]

第340條(質物 이외의 財產으로부터의 辨濟)

① 質權者는 質物에 의하여 辨濟를 받지 못한 部分의 債權에 한하여 債務者의 다른 財產으로부터 辨濟를 받을 수 있다.

② 前項의 規定은 質物보다 먼저 다른 財產에 관한 配當을 實施하는 경우에는 適用하지 아니한다. 그러나 다른 債權者는 質權者에게 그 配當金額의 供託을 要求할 수 있다.

I. 本條의 適用範圍

質權者는 擔保權을 가지고 있다 하여도 일반 채권자로서의 자격을 상실하는 것은 아니므로 債務名義를 가지는 한 質物 이외의 債務者의 일반재산에 대하여도 強制執行할 수 있는 것은 물론이다.[1] 그러나 本條는 質權者의 이 권리에 다소 제한을 가하여 質權者는 質物에 의하여 먼저 변제를 받고 그 부족액에 한하여 債務者의 일반재산에 대해 집행할 수 있다고 규정하고 있다. 이는 舊民法에서는 抵當權에 관하여만 규정되어 있었고(§394), 質權에서는 없던 규정이었는데, 현행 民法은 오히려 質權에 먼저 규정하고 抵當權에서 이를 準用하

1) 이에 대한 예외로서 典當鋪主의 質權은 物的有限責任으로서 質權者는 質權實行에 의하여 債權滿足을 얻지 못하여도 債務者에게 不足額을 청구할 수 없고, 質物 이외의 債務者의 一般財產에 대하여 집행하지 못한다(典當鋪營業 §§1, 21). 따라서 典當鋪營業主의 質權에 있어서는 本條가 적용될 여지가 없다.

고 있다(民 §370).

이 規定은 오로지 債務者의 일반 채권자를 보호하기 위한 규정일 뿐 나아가 債務者까지 보호하는 규정은 아니라 함이 多數說이다.[2] 즉 質權者로 하여금 質權 실행에 앞서서 아무 제한없이 債務者의 일반재산에 대하여 먼저 집행할 수 있게 한다면 質權者를 지나치게 우대하여 일반 債權者의 이익이 너무 희생되는 결과가 되고, 특히 債務者의 일반재산이 그의 債務總額에 미달하는 때에는 一般債權者의 불이익이 부당하게 커지므로 이를 시정하기 위하여 本條를 두게 되었다는 것이다. 이에 대해 少數說[3]은 本條는 債務者의 一般債權者뿐만 아니라 債務者 본인까지도 보호하기 위한 규정이라고 한다. 따라서 質權者가 質物 외의 일반재산에 대하여 먼저 집행하는 경우 多數說에 따르면 債務者의 一般債權者만이 本條에 의한 異議를 제기할 수 있을 뿐이지만 少數說에 의하면 債務者 자신도 異議를 할 수 있게 된다.

少數說은 결국 經濟的 弱者인 債務者를 보다 두텁게 보호하자는 취지로서 특히 質權이 주로 庶民金融手段으로 이용되고 있음을 감안하는 듯하나[4] 과연 債務者를 이 정도까지 보호할 필요가 있을는지 의문일 뿐더러,[5] 庶民金融의 전형인 典當鋪主의 質權은 前述한 바와 같이 物的有限責任에 그치므로 庶民金融分野에서 少數說의 취지를 살릴 기회가 별로 없다는 점이 문제점으로 지적될 수 있을 것이다.

Ⅱ. 一般財産에 대한 強制執行의 制限

質權者는 먼저 質權을 실행하여 辨濟를 받아야 하고, 그로써 不足額이 있는 경우에만 質物 이외의 債務者의 일반재산에 관하여 집행할 수 있다(本條 Ⅰ). 質權者가 債務者의 일반재산에 대하여 집행하는 때에는 우선적 지위를 누리지 못함은 물론이다.

質權者가 이 규정에 위반하여 債務者의 일반재산에 관하여 執行하는 때에

2) 金曾漢, 382; 張庚鶴(下), 448; 崔栻, 339; 李英俊, 723.
3) 郭潤直, 506; 金容漢, 512; 金顯泰(下), 125.
4) 郭潤直, 565.
5) 抵當權에서는 이 規定을 오로지 債務者의 一般債權者를 위한 것으로 보는 것이 通說이다.

는 債務者의 일반채권자[6]는 異議를 제기할 수 있다. 이 異議를 행사하는 방법에 관하여는 執行方法에 관한 異議(民訴 §504)에 의한다는 견해, 第3者異議(民訴 §509)에 의한다는 견해, 強制執行 자체는 허용하되 異議權者에게 競落代金을 공탁할 것을 청구할 權利를 賦與하자는 견해 등으로 나뉘어진다. 생각건대, 本條는 異議權者에게 債務者의 일반재산에 대한 어떤 특정한 권리를 인정한 것이라기 보다 質權을 먼저 행사하지 않고서는 債務者의 一般財産에 대하여 強制執行을 할 수 없다는 절차적인 요건을 규정한 것으로 보아야 할 것이다. 따라서 本條에 기한 異議는 執行目的物에 대한 所有權 기타 私法上의 權利가 있음을 사유로 하는 第3者異議에 의할 것이 아니라 節次的·形式的 事由를 이유로 하는 執行方法에 관한 異議에 의하여야 할 것으로 본다. 競落代金供託의 권리를 부여하자는 견해는 明文上의 근거가 없으므로 무리다.

Ⅲ. 一般財産에 관한 配當參加

위와 같은 제한은 質權의 실행에 앞서 다른 債權者의 強制執行에 의하여 債務者의 일반재산에 관한 배당이 실시되는 경우에는 적용되지 아니한다. 만일 이러한 경우에까지 위와 마찬가지로 質權者의 權利를 제한한다면 후에 質權이 실행되어 債權辨濟에 부족함이 판명된 때에는 이미 위 일반재산에 대한 집행이 종료되어 그에 의하여 부족액의 辨濟를 받을 기회를 상실하게 되므로 일반채권자로서의 質權者의 이익이 부당하게 희생되기 때문이다. 따라서 이러한 경우에는 質權者는 一般債權者와 동등한 자격으로 債權全額을 가지고 바로 배당에 참가할 수 있다(本條 Ⅱ 本文). 다만 質物로써 債務額의 변제에 충분함에도 불구하고 質權者가 미리 配當額을 수령하게 한다면 결과적으로 本條 Ⅰ의 취지와 모순되고 다른 債權者의 이익을 해하게 된다. 이 兩者의 利益을 조화하기 위하여 다른 債權者는 配當에 참가하는 質權者에게 配當金額의 供託을 청구할 수 있도록 하였다(本條 Ⅱ 但). 후에 質權者가 質物에 의하여 채권의 일부를 辨濟받을 경우에는 質權者는 그 부족액만을 가지고 앞서의 配當에 참가하였을 경우에 받을 수 있는 金額만을 위 供託金 중에서 지급받게 된다.

[梁 承 泰]

6) 少數說에 의하면 債務者도 포함된다.

第 341 條(物上保證人의 求償權)

他人의 債務를 擔保하기 위한 質權設定者가 그 債務를 辨濟하거나 質權의 實行으로 인하여 質物의 所有權을 잃은 때에는 保證債務에 관한 規定에 의하여 債務者에 대한 求償權이 있다.

1. 타인의 債務를 위하여 자기의 財産 위에 擔保權을 설정한 者를 物上保證人이라 한다. 物上保證人은 그가 제공한 擔保物에 의하여 物的 有限責任을 지는 데 그치고 직접 債權者에 대하여 債務를 부담하는 것은 아니므로 債權者는 物上保證人에 대하여 債務履行을 청구할 수 없고 그의 재산에 대하여 強制執行할 수도 없다. 이 점에서 物上保證人은 保證人과 구별되기는 하나 債務者에 대한 관계에 있어서는 자기의 재산으로 債務者를 위하여 책임을 진다는 점에서 兩者가 동일한 지위에 있고, 또한 兩者 모두 利害關係있는 제3자로서 債務者의 의사에 반하여 채무를 변제할 수도 있다(民 §469). 즉 質權의 실행으로 物上保證人이 質物의 所有權을 상실하거나 이를 방지하기 위하여 스스로 債務를 변제한 경우는 保證人이 자기의 出財로 主債務者의 채무를 변제한 경우와 전혀 마찬가지이다. 따라서 本條는 이러한 경우에 物上保證人에게 保證人과 동일한 내용의 求償權을 부여하고 있다. 이 규정은 抵當權에서도 準用된다(民 §370).

2. 求償權의 범위와 行使方法 등에 관하여는 保證人의 求償에 관한 民 §441 내지 民 §447가 그대로 準用된다. 따라서 債務者의 付託에 의하여 物上保證人이 되었는지 여부에 따라서 求償權의 범위가 다르고, 債務者의 부탁없이 物上保證人이 된 경우에는 辨濟 등이 債務者의 의사에 반한 것인지 여부에 따라 역시 그 범위가 달라지게 된다(民 §§442, 444, 444 Ⅰ, Ⅱ). 또한 物上保證人은 변제할 정당한 利益이 있는 者이므로 辨濟로 인하여 당연히 債權者를 代位하는데(民 §481), 이에 관하여도 民 §482 내지 民 §486가 전면적으로 準用된다.

求償權과 法定代位의 구체적인 내용은 債權法에 속하는 事項이므로 여기서는 설명을 생략한다.

3. 質權設定 후에 質物의 소유권을 취득한 者, 즉 質物의 第三取得者는 物上保證人과 다르므로 本條의 적용은 없다.

[梁　承　泰]

第342條(物上代位)

質權은 質物의 滅失, 毁損 또는 公用徵收로 인하여 質權設定者가 받을 金錢 기타 物件에 대하여도 이를 行使할 수 있다. 이 경우에는 그 支給 또는 引渡前에 押留하여야 한다.

Ⅰ. 物上代位의 本質과 立法例

擔保物權의 목적물이 滅失·毁損 등으로 그 목적물에 갈음하는 金錢 기타의 물건이 目的物所有者에게 귀속된 경우에 擔保物權이 그 목적물에 갈음하는 것에 관하여 존속하는 것을 物上代位라 한다. 이는 擔保物權의 한 特性으로서 民法은 質權에서 먼저 이 法理를 규정하고 抵當權에서도 準用하고 있다(§370).

物上代位는 擔保物權의 속성이라고 일반적으로 설명되고 있지만 그에 대한 근대 民法의 태도가 반드시 동일한 것 만은 아니다. 獨逸民法과 瑞西民法은 質權에는 物上代位를 認定하지 않고 抵當權에 한해서만 이를 인정하는 한편, 代位할 수 있는 대상도 賃料請求權(獨民 §1123 이하, 瑞民 §806), 保險金請求權(獨民 §1127, 瑞民 §822), 公用徵收에 기한 補償金請求權(獨民 §1128, 瑞民 §804)에 한정하고 있으며, 佛蘭西는 民法에 物上代位에 관한 규정을 두지 아니하고 保險契約法(§37), 公用徵收法(§§17, 54)에 개별적으로 保險金請求權 및 補償金請求權에 대하여 저당권에 기한 物上代位를 규정하고 있을 뿐이다. 우리 民法과 같이 物上代位를 擔保物權의 공통적인 원칙으로 규정하고 있는 체제는 伊太利舊民法(§1951)이다. 日本民法은 이 체제를 본받으면서 代位의 목적물을 賣却代金·賃貸料 등에까지 확대하였으니 우리 民法도 같은 체제를 취하면서 代位發生事由만은 伊太利舊民法과 마찬가지로 滅失·毁損 등에 한정하고 있다.

物上代位가 인정되는 근거에 관하여 通說은, 擔保物權은 목적물의 실체를 목적으로 하는 權利가 아니라 그 交換價値의 지배를 목적으로 하는 이른바 價値權이므로 目的物 자체가 멸실 또는 훼손되더라도 그 교환가치를 대표하는 다른 물건이 존재하는 때에는 그 물건 위에 擔保權을 존속시키는 것이 擔保物權의 本質上 당연하기 때문이라고 설명한다.[1] 오래된 學說 중에는 物上代位는 擔保物權의 성질로부터 당연히 우러나오는 權利가 아니라 法이 擔保權者를 보호하기 위하여 특별히 인정한 權利라고 하는 견해도 있다.[2]

本條는 任意規定으로서 當事者 사이의 특약으로 배제할 수 있다.

Ⅱ. 物上代位의 目的物

1. 物上代位가 인정되는 것은 質物의 滅失·毁損 또는 公用徵收로 인하여 質權設定者가 받을 金錢 기타의 물건이다. 그러나 엄밀하게 말하면 金錢 기타의 물건 그 자체가 아니라 그에 관한 請求權이다. 金錢 기타의 물건 자체에 대하여 우선적인 권리를 인정하는 것은 債務者의 일반재산에 대하여 優先權을 인정하는 결과가 되어 제도의 취지에 반하기 때문이다.

物上代位의 목적이 되는 것은 賠償金이나 補償金 등의 金錢請求權이 대부분이 될 것이다. 金錢 기타의 물건을 받게 되는 원인이 法規上의 것이든 契約上의 것이든 묻지 아니하므로 화재로 인한 保險金請求權도 당연히 物上代位의 목적이 된다.

2. 舊民法은 質物이 賣却 또는 賃貸된 경우 그 賣却代金 또는 借賃에 대하여도 物上代位를 인정하였으나 현행 民法은 質物에 대한 質權者의 追及이 가능한 때에는 物上代位를 인정하지 아니한다.

3. 滅失이라 함은 物理的인 滅失뿐만 아니라 法律的인 滅失, 예컨대 附合·混和·加工 등으로 인하여 所有權을 상실하는 경우를 포함한다. 公用徵收도 質物에 대한 追及이 불가능한 경우이므로 결국 法律上 멸실의 일종이다. 滅

1) 郭潤直, 262; 李英俊, 715.
2) 日注民(8), 97 및 日注民(9), 52 참조.

失·毁損의 원인은 묻지 아니하나 質權者의 과실에 기하지 않은 것이어야 한다. 예컨대, 제3자가 質物을 훼손한 데 대하여 質權者의 善管注意義務가 경합된 때에는 그 損害賠償金에 대하여 物上代位를 할 수 없다.

4. 法文은 質權設定者가 받을 金錢 기타의 物件이라고 되어 있으나 質權設定者뿐만 아니라 質物의 第3取得者가 받을 金錢 기타의 物件도 포함한다고 보아야 할 것이다.

Ⅲ. 物上代位의 行使要件

質權者가 物上代位權을 행사하기 위하여는 金錢 기타 物件의 支給 또는 引渡 전에 이를 압류하여야 한다. 일단 質權設定者가 이를 支給 또는 引渡받으면 質權設定者의 일반재산과 혼합되어 特定性을 잃게 되고, 그 후에까지 質權者의 추급을 허용하면 제3자에게 不測의 손해를 줄 우려가 있기 때문이다.

이 押留는 반드시 代位權을 행사하는 質權者 본인이 하여야 할 필요는 없다함이 通說이다.[3] 押留를 요하는 목적이 金錢 기타 物件의 特定性을 보존하려는 데 있는 것이므로 제3자의 押留에 의하여도 그 목적을 달할 수 있는 이상 굳이 質權者 본인이 압류할 것을 요구할 필요가 없다는 이유이다. 이에 대해 押留는 반드시 代位權을 행사하는 質權者가 하여야 한다는 少數說이 있다.[4]

이 押留의 法的 性質은 權利保全을 위한 假押留에 가깝고 실제로 假押留의 절차에 의할 것이라는 견해가 유력하다.[5] 이 押留에는 債務名義를 요하지 아니한다.

優先權있는 數人의 債權者의 압류가 경합된 경우의 상호 優劣關係는 본래의 권리의 優先順位에 따라야 할 것이며, 押留 전에 請求權의 양도, 轉附命令 등에 의하여 請求權이 他에 이전된 경우에도 特定性이 유지되는 한 그 請求權에 대한 追及이 가능하다고 해석할 것이다. 다만 物上代位가 담보권의 性質上

3) 郭潤直, 503; 金曾漢, 443; 崔栻, 336; 李英俊, 716; 金容漢, 510.

4) 金顯泰, 121. 이 견해는 物上代位가 擔保物權의 당연한 속성이 아니라 質權者를 보호하기 위하여 法이 특별히 認定한 權利라고 파악하는 데서 출발하는 것으로서 押留를 優先權確保를 위한 절차적인 요건으로 본다. 日本의 判例도 같은 見解이다. 日大判 大 12(1923). 4. 7(民集 2, 209). 다만 그 이전에는 反對趣旨의 判例도 있었다.

5) 林良平, 日注民(8), 102.

당연한 권리가 아니라 法이 특별히 인정한 권리이며, 押留는 그 優先權確保를 위한 節次的 要件이라고 보는 견해에서는 押留의 순서에 따라 優先順位를 결정할 것이고 또한 押留 전에 請求權이 他에 이전됨으로써 質權者가 이미 優先權을 확보할 기회를 상실한 이상 그에 대한 추급이 불가능하다고 해석할 것이다.

[梁 承 泰]

第 343 條 (準用規定)

第248條 내지 第251條, 第321條 내지 第325條의 規定은 動産質權에 準用한다.

차 례

Ⅰ. 善意取得(民 §§ 343, 249-251)

動産所有權의 善意取得에 관한 규정은 동산질권에 전면 準用된다. 같은 動産物權이라도 法定擔保物權인 유치권은 그 요건이 엄격히 法定되어 있어 선의취득이 준용될 여지가 없으므로 결국 善意取得의 法理가 적용될 수 있는 動産物權은 所有權과 質權에 한정된다. 善意取得의 要件(民 § 249), 盜品에서의 特則(民 §§ 250, 251), 效果 등은 모두 所有權에서 설명한 것과 전혀 동일하다.

Ⅱ. 不可分性(民 §§ 343, 321)

不可分性은 擔保物權의 효력을 강화하기 위하여 인정되는 것으로서 擔保物權의 일반적 특성이다. 民法은 이 원칙을 留置權에 관하여 규정한 후 質權과

抵當權(民 § 370)에 관하여 이를 준용하고 있다.

質權者는 債權의 元本 또는 利子 중 일부라도 남아 있는 때에는 그 전부를 辨濟받을 때까지 質物의 전부를 留置하고 競賣할 수 있다. 被擔保債權의 일부가 辨濟 등의 사유로 소멸하였다 하여 質權이 비례적으로 소멸하는 것이 아님은 물론 質物의 일부가 不可抗力 등의 사유로 滅失되었다 하여 被擔保債權이 滅失部分의 價額에 상응하여 減額되는 것도 아니다. 不可分性에 관한 규정은 任意規定이므로 당사자의 특약으로 그 적용을 배제할 수 있다.[1]

Ⅲ. 留置的 權能에 關聯된 權利, 義務

質權의 留置的 權能은 그 효력이 약한 것을 제외하면 留置權에 있어서와 거의 동일하다. 따라서 그에 관련된 일련의 규정은 質權에서 準用되고 있다.

1. 果實收取權(民 §§ 343, 323)

質權者는 質物의 果實을 수취하여 우선적으로 債權辨濟에 충당할 수 있다(民 § 323 I 本文). 質權者는 質物에 관하여 善管義務를 부담하므로(民 §§ 343, 324 I) 그에 대한 補償으로 이러한 權利를 인정하는 것이 공평하기도 하거니와 質權設定者나 債務者에게도 아무 不利益이 없기 때문이다. 이 規定의 法的 性質에 관하여는 質權者는 果實을 수취함으로써 그 소유권을 취득한다는 見解[2]와 그 果實에 관하여 質權을 취득할 뿐이라는 見解[3]가 대립하고 있다. 後述하는 바와 같이 현행 民法은 舊民法과 달리 金錢 아닌 果實은 競賣에 의하여 換價한 후 債權에 충당하도록 규정하고 있으므로 그 解釋上 後說이 타당하다고 본다.

本條의 果實에는 天然果實뿐만 아니라 法定果實도 포함한다. 예컨대, 質權設定者의 승낙을 얻어 質物을 賃貸한 경우의 借賃이 그것이다. 質權者가 質物의 보존을 위하여 質物을 사용하거나 質權設定者의 承諾을 얻어 質物을 사용한 경우 質權設定者에게 반환하여야 할 借賃相當의 이익은 엄격하게 말하여 果實이라고 볼 수는 없으나 果實에 준하여 취급할 것이다(異說 없음).

果實이 金錢인 때에는 바로 債權辨濟에 충당할 수 있으나 그 밖의 경우에

1) 同旨 李英俊, 718.
2) 方順元, 233-234.
3) 李英俊, 682, 720; 張庚鶴, 683.

는 競賣에 의하여 換價하여야 한다(民 §323 I 但). 民法은 이 규정을 신설함으로써 換價方法에 관한 의문을 해소하였다. 그러나 質物 자체의 換價方法과의 균형상 果實에 대하여도 競賣 외에 簡易辨濟充當의 방식(民 §338 II)에 의할 수도 있다 할 것이며,[4] 그 밖에 當事者의 합의에 의한 評價 또는 競賣遲滯로 인하여 손해가 생길 염려가 있는 경우 質權者 스스로에 의한 換價 등도 가능하다고 하는 것이 通說이다.[5] 收取한 果實은 먼저 債權의 利子에 충당하고 나머지가 있으면 元本에 충당한다(民 §323 II).

2. 質物使用權(民 §§343, 324 II)

質權은 債權擔保를 위하여 質物을 占有할 권능을 가질 뿐이므로 質權者는 質物을 使用·收益할 수 없는 것이 원칙이지만 예외적으로 質物의 보존에 필요한 범위 안에서는 이를 使用할 수 있다(民 §324 II 但). 이러한 使用이 허용되는 이유는 그 사용이 동시에 質權者가 부담하는 質物保管義務(民 §324 I)의 履行手段도 되는 것이므로 質權設定者에게도 아무 불이익이 없기 때문인 것이지 적극적으로 質權者에게 使用利益을 주고자 함이 아니다. 따라서 質權者가 質物의 사용으로 얻은 利益은 不當利得으로서 이를 質權設定者에게 반환하여야 한다. 다만 이로써 優先辨濟에 충당할 수 있음은 民 §§343, 323 참조.

質權設定者의 承諾이 있으면 질권자는 保存行爲의 범위를 넘어 質物을 使用·貸與 또는 擔保提供을 할 수 있다(民 §324 II 本文). 다만 民 §332와의 관계상 質權設定者에게 質物을 賃貸하는 것은 허용되지 않는다고 보아야 할 것이다.[6]

質權者가 질권설정자의 承諾없이 보존행위의 범위를 벗어나서 質物을 사용하거나, 他에 賃貸 또는 擔保提供한 때에는 質權設定者는 유치권의 소멸을 청구할 수 있다. 이에 관하여는 質權者의 善管義務에서(民 §324 I) 설명한다.

3. 費用償還請求權(民 §§343, 325)

質權者는 質物을 선량한 관리자의 주의로 보관할 義務를 지나(民 §§343, 324 I) 그 保管費用을 質權者에게 부담시킬 이유는 없으므로 質權者가 質物의 보관을 위하여 필요비를 지출한 때에는 所有者에 대하여 그 償還을 청구할 수 있다(民 §325 I).

---

4) 李英俊, 684.
5) 郭潤直, 479; 金曾漢, 422; 張庚鶴(上), 290; 李英俊, 684.
6) 同旨 李英俊, 721.

이 費用은 質權에 의하여 담보된다(民 §334).

質權者가 有益費를 지출한 때에는 그 價額의 增加가 현존하는 경우에 한하여 소유자의 선택에 좇아 지출한 金額이나 增加額의 償還을 청구할 수 있다(民 §325 Ⅱ 本文). 有益費의 償還請求에 대하여는 法院이 償還期間을 許與할 수 있다(民 §325 Ⅱ 但). 有益費는 이른바 「物件에 관하여 생긴 債權」이므로 그에 관하여 留置權을 행사할 수 있다. 다만 法院이 償還期間을 許與한 때에는 그 상환기간이 滿了되기까지는 留置權을 행사할 수 없다.

4. 善管義務(民 §§343, 324)

質權者는 선량한 관리자의 주의로 質物을 占有하여야 한다(民 §324 Ⅰ). 質權者는 債權擔保의 목적으로 質物을 점유하는 것이므로 債權이 辨濟되면 이를 다시 반환하여야 한다. 質權者에게 善管義務가 부과되는 이유는 이 때문이다. 質物의 보존을 위하여 사용이 필요한 경우에 質物의 사용을 게을리 하는 것도 善管義務에 위배되는 것이라 할 것이다. 또한 質權設定者의 承諾없이는 보존의 범위를 넘어 質物을 사용하거나 이를 貸與 또는 擔保提供할 수 없다(民 §324 Ⅱ).

質權者가 이상과 같은 義務를 위반한 때에는 質權設定者는 質權의 소멸을 청구할 수 있다(民 §324 Ⅲ). 이 消滅請求權은 形成權으로서 질권자에 대한 일방적인 意思表示에 의하여 質權消滅의 효과가 발생하는 單獨的 物權行爲라고 함에 異說이 없다.

[梁 承 泰]

第344條(他法律에 의한 質權)

本節의 規定은 다른 法律의 規定에 의하여 設定된 質權에 準用한다.

다른 法律에 의하여 設定된 質權에는 商 §59에 의한 商事質과 典當鋪營業法에 의하여 설정된 典當鋪主의 質權이 있다. 이들 質權에도 별도의 규정이 없는 한 本節의 규정이 準用된다.

[梁 承 泰]

證券에 의하여 表象되는 動産의 入質과 貨換 後論

차 례

Ⅰ. 證券에 의한 動産質

1. 槪 說

近代 商去來法은 製造業者나 商人 등이 소유하는 상품의 거래를 원활하게 하기 위하여 證券에 의하여 상품을 表象하는 방법을 개발하였다. 運送證券(貨物相換證 및 船荷證券)과 倉庫證券이 그것으로서, 이들 證券의 점유는 그 證券이 表象하는 상품의 점유와 동시되어 상품의 賣買, 擔保提供 기타 처분은 모두 證券만에 의하여 간단히 이루어지므로 商品 그 자체에 대한 事實的 支配는 그다지 의미가 없다. 前述한 바와 같이[1] 動産質權은 債務者로부터 목적물의 使用·收益權能을 박탈하는 留置的 作用으로 인하여 그 기능이 겨우 庶民金融이라는 한계에 부딪치고 있다. 그러나 위와 같은 證券에 의한 質權에 있어서는 상품 그 자체의 占有는 문제시되지 않으므로 위 留置的 權能은 실질적인 意義를 상실하여 사실상 抵當權과 비슷한 모습을 띠게 된다. 따라서 이러한 분야에서의 質權은 庶民金融으로서의 한계를 뛰어 넘어 企業金融으로서 새로운 역할을 수행할 수 있게 되는 것이다. 이들 證券에 의한 質權設定은 본질적으로 商法의 영역에 속하는 사항이므로 여기서는 槪要만을 소개하는 데 그친다.

2. 運送證券에 의한 入質

(1) 運送物에 대한 引渡請求權이 化體되어 있는 證券을 運送證券이라 한다. 운송증권에는 貨物相換證과 船荷證券이 있는데, 前者는 陸上物件運送契約

1) 前論 Ⅳ. 참조.

에 기하여 送荷人의 청구에 따라 運送人이 발행하고(商§128), 後者는 海上物件運送契約에 기하여 傭船者 또는 送荷人의 청구에 따라 船舶所有者 또는 그 위임을 받은 船長 기타의 사용인이 발행한다(商§813). 이들 證券은 모두 運送중인 물품의 소유권을 表象하는 것으로서 그 法律的 性質과 效果도 거의 동일하여(商§820) 다같이 償還證券(商§129), 法律上 당연한 指示證券(商§130), 處分證券(商§132), 引渡證券(商§133)으로서의 성질을 가진다.

(2) 運送證券에 의한 入質의 방식에 관하여 商法은 아무 규정을 두고 있지 아니하므로 결국 일반적인 讓渡方式에 의하여야 할 것이다. 運送物의 入質과 관련하여 運送證券의 法的 性質 중 특히 중요한 것은 處分證券性과 引渡證券性이다. 즉 運送證券이 발행된 경우에 運送物에 관한 처분은 運送證券으로써 하여야 한다(商§§132, 820). 여기에서 「運送證券으로써 하여야 한다」함은 반드시 運送證券의 讓渡方式, 즉 記名式 내지 指示式인 경우에는 證券에 背書・交付(商§§130, 508), 無記名式 또는 選擇無記名式의 경우에는 證券의 交付에(民§523) 의할 것을 뜻하는 것이므로 그에 의하지 않은 運送物의 讓渡, 入質 기타의 처분은 무효이다. 다만 運送證券없이 運送物을 직접 引渡받은 경우에 善意取得의 요건을 구비한다면 예외적으로 그 運送物에 대한 권리를 취득할 수 있다. 또한 運送證券을 교부한 때에는 運送物 위에 행사하는 權利에 관하여 運送物을 引渡한 것과 동일한 효력이 있으므로(商§133) 運送物에 대한 質權者가 運送證券을 교부받은 때에는 運送物 자체에 대한 占有를 취득하게 된다. 따라서 運送證券에 의한 運送物의 入質은 權利質權이 아니라 動産質權에 해당하고, 運送證券에 대한 質權을 선의취득하면 運送物 자체에 관한 質權을 선의취득하게 되는 것이다. 質權者가 運送證券을 繼續占有함으로써 運送物에 대한 점유도 계속될 것이나 質權者가 도난・분실 기타 사유로 意思에 반하여 運送證券의 점유를 상실하는 경우에도 除權判決에 의하여 證書에 의한 權利를 주장할 방법이 있으므로(民訴§468) 바로 運送物에 대한 占有를 상실하는 것이라고 볼 것은 아니다.

(3) 運送證券에 의한 入質의 방식이 讓渡의 방식과 동일하므로 當事者의 意思가 분명하지 않은 경우에 이를 質權設定으로 볼 것인가, 讓渡擔保로 볼 것인가가 문제될 수 있다. 日本에 있어서의 主流的 견해는 貨換의 경우에 合意內容이 명확하지 않으면 動産質權을 설정한 것으로 보고 있으나[2)] 債權者는 擔保物을 비교적 자유스러운 방식으로 換價할 수 있는 讓渡擔保 쪽을 선호할 것이

2) (註 6) 참조.

고 企業金融을 모색하는 債務者로서도 이에 반대할 이유가 없을 것이므로 오히려 讓渡擔保의 意思로 추단하는 것이 합리적이라고 본다. 다만 後述하는 바와 같이 이러한 유형의 擔保에 있어서 그 내용이 質權인지 讓渡擔保인지에 따라 실질적인 차이는 없으므로 이를 論議할 실익은 적다.

(4) 被擔保債權의 額은 運送證券에 나타나는 것이 아니고 當事者 사이의 約定에 의하여 정해질 것이나 흔히 貸換어음과 結合되어 있는 경우가 많다. 이 경우에는 貸換어음의 額面金額이 被擔保債權이 될 것이다. 運送證券에 의하여 運送物을 入質함으로써 質權設定者는 運送物의 처분에 어려움을 가질 것이나 質權設定者는 運送物을 入質함으로써 이미 그 價額相當의 金融目的을 달하였으므로 그 때문에 입는 불편은 적을 것이다.

債權辨濟가 없을 때에는 質權者는 원칙으로 動産競賣의 방법으로 證券을 換價하여 그 賣得金으로부터 優先辨濟를 받을 것이나 그 밖에 證券을 처분하거나 證券에 의하여 運送物을 引渡받아 이를 처분하여 優先辨濟를 받을 수도 있다 함이 通說이다.[3] 그러나 質權實行의 방식은 원칙으로 競賣에 의하여야 할 것이고(民 §338) 流質禁止規定(民 §339)은 여기에서도 적용이 있는 것이므로 위와 같이 자유스러운 방식으로 質權을 실행할 수 있는 근거는 의문이다. 다만 運送證券에 의한 入質은 대부분 商行爲로서 流質契約이 허용되는 경우가 많을 것이고(商 §59), 또한 入質보다는 讓渡擔保로 해석되는 경우가 많을 것이므로[4] 실제로는 위와 같이 비교적 자유스러운 換價方式을 취할 수 있는 경우가 오히려 더 많을 것이다.

3. 倉庫證券에 의한 入質

倉庫證券이라 함은 倉庫業者에 대한 任置物返還請求權을 表象하는 유가증권으로서 任置人의 청구로 倉庫業者가 발행한다(商 §156). 倉庫證券에 관한 立法例로서는 複卷主義, 單卷主義, 竝用主義의 세 가지가 있는데, 우리 商法은 單卷主義를 채택하고 있고 그에 관하여 運送證券과 동일한 법적 성격을 부여하고 있다(商 §157). 따라서 質權設定의 방식·효과 등은 運送證券에서 설명한 것과 동일하다. 다만 倉庫證券의 경우에는 質權者의 승낙이 있으면 辨濟期 전이라도 任置物의 一部返還을 청구할 수 있도록 하였다(商 §159).

3) 郭潤直, 518; 李英俊, 742; 我妻 외 4 編著, 判例コンメンタルIII 擔保物權法, 152.
4) 前論 IV. 4. 참조.

Ⅱ. 貨 換

運送을 媒介로 한 隔地者 사이의 賣買에 있어 賣渡人이 금융을 얻거나 賣買代金을 推尋하기 위하여 買受人 또는 그가 지정한 은행을 支給人으로 하여 換어음을 발행하고 賣買의 목적물을 表象하는 運送證券을 그 어음債權의 담보로 첨부한 것을 貨換이라 하고, 이러한 어음을 貨換어음이라 한다.[5] 貨換어음이라 하여도 그 자체의 法律的 性質은 보통의 換어음과 동일하고 다만 經濟的 用途가 특수할 뿐이다. 賣渡人은 이 어음을 우선 자기가 거래하는 銀行에 提示하여 割引을 받음으로써 賣買代金 상당을 취득하고, 그 銀行은 이를 支給人에게 제시하여 支給을 받음으로써 割引代價를 회수한다. 買受人은 직접 또는 그의 去來銀行을 통하여 어음금을 지급한 후 運送證券을 교부받아 목적물의 引渡를 받게 되는 것이다.

貨換어음을 割引하는 경우 割引銀行은 그에 첨부된 運送證券을 교부받음으로써 運送物 위에 擔保權을 취득한다. 그 擔保權의 내용은 當事者 사이의 合意에 의해 정해질 것이다. 合意內容이 명백하지 않을 경우에 銀行은 어떤 내용의 擔保權을 취득한 것으로 볼 것인가가 문제되는데, 日本의 있어서는 質權을 취득하는 것으로 보는 見解가 우세한 듯하나[6] 오히려 運送品을 擔保의 목적으로 銀行에 信託的으로 讓渡한 것으로 보는 것이 去來의 실정에 맞을 것으로 생각한다. 이 擔保權의 被擔保債權은 換어음에 표시된 額面金額이다. 支給人 또는 買受人이 어음금을 지급한 때에는 割引銀行은 運送證券을 상대방에게 교부하여야 한다. 만일 어음금을 支給받지 못한 때에는 銀行은 우선 發行人에 대하여 償還請求를 하고 그로써 만족을 얻지 못한 경우에 비로소 質權을 실행할 수 있는 점에 특징이 있다. 그러나 보통의 경우 銀行이 바로 運送物을 처분할 수 있도록 特約을 맺는 것이 대부분이다.

[梁 承 泰]

---

5) 경우에 따라서는 貨換어음을 貨換과 동일한 의미로 使用하기도 한다.
6) 石田喜久夫, 日注民(8), 313 참조. 또한 前論 Ⅳ. 4. 참조.

第 2 節　權利質權

차　례

Ⅰ. 總　　說

1. 權利質權의 意義

財產權을 目的으로 하는 質權을 權利質權이라고 한다(民 §345). 質權은 원래 有體物에 대하여 발달하였고 有體物의 위에 존재하는 것이 원칙이다(民 §329). 그러나 質權의 주된 작용은 目的物을 환가하여 그 대가로부터 被擔保債權을 우선적으로 辨濟받는 점에 있으므로 환가에 의하여 優先辨濟를 받을 수 있다면 質權의 목적물을 有體物에 한할 이유는 없는 것이다.

이러한 이유에서 民 §345는 財產權에 관하여도 質權設定이 가능하다고 규정하고 있다. 다만 權利質權制度는 物質質權制度보다도 뒤늦게 발전하였고, 그 要件 및 效果에 있어서도 物質質權과는 다른 점이 있기 때문에 우리 民法은 §329 이하에서 物質質權(動產質權)을 규정하고 이 규정들을 權利質權에 준용하는 체제를 취하고 있다.

2. 權利質權의 目的이 될 수 있는 權利

원칙적으로 讓渡할 수 있는 財產權은 權利質權의 목적이 될 수 있다. 그러나 不動產의 使用·收益을 目的으로 하는 權利는 質權의 목적이 될 수 없다(民 §345 但). 이것은 우리 民法이 不動產質權을 인정하지 않는 것과 동일한 趣旨라고 볼 수 있다. 따라서 부동산에 준한 것으로 취급되는 財產權, 예컨대 鑛業權,

漁業權, 財團 등도 質權의 목적이 될 수 없다. 權利質權의 목적으로서 실제로 중요한 意義를 가지는 것은 債權·株式 및 無體財産權이라고 할 수 있다.

3. 權利質權의 沿革 및 比較法

로마法에서는 이미 債權質權을 비롯하여 각종의 財産權의 入質이 인정되었지만 權利質權이 주목을 받기 시작한 것은 財産權, 특히 債權이 독립한 交換價値를 인정받게 되고 나아가 財産權을 화체한 有價證券制度가 발달하게 된 이후의 일이다.

佛蘭西民法은 각종의 財産權을 無體動産으로 취급하여 權利質權에 해당하는 것을 動産質權에 포함시키고 있으므로(佛民 § 527), 權利質權에 관한 체계적인 규정은 없다. 이와 달리 獨逸과 瑞西의 民法은 동산질권과 함께 권리질권에 관한 상세한 규정을 갖고 있다(獨民 §§ 1273-1296, 瑞民 §§ 899-906). 현행 民法은 權利質權에 관하여 舊民法을 수정하고 권리질권의 設定方法(民 § 346), 抵當債權에 대한 質權의 附記登記(民 § 348), 無記名債權에 대한 質權設定方法(民 § 351), 質權設定者의 權利處分制限(民 § 352) 등의 네 개 규정을 신설하였다.

4. 權利質權의 作用

質權은 본래 有體物에 대한 擔保物權으로서 유체물의 이용가치를 지배하여 債務의 辨濟를 강요하는 것이다. 그러나 質權의 궁극적인 목적이 被擔保債權의 만족에 있다면 交換價値가 있는 한 그 目的物을 반드시 有體物에 한정할 필요가 없는 것이다. 더욱이 有體物 이외의 無形의 財産權이 경제거래에서 중대한 위치를 차지하게 되고, 특히 有價證券化된 권리가 신용거래의 필요에 따라서 質權이 대상이 됨으로써 權利質權은 擔保物權制度에 있어서 중대한 작용을 하기에 이르렀다.

이러한 權利質權은 物質質權과는 달리 利用價値의 지배보다는 交換價値를 환가하여 被擔保債權을 우선변제받는다는 점에서 그 중심적인 기능을 발휘한다. 따라서 權利質權은 抵當權과 마찬가지로 物權性으로부터 어느 정도 탈피하여 價値權으로 순화된 擔保權으로 볼 수 있다.

5. 權利質權의 法的 性質

權利質權을 순수한 質權으로 볼 수 있는가에 관하여 견해가 나누어져 있었다. 獨逸 보통법시대에는 質權者가 직접 債權의 推尋權을 갖는다는 점을 설명하기 위하여 權利質을 權利讓渡의 일종으로 보는 설이 있었지만(權利讓渡說),[1] 獨逸民法典의 제정시에 권리질권은 權利의 讓渡가 아니라 權利 자체를 목적으로 하는 質權이라는 견해(權利目的說)를 채택하였다. 우리 民法의 해석에 있어서도 通說은 權利目的說을 취하고 있다.

權利質權이 財產權을 목적으로 하는 質權이라고 본다면 그것이 物質質權과 동일한 物權이라고 할 수 있는가가 문제된다. 動產質權과 權利質權은 擔保物權으로서 목적물의 交換價値를 궁극적으로 지배한다는 점에 있어서는 양자 사이에 아무런 본질적인 차이가 없는 것이다.

그러나 權利質權은 권리를 목적으로 하므로 그 留置的 作用에 있어서는 動產質權과 다른 점이 있다. 動產質權의 留置的 作用은 목적물의 이용을 質權者가 박탈함으로써 債務의 이행을 강요하는 것임에 비하여 權利質權에 있어서는 權利의 행사 또는 處分만을 제한함으로써 優先辨濟받을 권리를 확보하자는 것이다.

더욱이 有價證券에 표창된 財產權의 入質은 質權設定者의 이용을 빼앗는 심리적 강제의 요소가 희박하고 債務不履行時 교환가치의 취득을 위한 證券의 점유이전만이 있게 된다. 이 경우에는 質權的 要素보다는 抵當權的 要素가 훨씬 많으며, 이 점에 있어서 權利質權은 금융의 매개로서 抵當權과 비슷한 작용을 하므로 성질상 質權과 抵當權의 중간에 위치한다고 볼 수 있다.[2]

Ⅱ. 債權質權

1. 債權質權의 設定과 對抗要件

(1) 設定方法

指名債權의 경우 債權證書가 있는 경우에는 債權質權設定의 합의 외에 그 證書를 質權者에게 交付하여야 효력이 생긴다(民 § 347). 債權證書가 없는 경우에는 합의만으로 債權質權이 설정된다. 指示債權을 목적으로 하는 質權의 설정에는 證書에 背書하여 질권자에게 교부함으로써 효력이 생기고(民 § 350), 無記名債權을

1) 權利讓渡說에 속하는 것으로는 停止條件附讓渡說, 解除條件附讓渡說, 內容制限的讓渡說, 設定的讓渡說, 質權者加入說 등이 있다. 張庚鶴, 物權法(1987), 739-740 참조.
2) 郭潤直, 物權法(1990), 521; 金容漢, 物權法論(1990), 525; 張庚鶴, 741.

목적으로 하는 質權의 설정은 證書를 질권자에게 교부함으로써 효력이 생긴다(民 §351).

(2) **對抗要件**

指名債權을 목적으로 하는 質權의 설정은 質權者가 指名債權讓渡의 對抗要件에 관한 民 §450의 규정에 따라서 제3채무자에게 質權設定 사실을 通知하거나 제3채무자가 이를 承諾하지 아니하면 이로써 제3채무자 기타 제3자에게 대항하지 못한다(民 349 § I). 이 경우 通知 또는 承諾의 효과에 관하여는 民 §451가 준용된다. 指示債權讓渡의 경우에는 그 效力發生要件이 대항요건이 되며, 無記名債權의 경우에는 證書의 占有의 계속이 대항요건이다.

(3) **抵當債權에 대한 質權**

抵當權으로 담보한 債權을 質權의 목적으로 한 경우에는 그 抵當權登記에 質權의 附記登記를 하여야 효력이 抵當權에 미친다(民 §348).

(4) 債權質權의 목적으로 될 수 있는 債權에 관하여는 民 §331가 준용된다.

(5) 被擔保債權은 物質質權의 경우와 같다.

2. 債權質權의 內容

債權質權의 경우에 質權의 목적물은 권리이므로 質權의 基本的 權能인 留置的 權能 및 優先辨濟的 權能은 동산질권의 경우와는 다른 형태로 나타난다. 債權質權의 留置的 權能은 질권설정자의 權利處分을 제한하도록 하며(民 §352), 優先辨濟的 權能은 債權을 유치물과 동일한 방법으로 換價處分하기에는 적합하지 않기 때문에 質權者에게 제3자에 대한 직접적인 推尋權을 주는 형태로 변경되어 있다(民 353 § I). 채권질권이 入質債權에 미치는 拘束力(民 §352), 債權質權의 優先辨濟權能과 그 실행방법(民 §§ 353, 354), 채권질권의 擔保的 支配와 債權質權이 미치는 目的 및 被擔保債權과의 관계(民 353 § Ⅲ), 債權質權의 처분(民 §§ 329, 339 참조) 등에 관하여는 후술한다.

權利質權에는 動産質權에 관한 규정을 준용한다고 규정되어 있고(民 §355), 動産質權에 관한 民 §343는 留置權에 관한 民 §323(果實收取權), 民 §324(留置權者의 善管注意義務), 民 §325(留置權者의 償還請求權)를 준용하고 있다. 그러나 債權質權의 경우에 留置的 權能은 物質質權과는 다른 점이 있으므로 이러한 규정들이 그대로 적용될 수 있을지는 의문이다.

3. 債權質權의 侵害에 대한 效力

債權質權은 質權 자체와 交付받은 債權證書에 관하여 담보권에 기한 지배력이 미치므로 이것이 침해받는 경우에 侵害의 除去 및 損害賠償을 청구할 수 있다.

4. 債權質權의 消滅

債權質權은 被擔保債權의 소멸, 質權의 실행, 質權에 우선하는 다른 債權者의 競賣 등으로 消滅하게 된다. 質權者가 質權設定者에게 質物을 반환하면 質權이 소멸한다고 보는 견해(多數說)에 의하면 指名債權의 債權證書를 質權設定者에게 반환하면 質權은 消滅하게 되지만 指示債權의 경우에는 그러하지 아니하다.

Ⅲ. 其他의 權利質權

債權 이외의 權利質權에 대하여 民法은 규정을 두고 있지 않다. 개개의 權利에 관한 특별법의 규정이나 그 權利의 성질에 따라서 해결하여야 한다. 주로 株式과 無體財產權 등에 관한 權利質權이 문제된다. 이러한 權利들에 관한 구체적인 내용은 債權質權의 설명에서 함께 하기로 한다.

[鄭 東 潤]

第345條(權利質權의 目的)

質權은 財產權을 그 目的으로 할 수 있다. 그러나 不動產의 使用, 收益을 目的으로하는 權利는 그러하지 아니하다.

차 례

Ⅰ. 本條의 趣旨

權利質權의 目的으로 될 수 있는 것은 讓渡性을 가지는 財產權으로서 法律上 質權設定이 금지되어 있지 않고 성질상 質權의 목적이 될 수 있는 것이어야 한다. 따라서 특정인을 가르친다든가 특정인의 肖像을 그리는 것을 목적으로 하는 채권, 不作爲債權은 성질상 讓渡가 허용되지 않는 채권으로서 權利質權의 목적이 되지 못하며, 근로자의 災害補償請求權(勤基 §86), 親族間의 扶養請求權(民 §979) 등은 法律上 양도가 금지되어 있으므로 權利質權의 목적이 될 수 없다. 또한 法律上 擔保提供이 금지되어 있는 채권, 公務員 또는 軍人의 年金請求權(公務員年金 §12, 軍人年金 §7) 등도 權利質權의 목적이 될 수 없다.

不動產의 使用·收益을 목적으로 하는 權利는 本條 단서에 의하여 質權의 목적이 될 수 없고, 不動產에 준하는 財產權, 예컨대 鑛業權, 漁業權, 工場財團 등도 質權의 목적이 될 수 없다(鑛業 §13, 水業 §15 Ⅲ, 工抵 §14 Ⅱ, 鑛抵 §5).

權利質權의 목적이 될 수 있는 財產權 중에서 중요한 다음과 같다.

Ⅱ. 債　　權

1. 通常의 債權

(1) 意　　義

債權은 원칙적으로 讓渡性을 가지며(民 §449) 그 推尋, 換價에 의하여 被擔保

債權을 만족시키기에 적합한 財產權이므로, 民法에 명문의 규정은 없지만 權利質權에 관한 규정은 모두 債權質에 적용될 수 있다. 예컨대, 매수인에 대한 賣買代金債權, 도급인에 대한 工事代金債權, 금전소비대차의 차주에 대한 貸與金債權, 預金債權 등이 權利質權의 목적이 될 수 있다.

(2) 質權者 자신에 대한 債權

質權者 자신에 대하여 質權設定者가 갖는 債權도 權利質權의 목적이 될 수 있다.[1] 예컨대, 銀行이 고객의 정기예금 위에 質權을 취득하거나, 保險會社가 보험금 위에 質權을 취득하여 預金者나 保險加入者에게 금융을 주는 경우이다. 이 경우에 債權은 債權者나 債務者의 인격으로부터 독립한 객관적인 존재를 취득하여 讓渡性을 가지므로 이러한 債權에도 質權이 성립할 수 있다. 또한 위의 預金者나 保險加入者나 破產한 경우에 銀行이나 保險會社가 자기재산에 대하여 優先辨濟權을 갖는다는 점은 경제적으로도 중요한 의미가 있기 때문에 자신에 대한 債權質權의 성립이 유용한 것이다.

生命保險會社가 解約返還金의 범위에서 保險契約者에게 대부하는 保險證券貸付도 보험금청구권 또는 해약반환금청구권 등의 生命保險會社에 대한 청구권에 質權을 설정하는 消費貸借로 볼 수 있다. 信託會社가 자기에 대한 信託收益者의 信託收益證券에 質權을 설정하는 것은 受託者의 利益享受禁止(信託 § 29), 受託者의 權利取得制限의 규정(信託 § 31)에 저촉되지 않으며 유효라는 日本大法院判例도 있다.[2] 이러한 債權質權의 실행은 相計의 방법에 의하여 이루어질 수 있다.[3]

(3) 장래의 債權 · 條件附債權 · 選擇債權

이러한 債權도 讓渡나 換價가 가능하다면 權利質權의 대상이 될 수 있다.[4] 獨逸[5]과 日本[6]의 判例는 이러한 債權에 대하여 質權의 설정을 인정하고 있다.

---

1) 郭潤直, 522; 金容漢, 530; 金曾漢, 物權法講義(1988), 379; 李英俊, 物權法(1990), 746; 張庚鶴, 744.

2) 日大判 昭 8(1933). 3. 2. 14(民集 12, 350).

3) 張庚鶴, 744.

4) 李英俊, 745.

5) 장래의 債權에 관하여 權利의 성립 전에도 質權設定의 要件(獨民 §§ 1274 Ⅱ, 1280)은 충족될 수 있고, 이 경우에 質權은 權利가 존재하는 시점에 성립한다고 본 判例가 있다. RGZ 82, 227, 229, 231; RG WarnR 1911 Nr. 274＝JW 1911, 367; BGHZ 32, 367, 369.

6) 이에 관한 日本의 判例로서는 "無盡講會의 講員이 落札로 인하여 無盡金을 수취할 때 그 無盡金受取의 債券에 質權을 設定하는 것은 유효하다"고 한 것이 있고(日大判 大 11 (1922). 1. 24, 民集 1, 7), 株主總會의 決議 전에 決意를 조건으로 하여 발생하는 利益配當金請求權에 관하여도 質權의 設定을 방해할 이유가 없다고 한 것(東京地判 大 13 (1924). 10. 23, 新聞 2357, 4), 選擇債權에 대하여 質權設定을 인정한 것(日大判 昭 11

(4) 商人의 외상대금을 개별적으로 入質하는 것은 가능하지만 외상통장에 기재되는 여러 개의 債權을 일괄하여 入質하는 것은 그 對抗要件을 구비하는 방법을 고려할 때 실제상 불가능하므로 質權을 설정할 수 없다.[7)]

2. 證券的 債權

(1) 意　　義

證券的 債權(또는 證券債權)이란 그 채권을 표창하는 證券에 의하여 債權의 성립·존속·양도·행사 등을 하여야 하는 債權을 말하다. 證券的 債權도 質權의 目的이 될 수 있다. 그 주요한 것으로는 다음과 같다.

(2) 어음·手票

어음과 手票는 일정한 금액의 支給을 목적으로 하는 有價證券이다. 어음에는 발행인이 제3자에게 支給을 위탁하는 支給委託證券인 환어음과 발행인 자신이 일정금액의 支給을 약속하는 支給約束證券인 약속어음이 있다. 手票는 발행인이 제3자(은행)에게 일정금액의 支給을 委託하는 방식의 有價證券이다.

(3) 公·社債

公債란 국가나 지방공공단체가 일반공중에 대하여 기채함으로써 성립하는 債權이고, 社債란 株式會社가 자금을 조달하기 위하여 일반공중으로부터 모집하는 방법에 의하여 성립하는 債權이다.

(4) 貨物相換證·倉庫證券·船荷證券

이러한 證券의 入質은 債權質權이 아니고 動產質權이 된다.

(5) 無記名債權

無記名債權은 특정의 債權者를 지정함이 없이 證券의 소지인에게 辨濟하여야 하는 證券的 債權이다. 無記名債權의 질권설정방법에 관하여는 民 §351가 적용된다.

3. 權利質權의 目的으로 될 수 없는 債權

(1) 質權의 목적으로 될 수 없는 債權에 관하여 民法은 명문을 두고 있지 않으며 특별법에 개개의 債權에 대하여 質權의 설정을 금하는 규정을 두고 있다.

(1936). 7. 17, 民集 15, 1456), 장래의 不特定한 預金債權에 대하여 설정한 質權을 유효라고 判示한 것(金澤地判 昭 32(1957). 4. 3(下民 8-4, 683) 등이 있다.

7) 金曾漢, 380; 李英俊, 747.

(2) **法律上 擔保에 제공하는 것이 禁止된 債權**

공무원 또는 군인의 연금을 받을 權利는 대통령령이 정하는 금융기관의 擔保에 공여할 수는 있으나 그 밖에는 이를 擔保로 하는 것이 금지되어 있다(公務員年金 §12, 軍人年金 §7 참조). 다만 入質을 금지하는 은급 또는 연금을 받을 수 있는 權利와 같은 것도 각 支給期에 있어서 그 辨濟期에 도달한 일정액의 請求權은 權利質權의 목적이 될 수 있다.

(3) **讓渡性이 없는 債權**

質權은 그 目的物을 환가함으로써 被擔保債權의 優先辨濟를 받는 것이 목적이므로 讓渡하여 환가될 가능성이 없는 債權은 權利質權의 목적이 될 수 없다.

(가) 性質上 讓渡할 수 없는 債權(民 §449 I 단서): 예컨대, 특정인에게 講義하는 것을 내용으로 하는 債權, 특정인의 肖像을 그리는 것을 목적으로 하는 債權, 不作爲債權 등은 그 성질상 양도할 수 없는 것이다. 특정의 債權者 사이에서 결제되어야 할 특별한 사유가 있는 債權, 예컨대 相互計算에 계입된 債權(商 §72 이하)도 성질상 양도할 수 없는 債權이다. 賃借權의 경우에는 임대인의 承諾이 있으면 양도할 수 있으므로 이러한 承諾이 있는 한 權利質權의 목적으로 할 수 있다.[8] 또한 押留가 금지된 債權(民訴 §579)의 경우 당사자의 임의의 의사를 개입하지 않고 處分하는 것을 부적당하다고 하는 것이지, 반드시 讓渡性이 없다고 하는 것은 아니므로 押留가 금지되어 있다고 하여 당연히 讓渡가 금지되는 것은 아닙니다. 動產質權에 있어서도 民事訴訟法 기타 法律에 의하여 押留가 금지되는 動產에 대하여 質權의 설정이 가능하다고 해석된다.[9]

(나) 法律上 讓渡가 금지된 債權: 예컨대, 근로자의 災害補償을 받을 權利(勤基 §86)는 명문상 그 讓渡와 押留가 금지되어 있는데, 讓渡가 금지되어 있다는 것만으로도 權利質權의 목적이 될 수 없는 것이다. 부양받을 權利는 이를 處分할 수 없기 때문에(民 §979) 이것도 權利質權의 목적으로 할 수 없다.

(다) 讓渡禁止의 特約이 있는 債權: 채권은 당사자의 特約에 의하여 讓渡性을 배제할 수 있는데(民 §449 II 본문), 이러한 특약이 있는 債權에는 質權을 설정할 수 없다고 볼 수 있다. 다만 이러한 特約은 善意의 제3자에게는 대항할 수 없기 때문에(民 §449 但) 質權者가 이러한 特約을 모르고 質權의 설정을 받은 경우에는 유효하게 質權을 취득할 수 있다. 이 경우 讓渡禁止의 特約의 존재 및 제3

8) 李英俊, 747.
9) 郭潤直, 496; 李英俊, 710.

자의 惡意는 入質債權의 債務者가 主張・立證하여야 한다.[10]

Ⅲ. 株式과 社員權

1. 株 式

株式은 재산적 가치를 가지고 원칙적으로 讓渡性을 가지므로 擔保의 대상이 될 수 있다. 또한 株式이 有價證券인 株券에 표창되어 있는 경우에는 그 擔保化가 더욱 용이하여진다. 株式의 담보방법으로서 民法에는 명문이 없으나 商法은 株式의 入質에 관한 규정을 가지고 있다(商 §338 이하).[11]

株式의 讓渡에는 일정한 제한이 따르듯이 株式의 담보화에도 제한이 가하여진다. 우선 權利株 및 株券發行 전의 주식은 入質이나 讓渡擔保가 가능하지만 會社에 대하여는 質權 또는 讓渡擔保權의 등록을 청구할 수 없다는 제한이 있다(商 §§319, 425 Ⅰ, 335 Ⅱ 본문). 다만 會社의 성립 후 또는 新株의 효력발생 후 6월이 경과한 때에는 그러하지 아니하다(商 §335 Ⅱ 但).

다음으로 自己株式에 대하여 會社는 發行株式總數의 20분의 1을 초과하여 質權의 목적으로 받지 못한다는 제한을 갖는다. 그러나 會社의 合併 또는 다른 會社의 營業 전부의 讓受로 인한 때와 會社의 權利를 실행함에 있어서 그 목적을 달성하기 위하여 필요한 때에는 그 한도를 초과하여 質權의 目的으로 할 수 있다(商 §341-2).

2. 社員權의 入質

株式에 대한 入質이 허용되듯이 合名會社의 社員權도 入質이 가능한 것인지에 관하여 商法에는 규정이 없으나 通說・判例[12]는 긍정하고 있다. 合資會社의 社員의 持分도 入質이 가능하다고 볼 수 있다. 有限會社의 경우 社員의 持分은 質權의 목적으로 할 수 있다는 명문규정이 있다(商 §559 Ⅰ). 持分의 入質의 成立要件과 效力要件에 관하여는 후술한다.

民法上의 組合의 경우 조합원의 持分에도 質權設定이 가능하다고 본다.

---

10) 李英俊, 747.
11) 실제로는 주식의 양도담보가 많이 행하여진다.
12) 大判 71.10.25, 71다1931.

Ⅳ. 無體財產權

特許權, 意匠權, 實用新案權, 著作財產權, 商標權, 컴퓨터프로그램著作權 등의 無體財產權도 권리질권의 목적이 될 수 있다(特許 §121, 意匠 §56, 實用新案 §29, 商標 §62, 著作 §44, 컴퓨터프로그램保護 §19).

Ⅴ. 本條의 但書

本條의 단서에 의하면 不動產의 使用·收益을 목적으로 하는 權利에는 質權을 설정할 수 없는 것으로 되어 있다. 이는 우리 民法이 不動產質權制度를 폐지하였기 때문에 그 質權도 인정되지 않는 것으로 규정한 것이다.

地上權, 傳貰權, 不動產賃借權 등의 권리에는 讓渡性이 있고, 목적물의 使用·收益權도 있으므로 質權의 목적이 될 수 있지만 本條 단서에 의하여 質權設定이 금지된다.

所有權의 경우 動產所有權을 목적으로 하는 것이 動產質權制度이며, 所有權이라는 권리를 목적으로 하는 權利質權이 아닌 것이다. 따라서 本條의 재산권에 所有權은 포함되지 아니한다.

地役權은 要役地와 분리하여 讓渡하거나 다른 權利의 목적으로 할 수 없으므로(民 §292 Ⅱ), 權利質權의 목적이 될 수 없다. 擔保物權 자체에 대하여 質權을 설정할 수 있는지에 대하여 民法은 규정하고 있지 않지만 轉質에 관하여 質權入質說이나 共同入質說을 취한다면 質權 위에 質權을 설정할 수 있다고 볼 수 있다.

[鄭 東 潤]

第346條(權利質權의 設定方法)

權利質權의 設定은 法律에 다른 規定이 없으면 그 權利의 讓渡에 관한 方法에 의하여 한다.

Ⅰ. 本條의 趣旨

本條는 權利質權의 設定方法에 관한 총칙규정이지만 개개의 權利에 대하여 다른 규정이 존재하므로 그 存在意義는 별로 없는 규정이다. 權利質權의 設定을 그 權利의 讓渡에 관한 방법과 동일한 방법에 의하도록 하는 이유는 權利質權의 목적인 權利는 動產과 달라서 그 權利의 존재 또는 處分을 公示하는 방법이 각각 상이하고, 이 公示方法의 특이성은 讓渡의 경우이건 入質의 경우이건 다름이 없기 때문이다.[1)]

이와 같이 本條를 權利의 公示方法과 관련하여 이해하는 것과는 달리 質權의 목적인 權利를 환가하게 되면 權利의 條件附移轉과 유사하게 되므로 質權設定方法도 權利讓渡의 방법에 의하도록 한 것이라고 하여 權利의 交換價値와 관련하여 이해하는 견해도 있다.[2)]

Ⅱ. 法律에 다른 規定이 있는 境遇

本條는 법률에 다른 규정이 없을 경우에 적용되므로 법률에 규정이 있는 債權質權의 경우에는 그 규정이 적용된다. 그러므로 指名債權에 質權을 설정할 경우에는 그것을 目的으로 하는 합의 외에 債權證書가 있을 때에는 그 證書를 質權者에게 交付하여야 효력이 생긴다(民 § 337).

물론 債權證書가 없으면 합의만으로 債權質權이 성립한다. 指示債權을 目的으로 하는 質權의 설정은 證書에 背書하여 質權者에게 交付하여야 그 효력이 생긴다(民 § 350). 無記名債權을 목적으로 하는 質權의 설정은 證書를 質權者에게 交付함으로써 효력이 생긴다(民 § 351).

1) 郭潤直, 523; 金溶漢, 525; 金曾漢, 376.
2) 李英俊, 745.

株式이나 無體財產權에 대한 質權의 설정은 商法, 特許法 등 관련 법률이 정하는 바에 의하여 행한다.

Ⅲ. 權利質權設定의 立證責任

債權의 讓渡가 質權設定의 目的 아래 행하여졌다는 立證責任은 그 주장자가 부담한다.

이에 대하여 大法院은 "債權質의 설정은 債權讓渡에 관한 방법에 의하는 것이고 讓受人에 대한 債務를 擔保하거나 그 辨濟를 확보하기 위하여 債權을 讓渡하는 경우에 있어서도 그것이 質權設定을 목적으로 하는 讓渡였다는 것은 이례에 속하는 사항이니만큼 특정의 債權讓渡가 質權設定을 목적으로 하는 것이었다는 사실은 이를 주장하는 당사자에게 立證責任이 있다할 것이고, 그 讓渡契約書에 讓受人에 대한 債務辨濟를 위하여 讓渡한다는 旨가 기재되어 있거나 그 讓渡와 동시에 讓渡債權에 관한 證書가 讓受人에게 交付되었다는 사실만으로써는 그 讓渡에 質權設定의 목적이 있었다고 추정할 수는 없는 것"이라고 판시하였다.[3]

[鄭 東 潤]

3) 大判 64. 5. 5, 63다710.

第347條(設定契約의 要物性)

債權을 質權의 目的으로 하는 경우에 債權證書가 있는 때에는 質權의 設定은 그 證書를 質權者에게 交付함으로써 그 效力이 생긴다.

차　례

Ⅰ. 本條의 趣旨

本條는 債權質權의 성립요건을 규정하고 있다. 質權의 목적으로 된 債權을 증명하는 證書가 交付되었다면 이를 質權者에게 交付할 것을 本條는 규정하고 있다. 無記名債權, 指示債權에 관하여는 다른 규정이 있으므로 이 규정은 指名債權에 관하여 意義가 있다. 債權 이외의 財產權을 목적으로 하는 權利質權의 成立要件은 商法 기타 特別法에 의한다.

Ⅱ. 債權質權의 成立要件

1. 意　　義

債權質權의 成立要件은 목적인 權利에 質權을 설정한다는 뜻의 合意와 債權證書가 있을 경우에 그 證書를 交付하는 것이다.

2. 質權을 設定한다는 뜻의 合意

이는 目的인 債權에 質權을 설정한다는 것을 내용으로 하는 債權者와 質權設定者간의 합의이다. 債務者 이외의 자도 質權設定者(예컨대, 물상보증인)가 될 수 있다. 이러한 합의를 할 경우에 質權設定合意書, 擔保借入證書 등의 證書가 작성되는 것이 보통이지만 반드시 서면에 의한 합의를 하여야 한다는 제한이 있는 것은 아니다. 당사자간의 합의가 債權質權을 설정하는 趣旨인지, 債權의 讓渡擔保인지, 단순한 相計의 예약인지 불명확한 경우에는 당사자의 의사표시를 구체적인 사정에 따라 해석하여야 할 것이다. 이 경우에 契約書의 기재사항, 제3채무자에 대한 通知, 承諾의 의뢰 등이 그 판단의 기초가 될 수 있다. 質權設定의 立證責任에 관하여는 전술한 民 §346의 설명을 참조.

3. 債權證書의 交付

(1) 指名債權의 入質

指名債權의 경우에 債權證書란 債權의 존재를 증명하는 문서에 지나지 않고 債權의 실체를 좌우하는 것이 아니지만, 證書의 존재가 일응 債權의 존재를 추정하게 하므로 이는 動產質權에 있어서 점유에 해당하고 법은 이 證書의 交付로써 目的物의 인도에 갈음하고 있다.[1] 따라서 本條가 債權證書의 交付를 債權質權의 效力發生要件으로 규정한 것은 動產質權에 대하여 目的物의 인도를 요건으로 한 취지를 債權質權에도 관철함으로써 動產質權과의 균형을 유지하고 동시에 제3자에 대한 공시의 목적을 달성하려고 한 것으로 생각된다.[2] 그러나 本條의 存在意義에 관하여는 의문이 제기되고 있다. 왜냐하면 債權證書는 債權의 존재를 증명하는 서면에 불과하고 權利가 證書에 화체되어 있지 아니하므로 債權證書의 점유는 動產質權의 경우처럼 목적물에 대한 質權者의 使用·收益을 제한하는 留置的 效力이 강하지 않기 때문이다. 또한 質權設定의 공시방법으로서 따로 通知·承諾이라는 對抗要件이 정하여져 있기 때문에 (民 § 349 Ⅰ), 債權證書의 交付를 指名債權質의 設定의 要件으로 할 실질적 이유는 없는 것이다.[3]

債權證書가 없을 경우에는 本條의 반대해석으로써 단순한 합의만으로 質權을 설정할 수 있다고 해석하여야 한다.[4] 債權證書가 존재하는 데도 質權設定者가 債權證書가 없다고 속이고 質權을 설정한 경우에 質權設定行爲의 효력이 문제될 수 있다. 質權設定契約의 요물성을 엄격히 해석한다면 설정행위는 무효라고 볼 수 있다. 그러나 債權證書의 유무는 質權者가 판별하기 어렵고 質權設

1) 郭潤直, 523; 張庚鶴, 745.
2) 李英俊, 748.
3) 張庚鶴, 745.
4) 郭潤直, 523; 李英俊, 748; 張庚鶴, 745.

定者의 은폐에 의하여 오히려 質權者가 피해를 입으며, 證書가 없을 때에는 質權設定의 합의만으로 質權의 설정을 인정한다는 점, 그리고 質權設定에 대한 質權者의 신뢰는 證書가 없다고 기망한 경우와 證書가 실제로 부존재하는 경우에 있어서 동일하다고 보아야 하므로 設定行爲는 유효하다고 볼 수 있다.[5]

또한 債權證書의 交付에 관하여 民 §332의 占有改定이 허용되는가에 관하여 다툼이 있다. 通說은 指名債權의 入質에 있어서 證書의 交付에는 占有改定이 가능하고, 또한 證書를 반환하여도 質權은 消滅하지 않는다고 한다.[6] 왜냐하면 債權證書의 인도는 設定者로부터 債權의 이용, 즉 處分을 박탈하는 결과로 되지 않으며, 公示方法으로서 별도의 對抗方法이 규정되어 있으므로 占有改定에 관한 民 §332를 債權質權에 준용할 실질적인 이유가 없다고 한다. 이에 대하여 반대설은 本條는 §332의 특별규정이라는 점, 債權證書는 債權의 準占有者에 대한 辨濟 또는 債權의 二重入質 등과 관련하여 가지는 의미가 결코 작은 것이 아니라는 점, 그리고 債權證書가 있으면 현실적으로 交付하여야 하고 반환하면 質權이 消滅한다고 보는 것이 당사자의 意思 및 去來慣行에 부합한다는 점을 들고 있다.[7]

(2) **證券的 債權의 入質**

證券的債權은 그 處分이나 行事에 관하여 證券의 所持를 필요로 하는 債權이다. 證券的 債權 중에서 指示債權 및 無記名債權의 質權設定方法에 관하여는 명문의 규정을 두고 있다(民 §§350, 351의 주석을 참조).

(3) 抵當權附債權의 入質에 관하여는 民 §348의 주석 참조.

Ⅲ. 債權 이외의 財産權을 目的으로 하는 質權의 成立要件

1. 意　義

債權 이외의 財産權을 목적으로 하는 質權의 成立要件은 本條가 적용되지 아니하고 商法 기타 特別法에 의하여 규율된다.

---

5) 同旨 李英俊, 749.
6) 郭潤直, 523; 金容漢, 528; 張庚鶴, 745.
7) 李英俊, 749.

2. 株式, 社員權

株式에 대한 質權設定의 방법은 그 대상인 株式이 記名株式이냐 無記名株式이냐에 따라 다르다. 記名株式의 경우에는 略式質과 登錄質의 두 가지 방법이 인정된다. 略式質은 당사자간의 質權設定의 합의와 質權者에 대한 株券의 交付에 의하여 성립하고 제3자에 대항하기 위하여는 株券을 계속 占有하는 것이 필요하다(商 §338 I, II). 登錄質의 경우에는 당사자간의 質權設定의 합의와 質權者에 대한 株券의 交付 외에 다시 質權設定者인 株主의 청구에 의하여 質權者의 성명과 주소를 株主名簿에 부기하고 또 그 성명을 株券에 기재하여야 한다(商 § 340 I).

無記名株式의 경우에는 無記名債權에 준하여 質權設定의 합의와 株券의 交付에 의하여 質權設定의 효력이 발생하고(民 § 351), 株券의 계속적인 占有가 제3자에 대한 對抗要件이 된다(商 § 338 II).

合名會社의 社員權의 경우에는 商法에 규정은 없으며, 通說은 다른 社員의 同意를 持分入質의 效力要件으로 보고 있으나 入質 자체에는 다른 社員의 동의가 필요하지 않다는 견해도 있다.[8] 合資會社의 無限責任社員의 持分의 入質은 合名會社의 社員의 경우와 같고, 無限責任社員의 持分의 入質에 관하여는 無限責任社員 전원의 승락이 필요하고, 그 승락을 얻으면 會社 기타 제3자에게 대항할 수 있다고 풀이하는 것이 일반적이다.[9] 有限會社의 경우 持分의 入質은 質權設定의 합의로 행하여진다. 다만 社員이 아닌 타인이 質權者인 경우에는 社員總會의 특별결의를 요하고(商 §§ 559 II, 556), 質權의 설정을 會社 또는 제3자에게 대항하기 위하여는 社員名簿에 質權者의 성명·주소와 質權의 목적인 出資座數를 기재하여야 한다(商 §§ 559 II, 557).

3. 無體財產權

(1) 特許權, 實用新案權, 意匠權, 商標權

特許權(實用新案權, 意匠權, 商標權)에 대한 質權의 설정은 質權設定의 합의와 특허청에 비치된 特許原簿(實用新案登錄原簿, 意匠登錄原簿, 商標原簿)에 등록을 하여야 효력이 발생한다(特許 § 101 I iii, 實用新案 § 29, 意匠 § 48 I iii, 商標 § 56 I iii). 그러나 通常實施權에 대한 質權의 設定은 당사자간의 합의만으로 효력이 발생하고 등록은 제3자에 대한 對抗要件에 불과하다(特許 § 118 III, 實用新案

8) 鄭東潤, 會社法(三訂版, 1991), 686.
9) 鴻 常夫, 新版 注釋會社法(1), 633.

§28 Ⅲ, 意匠 §61, 商標 §58 Ⅰ ii).

專用實施權者(商標權의 경우에는 專用使用權者)가 質權을 설정하려면 特許權者(實用新案權者, 意匠權者, 商標權者)의 동의를 얻어야 하고(特許 §100 Ⅳ, 實用新案 §29, 意匠 §47 Ⅳ, 商標 §55 Ⅵ), 通常實施權者(商標權의 경우에는 通常使用權者)는 特許權者(實用新案權者, 意匠權者, 商標權者)의 동의를 얻지 아니하면 그 通常實施權을 목적으로 하는 質權을 설정할 수 없다(特許 §102 Ⅵ, 實用新案 §29, 意匠 §49, 商標 §57 Ⅳ).

(2) 著作財產權, 出版權, 著作隣接權, 컴퓨터프로그램著作權

著作財產權, 出版權, 著作隣接權, 컴퓨터프로그램著作權 등에 대한 質權의 설정은 당사자간의 협의로 성립하고 登錄은 제3자에 대한 對抗要件이 된다(著作權 §§52, 60, 72, 73, 컴퓨터프로그램保護 §24).

[鄭 東 潤]

第348條(抵當債權에 대한 質權과 附記登記)

抵當權으로 擔保한 債權을 質權의 目的으로 한 때에는 그 抵當權登記에 質權의 附記登記를 하여야 그 效力이 미친다.

Ⅰ. 本條의 趣旨

本條는 公示의 原則을 관철하려는 점에 그 目的이 있다. 抵當權에 의하여 擔保된 債權 위에 權利質權을 설정하려면 擔保物權의 附從性에 의하여 抵當權도 權利質權의 목적으로 되어야 할 것이다. 그러나 登記없이도 法律上 당연히 債權의 入質에 수반하여 抵當權이 권리질권의 목적이 된다고 하면 債權의 入質은 등기되는 것이 아니므로 抵當權 위에 質權이 존재한다는 뜻은 登記簿에 나타나지 않게 된다.

따라서 本條는 抵當權으로 담보된 債權 위에 權利質權을 설정할 때에는 抵當權의 登記에 質權의 附記登記를 하여야 質權의 효력이 抵當權에 미치는 것으로 하고 있다.[1)]

---

1) 金曾漢, 377; 郭潤直, 524.

Ⅱ. 附記登記의 效力

被擔保債權 위에 權利質權을 설정하고 이러한 附記登記를 하지 아니하면 質權者는 抵當權의 담보없는 債權에 대하여만 質權을 취득한다.[2] 이러한 通說에 대하여는 民 §361는 抵當權을 被擔保債權과 분리하여 擔保로 하지 못한다고 규정하므로 被擔保債權만이 質權의 목적이 되고 抵當權은 質權의 구속을 받지 않는다는 것은 허용되지 않으며, 附記登記가 없으면 被擔保債權 위에 설정된 質權도 효력이 없다는 견해도 있다.[3]

[鄭 東 潤]

第 349 條 (指名債權에 대한 質權의 對抗要件)

① 指名債權을 目的으로 한 質權의 設定은 設定者가 第450條의 規定에 의하여 第三債務者에게 質權設定의 事實을 通知하거나 第三債務者가 이를 承諾함이 아니면 이로써 第三債務者 기타 第三者에게 對抗하지 못한다.

② 第451條의 規定은 前項의 경우에 準用한다.

차 례

Ⅰ. 本條의 趣旨 및 適用範圍

指名債權의 入質로 債權者가 변경되는 것은 아니지만 入質에 의하여 債權

2) 金容漢, 529; 郭潤直, 525; 李英俊, 751; 張庚鶴, 746.
3) 金曾漢, 378.

이 가지는 交換價値가 제3자의 지배에 종속하고 債務者는 제3자가 지배하는 交換價値를 파괴하지 아니할 구속을 받으므로 債權讓渡와 동일한 공시방법을 취하도록 한 것이다.[1)]

本條는 指名債權에 적용되고 指示債權 및 無記名債權에는 적용이 없다(民 §§350, 351 참조). 記名社債는 指名債權의 일종으로서 指名債權에 준하여 취급된다. 다만 會社 기타 제3자에게 記名社債에 대한 入質을 대항하려면 商法의 규정에 따라서 質權者의 성명과 주소를 사채원부에 기재하고 債券에 성명을 기재하여야 한다(商 §479).

Ⅱ. 第三債務者에 대한 對抗要件

1. 意　　義

제3채무자에 대한 對抗要件은 제3채무자에 대한 通知 또는 제3채무자의 承諾이다.

2. 通知·承諾의 方法

(1) 通常의 경우

指名債權의 入質의 대항요건은 債權讓渡의 대항요건과 동일하게 하므로 通知나 承諾의 방법·효력 등은 債權讓渡의 경우와 동일하다. 따라서 通知는 質權設定者(入質된 債權의 債權者)가 제3채무자에 대하여 하여야 하고, 質權設定者 이외의 자, 예컨대 質權者가 행한 通知에 대하여는 대항력이 부여되지 않는다.[2)] 質權設定에 의하여 불이익을 받는 지위에 있는 자의 通知가 아니면 제3채무자 또는 기타의 제3자를 믿도록 함에 있어서 족하지 않기 때문이다. 通知의 내용은 債權者의 성명, 被擔保債權額 및 質權設定事實 등이다. 債權者의 성명 또는 被擔保債權額의 通知를 결한 경우에도 반드시 그 通知를 무효라고 해석할 수는 없을 것이다. 通知書에 質權設定者의 성명 또는 날인이 빠진 경우에도 그 通知가 진실한 質權設定者에 의하여 이루어진 이상 유효한 通知라고 볼 수 있다.[3)]

1) 金曾漢, 378.
2) 日大判 大 11(1922).6.17(民集 1, 332).
3) 日 東京地判 昭 2(1927).8.20(新聞 132, 24). 다만 大審院은 관청에 대한 質權設定通知書에 관하여 名義者의 捺印이 없었기 때문에 사무담당자가 수리하지 않고 반환한 사

質權設定의 通知는 質權이 설정되었다는 사실을 알리는 행위이기 때문에 이러한 意義를 가지는 通知로 인정되는 한 반드시 通知書의 송달이라는 방식을 취할 필요가 없다. 예컨대, 質權設定者가 質權設定者와 質權者와의 사이에 작성된 質權設定契約書, 擔保借入證書를 제3채무자에게 交付한 경우에도 質權設定通知가 있다고 볼 수 있는 것이다.

承諾은 質權設定事實을 알았다는 것을 표시하는 제3채무자의 행위로서 質權者, 質權設定者 중 누구에게 하여도 상관이 없다. 제3채무자가 하는 承諾에는 異議를 보류한 承諾과 異議를 보류하지 않는 承諾이 있다. 제3채무자가 異議를 보류하지 아니하고 承諾을 한 경우에는 質權設定者에게 대항할 수 있는 사유를 가지고 質權者에게 대항하지 못한다. 그러나 제3채무자가 債務를 消滅시키기 위하여 質權設定者에게 支給한 것이 있으면 제3채무자가 이를 회수할 수 있고, 質權設定者에게 부담한 債務가 있으면 그것이 성립하지 않았다고 주장할 수 있다(民 §§ 451 I, 349 II). 제3채무자가 異議를 보류한 承諾을 한 경우에는 質權設定者가 讓渡通知만 한 경우와 마찬가지로 債務者는 그 通知를 받은 때까지 質權設定者에 대하여 생긴 사유로써 質權者에게 대항할 수 있다(民 § 451 II).

또한 指名債權에 대한 質權이 消滅하였을 때에는 質權債務者가 對抗要件을 구비하려면 제3채무자에게 質權의 消滅의 의사표시를 하면 족하다.[4)]

(2) **質權者 자신에 대한 債權의 入質의 경우**

質權者는 자신에 대한 債權을 入質할 수 있는바(民 § 345 주석 참조), 이 경우에는 質權者와 제3채무자가 동일인이 되기 때문에 質權設定契約의 체결은 동시에 質權設定者에 의한 通知이고 제3채무자에 의한 質權設定의 承諾이라고도 할 수 있다. 그러므로 이러한 경우에는 제3채무자에 대한 對抗要件을 구비하기 위하여 다시 通知·承諾을 하여야 할 필요는 없다 할 것이다. 다만 제3채무자 이외의 제3자에 대항하기 위하여 이 경우에도 확정일자가 있는 證書에 의하여 通知·承諾을 하는 것이 보통이다.[5)]

3. 通知·承諾의 效力

質權設定의 通知·承諾이 있으면 質權者는 質權의 설정을 제3채무자에게 대

안에서 그러한 質權設定의 通知는 전혀 效力이 없다고 判示하였다. 日大判 昭 4(1929). 5. 4(評論 19, 153).

4) 大判 59. 10. 22, 4292民上168.

5) 李英俊, 750.

항할 수 있다. 質權者는 설정된 債權을 제3채무자에 대하여 주장할 수 있고 제3채무자는 質權設定의 通知・承諾이 행하여진 때로부터 質權者의 入質債權에 대한 交換價値의 지배권을 해하지 아니 할 구속을 받게 된다(상세한 내용은 후술하는 民 §352의 주석을 참조). 또한 제3채무자가 異議를 보류하지 아니하고 承諾을 한 때에는 質權設定者에게 대항할 수 있는 사유가 있어도 이로써 質權者에게 대항할 수 없다(民 §451 I). 이 점은 異議를 보류한 承諾과 그 효력을 달리한다. 質權設定者에게 대항할 수 있는 사유는 入質債權의 성립, 존속, 행사를 저지・배척하는 일체의 사유이다. 예컨대, 貸金債權의 일부가 현금의 수수가 없었기 때문에 성립하지 않은 사실 등이다.[6)]

Ⅲ. 第三債務者 이외의 第三者에 대한 對抗要件

1. 意 義

제3채무자 이외의 제3자라 함은 제3채무자 이외의 자로서 質權의 설정이 없었다는 주장에 관하여 法律上의 이익을 가지는 자이다. 즉 質權의 目的인 權利 자체에 法律上의 이해관계를 가지며, 質權의 설정에 의하여 자신의 이익을 침해받게 되는 자를 말한다.

2. 通知・承諾의 方法

제3채무자 이외의 제3자에 대하여 質權의 설정을 대항하기 위하여는 通知 또는 承諾은 確定日字 있는 證書로써 하지 않으면 안 된다(民 §450 II). 確定日字라 함은 公正證書上의 日字처럼 당사자가 후일 변경할 수 없는 확정된 일자를 의미한다.[7)] 이처럼 제3자에 대한 對抗要件으로서 確定日字라는 형식을 요구하는 것은 당사자가 통모하여 通知 또는 承諾을 소급함으로써 제3자의 이익을 해하는 것을 방지하기 위한 것이다.

確定日字는 通知書 또는 承諾書 자체에 붙이는 것이 일반적이며 質權設定契約書, 擔保借入證書에 確定日字를 붙여 제3자에게 交付한 경우에도 제3채무자의 경우와 마찬가지로 그 효력을 인정하여야 한다.

6) 日大判 昭 18(1943). 3. 31(新聞 4844, 4).
7) 確定日字로 되는 경우에 관하여는 民 附則 §3 참조.

質權者 자신에 대한 債權 위에 質權을 설정한 경우 제3채무자 이외의 제3자에 대항하기 위하여는 確定日字 있는 證書로 通知 또는 承諾하여야 한다. 다만 이 경우에도 通知 또는 承諾이라는 형식을 취하지 않고 단지 質權設定契約書나 擔保借入證書에 확정일자를 붙이는 것만으로 족하다는 日本判例가 있다.[8)]

[鄭 東 潤]

第 350 條(指示債權에 대한 質權의 設定方法)

指示債權을 質權의 目的으로 한 質權의 設定은 證書에 背書하여 質權者에게 交付함으로써 그 效力이 생긴다.

I. 本條의 趣旨

指示債權은 특정인 또는 그 指示人에게 변제하여야 할 證券債權으로서 어음 기타 背書에 의하여 양도되는 債權을 의미한다. 指示債權에 있어서 證書의 交付가 質權設定者로부터 指示債權을 처분할 권한을 빼앗고 質權의 성립을 공시하는 작용을 하는 것은 無記名債權의 경우와 동일하지만 그 交付의 목적을 證券에 기재함으로써 質權의 성립을 완전히 공시할 수 있다는 점은 無記名債權보다도 우월한 것이다. 따라서 指示債權은 入質背書에 의하여만 質權設定을 할 수 있다.[1)]

II. 質權設定者의 代理占有禁止

指示債權에 있어서 背書·交付는 效力要件 및 對抗要件이므로 民 §332(設定者에 의한 代理占有의 禁止)의 해석과 관련하여 문제가 될 수 있다. 物質質權에 관하여 점유

8) 日 京都地判 昭 35(1960). 8. 30(下民 11-8, 1816).
1) 李英俊, 750.

를 質權設定者에게 임의로 반환하면 質權이 消滅한다는 입장[2)]을 취하면 指示債權에 대한 權利質權에 관하여도 證券을 背書하여 반환하면 質權은 消滅한다고 볼 것이고, 임의반환으로 消滅하지 않는다고 본다면[3)] 대항력을 상실할 뿐이라고 설명할 수 있다. 생각건대, 質權設定者에 의한 占有改定을 금지하는 民 §332의 취지는 質權의 留置的 效力을 확보하고자 하는 점에 있다고 볼 수 있으므로 指示債權을 반환하면 質權이 소멸한다고 해석하여야 할 것이다.

[鄭 東 潤]

第351條(無記名債權에 대한 質權의 設定方法)

無記名債權을 目的으로 한 質權의 設定은 證書를 質權者에게 交付함으로써 그 效力이 생긴다.

Ⅰ. 本條의 趣旨

無記名債權은 證券上에 債權者의 이름이 기재되지 않는 債權으로서 그 정당한 소지인에게 交付함으로써 효력이 발생하는 證券的 債權이다. 無記名債權은 債權이 證券 위에 화체되어 있고, 그 성립·존속·행사 등에 證券의 소지를 요한다. 이러한 無記名債權을 目的으로 하는 質權의 설정은 證書를 交付함으로써 효력이 생긴다.

Ⅱ. 無記名債權의 種類

1. 無記名社債, 商品券, 鐵道乘車券, 所持人出給式手票는 無記名債權에 속한다.

2) 郭潤直, 496; 金容漢, 502; 李英俊, 709; 張庚鶴, 704.
3) 金基善, 韓國物權法(1985), 353; 方順元, 新物權法(1960), 256.

2. 記名所持人出給式債權

記名所持人出給式債權은 특정인에게 辨濟하여야 한다는 점에서 指名債權으로서의 성질과 證券의 소지인에게 辨濟가 가능하다는 점에서는 無記名債權으로서의 성질도 갖지만 無記名債權의 일종으로 보는 것이 일반적이다. 그러므로 入質은 證券의 交付로써 효력이 생긴다.

3. 記名所持人出給式手票

記名所持人出給式債權 중에서 법률에 의하여 無記名債權으로 되어 있는 것, 예컨대 記名所持人出給式手票(手票 §5 II)를 목적으로 하는 質權의 설정에도 本條가 적용된다.

4. 無記名定期預金債權은 無記名債權이 아니고 記名債權으로 本條가 적용되지 아니한다.[1)]

[鄭 東 潤]

第 352 條(質權設定者의 權利處分制限)

質權設定者는 質權者의 同意없이 質權의 目的된 權利를 消滅하게 하거나 質權者의 利益을 害하는 變更을 할 수 없다.

차 례

Ⅰ. 本條의 趣旨

本條는 債權質權의 入質債權에 미치는 拘束力에 대하여 규정하고 있다. 債

1) 李英俊, 750; 日最高裁 昭 32(1957). 12. 19(民集 11-13, 2278).

權質權은 그 목적인 債權의 交換價値에 대한 배타적 지배를 목적으로 하는 權利이므로 債權이 入質되면 그 반사적 효과로서 入質債權의 債務者(質權設定者) 및 그 債權의 債務者(제3채무자)는 그 交換價値에 대한 排他的 支配權能을 침해하지 않을 구속을 받게 되는 것이다.

Ⅱ. 質權設定者에 대한 拘束力

1. 意　義

本條의 質權의 목적이 된 權利를 消滅시키는 행위로는 債權의 推尋, 辨濟의 受領, 免除, 相計 기타 入質된 채권을 소멸시키는 행위를 의미하며, 債權을 변경하는 행위란 更改, 期限의 猶豫, 利率의 引下 등을 말한다.

本條에 위반한 質權設定者의 행위의 效力에 관하여 追認을 얻어도 유효로 되지 않는다는 견해와[1] 本條는 강행규정으로서 本條 위반의 質權設定者의 행위는 무효이지만 이는 相對的 無效로서 質權者의 同意가 있으면 다시 유효로 된다고 보는 설이 있다.[2]

2. 入質債權의 時效中斷을 위한 履行의 訴의 效力

入質債權이 時效로 소멸할 염려가 있을 경우에 質權設定者가 入質債權을 보존하기 위하여 確認의 訴뿐만 아니라 履行의 訴도 허용되는지의 여부가 문제된다. 우리 나라의 通說은 時效中斷을 위하여 履行의 訴는 제기할 수 없다고 한다.[3] 이에 대하여 質權設定者는 제3채무자에 대하여 추심 내지 청구를 할 수 없으므로 履行의 訴를 제기하더라도 棄却될 것이나 여전히 債權의 消滅時效를 중단하는 효력을 갖는다는 견해도 있다.[4]

日本의 判例는 "入質債權의 債務者에 대하여 그 辨濟를 청구하는 뜻의 催告를 한 때에는 보통 그 債務承認의 청구도 포함된다고 해석하는 것이 社會去來의 通念에 적합하고, 이 催告를 전제로 하여 6개월 이내에 재판상의 債權確

1) 黃迪仁, 605; 日大判 昭 26(1951). 3. 18(民集 5, 185)에 의하면 質權設定者가 入質債權을 自動債權으로 하여 相計한 경우 그 相計는 質權者가 후일 이것을 승인하여도 유효하다고 할 수 없다고 보았다.
2) 李英俊, 752.
3) 郭潤直, 526; 金曾漢, 381; 張庚鶴, 749; 黃迪仁, 註釋民法(Ⅱ), 605.
4) 李英俊, 752.

認의 請求를 하면 時效中斷의 효과가 생긴다"고 하므로 時效中斷을 위하여는 入質債權에 대하여 確認의 訴를 제기하여야 하고 履行의 訴는 할 수 없는 것으로 보고 있다.[5)]

Ⅲ. 第三債務者에 대한 拘束力

1. 辨 濟

本條는 제3채무자의 행위에 관하여는 규정을 두고 있지 않지만 제3채무자는 質權設定의 通知를 받거나 이것을 承認한 후에는 質權設定者에게 入質債權을 辨濟할 수 없다. 제3채무자의 辨濟는 質權者의 入質債權에 대한 배타적인 직접지배권능을 해하므로 할 수 없다고 보는 것이다. 제3채무자가 이러한 금지에 위반하여 辨濟한 때에는 質權設定者에 의한 위반행위와 마찬가지로 절대적으로 무효로 볼 것이 아니라, 제3채무자와 質權設定者 사이에 있어서는 유효지만 그 효과를 質權者에게 대항할 수 없다고 해석할 수 있다. 그러므로 質權者는 제3채무자로부터 辨濟를 받지 않은 한도에서 入質債權이 계속 존재하는 것이므로 제3채무자에게 그 辨濟를 청구할 수 있다.

被擔保債權의 辨濟期가 도래하기 전에 入質債權의 辨濟期가 도래한 경우에 제3채무자가 質權者에게 辨濟할 수 있다고 하면 質權者는 이로 인하여 손해를 볼 염려가 있다. 이 경우에는 質權者가 직접청구할 수는 없으므로 質權者는 제3채무자로 하여금 辨濟金額을 공탁할 수 있고 辨濟金額이 공탁된 때에는 質權者는 그 供託金의 返還請求權에 관하여 質權을 갖는 것으로 하였다(民 § 353 Ⅲ). 그러므로 제3채무자는 質權者의 청구가 있으면 辨濟金額을 공탁할 의무를 부담하지만 이러한 청구가 없는 경우에도 質權者가 辨濟를 수령할 수 없을 때에 해당한다(民 § 487)고 볼 수 있으므로 辨濟金額을 공탁하여 債務를 면할 수 있다고 해석하여야 할 것이다.

어음債權의 入質의 경우에는 本條의 적용이 없다. 어음을 入質背書한 때에는 소지인은 어음에서 생기는 일체의 權利를 행사할 수 있으므로(어음 § 19 Ⅰ) 소지인(質權者)은 被擔保債權의 내용 여하에 불구하고 어음금액 전액에 관하여 무조건 청구할 수 있는 권한을 가지며, 어음의 滿期가 被擔保債權의 辨濟期보다

5) 日大判 昭 12(1937). 7. 7(民集 16, 1112).

먼저 도래한 때에도 質權者는 직접 이를 청구할 수 있다. 다만 質權者는 被擔保債權者의 辨濟期 전에 어음금을 수령한 때에는 이것을 供託하여야 한다.[6]

2. 相 計

제3채무자는 通知·承諾 이후에 취득한 質權設定者에 대한 反對債權을 가지고 相計함으로써 質權者에게 대항할 수 없다. 그러나 通知·承諾이 행하여지기까지 質權設定者에 대하여 생긴 사유로서 質權者에게 대항할 수 있으므로 債務의 不成立·無效·取消·同時履行의 抗辯 기타의 辨濟·免除·相計에 의한 債務消滅의 抗辯 등을 주장할 수 있다. 質權設定의 通知 당시 이미 제3채무자가 質權設定者에 대하여 反對債權을 가지고 있었지만 辨濟期가 도래하지 않았기 때문에 相計適狀이 없었던 경우 辨濟期 도래 후에는 이것을 相計하여 質權者에게 대항할 수 있는지의 여부가 문제된다. 제3채무자의 反對債權이 아직 相計適狀에 있지 않더라도 自動債權의 辨濟期가 受動債權의 辨濟期보다 일찍 도래한 때에는 相計할 수 있다는 견해가 있고 大法院判例는 이 점을 직접 다룬 것은 없으나, 같은 취지로 판시할 것으로 예상된다.[7] 日本의 判例는 처음에는 부정하였으나[8] 그 후 兩債權의 辨濟期가 모두 辨濟期에 이르지 않아도 自動債權의 辨濟期가 受動債權의 辨濟期보다 일찍 도래할 때에는 相計할 수 있다고 判示한 것이 있다.[9]

Ⅳ. 證書를 留置하는 權能

動產質權의 경우 留置的 權能은 목적물의 占有利用을 質權設定者부터 박탈하여 간접적으로 債務의 履行을 강제하고, 換價·優先辨濟權能을 확보하며 公示作用을 하는 것이다. 債權質의 경우에도 債權質權者는 質權設定을 위하여 交付받은 債權證書를 점유하고 被擔保債權의 전부를 변제받을 때까지 이를 留置할 수 있는 權利가 있다(民 §§ 355, 335). 그러나 이와 같은 債權證書에 대한 留置的 效力은 動產質權에 비하면 대단히 약한 것이다. 왜냐하면 債權은 交換價值를

6) 鄭東潤, 어음·수표法(1989), 446.
7) 李英俊, 753; 大判 82. 6. 22, 82다카200.
8) 日大判 大 7(1918). 12. 25(民錄 24, 2433).
9) 日最判 昭 39(1964). 12. 23(判示 395, 5).

가짐에 그치는 것이고, 물건에 비하여 使用價値를 수반하는 정도가 매우 적기 때문이다. 指名債權의 경우에는 公示를 위하여 民 §349가 적용되고 交換價値의 파악을 위하여도 證書를 요하지 아니하므로 指名債權 위의 質權은 거의 留置的 作用을 갖지 아니한다. 그러나 指名債權 이외의 證券的 債權의 경우에는 權利의 行使, 處分을 위하여 證書의 所持를 요하므로 이에 대한 質權은 留置的 作用과 公示的 作用을 갖게 된다.

[鄭 東 潤]

第 353 條(質權의 目的이 된 債權의 實行方法)

① 質權者는 質權의 目的이 된 債權을 直接 請求할 수 있다.

② 債權의 目的物이 金錢인 때에는 質權者는 自己債權의 限度에서 直接 請求할 수 있다.

③ 前項의 債權의 辨濟期가 質權者의 質權의 辨濟期보다 먼저 到來한 때에는 質權者는 第三債務者에 대하여 그 辨濟金額의 供託을 請求할 수 있다. 이 경우에 質權은 그 供託金에 存在한다.

④ 債權의 目的物이 金錢 이외의 物件인 때에는 質權者는 그 辨濟를 받은 物件에 대하여 質權을 行使할 수 있다.

차 례

Ⅰ. 本條의 趣旨

本條는 債權質權의 優先辨濟權能을 실현하는 방법의 특수성을 규정하고 있다. 債權質權者는 入質債權을 청구할 수 있는 權能을 가지며 請求의 목적이 金錢인 경우에는 청구하여 우선적으로 辨濟에 충당하도록 하고, 청구의 목적이 金錢 이외의 物件인 경우에는 청구한 物件 위에 質權을 인정함으로써 優先辨濟權能을 실현을 보장하고 있다. 被擔保債權의 辨濟期가 도래하면 質權者는 債權을 직접 推尋하든지 民事訴訟法에 규정된 執行方法 등에 의하여 被擔保債權의 우선적인 만족을 얻을 수 있는데 전자의 방법은 本條가 규정하며, 후자의 방법은 民 §354가 규정하고 있다.

Ⅱ. 入質債權의 直接請求

本條 Ⅰ은 質權의 목적인 債權을 質權者가 직접 청구할 수 있다고 규정하고 있지만 質權者의 청구는 被擔保債權 및 入質債權의 辨濟期가 도래한 경우이어야 한다. 여기에서 직접 청구할 수 있다는 의미는 제3채무자에 대하여 債務名義, 法院에 의한 請求權의 부여, 質權設定者의 推尋委任 등을 요하지 않는다는 것을 말한다.[1]

또한 質權者는 質權設定者의 代理人으로서 推尋權能을 행사하는 것이 아니고 자기의 이름으로 행사할 수 있는데, 이것이 「直接」의 의미이다. 청구의 내용은 入質債權의 내용을 실현하는 데 필요한 일체의 裁判上, 裁判 외의 행위이다. 그러므로 質權者는 入質債權의 제3채무자에게 履行의 訴를 제기할 수 있고, 이것을 被擔保債權으로 하여 保全處分의 신청도 가능하고 破產申請 또는 破產債權의 申告와 제3채무자에 대한 催告나 辨濟의 受領 등의 행위를 할 수 있다.

재판상의 행위에 있어서는 質權者 자신이 原告 또는 申請人으로 되며, 質權設定者의 法定代理人이 되는 것은 아니다. 이것은 「타인을 위하여 원고나 피고가 된」 경우로서 그 判決의 旣判力은 質權設定者에게도 미친다(民訴 §204 Ⅲ).[2]

---

1) 이에 관한 大法院判例로서 "指名債權을 質權의 목적으로 제공한 경우 質權者는 質權의 목적이 된 채권을 직접 청구할 수 있고 民事訴訟法에 규정된 執行方法으로 質權을 實行할 수 있다"라고 판시한 것이 있다. 大判 60. 9. 1, 4292民上937 참조.

2) 鄭東潤, 民事訴訟法(全訂增補版, 1991), 177; 李英俊, 753.

Ⅲ. 入質債權이 金錢債權인 境遇(民§353 Ⅱ, Ⅲ)

入質債權이 金錢債權인 경우 債權者는 자기의 債權額의 한도에서 청구할 수 있다(民§ 353 Ⅱ). 이러한 請求權은 被擔保債權의 만족을 위하여 인정되는 종속적인 權利이기 때문에 請求權의 범위가 被擔保債權의 액으로 한정되는 것이다.[3] 이 경우 추심한 금전은 質權者의 소유로 됨과 동시에 被擔保債權의 辨濟에 충당되지만 제3채무자에 대하여는 被擔保債權에 대한 辨濟가 아니고 質權設定者에 대한 債務(入質債權)의 이행이다.[4] 質權設定者의 辨濟受領에 관하여 質權者는 代理人과 같은 지위에서 금전을 추심하여 自己債權의 辨濟에 충당하고 그 한도에서 質權設定者에 의한 辨濟가 있었던 것으로 보는 것이다.

質權者는 入質債權을 추심하는 데 필요한 일체의 행위를 할 수 있지만 예컨대 免除, 更改에 의하여 入質債權을 消滅시키는 행위는 할 수 없다. 여기에서 質權者는 제3채무자의 質權者에 대한 債權을 入質債權으로써 相計할 수 있는가가 문제된다. 相計에 있어서 自動債權은 반드시 相計者 자신이 被相計者에 대하여 가지는 債權임을 요하지 아니할 뿐만 아니라, 質權者가 제3채무자로부터 辨濟를 받아 자기의 債權에 충당한 후 제3채무자에게 그 債務를 辨濟하는 것과 相計는 실질적으로 다르지 않기 때문에 이것은 유효하다고 볼 수 있다.[5] 또한 質權者 자신에 대한 債權을 목적으로 하는 質權을 설정한 경우에는 質權者의 設定者에 대한 債權(被擔保債權)을 自動債權으로 하여 入質債權과 대등액에서 相計할 수 있다.

入質債權의 辨濟期가 被擔保債權의 辨濟期보다 이전에 도래하는 경우에 質權者는 제3채무자로 하여금 그 辨濟金額을 공탁시킬 수 있다. 공탁한 때에는 質權은 공탁금 위에 존속한다(民§ 353 Ⅲ).

---

3) 無記名債權의 경우 本條 Ⅱ의 적용을 배제한 判例로서 "無記名債權에는 民 §524의 규정에 의하여 善意取得에 관한 같은 법 제514조의 규정이 준용되므로 無記名債權에 대하여 權利質權이 설정되었을 경우 質權의 목적이 되는 債權의 實行方法에 관한 民法 제353조의 규정은 그 적용이 배제되고 被擔保債權의 내용과는 관계없이 그 액면금 전액을 청구할 수 있다"고 본 判決이 있다. 大判 72. 12. 26, 72다1941.

4) 郭潤直, 527; 張庚鶴, 750.

5) 同旨 李英俊, 754.

Ⅳ. 入質債權이 金錢 이외의 有體物의 給付를 目的으로 하는 債權인 境遇(民§ 353Ⅳ)

入質債權이 금전 이외의 有體物의 급부를 목적으로 하는 債權인 경우 質權者는 제3채무자에 대하여 직접 자기에게 그 目的物의 인도를 청구할 수 있다. 質權者가 目的物을 인도받으면 종래의 債權質權은 목적물에 관한 質權設定의 합의가 없어도 動產質權으로서 존재를 계속하게 되고, 그 實行方法도 動產質權의 實行方法에 따르게 된다. 入質債權의 목적물이 不動產인 경우에는 民法이 不動產質權制度를 폐지하였으므로 入質할 수 없다.[6]

入質債權의 목적물이 動產인 경우 질권자가 引渡請求權을 행사하여 목적물의 인도를 받았어도 그 청구권의 債權者가 목적물의 所有權 내지 處分權을 가질 수 없는 경우에는 질권자는 目的動產 위에 質權을 취득하지 못한다. 이 경우에 質權者가 目的動產 위에 質權을 선의취득하는 경우를 생각할 수 있겠지만 質權者가 목적동산을 인도받을 때에 質權設定契約이 행하여지지 않으므로 質權은 선의취득될 수 없을 것이다. 질권자는 質權의 지배를 받는 債權이 가지는 權利 이상을 가질 수 없으므로 債權者 자신이 善意取得의 요건을 구비하여야 비로서 質權을 善意取得할 수 있는 것이다.

Ⅴ. 入質債權의 目的이 物件의 給付 이외의 給付인 境遇

예컨대, 작위·부작위를 目的으로 하는 債權인 경우에도 本條가 적용되는가에 관하여 民 §354에 의하여 民訴 §635의 집행방법을 적용하여야 한다는 견해도 있지만, 이 경우에도 本條를 적용하여 質權者는 직접 그 權利內容의 실현을 청구할 수 있으며, 그 결과 質權者가 받은 이익이 債權額을 초과할 때에는 그 초과분을 質權設定者에게 반환하여야 할 것이고, 급부의 결과 有體物을 취득할 때에는 質權은 이후 그 물건 위에 존속한다고 해석할 것이다.[7] 따라서 入質債權이 물건의 제작을 내용으로 하는 경우 質權者가 물건을 제작시켜서 그 引渡를 받은 때에는 質權은 그 후부터는 제작물 위에 존속한다고 볼 수 있다.

---

6) 郭潤直, 527; 李英俊, 755; 張庚鶴, 750.
7) 郭潤直, 528; 李英俊, 754; 張庚鶴, 751.

Ⅵ. 債權質權의 效力

1. 被擔保債權의 範圍

民 §334는 權利質權에도 준용되므로(民 §355) 債權質에 있어서의 被擔保債權의 범위도 動產質의 경우와 같다. 그러므로 質權은 元本, 利子, 違約金, 質權實行의 비용, 質權保存의 비용, 債務不履行으로 인한 손해배상, 質物의 瑕疵로 인한 損害賠償을 담보한다. 단 設定契約에 다른 약정이 있을 때에는 그에 의한다(民 §334 但). 債權質權이 不可分性을 가지는 것도 動產質權의 경우와 같으므로 質權者가 被擔保債權의 전부를 辨濟받을 때까지 質權의 效力이 入質債權의 전부에 미친다.

2. 債權質權의 效力이 미치는 目的의 範圍

(1) 利子債權

入質債權이 利子附인 경우에는 質權은 利子 위에 효력을 미친다(民 §§ 334, 100 Ⅱ).[8] 質權設定 당시에 이미 履行期가 도래하여 독립한 債權으로 구체화된 利子債權은 그렇지 않지만 質權設定 후에 履行期가 도래하는 모든 利子債權에는 質權의 효력이 미치며 質權者는 元本債權과 동일한 조건으로 이를 推尋하여 優先辨濟에 충당할 수 있다. 또한 利子에 관하여 특별한 證券이 있는 경우에는 證券의 引渡가 있어야 利子에 관하여도 質權의 효력이 미친다고 볼 수 있다.

(2) 入質債權이 保證債務, 擔保物權에 의하여 擔保되고 있을 경우에 이들 종된 權利도 債權에 부종하여 質權의 효력을 받게 된다. 따라서 주된 債務者에 대한 債權이 入質되어 對抗要件이 구비되며 保證人에 대하여도 그 효력이 미친다. 다만 抵當權 위에 權利質權의 효력에 미치기 위하여는 抵當權의 登記에 質權의 附記登記를 하여야 하고(民 §348), 質權에 權利質權의 효력이 미치기 위하여는 目的物의 引渡를 하여야 한다.[9]

(3) 物上代位의 原則

民 §355에 의하여 民 §342의 규정이 權利質權에도 준용된다. 그러므로 入質債權의 침해로 인한 損害賠償請求權이나 債權을 표창하는 有價證券을 멸실

---

8) 郭潤直, 525; 李英俊, 751; 張庚鶴, 747.
9) 金容漢, 531; 張庚鶴, 747.

한 경우에는 債權의 滅失에 갈음하는 保險金 등에 質權의 효력이 미친다.

Ⅶ. 債權質 이외의 權利質權의 內容

1. 株式의 入質

(1) 意 義

株式은 현대의 경제거래에 있어서 중요한 상품의 하나로 거래가 되며, 株式 위의 質權도 하나의 質權으로서 債權質權에 못지 않은 작용을 한다. 株式質權에 관하여도 民法이 규율하지 않고 商法이 규율하고 있다.

(2) 質權者의 權利

株式의 질권자는 被擔保債權의 변제를 받을 때까지 株券을 유치할 권리와 辨濟期에 변제가 없으면 株券을 換價處分하여 변제받는 優先辨濟權, 轉質權, 주식의 消却·倂合·轉換, 會社의 合併, 準備金의 資本轉入으로 인하여 株主가 받을 금전이나 株式에 대하여 인정되는 物上代位權(商 §§ 339, 530 Ⅳ, 461 Ⅵ) 등의 權利를 갖는다.

物上代位權의 행사에 있어서 登錄質의 경우 質權者는 會社에 대하여 직접 금전의 支給 또는 株券의 引渡를 청구할 수 있으나(商 § 340 Ⅰ, Ⅲ), 略式質에 관하여는 아무런 규정이 없다. 이에 관하여 略式質의 質權者는 會社로부터 質權設定者가 받을 金錢 또는 株券을 직접 수취할 수 없으므로 民法의 일반원칙에 따라 目的物이 擔保權設定者인 株主에게 支給 또는 引渡되기 전에 押留하여야 한다는 견해가 있다.[10] 그러나 物上代位權의 행사에 목적물의 押留를 요구하는 이유는 그것이 質權設定者의 일반재산에 혼입되어 특정성이 없어지는 것을 막기 위한 것이므로 株式의 消却·倂合·轉換 및 買受請求 등과 같이 금전의 支給이나 株券의 引渡를 받기 위하여 종래의 株券을 제출하여야 하는 때에는 소지하는 株券을 제시하여 金錢의 支給이나 株券의 인도를 청구할 수 있고, 押留는 불필요하다고 볼 수 있다. 다만 利益配當, 株式配當, 準備金의 資本轉入에 의한 신주의 無償交付 등의 경우처럼 株券을 그대로 두고 株主名簿上의 株主에게 會社가 직접 목적물을 支給 또는 引渡하는 경우에는 그 支給 또는 引渡 전에 押留하여야 한다고 풀이할 것이다.[11]

---

10) 徐燉珏, 第三全訂 商法講義(上)(1985), 356; 孫珠瓚, 全訂增補版 商法(上)(1984), 485; 鄭熙喆, 商法學(上)(1989), 441.

11) 姜渭斗, 會社法(1990), 423; 李泰魯·李哲松, 全訂版 會社法講義(1987), 304; 鄭東潤,

(3) 自益權의 歸屬

登錄質의 경우 質權者는 會社로부터 利益이나 利子의 배당을 받아 다른 債權者에 우선하여 自己債權의 辨濟에 충당할 수 있다(商 § 340 I). 그리고 會社로부터 받은 金錢에 관하여 被擔保債權의 辨濟期가 도래하였으면 登錄質權者는 직접 이를 수취하여 우선적으로 自己債權의 변제에 충당할 수 있으나 被擔保債權의 辨濟期가 도래하지 아니한 경우에는 會社에 대하여 그 금액의 공탁을 청구할 수 있다(民 § 340 II, 商 § 353 III).

略式質의 경우 利益配當金에 擔保의 효력이 미치는가에 대하여 否定說은 質權의 설정은 會社에 무관하게 이루어지므로 株式 자체의 재산적 가치만이 擔保의 목적이 되고, 登錄質制度가 있음에도 불구하고 略式質制度를 택하였으므로 불이익을 받아야 한다고 본다.[12] 그러나 質權者는 株式의 果實로서 당연히 利益配當金을 수취할 수 있고 利益配當金에 대한 權利의 행사를 인정하여도 配當金을 支給하기 전에 이를 押留하여야 하므로 會社와의 사이에 어려운 문제가 없고 無記名株式에 대하여는 登錄質의 설정이 불가능하다는 점을 고려할 때 略式質權者도 利益配當金請求權을 갖는다고 볼 수 있다.[13]

殘餘財産分配請求權에 대하여도 質權의 效力이 미친다. 新株引受權에 대하여 부정하는 견해에 의하면 株主는 新株의 引受·納入義務가 없어서 株主에게 新株引受權을 강제할 수 없으므로 質權의 效力은 新株引受權에는 미치지 아니한다고 본다.[14] 이에 대하여 肯定說은 株主配定에 의하여 新株를 발행하는 경우 舊株의 株價가 下落하며, 舊株의 質權의 효력이 新株引受權에 미치지 않는다고 하면 質權者는 擔保價値의 감소를 감수하여야 하는 불이익을 입게 되므로 質權의 效力은 이 新株引受權에 미친다고 한다.[15]

(4) 共益權의 歸屬

議決權 기타의 共益權은 略式質·登錄質을 가리지 않고 質權設定者인 株主가 행사할 수 있다. 質權者는 權利는 재산적인 擔保價値의 유지·확보를 꾀하여 주는 것에 불과하므로 담보권자는 擔保權設定者에게 委任狀을 交付하여 의결권을 대리행사시키는 것이 마땅하고, 無記名株券의 경우에는 擔保權者는

會社法(三訂版, 1991), 270.
12) 姜渭斗, 425; 徐燉珏, 356; 孫珠瓚, 485-86; 李泰魯·李哲松, 302.
13) 鄭東潤, 271; 鄭熙喆, 440; 崔基元, 第三全訂版 新會社法論(1987), 418.
14) 李泰魯·李哲松, 303; 鄭熙喆, 441; 崔基元, 418.
15) 鄭東潤, 273.

擔保權設定者의 權利行事를 가능하게 하기 위하여 株券의 供託에 협력하여야 한다.[16]

(5) 株式 이외의 社員權의 入質

合名會社의 社員權의 入質에 대하여 商法에는 아무런 규정이 없으나 이를 긍정하는 것이 通說·判例이다.[17] 이 경우에는 持分讓渡에 관한 규정(商 §197)을 유추하여 다른 社員의 同意가 없으면 債權者는 持分을 자유로 換價할 수 없고 장래에 社員의 利益配當 또는 持分還給請求權이 구체화한 때에 質權의 效力이 미친다고 풀이할 것이다(民 §§ 342, 323).[18] 質權者가 持分을 押留한 경우 그 效力은 社員이 장래 利益配當과 持分還給을 청구하는 權利에 미치며(商 §223), 押留債權者는 債務者인 社員을 退社시키고 持分還給請求權에 의하여 債權의 만족을 받을 수 있다(商 §224).

合資會社의 경우 無限責任社員의 持分에 대하여는 전술한 合名會社의 社員權에 대한 入質의 규정이 적용될 수 있으나 有限責任社員의 持分의 入質은 그것과 다른 면이 있다. 有限責任社員의 持分의 讓渡의 경우에는 無限責任社員의 지분의 讓渡와는 달리 無限責任社員 전원의 同意만 있으면 족하므로(商 §276) 이 점에 있어서는 質權의 設定과 그 行使의 要件이 영향을 받을 수 있다.

有限會社의 경우에 持分에 대한 質權의 효력은 株式의 登錄質과 동일하다(商 §§ 560, 340). 그러나 株式의 경우와는 달리 持分의 略式質은 인정되지 아니한다. 質權의 효력은 持分의 消却·併合 등의 경우에 社員이 받을 金錢이나 會社의 合併·組織變更의 경우에 社員이 받을 株式 또는 持分에도 미친다.

2. 無體財產權의 入質

特許權·專用實施權 또는 通常實施權을 목적으로 하는 質權을 설정할 때에는 質權者는 계약으로 특별히 정한 경우를 제외하고 당해 特許發明을 실시할 수 없다(特許 §121). 質權者는 特許法에 의한 補償金 또는 特許發明實施에 대하여 받을 대가나 물건에 대하여도 다른 債權者보다도 우선하여 辨濟를 받을 權利를 가진다. 다만 그 支給이나 引渡 전에 이를 押留하여야 한다(同法 §123). 特許權者가 特許發明을 실시하고 있는 경우에 質權實行으로 特許權이 경락될 수 있으나 그 特許發明에 대하여는 特許權者가 通常實施權을 갖는다. 이는 特許權者의

16) 鄭東潤, 273.
17) 大判 71.10.25, 71다1931.
18) 徐燉珏, 504; 鄭東潤, 686.

사업설비에 들인 비용과 노력을 보호해 주고자 하는 趣旨에서 인정된다. 이 경우 特許權者는 質權者에게 상당한 대가를 支給하여야 한다(同法 § 122). 實用新案權에 대한 質權의 효력에 대하여도 위와 같은 特許法의 규정이 준용되며(實用新案 § 29), 意匠權·商標權에 대한 質權에 대하여는 위와 동일한 내용이 관련 법률에 규정되어 있다(意匠 §§ 56, 57, 58, 商標 §§ 62, 63, 64).

著作財産權을 목적으로 하는 質權은 그 著作財産權의 讓渡 또는 그 著作財産權의 이용에 따라 著作財産權者가 받을 金錢 그 밖의 物權에 대하여도 행사할 수 있다. 다만 이들의 支給 또는 引渡 전에 이를 받을 權利를 押留하여야 한다(著作權 § 44).

質權의 목적으로 된 프로그램著作權은 質權設定行爲에 특약이 없는 한 프로그램著作權者가 이를 행사하며, 이에 대한 質權은 그 프로그램著作權의 讓渡, 프로그램의 讓渡 또는 貸與나 컴퓨터프로그램著作權保護 § 16의 규정에 의한 使用許諾에 따라 프로그램著作權者가 받을 金錢 그 밖의 物件에 대하여도 이를 행사할 수 있다. 다만 그 금전의 引渡 전에 支給될 金錢이나 物件을 押留하여야 한다(컴퓨터프로그램保護 § 19).

[鄭 東 潤]

第 354 條(同前)

質權者는 前條의 規定에 의하는 외에 民事訴訟法에 定한 執行方法에 의하여 質權을 實行할 수 있다.

차 례

Ⅰ. 概 說

民法은 權利質 중에서 주로 債權質에 관하여 규정하고 그 實行方法으로서 入質債權의 直接請求를 원칙으로 하고 있다(民 § 353). 그러나 直接請求가 곤란한

債權도 있으며, 直接請求는 債權 이외의 재산권을 목적으로 하는 質權의 實行方法으로는 부적당한 것이다.

그러므로 民法은 直接請求의 방법 이외에 民事訴訟法이 규정하는 執行方法에 의한 質權의 實行方法을 인정함으로써 債權 이외의 財產權을 목적으로 하는 質權의 실행을 용이하게 하였다.

Ⅱ. 質權의 實行

1. 債務名義의 要否

本條는「民事訴訟에 정한 執行方法에 의하여」라고 규정하고 있으므로 本條에 의한 質權의 실행을 위하여는 債務名義가 필요한 것처럼 생각되지만 擔保權의 실행을 위하여는 債務名義가 필요하지 않으므로 本條에 의한 質權의 실행에도 債務名義를 필요로 하지 않는다.

2. 각종의 執行方法

權利質의 實行方法으로서 이용될 수 있는 民事訴訟法上의 執行方法에는 다음과 같은 여러 제도가 있다.

(1) 轉付命令(民訴 §§ 563, 564)

轉付命令은 支給에 갈음하여 入質債權을 質權者에게 이전하는 것을 내용으로 하는 執行法院의 移付命令으로서 入質債權에 대한 押留를 요한다. 轉付命令은 押留된 入質債權을 債權의 권면액으로 質權者에게 이전하는 것이므로 단순, 정확하게 결제할 수 있는 金錢債權에 대하여만 인정된다. 그러므로 被擔保債權의 기한이 도래하고 入質債權인 金錢債權의 履行期가 아직 도래하지 아니한 경우에 적당한 質權實行方法이다.

(2) 推尋命令(民訴 § 565)

推尋命令은 入質債權의 推尋權能을 부여하는 執行法院의 명령이지만 質權者는 推尋命令을 기다리지 않고도 제3채무자에 대하여 推尋權을 가지므로(전술한 民 § 353 Ⅰ 주석 참조), 실제로 이용될 가능성은 별로 없는 제도이다.

(3) 有價證券의 換價方法(民訴 § 544)

有價證券에 표창된 財產權 중에서 時價있는 것은 집달관으로 하여금 매각

일의 시가로 매각하게 할 수 있다.

(4) **특별한 換價方法**(民訴 §§ 574, 584)

入質債權이 條件附 또는 期限附이거나 기타의 이유로 推尋이 곤란한 때에는 法院은 신청에 의하여 讓渡命令, 賣却命令, 管理命令 등을 명할 수 있다(民訴 § 574 I). 다만 이 경우 法院은 특별한 換價方法을 명하기 전에 제3채무자를 심문하여야 한다.

(5) 金錢債權, 有體物引渡請求權 이외의 부동산을 목적으로 하지 않는 기타의 財産權에 관하여는 民事訴訟法 제2장 제2절 제3관의 규정들이 준용된다(民訴 § 584 I).

3. 流質契約

債權質權에 대하여도 流質契約禁止의 규정(民 § 349)이 적용되는가가 문제될 수 있지만 원칙적으로 준용된다고 볼 수 있다. 그러나 金錢債權의 入質에 있어서는 被擔保債權額의 한도에서 辨濟에 갈음하여 入質債權을 質權者에 이전할 것을 미리 약속하는 것은 가능하다고 해석된다.[1)]

이러한 약속은 債務者의 궁박을 이용하는 質權者의 착취를 방지하려고 하는 流質契約禁止規定의 취지에 반하지 않으며, 그 한도에서의 入質債權의 이전은 실질적으로는 質權者가 가지는 直接推尋權을 행사하는 것과 동일하기 때문이다.

이와 관련하여 質權者는 權利質權의 목적을 실행하는 방법으로서 이를 추심하는 대신에 제3자에게 目的債權을 讓渡할 수 있을 것인지의 문제가 있다.

大法院은 "指名債權을 담보로서 제3자에게 質權의 목적으로 제공한 때에 그 債權質의 설정은 債權讓渡와 유사한 效力이 발생하므로 舊民法 제364조의 규정은 債權質에 관하여 指名債權讓渡에 관하여 指名債權讓渡에 관한 舊民法 제467조에 따라 제3채무자에게 質權設定을 通知하고 또 제3채무자의 承認이 없는 이상 이로써 제3채무자 기타 제3자에게 대항할 수 없다고 규정함으로써 이 점에 관하여 債權讓渡와 동일하게 취급하였으며, 債務者가 그 債務를 辨濟하지 아니하였을 때에 債權者가 그의 債權質權을 실행함에 있어서는 質權者

1) 通說 郭潤直, 528; 李英俊, 755; 張庚鶴, 751.

자신이 그 質權의 목적이 된 債權을 직접 청구할 수 있고, 또는 직접 추심할 수 있으며, 民事訴訟法에 규정된 執行方法으로써도 質權을 실행할 수 있으므로 指名債權에 대하여 擔保提供을 승인한 債務者는 그 債權의 讓渡에 대하여도 승인의 의사가 있는 것이라고 해석함이 타당할 것"[2]이라고 하여 제3자에 대한 目的債權의 讓渡를 인정하고 있다.

4. 一般債權者의 執行

入質債權에 대하여 一般債權者도 집행을 할 수 있지만 이 경우에는 質權者가 우선적으로 辨濟받게 된다.

[鄭 東 潤]

第355條(準用規定)

權利質權에는 本節의 規定 외에 動産質權에 관한 規定을 準用한다.

I. 意　義

權利質權은 擔保目的을 위하여 목적인 權利를 배타적으로 지배한다는 점에서 目的物을 擔保目的으로 배타적으로 지배하는 動産質權과 본질적으로 같다고 볼 수 있다. 그러나 質權의 목적이 權利이냐 有體物이냐에 따라서 서로 다른 法律上의 규율을 받는 것은 당연한 것이다. 그러므로 本條는 動産質權에 관한 규정이 權利質權에도 준용되는 것으로 규정하고 있다.

일반적으로 動産質權의 규정은 성질이 허용하는 한 權利質權에도 준용되지만 目的物의 占有나 用益에 관한 규정의 준용은 문제가 된다. 動産質權에 관한 각 규정을 개관하여 본다.

1. 第329條(質權의 內容)

후단의 質權者의 優先辨濟權은 權利質權에도 준용되지만 전단의 質物을

2) 大判 60. 9. 1, 4292民上937.

점유하는 權利는 준용되지 않는다. 權利의 목적이 債權證書와 같은 有形物과 결부되어 있을 때에는 그 한도에서 전단이 준용되고 質權者가 그것을 점유하는 權利를 가진다고 해석할 수 있다.

2. 第330條(質權設定契約의 要物契約性)

무형의 權利에 대하여는 物質質權에서와 같은 引渡라는 관념을 인정할 수 없으므로 本條는 權利質權에 준용되지 않는다. 證券債權과 같은 權利를 표창하는 有形物이 있는 경우에는 本條의 준용여부가 문제될 수 있지만 民法은 특별한 규정을 둠으로써 해결하고 있다. 즉 指示債權에는 民 §350, 無記名債權에는 民 §351, 指名債權에는 民 §347가 적용되는 것이다.

3. 第331條(目的物의 讓渡性)

質權의 目的物이 讓渡性을 가져야 한다는 점은 權利質權의 경우에도 동일하다고 볼 수 있으므로 本條는 權利質權에 준용된다(民 §345 참조).

4. 第332條(設定者에 의한 間接占有의 禁止)

權利質權이 有形物에 표창되고 要物性이 요구되는 경우에는 本條의 준용이 문제될 수 있다. 民 §347는 債權證書의 交付를 요구하는데, 이 경우에는 本條가 준용된다고 볼 수 있다.

5. 第332條(質權의 순위)

일반적으로 준용된다.

6. 第334條(被擔保債權의 범위)

준용된다.

7. 第335條(留置的 效力)

債權證書가 있는 경우에 그 交付가 質權의 成立要件(效力發生要件)으로 되므로 證書가 交付된 경우에는 그 證書에 대하여 留置的 效力이 생긴다. 따라서 이 한도에서는 本條가 준용된다.

8. 第336條(轉質權) 第337條(轉質의 對抗要件)

준용된다.

9. 第338條(競買, 優先辨濟充當)

民 §353의 특칙이 있으므로 준용되지 않는다.

10. 第339條(流質契約)

준용된다.

11. 第340條(質物 이외의 재산으로부터 辨濟)

준용된다.

12. 第341條(物上保證人의 求償權), 第342條(物上代位)

준용된다.

13. 第343條(준용규정)

(1) 意 義

本條는 留置權에 관한 民 §321 내지 民 §325의 규정과 善意取得에 관한 民 §249 내지 民 §251의 규정을 준용하는데 權利質에도 준용되는가의 여부는 개별적으로 검토하여야 한다.

(2) 第321條(不可分性의 원칙)

擔保物權의 不可分性의 원칙은 留置權의 특질에 기한 것이 아니고 擔保物權의 擔保的 支配를 강화하는 데 봉사하는 제도이므로 준용된다.

(3) 第322條(競買, 簡易辨濟充當)

本條는 준용되지 않는다. 本條와 동일한 내용인 民 §338도 준용되지 않는다.

(4) 第323條(果實受取權)

權利質權은 民 §335와 동일한 의미에서의 留置的 權能을 갖지는 않지만 擔保의 목적인 權利나 그 處分에 대한 구속에 의하여 광의의 留置的 權能은 인정되므로 本條의 준용을 인정할 수 있다.

(5) **第324條**(保管義務)

債權證書의 交付가 있는 경우 質權者에게 그 證書의 보관의무를 인정할 수 있다.

(6) **第325條**(費用償還請求權)

債權의 보전을 위한 비용이 使用된 경우에는 本條가 준용될 수 있다.

(7) **第249條** 내지 **第251條**(善意取得)

준용된다.

[鄭 東 潤]

事項索引

民法注解〔Ⅵ〕— 物權(3)

1992年　12月　15日　初版一刷發行
2011年　5月　15日　初版十四刷發行

編輯代表　郭　潤　直
發 行 人　安　鍾　萬
發 行 處　(株)博　英　社
110-102　서울특별시 종로구 평동 13-
전화 (733) 6771-3
FAX (02) 736-4818
등록 1959. 3. 11. 제 300-1959-1 호(倫)

組 版 所　홍익 m&b

定　價　35,000 원　　ISBN 978-89-7189-092-9
978-89-7189-089-9(세트)

http://www.pakyoungsa.co.kr